Antonio de Guevara

Libro primero
de las epístolas familiares

Barcelona **2024**
Linkgua-ediciones.com

Créditos

Título original: Libro primero de las epístolas familiares.

© 2024, Red ediciones S.L.

e-mail: info@linkgua.com

Diseño de cubierta: Michel Mallard.

ISBN rústica: 978-84-9816-689-7.
ISBN ebook: 978-84-9897-543-7.

Sumario

Brevísima presentación

La vida

Antonio de Guevara (Treceño, entre 1475 y 1481-Mondoñedo, 1545) España.

A los doce años entró en la Corte de los Reyes Católicos y en 1504, ingresó en el Convento franciscano de Valladolid. Fue Inquisidor en Toledo y en Valencia y Obispo de Guadi. Acompañó a Carlos V en sus viajes por Italia y su campaña a Túnez. Fue Predicador y Cronista Oficial y murió siendo obispo de Mondoñedo.

Las *Epístolas familiares* son un conjunto de textos publicados en dos libros que contienen ochenta y cinco cartas, veintidós razonamientos, discursos y sermones. El primero libro apareció en 1539, y el segundo en 1542.

Las Epístolas tratan sobre temas variados: consejos a viudas, y hasta una censura a una sobrina desesperada por la muerte de su perra. Contiene sátiras, chistes, anécdotas, transcripciones y comentarios diversos. Hay epístolas de interés político y también histórico, otras hablan de la influencia de los humores en las enfermedades, de los enojos que hacen padecer a los enamorados, del tocado de las damas, y en otras se comentan textos sagrados.

Cada epístola está dirigida a personas de su tiempo, entre otros: a Alonso Manrique, arzobispo de Sevilla; don Jerónimo Vique, embajador; don Gonzalo Fernández de Córdoba, Gran Capitán; y a mosé Puché. Ellas muestran un panorama de la vida social, política, jurídica y religiosa, del reinado de Carlos V.

Preliminares

El autor al lector

El divino Platón, Falaris el tirano, Séneca el hispano y Cicerón el romano se quejan una y muchas veces que las epístolas que a sus amigos escribían, no solo se las hurtaban, mas aún a sí mismos las intitulaban, haciendo se dellas actores y escritores. La queja que aquellos varones ilustres tenían entonces, tengo agora yo: de que las epístolas que algunas veces he escrito a mis parientes y amigos, mal escritas y peor notadas, no solo me las han hurtado, mas aun a sí mismos intitulado, callando el nombre del que la escribió, y aplicando la a sí el que la hurtó, de manera que apenas he escrito letra que amigos no me la lleven, o ladrones me la hurten. Confieso a Nuestro Señor que jamás escribí carta con pensamiento que había de ser publicada, ni menos impresa, porque si tal yo pensara, por ventura cortara más delgada la pluma, y me aprovechara de más alta elocuencia. Viendo, pues, que unos me las hurtaban, otros las imprimían, y otros por suyas las publicaban, acordé de las repasar, y con todos comunicar, porque el sabio y discreto lector, por el estilo en que éstas escribo, conocerá las que por allá me han hurtado. Reconociendo, pues, mis memoriales, y buscando mis borradores, hallé estas pocas epístolas que aquí van, muchas de las cuales van impresas como a la letra fueron escritas, y otras dellas también fueron castigadas y pulidas, porque muchas cosas se suelen escribir a los amigos, que no se han de publicar a todos.

Libro Primero

1. Razonamiento hecho a su majestad en el Sermón de las alegrías, cuando fue preso el rey de Francia, en el cual se le persuade a que use de su clemencia en recompensa de tan gran victoria

S. C. C. R. M.

Solón Solonino mandó en sus leyes a los atenienses, que el día que hubiesen vencido alguna batalla, ofreciesen a los dioses grandes sacrificios, y hiciesen a los hombres grandes mercedes, porque para otra guerra tuviesen a los dioses muy propicios, y a los hombres muy contentos. Plutarco dice que cuando los griegos quedaron vencedores en la muy nombrada batalla Maratona, enviaron al templo de Diana, que estaba en Éfeso, a ofrecer le tanto número de plata, que se dudaba quedar otro tanto en toda la Grecia. Cuando Camilo venció a los etruscos y volscos, que eran mortales enemigos de los Romanos, acordaron todas las mujeres romanas de enviar al oráculo de Apolo, que estaba en Asia, cuanto oro y plata tenía cada una, sin guardar para sí mismas ni una sola joya. Cuando el cónsul Silla fue vencedor del muy valeroso rey Mitrídates, tomole tan gran placer en su corazón, que no contento de ofrecer al dios Mars todo cuanto había habido de aquella guerra, le ofreció también una ampolla de su sangre propia. El muy famoso y muy glorioso duque de los hebreos Jethé, hizo voto solemne, que si Dios le tornaba victorioso de la guerra a do iba, ofrecería en el templo la sangre y vida de una sola hija que tenía: el cual voto así como lo prometió lo cumplió. Destos ejemplos se puede colegir cuántas gracias deben dar a Dios los reyes y Príncipes, por los triunfos y mercedes que les hacen: porque si es en mano de los príncipes comenzar las guerras, es en mano de solo Dios dar las victorias. No hay cosa que en Dios ponga más descuido, que es la ingratitud de alguna merced que él haya hecho, porque las mercedes que los hombres hacen, quieren que se las sirvan: mas Dios no quiere sino que se las agradezcan. Mucho se deben guardar los Príncipes de que no sean a Dios ingratos de los beneficios a ellos hechos, porque la ingratitud del beneficio recibido hace al hombre ser incapaz de recibir otro. Al príncipe ingrato y desconocido, ni Dios ha gana de ayudarle, ni los hombres de servirle.

Todo esto he dicho, Cesárea majestad, por ocasión de la gran victoria que agora hubiste cabe Pavía, a do vuestro ejército prendió al rey Francisco de Francia, al cual en sus propias galeras os le trajeron preso en España. Caso tan grave, nueva tan nueva, victoria tan inaudita y fortuna tan cumplida a todo el mundo espanta, y a Vuestra majestad obliga, y la obligación es agradecer a Dios la victoria, y pagar a los que vencieron la batalla.

En esto veréis, Señor, cómo no hay cosa en que menos corresponda la fortuna, como es en las cosas de la guerra: pues teniendo el rey de Francia allí a su persona, y de su parte a todos los potentados de Italia, perdió la batalla, fue presa su persona, y murió allí toda la nobleza de Francia. Mucho erraría Vuestra majestad si pensase que hubo esta victoria por su prudencia, o por su potencia, o por su fortuna, porque hecho tan ilustre y caso tan heroico como éste no cabe debajo de alguna fortuna, sino de sola la providencia divina. «Quid retribuam domino pro omnibus que retribuit mihi.» Si David siendo rey, siendo profeta, siendo santo y de Dios tan privado, no sabía qué ofrecer a Dios por las mercedes que le hacía, ¿qué haremos nosotros, míseros, que no sabemos qué le decir, ni tenemos qué le dar? Somos nosotros tan poco, y podemos tan poco, y valemos tan poco, y tenemos tan poco, que si Dios no nos da qué le demos, nosotros no tenemos que le dar, y lo que nos ha de dar es gracia para servirle, y no licencia para ofenderle.

En remuneración de tan gran victoria, no os aconsejaré yo que ofrezcáis a Dios joyas ricas como los romanos, ni plata, no oro como los griegos, ni vuestra sangre propia como Mitrídates, ni aun a vuestros hijos como Jethé, sino que le ofrezcáis el desacato y inobediencia que os tuvieron los Comuneros de Castilla, porque no hay a Dios sacrificio tan acepto como es perdonar el hombre a sus enemigos. Las obras que tenemos de ofrecer a Dios salen de los cofres: el oro sale de las arcas, la sangre sale de las venas; mas el perdón de la injuria sale de las entrañas, en las cuales está ella moliendo y escarbando, y persuadiendo a la razón que disimule, y al corazón que se vengue. Más seguro les es a los príncipes ser amados por la clemencia, que no ser temidos por el castigo; porque, según decía Platón, el hombre que es temido de muchos, a muchos ha él también de temer. Los que a Vuestra majestad ofendieron en las alteraciones pasadas, dellos son muertos, dellos son desterrados y dellos están escondidos y dellos están huidos, razón es, serenísimo príncipe, que, en albricias de tan gran victoria, se alaben de vuestra clemencia, y no se quejen de vuestro rigor. Las mujeres destos infelices hombres están pobres, las hijas están para perderse, los hijos están huérfanos, y los parientes están afrentados: por manera que la clemencia que se hiciere con pocos redundará en remedio de muchos.

No hay estado en el mundo, en el cual, en caso de injuria, no sea más seguro perdonarla, que vengarla, porque muchas veces acontece, que buscando un hombre ocasión para se vengar, se acaba del todo de perder. Al gran Julio César, más envidia le tuvieron sus enemigos por haber perdonado a los Pompeyanos, que de no haber muerto a Pompeyo: porque por excelencia se escribe, que nunca olvidó servicio ni se acordó de injuria. Dos emperadores hubo en Roma de semejantes en nombres, y mucho más en costumbres: al uno llamaron Nero el Cruel, y al otro Antonino Pío, los cuales sobrenombres les pusieron los romanos; al uno de Pío, porque nunca supo sino perdonar, y al otro de Cruel, porque jamás cesaba de matar. A un príncipe que sea largo en el jugar, corto en el dar, incierto en el hablar, descuidado en el gobernar, absoluto en el mandar, disoluto en el vivir, desordenado en el comer y no sobrio en el beber, no le llamaremos sino que es vicioso; mas si es cruel y vindicativo, llamar le han todos tirano; que, como dice Plutarco, no llaman a uno tirano por la ropa que toma, sino por las crueldades que hace. Cuatro emperadores ha habido deste nombre; el primero se llamó Carolo Magno; el segundo, Carolo el Bohemio; el tercero Carolo Calvo; el cuarto, Carolo Groso; el quinto, que es Vuestra majestad, querríamos que se llamase Carolo el Pío, a imitación del emperador Antonino Pío, que fue el príncipe más quisto de todo el imperio romano. Y porque dice Calístenes, que a los príncipes les han de persuadir pocas cosas, y aquéllas que sean buenas, y con buenas palabras dichas, concluyo y digo, que los príncipes con la piedad y clemencia son de Dios perdonados, y de sus súbditos amados.

2. Razonamiento hecho a su majestad del emperador y rey, nuestro señor, en un sermón del día de los reyes, en el cual se declara cómo se inventó este nombre de rey, y cómo se halló este título de emperador. Es materia muy aplacible

S. C. C. R. M.

Hoy, día de los reyes, y en casa de reyes, y en presencia de reyes, justa cosa es que hablemos de reyes, aunque los príncipes más quieren ser obedecidos que no aconsejados. Y porque predicamos hoy delante aquel que es emperador de los romanos, y rey de los hispanos, será cosa justa y aun necesaria relatar aquí qué quiere decir rey, y de dónde vino este nombre de emperador, para que sepamos todos cómo ellos nos han de gobernar y nosotros a ellos obedecer.

Acerca deste nombre de rey es de saber que, según la variedad de las naciones, así nombraban por varios nombres a sus príncipes. Es a saber: los egipcios los llamaban faraones; los betinios, tolomeos; los partos, arsicidas, los latinos, murranos; los albanos, silvios; los sículos, tiranos, y los argivos, reyes. El primero rey del mundo dicen los argivos que fue Foroneo, y los griegos dicen que fue Codorlaomor. Cuál de estas opiniones sea verdad, sabe lo Aquél solo que es suma verdad. Aunque no sabemos quién fue el rey primero, ni quién será el último rey del mundo, sabemos a lo menos una cosa, y es que todos los reyes pasados son muertos y todos los que agora viven se morirán, porque la muerte también llama al rey que está en el trono, como al labrador que está arando. Es también de saber que en los tiempos antiguos ser alguno rey no era de dignidad, sino solamente oficio, así como lo es agora el corregidor y el regidor de la república, por manera que cada año proveían del oficio de rey que rigiese, como agora proveen a un virrey que gobierne. Plutarco dice en los libros de República que en el principio del mundo llamaban a todos los que gobernaban tiranos, y después que vieron las gentes lo que iba de los unos a los otros, ordenaron entre sí de llamar a los malos gobernadores tiranos, y a los buenos llamarlos reyes. Puédese desto, Serenísimo Príncipe, colegir que este nombre de rey está consagrado a personas beneméritas, y que sean provechosas a las repúblicas, porque de otra manera no merece llamarse rey el que no sabe bien gobernar.

Cuando Dios puso casa, y constituyó para sí república en tierra de los egipcios, no quiso darles reyes que los gobernasen, sino duques que los defendiesen, es a saber: a Moisés, a Josué, a Gedeón a Jethé y a Sansón. Y esto hizo Dios, por excusarlos de pagar tributos, y aun porque fuesen tratados como hermanos, y no como vasallos. Duró esta manera de gobernación entre los hebreos hasta el tiempo del gran Helí, sacerdote, so cuya gobernación pidieron los israelitas rey que gobernase sus repúblicas, y pelease en sus guerras, y entonces les dio Dios a Saúl rey, y esto mucho contra su voluntad; de manera, que el postrero duque de Israel fue Helí, y el primero rey fue Saúl.

En el principio que Roma se fundó y los romanos comenzaron a enseñorear el mundo, luego criaron reyes que los rigiesen, y capitanes que los defendiesen, y halláronse tan mal con aquella manera de gobernación, que no sufrieron más de siete reyes, y aun pareçioles que habían sido setecientos. Y porque les dijeron los adivinos que este nombre de rey estaba consagrado a los dioses, mandaron los romanos que se llamase uno rey, aunque no fuese rey, y éste fuese el sumo sacerdote del templo del dios Júpiter, por manera que tenía el nombre solamente de rey, y el oficio de sacerdote.

Dicho deste nombre de rey, digamos agora del nombre de emperadores; es, a saber: dónde se inventó, cómo se inventó y para qué se inventó, pues es el nombre de todo el mundo más acatado y aún más deseado. Aunque entre los sirios y asirios, persas, medos, griegos, troyanos, partos, palestinos y egipcios, hubo príncipes muy ilustres y valerosos en las armas, y muy estimados en sus repúblicas, nunca este nombre de emperador alcanzaron, ni dél se intitularon. En aquellos antiguos tiempos, y en aquellos siglos dorados, los hombres buenos, y los varones ilustres, no ponían su honra en títulos vanos, sino en hechos heroicos. Este nombre de emperador, los romanos le trajeron al mundo: los cuales no le inventaron para sus príncipes, sino para sus capitanes generales, de manera que en Roma no se llamaba emperador el que era señor de la república, sino el que era capitán general de la guerra. Los romanos, cada año en el mes de enero, elegían todos los oficios del Senado, y en la tal elección elegían primero al Sumo Sacerdote, que llamaban rey; luego al dictador, luego al cónsul, luego al tribuno del pueblo, luego al emperador, luego al censor y luego al edil. Puédese desta elección colegir que lo que agora es dignidad imperial era entonces solamente oficio, la cual en el mes de enero se daba y en el de diciembre se acababa. Quinto Cincinato, Fabio Camilo, Marco Marcelo, Quinto Fabio, Annio Fabricio, Dorcas Merello, Graco, Ampronio, Escipión Africano y el gran Julio César, cuando gobernaban las huestes romanas llamábanlos emperadores: mas después que en el Senado les quitaban el oficio cada uno se llamaba de su nombre propio. Después de la gran batalla de la Farsalia, en la cual Pompeyo fue vencido, y quedó por César el campo, fue el caso que como vino a manos de César la República, rogáronle los romanos que no tornase el título de rey, pues les era muy odioso, sino que tomase otro cual quisiese, debajo del cual ellos le obedecerían y servirían. Como Julio César en aquel tiempo era capitán general de los romanos, a cuya causa se llamaba entonces emperador, eligió este nombre y no el nombre de rey, por hacer placer a los romanos; de manera que este gran príncipe fue el primero emperador del mundo y que dejó este nombre anexo al imperio. Muerto Julio César, sucedió en el imperio su sobrino Octavio: y luego Tiberio, y luego Calígula, y luego Claudio, y luego Nero, y luego Victello, y así de todos los príncipes hasta hoy, los cuales, por memoria del primero emperador, se llaman augustos y césares y emperadores.

Refiere condiciones que ha de tener el buen rey, y expone el autor una autoridad de la escritura sacra.

Declarado este nombre de rey y dicho cómo se inventó este título de emperador, justa cosa será, Cesárea majestad, digamos aquí agora cómo el buen rey ha de gobernar el reino y cómo el buen emperador ha de regir el imperio, porque siendo como son los dos oficios mayores del mundo, necesario es que los tengan los mejores dos hombres del mundo. Gran infamia sería para una persona y gran daño para la república, viésemos a un hombre arar que merecía reinar, y viésemos reinar al que merecía arar, porque habéis de saber, soberano príncipe, que la honra es muy poco tenerla y muy mucho merecerla. Si el que es solamente rey es obligado a ser bueno, el que fuere rey y emperador ¿no será obligado a ser bueno y rebueno? Los malos príncipes de mayores y menores beneficios son ingratos; mas los buenos príncipes y cristianos emperadores los servicios han de recibir arrasados, y las mercedes que hicieren han de ser cogolmadas. El príncipe que es a Dios ingrato, y de los servicios que le hacen desagradecido, en la persona se lo ven, y en su reino se lo conocen, porque en ninguna cosa pone la mano de que no salga confuso y corrido. Y porque no parezca que habíamos de gracia y lo ponemos todo de nuestra cabeza, exponemos aquí una autoridad de la Sagrada escritura, en la cual se dice que tal ha de ser el rey en su persona y cómo se ha de haber en la gobernación de la república, porque el príncipe no abasta que sea buen hombre si no es buen repúblico, ni abasta que sea buen repúblico si no es buen hombre. En el Deuteronomio, capítulo dieciocho, dijo Dios a Moisés: «Si los del pueblo te pidieren rey, dar se le has; mas mira que el rey que les dieres sea natural del reino, no tenga muchos caballos, no torne el pueblo a Egipto, no tenga muchas mujeres, no allegue muchos tesoros, no sea muy soberbio, y lea en el Deuteronomio». Sobre cada una de estas palabras, decir todo lo que se puede decir sería nunca acabar. Solamente diremos de cada palabra una sola palabra.

Ante todas cosas mandaba Dios que el rey fuese natural del reino; es, a saber: que fuese hebreo circunciso y no gentil, porque Dios no quería que fuesen gobernados los que adoraban a un Dios por los que creían a muchos dioses. El príncipe que ha de gobernar a los cristianos conviene que sea buen cristiano, y la señal del buen cristiano es cuando las injurias de Dios castiga y las suyas olvida. Entonces es el príncipe natural del reino, cuando guarda y defiende el evangelio de Cristo, porque hablando la verdad y aun con libertad no merece ser rey el que no cela su ley.

Manda también Dios que el príncipe no tenga muchos caballos; es, a saber, que no gaste los dineros de la república en tener superflua costa, en traer gran casa y en sustentar gran caballería; porque al príncipe cristiano más sano consejo le es dar de comer a pocos hombres que tener muchos caballos. No es menos sino que en las casas de los reyes y altos señores han de entrar muchos, servir muchos, vivir muchos y comer muchos; lo que en esto se reprehende es que a las veces es mucho más lo que se desperdicia que no lo que se gasta. Si en las cortes de los príncipes no hubiese tantos caballos en las caballerizas, tantos halcones en las alcándaras, tantos truhanes en las salas, tantos vagamundos por las plagas ni tanto desorden en las despensas, soy cierto que ni ellos andarían tan alcanzados ni los vasallos tan agraviados. Mandar Dios que no tenga el príncipe muchos caballos, es prohibirle que no haga gastos excesivos, porque al fin al fin ha de dar cuenta a Dios de los bienes de la república, no como señor, sino como tutor.

Manda también Dios que el que fuere rey no consienta tornarse el pueblo a Egipto; es, a saber: no le permita idolatrar ni al rey Faraón servir, porque nuestro buen Dios a Él solo quiere que adoren por Señor y tengan por Criador. Salir de Egipto es salir del pecado, y tornar a Egipto es tornar al pecado, y por eso el oficio del buen príncipe es no solo remunerar a los que bien viven, mas aún castigar a los que en mal andan. No es otra cosa tornarse uno a Egipto, sino osar ser públicamente malo; lo cual el buen príncipe no debe consentir ni con nadie en semejante caso dispensar, porque los pecados secretos han se a Dios de remitir, mas los que son públicos débelos el rey castigar. Entonces deja el príncipe tornarse alguno a Egipto, cuando públicamente le deja estar en el pecado; es, a saber: andar enemistado, tener lo ajeno, estar amancebado o ser renovero, en lo cual ofende el príncipe tanto a Dios que aunque no sea su compañero en la culpa, lo será en el otro mundo en la pena. Para que el rey gobierne bien el reino tan temido ha de ser de los malos como amado de los buenos, y si por caso tiene en su casa algún privado que sea atrevido, o algún criado que sea vicioso, debe al tal darle de su hacienda, mas no de su conciencia.

Manda también Dios al que fuere rey no tenga en su compañía muchas mujeres; es, a saber, que se contente con la reina que está casado, sin que con otras sea travieso, porque los príncipes y grandes señores más ofenden a Dios con el mal ejemplo que dan, que no con las culpas que cometen. De David, de Achad, de Asa y de Jeroboán no se queja tanto la escritura porque pecaron, cuanto se queja de la ocasión que dieron a otros a pecar, porque muy pocas veces vemos a ningún pueblo corregido cuando su señor es vicioso. Como los príncipes están en lugar más alto que todos, y valen más que todos, también ellos son más mirados que todos y aún más acechados que todos, y por eso sería yo de parecer que si no fuesen castos, a lo menos fuesen cautos. De los siete pecados mortales, por ventura es éste con el que Dios menos se ofende, y, por otra parte, es el que el pueblo más se escandaliza, porque en caso de honra nadie quiere que le rodeen la casa, recuesten la mujer, ni le sonsaquen la hija. Loan los historiadores al Magno Alejandro, a Escipión Africano, a Marco Aurelio, al grande Augusto y al buen Trajano, los cuales no solo no hacían fuerza a las mujeres libres, mas ni tocaban en las que cautivaban, y de verdad fueron justamente loados de hombres virtuosos, porque mayor ánimo es menester para resistir un vicio aparejado que para acometer a un campo poderoso.

Manda también Dios al que fuere rey que no atesore muchos tesoros; es, a saber, que no sea escaso ni avariento, porque el oficio del mercader es guardar, mas el del rey no es sino de dar. En el Magno Alejandro mucho más le loan de la largueza que tuvo en el dar, que no de la potencia en el pelear, lo cual parece claro, en que cuando queremos loar a uno no decimos es poderoso como Alejandro Magno, sino es franco como Alejandro. Lo contrario dello dice Suetonio del emperador Vespasiano, el cual de puro mísero, avaro y codicioso mandó en Roma hacer letrinas públicas, a do los hombres se proveyesen, y orinasen, y esto no con intención de tener la ciudad limpia, sino para que le rentasen alguna cosa. El divino Platón aconsejaba a los atenienses en los libros de su República que el gobernador que hubiesen de elegir fuese justo en lo que sentenciase, verdadero en lo que dije se, constante en lo que emprendiese, callado en lo que supiese y largo en lo que diese. Los príncipes y grandes señores por la potencia que tienen son temidos, y por lo mucho que dan son amados, que al fin al fin nadie sigue al rey porque es bien acondicionado, sino por pensar que es dadivoso. Mandar Dios en su ley que el príncipe no allegue tesoros, no quiere otra cosa decir sino que todos le sirvan de voluntad y él use con todos de liberalidad, porque muchas veces acontece que de ser los príncipes muy pesados en el dar, vienen después a no les querer nada agradecer. También mandaba Dios al rey que hubiese de gobernar su pueblo que no fuese soberbio, y que leyese siempre en el Deuteronomio, que era el libro de la ley.

Y porque ha sido larga esta plática, dejaremos la exposición de estas dos palabras para otro día. Resta nos de rogar al Señor dé a Vuestra majestad su gracia y a él y a nosotros su gloria: «ad quam nos perducatt Cristus Jesus, amen».

3. Razonamiento hecho al emperador nuestro señor sobre unas medallas antiquísimas que mandó al autor leer y declarar. Tócanse en él muchas antigüedades

S. C. C. R. M.

Estáis los príncipes tan ocupados en negocios, y tan cargados de cuidados, que apenas os queda tiempo para dormir y comer, cuanto más para os recrear y regalar. Son tan pocas nuestras fuerzas, es tan flaco nuestro juicio, es tan vario nuestro apetito y es tan desordenado nuestro deseo, que a las veces es necesario, y aun provechoso, dar lugar a la humanidad que se recree con tal que la verdad no se afloje. Guerréanos la sensualidad con sus vicios, guerréanos la razón por ser malos, guerréanos el cuerpo por sus apetitos y guerréanos el corazón por sus deseos, a cuya causa no es necesario vadear en los unos, porque no nos acaben, y disimular con los otros, porque no desesperen. Esto digo, Cesárea majestad, porque me pareció bien y mucho bien el pasatiempo que antes de ayer le vi tomar cuando a su cámara me mandó llamar, que a la verdad las recreaciones de los príncipes han de ser tan medidas y comedidas, que ellos se recreen y los otros no se escandalicen. Arsacidas, rey de los Bathos, su pasatiempo era tejer redes para pescar; el del rey Artajerjes era hilar; el de Artabano, rey de los Hircanos, era armar ratones; el de Vianto, rey de los Lidos, era pescar ranas, y el del emperador Domiciano era cazar moscas. Teniendo los príncipes el tiempo tan limitado, y aun de todos tan mirado, los reyes que le empleaban en semejantes vanidades y liviandades no podemos decir que en aquello pasaban tiempo, sino que perdían el tiempo. Es, pues, el caso que en dejándole a Vuestra majestad la calentura de la cuartana, hacía poner delante de sí una mesa pequeña llena toda de medallas, así de oro como de plata, y de cobre, y de hierro, cosa por cierto digna de ver y mucho de loar. Holgué en ver que se holgaba de ver los rostros de aquellas medallas, y en leer las letras que tenían, y en examinar las devisas que traían: las cuales cosas todas no fácilmente se podían leer y mucho menos entender. Había entre aquellas medallas unas que eran griegas, otras latinas, otras caldeas, otras alárabes, otras góticas y aún otras germánicas. Mandóme Vuestra majestad que las mirase y las leyese, y que las más notables dellas le declarase, y de verdad el mandamiento fue muy justo y en mí más que en otro bien empleado, porque siendo como soy su imperial cronista, a mí pertenece darle cuenta y declararle lo que leyere. Yo las he mirado, leído y estudiado, y aunque algunas dellas son muy difíciles de leer y muy dificultosas de entender, trabajaré de tan claro las aclarar y por tan menudo las desmenuzar, a que no solo Vuestra majestad sepa leer la medalla, mas aún sepa el blasón y origen della.

Es de saber que los romanos más que todas las otras naciones fueron codiciosos de riquezas, y ambiciosos de honras, y así fue que por tener que gastar, y sus nombres engrandecer, seiscientos y cuarenta años tuvieron guerra con todos los reinos. En dos cosas trabajaban los romanos de dejar y perpetuar sus memorias; es, a saber, en edificios que hacían y en monedas que esculpían, y moneda no consentían esculpirla sino al que hubiese vencido alguna famosa batalla, o hecho alguna cosa muy notable en la república. Los edificios que ellos más usaban eran muros de ciudad, calzadas en los caminos, puentes en los ríos, fuentes sobre caños, homenajes sobre puertas, baños para los pueblos, arcos de sus triunfos y templos para sus dioses. Muchos tiempos pasaron en el imperio romano que los romanos no tuvieron monedas sino de cobre o de hierro, y de aquí es que las verdaderas y antiquísimas medallas no son de oro, sino de hierro, porque el primero cuño que se hizo para hundir en Roma oro fue en tiempo de Escipión Africano. Usaban, pues, los antiguos romanos poner en una parte de la moneda sus rostros sacados al natural, y de la otra parte ponían los reinos que habían vencido, los oficios que habían tenido y las leyes que habían hecho. Y porque no parezca que hablamos de gracia, es razón que demos aquí de todo lo que hemos dicho cuenta.

Dicen, pues, las letras de una de las medallas: PHORO BACT. LEG. Sepa Vuestra majestad que esta medalla es la más antigua que jamás he visto ni leído, lo cual se le parece bien en el metal de que es hecha y en el letrero con que está escrita. Para declaración della es de saber que siete fueron los inventores que dieron leyes en el mundo; es a saber, Moisés, que dio ley a los hebreos; Solón, a los atenienses; Ligurguio, a los lacedemones; Asclepio, a los rodos; Numa Pompilio, a los romanos, y Phoroneo, a los egipcios. Este Phoroneo, fue rey de Egipto después que Jacob murió, y antes que Joseph naciese, y, según dice Diodoro Sículo, fue rey muy justo, virtuoso, honesto y sabio. Este fue el primero que dio leyes en Egipto, y aún según se cree, en todo el mundo, y de aquí es que todos los jurisconsultos romanos a las leyes muy justas y justísimas llamaron forum, en memoria del rey Foroneo. Quieren, pues, decir las letras de la medalla: «Este es el rey Phoroneo, el cual dio leyes a los egipcios».

Síguense las palabras de otra medalla: B. ULI. LEG. Para entendimiento de esta medalla es de saber que los romanos tomaron por tan grande afrenta la fealdad que el rey Tarquino hizo con la casta Lucrecia, que no solo no quisieron que hubiese en Roma más reyes, mas aún que el nombre de rey y las leyes de rey fuesen para siempre desterrados y en la república olvidados. No queriendo, pues, los romanos estar por las leyes que el su buen rey Numa Pompilio les había dado, enviaron una muy solemne embajada a Grecia, para que les trajesen las leyes que el filósofo Solón había dado a los atenienses;

las cuales, traídas a Roma y aceptadas y guardadas, se llamaron después las leyes de las doce tablas. Los embajadores que enviaron a traer las leyes de Grecia fueron muy sapientísimos romanos, cuyos nombres son: Apio, Genucio, Sexto, Veturio, Julio, Maumulio, Salpicio, Curio, Romulio y Postumio. Y porque Genucio fue uno de aquellos diez tan ilustres varones para aquel tan gran hecho nombrados, puso en las espaldas de su moneda aquellas palabras que les quieren decir: «Este es el cónsul Genucio, uno de los diez varones de Roma que fueron enviados por las leyes de Grecia».

Síguense las palabras de otra medalla: CON. QUIR. AUS. MOS. LE. DBS. Para entender estas palabras, que están muy oscuras, es de saber que a tres maneras de leyes se reducen todas las leyes del mundo; es, a saber: a ius naturale, legem conditam y ad morem antiquum. Ius naturale es a lo que llamaban los antiguos ley de natura, así como «no quieras para otro lo que no quieres para ti», y así como «apártate de lo malo y allégate a lo bueno», las cuales no es menester para aprenderlas la lección, sino la razón. Lex condita es las leyes que hacen los reyes en sus reinos y los emperadores en sus imperios, algunas de las cuales consisten en razón y otras en opinión. Mos antiquus es la costumbre que en algún pueblo se ha introducido poco a poco, la cual no tiene más fuerza de ser bien o mal guardada. Colígese, pues, de lo sobre dicho que llamamos ius naturale a la ley que díctala razón;. llamamos lex condita a la ley que está escrita y ordenada; llamamos mos antiquus a la costumbre de mucho tiempo usada y al presente guardada. Esto presupuesto quiere decir la letra de la medalla: «Este es el cónsul Quirino, el cual en el tiempo de su consulado guardó y hizo guardar lo que quiere el derecho, lo que manda la ley y lo que introduce la costumbre».

Síguense las palabras de otra medalla: POPILI. CONS. AU. MIL. FEC. Para entendimiento de estas palabras, es de saber que los jurisconsultos antiguos pusieron siete maneras de derechos; es, a saber: ius gentium, ius civile, ius consulare, ius publicum, ius quiritum, ius militare et ius magistratum. Llamaban los antiguos ius gentium ocupar lo que no tiene dueño, defender la patria, morir por la libertad, trabajar por tener más que otros y valer más que todos; llamábanle ius gentium porque en todos los reinos y pueblos griegos, latinos, bárbaros, esta manera de vivir se usaba y guardaba. Ius civile era la orden y manera que ordenaron los antiguos para formar los pleitos; es, a saber: citar, responder, acusar, probar, negar, alegar, relatar, sentenciar y ejecutar, para que cada uno alcanzase por justicia lo que le era tomado por fuerza. Ius consulare era las que tenían entre sí y para sí los cónsules romanos; es, a saber: a qué número habían de allegar, qué ropas habían de traer, qué compañías habían de tener, a do se habían de juntar, cuántas horas habían de estar, qué cosas habían de platicar, cómo habían de vivir y hasta cuánta hacienda habían de alcanzar. Este ius consularie no servía a más de para los cónsules romanos que residían dentro de Roma; porque dado caso que había también cónsules en Capua, no les consentían vivir como los del Senado de Roma. Ius quiritum era las leyes y privilegios que tenían los hijosdalgo romanos que vivían en el ámbito de Roma o tenían privilegio de hidalgos romanos. Es de saber que los hidalgos y caballeros romanos tenían cuatro nombres; es a saber: patricios, veteranos, mílites y quirites, los cuales cuatro nombres, según la variedad de los tiempos, así les fueron impuestos. Era, pues, el iuris quiritum la libertad que tenían los caballeros de poderse asentar en les templos, no poder ser presos por deudas, no pagar posadas ni cebada por do iban, comer del erario habiendo venido a pobreza, hacer testamento sin testigos, no ser acusados sino en Roma, no pagar derechos en ningún tributo y poderse enterrar en sepulcro alto. De todas estas preeminencias no gozaba ningún hidalgo, sino solo el que era ciudadano romano. Ius publicum era las ordenanzas y constituciones que tenían entre sí y para sí cada pueblo en particular; es, a saber: cómo habían de reparar los muros, conservar las aguas, medir las calles, edificar las casas, proveer los materiales, tener alhóndigas, coger la moneda, echar las sisas y velar las ciudades; llámanse estas ordenanzas ius publicum, porque todos las hacían y todos las guardaban. Ius militare era las leyes que hicieron los antiguos romanos para cuando un reino con otro rompiesen las paces y prorrumpiesen en guerra, porque se preciaban ellos mucho de ser cuerdos en el góbernar y concertados en el pelear. Eran, pues, las leyes de ius militare cómo pregonarían la guerra, confirmarían la paz, ponían treguas, harían gente, pagarían el campo, velarían los reales, harían los fosos, darían los combates, aplazarían la batalla, retirarían los ejércitos, rescatarían los presos y triunfarían los vencedores. Llámanse estas leyes ius militare, que quiere decir el fuero de los caballeros, porque no servían a más de dar orden a los que seguían la guerra y defendían con armas la República.

Viniendo, pues, agora a la exposición de la medalla, es de saber que en los tiempos de primero dictador romano, que fue Quinto Cincinato, hubo en Roma un cónsul romano que se llamaba Popilio; fue el primero que dio leyes; varón que fue muy docto en las letras y muy diestro en las armas. Este cónsul Popilio fue el primero que dio leyes a los del ejército y las puso en una moneda cual es esta medalla, de que aquí hablamos, cuyas palabras quieren decir: «Este es el cónsul Popilio, el cual compuso las leyes que habían de guardar en la guerra los caballeros que defendían la República». Debe también saber Vuestra majestad que cuando algún príncipe o algún cónsul romano acertaba a hacer alguna ley que fuese grata al Senado y muy provechosa al pueblo, tenían en costumbre de intitular o nombrar la tal ley del que la inventó y ordenó, porque en los siglos advenideros supiesen quién fue el que la hizo y en qué tiempo se hizo. Desta manera, a la ley que hizo César sobre el comer a puerta abierta llamaron Cesárea. A la ley que hizo Pompeyo de dar tutores a los huérfanos llamaron Pompeya. A la ley que hizo Cornelio del partir de los campos llamaron Cornelia. A la ley que hizo Augusto de no echar tributos sino para el bien de la República llamaron Augusta. A la ley que hizo el cónsul Falcidio, que nadie pudiese comprar el dote de la mujer ajena, llamaron Falcidia. A la ley que hizo el dictador Aquilio de no matar a ningún romano dentro de Roma, llamaron Aquilia. A la ley que hizo el censor Ampronio, que ninguno pudiese desheredar a su hijo, si no hubiese sido traidor al imperio romano, llamaron Ampronia.

Sáquense las palabras de otra medalla: RUSTI. DRI. TRIB. PLE. Para entendimiento de estas palabras, es de notar que la orden que tuvieron los romanos en criar sus dignidades y oficios fue ésta: lo primero tuvieron reyes; después, decenviratos; después, triunviratos; después, cónsules; después, censores; después, dictadores; después, tribunos, y después, emperadores. Los reyes no fueron más de siete; los decenviratos duraron diez años, y los triunviratos, cuarenta años; los cónsules duraron cuatrocientos y treinta y cuatro años; el censor duraba un año, el dictador duraba medio año, el tribuno duraba tres años. Al que agora llamamos procurador de los pueblos llamaban los antiguos romanos tribuno del pueblo, el oficio del cual era entrar cada día en el Senado y procurar las cosas del pueblo, y en lo que le pareciese mal, tenía autoridad de tornar por los pobres, y resistir a los Senadores. Como el oficio del tribuno era siempre contrario al Senado, y por esta causa corría su vida peligro, capitulose entre los plebeyos y Senadores, que cualquiera hombre o mujer que por fuerza llegase a su persona o ropa le cortasen públicamente la cabeza, y sepa Vuestra majestad que muchos príncipes romanos se hacían elegir en tribunos de los pueblos, no por el interese que de aquella dignidad sacaban, sino por la seguridad que con ella tenían, porque no solo no los podían matar, mas aún ni en la ropa tocar. El primero tribuno que hubo en Roma, fue un romano que había nombre Rústico, varón muy limpio en la vida y además muy celoso de su República. Criose esta dignidad y fue este Rústico entre el primero y segundo bello púnico, en los tiempos que Silla y Mario traían grandes bandos en Roma y asolaban la República. Quieren, pues, decir las palabras de la medalla: «Este es el buen cónsul Rústico, el cual fue el primero tribuno que hubo en el Imperio Romano». Otras muchas medallas tiene entre éstas Vuestra majestad, las cuales no quiero gastar tiempo en declararlas, pues son fáciles de leer y claras de entender.

4. Razonamiento hecho a la reina germana sobre quién fue el filósofo Ligurguio y de las leyes que hizo

Serenísima y muy alta señora:

Este domingo pasado, después que prediqué a Vuestra Alteza el sermón de la destrucción de Jerusalén, me llamó y mandó que le dije se de palabra y le diese por escrito quién fue aquel gran filósofo llamado Ligurguio, cuya vida yo loé y cuyas leyes yo alegué. En pago de mi trabajo, y por obligarme más a su servicio, mandó aquel día que comiese a su mesa y diome un rico reloj con que estudiase. Para tan poca cosa como es la que Vuestra Alteza me manda no había necesidad de me convidar, ni tantas mercedes me hacer: porque más merced recibo yo en mandármelo que Vuestra Alteza servicio en yo hacerlo. Para decir la verdad, yo pensé que en el sermón se había dormido, y entre las cortinas arrollado; mas pues manda que le diga lo que dije de aquel filósofo Ligurguio, señal es que todo el sermón oyó, y aún que le noto. Y pues Vuestra Alteza es servida que a esta plática estén presentes las damas que la sirven, y los galanes que las siguen, mándeles que no se estén cocando, ni señas haciendo, porque han jurado de me turbar o me atajar.

Viniendo, pues, al propósito, es de saber que en los primeros siglos del mundo, cuando reinaba Sardanápalo en Asiria, Ozías en Judea, Tesplio en Macedonia, Phocas entre los griegos, Alchimio entre los latinos y Arthabano entre los egipcios, nació Ligurguio entre los lacedemones. Este buen Ligurguio fue juntamente filósofo y rey, y rey y filósofo, porque en aquellos tiempos dorados o los filósofos habían de gobernar o los que gobernaban habían de filosofar. Plutarco dice deste Ligurguio que fue bajo de cuerpo, algo descolorido, amigo de callar, enemigo de hablar, hombre de poca salud y mucha virtud. Nunca fue notado de cosa deshonesta, nunca perturbó la República, nunca vengó injuria, nunca hizo injusticia, ni dijo a nadie palabra mala. Era en el comer, templado; en el beber, sobrio; en el dar, largo; en el recibir, recatado; en el dormir, corto; en el hablar, reposado; en el negociar, afable; en el oír, paciente; en el expedir, pronto; en el castigar, manso, y en el perdonar, benigno. Niño, se crió en Tebas; mozo, estudio en Atenas; ya hombre, pasó a la grande India; ya viejo, fue rey en Lacedemonia, que por otro nombre se llamaban los esparciatas, gente que en la nación era griega y en la condición muy bárbara. Por excelencia se cuenta dél que nunca le vieron ocioso, nunca bebió vino, nunca anduvo a caballo, nunca riñó con ninguno, nunca hizo mal a sus enemigos ni fue ingrato a sus amigos. Él mismo iba a los templos, él mismo ofrecía los sacrificios, él mismo leía en la academia, él mismo oía los agraviados, él mismo sentenciaba los pleitos y él mismo hacía castigar los delitos. Era Ligurguio animoso en la guerra, cauto en los peligros, cierto en los conciertos, sereno con los rebeldes, apercibido en los sobresaltos, afable con los culpados y mortal enemigo de vagamundos.

Este filósofo dicen haber sido el que inventó las olimpiadas, que eran unos juegos que se jugaban de cuatro en cuatro años en el monte Olimpo, a fin que todos se diesen a estudiar, o algún arte aprender, porque en aquella junta que allí se hacía demostraba cada uno lo que sabía y el ingenio que tenía. Ligurguio fue el primero que dio leyes a los esparciatas, que después se llamaron lacedemones, es a saber: antes de Solón y de Numa Pompilio. También se escribe de que fue el primero que inventó en Grecia haber casas públicas de los bienes públicos fundadas y dotadas, a do los enfermos se curasen y los pobres se recogiesen.

Antes de Ligurguio eran los lacedemones una gente muy absoluta, y aun disoluta, a cuya causa pasó el buen filósofo inmensos trabajos y peligros con ellos hasta hacerles tener rey y vivir debajo de ley. En presencia de todo el pueblo tomó un día dos perricos recién nacidos, el uno de los cuales crió en su casa muy regalado y goloso, y el otro mandó criar en un hato de ganado, andando siempre al campo, hambriento y trabajado. Criados, pues, ya los perros, mandó los llevar a la plaza, y llamar allí toda la República, y como pusiese delante de los perros una artesa de carne, y soltasen una liebre viva, luego a la ora corrió el perro silvestre en pos de la liebre, y el perro regalado se arremetió a la carne. Entonces les dijo allí Ligurguio: «Vosotros todos sois testigos de cómo estos dos perros fueron nacidos en un día y una hora en un lugar, y de un padre y de una madre, y que por ser el uno criado en el campo se fue tras la liebre a cazar y por ser el otro criado en regalo se arremetió a comer. Creedme, lacedemones, y no dudéis que para ser vosotros buenos y virtuosos hace mucho al caso ser desde niños bien criados, porque al hombre mucho más se le apega de las costumbres con que se cría, que no de las inclinaciones con que nace».

Ya que Licurguio era viejo, mandó llamar a todos los principales del reino, y juntos a las puertas de su templo díjoles estas palabras: «Yo sé que vosotros ha muchos años que os andáis quejando de mí y de mis leyes, afirmando y jurando que son muy ásperas para guardar, y insufribles de cumplir y que juntamente se acabará en mi muerte la ley y el dador de la ley. Yo quiero ir a la isla de Delfos a consultar con el dios Apolo si son injustas o justas estas mis leyes, y por ese mismo Dios vos juro de estar por lo que él me dijere, y cumplir lo que él mandare. Conviene, pues, oh lacedemones, que todos vosotros juntos juréis en este sacro templo que hasta que yo vuelva del dios Apolo vivo o muerto no quebrantaréis las leyes que habéis jurado, y que estaréis por lo que dijere el buen dios Apolo». Estas palabras dichas, juraron los lacedemones todos todo lo que Ligurguio les pidió, y con ellos capituló, y lo que más de loar en ellos fue, que no solo lo juraron, mas aún lo cumplieron. Fue, pues, el caso que Ligurguio, de puro bueno y mañoso, los ligó con aquel juramento, porque su intención fue de ir y nunca más volver, y así fue que murió en la isla de Creta, que agora se llama Candia, y con esto quedaron las leyes para siempre por él confirmadas y por ellos juradas. Mucho quisieran los lacedemones que volviera a ellos el buen Ligurguio, tanto por le ver, cuanto por del juramento se escapar; mas el buen filósofo proveyó antes que muriese de un ataúd de plomo muy grueso para que dentro dél le echasen en la mar en acabando de espirar. Muy digno es de loar Ligurguio en quererse desterrar de su tierra, porque su República quedase a buenas leyes obligada, y también son de loar los lacedemones, los cuales así guardaron el juramento, como si Ligurguio fuera vivo.

He aquí, pues, Serenísima Señora, la vida que aquel filósofo hizo, y agora contaremos las leyes que ordenó, las cuales, aunque fueron muchas y muy buenas, no contaremos aquí sino algunas pocas.

Comienzan las leyes que dio Licurguio a los lacedemones

Ordenó y mandó Ligurguio que todos los montes y prados y casas y heredades se partiesen y igualmente se dividiesen, para quitar que no hubiesen ricos que tiranizasen, ni pobres que se quejasen. Ordenó y mandó que si alguno fuese vicioso y perezoso en labrar sus campos y heredades, que no las pudiese vender a otro sin vender a sí mismo con ellas por esclavo. El oro, plata y el cobre y el estaño y el plomo, todo lo dio a los templos a do eran venerados sus dioses; solamente dejó el metal del hierro, con que los de su reino arasen los campos y resistiesen a los enemigos. A los niños que nacían bobos, locos, tontos, maníacos, mudos, ciegos, contrechos, sordos, mancos, mandaba a sus padres que los mandasen sacrificar, diciendo que en la creación de aquéllos, o habían sido descuidados los dioses, o había errado Naturaleza. Eran entre ellos prohibidos los convites, diciendo que allí perdían los hombres el juicio con el beber, y la gravedad con el hablar, y la salud con el comer. Permitíase en las bodas comer nueve personas juntas, en reverencia de las nueve musas; mas esto era con tal condición, que si habían de hablar, no habían vino de beber, y si querían callar, dábanles vino a beber. Las viñas no se plantaban para beber estando sanos, sino para se curar cuando estaban enfermos; de manera que no se vendía el vino en las tabernas, sino en las boticas. Tenían escuela do aprendían a leer los niños, y no tenían estudios do aprendiesen a ser filósofos, porque decían ellos que los que habían de gobernar su república no habían de ser de los que la filosofía leían, sino de los que la obraban. Si algún artífice extraño venía a su República, había de ejercitar su arte conforme a la antigua costumbre de la tierra, y no conforme a lo que él sabía, y si por caso intentaba alguna cosa nueva a hacer o alguna invención nunca vista sacar, el arte condenaban y a él desterraban. Cinco cosas les enseñaban cada día que guardasen, las cuales un pregonero, puesto en un alto de la plaza, las pregonaba diciendo: «Lo que manda el Senado de Licaonia es que honréis a los dioses, seáis pacientes en las adversidades, obedezcáis a los censores, os avecéis a los trabajos y que volváis de las guerras muertos o vencedores».

En todo un año no podían vestir más de una túnica nueva, y si alguno tenía necesidad de vestir otra, había de pedir licencia para la hacer, y mostrar con qué la había de comprar. De tiempo a tiempo hacían los censores calas en las casas, y si por caso hallaban pan ratonado, trigo perdido, ropa apolillada, carne dañada y otra semejante cosa que estuviese damnificada, no solo eran reprehendidos, mas aún en la plaza azotados, diciendo que con aquellas cosas más valiera a los necesitados socorrer que no dejar las perder. Preguntado Ligurguio que por qué había quitado en su república los baños y prohibido los ungüentos, respondió: «Porque los baños enflaquecen las fuerzas de los miembros, y los ungüentos son despertadores de los vicios». Ámbar, algalia, menjuí, estoraque y todo género de olores era entre ellos prohibido, diciendo que tan gran infamia era para el hombre el bien oler, como para una mujer el mal vivir. Hasta que los mozos se casaban o edad de treinta años habían, comían en pie y dormían en hojas de cañas, por evitarles que no fuesen viciosos en el comer, y perezosos en el dormir. Era entre ellos el vicio pésimo prohibido, y si por caso de semejante crimen a alguno acusaban, no le quitaban la vida, sino que le condenaban a perpetua infamia. Tenían libertad los viejos de preguntar a los mozos a do iban y a qué iban, y si respondían bien y iban a hacer algún bien, dejábanlos pasar, y si a lo contrario, podían los reprender y aún detener. Si algún mancebo cometía alguna deshonestidad delante algún hombre anciano, si por caso no se le retraía o prohibía, al viejo castigaban y al mancebo perdonaban. Al que tomaban cometiendo algún grave delito, poníanle encima de una muela alta que estaba en la plaza y allí acababa el infelice su vida, porque, según decían ellos, el matar a hierro era cosa inhumana, mas dejar morir a los malos era cosa justa. El hijo que a su padre desacataba o desobedecía era entonces castigado y después desheredado. Cuando algún mancebo encontraba con algún viejo, había de levantarse si estaba asentado, y hasta que pasase estar quedo y tornarle acompañar si iba solo, y si alguno en esto era descuidado, los censores le castigaban y los de la república le corrían. Tanta era la hermandad y comunidad entre ellos, que no solo era cada uno padre de sus hijos, amo de sus criados, señor de sus siervos, mas lo era tanto el vecino como él, de manera que unos a otros los hijos se criaban, y los campos se labraban. Cuando algún mancebo se quejaba a su padre de que le hubiese algún hombre anciano castigado, teniase a grande infamia si él no le tornaba otra vez a castigar, porque, según ellos decían, más crédito se había de dar a las canas del viejo que no a las quejas del mozo.

Permitiase entre ellos hacer unos a otros hurtos, no porque tuviesen por buenos los hurtos, sino para hacer a los hombres agudos y cautos; mas si al que hurtaba tomaban hurtando, como ladrón público públicamente era punido. Querían ellos que el que tenía algo fuese cuidadoso en lo guardar, y el que hurtase fuese agudo en el hurtar, y si en esto eran torpes y descuidados, que perdiese el uno lo que tenía y que pagase el otro lo que hurtaba. Eran muy templados en el uso de los manjares, de manera que comían más para vivir que no para se hartar, porque, según decía Ligurguio, los hombres voraces y glotones tienen los ingenios botos y los cuerpos malsanos. Los hombres gruesos y pesados eran entre ellos muy aborrecidos, porque se tenían por dicho que no engordaban los hombres sino por falta de cuidados o por sobra de regalo.

Eran amigos de cantar, y mucho más de instrumentos oír, porque se tenían ellos en sí que con la dulce lumbre de la música se recreaban los juicios y amaban los corazones. Ningún género de cantares sabían ni tenían los lacedemonios, sino solamente los que estallan compuestos en la alabanza de los varones ilustres que bien habían acabado, y en vituperio de los que mal habían vivido. Tampoco en la música, como en las otras cosas, sufrían nuevas invenciones, a cuya causa Tipandro, mayor músico que a la sazón había en el mundo, porque en un instrumento de música añadió una sola cuerda el instrumento le quebraron y a él desterraron. Por evitar las grandes supersticiones que los antiguos hacían en los sepulcros, mandó Ligurguio que enterrasen a los muertos no en los campos, sino cabe los templos. A nadie consentían hacer generoso sepulcro, ni poner en él algún famoso título, sino a los que habían gobernado en paz la república o a los que habían muerto heroicamente en la batalla. Eran los lacedemonios tan enemigos de introducir en sus repúblicas cosas nuevas, que ni permitían a sus vecinos peregrinar ni a hombres peregrinos en su tierra entrar, porque se temía mucho que las extrañas compañías les acarreasen nuevas costumbres. El padre que no enseñaba en la mocedad oficio a su hijo, no era obligado el hijo de mantener, a la vejez, a su padre. Tres cosas eran entre ellos muy comunes: los esclavos para trabajar, los perros para cagar y los caballos para pelear; las cuales libremente podía tomar el que las buscaba, si no las había menester el que las tenía. Las cosas comestibles que llevaban las plantas y los árboles eran comunes y podían todos dellas comer, mas a su casa no las podían llevar. Las vestiduras [fol. io vto.] que usaban en las guerras eran teñidas con moras, porque si fuesen heridos no se espantasen ni desmayasen viendo que la sangre que les salía era de la color que llevaban. En las oraciones que hacían en los templos no pedían otra cosa a los dioses sino que les pagasen los servicios y disimulasen las injurias. Cuando iban a alguna guerra, sacrificaban al dios Mars una zorra, y cuando querían dar la batalla, un buey, para dar a entender a los capitanes de sus ejércitos que no solo habíamos de ser fuertes como bueyes, mas aún astutos como raposos. Pintaban a unos de sus dioses con langas sin hierro, y a otros con espadas desenvainadas, para dar a entender que los dioses a unos castigan y a otros amagan. Tenían en costumbre de no pedir cosa alguna a sus dioses si no fuese a ellos muy grave y muy necesaria, porque las otras cosas menores y menudas decían ellos que no las habían de pedir, sino por industria humana buscar. A los esclavos que se emborrachaban agotábanlos en público delante de sus hijos y otros mozos, porque los unos quedasen castigados y los otros hostigados. Con piedra ni con la mano no podía ninguno llamar a la puerta de otro, porque decían ellos que pues el de dentro había de responder a voces, que le llamasen a él también a voces.

Era tanta la justicia entre los vecinos, ¡tanta la disciplina de los hijos, que ni había cerrojo en las puertas ni cerradura en las arcas. Truhanes ni maestros de farsas no se permitían entre ellos, no sufrían a hombres que tuviesen por oficio el mentir y se diesen al holgar. A todos los que de la batalla escapaban huidos mataban después sus capitanes, porque entre los lacedemonios por mayor mal tenían el huir que el morir. No permitían a ninguno que aprendiese ni menos que usase de muchos oficios, y al filósofo Crisifonte desterraron de su república, porque dijo un día orando delante de todos, que él sabía un poco de todos los oficios, diciendo que pues de cada cosa sabía un poco no debía saber de la filosofía mucho. Celebraban cada año la fiesta de la diosa Diana, el regocijo de la cual era agotarse unos a otros, y el que más agotes sufría y menos se quejaba, aquél quedaba muy más honrado y por sacerdote de aquel año nombrado. Hacer dineros y tratar dinero y tener dinero, fue entre ellos muy prohibido, sino que su trato era dar trigo por carne, lino por pan, vino por paño, paño por aceite, y así de todas las otras cosas, de manera que lo trocaban, mas no lo compraban. A la vuelta de la batalla Maratona, como dos lacedemonios se atreviesen a traer dineros acuñados, determinaron los magistrados de la república que al dinero empozasen y a ellos ahorcasen. Alcameno y Teoponto, dos famosos reyes que fueron antes de Ligurguio, recibieron respuesta del oráculo de Apolo, que por solo el vicio de la avaricia se había de perder aquella república. Fue entre ellos prohibido el uso del navegar, así para el pelear como para tratar, porque decían ellos que jamás los mareantes servían a los dioses ni se sujetaban a las leyes. A ninguna mujer se daba dote para casarse, sino que ellas buscaban a los hombres más ricos y ellos a las mujeres más virtuosas, de manera que entre los lacedemonios ninguna se quedaba de casar por ser pobre, sino porque era mala.

5. Letra para don Alonso Manrique, Arzobispo de Sevilla, y para don Antonio Manrique, duque de Nájara, sobre que le eligieron por juez en una porfía muy notable

Muy ilustres señores:

Don Juan Manrique me dio dos cartas de Vuestras Señorías, cerradas y selladas, en las cuales me hacían saber en cómo me habían elegido por su censor y juez sobre una duda en que ambos habían dudado, y aún asaz porfiado. Yo, señores, acepto la judicatura y me declaro por vuestro juez en esta causa, con tal condición que nadie apele de la sentencia, y más y allende desto pague las costas del proceso y la pena en que fuere condenado.

Ante todas cosas, quiero a Vuestras Ilustres Señorías notar, argüir y aun casi reprender el haber entre sí tanto altercado y porfiado, porque entre tan altas personas admite el platicar y condenase el porfiar. Hidalguía y porfía jamás se compadecieron en una generosa persona, lo cual no es así en el necio y en el porfiado, los cuales tienen entre sí muy grande parentesco. Al filósofo pertenece probar y aún porfiar lo que dijere; mas al buen caballero no pertenece porfiar, sino defender. Al caballero que es animoso, esforzado y valeroso, nunca se le ha de encender la cólera, si no fuere en desenvainando la espada, porque muy poquitas veces sale esforzado el caballero que es muy parlero.

Viniendo, pues, al propósito, escribisme, señores, que toda vuestra porfía fue sobre saber y averiguar cuál destas dos ciudades fue Numancia, es a saber, Sigüenza o Monviedro. También me escribís que no solo porfiaste, mas aún apostaste una buena mula para el que diesen por él la sentencia. Hablando con el debido acatamiento que se debe a tan altas personas, si el uno de vosotros no sabe más de rezar y el otro de pelear, ¿qué sabéis de crónicas y historias antiguas? En balde es el uno arzobispo de Sevilla y el otro duque de Nájara. Cuanta diferencia va de Helia a Tiro, de Bizancio a Menfis, de Roma a Cartago y de Agripina a Gades, tanto va de la ciudad de Numancia a la de Sagunto, porque la antiquísima Numancia fue fundada en Castilla, y la generosa ciudad de Sagunto fue su sitio cabe Valencia. Numancia y Sagunto fueron dos antiquísimas ciudades muy nombradas y muy celebradas en España, en opiniones contrarias, en reinos divisas, en sitios diferentes, en nombres discordes y aún en condiciones varias, porque Sagunto fue fundada de los griegos y Numancia de los romanos. La ciudad de Sagunto fue siempre amiga y aliada con los romanos y mortal enemiga de los cartagineses; mas la ciudad de Numancia ni fue amiga de los unos ni confederada con los otros, porque jamás dio a nadie la obediencia, sino siempre hizo por sí señorío. El sitio de la ciudad de Sagunto fue cuatro leguas de Valencia, a do es agora Monviedro, y quien dijere que la que agora que se llama en Castilla Sigüenza fue en otro tiempo la ciudad de Sagunto, será porque lo soñó, mas no porque lo leyó. Siendo yo Inquisidor en Valencia, fui muchas veces a Monviedro, así a visitar los cristianos como a bautizar los moros; y, vista la aspereza del lugar, la antigüedad de los muros, la grandeza del coliseo, la distancia hasta la mar, la soberbia de los edificios y la monstruosidad de los sepulcros, no hay quien no conozca ser Monviedro la que fue Sagunto, y la que fue Sagunto ser agora Monviedro. En los campos de Monviedro y en los edificios que están allí arruinados se hallan agora muchas piedras escritas y muchos epitafios antiguos de los Hannones y de los Asdruvales, que murieron allí sobre el cerco de Sagunto, los cuales fueron dos linajes de Cartago asaz ilustres en sangre y muy nombrados en armas. Cabe Monviedro hay un lugar que se llamaba entonces los Turditanos y se llama agora Torres Torres, y como éstos eran mortales enemigos de los saguntinos, metiose dentro Aníbal con ellos y desde allí combatió y asoló y quemó a Sagunto, sin ser entonces de los romanos socorrida ni jamás después reedificada. He aquí, pues, señores, cómo vuestra porfía era sobre quién era Sagunto y no sobre quién era Numancia; por manera que Soria y Zamora compiten sobre cuál es Numancia, y Monviedro y Sigüenza sobre cuál es Sagunto. Sea, pues, la conclusión y resolución de todo lo sobredicho, que, vistos los méritos del proceso, y lo que por su parte cada uno ha alegado, digo y declaro por mi sentencia definitiva que el Arzobispo de Sevilla no acertó, y el duque de Nájara erró en lo que ambos a dos porfiaron y entre sí apostaron, y condeno a cada uno de ellos en una buena mula aplicada para el que declarare quién fue la Gran Numancia. Yo quiero agora, Señores, contaros y declararos quién fue la ciudad de Numancia, y deciros quién la fundó y a do se fundó, y cómo se fundó, y el tiempo que duró y aún cómo se asoló, porque es historia dulce de leer, digna de saber, grata de contar y lastimera de oír.

Quién fue la gran ciudad de Numancia en España.

La ciudad de Numancia fue fundada por Numa Pompilio, segundo rey que fue de los romanos, en el año de cincuenta y ocho de la fundación de Roma y en el año dieciocho de su imperio, de manera que por llamarse el que la fundó Numa, se llamó ella Numancia. Usaban mucho los antiguos llamar a las ciudades que fundaban de los nombres que ellos tenían, así como Jerusalén, de Salen; Antioquia, de Antiochio; Constantinopla, de Constantino; Alejandría, de Alejandro; Roma, de Rómulo, y Numancia, de Numa. Solos siete reyes tuvieron los romanos, el primero de los cuales fue Rómulo y el séptimo, Tarquino, y destos siete, el más excelente de todos fue este Numa Pompilio, porque él fue el primero que introdujo a los dioses en Roma, encerró a las vírgenes vestales, edificó los templos y dio leyes a los romanos.

El sitio desta ciudad era a cerca de la Ribera de Duero y no lejos del nacimiento de aquel río, y estaba puesta en un alto, y este alto no era en sierra, sino en un llano de cuesta. Ni era de dentro torreada ni de fuera murada, solamente tenía alrededor una cava ancha y algo honda. Su población era más de cinco y menos de seis mil vecinos, las dos partes de los cuales seguían la guerra y la otra tercera parte la labranza. Era entre ellos el ejercicio muy loado y la ociosidad muy condenada, y lo que más es que de hacienda eran poco codiciosos, y de honra muy ambiciosos. Eran los numantinos de su natural condición más flemáticos que coléricos, sufridos, disimulados, astutos y mañosos, de manera que en lo que en un tiempo disimulaban, en otro vengaban. En la ciudad no había más de un oficial, y éste era el herrador. Plateros, sederos, traperos, fruteros, taberneros, pescaderos, panaderos, carniceros y de otros semejantes oficios, no los consentían entre sí vivir, diciendo que aquellas cosas cada uno las había de tener en su casa y no buscarlas en la república. Eran tan animosos y denodados en las cosas de la guerra, que jamás vieron a ningún numantino las espaldas, ni menos recibir heridas en ellas; por manera, que se determinaban antes morir que huir. No podían ir a la guerra sin licencia de su república, y los que iban habían de ir todos juntos y seguir una parcialidad todos, porque de otra manera, si un numantino mataba a otro numantino, después le mataban a él en el pueblo.

Cuatro géneros de gentes tenían los romanos por muy feroces de domar, y por muy belicosos para pelear: es, a saber, a los mirmidones, que eran los de Mérida; a los gaditanos, que eran los de Cáliz; a los seguntinos, que eran los de Monviedro, y a los numantinos, que eran los de Soria. La diferencia que entre éstos había era: que los mirmidones eran recios; los gaditanos, esforzados; los seguntinos, fortunados; mas los numantinos eran recios, esforzados y bien fortunados. Fabato, Metelo, Sertorio, Pompeo, César, Sexto, Patroclo y todos los otros capitanes romanos, que por espacio de ciento y ochenta años tuvieron guerras en España, nunca a los numantinos conquistaron, ni con ellos se tomaron. Entre todas las ciudades del mundo, sola Numancia nunca reconoció mayor, ni besó la mano a ninguno por señor. Era Numancia poco arriscada, medio cercada, no torreada, no muy poblada, ni menos rica, y con todo esto, ninguno osaba tenerla por enemiga, sino por confederada, y la causa desto era porque era muy mayor la fortuna de los numantinos que no la potencia de los romanos. En los bandos que tuvieron entre sí Roma y Cartago, César y Pompeyo, Sila y Mario, no hubo rey ni reino en el mundo que una de las dos parcialidades no siguiese y contra la otra no pelease, excepto la superba Numancia, la cual siempre respondía a los que la convidaban a seguir su opinión que no ella de las otras, sino las otras della, habían de hacer cabeza. En el primero bello púnico, nunca los numantinos quisieron seguir a los cartagineses, ni favorecer a los romanos, por cuya ocasión o por mejor decir sin ninguna ocasión, acordaron los romanos de hacer guerra a los numantinos, y esto no por el miedo que tenían de su potencia, sino por la envidia que habían a su gran fortuna. Catorce continuos años tuvieron los romanos cercados a los numantinos, en los cuales fueron grandes los daños que los numantinos recibieron y muy extremados los capitanes romanos que allí murieron. Mataron en aquella guerra de Numancia a Gallo Crispo, a Trebelio, a Pindaro, a Rufo, a Venusto, a Escauro, a Paulo Pío, a Cincinato y a Drusio, nueve cónsules que fueron muy famosos y capitanes muy diestros.

Muertos, pues, estos nueve cónsules y otros infinitos romanos con ellos, aconteció en el doceno año del cerco de Numancia que un capitán romano llamado Gneo Fabricio hizo y capituló con los numantinos que ellos y los romanos fuesen entre sí amigos perpetuos confederados, y entre tanto que desto se daba parte en Roma, asentaron una larga tregua. Visto, pues, por los romanos que toda la capitulación era en grande honra de Numancia y en perpetua infamia de Roma, mandaron al cónsul degollar y la guerra proseguir. Luego el siguiente año, que fue el treceno del cerco, enviaron los romanos al cónsul Escipión con nuevo ejército a Numancia, el cual llegado, la primera cosa que hizo fue echar del campo a todos los hombres inútiles y desterrar a todas las malas mujeres, diciendo que en los reales gruesos más daños hacen los deleites aparejados que no los enemigos apercibidos.

Un año y siete meses tuvo Escipión cercada a la ciudad de Numancia, en el cual tiempo nunca los combatió, ni acometió, sino solamente ponía recaudo en que no les viniese socorro, ni les entrase bastimento. Como preguntase un capitán de Escipión al mismo Escipión que por qué no acometía a los que salían fuera ni combatía a los que estaban dentro, respondió: «Es tan fortunada Numancia, y son tan dichosos los numantinos, que su fortuna hemos de pensar que se ha de acabar, mas no esperar que se ha de vencer». Muchas veces salían los numantinos a pelear con los nuevos romanos, y acaeció un día que se trabó entre ellos una tal sanguinolenta escaramuza, que se contara en otra parte por batalla, y al fin fueron de tan mala manera desbaratados los romanos, que si la fortuna de Escipión allí no socorriera, aquel día el nombre de Roma en España se acabara. Viendo, pues, Escipión que los numantinos se ensoberbecían y los romanos se enflaquecían, acordó de retraer sus reales poco más de una milla de la ciudad, lo uno, porque no le acometiesen de súbito, y lo otro, porque no le hiciesen de cerca tanto daño. Como a los numantinos se les acabasen los bastimentos y les faltasen ya muchos de los suyos, ordenaron entre sí y hicieron voto a sus dioses de ningún día se desayunar sino con carne de romanos, ni beber agua ni vino sin que primero gustasen y bebiesen un poco de sangre de algún enemigo que hubiesen muerto. Cosa monstruosa fue entonces de ver, como lo es agora de oír, que ansí andaban los numantinos cada día a caza de romanos, como los cazadores a ojeo de conejos, y tan sin asco comían y bebían de la carne y sangre de los enemigos, como si fueran espaldas y lomos de carneros. Grandísimo era el daño que cada día recibía el cónsul Escipión en aquel cerco, porque los numantinos, allende de que como fieros animales andaban en los romanos encarnizados, peleaban ya, no como enemigos, sino como desesperados. Escusado era que ningún numantino había de tomar a ningún romano a vida ni menos consentir que le diesen sepultura, sino a la hora que uno caía y moría, le tomaban y desollaban y cuarteaban, y en la carnicería le pesaban, de manera que valía más un romano muerto que no vivo y rescatado. Muy muchas veces fue Escipión persuadido, rogado y importunado de sus capitanes que alzase el cerco y se tornase a Roma; mas ni lo quiso hacer, ni aún lo amaba oír, porque al salir de Roma le había dicho un sacerdote nigromántico que no desmayase ni se retirase de aquella conquista, dado caso que pasasen inmensos peligros en ella, porque los dioses tenían determinado que el fin de la fortunada Numancia había de ser el principio de toda su gloria.

Cómo Escipión tomó a Numancia

Viendo Escipión que no podía convencer a los numantinos con ruegos ni tampoco con armas, hizo hacer en torno de la ciudad un foso muy superbo, el cual tenía en hondo siete estados y en ancho cinco, de manera que a los tristes numantinos ni les podían ya entrar bastimentos que comer, ni ellos podían con los enemigos salir a pelear. Muchos requerimientos hacía el cónsul Escipión a los numantinos para que se encomendasen a la clemencia romana y para que se fiasen y confiasen de su palabra, a las cuales cosas ellos respondían que pues que habían vivido trescientos y treinta y ocho años libres, no querían morir esclavos. Grandes alaridos daban de dentro en la ciudad las mujeres y grandes clamores hacían los sacerdotes a sus dioses, y grandes voces daban todos los hombres al cónsul Escipión para que los dejase salir fuera a pelear como buenos y que no muriesen allí de hambre como civiles. Y decían más: «Para ser tú, oh Escipión, mancebo romano, valeroso y animoso, ni aciertas en lo que haces, ni te aconsejan lo que deberías hacer, porque tapiarnos como nos tienes tapiados no es más de un buen ardid de guerra, mas si nos vencieses en batalla sería para ti una inmortal gloria».

De que se vieron los numantinos tan infamemente cercados y que ya no tenían ningunos bastimentos, juntáronse los hombres más esforzados y mataron a todos los hombres vicios, y a los niños, y a las mujeres, y tomaron todas las riquezas de la ciudad y de los templos, y amontonáronlas en la plaza, y pusieron fuego a todas las partes de la ciudad, y ellos tomaron ponzoña, para matarse, de manera que los templos, y las casas, y las riquezas, y las personas de Numancia, todo acabó en un día.

Monstruosa cosa fue de ver lo que los numantinos hicieron viviendo, y no menos fue cosa espantable lo que hicieron muriendo, porque ni dejaron a Escipión riquezas que robase, ni hombre ni mujer de que triunfase. En todo el tiempo que Numancia estuvo cercada, jamás ningún numantino entró en prisión, ni fue prisionero de ningún romano, sino que se dejaban matar antes que consentirse rendir. Cuando el cónsul Escipión vio a la ciudad arder, y después que entró dentro halló a todos los ciudadanos muertos y quemados, cayó sobre su corazón muy gran tristeza, y derramó de sus ojos muchas lágrimas y dijo: «Oh bien aventurada Numancia, la cual quisieron los dioses que se acabase, mas no que se venciese».

Cuatrocientos y sesenta y seis años duró la prosperidad de la ciudad de Numancia, porque tantos corrieron desde que Numa Pompilio la fundó hasta que el gran Escipión Africano la destruyó. En aquellos antiguos tiempos tres ciudades tuvo Roma por muy émulas y rebeldes; es, a saber: Helia, en Asia; Cartago, en África, y a Numancia, en Europa, las cuales fueron totalmente destruidas, mas nunca de los romanos enseñoreadas. Siendo de edad de veintidós años, el príncipe Jugurta vino dende África a la guerra de Numancia en favor de Escipión, y hizo allí tales y tan señaladas cosas que mereció ser de

Escipión muy privado, y en Roma muy estimado. Todos los historiadores que escriben de la guerra de Numancia dicen que nunca el pueblo romano recibió tanto daño, ni le costó tanta gente, ni hizo tanta costa, ni recibió tanta afrenta, como fue en aquella conquista de Numancia, y la razón que para esto dan es porque todas las otras guerras iban fundadas sobre alguna injuria, excepto la de Numancia, que fue de pura envidia.

Decir que la ciudad de Zamora fue en otro tiempo Numancia es cosa fabulosa y de risa digna, porque, si las historias no nos engañan, desde que hubo Numancia en el mundo hasta que comenzó a ser Zamora, pasaron setecientos y treinta y tres años. Si Plinio y Pomponio, y Tolomeo, y Estrabón dijeran que Numancia estaba cabe Duero, hubiera duda si era Soria o Zamora; mas dicen estos historiadores que estaba su fundación a cerca del nacimiento de Duero, de lo cual se puede colegir que pues Zamora está más de treinta leguas del nacimiento de Duero, y Soria no está más de cinco, que es Soria y no Zamora. Tres opiniones son a do puntualmente fue el sitio de la ciudad de Numancia, en que unos dicen que fue do agora es Soria; otros dicen que fue de la otra parte de la puente, en un alto; otros dicen que fue una legua de allí, en un lugar llamado Garray, y a mi parecer, y según lo que yo conocí de los tres sitios, ésta es la mayor y la más verdadera opinión, porque allí hallan grandes antigüedades y parecen grandes edificios, Los que escribieron de Numancia fueron Plinio, Estrabón, Tolomeo, Trogo Pompeo, Pullion, Trebelio, Vulpicio, Isidoro, Justino y Marco Ancio.

6. Letra para el condestable don Iñigo de Velasco, en la cual le persuade el autor que en la toma de Fuenterrabía primero se aproveche de su cordura que experimente su fortuna

Muy ilustre señor y cesáreo capitán:

Anoche, ya muy noche, me dio Pedro de Haro una carta de Vuestra Señoría, la cual, aunque no viniera firmada, la conociera en la letra ser de vuestra mano escrita, porque traía pocos renglones y muchos borrones. Agora que estáis en la guerra, bien se sufre escribáis en papel grueso, los renglones tuertos, la tinta mala y la letra sucia y borrada, porque los buenos guerreros más se precian de amolar las lanzas que de cortar las péñulas. escribisme, señor, que ruegue a Dios por vuestra salud y victoria, a causa que por mandado de César is a cercar a Fuenterrabía, la cual tomó el almirante de Francia, siendo ella de la Corona de Castilla. Este vuestro criado me dio tanta prisa por esta carta, que me será forzado responder más largo de lo que puedo, y mucho menos de lo que quiero. En lo que toca a Fuenterrabía, bien tengo creído que de dos años a esta parte le cuesta más al rey de Francia el tomarla y sustentarla, que le costara comprarla o edificarla, y desto no nos hemos de maravillar, porque los príncipes y grandes señores mucho más gastan en sustentar la opinión que toman que no la razón que tienen. En toda la cristiandad no hallo yo agora empresa tan peligrosa como es ésta de Fuenterrabía, porque o al rey de Francia habéis de vencer, o al emperador desplacer; quiero decir, que os tomáis con la potencia del uno, o con la gracia o desgracia del otro. Ser Capitán general es oficio honroso y provechoso, aunque muy delicado, porque dado caso que haga todo lo que puede, y todo lo que debe, si por malo de sus pecados da alguna batalla y no lleva la victoria de ella, no cumple el triste con perder la vida, sino que le buscan alguna culpa, por lo cual dicen que perdió aquella batalla. Sea cada uno quien fuere, y pelee como peleare, que jamás hasta hoy vimos al capitán vencido llamarle cuerdo, ni al que venció llamarle temerario. Los capitanes que pelean y los médicos que curan, muy bueno es que sean cuerdos; mas muy mejor es que sean bien fortunados, porque son dos cosas éstas a do muchas veces falta la cordura y acierta la fortuna. Vos, Señor, lleváis empresa justa y justísima, porque de tiempo inmemorable acá jamás hemos oído ni visto la villa de Fuenterrabía ningún rey de Francia la hubiese poseído, ni que rey de Castilla se la hubiese dado; de manera que a ellos es conciencia tenerla, y a nosotros es vergüenza no tomarla. Mirad, Señor, mucho por vos, para que guerra tan justa no la perdáis por alguna culpa secreta, porque los desastres y desgracias que suelen acontecer en semejantes empresas no vienen por no ser la guerra justa, sino por ser los ministros della injustos. La guerra que hacían los hombres a los alófilos en los montes de Gelboe era guerra muy justa; mas el rey Saúl, que la hacía, era rey muy injusto, a cuya causa permitió nuestro Señor que se perdiese aquella tan generosa batalla, no por más de porque se perdiese el rey en ella. Como los juicios de Dios sean en sí tan altos, y a nosotros tan ocultos, muchas veces acontece que escoge el príncipe a un criado suyo para enviarle a la guerra, a fin de le honrar y mejorar más que a todos, y por otra parte permite Dios que allí de do pensó salir más honrado y aventurado de allí escape más afrentado y confuso. No piensen los príncipes y grandes señores, que pues no quisieron abstenerse de la culpa, que por eso han de ser más exentos que los otros de la pena, porque lo rodea Dios de tal manera, que vengan a pagar en un hora lo que cometieron en toda su vida. En la casa de Dios jamás fue ni es, ni será mérito sin premio, ni culpa sin pena, y si por caso no vemos luego premiar a los buenos ni castigar a los malos, no es porque Dios los olvida, sino que para adelante lo disimula.

El marchal de Navarra, con su parcialidad de agramonteses, sabemos que está en la defensión de Fuenterrabía; no me parecería mal consejo echar el cerco público, y tratar con ellos de secreto, porque si agora son criados del rey de Francia, acordarse han que también fueron vasallos de nuestro César. A lo que yo hallo por las historias antiguas, este linaje de los marchales de Navarra es linaje antiguo, generoso y valeroso, y para mí tengo creído que el marchal querrá antes servir a César, su Señor, que seguir al rey de Francia, su amo. Solía decir el buen Escipión Africano que todas las cosas se habían de intentar en la guerra, antes que nadie echase la mano a la espada, y a la verdad él decía muy gran verdad, porque no hay en el mundo otra tan gran victoria como es aquella que sin sangre se alcanza. Cicerón, escribiendo a Ático, dice y afirma que no es de menos estima el caudillo que vence a los enemigos con consejo que el que los vence a hierro. Silla, Tiberio, Calígula y Nero nunca supieron sino mandar y matar, y, por el contrario, el buen Augusto y Tito y Trajano nunca supieron sino rogar y perdonar, de manera que vencían rogando como los otros peleando. El buen cirujano ha de curar con ungüentos blandos, y el buen capitán con persuasiones discretas; porque el hierro más le crió Dios para arar los campos que no para matar los hombres. Plutarco dice que estando Escipión sobre Numancia, como le importunasen que combatiese a la ciudad y destruyese a los numantinos, respondió él: «Más quiero conservar la vida de un ciudadano de Roma que matar a cuantos hay en Numancia». Si esto que dijo Escipión mirasen los capitanes de guerra, por ventura no serían tan temerarios en meter a sus ejércitos en tantos peligros, de lo cual se les sigue muchas veces que pensando ellos de tomar de los enemigos venganza, la toman los otros de su sangre propia.

Todo esto digo, señor condestable, para que dado caso que César tenga justificada la guerra de Fuenterrabía, no deje Vuestra Señoría por su parte de justificarla, y la justificación que habéis de hacer es que primero los persuadáis que los combatáis; porque muchas veces suele hacer más el ruego del amigo que el hierro del enemigo. Del buen Teodosio emperador cuentan sus historiadores que hasta que pasasen diez días después que echaba cerco sobre una ciudad no permitía a los suyos que la combatiesen, ni a los vecinos della maltratasen, diciendo y pregonando cada día que aquellos diez días les daba él de término para que se aprovechasen de su clemencia, antes que experimentasen su potencia. Cuando el Magno Alejandro vio muerto el cuerpo de Darío, y Julio César la cabeza de Pompeo, y Marco Marcelo vio a Siracusa arder, y el buen Escipión a Numancia destruir, no pudieron detener las lágrimas de los ojos, aunque aquéllos eran sus mortales enemigos, porque los corazones tiernos y generosos si huelgan con la victoria pésales de la afrenta ajena. Creedme, Señor condestable, que la piedad y clemencia nunca embotó en la guerra la lanza, y, por el contrario, el capitán que es sanguinolento y vindicativo, o los enemigos le matan o los suyos le venden. No inmérito tiene y tendrá Julio César, el primado entre todos los príncipes del mundo, y esto no porque fue más hermoso, fuerte, esforzado y fortunado que todos los otros, sino porque sin comparación fueron muchos más los enemigos que perdonó, que no los que venció ni mató. El muy famoso capitán Narsetes, leemos dél que sujeto a las Galias, venció los athros y enseñoreó a los germanos, y con todo esto nunca dio batalla a los enemigos que no llorase la noche antes en los templos. El emperador Augusto, el reino, que él más quería y por quien más hacía era el de los mauritanos, que agora se llama el reino de Marruecos, y la razón que él daba para esto era porque todos los otros reinos había ganado a hierro y éste a ruego. Si a mis palabras queréis, Señor condestable, dar fe, trabajad que se os dé a pacto y conveniencia Fuenterrabía, antes que no tomarla por fuerza, porque en los graves y dudosos casos, primero han los hombres de aprovecharse de su cordura que experimentar su fortuna. En lo demás que me mandáis, yo, señor, lo haré, y de muy buena voluntad; es, a saber, que ruegue a nuestro Señor dé a Vuestra Señoría victoria, y a mí su gloria.

De la villa de victoria a XIII de enero de MDXXII.

7. Letra para don Antonio de Zúñiga, prior de San Juan, en la cual se le dice que aunque haya en un caballero que reprender, no ha de haber que afear

Ilustre señor y muy valeroso capitán:

Ayer, día de Sancta Lucía, me dio el señor Lope Osorio una carta de Vuestra Señoría, hecha en el cerco que tenéis echado sobre Toledo, y de verdad yo holgué con ella mucho y la estimé en mucho, por ser de tal mano escrita y de tal lugar enviada, porque en tiempo de tan gran revolución, como ésta no ha de escribir el caballero desde su casa holgando, sino desde el campo peleando. El sacerdote se ha de preciar de la casulla, el labrador de la reja, y el caballero de la lanza; por manera que en la buena república el sacerdote ora, el labrador ara y el caballero pelea. No se llama uno caballero porque es en sangre limpio, en potencia grande, en joyas rico y en vasallos poderoso, porque todas estas cosas en un mercader se suelen hallar, y aún un judío las suele comprar. Lo que al caballero le hace ser caballero es ser medido en el hablar, largo en el dar, sobrio en el comer, honesto en el vivir, tierno en el perdonar y animoso en el pelear. Por más que uno sea en sangre ilustre y en el tener valeroso, si por caso es en el hablar boquirroto, en el comer vorace, en condición ambicioso, en la conversación malicioso, en el adquirir codicioso, en los trabajos impaciente y en el pelear cobarde, del tal mejor habilidad diremos que tiene para recuero, que no para caballero. Vileza, pereza, escaseza, malicia, mentira y cobardía nunca se compadecieron con la caballería, porque en el buen caballero, aunque se halle en él qué reprender, no se ha de hallar qué afear. En nuestro tiempo no ha habido tiempo en que muestre bien el caballero quién es y para qué es, como agora, que pues el rey es fuera del reino, la reina está enferma, el Consejo real anda huido, los pueblos están rebelados, los gobernadores están en el campo y todo el reino alterado, agora, si no nunca, deben trabajar y morir por el reino apaciguar, y cada uno a su rey servir. El buen caballero torna agora los guantes en manoplas, las mulas en caballos, los borceguíes en grebas, las gorras en celadas, los jubones en arneses, la seda en malla, el oro en hierro y el cazar en pelear, de manera que el valeroso caballero no se ha de preciar de tener gran librería, sino buena armería. Para el bien de la república, tanta necesidad hay que el caballero se arme como el sacerdote que se revista, porque si las oraciones nos quitan los pecados, también las armas nos libran de los enemigos. Todo esto digo, Señor Prior, para que sepáis allá que sabemos acá todo lo que en vuestro ejército hacéis y aún todo lo que decís, y no os debe pesar dello, pues todos loan vuestra cordura y engrandecen vuestra fortuna.

En el paño de la fama muy afamado es el gran judas Macabeo, el cual, como los suyos le aconsejasen que huyendo salvasen la vida, al punto que quería dar una batalla, dijo: «Nunca Dios permita que pongamos sospecha en nuestra fama, sino que muramos aquí todos por guardar nuestra ley, por amparar a nuestros hermanos y por no vivir infamados». Mucha cuenta hacen los historiadores griegos de su rey Agiges, porque queriendo dar una batalla a los licaonios, como le dije sen los suyos que eran muchos los enemigos, respondioles él: «El príncipe que quiere señorear a muchos, necesario le es pelear con muchos». Anaxándridas, capitán de los esparciatas, preguntado por qué los de su ejército se dejaban antes matar que prender, respondió: «Porque es ley entre ellos muy usada de antes morir libres que no vivir cautivos». El gran príncipe Bias, teniendo guerra con Ificrato, rey de los atenienses, como cayese en una celada que le tenían armada los enemigos, y los suyos le dije sen que qué harían, respondiales él: «Que digáis a los vivos cómo yo muero peleando, que yo diré allá a los muertos cómo vosotros is huyendo». Leónidas, hijo que fue de Anaxándridas y hermano de Cleoménidas, estando peleando en una batalla, como los suyos le dije sen que eran tantas las saetas que los enemigos tiraban que cubrían el Sol, respondió él: «Si las flechas y saetas que tiran los enemigos cubren el Sol, pelearemos nosotros a la sombra». Carilo, rey, quinto que fue después de Ligurguio, estando guerreando a los atenienses, como un capitán preguntase a otro capitán si sabía qué tantos eran los enemigos, díjoles Carilo: «Los valerosos y animosos capitanes nunca han de preguntar de sus enemigos qué tantos son, sino adónde están, porque lo uno es señal de huir y lo otro de pelear». Alcibíades, muy afamado capitán que fue de los atenienses, en la guerra que tuvo con los lacedemones, como los de su campo súbitamente diesen grandes voces, diciendo «¡Al arma, al arma, que hemos caído en manos de nuestros enemigos!», díjoles él: «Esforzaos y no temáis, que no hemos caído nosotros en sus manos, sino ellos en las nuestras».

He querido contar estas pocas de antigüedades para que, sepan todos los presentes y venga a noticia de todos los ausentes que entre estos tan ilustres varones puede ser contado Vuestra Ilustre Señoría, pues no os excedieron en las palabras que dijeron, ni en las obras que hicieron. Acá hemos sabido en cómo los del real de Toledo salieron a quitaros una gruesa cabalgada que llevábades a vuestro real, y muchos de los vuestros, no solo comenzaron a huir, mas aún os aconsejaban que huyésedes, y vos, Señor, como hombre animoso y capitán diestro, os metiste en los enemigos diciendo: «¡Aquí, caballeros; aquí vergüenza, vergüenza; victoria, victoria! ¡Que si hoy vencemos, alcanzamos lo que queremos, y si morimos, cumplimos con lo que debemos!». Oh palabras dignas de notar, y muy dignas de en vuestro sepulcro se esculpir, pues se averiguó que aquel día mataste con vuestra espada a más de siete, y venciste con vuestro ánimo a más de siete mil.

Trogo Pompeyo dice muchas veces y en muchos lugares que las inmensas victorias que alcanzaron los romanos no fueron tanto por ser sus ejércitos muy poderosos, cuanto por tener capitanes muy diestros, y esto podémoslo muy bien creer, pues vemos cada día que el felice suceso de una batalla no se atribuye tanto al ejército que peleó como al capitán que la venció. Jáctanse los asirios de haber tenido por capitán a Belo; los persas, a Ciro; los tebanos, a Hércules; los hebreos, al Macabeo; los griegos, a Alcibíades; los troyanos, a Héctor; los egipcios, a Osiges; los epirotas, a Pirro; los romanos, a Escipión; los cartagineses, a Aníbal, y los hispanos, a Viriato.

La naturaleza de este ilustre varón Viriato fue de la provincia Lusitania, que es agora Portugal, y en su mocedad fue primero pastor, después labrador, después salteador y después fue emperador y de su patria único defensor. Los mismos escritores romanos cuentan deste ilustre capitán Viriato que en quince años que tuvieron con él los romanos guerra nunca le pudieron matar, ni prender, ni afrentar, y como vieron que no le podían vencer en la guerra, ordenaron de matarle a traición con ponzoña.

He querido traeros, Señor, a la memoria esta historia, para que en esta guerra civil que tenemos los caballeros con los comuneros seáis vos, señor Prior, otro nuevo Macabeo entre los hebreos, y otro nuevo Viriato entre los hispanos, para que nuestros enemigos tengan que contar y vuestros amigos de qué se loar. Sea, pues, la conclusión de todo que trabajéis mucho en que, como tenéis ánimo para acometer a los enemigos, le tengáis también para resistir a los vicios, porque en los varones ilustres como Vuestra Señoría se abastan pocos vicios para oscurecer muchas victorias. En lo demás que el señor Hernando de Vega me encomendó de vuestra parte, es a saber, que pues también se señala en la guerra, haya memoria dél en la crónica, teneos, señor, por dicho, que si vuestra lanza fuere cual fue la de Aquiles, mi pluma será cual fue la de Homero.

De Medina de Ríoseco a XVIII de febrero MDXXII.

8. Letra para el conde de Miranda, en la cual se expone aquella palabra de Cristo que dice: «Jugum meum sueve est». Es una de las notables cartas que el autor escribe

Ilustre señor y cesáreo ecónomo:

Mándame por su carta le envíe en romance la exposición de aquella palabra de Cristo que dice: «Jugum meum suave est, et onus meum leve», la cual me oyó el otro día predicando a su majestad en el sermón de todos les santos, y enamorose de oírla y querría mucho tenerla. Escríbeme también que no será mucho tomar trabajo de enviaros la exposición de aquella palabra, pues me fuiste a ver siendo yo guardián de Soria, de manera que si no lo quisiere hacer de gracia me lo pedís por justicia. No quiero negar que aquella visitación no fue para mí muy gran merced y consolación, a causa que el monasterio es húmedo, y la tierra fría, los aires sutiles, el pan poco, los vinos malos, las aguas crudas y las gentes no necias, que a la verdad, si en otra parte juzgan lo que ven, allí dicen lo que piensan. Lo que más allí sentía era, no la falta de los bastimentos, sino la ausencia de los amigos, sin los cuales ni hay tierra que agrade, ni conversación que se contente. Mucha razón tenéis, señor, de pedir la visitación que hicisteis y la consolación que me disteis, porque el buen amigo no debe más a su amigo de remediarle las necesidades y consolarle en las tribulaciones. Por tan gran merced, si quiero haceros mercedes, no soy señor; si quiero serviros, no tengo con qué; si quiero visitaros, no tengo libertad; si quiero pagaros, soy pobre; si quiero daros algo, no lo habéis menester. Lo que podré hacer será reconocer la merced que entonces me hiciste y cumplir lo que agora me mandáis. Aunque sea poco, no tengáis, señor, en poco teneros por señor y elegiros por amigo, porque el buen beneficio recibido mucho más es agradecerle que pagarle. Vicio por vicio, maldad por maldad y malo por malo, no hay en el mundo hombre tan malo como es el hombre desagradecido, y de aquí es que el corazón tierno y humano todas las injurias perdona, excepto la ingratitud, que nunca se le olvida. Alejandro Magno, en hacer mercedes, y Julio César, en perdonar injurias, hasta hoy por nacer están otros dos príncipes que a éstos sobrepujasen, ni aun con ellos igualasen, y junto con esto se lee dellos, que si sabían que era un hombre ingrato, ni Alejandro le daba, ni César te perdonaba.

EXPÓNESE LA AUCTORIDAD DE «JUGUM MEUM SUAVE EST».

Lo que decís, Señor, que os envíe aquella palabra que a su majestad prediqué como se la prediqué, cosa es que yo nunca suelo hacer, ni aún debería hacer, porque si es en nuestra mano de enviaros lo que decimos, no podemos enviaros la gracia con que lo predicamos, porque aquel boato y energía que en aquella hora da Dios a la lengua, pocas veces la da después a la pluma. Asclepio entre los argibos, Demóstenes entre los atenienses, Esquines entre los rodos y Cicerón entre los romanos, no solo supieron orar, mas aún fueron príncipes de todos los oradores, y junto con esto nunca oración que oraban al pueblo querían dar después por escrito, diciendo que no querían fiar de la pluma la gloria que les había dado su lengua. Lo que va de la traza a la casa, del modelo al edificio, de la figura a lo figurado y de lo natural a lo representado, aquello va de oír un sermón en el púlpito a leerle después en escrito, porque en la escritura solamente se ceban los ojos, mas con la palabra levántase el corazón. Propiedad es de las divinas letras, que leyéndose se dejen entender, y oyéndose se dejen gustar, y de aquí es que muchas personas más se tornan a Dios por los sermones que oyen que no por los libros que leen. Yo, Señor, quiero hacer lo que me mandáis, y enviaros lo que me pedís, con un testimonio que pido y una protestación que hago, que si no os pareciere tan bien cuando lo leyéredes como os pareció cuando lo obstes, no echéis la culpa a mi caridad, sino a vuestra importunidad.

Viniendo, pues, al caso, dice Cristo: «Venid a Mí todos les que estáis cargados y trabajados, que yo os descargaré y recrearé». Isaías dice en sus visiones: «Onus babilonis, onus Moab, onus in Arabiam, onus Egiptii, onus Damasci, onus deserti maris, onus Tiri». Que quiere decir: «Vi a Babilonia cargada, a Moab cargada, a Arabia cargada, a Egipto cargada, a Damasco cargada y a

Tiro cargada». El profeta David dice: «Sicut onus graue gravatum est super me». Como si dije se: «Una carga muy pesada echaron sobre mí». Puédese, de lo que hemos dicho, colegir que antes de Cristo toda la vieja ley era enojosa, era penosa, nos traía cargados y aun penados, porque era rigurosa con los que la quebrantaban, y no tenían gloria para los que la guardaban. En pago de los preceptos morales que guardaban, y de los legales que cumplían y de los ceremoniales que se tenían, y de los sacrificios que ofrecían, solamente les daba Dios victoria de los enemigos, paz a las repúblicas, salud a las personas y hacienda con que se sustentasen sus casas. ¿Qué mayor carga podía ser en el mundo que al que quebrantaba la ley se iba luego al infierno y al que la guardaba no le daban luego el paraíso? Desde que la ley vieja se comenzó hasta que se acabó, siempre echaron precepto sobre precepto, ceremonia sobre ceremonia, ley sobre ley, carga sobre carga y aun pena sobre pena; de manera que todos fueron en cargarla y ninguno en aliviarla. El primero que en el mundo mandó pregonar que viniesen a él todos los cargados, que él los descargaría, y todos los agraviados, que él los desagraviaría, fue Cristo nuestro Dios, y esto fue cuando en el crisol del amor hundió aquella ley de temor.

Es aquí de advertir que siendo de su natural cualquier yugo pesado, áspero, duro y congojoso, y el animal que le trae anda allí atado y trabajado, y decir por otra parte Cristo que es su yugo suave de traer, su carga ligera de llevar, cosa es por cierto digna de saber y muy alta de pensar. No dijo Cristo simplemente todo yugo es suave, porque de otra manera no supiéramos de qué yugo hablaba ni aun qué ley aprobaba. En decir Cristo que su yugo es suave nos dio a entender que los otros yugos son amargos; en decir que su carga era ligera, dio a entender que las otras eran pesadas, de manera que nos alivia cuando nos carga, y nos liberta cuando nos unce. Tampoco dijo Cristo mis yugos son suaves y mis cargas son ligeras, porque nuestro Dios ni nos manda arar con muchos yugos, ni cargarnos de muchas cargas. El demonio es el que nos persuade a muchos vicios, el mundo es el que nos engolfa en grandes negocios y la carne es la que nos pide muchos regalos; que el buen Cristo nuestro Dios no nos pide más de que a Él amemos y a nuestros hermanos no aborrezcamos. La ley de los hebreos era ley de temor; mas la ley de los cristianos es ley de amor, y como ellos servían a Dios por fuerza y nosotros de grado, llámase aquella ley dura, y la de Cristo, suave. Propiedad del amor es que lo áspero torne llano; lo cruel, manso; lo acedo, dulce; lo insípido, sabroso; lo enojoso, apacible; lo malicioso, simple; lo torpe, avisado, y aún lo pesado, ligero. El que ama, ni sabe murmurar de quien le enoja, ni negar lo que le piden, ni resistir a lo que le toman, ni responder a lo que le riñen, ni vengarse aunque le afrenten, ni aun se ir si le despiden. ¿Qué se le olvida al que de corazón ama? ¿Qué deja de hacer el que no sabe sino amar? ¿De qué se queja el que siempre ama? Si el que ama tiene alguna queja, no es de lo que ama, sino de sí mismo, que hizo algún yerro en el amor. Sea, pues, la conclusión que el corazón que ama de corazón sin comparación es mucho más el placer que toma en el amor que el trabajo que pasa en servir. ¡De cuán gran cosa sería, si con ser cristianos fuésemos de la ley de Cristo enamorados, que a la verdad entonces ni andaríamos pensativos ni viviríamos penados, porque el corazón que está ocupado en amores, ni huye los peligros, ni desmaya en los trabajos! El yugo que traen los animales cuando es nuevo es de suyo muy pesado; mas cuando ya es seco y algo traído, es más blando de sufrir, y más ligero de traer. ¡Oh buen Jesús, oh alto misterio de mi Dios!, pues no quisiste luego, en naciendo, cargarnos el yugo de tu ley, sino que tú mismo sobre ti mismo le cargaste, y treinta años primero sobre ti le trajiste, para que se enjugase, y se alimpiase y se desbriznase. ¿Qué nos mandó Cristo hacer que él primero no lo hiciese? ¿Qué yugo nos echó a cuestas que él primero no te trajese sobre sus hombros? Si nos manda ayunar, él ayunó; si nos manda orar, él oró; si nos manda perdonar, él perdonó; si nos manda morir, él murió, y si nos manda amar, él amó. De manera, que si nos manda tomar alguna medicina, primero hizo él en sí mismo la experiencia. No compara Cristo a su bendita ley al madero, ni a la piedra, ni a las plantas, ni al hierro, sino solamente al yugo, porque todas estas cosas puédelas llevar uno solo, mas al yugo hanlo de tirar por fuerza dos. Alto y muy profundo misterio es éste, por el cual se nos da a entender que a la hora que el buen cristiano abajare la cabeza debajo del yugo para llevarle, luego se pondrá de la otra parte Cristo para ayudarle. Nadie llama a Cristo que no le responda, nadie se le encomienda que no le socorra, ninguno le pide a quien no dé algo, nadie le sirve a quien no pague, ni nadie trabaja que no le ayude. El yugo de la ley de Cristo más amaga que hiere, más perdona que castiga, más disimula que acusa, más espanta que cansa y aún más alivia que carga, porque el mismo

Cristo que nos le mandó cargar, Él mismo y no otro nos le ayuda a llevar. ¡Oh buen Jesús!, oh amores de mi alma: con tal adalid como tú, ¿quién perderá el camino? Con tal patrón como tú, ¿quién teme de abnegarse? Con tal capitán como tú, ¿quién desespera de la victoria? Con tal compañero como tú, ¿qué yugo hay trabajoso? ¡Oh ley suave, oh yugo bienaventurado, oh trabajo bien empleado el que por ti pasamos, Cristo! Porque no solo te precias de hallarte en nuestros trabajos, mas aún nos prometes de no dejar nos solos. Quien en el huerto de Gesemaní salió a recibir a los que le iban a prender, de creer es que saldrá a abrazar a los que le vienen a servir. Si quiere hacer armas un rico mundano con un pobre cristiano, hallaremos por verdad que es mayor el ayuda de costa que da Cristo a los que le sirven, que no el acostamiento que da el mundo a los que le siguen. A los que trae el mundo debajo de su yugo, a ésos da todas las cosas vareadas, medidas y pesadas, que en la casa de Dios todo se da sano, entero, sin contrapeso y cogolmado. Con mucha razón podemos decir que el yugo de Cristo es suave y su carga muy ligera, pues el mundo aún no nos paga los servicios que le hacemos, y Cristo nos paga aún los pensamientos buenos que dél tenemos. Bien ve Cristo que de nuestro natural somos humanos, flacos, míseros, torpes y remisos, a cuya causa no mira el que tales somos, sino que tales deseamos ser. Ley dio Moisés a los hebreos; Solón, a los griegos; Phoroneo, a los egipcios; Numa, Pompilio, a los romanos. Mas como las hicieron hombres, acabáronse, como se acaban los hombres, mas el yugo de la ley de Dios dura en cuanto Dios durare. ¿Qué puede valer la ley de Moisés, en la cual se permitía el divorcio y la usura? ¿Qué podía valer la ley de Phoroneo, en la cual se permitía a los egipcios que fuesen ladrones? ¿Qué podía valer la ley de Ligurguio, en la cual no se castigaba el homicidio? ¿Qué podía valer la ley de Solonino, en la cual se disimulaba el adulterio? ¿Qué podía valer la ley de Numa Pompilio, en la cual se permitía que cuanto pudiesen tomar les era lícito conquistar? ¿Qué podía valer la ley de los lidos, en la cual no tenían las doncellas otro casamiento sino el que ganaban adulterando? ¿Qué podía valer la ley de los baleares, en la cual se mandaba que no entregasen la esposa al esposo hasta que la conociese el pariente más propincuo? Estas y otras semejantes leyes no podemos decir que eran sino bestiales, brutales y inhonestas, pues en ellas se contenían vicios y se permitían hombres viciosos. El que entró en la religión de Cristo a ser cristiano no tiene licencia de ser soberbio, ladrón, homicida, adúltero, glotón, malicioso, blasfemo, y si por caso viéremos que alguno hace lo contrario desto, solamente terna el nombre de cristiano, que en lo demás será perrochano del infierno. Es la sagrada ley de Cristo tan recta en lo que admite, y tan limpia en lo que permite, que ni vicio sufre, ni con hombre vicioso se compadece: «quia lex domini inmaculata». Los hebreos, los alábares, los paganos y gentiles que a nuestra ley infaman y de su asperaza se quejan, no tienen por cierto razón ni menos ocasión, porque el defecto no está en que sea ella mala, sino en que de nosotros es mal guardada. A los que quieren ser virtuosos nunca los preceptos de Cristo se le harán ásperos, porque el yugo de Dios no es para los que siguen su opinión, sino para los que viven conforme a razón. Finalmente, digo que todo lo que hacemos como cristianos éramos obligados a hacer por ser hombres, y por eso dice Cristo que es su yugo suave y su carga ligera, porque es él tan bueno y tan magnánimo, que así nos paga lo que por él hacemos, como si no fuésemos obligados a lo hacer.

Esto, pues, es lo que siento desta palabra, y esto es lo que dijera su majestad cuando prediqué della. No más sino que nuestro Señor sea en su guarda y a mí dé su gracia que le sirva.

De Madrid, a X de junio de MDXXVI.

9. Letra para don Pedro Girón, en la cual el autor toca la manera del escribir antiguo

Villoria, vuestro solicitador y criado, me dio una carta suya aquí en Burgos, escrita en Osuna a veinticuatro de agosto, la cual, aunque partió de allá por agosto, llegó acá a quince de noviembre; de manera que vuestras cartas, señor, son tan cuerdas y tan bien proveídas, que antes que salgan de su tierra dejan ya hecho el agosto y vendimia. Si como era carta fuera cecina, ella hubiera tenido tiempo para venir bien sazonada, porque ya hubiera tomado la sal y aun descolgádose del humo. Las cartas que habéis, Señor, de enviar, y las hijas que habéis de casar, no curéis de dejar las mucho añejar; porque en mi tierra no dejan añejar otra cosa, sino los tocinos que han de comer y las cubas que han de beber.

Mucho menos camino hay de Osuna a Burgos que hay de Roma a Constantinopla, y tenía mandado el emperador Augusto a todos los visorreyes suyos que en Oriente residían que si dentro de veinte días no recibían la carta que él les había escrito, que no la diesen por recibida, aunque después la recibiesen, diciendo que después podía haber sucedido en Roma alguna cosa, la cual se había de proveer en contrario de lo que había proveído en la primera carta. El emperador Tiberio César, si las cartas que le venían de Asia no eran de XX días escritas, y las que le venían del Illirico, de V, y las que le venían de toda Italia, de III, ni las quería leer, ni menos proveer. Paréceme, Señor, que debéis de aquí adelante hablar, y aun capitular con vuestras cartas, que si a la corte de César han de venir se den más prisa en el caminar, porque hablando con verdad, y aun con libertad, si vuestras cartas fuesen maderas de los pinares de Soria, como son cartas de Osuna, a fe de cristiano que ellas llegasen acá tan secas que se pudiesen hacer dellas puertas y ventanas. Aunque me den muchas cartas juntas, luego conozco entre todas las suyas, las cuales vienen ajadas como lienzo, rancias como tocino, apolilladas como ropa, sucias como jubón y, lo que más es de todo, que para abrirlas y leerlas no es menester fuerza ni hay necesidad de rasgarlas, porque las demás vienen ya todas quebradas y los sellos hechos pedazos.

Filistrato, en la vida de Apolonio Tianeo, dice que era costumbre entre los ipineos de poner las datas de las cartas en los sobrescritos dellas, para que si fuesen de pocos días escritas, las leyesen, y si fuesen añejas, las rasgasen. Si como sois cristiano fuerades, Señor, ipineo, sed cierto y no dudéis que de cien cartas de vuestra mano escritas las noventa y ocho fueran rasgadas y aun dudo que las dos fueran leídas. Es verdad, pues, que si la data de la carta es vieja, que la letra es legible y buena, sino que le juro «per sacra numina» que parece más caracteres con que se escribe el mosaico que no carta de caballero. Si el ayo que tuvisteis en la niñez no os enseñó mejor a vivir que el maestro que tuvisteis en la escuela a escribir, en tanta desgracia de Dios caerá vuestra vida como en la mía ha caído su mala letra, porque le hago saber, si no lo sabe, que querría más construir cifras que no leer sus cartas.

Según la variedad de los tiempos, así se fue descubriendo la manera del escribir entre los hombres, porque según dice Estrabón, De situ orbis, primero escribieron en ceniza; después, en cortezas de árboles; después, en piedras; después, en hojas de laurel; después, en planchas de plomo, y después, en pergamino, y lo último vinieron a escribir en papel. Es tan bien de saber que en las piedras escribían con hierro; en las hojas, con pinceles; en la ceniza, con los dedos; en la corteza, con cuchillos; en el pergamino, con cañas, y en el papel, con péñulas. La tinta con que escribieron los antiguos fue la primera de un pesce que le llamaban jibia; después la hicieron de gumo de largas; después, de hollín de humo; después, de bermellón; después, de cardenillo, y al fin la inventaron de goma, agallas, caparrosa y vino.

He querido, Señor, contaros estas antigüedades para ver esta vuestra carta si fue escrita con cuchillos, o con hierros, o con pinceles, o con los dedos, porque, según ella, vino tan inteligible, no es posible menos, sino que se escribió con caña cortada, o con cañón por cortar. Sabed, Señor, que las condiciones de vuestra carta eran ser el papel grueso; la tinta, blanca, los renglones, tuertos, las letras, trastrocadas, y las razones borradas; de manera que vos, Señor, la escribiste a la Luna, o algún niño que era aprendiz en la escuela. Ya que la carta venía vieja, abierta, sudada, desollada y borrada, es verdad que era corta de razones y abreviada en renglones, no por cierto, sino que a no tener nada escrito, tenía dos pliegos y medio; por manera que, cuando la vi, pensé que era alguna monitoria con que me citaban, y no carta que me escribían. Las letras de vuestra mano escritas no sé para qué se cierran, y menos para qué se sellan, porque hablando la verdad, por más seguro tengo yo a vuestra carta abierta que no a vuestra plata cerrada, pues a lo uno no le bastan candados, y a lo otro le sobran los sellos.

Yo le di a leer vuestra carta a Pedro Coronel para ver si venía en hebraico; dila al maestro Prexamo, para que me dijese si estaba en caldeo; mostréla a Hameth Abducarin, para ver si venía en arábigo; di se la también al Sículo, para que viese si aquel estilo era griego; enviésela al maestro Salaya, para saber si era cosa de astrología; finalmente, la mostré a los alemanes, flamencos, italianos, ingleses, escocianos y franceses, los cuales todos me dicen que o es carta de burla o escritura encantada. Como me dijeron muchos que no era posible sino que era carta encantada o endemoniada, determineme de enviarla al gran nigromántico Johannes de Barbota, rogándole mucho que la leyese o la conjurase; el cual me tornó a escribir y avisar que él había la carta conjurado, y aun metídola en cerco, y lo que alcanzaba en este caso era que la carta, sin duda ninguna, no tenía espíritus, mas que me avisaba que el que la escribió debía estar espiritado. Por lo que os quiero y por lo que os debo os aviso y ruego, Señor, de que aquí adelante toméis estilo de mejorar la letra, y si no podéis, encomendaros a Johannes de Barbota. Tan virgen escapará de mis manos la carta como escapó la mujer del Putifario de manos de Joseph, y la hermosa Sarra de manos de Bimalech, y la hebraica Sunamitis de manos de David, y la dama de Cartago de las manos de Escipión, y la mujer de Focio de las manos de Dionisio, y la hija del rey Darío de las manos de Alejandro, y la reina Cleopatra de las manos de Augusto. Finalmente, digo que, o yo no sé leer, o vos, Señor, no sabéis escribir. Si la carta que envió el rey David a su capitán Joab sobre la muerte del triste Urías, y la preñez de la hermosa Bersabé, fuera desta letra tan maldita, nunca David pecara, ni el inocente Urías muriera. Si la capitulación que hizo Escauro y sus compañeros en la conjuración de Catilina fuera de tan mala letra como su carta, ni a ellos dieran muerte tan cruda, ni en la ciudad de Roma se levantara tan infame guerra. Pluguiera a la Providencia divina que fuerades, señor, secretario de Maniqueo, Arrio, Nestorio, Sipontino, Mario, Ebio y aun del Lutero, y de todos los otros herejes que ha habido en el mundo, porque dado caso que ellos os constriñeran a escribir las descomulgadas herejías, nunca nosotros ni nadie acertara a leerlas. A Plinio, en la Natural Historia, y a Clebio, en la astrología, y a Phirro, en la filosofía, y a Cleander, en la Aritmética, y a Estifon, en la Ética, y a Codro, en la Política, reprehenden grave y gravísimamente todos los escritores antiguos, porque escribieron en sus doctrinas algunas cosas, las cuales son fáciles de leer y muy difíciles de entender. En la capitanía destos tan excelentes varones bien podéis, señor, asentar una lanza, y aun dar tres libras de cera para entrada de la Cofradía, porque si las escrituras dellos no se dejan entender, tampoco vuestros renglones se pueden leer.

Muchas veces me pongo a pensar cómo con la antigüedad de los tiempos y con la variedad de los ingenios todas las cosas se han renovado y muchas mejorado, sino los caracteres del a. b. c., en los cuales dende que se inventaron acá nunca se han añadido ni menos enmendado. El a. b. c. tiene veintiuna letras, dieciocho de las cuales halló Nestor y las otras tres halló el capitán Diomedes, estando en el bello Troyano, y de verdad es cosa de notar que ni la elocuencia de los griegos, ni la curiosidad de los romanos, ni la gravedad de los egipcios, ni la grandeza de los filósofos, hallaron ni pudieron hallar otra letra al a. b. c. que añadir o una de las letras que quitar o trastrocar, sino que si las naciones humanas son en algunas partes diversas, a lo menos las letras del a. b. c. son en todo el mundo unas. Como Colón, y Hernán Cortés, y Pedrarias, y Pizarro, han descubierto en las Indias otro Nuevo Mundo para vivir, podrá ser que vos, señor, hayáis hallado otro nuevo a. b. c. para escribir; mas mucho miedo tengo que ninguno querrá ir a leer a vuestra escuela, si es la materia della de la letra de vuestras cartas. Yo para mi dicho me tengo que por aquella lista nunca venderéis bien vuestra toca. No quiero más decir en la materia de vuestra carta, sino que toméis esta mía por primilla y juntamente con esto pediros por merced no dejéis otro día apolillar la carta y seáis también servido de enmendar el avieso de la letra, porque yo aprendí a leer y no aprendí a adivinar . Pasado me ha por el pensamiento que adrede me enviaste aquesta carta de burla para darme ocasión que os respondiese de burla y que de puro travieso me escribiste así, porque os respondiese así, y si por caso fue éste vuestro fin, pensad, señor, que de tales romerías no podéis sacar sino tales veneras.

De esta Corte de César muy poco hay, señor, que escribir, aunque mucho que murmurar. Lo que agora más nuevo hay es muchos títulos de duques, de marqueses, de condes, y vizcondes, que el emperador nuestro señor ha dado a muchos de sus reinos, los cuales los merecen muy bien por la autoridad de sus personas y por la antigüedad de sus casas. Si me preguntáis, señor, de las rentas que tienen, y de las tierras y señoríos que poseen, en esto no me entremeto ni oso poner la mano, aunque es verdad que algunos destos señores tienen tan estrechos estados, que si como son suyos fuesen de frailes Jerónimos, los tenían de tapias cercados.

Rodrigo Girón, vuestro deudo y mi especial amigo, me rogó de su parte y mandó de la vuestra que hablase al señor Antonio de Fonseca sobre no sé qué embargo que había en una libranza: yo, señor, lo hice como lo requería vuestra autoridad y mi fidelidad; no sé después acá qué se hizo en aquel negocio; mas de lo que le podré certificar y afirmar es que si él persevera tanto en sacar vuestra libranza como ha porfiado en jugar su hacienda, vuestra merced será tan librado de contadores cuanto él fue esta otra noche de los tahúres, porque, según me dijo uno dellos, no perdió más Rodrigo Girón de hasta la gorra que traía y las espuelas que se calzaba. Bien aya quien parece a los suyos y sigue las pisadas de sus pasados, que si bien me acuerdo, yo vi a su padre, alcaide de Montánchez, el cual se estaba muchas veces en la cama, no porque estaba malo, sino porque en Mérida había todo cuanto tenía jugado y perdido.

El Señor sea en su guarda y a mí dé gracia para que le sirva.

De Burgos, a XV de septiembre de MDXXIII.

10. Letra para don Iñigo de Velasco, condestable de Castilla, en la cual el autor toca la brevedad que tenían los antiguos en el escribir

Aquí, en Valladolid, a 4 de octubre, recibí una letra de Vuestra Señoría, hecha en Villorado a treinta de septiembre, y según lo mucho que hay de aquí allá, y lo poco que tardó la carta de allá acá, a mi parecer, aunque fuera trucha llegara acá bien fresca. Pirro, rey de los epirotas, fue el primero que inventó correos, y fue en este caso príncipe tan cuidadoso, que teniendo tres ejércitos en diversas partes derramados, estando él de asiento en la ciudad de Tarento, sabía dentro de un día de Roma, y dentro de dos de Galia, y dentro de tres de Germania, y dentro de cinco de Asia, por manera que sus mensajeros más parecían volar que caminar. Es el corazón humano tan inventor de cosas nuevas y amador de vanidades, que cuanto la cosa que le dicen o escriben es más extraña, y por otra parte es más nueva, tanto él más se regala y alegra, porque las cosas viejas ponen hastío y las que son nuevas despiertan el apetito. Esta ventaja nos tenéis los que podéis mucho a los que tenemos poco, que en breve espacio escribís a do queréis y sabéis do queréis, aunque también es verdad que alguna vez sabéis alguna nueva dentro de tres días, la cual no quisiérades saber aún dentro de tres años. No hay placer ni alegría ni regocijo en este siglo que no traía algún inconveniente consigo, de manera que en lo que muchos días gozamos en un día escotamos. Digo esto, Señor, para que tengáis en mucho a Mosén Rubín, vuestro contino, el cual por la data de vuestra carta parece muy bien haber caminado y no mucho dormido, porque trajo la letra tan fresca que apenas venía enjuta la tinta.

escribisme, Señor, que os escriba qué sea la causa porque, siendo yo de linaje tan antiguo, y de cuerpo tan alto, y en los mementos de la misa tan prolijo, y en el predicar tan largo, cómo soy en el escribir corto, en especial en la carta última que le envié desde el monasterio de Fres del Val, cuando estaba allí predicando a César, la cual dice que no llevaba más de cuatro razones y ocho renglones. En esto, Señor, que aquí me habéis escrito, materia me habéis dado para no responderos corto, y si por caso lo hiciere así, dende aquí digo y protesto que si me arrojare a lo hacer, será más por os complacer que no por yo lo querer.

A lo primero que decís, señor, de mi linaje que es antiguo, bien sabe Vuestra Señoría que mi abuelo se llamó don Beltrán de Guevara, y mi padre también se llamaba don Beltrán de Guevara, y mi tío se llamaba don Ladrón de Guevara, y que yo me llamo agora don Antonio de Guevara, y aun también sabéis, señor, que primero hubo condes en Guevara que no reyes en Castilla. Este linaje de Guevara trae su antigüedad de Bretaña y tiene seis mayorazgos en Castilla: es, a saber, el conde de Oñate, en Álava; don Ladrón de Guevara, en Valdallega; don Pero Vélez de Guevara, en Salinas; don Diego de Guevara, en Paradilla; don Carlos de Guevara, en Murcia, y don Beltrán de Guevara, en Morata; los cuales todos son valerosos en sus personas, aunque pobres en estados y rentas; de manera que los de este linaje de Guevara más se precian de la antigüedad de do descienden que no de la hacienda que tienen. Descender hombres de sangres delicadas y tener parientes generosos aprovecha mucho para honrarnos, y no embota la lanza para salvarnos, porque la infamia nos tienta a desesperar y la honra a nos mejorar. Cristo y su madre no quisieron descender del tribu de Benjamín, que era el menor, sino del gran tribu de Judá, que era el mayor y mejor. Había en Roma una ley que llamaban Prosapia, que quiere decir ley de linajes, por la cual era ordenado y mandado en Roma que, habiendo competencia en el Senado sobre los consulados, que excediesen y precediesen a todos los opositores los que descendiesen del linaje de los Silvios, y Torcatos, y Fabricios, y esto se hacía así porque estos tres linajes en Roma eran los más antiguos y que descendían de romanos muy valerosos. Los que descendían de Catón, en Atenas, y los que descendían de Ligurguio, en Lacedemonia, y los que descendían de Catón, en Utica, y los que descendían de Esigilao, en Licaonia, y los que descendían de Tuscides, en Galacia, no solo en sus provincias eran privilegiados, mas aún de todas las naciones eran muy honrados, y esto no tanto por lo que los vivos merecían cuanto por lo que aquellos antiguos varones habían merecido. Era también ley en Roma que todos los que descendiesen de los Tarquinos, Escauros,

Catilinos, Fabatos y Bitontos, no tuviesen oficios en la República, ni aun morasen dentro del ámbito de Roma, y esto se hizo por amor del rey Tarquino, y el cónsul Escauro, y el tirano Catilina, y el censor Fabato, y el traidor Bitinio, los cuales todos fueron en sus vidas inhonestos y en sus gobernaciones muy escandalosos. Esto digo, Señor, porque ser hombre malo descendiendo de buenos, cierto es gran infamia; mas descender de buenos y ser bueno no es pequeña gloria, que al fin, no son más los hombres que los vinos, los cuales saben algunas veces a la buena pega, otras al mal lavado y otras al buen viduño. Ánimo para no huir, generosidad en el dar, crianza en el hablar, corazón para osar y clemencia para perdonar, gracias y virtudes son éstas que pocas veces se hallan en hombres de bajos suelos y muchas en los que descienden de linajes antiguos. Según está hoy el mundo, sobre quien sois vos, mas quien sois vos, no me parece que puede uno tener mejor alhaja en su casa que ser y descender de sangre limpia, porque el tal tendrá de que se loar y no habrá de qué le motejar.

Decisme también, Señor, en vuestra carta que soy en el cuerpo largo, alto, seco y muy derecho, de las cuales propiedades no tengo yo de qué me quejar, sino de qué me preciar, porque la madera que es larga, seca y derecha, en más es tenida y por mayor precio es comprada. Si la grandeza del cuerpo despluguiese a Dios, nunca Él criara a Palas el Numidano, ni a Hércules el Griego, ni a Milon el Bosco, ni a Sansón el Hebreo, ni a Tindaro el Tebano, ni a Hermenio el Corinto, ni a Hena el Eteo, los cuales eran en la grandeza de sus cuerpos tan monstruosos y espantosos, que parecían los otros hombres delante dellos lo que parecen las langostas delante los hombres. El primero rey de Israel, que fue Saúl, cuanto hay de los hombros a la cabeza era mayor que todos los hombres de su reino. El gran Julio César era en el cuerpo alto y seco, aunque en el rostro no era muy hermoso. De Augusto, el emperador, se dice que era de tan alta altura, que de los altos árboles cogía con su mano propia la fruta. También se escribe del cónsul Silla que era tan excesiva su grandeza, que siempre se bajaba al entrar de cada puerta. Tito Livio dice que Escipión el Africano era de tan grande estatura, que ninguno se le igualaba en ánimo ni le sobrepujaba en la altura del cuerpo. Plutarco dice del Magno Alejandro que, según el ánimo que tenía, al mundo le parecía que tenía harto en Alejandro y Alejandro le parecía que para él era poco aún todo el mundo.

Esto digo, Señor, para que averigüemos aquí cómo podrá caber un corazón humano en un cuerpo pequeño, pues se le hace estrecho aún todo el mundo. Ser un hombre muy grande, o ser muy pequeño, de estos dos inconvenientes el menor es ser grande, porque la ropa larga fácilmente se acorta, mas la que es pequeña sin fealdad no puede ser añadida. Alonso Enríquez, Alvar Gómez, Salaya, Valderrábano y Figueroa, los cuales son pequeños de cuerpos, aunque no de ánimos, siempre que los veo, andar por esta Corte me parece que están orgullosos, briosos, turbados y enojados, y desto no me maravillo, porque las chimeneas pequeñas siempre son algo humosas. En el monasterio de los Toros de Guisando hallé un fraile muy pequeñito, el cual, porque llamé tres veces arreo, riñó muy malamente conmigo, y como yo le dijese que tenía muy poca paciencia y él me respondiese que tenía yo menos crianza, roguele mucho me diese de beber y que cesásemos de reñir, a lo cual me respondió: «Vos, Hermano, aunque me veis, no me conocéis. Hago os saber que yo soy, como veis, chiquito, mas junto con esto soy un pedazo de acero, y los hombres grandes y desaliñados como vos, si de día me hablan, de noche me sueñan, porque este otro día me hice medir, y hallé que llevaba el corazón al cuerpo, cinco varas de medir». A esto le repliqué yo: «Gran necesidad hay, padre, que tenga el corazón cinco varas de medir en alto, pues en todo vuestro cuerpo no hay dos codos y medio». De que esto oyó aquel padre, cesó de reñir, y aun dejame sin beber. Creedme, Señor, que las escopetas cortas mas aina revientan, los lugares pequeños más aina se cercan, en las mares bajas más aina se ahogan, en los caminos estrechos más aina se pierden, las ropas angostas más aina se rompen y los hombres chiquitos más aina se enojan. En los animales pequeños, no solo hay tantas fuerzas, más aun ni tantas gracias como hay en los grandes, porque el elefante, el dromedario, el buey, el bufano y el caballo, que son animales grandes, aprovechan para servir; mas la pulga, el ratón, la lagartija, la mosca y la cigarra no sirven de más de enojar.

También me motejáis, Señor, que en el decir de la misa soy largo, y que en el tener los mementos no soy corto, y que tan pesado soy yo en decir una misa, como el Maestro Prexamo en hacer una plática. Pues yo prometo a Vuestra Señoría que si soy largo en el rezar, que no sois vos, Señor, corto en el hablar, porque hartas veces os he visto alguna larga plática comenzar y no he osado esperar a la acabar; que si esperara, o había de venir de palacio a mediodía, o a dormir a medianoche. Yo, Señor, cotejo los mementos de la musa con los pecados de mi vida, y hallo por mi cuenta que no es cosa justa ser largo en el pecar y corto en el orar. El Hacedor y Redentor del Mundo en todas las cosas era muy medido, sino en el orar, que siempre, era largo; lo cual mostró Él muy claro en el huerto de Gesemaní, a do cuanto más la agonía le apretaba, tanto más la oración alargaba.

También decís, Señor, que en el predicar soy largo y muy enojoso, a lo cual os respondo que no hay en el mundo sermón largo si el que le oye le oye como cristiano y no como curioso. Acuérdome que la cuaresma pasada, estando yo con Vuestra Señoría, le presentaron unos salmones de Peña Melera, los cuales loaste de buenos, y os quejaste que eran pequeños; por manera, Señor, que nunca salmón se os hizo largo, ni sermón corto. Treinta y ocho años ha que fui traído a la Corte de César, en la cual he visto a todas las cosas crecer, sino a los sermones, que se están siempre en un ser. Parece esto ser verdad, en que en el comer se da más tiempo, en el dormir se consumen más horas, todas las ropas llevan ya de paño más varas, las casas son mucho más anchas, los gastos son más excesivos, los vestidos son más costosos y los hombres son más viciosos; finalmente, digo que en el hablar, ni en otra cosa alguna no se sufre ya tasa, sino es en el sermón, que no ha de pasar de una hora.

A lo que Vuestra Señoría dice que por qué en el escribir soy tan corto, a esto, Señor, os respondo que, si yo no me engaño, para el hablar no es menester más de viveza; mas para el escribir es necesario mucha cordura, porque para probar si es un hombre cuerdo o loco no es más menester de ponerle unas espuelas en los pies o una pluma en la mano. En todas las cosas confieso ser largo, excepto en el escribir, que no me pesa ser corto, porque de una palabra inconsiderada puédome luego retratar, mas la firma de mi mano no la puedo negar. Decir una inocencia es bobedad, mas firmarla de su mano es necedad. Dice Salustio que si el tirano Catilina y los otros sus compañeros no firmaran la carta de la conjuración, aunque fueran acusados no pudieran ser condenados, por manera que también mata la pluma como la lanza. Silaercio, Plutarco, Plinio, Vegercio, Vulpicio y Eutropio no nos engañan en sus historias; muchos poetas, oradores, filósofos, reyes y príncipes o en los siglos pasados, de los cuales se lee que eran hubo en el hablar muy largos, mas en el escribir muy corregidos. César, en una carta que escribió dende el bello Pérsico a Roma, no decía más de estas palabras: «Vine, vi y vencí». Octavio, el emperador, escribiendo a su sobrino Gallo Drusio, decía así: «Pues estás en el Illirico, acuérdate que eres de los Césares, te envió el Senado, y eres agora moro, y mi sobrino, y ciudadano romano». El emperador Tiberio, escribiendo a su hermano Germánico, decía así: «Los templos se guardan, los dioses se sirven, el Senado pacífico, la república próspera, Roma sana, fortuna mansa y año fértil, esto es acá, en Italia; lo mismo deseamos a ti en Asia». Cicerón, escribiendo a Cornelio, dice así: «Alégrate, pues yo no estoy malo, que también me alegraré yo si tú estás bueno». El divino Platón, escribiendo desde Atenas a Dionisio el Tirano, dice así: «Matar a tu hermano, demandar más tributo, forzar al pueblo, olvidar a mí tu amigo y tomar a Phocio por enemigo, obras son de tirano». El gran Pompeyo, escribiendo dende Oriente al Senado, decía así: «Padres conscriptos: Damasco es tomada; Pentápolis, sujeta; Siria es colonia Arabia, confederada, y Palestina, vencida». El cónsul Gneo Silvio, escribiendo las nuevas de la Farsalia a Roma, decía: «César venció, Pompeyo murió, Rufo huyó, Catón se mató, la dictadura acabó y la libertad perdió». He aquí, Señor, la manera que tenían los antiguos en escribir a sus peculiares amigos, los cuales, con su brevedad, daban a todos que notar; mas nosotros, como nunca acabamos, damos bien que decir.

No más, sino que Nuestro Señor sea en su guarda, y a mí dé gracia con que, le sirva.

De Valladolid, a VIII de octubre de MDXXV.

11. Letra para el marqués de Pescara, en la cual el autor toca qué tal ha de ser el capitán en la guerra

Estando con César en Madrid, a veintidós de marzo, me dieron una letra de Vuestra Señoría, hecha en treinta de enero, y Dios me sea testigo, cuando la vi y leí, quisiera yo más que fuera la data della, no del cerco de Marsella, sino de la conquista de la Casa Sancta, porque si fuera de Asia, y no de Francia, vuestra jornada fuera más afamada y sublimada, y aun a Dios más acepta. Tito Livio dice que traían muy gran competencia entre sí Marco Marcelo y Quinto Fabio, y la competencia dellos era sobre los consulados de la guerra, porque el buen Marco Marcelo no quería ser capitán de guerra que no estuviese muy justificada, y Quinto Fabio no aceptaba ir a guerra que no fuese muy peligrosa. Muy gran vanagloria tuvieron los romanos, en cuyo siglo nacieron estos dos tan valerosos príncipes; mas al fin en mucho más fue tenido Marco Marcelo por ser justo, que no Quinto Fabio por ser animoso. Nunca los romanos fueron tan mal tratados ni afrentados en la guerra de Asia, ni en la de África, como lo fueron en el cerco de Numancia, y esto no por falta de combatirla, ni porque la ciudad era muy recia, sino porque los romanos no tenían razón de la guerra y los numantinos tenían muy gran razón de se defender. Helio Esparciano dice que solo el emperador Trajano fue el que nunca en batalla fue vencido, y la razón desto era porque jamás emprendió alguna guerra que no tuviese en ella justificada su causa. El rey de Ponto, que se llamaba Mitrídates, escribió una carta al cónsul Silla, estando uno contra otro muy metidos en guerra, que decía así: «Espantado estoy de ti, cónsul Silla, emprender guerra en tierra extraña, como es esta mía, y osarte tomar con mi gran fortuna, pues sabes que a mí nunca me faltó y a ti nunca te conoció». A estas palabras respondió el cónsul Silla: «Poco se me da, oh Mitrídates, tener lejos de Roma la guerra, pues Roma tiene siempre cabe sí a la fortuna, y si dices que a ti nunca te faltó, a mí nunca conoció; agora verás cómo, usando de su oficio, se pasa a mí y se despide de ti, y dado caso que no sea así, ni temo a ti ni temo a ella, porque yo espero que harán más los dioses por mi justicia que no hará por ti tu gran fortuna». Muchas veces decía el emperador Augusto que las guerras, para ser buenas, las habían de encomendar a los dioses, aceptarlas los príncipes, justificarlas los filósofos y ejecutarlas los capitanes.

Esto digo, señor marqués, para que si vuestra guerra fuera Jerusalén, la tuviéramos por justa; mas en ser sobre Marsella, todavía la tenemos por escrupulosa. «Cor regis in manu dei est», dice la Divina Escritura. Y si esto es así, ¿quién podrá alcanzar este gran secreto, es a saber, que estando en la mano de Dios el corazón del rey, ose ofender a Dios? Lo cual parece claro: en que no vemos otra cosa sino guerras entre cristianos y dejar prosperar y vivir en paz a los moros. Negocio es éste para mí tan largo, que si le sé platicar, no lo sé entender; pues no vemos otra cosa cada día, sino que permite Dios por sus secretos juicios que se destruyan y se asuelen las iglesias do le loan, y queden enteras y libres las mezquitas do le ofenden.

Vos, señor, sois cristiano, sois buen caballero, sois mi propincano deudo y sois mi especial amigo; cualquiera de las cuales cosas me obliga mucho a sentir vuestro trabajo y tener pena de vuestro peligro. Digo trabajo para el cuerpo, porque el capitán que tiene en mucho su honra ha de tener en poco su vida. Digo peligro para el ánima, porque entre cristianos no hay guerra tan justificada que no haya escrúpulo en ella. En esto veréis, señor, que os deseo salvar, en que no os quiero lisonjear, sino deciros lo que aquí yo siento, porque después hagáis lo que debéis. Y si no sabéis a lo que sois obligado, quiero, señor, que lo sepáis, y es que el capitán general es obligado a evitar los injustos daños, corregir los blasfemos, amparar los inocentes, castigar a los atrevidos, pagar los ejércitos, defender los pueblos, evitar los sacos y guardar bien la fe a los enemigos. Teneos por dicho, señor marqués, que vendrá tiempo en el cual daréis cuenta a Dios, y aun al rey, no solo de lo que hiciste, mas aún de lo que consentiste. Don Juan de Guevara fue abuelo vuestro y tío mío, y él fue uno de los caballeros que pasaron de España en Italia con el rey don Alonso, y le ayudaron a ganar ese reino de Nápoles, y en recompensa de los servicios, le hizo gran Senescal del Reino. De lo cual podéis colegir cuánto debéis, señor, trabajar por dejar otro tal renombre a vuestros descendientes, cual os dejaron a vos vuestros antepasados. Según dice Cicerón, escribiendo a Atico, este nombre de caballero nunca los romanos le llamaron ni consintieron llamar a los que sabían juntar muchas riquezas, sino a los que se habían hallado en vencer muchas batallas. El caballero que no imita a sus pasados no debería alabarse que desciende dellos, porque cuanto más haya sido esclarecida la vida de los padres, tanto más es de culpar la negligencia en los hijos. Tener gran presunción, no más de por descender de personas nobles, digo que es cosa vana; blasonar de los hechos propios, también es locura; al fin destos dos extremos, más tolerable, es el que se precia de virtud propia, que no el que se alaba de la ajena. «Cuando entre caballeros se habla de cosas de caballería, gran vergüenza debe tener un caballero de decir que las leyó, sino decir que las vio, porque al filósofo conviene contar lo que ha leído, que al caballero no le está bien decir sino lo que ha hecho. El cónsul Mario, cuando residía en Roma, y cuando residía en la guerra muchas veces le oían decir: «Yo confieso que soy de linaje oscuro, y también confieso que no tengo escudos de mis antepasados, porque no fueron capitanes esclarecidos;

mas juntamente con esto, no me podrán negar los que agora son vivos que en los templos no tengo estatuas, en mi cuerpo muchas heridas y en mi casa muchas banderas, ninguna de las cuales heredé de mis pasados, sino que las gané de mis enemigos» Y dijo más Mario: «Vuestros antepasados dejaron os riquezas que gozásedes, casa do morásedes, esclavos de que os sirviésedes, huertas do os holgásedes, fama de que os alabásedes y armas de que os arreásedes, mas no os dejaron la virtud que os preciásedes; del cual hecho, oh romanos, podéis inferir que es muy poco lo que hereda el que las virtudes de sus antepasados no hereda».

He querido traeros esto a la memoria para que, acordando os de varones tan esclarecidos como fueron vuestros antepasados, os preciéis mucho más de imitar sus actos virtuosos que no de traer sus armas en vuestros reposteros. Miento si no vi en la corte de César a un caballero de más de un cuento de renta, al cual jamás vi tener un caballo en su caballeriza, ni lanza en su casa, ni aun se ceñía las más veces espada, sino que traía solamente una daga en la cinta, y pequeña, y por otra parte, cuando contaba las hazañas de sus padres, parecía que descarrillaba leones. Préscianse ya los hombres de pintar las armas en sus casas, esculpirlas en los sellos, ponerlas en las portadas y tenerlas en los reposteros; mas ninguno se precia de ganarlas en los campos, por manera que tienen armas para que miren otros y no para que peleen ellos. Quiero os, señor Marqués, dar un consejo, el cual para los de vuestro oficio de guerra es muy necesario, y éste es: sobre todas las cosas tened vigilancia y aviso para que entre los capitanes de vuestro ejército haya secreto, porque jamás hay buen suceso a los grandes negocios cuando ante que hayan efecto son descubiertos. Si Suetonio Tranquilo no nos engaña, nunca a Julio César le oyeron decir «mañana se hará esto y hoy se haga esto», sino solamente decía «hoy se hará esto y mañana se verá lo que habemos de hacer». Plutarco dice en su Política que preguntado Lucio Metelo por un capitán suyo cuándo darían la batalla, le respondió: «Si supiese que sabía mi camisa el menor pensamiento que mi corazón pensaba, a la hora la quemaría y nunca otra vestiría». Las cosas de la guerra bien es que se platiquen con muchos; mas la resolución dellas se ha de tomar con pocos, porque de otra manera primero serán descubiertas que concluidas. Bien me parece que toméis consejo con los hombres expertos y ancianos, con tal que los tales sean cuerdos, y no temerarios, porque a las veces más sano es el consejo que procede de poca edad y mucha habilidad, que no el que procede de mucha edad y poca habilidad. Guardaos, señor, de tomar consejo con los hombres que son en los consejos muy cabezudos y en los hechos muy temerarios, porque en los peligrosos casos que suceden en la guerra, menos mal es retirarse que perderse. Alcibíades, capitán que fue entre los griegos, decía que los hombres que tenían los corazones animosos y valerosos mayor esfuerzo habían menester para huir que no para esperar, porque a esperar convídales la honra, mas al huir constríñeles cordura. En los grandes peligros, más sano consejo es que se sometan los hombres a la razón que no que se arrojen a la fortuna. En todas las cosas os abrazad, señor, con el consejo, sino cuando os viéredes en algún repentino peligro, porque en las guerras a muchos capitanes habemos visto perderse, no por más de porque al tiempo que habían de hacer una cosa de hecho se asentaban muy despacio a tomar consejo. Debéis, también, señor Marqués, de amonestar y avisara vuestros ejércitos que en los forzosos y necesarios peligros no se muestren ser hombres flacos, porque son de tal calidad las guerras, que el temor de los unos hace desmayara los otros.

Teneos por dicho, señor, que el corazón que está lleno de miedo ha de estar vacío de esperanza. Los que andan siempre en continuas guerras, ni han de tener por segura la victoria, ni tampoco desesperar de alcanzarla, porque no hay cosa en que menos corresponda la fortuna que en las cosas de la guerra. Brasidas, el griego, en la guerra que tenía con los de Tracia, como les tomase por fuerza de armas una fortaleza y la defendiese muy varonilmente, preguntado por uno de sus enemigos por qué se había metido dentro de ella y la defendía, respondió él: «Por los inmortales dioses juro que ella se encomendó a mí que la guardase, y no yo a ella que me defendiese, porque al fin más certenidad tengo della que me ha de servir de sepultura que no de defensa».

No quiero decir más en este caso, sino que le pido de especial gracia, que de tal manera os hayáis en esa guerra de Provencia que parezca y sea a todos notorio que lo hacéis más por obedecer a vuestro amo César que no por vengaros del rey de Francia, porque de otra manera tomara Dios venganza de vuestra venganza.

La péñula de oro que me envió recibí, y así creo recibiréis, señor, el Marco Aurelio que os envío. La diferencia que de lo uno a lo otro hay es, que en el libro conocerá Vuestra Señoría mi inocencia y en la péñula se pareció su largueza. No más sino que nuestro Señor sea su guarda y a mí dé gracia que le sirva.

De Valladolid, a XIX de agosto, MDXXIIII años.

12. Letra para don Alonso de Albornoz, en la cual se toca que es caso de mala crianza no responder a la carta que le escriben

Si la señora doña Marina, vuestra esposa, está tan bien con vuestra persona como mi pluma está mal con vuestra pereza, seguramente os podes, señor, casar, sin que después os hayáis de arrepentir, y no pienso que me obligo a poco en decir que de casaros no tendréis arrepentimiento, que a la verdad no querría yo tener mayor contrición de mis pecados que la que tienen muchos hombres de verse casados. Contraer matrimonio con una mujer cosa es muy fácil; mas sustentarlo hasta en fin téngolo por muy difícil, y de aquí es que todos los que se casan por amores viven después con dolores. Considerados los enojos que da la familia, la pesadumbre de la mujer, el cuidado de los hijos, la necesidad de la casa, la provisión de los criados, la importunidad de los cuñados y el adorar que se quieren hacer los suegros, aunque con todas estas cosas el casado no se arrepienta, a lo menos cansase. Preguntado el filósofo Mirto por qué no se casaba, respondió: «Porque la mujer que tengo de tomar, si es buena, téngola de perder; si es mala, de soportar; si es pobre, de mantener; si rica, de sufrir; si fea, de aborrecer, y si hermosa, de guardar. Y, lo que es peor de todo: que doy para siempre mi libertad a quien jamás me lo ha de agradecer». La riqueza congoja, la pobreza entristece, el navegar espanta, el comer empalaga y el caminar cansa; los cuales trabajos todos vemos entre muchos estar derramados, sino es en los casados, que están todos juntos; porque el hombre casado pocas veces le vemos que no ande congojado, triste, cansado, empalagado y aun asombrado, digo asombrado de lo que le puede acontecer y su mujer osar hacer. El hombre que topó con una mujer que es necia, o loca, o chocarrera, o liviana, o glotona, rencillosa, o perezosa, o andariega, o incorregible, o celosa, absoluta, o disoluta, más le valiera ser esclavo de un buen hombre que marido de tal mujer. Terrible cosa es sufrir a un hombre, mas también hay mucho que conocer en una mujer, y esto no por más de porque no saben tener modo en el amar, ni dar fin en el aborrecer. No quiero o por ventura no oso decir más en este caso, porque si en esto me ocupase, y licencia a mi pluma diese, faltarme ya tiempo para escribir, mas no materia para decir.

No sin causa dije que estaba mi pluma reñida con su pereza, pues os escribí habrá bien medio año y no me respondiste, y después vino Juan de Ocaña y tampoco con él me escribiste; de manera que por lo uno os llamaremos perezoso y por lo otro os notaremos de descuidado. Tomad, señor, por estilo de nunca dejar de responder al que tomó trabajo de os escribir, porque el Alcalde de los Hijosdalgo, que es Hernán Sanz de Minchaca, me dijo que ninguno perdía la hidalguía por responder a una carta. Responder al mayor es de necesidad, responder al igual es de voluntad; mas responder al menor es de pura virtud. El Magno Alejandro escribía a Julio, su albéitar, y Julio César, a Rufo, su ortolano, y Augusto, a Panfilio, su herrador, y Tiberio, a Escauro, su molinero, y Tulio, a Mirto, su sastre, y Séneca, a Giplio, su rentero. De lo cual se puede bien inferir que no está la bajeza en el escribir ni responder a personas bajas, sino en querer o hacer cosas feas. Paulo Emilino, escribiendo a un yuguero suyo, decía: «Entendí lo que me enviaste a decir con Argeo, y la respuesta dello es que te envío otro buey para uncir con el otro buey bragado, y también te envío el carro adobado; por eso ara bien esa tierra, y barda la viña, y descoca los árboles, y ten siempre memoria de la diosa Ceres». Curio Dentato, estando en la guerra contra Pirro, rey de los epirotas, escribió una carta a un carpintero, que decía así: «Gneo Patroclo me dijo que labras en mi casa, mira que esté la madera seca, y que le des la luz hacia el medio día, no sea tan alta, será clara, el baño abrigado, la chimenea sin humo, dale dos ventanas y no más de una puerta». El Magno Alejandro, escribiendo a un herrador suyo, decía: «Un caballo te envío que me enviaron los atenienses; salirnos él y yo heridos de la batalla. Paséale bien cada día, cúrale bien la herida, despálmale las manos, no le hierres los pies, hiéndele las narices, lávale la cola; no le dejes tomar muchas carnes, porque ningún caballo grueso me puede sufrir en el campo». Dél muy famoso Falaris, el tirano, no se lee que jamás hombre le hizo servicio que no se le agradeciese, ni le escribió carta que no le respondiese. Tan altos y tan grandes príncipes como aquí habemos nombrado haber ellos escrito a hombres tan bajos, o tan viles oficios, no le cuentan los historiadores para se lo afear, sino para por ello los engrandecer.

De lo cual podemos inferir que no está la bajeza en escribir o responder a personas bajas, sino en hacer obras escandalosas y deshonestas.

En este caso y en todo lo demás podéis, señor, atreveros, a mí como a ves mismo; mas si universalmente lo usáis hacer así con todos, podrá ser que si vuestros amigos os notan de descuidado, no falte quien os acuse de presuntuoso. Notar en uno ira, envidia, codicia, pereza, lascivia, gula y avaricia, cierto es pena; mas notarle de locura es infamia. Y digo esto, señor, porque decir a uno que es presuntuoso es llamarle loco por muy buen estilo. En Gallo César ni faltó esfuerzo, pues venció a tantos pueblos, ni faltó clemencia, pues perdonó a sus enemigos; ni faltó largueza, pues hacía mercedes de reinos; ni faltó ciencia, pues escribió tantos libros; ni le faltó fortuna, pues fue señor de todos; mas faltole buena crianza, que es el fundamento de la vida quieta. Entre los romanos era costumbre que cuando el Senado entrase en casa del emperador, ellos hiciesen una gran mesura a él y él hiciese algún comedimiento a ellos, lo cual, como él se descuidase de hacer, ora por no querer, ora por no mirar, fue el caso que dentro de pocos días le dieron veinte y tres puñaladas de manera que aquel muy alto príncipe no por más perdió la vida de por no tener un poco de buena crianza. Lo contrario desto dice Suetonio Tranquilo de Augusto el emperador, el cual, estando en el Senado o en el Coliseo, jamás se asentaba hasta que todos se asentasen, y la misma mesura que le hacían les hacía, y si por caso entraban sus hijos en el Senado, ni consentía a los Senadores que se levantasen, ni a los hijos que se asentasen. Si no queréis, señor, que os llamen presuntuoso, o por mejor decir loco, preciaos de ser bien criado, porque con la buena crianza, más que con otra cosa, se atraen los enemigos y se sustentan los amigos.

Ya, señor, hablé con el Nuncio del Papa sobre la dispensación que enviáis a pedir para casar con la señora doña Marina, la cual tenemos en sesenta ducados concertada, y como es veneciano y no se precia de necio, primero quiere ser pagado que no seáis vos, señor, despachado. A Periannes hablé sobre la expedición del privilegio del juro, y como era tan sordo y sordísimo, más voces di con él hablando que suelo dar predicando. Nuevas de la Corte son que la emperatriz querría que viniese el emperador; las damas se querrían casar; los negociantes, despachar; el duque de Béjar, vivir; Antonio de Fonseca, remojar; don Rodrigo de Béjar, heredar, y aun fray Dionisio, obispar.

De mí le hago saber que estoy con todas las condiciones del buen pleiteante; es, a saber: ocupado, solícito, congojoso, gastado, sospechoso, importuno, desabrido y aun aburrido, porque pleiteamos el señor arzobispo de Toledo y yo sobre la Abadía de Baza, sobre la cual tengo por mí una famosa sentencia.

No más, sino que nuestro Señor sea en vuestra guarda y a mí dé gracia con que le sirva.

De Medina del Campo, a XII de marzo de MDXXIII años.

13. Letra para don Gonzalo Fernández de Córdoba, Gran capitán, en la cual se toca que el caballero que escapó de la guerra no debe más dejar su casa

Muy ilustre señor, generoso y muy valeroso príncipe:

Escribir mi poquedad a vuestra grandeza, mi inocencia a vuestra prudencia, si pareciere a los que lo oyeren cosa superba, y a los que la vieren cosa descomedida, echen la culpa a Vuestra Señoría, que primero me escribió, y no a mí que con vergüenza le respondo. Yo, señor, trabajaré de satisfacer a vuestra excelencia en todo lo que manda por su carta, con tal que le suplico humilmente no mire tanto lo que digo cuanto a lo que yo querría decir, y porque a persona de tanta calidad es razón de escribir con gravedad, trabajaré de ser en las palabras que dijere medido y en las razones que escribiere comedido.

El divino Platón, en los libros de su República, decía que al varón grande no se le había de imputar a menos grandeza tratar y conversar con los pequeños que competir y afrontarse con los grandes, y la razón que daba para ello es que el varón magnánimo y generoso más fuerza le hace en domeñar su corazón a querer cosas bajas que no emprender cosas graves y altas. Un hombre de grande estatura más pena recibe en bajarse al suelo por una paja que extender un brazo para alcanzar una rama. Quiero por esto que he dicho decir que es el nuestro corazón tan claro y soberbio, que subir a más de lo que puede le es vivir, y descender a menos de lo que vale le es morir. Muchas cosas hay las cuales no quiere Dios hacerlas por sí solo, porque no digan que es Señor absoluto, ni tampoco las quiere hacer por manos de hombre poderoso, porque no diga que se aprovecha del favor humano, y viene después a hacerlas por manos y industrias de algún hombre abatido de la fortuna y olvidado entre los hombres, en lo cual muestra Dios su grandeza y emplea en aquél su nobleza. El gran judas Macabeo era menor en cuerpo y harto menor en edad que los otros sus tres hermanos; mas al fin el buen viejo Matatías, su padre, a él solo encomendó la defensa de los hebreos, y en sus manos puso las armas contra los asirios. El menor de los hijos del gran patriarca Abrahán fue Isaac; mas en el que fue puesta la línea recta de Cristo, y en él puso los ojos todo el pueblo judaico. El mayorazgo de la casa de Isaac a Esaú venía, que no a Jacob; mas después de los días del padre, no solo Jacob compró de su hermano Esaul el mayorazgo, mas aún le hurtó la bendición. Joseph, hijo de Jacob, fue el menor de sus hermanos y el más último de los once tribus; mas al fin él solo fue el que halló gracia con los reyes egipcios y mereció interpretarles los sueños. De siete hijos que tenía Jesé, David era el menor de todos ellos; mas al fin el rey Saúl fue de Dios reprobado y David en rey de los hebreos elegido. Entre los profetas menores fue el muy menor Eliseo; mas al fin, a él, y no a otro ninguno, fue dado el espíritu doblado. De los menores apóstoles de Cristo fue san Felipe, y el menor discípulo de san Pablo fue Filemón; mas al fin, con ellos más que con otros se aconsejaban y en los arduos negocios su parecer tomaban.

Paréceme, señor, que conforme a lo que habemos dicho no ha querido Vuestra Señoría tomar consejo con otros hombres que hay doctos y sabios, sino conmigo, que soy el menor de vuestros amigos. Como habéis, señor, estado tantos tiempos en las guerras de Italia, pocas veces os he visto y menos os he hablado y conversado, a cuya causa debéis tener mi amistad por más segura y menos sospechosa, pues os amo, no por las mercedes que me habéis echo, sino por las grandezas que en vos he visto. Cuando viene uno a ser vuestro amigo, mucho hace al caso mirar qué le mueve a tomar vuestra amistad; porque el tal, si es pobre, habémosle de dar; si es rico, habémosle de servir; si favorecido, de adorar; si desfavorecido, de favorecer; si desabrido, de halagar; si impaciente, de soportar; si vicioso, de disimular, y si malicioso, dél nos recatar. Uno de los grandes trabajos que traen consigo los inútiles amigos es que no vienen ellos a buscarnos con fin de hacer lo que nosotros queremos, sino a persuadirnos a que queramos lo que ellos quieren. Peligro grande es tener enemigos; mas también es muy gran trabajo sufrir muchos amigos, porque dar todo el corazón a uno aún es poco, cuanto más si entre muchos es repartido. Ni mi condición lo lleva ni en vuestra grandeza cabe, que desta manera nos amemos, ni menos nos tratemos, porque no hay amor en el mundo tan verdadero como aquel que de interese no tiene escrúpulo.

Decisme, señor, en vuestra carta, que no me escribís porque soy rico y poderoso, sitio porque soy docto y virtuoso, y que me rogáis mucho os escriba de mi mano alguna cosa, la cual sea digna de saber y dulce de leer. A lo que decís que me tenéis por sabio, a eso os respondo lo que respondió Sócrates; es, a saber, que no sabía otra cosa más cierta sino saber que no sabía nada. Muy grande fue la filosofía que encerró Sócrates en aquella respuesta, porque según decía el divino Platón, la menor parte de lo que ignorarnos es muy mayor que todo cuanto sabemos. No hay en el mundo igual infamia como es motejar a uno de necio, ni hay otra igual alabanza como es llamar a uno sabio, porque en el sabio es muy mal empleada la muerte, y en el necio es muy peor empleada la vida. Epemetes, el tirano, viendo al filósofo Demóstenes llorar inmensas lágrimas en la muerte de un filósofo, preguntole que por qué tanto lloraba, pues era cosa inhonesta ver a los filósofos llorar. A esto le respondió Demóstenes: «No lloro yo, oh Epemetes, porque el filósofo murió, sino porque tú vives, y si no lo sabes, quiero te lo hacer saber, y es que en las academias de Atenas más lloramos porque viven los malos, que no porque mueren los buenos».

Decisme, señor, que me tenéis por hombre recogido y virtuoso; plega a la divina clemencia que en todo, y mucho más en esto, seáis verdadero, porque en caso de ser o no ser uno virtuoso, arrojarme ya yo a decir que cuan seguro es serlo y no parecerlo, tan peligroso es parecerlo y no serlo. Es naturalmente hombre variable en los apetitos profundos en el corazón; mudable en los pensamientos, inconstante en los propósitos y indeterminable en los fines; de lo cual se puede muy bien inferir que es el hombre muy fácil de conocer y muy difícil de entender. Más honra me dais vos, señor, en llamarme sabio y virtuoso, que no os doy yo en llamaros duque de Sesa, marqués de Bitonto, príncipe de Quilache y, sobre todo, Gran Capitán, porque a mi nobleza y virtud y sabiduría no la puede empecer la guerra, mas vuestra potencia y grandeza está sujeta a la fortuna.

escribisme, señor, que os escriba qué es lo que me parece de que el rey, nuestro Señor, os manda agora de nuevo pasar otra vez en Italia, por ocasión de la batalla que vencieron los franceses agora en Ravena, la cual será en los siglos tan nombrada como fue agora sanguinolenta. A esto, señor, respondiendo, digo que tenéis muy gran razón de dudar y sobre ello os aconsejar, porque si no cumple lo que le mandan, enemístase con el rey, y si hace lo que le ruegan, tómase con la fortuna. Dos veces, señor, habéis pasado en Italia y dos veces habéis ganado el reino de Nápoles, en las cuales dos jornadas venciste la batalla de la Chirinola y mataste la mejor gente de la casa de Francia, y, lo que más de todo es, que hiciste ser la gente española de todo el mundo temida, y alcanzaste para vos renombre de inmortal memoria. Pues siendo esto verdad, como lo es, no sería cordura, ni aun cosa segura, tornar otra vez de nuevo a tentar la fortuna, la cual con ninguno se muestra tan maliciosa y doblada como con los que andan mucho tiempo en la guerra. Aníbal, príncipe de los cartaginenses, contento con haber vencido a los romanos en las muy famosas batallas de Trene y Trasmenes y Canas, como quisiese todavía forzar y luchar con la fortuna, vino a ser vencido de los que había muchas veces vencido. Los que han de tratar con la fortuna hanla de rogar, mas no enojar; hanla de conversar, mas no de tentar; porque es de tan mala condición la fortuna, que cuando halaga, muerde, y cuando se enoja, hiere.

En esta jornada que os mandan, señor, hacer, ni os persuado a que vais, ni os desaconsejo que quedéis; solamente digo y afirmo que con esta tercera pasada en Italia tornáis a poner en peligro la vida y jugáis a los dados la fama. En las dos primeras conquistas ganaste honra con los presentes, fama para los siglos futuros y riqueza para vuestros hijos, estados para vuestros sucesores, reputación entre los extraños, crédito entre los vuestros, gozo para vuestros amigos, dentera para vuestros enemigos; finalmente, ganaste por excelencia este nombre de Gran Capitán, no solo para estos nuestros tiempos, mas para todos los siglos futuros. Mirad bien, señor, lo que dejáis y lo que emprendéis, porque se tendría más por temeridad que no por cordura, en que teniendo os en vuestra casa todos envidia os vais do todos tomen de vos venganza. venciste a los turcos en la Panonia, a los moros en Granada, a los franceses en la Chirinola, a los picardos en Italia, a los lombardos en el Garellano; téngome por dicho que como ya fortuna no tiene más naciones que os dar para que vengáis, quiere agora llevaros a do seáis vencido. Los duques, los príncipes, los capitanes y los alférez contra quien peleaste, o son muertos, o son idos, de manera que agora con otra gente habéis de pelear y os habéis de tomar;

dígolo, señor, porque ya podrá ser que la fortuna que os favoreció entonces, favorezca a ellos agora. Aceptar la guerra, juntar gente, ordenar gente y dar la batalla pertenece a los hombres; mas dar la victoria pertenece a un solo Dios. Tito Livio dice que fueron muchas veces con gran ignominia vencidos los romanos, ad furcas caudinas, y al fin, por consejo del cónsul Emilio, mudaron al cónsul que tenía cargo de aquel ejército, y donde eran hasta allí vencidos, fueron de allí adelante vencedores; de lo cual podemos, para nuestro propósito, colegir que mudándose los capitanes de la guerra, se muda juntamente la fortuna. En un mismo reino, con una misma gente, debajo de un mismo rey, en una misma tierra y sobre una misma demanda, no esperéis, señor, que será fiel siempre fortuna, porque en el cebadero, do ella más veces ceba, allí toma la mayor redada.

Rodrigo de Bivero me dijo que estaba Vuestra Señoría con mucha pena de ver que se dilataba vuestra partida, y que el rey, por agora, la tenía suspensa, y aún díjome: que lo teniades por grande afrenta, que a ser con otro vuestro igual se lo pediriades por justicia. De oír esto estoy maravillado, y no poco, sino mucho escandalizado, porque no tengo por buen animal al que al tiempo del cargar se está quedo, y cuando le quieren quitar la carga tira coses. Pues anda el ánima cargada de pecados, el corazón de pensamientos, el espíritu de tentaciones y el cuerpo de trabajos, conviene nos mucho que si del todo no pudiéremos desechar esta carga, a lo menos que aliviemos algo della. No sois, señor, tan mozo que no tengáis lo más de la vida pasado, y pues la vida se va consumiendo, y la muerte se viene acercando, parecerme ya a mí que os sería mejor consejo ocuparos en llorar vuestros antiguos pecados que no ir de nuevo a derramar sangre de enemigos. Tiempo es ya de llorar y no de pelear, de retraeros y no de distraeros, de tener cuenta con Dios más que con el rey, de cumplir con el alma y no con la honra, de llamar a los santos y no provocar a los enemigos, de distribuir lo propio y no tomar lo ajeno, de conservar la paz y no inventar la guerra. Y si en este caso no me queréis, señor, creer dende agora adivino que entonces lo comenzaréis a sentir cuando no lo podáis ya remediar. Vos, señor, os engañáis, o yo no sé lo que me digo, pues veo que huís de lo que habéis de procurar, que es el reposo, y procuráis lo que habéis de huir, que es el desasosiego; porque no hay hombre en el mundo más malaventurado que el que nunca experimentó qué cosa es asosiego. Los que han andado por diversas tierras y han experimentado varias fortunas, la cosa que más desean en esta vida es verse vueltos con honra a su tierra; de lo cual se puede inferir que es muy gran temeridad querer más ir vos solo a morir entre los extraños, que no vivir con honra entre los vuestros. Hasta que los hombres tengan lo necesario para comer, y aun hasta que les sobre algo para dar, a mi parecer no deben ser muy culpados, aunque peregrinen por diversos reinos y se pongan en grandes peligros, porque tan digno es de reprehensión el que no procura lo necesario, como el que solicita lo superfluo. Ya que un hombre halló lo que buscaba, y aun por ventura le sucedió mejor que pensaba, que el tal después que se ve en su casa con reposo, se quiera tornar a refregar otra vez con el mundo, osaría yo decir que al tal o le falta cordura, o le es contraria fortuna. Decía el divino Platón, en los libros de su República, que más contraria es la fortuna al hombre que no le deja gozar lo que tiene, que no al que le niega lo que le pide. A Vuestra Señoría ruego y aviso que, leída una vez esta palabra, torne otra y otra vez a leerla; que, a mi parecer, esta sentencia de Platón es muy verdadera y muy profunda, y aún muy usada, porque no vemos cada día otra cosa sino a muchos hombres que la fama, la honra, el reposo y las riquezas tienen fuerzas para alcanzarlas y después no tienen corazón para gozarlas. Julio César fue a quien natura dotó de más gracias y a quien fortuna dio más victorias, y con todo esto, decía dél el gran Pompeyo que tenía buen ardid en vencer cualquiera batalla, mas que después no sabía gozar de la victoria. Si en la muy nombrada batalla de Canas supiera Aníbal gozar del vencimiento, nunca después él fuera en los campos de Cartago por Escipión Africano vencido.

Tomadlo, señor, como quisiéredes y sentidlo como mandáredes, que de mi parecer y voto no es tan cruel enemigo el que me arroja la lanza en la guerra como el que me viene a echar de mi casa. Conforme a lo que hemos dicho, decimos que pues no podemos huir de los trabajos, que a lo menos ahorremos de algunos enojos dellos, porque sin comparación son más los enojos que nosotros nos buscamos que los que nos causan nuestros enemigos.

No quiero más en esta carta decir, sino que el señor Rodrigo de Bivero y yo hablamos algunas cosas dignas de saber y peligrosas para escribir; yo las fié de su nobleza acá, y él las relatará allá.

No más sino que nuestro Señor sea en su guarda y a mí dé gracia para que le sirva.

De Medina del Campo, a VIII de enero de MDXII años.

14. Letra para don Enrique Enríquez, en la cual el autor le responde a muchas demandas graciosas

Valdivia, vuestro solicitador, me dio una carta, la cual parecía bien ser de su mano escrita, porque traía pocos renglones y muchos borrones. Si como os hizo Dios caballero os hiciera escribano, mejor maña os diérades a entintar cordobanes que no a escribir procesos. Siempre trabajad, señor, en que si escribiéredes alguna carta mensajera, que los renglones sean derechos, las letras juntas, las razones apartadas, la letra buena, el papel limpio, la nema sutil, la plegadura igual y el sello claro, porque es ley de corte, que en lo que se escribe se muestre la prudencia, y en la manera del escribir se conozca la crianza.

En la carta que me fue dada se contenían muchas preguntas debajo de muy pocas palabras, y porque con una turquesa hagamos ambos a dos bodoques, será, pues, el caso que a cada pregunta responderé una sola palabra. Preguntaisme, señor, que a qué vine a la Corte, y a esto os respondo que no vine de mi voluntad, sino que me constriñó necesidad, porque en el debate y pleito que traemos la Iglesia de Toledo y yo, fueme necesario venirme a disculpar y, al pleito desmarañar. Decisme, señor, que qué es lo que hago en la Corte, y a esto os respondo que según mis contrarios me siguen y mis negocios se alargan, que ninguna cosa hago sino que me deshago. Decís, señor, que os escriba qué es la cosa en que más ocupo el tiempo, y a esto os respondo que, según los cortesanos, tenemos por oficio malquerer, cizañar, blasfemar, holgar, mentir, trafagar y maldecir, con más verdad podremos decir del tiempo que le perdemos que no que le empleamos. Decisme, señor, que quiénes son los con quien más converso en esta Corte, y a esto os respondo, que es de tan mal viduño la Corte y su gente, que los que en ella andamos, y dende niños nos criamos, no es nuestro estudio en buscar con quien conversemos, sino en descubrir de quien nos guardemos. Apenas tenemos tiempo para defendernos de los enemigos, ¿y queréis que nos ocupemos en buscar nuevos amigos? En las cortes de los príncipes yo confieso que hay conversación de personas, mas no hay confederación de voluntades, porque aquí la enemistad es tenida por natural y la amistad por peregrina. Es de tal condición la Corte, que los que más se visitan peor se tratan, y los que mejor se hablan peor se quieren. Los que andan en las cortes de los príncipes, si quieren ser curiosos y no necios, hallarán muchas cosas de qué se espantar, y muchas más de qué se guardar.

Decís, señor, que cómo están de sus diferencias el almirante y el conde de Miranda; a esto os respondo que el almirante, como poderoso, y el conde, como privado, danse bien el uno al otro qué hacer y a nosotros dan harto en qué murmurar. Preguntaisme, señor, que qué nuevas tenemos del emperador, si viene o no; a esto os respondo, que lo que agora sabemos es que el turco es retraído, Florencia se concertó, el duque de Milán se retrajo, venecianos amainaron, el Papa y César consagraron, los Estados de Nápoles se repartieron, el cardenal Coluna murió, al Marqués de Villafranca hicieron visorrey de Nápoles, al Príncipe de Orange mataron y al canciller y al confesor sendos capelos les dieron. Otras nuevas secretas escriben de allá que son para los que tocan lastimosas y para los que las oyen graciosas, y son que muchos de los que fueron a Italia con César se han allá enamorado, y más de lo que era menester derramado; mas en este caso yo vos juro, señor, que según me zumban los oídos, sus mujeres tomen acá venganza dellos, porque si ellos dejar en allá algunas mujeres preñadas, también hallarán acá las suyas paridas.

Decís, señor, que os escriba cómo nos va esta cuaresma de bastimentos; a esto os respondo que, por la gracia de Dios, no nos han faltado en esta cuaresma hartos pescados que comer, y aún hartos pecados que confesar, porque ha venido la cosa a tanta disolución y desvergüenza, que tienen los caballeros por estados y pundonor de honra comer carne en cuaresma. Preguntaisme, señor, si está la Corte cara o barata. A esto os respondo que me dijo mi mayordomo que dende octubre hasta abril había gastado en mi despensa ciento y cuarenta ducados de carbón y leña, y cáusalo esto que esta villa de Medina, cuanto es rica de ferias, tanto es pobre de montes; por manera que, echada bien la cuenta, nos cuesta tanto la leña como la olla que se guisa. Otras cosas hay en esta Corte a buen precio, o, por mejor decir, a buen barato; es a saber: crueles mentiras, nuevas falsas, mujeres perdidas, amistades fingidas, envidias continuas, malicias dobladas, palabras vanas y esperanzas falsas; de las cuales ocho cosas tenemos en esta Corte tanta abundancia, que se pueden poner tiendas, y aun pregonar ferias.

Preguntaisme, señor, si hay buena expedición en los negocios, porque querriades enviar a despachar algunos. A esto os respondo que, según las cosas de la Corte son pesadas, enojosas, prolijas, costosas, intricadas, malhadadas, deseadas, suspiradas, lamentadas y marañadas, téngome por dicho, que si son diez los despachados, van noventa despechados. escribisme, señor, que os escriba si hay ogaño buena feria aquí en Medina. A esto os respondo, que como yo soy cortesano y pleiteante, y no tengo mercaduría que vender, y menos dineros con que la comprar, ni sé de qué la loar, ni hallo de qué me quejar, mas de que andando por esta feria veo en estas tiendas de burgaleses tantas cosas ricas y aplacibles que en mirar las tomo gozo y de no poderlas comprar tomo pena. La Emperatriz salió a ver la feria, y como princesa prudentísima, no quiso consigo sacar ninguna dama, porque siendo los galanes que las sirven tan pobres y tan pocos, no pudiera ser menos sino que ellas se desmandaran a pedir ferias y ellos se obligaran a pagarlas.

Preguntaisme, señor, si está la Corte sana, y sí hay en alguna parte pestilencia. A esto os respondo que de calenturas, tercianas, cuartanas, nacidas y otras enfermedades corporales todos estamos sanos y buenos, excepto el licenciado Alarcón, que estando relatando un proceso en el Consejo, se cayó muerto de súbito, y de verdad que espantó en la Corte a muchos su muerte, aunque a ninguno vi ni por eso enmendar la vida. Otras enfermedades hay en esta Corte que no son corporales, sino espirituales, así como iras, envidias, competencias, rencores, bandos y homicidios; las cuales enfermedades consisten, no en que andan los cuerpos dañados, sino en que están los bazos hinchados y los hígados podridos.

Muchas veces he tornado a leer vuestra carta y no he hallado más a qué responder a ella, que a la verdad más parecía interrogatorio para tomar testigos que no carta para amigos. No quiero más decir, sino que escapo de escribiros muy cansado y aun enojado, no de responder a la carta, sino de construir vuestra maldita letra.

Nuestro Señor sea en vuestra guarda y a mí dé gracia para que le sirva.

De Medina del Campo, a V de junio de MDXXII.

15. Letra para don Antonio de la cueva, en la cual se expone una autoridad de la sacra escritura muy notable, es a saber, por qué Dios no oyó al apóstol y oyó al demonio contra Job

Magnífico señor y muy particular dilecto:

Alonso de Espinel me dio una letra de Vuestra Señoría, aquí en Toledo, la fecha de la cual era de doce de mayo, y son ya diecisiete de junio; de manera que a vuestra carta ni la podíamos condenar de rancia, ni aún loar de fresca. Muchos de muchas partes me escriben, y a las veces son tales las cartas, que de leerlas me importuno y de responderlas me enojo. Ver una carta mal escrita y peor notada ni se puede sufrir ni dejar della murmurar. ¿Revéese un labrador en arar derecho y igual una tierra, y no se preciará un hombre de notar y escribir bien una carta? Muchos hombres hay que tan fácilmente toman la Péñula para escribir como la taza para beber, y lo que es peor de todo, que se precian de estar parlando y escribiendo, lo cual se le parece bien a sus cartas, porque la letra es inteligible, y el papel borrado, los renglones tuertos y las razones necias. Para conocer a un hombre si es cuerdo o loco, mucha parte es mirarle si escribe sobre acuerdo y habla sobre pensado, porque no ha de escribir el hombre lo que viene a la memoria, sino lo que le dicta la razón. Plutarco dice de Falaris, el tirano, que jamás escribió sino estando solo y retraído, y de su propia mano; de lo cual se le siguió que aunque blasfemaban todos de sus tiranías, eran por todo el mundo loadas sus cartas. Miento si no me escribió una vez un caballero pariente mío una carta de dos pliegos de papel, y como escribió tan largo y no tornó a releer lo que había escrito, las mismas razones y las mismas palabras que había puesto en el principio tornó a poner en el cabo, de lo cual me enojé tanto, que la carta quemé y a él no respondí. No son, por cierto, de esta calidad vuestras cartas, las cuales son para mí dulces de leer y no pesadas de responder, porque en las burlas son muy jocosas y en las veras son muy prudentes.

Decís, señor, que leyendo en los Morales de san Gregorio notaste, y aun os maravillaste, de ver que el demonio pidió licencia a Dios para hacer mal al santo Job, y diésela, y el apóstol san Pablo rogó a Dios que le quitase la tentación de la carne, y no quiso quitársela; por manera que oyó Dios al demonio y no condescendió en lo que le rogaba san Pablo. No os maravilléis, señor, desto, que las cosas que hace la Divina Providencia son tan justas, y por tan justas causas hechas, que, dado caso que nosotros no las podemos alcanzar, no por eso carecen de razón para que no se deban de hacer. Si profundamente se mira lo que hizo Dios con el Apóstol, hallaremos que fue más lo que le dio que no lo que él le pidió; porque él pedía que le quitase la tentación de la carne, y Dios diele gracia para vencerla. ¿Qué injuria hace el príncipe al capitán que envía a la guerra si le hace seguro de la victoria? Si absolutamente quitara Dios la tentación de la carne al apóstol san Pablo, ni le quedara ocasión para merecer, ni le fuera dada la gracia para vencer, porque más regalado es de Dios a quien ayuda Él a vencer, que no al que excusa de pelear. No desesperemos, no nos aflijamos, no nos congojemos, ni tampoco de Dios nos quejemos, si luego no nos quiere dar lo que le pedimos, porque no lo hace Él con desamor de no nos querer oír, sino porque lo quiere en otra mejor cosa conmutar. Él sabe lo que hace, y nosotros no le entendemos; Él sabe lo que niega, y nosotros no lo que pedimos; Él mide todas las cosas con la razón y nosotros no, sino con el apetito; Él niega lo que nos daña y concede lo que nos aprovecha; finalmente, digo que Él sabe cómo nos ha de tratar, y por eso nos debemos del todo dejar a su parecer. Había visto el Apóstol los invisibles y divinos secretos, los cuales de sus antepasados habían sido asaz deseados, mas nunca vistos, y porque de aquella tan alta revelación no se jactase ni ensoberbeciese, no quiso el Señor quitarle el estímulo de la carne, de manera que en recompensa de no condescender a lo que quería, le quitó la ocasión de pecar, y le dio la gracia para vencer. De más piedad usó Dios con san Pablo en no le querer oír que en le oír; porque si le quitara el estímulo de la carne, ya pudiera ser que cuanto disminuyera en la tentación, tanto más creciera en la soberbia. Cuando permite el Señor que sea uno tentado, no se sigue que por eso es de Dios aborrecido; antes para mí lo tengo por señal que es de Dios escogido, porque según san Gregorio dice, no hay mayor tentación que no ser uno tentado. Amojonado dejó Cristo el camino del cielo, y los mojones de este viaje son tribulaciones y adversidades, desdichas y enfermedades; de manera que no es otra cosa acordarse Dios de uno sino permitir que sea en este mundo tentado. Ténganse por dicho que van del todo perdidos los que en este mundo son de tribulaciones exentos y privilegiados, porque el enemigo del linaje humano, que es el demonio, a todos los que él tiene registrados por suyos trabaja porque vivan muy regalados.

También decís, señor, que estáis muy maravillado de ver la osadía que tuvo Dios en se la dar, de manera que negó a san Pablo lo que quería y condescendió con el demonio en lo que pedía. Aunque no tenéis, señor, razón, tenéis ocasión de preguntar lo que preguntáis, que a la verdad es cosa recia consentir que nuestro enemigo haga mal a nuestro amigo. Lo que en este caso osaría yo decir es que vale más sufrir el mal que no tener autoridad para hacerlo, y desta manera más envidia tenemos al santo Job de lo que sufría, que no al demonio de lo que hacía. Muy remoto debe estar de la voluntad divina al que, habiendo de darle gracia para servirle, da licencia para ofenderle. Gran mal es ser el hombre malo, mas muy peor es hacer mal al que es bueno, porque los pecados propios bien ve Dios que proceden de flaqueza, mas el perseguir a los buenos siempre nace de malicia. Si los hombres piden a Dios de rodillas que les dé gracia para servirle, débenle pedir con lágrimas que no les dé lugar para ofenderle, porque al fin, si no hago buenas obras, no habré galardón; mas si las hago malas, darme han por ellas pena. Con Caín mata a Abel, con Esaú persigue a Jacob, con Saúl destierra a David, con Nabuzardan enciende a Jerusalén, con Achad encarcela a Micheas, con Sedechias asierra a Esayas y con el demonio destruye al santo Job, el hombre que con la muchedumbre de sus pecados merece ser émulo y verdugo de los buenos. Mucho ofendía el demonio a Job en tentarle; mas mucho más merecía el santo Job en sufrir aquella tentación, porque en las persecuciones de los justos más mira Dios en la paciencia del que sufre que no en la malicia del que persigue.

Decís, señor, que os escriba qué fue lo que prediqué este otro día al emperador; es a saber, que los príncipes que tiránicamente gobiernan sus repúblicas más habían de temer a los hombres buenos que no a los que eran malos. Lo que yo, señor, en este caso dije, fue que los hombres tiránicos, y que en las repúblicas tienen preeminentes oficios, mucho más se recelan de la bondad de los buenos que no de la acechanza de los malos, porque entre otros este privilegio tiene la virtud, es a saber, que en los menores pone espanto y a los iguales pone envidia, y a los mayores temor. Dionisio Siracusano más temor tenía al divino Platón que estaba en Grecia que a cuantos enemigos tenía cabe sí en Sicilia. El rey Saúl más se recelaba del merecimiento de David que no de las armas de los filisteos. El superbo Amán, privado que fue del rey Asuero, mucho más sintió tenerle en poco el buen Mardocheo, que no servirle y aún adorarle todos los del reino. Herodes Ascalonita en más tenía, y aún temía, a solo san Juan Baptista, que no a todo el reino de Judea. Finalmente, digo y afirmo que ninguno puede con verdad decir ni afirmar que tiene enemigo, sino cuando tiene por enemigo a algún bueno, porque el malo hiere con el cuchillo, mas el bueno hiere con el crédito. Guárdaos, señor, de os tomar y competir con hombre que de su natural es bueno, y que tiene en la República con todos crédito, porque más daño os hará él a vos con una palabra que no vos a él con una lanzada.

A lo que decís, señor, del comendador Juan de Torres, que no quiso la gobernación de Ocaña que le daban los gobernadores, diciendo que él merecía más, y que el rey le daría más cuando viniese de Flandes, a esto le respondo que me parece falta de cordura, y aún sobra de locura, dejar el galardón cierto por la esperanza dudosa. Conjuraisme también, señor, que os escriba qué me pareció del señor presidente don Antonio de Rojas, cuando le hablé en vuestro negocio; a esto vos respondo que me parece áspero en las respuestas y cuerdo en las obras. No estoy bien con muchos de esta Corte que le calumnian lo que dice y no miran después lo que hace, como sea verdad que aún muchos de nuestros amigos nos dan a quintales las palabras y por onzas las obras. escribisme que os escriba qué es lo que siento del embajador de Venecia; pues yo converso con él, y él se confiesa conmigo; sé os decir, señor, que es docto en la ciencia y corregido en la vida y muy mirado en su conciencia, y que se puede decir por él lo que decía Platón de Focion su amigo, que amaba más ser que parecer virtuoso. En el otro negocio particular y secreto que de su parte me habló Alonso Espinel, con aquella fe que me enviaste, señor, la creencia, recibid también la respuesta.

De Toledo, a XXX de junio de MDXXV.

16. Letra para el maestro fray Juan de Benavides, en la cual se expone lo que dice en la escritura. «Spiritus domini malus arripiebat saulem»

Reverendo y muy precordial padre:

La letra de vuestra paternidad, hecha en Salamanca, recibí aquí en Soria, la cual luego leí y después muchas veces torné a leer, porque recibía muy gran consolación en acordarme de quién la enviaba y en notar lo que traía. Con la letra del verdadero amigo alégrase el espíritu, cébanse los ojos, recréase el corazón, confírmase la amistad y desenfádase el entendimiento. Plutarco dice en el libro De Fortuna Alejandri, que el Magno Alejandro jamás leía las cartas que le enviaban los tiranos, ni rompía las que le escribían los filósofos. Todas las cartas que escribió Marco Antonio a Cleopatra, y todas las que escribió Cleopatra a Marco Antonio halló muy guardadas el emperador Augusto después que Marco Antonio murió y de Cleopatra triunfó. Las cartas que escribió Cicerón a Publio, Lentulo, y a Tito, y a Rufo, y a Fabato, y a Drusio, que eran sus familiares y amigos, todas se hallaron en poder dellos, y no en los originales dél. Cuanto a lo que vuestra paternidad escribe, y por su carta me manda que le escriba, podría muy bien responder lo que respondió la gloriosa Sancta Águeda a la Virgen Sancta Lucía, es a saber: «Quid a me petis Lucia virgo, nam ipsa poteris prestare continuo matri tue». En este caso y en esta demanda no sé cuál de nosotros es digno de mayor pena: vuestra paternidad de tentarme de paciencia, o yo por arrojarme a publicar mi ignorancia, porque no es digno de menor culpa el que peca que el que es causa del pecado. Si «nequeo ascendere in montem cum Lot, ad minus salvabor in segor»; quiero decir que si vuestra paternidad no se satisficiere con lo que respondiere, satisfaga se con lo que yo querría responder, porque según decía Platón, el que trabaja por no errar, muy cerca está de acertar.

Mandaisme que os escriba cómo siento y cómo entiendo aquella palabra que está escrita en la Sagrada Escritura (I. Regum, XVI, cap.), a do dice hablando del rey Saúl y de su enfermedad: «Spiritus domini malus arripiebat Saulem». El primero rey de Israel se llamó Saúl, y fue elegido del tribu de Benjamín, que era el último tribu de todos los tribus, y en el segundo año de su reinado tomábale el espíritu del señor malo, el cual no quería dél salir, ni dejar le de atormentar, hasta que el buen rey David venía delante dél a tañer y cantar. Es, pues, agora la duda, cómo se puede entender y compadecer que diga la Escritura: «Spiritus domini malus arripiebat Saulem». Si «spiritus erat domini quomodo erat malus, et si erat malus, quomodo erat domini?» Parece cosa recia y inteligible decir por una parte que aquel espíritu que tenla Saúl era del Señor, y por otra parte decir que el espíritu era malo, pues si el espíritu era del Señor, cómo era malo, y si era malo, cómo era del Señor. Para entendimiento desto es de saber que está escrito, I. Regum, XXVI, que teniendo cercado el rey Saúl a David, y estando una noche durmiendo en su tienda, pasó por medio de los reales David, y tomó de la cabeza del rey la lanza con que peleaba, y el barril del agua con que bebía, y en todos estos pasos nunca fue de la guarda real visto, ni de las centinelas sentido, y la causa era «quia sopor danni irruit super eos». Decir, como dice la Sagrada Escritura, que cayó sobre él el sueño del Señor, es totalmente verdad; mas decir que Dios tiene sueño y se necesita a dormir, es muy gran burla, porque según dice el salmista: «ecce non dormitabit neque dormie, qui custodit Israel». Cuando dice la escritura «quod sopor danni irruit super eos», ha se de entender «non quod ipse dominus dormiret sed quia eius nutu infusus eset nec quisquam presentiam David sentiret». Quiso la Providencia divina echar sueño sobre el rey Saúl y sobre su guarda y sobre los de su real, no para recrear a ellos, sino para guardar a David, de manera que en Dios su sueño y su providencia todo es una misma cosa. Es el Señor tan celoso de sus escogidos, y tan cuidadoso de guardarlos, que no solamente les da gracia para conseguir los buenos fines, mas aún los encamina siempre por buenos medios, de manera que si permite que trabajen, no consiente que peligren.

Viniendo, pues, al propósito, es de saber que de la manera que en las escrituras se entiende «sopor domini irruit super eos», de aquella misma manera se entiende «spiritus domini malus arripiebat Saulem». Y para más declaración desto, digo que de si «diabolus tentationem iustis semper inferre cupiat, tamen si a Deo potestatem non accipit, nulatenus adipisci potest quod appetit». El espíritu que tentaba y atormentaba al rey Saúl por eso se llamaba «Spiritus malus», porque la voluntad del demonio en tentarnos es mala, y por eso se llama también «Spiritus domini», porque el poder que le daba el Señor para tentarnos es bueno. Cuando Dios da licencia a algún demonio para que vaya a luchar y a desasosegar a algún varón justo, no es la intención de Dios que le tiente, sino que le ejercite, porque es de tal calidad la virtud, que luego a la hora se para marchita, cuando no es con trabajos ejercitada. El trigo que no se traspala cómelo gorgojo, la vestidura que no se viste róela polilla, la madera que no se ahuma desentráñala carcoma, el hierro que no se trata tómase del orín, y el pan que mucho se añeja cúbrete el moho. Quiero por esto que he dicho decir que no hay cosa que nos torne flojos y tibios, como es estar algún tiempo que no seamos tentados. Muy mayor cuidado tiene Dios de nosotros que nosotros de nosotros mismos, porque al fin, como nosotros valgamos poco y samos para poco, si nos relajamos, Él nos anima; si nos echamos a dormir, Él nos despierta; si nos cansamos, Él nos ayuda; si nos entibiamos, Él nos esfuerza; si nos descuidamos, Él nos incita. Finalmente digo que dejando como nos dejamos nosotros mismos caer muchas veces, Él solo nos da la mano para nos levantar.

Fue, pues, tentado el santo Job del espíritu malo del Señor, no porque en aquel varón hubiese alguna notable culpa, sino porque en el demonio reinaba envidia y malicia, porque el maldito de Satán no tenía envidia de la mucha hacienda que Job tenía, sino de la excelentísima vida que hacía. A la hora que uno es malo desea que todos sean malos, y si es infame, que todos sean infames, por manera que no hay tan peligrosa envidia como la que tienen los hombres malos de los que son buenos y virtuosos. Si uno es bueno y rico y vive cabe otro que es malo y malicioso primero trabaja el que es malo de quitar al que es bueno el buen crédito que tiene, que no la hacienda que posee. Fue Abrahán tentado cuando le mandaron que degollase a su hijo; fue Tobías tentado cuando perdió la vista; fue el santo Job tentado cuando le mataron los hijos, y le tomaron la hacienda, y se hinchó de sarna; en las cuales tentaciones aquellos varones santísimos padecieron mucho y aun perdieron mucho; mas al tiempo de la paga no se les dio el galardón conforme a la hacienda que perdieron, sino según la paciencia que tuvieron. Pues es cierto que todas las pasiones o las envía Dios o vienen de manos de Dios, razón es que las tomemos como enviadas de la mano de Dios, el cual es tan justo en lo que manda, y tan limitado en lo que permite, que nunca nos deja tentar tanto como podemos padecer. Con los hombres que son de buena vida, y tienen cuenta con su conciencia, la licencia que da Dios al demonio para tentarlos es muy limitada, y la paciencia que les da es muy cogolmada. «Et de hoc hactenus sufficit».

El comendador Inestrosa vino de la Corte por aquí a verme; el cual venía tal, que de haber ido allá me dijo que estaba arrepiso, y de lo que se había detenido dijo que estaba despechado, y de lo que le había sucedido estaba aburrido; de manera que de verle contar sus muchos trabajos me fue causa

94

de tener en poco los míos. Los hombres tristes no se han de ir a consolar con los que están alegres, sino ir a buscar a otros que están muy más tristes y aburridos que no ellos, porque si esto hacen, hallarán por verdad que es muy poco lo que ellos sufren, según lo mucho que otros padecen.

No más, sino que Nuestro Señor sea en su guarda, y a mí dé gracia para que le sirva.

De Soria, a IIII de marzo de MDXVIII.

17. Letra para el marqués de los Vélez, en la cual se escribe algunas nuevas de Corte

Muy ilustre y muy particular deudo y señor:

Garci Rodríguez, criado y solicitador de Vuestra Señoría, me dio una carta suya, hecha a siete del presente en Vélez el Rubio, la cual vino con más presteza y aún más fresca, que no los salmones que nos traen aquí de Bayona. escribisme, señor, que os escriba qué es lo que hay de nuevo y qué mundo corre; a lo cual os osaré yo, señor, responder, que en esta Corte ninguno corre, mas de que andan todos corridos. Pestilencia es ya muy antigua en las Cortes de los príncipes que llaman los hombres no les responden, amando los aborrecen, siguen a quien no los conoce, buscan a quien dellos huye, sirven a quien no les paga, esperan lo que no se da, y procuran lo que no se alcanza. Tales y tan grandes trabajos como son éstos, aunque acabemos con el cuerpo que los sufra, no acabaremos con el corazón que los disimule. Si el cuerpo padece dolores y el corazón está rodeado de angustias, más presto cesa el cuerpo de se quejar que el corazón de suspirar. Plutarco dice de Esquines el Filósofo que, siendo como era tan enfermo, jamás se quejaba de la ijada que le fatigaba, y por otra parte quejábase mucho si alguna tristeza le sobrevenía. Como hombre cuerdo, me parece, señor, que habéis acordado de estaros en vuestra casa, visitar a vuestra tierra, gozar de vuestra hacienda, entender en vuestra vida y en el descargo de vuestra conciencia, por manera que las cosas de la Corte holguéis de oírlas y huyáis de verlas. A la verdad, según todas las cosas que aquí pasan son fictas, vanas, vacías, inconstantes y peligrosas, es pasatiempo oírlas y muy gran desespecho verlas.

Decís, señor, que os escriba si me hallo alguna vez al comer de la Emperatriz, y qué son las cosas y viandas que más come agora que es invierno. Como agora hay pocos prelados en la Corte, yo, señor, me hallo cada día en su comer, y a su cenar; no para ver, sino para la mesa le bendecir, y sé os, señor, decir que, si a ella bendigo, a mí maldigo, porque a la hora que salgo de Palacio para ir a comer es ya hora de acabar la siesta de dormir. Mucho a menos trabajo se sirve Dios que no el rey, porque el rey no acepta el servicio sino cuando él quiere, mas nuestro Dios no solo acepta el servicio cuando Él quiere, mas aún cuando nosotros queremos. A lo que decís qué come y cómo come la Emperatriz, sé os, señor, decir que come lo que come, frío y al frío, sola y callando, y que la están todos mirando. Si yo no me engaño, cinco condiciones son éstas que abastaba una sola para darme a mí muy mala comida. Agora, señor, es invierno, en el cual, naturalmente, es tiempo triste, frío y encogido, y cada uno huelga de comer al fuego su comida, y caliente, y acompañado, y hablando, y que no le esté nadie mirando, porque en tiempo de regocijo, cuando alguno no come ni sirve, sino que está callando, y entre sí pensando, osaría yo decir del tal que no nos mira, sino que nos acecha. Comer en el invierno algún manjar frío también es gran desabrimiento, porque las cosas resfriadas dañan al estómago y no tienen apetito. Comer el hombre solo también es gran soledad, que al fin no se deleita el hombre generoso tanto con el manjar que come, cuanto se huelga con la compañía que a la mesa tiene. Comer uno sin hablar y sin se escalentar, diría yo que procede lo uno de torpedad y lo otro de mezquindad. No son los príncipes obligados a estar sujetos a estas reglas porque les es forzoso tener gran severidad en el vivir y tener gran autoridad en el comer. Sea, señor, como fuere y coma como mandare, que al fin yo tengo a su majestad más envidia a la paciencia que tiene que no a la comida que come.

Los manjares que le sirven a la mesa son muchos, y de los que ella come son muy pocos, porque, si no me engaña su filosomía, es la Emperatriz de muy buena condición y de flaca complexión. De lo más que come es melones de invierno, vaca salpresa, sopas abajadas, palominos duendos, menudos de puerco, ansarones gruesos y capones asados; de manera que come con lo que los otros se empalagan y aborrece por lo que los rústicos suspiran. Pónenle delante pavones, perdices, capones, francolines, faisanes, manjar blanco, mirraustre, pasteles, tostadas y otros varios géneros de golosinas, de lo cual todo no solo no quiere comer, mas aún muestra pesadumbre en lo mirar; por manera que el contentamiento no consiste en lo mucho o poco que tenemos, sino en solo aquello a que nos inclinamos. En toda la comida no bebe más de una vez, y ésta es, no de vino puro, sino de agua envinada; de manera que con sus escamochos ninguno podrá satisfacer el apetito, ni menos matar la sed.

Sírvese al estilo de Portugal; es a saber, que están apegadas a la mesa tres damas y puestas de rodillas, la una que corta y las dos que sirven, de manera que el manjar traen hombres y le sirven damas. Todas las otras damas están allí presentes en pie y arrimadas, no callando sino parlando, no solas sino acompañadas; así que las tres dellas dan a la Emperatriz de comer y las otras dan bien a los galanes que decir. Autorizado y regocijado es el estilo portugués; aunque es verdad que algunas veces se ríen tan alto las damas y hablan tan recio los galanes, que pierden su gravedad y aún se importuna su majestad.

A lo que decís, señor, que cuáles son más: las damas requestadas o los galanes que las sirven, a esto os respondo lo que dijo Isaías, es a saber: «Aprehendent septem mulieres virum unum». Muchos hijos de caballeros y señores trabajan por ver las damas y hablarlas y servirlas; mas al tiempo del casar, ninguno se quiere casar con ellas, de manera que «justicia, justicia, mas no por mi casa». A lo que decís que quién dio el capelo al señor cardenal, dióselo don Francisco de Mendoza, obispo de Zamora, y, si yo no soy mal adivino, el señor obispo quisiera más estar de rodillas a recibirle, que no asentado dándole. Diéronle el capello en la Iglesia de San Antolín, y al tiempo que se le daban hizo tan grandísima tempestad de vientos y aguas, que si como era cristiano fuera romano, o no lo recibiera, o para otro día le dilatara. No lo hayáis, señor, a burla que fue en aquella hora el aire tan importuno y el agua tan recia, que cuando el cardenal salió de allí hecho cardenal, él se aprovechó más del sombrero que llevó que no del capello que le dieron. El banquete que hizo el cardenal fue generoso en el gasto y prolijo en el tiempo, en que comenzamos a comer a la una y acabamos a las cuatro. Acerca del beber, halláronse allí buenos vinos y aún buenos bebedores, porque Toro, san Martín, Madrigal y Arenas causaron que algunos diesen allí algunas zancadillas.

Cuanto al aposento, no me preguntéis, señor, si tengo buena posada, sino si tengo posada, porque ya digo yo muchas veces a Juan de Ayala, el aposentador, que de nuestro Señor alcanzamos lo que queremos con ruegos, y que dél no podemos sacar una posada aún con lágrimas. En un del adviento, predicando en la capilla a su majestad, dije que san Juan Bautista se había ido a morar al desierto, no solo por ahorrar de pecados, mas aún por no tener que hacer con aposentadores.

Preguntaisme, señor, si hay mucha gente en la Corte. A mi parecer hay pocos hombres y muchas mujeres, porque de Ávila vinieron con la Corte hartas, y aquí, en Medina, había muchas, y allende de éstas Toro, Zamora, Salamanca y Olmedo han enviado otras ventureras, de manera que si en Palacio hay para un galán siete damas, hay en la Corte para un cortesano siete cortesanas. Como César está en Flandes, el invierno hace recio, el año también es caro, no hay quien esté en la Corte por voluntad, sino por necesidad.

Decís, señor, que os escriba qué me parece del duque de Béjar, el cual allegó tan gran tesoro en la vida, que dejó cuatrocientos mil ducados en la muerte. Materia es ésta peligrosa de escribir, y odiosa de oír; mas al fin mi parecer es que él que anduvo a buscar cuidado para sí, envidia para sus vecinos, espuelas para sus enemigos, despertador para los ladrones, trabajo para su cuerpo, ansias para su espíritu, escrúpulo para su conciencia, peligro para su ánima, pleitos para sus hijos y maldiciones de sus herederos. Grandes competencias y debates andan entre la duquesa vieja y el duque nuevo, y el conde de Miranda, y los otros sus deudos y herederos, sobre la herencia de su hacienda y sucesión de su casa; por manera que hay muchos que procuran de heredar sus dineros y ninguno que tome cargo de sus descargos. En el año de mil y quinientos y veinte y tres, estando yo malo en Burgos, me fue a ver el duque, que aya gloria, y preguntome que quién se podría llamar propiamente avaro, porque lo avía a muchos preguntado y ninguno a su voluntad le había respondido. Lo que le respondí así de presto fueron estas palabras: «El hombre que se puede escalentar a buena lumbre y se deja ahumar, y el que puede beber buen vino y lo bebe malo, y el que puede tener buena vestidura y la tiene astrosa, y el que quiere vivir pobre por morir rico, aquél solo, y no otro, podemos llamar avaro y mezquino». E dije le más: «Creedme, señor duque, que para más tengo yo al hombre que se arroja a repartir las riquezas que no al que sabe allegarlas; porque para ser uno rico abasta que sea solícito; mas para deshacerse de las riquezas ha de ser generoso».

A lo que decís, señor, desta villa de Medina que qué me parece, sé os decir que mi parecer es que ni tiene suelo ni cielo, porque el cielo está siempre cubierto de nubes y el suelo lleno de, lodos, por manera que si los vecinos la llaman Medina del Campo, los cortesanos la llamamos Medina del Lodo. Tiene un río que se llama Zapardiel, el cual es tan hondo y peligroso que las ánsares hacen pie en él al verano. Como es río estrecho y cenagoso, provéenos de muchas anguilas, y aún encúbrenos con muchas nieblas.

No más, sino que nuestro Señor sea en su guarda y a mí dé gracia con que le sirva.

De Medina del Campo, a XVIII de julio, año MDXXXII.

18. Letra para el obispo de Túy, nuevo presidente de Granada, en la cual le dice qué es el oficio de los presidentes

Muy magnífico y muy reverendo señor y real pretor:

Sea para bien la nueva provisión que su majestad hizo de Vuestra Señoría para la presidencia de esta real Audiencia de Granada. Sé os decir, señor, que en esta tierra más sois conocido por la fama que no por la persona, por eso trabajad que vuestra vida sea conforme a vuestra fama. Tened siempre delante los ojos, que si venís a juzgar que habéis también de ser juzgado, no de pocos, sino de muchos; no de las letras, sino de las costumbre; no de la hacienda, sino de la fama; no solo en lo público, mas aún en lo secreto; no de las graves cosas, mas aún de las muy menudas. Uno de los grandes trabajos que tienen los que presiden y gobiernan las repúblicas es que, no solo les juzgan lo que hacen, mas aún lo que piensan; no solo las cosas que hacen en veras, mas las que hacen de burlas; de manera que todas las cosas que no hacen con severidad les juzgan por liviandad. Plutarco dice en su Política que los atenienses notaban en Cimónides que hablaba alto; los tebanos acusaban a Panículo que escopía mucho; los lacedemonios decían de Ligurguio que andaba cabizbajo; los romanos criminaban a Escipión que dormía roncando; los uticenses infamaban al buen Catón que comía con dos carrillos; los enemigos de Pompeo murmuraban dél porque se rascaba con un dedo; los cartaginenses a su Aníbal porque andaba desabrochado, y los sillanos infamaban a Julio César porque andaba mal ceñido. He aquí, señor, a qué se extiende la malicia humana, y en qué se ocupan los que están ociosos en la república, es a saber, que no loan lo que los hombres heroicos emprenden como animosos, sino que condenan lo que hacen como descuidados. Con razón pudieran loar a Cimónides, que venció la batalla Maratona; a Panículo, que rescató a Tebas; a Ligurguio, que reformó su reino; a Escipión, que venció a Cartago; a Catón, que sustentó a Roma, a Pompeyo, que aumentó el Imperio; a Aníbal, que fue de inmortal ánimo, y a Julio César, que le parecía poco ser señor del mundo, de lo cual podemos inferir que la gente baja y suez no hablan de los mayores y señores conforme a lo que la razón les dicta, sino según lo a que la envidia les persuade. Plinio dice que los romanos solo en la provincia Bética tenían cinco jurídicos conventos; es a saber: el de Gades, Híspalis, Emeritano, Astaginensis y Cordubensis. Provincia Bética llamaban a la Andalucía; jurídicos conventos llamaban a las chancillerías; Gades era Cáliz, Híspalis, Sevilla; Cordubensis, Córdoba; Emerinensis, Mérida; Astaginensis, Écija. Destas cinco chancillerías, la primera y mayor dellas era la de Cáliz, porque allí residía el cónsul de la provincia, y en Mérida estaba la gente de guerra. He querido, señor, traeros a la memoria esta antigüedad para que advirtáis y consideréis, que como entonces había muchos presidentes puestos para gobernar, había también muchos de quien murmurar, mas agora, como sois solo, ha de cargar la murmuración de vos solo.

La gente de esta tierra no es como la gente de la vuestra, porque acá son agudos, astutos, resabidos, disimulados y versutos, y por esto le aviso y prevengo que en el oír los sea largo, mas en las respuestas sean resoluto, que, como verá más adelante, más entendimiento dan a una palabra que glosas hay sobre la Biblia. Conservadlos, señor, en las costumbres antiguas que tienen y no curéis de intentar ni introducir cosas nuevas, porque las novedades siempre acarrean a los que las ponen enojos, y en los pueblos engendran escándalos. Estad, señor, siempre muy mirado, y andad muy recatado, porque en las casas de los jueces tantos entran a mirar como a negociar.

La casa de la Audiencia es húmeda, vieja, estrecha, pequeña, triste y sombría; de manera que está más para derrocar que no para morar. Pena os dará, señor, verla y congoja morarla; mas al fin habéis de consolaros con que venís a ella no a morar, sino a medrar. El señor presidente vuestro antecesor entró en ella obispo de Mallorca y salió de ella obispo de Ávila, y así placerá a Nuestro Señor que, como venís hecho obispo de Túy, tornéis hecho arzobispo de Sevilla, porque costumbre es ya muy antigua que nunca los presidentes son quitados hasta que son ya mejorados.

Teneos por dicho, señor, que el oficio de presidente es además muy honroso, mas junto con esto es muy congojoso, porque ninguno se compadece dél si trabaja y todos blasfeman dél si huelga. Hay otro trabajo en la presidencia, y es que vuestros amigos tienen licencia de veros y hablaros, mas vos, señor, no tenéis libertad de comunicarlos, porque si alguno en particular habláis y a cosas secretas vuestras le admitís, luego divulgarán por la Audiencia, y aun lo platicarán en la plaza, que tenéis más habilidad para ser mandado que capacidad para mandar. En cosas graves y arduas no repugna a la prudencia, ni aun a la conciencia, comunicarse el que es juez con sus fieles amigos, con tal que no sean los aficionados ni apasionados, porque así se arroja más el ingenio do tiene más fuerza la voluntad. De tal manera debéis conversar, comunicar y hablar y os aconsejar con vuestros familiares amigos, que tengan todos de vos creído que os aconsejan, mas no que os mandan. Con los que vinieren con vos a negociar, no les respondáis áspera ni desabridamente, porque ya que no llevan esperanza de ser despachados, no es justo que de la respuesta vayan quejosos. En las palabras y en las mesuras y en las respuestas que diéredes tratá, señor, a cada uno según lo que quiere la condición de su estado, porque de otra manera loaros han unos de justo y notaros han otros de malcriado. Trabajad, señor, de ser en la República manso, piadoso, amoroso y bien quisto, de manera que os preciéis más de la bondad que usáis que de la autoridad que tenéis. No seáis furioso, enojoso, bravo y absoluto, porque los jueces tenéis obligación de sufrir infinitas injurias, y no tenéis licencia de vengar ni una sola. Cuando estuviéredes enojado, turbado y aun injuriado, no prorrumpáis en ira, ni digáis alguna mala palabra, porque si el hombre que nos injuria es discreto, no tomamos dél poca venganza si a sus palabras no damos respuesta. Debe tener el buen presidente rectitud en el juzgar, limpieza en el vivir, presteza en el despachar, paciencia en el negociar y prudencia en el gobernar, las cuales cinco virtudes son en sí tan conexas y en él necesarias, que no le aprovecharán tanto las cuatro que tenga que le dañará la una que le falte.

De mí, señor, le hago saber que estoy en esta Audiencia pleiteando ha dos años contra la iglesia de Toledo sobre la abadía de Baza, en el cual pleito tengo ya en mi favor una sentencia, «per omnia, benedictus Deus». Agora, señor, estamos en grado de revista, y como los pleitos de revista no se pueden ver sin el presidente, «nil iam superest nisi quod descendas et ponas manum super eam, et illiquo resiliet». Por ser Vuestra Señoría el presidente y yo el pleiteante, no sufre esta letra ofrecimientos de palabra, ni menos permite servicios de obra, «ne imponamus crimen glorie vestre». Vuestra Señoría venga cuando viniere con alegría y entre en esta Audiencia en felice hora, que como sabe «positus est in ruinam, et in resurrectionem multorum». De oidores vicios y nuevos hallará un sacro Colegio, «dignum profecto tali viro».

No más, sino que nuestro Señor sea en su guarda y a mí dé gracia para que le sirva.

De Granada, a XII de mayo de MDXXXI.

19. Letra para el guardián de Alcalá, en la cual se expone aquello del salmista que dice: «descendant in infernum viventes»

Muy reverendo y asaz religioso padre:

«Frater Antonius de Guevara, predicator et cronista Cesaris suo precordiali patri guardiano cumpluti, sal. plu. mittit. Quamuis hactenus non scripsi paternitati tue non tunc minus tibi deditus et afectus fui. Causarn autem mee taciturnitatis, tua singularis prudencia per sese optime novit. Literas tuas accepimus, que nobis jocunditati et voluptati fuerunt, nec enim est alius quisquis hominum cuius scripta libentius quam tua legamus, est enim in eius et dicendi ornatus, et debiti salis condimentum. Laudemus te bene valere, utinam et semper tibi sit. Et de his hac tenus». En el capítulo generalísimo prediqué, estando presente toda nuestra Orden, y entre otras autoridades de la Sagrada Escritura, expuse aquella palabra del salmista, que dice: «Descendant in infernum viventes». Dice, pues, agora vuestra paternidad que me ruegan tenga por bien, pues no la oyó entonces, se la refiera aquí como la dije allí. El predicador que da por escrito lo que dijo en el púlpito oblígase tanto, que se obliga a perder su buen crédito, porque en boca de un gran predicador más es de ver el espíritu que da a lo que dice que no todo cuanto nos dice. Estando Esquines, el filósofo, en Rodas desterrado por los atenienses, como un día él relatase la oración que Demóstenes contra él había hecho y escrito, díjoles él: «Que si viérades aquella bestia de Demóstenes blasonar sus palabras y el espíritu que tenía en decirlas». Entre los treinta muy famosos tiranos que destruyeron la república de Atenas, fue uno dellos Pisistrato, en cuyo tiempo florecía el filósofo Damónidas, varón, por cierto, muy corregido en el vivir y elocuentísimo en el hablar. Deste filósofo Damónidas dijo un día a los del Senado de Atenas el tirano Pisistrato: «Todos los de Atenas y de Grecia libremente podrán venir conmigo a negociar, y lo que les cumpliere hablar, excepto el filósofo, Daménidas, el cual me podrá escribir, mas no venir conmigo a hablar, porque tiene tanta eficacia en lo que dice que me persuade a lo que quiere». Teniendo cercada una ciudad de Grecia el rey Filipo, padre que fue del Magno Alejandro, vino en concierto con los que estaban dentro, que si dejaban entrar dentro al filósofo Teomastes a hablarles ciertas palabras, él se iría y el cerco alzaría. Tenía el filósofo Teomastes grande elocuencia en lo que decía y muy grande persuasión en lo que quería, y así aconteció allí que como entrase él solo en la ciudad y orase en el Senado, no solo se rindieron y las puertas abrieron, mas al rey Filipo las manos por rey le besaron, de manera que fue más poderoso aquel filósofo con las palabras, que no el rey Filipo con las armas. Digo esto, Padre reverendo, porque va mucho, y muy mucho, de oír una cosa a leerla, y de leerla a oírla, que, como dice el Apóstol, «litera occidit, spiritus autem vivificat». La autoridad del profeta sed cierto que va escrita como fue predicada, mas hago os saber que va despiritada y insalsugena.

Viniendo, pues, al caso de lo que dice el profeta, es a saber, «descendant in infernum viventes», es la duda cómo se puede compadecer que desciendan al infierno siendo vivos, y estando vivos cómo puedan estar en el infierno. Diciendo como dice en otro salmo el profeta, «non mortui laudabunt te, domine, nec omnes qui descendunt in infernum», si los que van al infierno no han allí a Dios de loar, sino de blasfemar, ¿para qué nos manda allá el profeta descender? Decir que Orestes entró en el infierno en pos de las ninfas y que Eneas descendió allí a buscar a su padre, y que el músico Orfeo sacó de allí a su mujer, y el valiente Hércules quebrantó las puertas, y el gigante Etna ató al cancerbero, mas son éstas ficciones poéticas, que no verdaderas, porque al malaventurado que le toma una vez la noche en el infierno para siempre se queda allí sepultado. El que amanece en la gloria nunca más verá la noche, y el que anocheciere en el infierno nunca más verá el día, porque los escogidos tendrán allí día sin noche y los dañados tendrán noche sin día. Siendo los que deberíamos ser, podemos la ida del infierno excusar; mas después que allá entraremos no es en nuestra mano salir, porque no hay cosa más consona a razón que aquel que por su voluntad se vino a la culpa, que contra su voluntad sufra la pena. Decir, pues, el profeta, «descendant in infernum viventes», a mi parecer, osaría yo decir que su fin fue persuadirnos y amonestarnos, «quod descendamus in infernum viventes, ut non descendamus postea morientes». Descendamos agora al infierno por contemplación, porque no descendamos después por eterna damnación. Descendamos a él por temor, porque no nos lleven a la noche. Descendamos solos, porque no nos compelan después a ir con los muchos. Descendamos a tiempo que nos podamos tornar, porque después no nos lleven para allá nos dejar . Finalmente, digo que es muy santa cosa descender al infierno en la vida, porque no descendamos después en la muerte. Aquéllos descienden cada día en el infierno, que piensan en las graves penas, que se dan allá por el pecado, porque no hay tal socrocio para apartarnos de la culpa, como traer siempre a la memoria la pena.

¡Oh cuán santa cosa es ir en romería a Roma, a Santiago y a Jerusalén, y a los otros lugares santos!, y no menos es santo descender a los infiernos en las penas de los dañados, porque sin ver los cuerpos de los santos me convidan a ser virtuoso, por cierto que las penas de los dañados nos retraen de los vicios. Peregrine quien quisiere a Montserrat, váyase a ganar el jubileo de Santiago, prométase a Nuestra Señora de Guadalupe, váyase a san Lázaro de Sevilla, envíe limosna a la Casa santa, tenga novenas en el crucifijo de Burgos y ofrezca su hacienda a san Antón de Castro, que yo no quiero otra estación sino la del infierno. No entiende en poco ni se ocupa en poco, ni ancla poco, ni emprende poco, ni aun peregrina poco, el que cada día da una vuelta al infierno. Una vez en el año visitaban su templo los hebreos; de cinco en cinco años celebraban sus lustros los sanitas; de cuatro en cuatro años festejaban sus olimpíadas los griegos; de siete en siete años renovaban el templo de Isis los egipcios; de diez en diez años enviaban presentes al oráculo de Delfos los romanos; mas el que es fiel y verdadero cristiano, no de tanto en tanto tiempo, sino que cada hora y cada momento vaya y venga al infierno, porque de pena perpetua ha de ser la memoria. En las romerías de la casa santa hay costa, hay trabajo y aun peligro; mas los que cada día visitan de pensamiento el infierno, ni tienen costa, ni pasan trabajo, ni corren peligro, porque es romería que se anda a pie enjuto y se visita a pie quedo. ¡Oh bienaventurada el ánima que cada día por las estaciones del infierno da una vuelta, en la cual contempla cómo los soberbios están allí abatidos, a los envidiosos cómo están castigados, a los golosos cómo están hambrientos, a los iracundos cómo están mansos y a los carnales cómo están consumidos: «descendant ergo in infernum viventes». De andar esta tan santa jornada no nos puede excusar flaqueza ni impedir pobreza, porque ni nos manda que nos fatiguemos las personas, ni que empleemos las haciendas, sino que guardemos los dineros y empleemos allí los pensamientos. «Ergo descendant in infernum viventes». No me parece a mí que tiene mal retablo el que tiene en su oratorio un infierno pintado, porque muchos más son los que se abstienen de pecar por temor de la pena, que no por el amor de la gloria.

Esto, pues, es lo que siento de aquella palabra del salmista acerca de la cual plega al rey del Cielo que así como la escribe mi pluma la rumie siempre mi alma, que, como dice el Apóstol, «non auditores sed factores iustificabuntur».

Vale iterumque vale.

De Madrid, a VIII de enero deMDXXIIII.

20. Letra para don Diego de Camiña, en la cual se trata cómo la envidia reina en todos. Es letra notable

Magnífico y muy cristiano señor:

escribisme que estáis muy turbado porque muchos malsines calumnian vuestras obras y deshacen vuestras hazañas. Digo que de espantaros tenéis ocasión, mas de escandalizaros no tenéis razón, porque al fin menos mal es que os tengan envidia vuestros vecinos que no que os hayan mancilla vuestros amigos. El vicio más antiguo en el mundo es la envidia, y el que más se usa en el mundo es la envidia, y el que no se acabará hasta que se acabe el mundo es la envidia. Adán y la Serpiente, Abel y Caín, Jacob y Esaú, Joseph y sus hermanos, Saúl y. David, Job y Satán, Architofel y Bufi, Amán y Mardocheo, no se perseguían unos a otros por la hacienda que poseían, sino por la envidia que se tenían. Muy mayor es la enemistad que está cimentada sobre envidia que la que está fundada sobre injuria, porque el hombre injuriado muchas veces se descuida, mas el que es envidioso jamás de perseguir cesa. Más crueles y aún más prolijas fueron las guerras que tuvieron entre sí los romanos y los pennos, que no las de los griegos y troyanos, porque éstos peleaban por vengar la injuria hecha a Helena y los otros sobre cuál quedaría con el señorío de Europa. Las inextinguibles enemistades que cayeron entre aquellos dos tan grandes príncipes romanos, Julio César y Pompeyo, no fueron porque el uno había injuriado ni maltratado al otro; sino porque Pompeyo tenía envidia a la gran fortuna de Julio César en pelear, y César tenía envidia a la mucha gracia que tenía Pompeyo en el gobernar. Dos géneros de gentes eran entre los romanos muy nombrados y muy esclarecidos, es a saber: los dictadores que eran cuerdos en gobernar, y a éstos ponían estatuas, y los cónsules que eran diestros en el pelear, y a éstos daban triunfos; por manera que cuando Roma estaba en su gran prosperidad, ningún trabajo quedaba sin premio, ni delito sin castigo.

Pocos hombres hay en que concurran todos los vicios y muchos menos son los que del todo carecen dellos, y si algún hombre hay que sea bueno es envidiado, y si es malo es envidioso; por manera que con el vicio de la envidia o hemos de perseguir o ser della perseguidos. Podemos nos guardar del mentiroso con él no hablando; del soberbio, con él no nos igualando; del perezoso, con él no parando; del lujurioso, con él no conversando; del goloso, con él no comiendo; del furioso, con él no riñendo, y del avaro ninguna cosa le pidiendo; mas del envidioso, ni abasta huirle ni menos halagarle. Es tan exento el vicio de la envidia, que no hay homenaje que no escale, ni muro que no derruque, ni mina que no contramine, ni potencia que no resista, ni hombre a quien no acometa. Si en un hombre solo se hallase la hermosura de Absalón, la fortaleza de Sansón, la sabiduría de Salomón, la ligereza de Azael, las riquezas de Creso, la largueza de Alejandro, las fuerzas de Héctor, la elocuencia de Homero, la fortaleza de Julio, la vida de Augusto, la justicia de Trajano y el celo de Cicerón, téngase por dicho que no será de gracias tan dotado, cuanto será de envidiosos perseguido. Siguen los lobos al ganado, los cuervos a los cadáveres, las abejas a la flor, las moscas a la miel, los hombres la riqueza y los envidiosos la prosperidad, quiero decir que así como naturalmente tenemos a los míseros compasión, así tenemos a los prósperos envidia. Al veneno de Sócrates, y al exilio de Esquines, y al suspendio de Creso, y a la destrucción de Darío, y a la desdicha de Pirro, y al fin de Ciro, y a la infamia de Catilina, y al infortunio de Sofonisa, ninguno jamás les tubo envidia, sino mancilla. Una de las cosas en que yo conozco a cuanto se extiende la malicia humana es: que los míseros y abatidos nunca hay quien les dé la mano para se levantar, y a los ricos y privados nunca falta quien les arme la zancadilla para les hacer caer. Ténganse por dicho los ricos, los poderosos y privados, que no es tan grande su riqueza y potencia, cuanto es en sus vecinos la envidia.

He querido, señor, traeros a la memoria estas cosas antiguas, para que no rehuséis de pagar vuestra libra de cera, pues os meten en la cofradía de la envidia. Hago os saber si no lo sabéis, que los cofrades de la cofradía de la envidia su principal oficio es enterrar hombres vivos, y desenterrar a los muertos. Esta cofradía de la envidia es generosa, porque della fueron fieles y infieles, ausentes y presentes, ricos y pobres, y todos los que son muertos, y aun todos los que agora son vivos. Tienen en aquella cofradía muy grandes libertades y privilegios: es a saber, que no se juntan, en capillas, sino en sus casas; no digan mal de pobres, sino de ricos; no ayuden, sino que estorben; no den, sino que tomen; no recen, sino que murmuren; no se abstengan de carnes de hombres, sino de animales; no se recelen de sus enemigos, sino de sus amigos; finalmente tienen licencia unos de otros de murmurar, y de nunca verdad se tratar. Aunque es trabajosa esta cofradía, también es indicio de gran miseria no estar asentado en ella, porque el hombre que no tiene en este mundo algún émulo, señal es que la fortuna le tiene muy olvidado. Plutarco, en sus Apothematas, hablando del muy nombrado capitán de los griegos Temístocles, dice que preguntándole uno cómo estaba tan triste, respondió: «La tristeza que yo tengo es porque en veinte y dos años que ha que nací no pienso que he hecho cosa digna de memoria, pues veo que en Atenas ninguno me tiene envidia». El primero tirano que hubo en Sicilia escriben los antiguos que fue Herión; el segundo, Celón, el tercero, Dionisio Siracusano; el cuarto, Dionisio el Mozo; el quinto, Taxillo; el sexto, Brudano, y el séptimo Hermocato; de los cuales siete se quejan hasta hoy los sicilianos, cuanto se precian de sus siete sabios los griegos. Llegando, pues, a la muerte del último tirano dellos, que fue Hermocato, dicen que dijo a su hijo: «La postrera palabra que te digo, hijo, es que no tengas condición de ser envidioso, sino que hagas tales obras de que seas envidiado». Palabras fueron éstas no por cierto de tirano, sino de hombre muy cuerdo, pues por ellas le mandaba que fuese virtuoso, y le vedaba ser malicioso.

Ya os dije, señor, en el principio desta letra que si teniades ocasión, no teniades razón de os atribular ni en el bien hacer resfriar, porque de dos males el menor mal es consentir murmurar del bien que no dejar de hacer bien.

De acá pocas cosas hay, señor, que os escribir, mas de que si allá os sobran malsines, acá no nos faltan blasfemos, los cuales ni dejan a Dios ni perdonan al rey. Dos veces he hablado al cardenal de Tortosa en vuestro negocio, y si yo no me engaño, tan grande es su olvido como mi cuidado. Los que estamos en Corte avezamos nos a querer lo que podemos de que no podemos lo que queremos.

No más, sino que nuestro Señor sea en vuestra guarda, y a mí dé gracia con que le sirva.

De Valladolid, a XXVI de octubre de MDXX.

21. Letra para don Juan de Mendoza, en la cual se declara qué cosa es ira y cuán buena es la paciencia

Expectable señor y magnífico caballero:

Si os parece que respondo a vuestras letras tarde, echad la culpa a Palomeque, vuestro criado, que es cojo, y el caballo que le distes es manco, y el camino es largo, y el invierno es recio, y yo también estoy siempre ocupado, aunque de mis obligaciones e ocupaciones he sacado poco provecho. A lo que sospecho, si ese vuestro criado tardó en llegar acá y tardó en tornar allá, fue la causa el ser en el camino enamorado; y si esto es así, ya, señor, podéis pensar cuánto querrá él más cumplir con el amor que le arde en el pecho, que no con las cartas que trae en el seno. Si me queréis creer, a hombres enamorados nunca someteréis vuestros negocios, porque su oficio no es ocuparse en negocios, ni escribir cartas, sino de aguardar esquinas, tañer guitarras, escalar paredes y ojear ventanas.

A todo lo que me escribís en vuestra carta habreos de responder más breve que vos, señor, queréis, y más largo que yo podré. Como voy a la Inquisición a votar y a Palacio a predicar, y cada día en las crónicas de César escribir, sóbranme negocio s y fáltame tiempo. Per sacra numina le juro que a muchos cortesanos que se andan por esta Corte baldíos tengo yo más envidia del tiempo que pierden que a los dineros que tienen.

Viniendo, pues, ya al propósito, yo le juro, a ley de amigo, que me ha pesado de su desastre y infortunio como si por mí pasara el caso, que como decía Chito el filósofo, los trabajos de los amigos no solo los hemos de remediar, mas aún llorar. Preguntado Agesilao, el griego, que porqué lloraba más las tristezas de los amigos que no las muertes de los hijos, respondió: «No lloro la falta de la mujer, ni la pérdida de la hacienda, ni la muerte de los hijos, porque todos éstos son parte de mí, y lloro la muerte del amigo, que es otro yo». Digo esto, señor, que pues no me puedo hallar allá presente para con vos llorar, ni tampoco me hallo acá poderoso para os remediar, quiero escribir os alguna letra para os consolar, porque a las veces no menos usa de piedad con el amigo la pluma, que de crueldad con el enemigo la lanza.

Aconsejaros que no sintáis lo que tanta razón hay para sentir, sería ocasión para que a mí me notasen de descomedido y a vos acusen de insensato; lo que yo osaré decir es que lo sintáis como hombre, y lo disimuléis como discreto. Las injurias que tocan en honra, y nos las hizo de quien no podemos tomar venganza, el más sano consejo es dejarlas caer, pues no se pueden vengar. Si en estos trabajos presentes queréis tomar el camino de cristiano y dejar el de caballero, ponéis, señor, los ojos, no en quien os persigue, sino en Dios que lo permite, delante del cual os hallaréis tan culpado, que es poco lo que padecéis a respecto de lo que merecíades padecer. Más y allende desto debéis pensar que las tribulaciones que Dios permite no son para perdernos, sino para probarnos, porque en los libros de Dios a ninguno asientan quitación, sino al que es para trabajo, y en los del mundo a ninguno dan sueldo, sino al que es para regalo.

escribisme, señor, que os escriba qué cosa es ira y qué sea la definición della, para ver si podréis perder la saña de aquel que os hizo tan atroz injuria. Saber qué cosa es ira y irle a la mano a la ira, no me parece, señor, mal consejo; porque, sabida la verdad, a las veces es más seguro al que está injuriado disimular la injuria, que no vengarla. Arístides dice que no es otra cosa ira sino un encendimiento de la sangre, y aun a alteración del corazón. Posidonio dice que no es otra cosa ira sino una breve locura. Cicerón dice que a lo que los latinos llaman ira, los griegos llaman deseo de venganza. Esquines decía que la ira se causaba del vaho de la hiel, y del calor del corazón. Macrobio dice que mucho va de la ira a la iracundia, porque la ira nace de la ocasión y la iracundia de la mala condición. El divino Platón decía que no estaba la culpa en la ira, sino en aquello porque nos airamos. Laercio dice que cuando la pena excede a la culpa, entonces es venganza y no celo; mas cuando la culpa excede a la pena, es celo y no venganza. Plutarco dice que los privilegios de la ira son no creer a los amigos, ser súbito en los hechos, tener encendidas las maxilas, aprovecharse presto de las manos, tener desenfrenada la lengua, decir a cada palabra una malicia, enojarse de pequeña ocasión y no admitir ninguna razón. Preguntado Solón Solonino que quién se podía llamar airado, respondió: «El que tiene en poco perder los amigos y no hace caso de cobrar enemigos».

Después de tantos y tan grandes filósofos, lo que osaría yo decir es que el vicio de la ira es ligero de escribir, fácil de persuadir, aplacible de predicar, provechoso de aconsejar y muy difícil de refrenar. De cualquier vicio podemos decir mal; mas del vicio de la ira podemos decir mucho y mucho mal, porque la ira no solo nos torna locos, mas aún nos hace de todos ser aborrecidos. Templar la ira es cosa asaz virtuosa, mas desecharla del todo es cosa muy más segura, porque todo lo que en sí es malo y de su condición dañoso, más fácilmente se recibe que se alarga. En los principios muchas cosas están en nuestras manos de admitirlas o despedirlas; mas después que se han de nosotros muy bien apoderado, si por caso se levanta contra ellas la razón, dicen que no se quieren ir, pues están ya en posesión. Es de tan mala yacija la ira, que de sola una vez que le damos el nuestro querer hace después ella del nuestro querer el nuestro no querer. En los rectores que gobiernan la república no condenamos la buena o mala corrección que hacen, sino la mucha ira que en ello muestran, porque si tienen obligación a castigar los vicios, no tienen obligación y licencia para mostrarse apasionados. A los que pecan, justa cosa es no queden sin pena; mas esta pena no ha de ser con que parezcan que toman dellos venganza, porque por bruto que un hombre sea, sin comparación siente más el odio que le muestran que no el castigo que le dan. El azote, el palo, la puñada y la disciplina que se da a la carne, aunque duele, presto pasa; mas la palabra injuriosa nunca el corazón la olvida.

Ser uno poderoso de refrenar la ira, no es virtud humana, sino heroica y divina, porque no hay en el mundo más alto género de triunfo que triunfar cada uno de su corazón propio. Sócrates el filósofo, teniendo ya la mano empuñada para herir a su criado, deteniéndola así alzada, dijo: «Acordándome que soy filósofo y que estoy agora airado, no quiero darte el merecido castigo». ¡Oh ejemplo muy digno por cierto de notar y mucho más y más de imitar!, del cual podernos colegir que en el tiempo que de la ira estamos enseñoreados no hemos de osar hablar y mucho menos a nadie castigar. Ligurguio el filósofo mandaba a los gobernadores de su república que de todo lo malo y deshonesto que lo condenasen y castigasen, mas que por ninguna manera a los malhechores aborreciesen, diciendo que no había para los pueblos tan grave pestilencia como era el juez que se emborrachaba de ira. Peces son los que este consejo toman y muy muchos los que lo contrario desto hacen, porque ya nadie se aira contra los pecados, sino contra los pecadores. Para mí, y aun para quien quiera, grandísimo trabajo es comunicar y tratar con hombres furiosos y mal sufridos, porque son incomportables para servir y muy peligrosos para los conversar.

Pues he dicho qué cosa es ira, y los daños que hace la ira, digamos agora qué remedios se pueden dar para la ira, porque no es en mi fin enseñaros a enojar, sino a desenojar. Osaría yo decir que es muy gran remedio para la ira refrenar, cuando está enojado, la lengua, y dilatar para adelante la venganza, porque muchas cosas hace y dice y promete un hombre con enojo, las cuales no querría después que le hubiesen pasado por el pensamiento. Al hombre airado no le hemos de importunar, que del pie a la mano perdone la injuria, sino rogarle mucho que para adelante dilate mucho la venganza, porque, durante el enojo, no se ha de hacer cuenta que el injuriado perdone, sino que se aplaque. Al hombre furioso y airado, quererle alguno poner en concierto y justicia es falta de cordura o sobra de diligencia, porque la ira muy encendida y el corazón muy furioso ni admite consolación ni se vence con razón. Aviso y torno a avisar al hombre que presume de cuerdo no se tome jamás con alguno que esté airado, porque si así no lo hace a mejor librar, él escapará de allí, o lastimado en la honra o descalabrada la cabeza. Aunque uno sea amigo del que está airado, más bien le hace en dejar le que en hablarle, ni en ayudarle, porque en aquellas horas más ha menester freno que le enfrene que no espuela que le toque. Con el hombre que está airado, más es menester usar de maña que emplear en él la fuerza, porque dado caso que se enoje de súbito, el amansarle ha de ser de espacio. Plutarco, en los libros de su República, aconseja al emperador Trajano que sea paciente en los trabajos, manso en los negocios y sufrido con los furiosos, afirmándole y jurándole que muchas más cosas son las que el tiempo cura, que no las que la razón concierta. Entre personas grandes hemos visto grandes enemistades, las cuales pasiones y enojos no se pudieron atajar con ruegos de amigos, amenazas de enemigos, dádivas de dineros, ni aun con cansancio de trabajos, y después que hizo su curso el tiempo, y tornó sobre sí cada uno, acordaron ellos mismos entre sí mismos, sin que nadie les fuese a rogar de se hablar y concertar. Finalmente, digo que cuando el amigo viere la cólera de su amigo encendida, si le quiere hacer buena obra, échele agua para amansarle, y no leña para más embravecerle.

Yo, señor don Juan, me he alargado en esta letra mucho más de lo que pensaba, y aún de lo que deseaba, sino que vuestra sobrada pena ha hecho ser descortés a mi pluma. Sufrid, callad, disimulad, y dejad pasar el tiempo y olvidarse un poco el negocio, que si yo no me engaño, veréis arder en sus entrañas el fuego que metieron por vuestras puertas. Salomón el hebreo, decía que el sabio tiene la lengua en el corazón, y el que es loco y furioso tiene el corazón en la lengua. Agis el griego, decía que al hombre loco pésale de lo que sufre. Agora, si no nunca, es menester que os aprovechéis de vuestra ciencia, prudencia y cordura, porque no pequeña especie de locura es saber a otros curar, y no querer a sí mismo remediar. No estoy desacordado, que cuando murió doña Francisca, mi hermana, en su Torre Mexia, me escribiste tantas y tan buenas cosas, que abastaron para aliviarme la pena, y, aunque no del todo, la lástima; y digo esto, señor, porque sería razón que de aquella vendimia tomásedes para vos alguna rebusca.

En todo lo demás, no tengo más que os escribir, sino el crédito que trajo vuestro criado con vuestra carta para lo que me dije se, ese mismo crédito le da mi carta para que os responda.

De Toledo, a VI de abril de MDXXIII.

22. Letra para el embajador don Jerónimo Vique, en la cual se trata cuán dañosa es la mucha libertad

Muy magnífico señor y cesáreo Embajador:

Somos en Granada a XX de julio, a do recibí la carta de vuestra merced, y para venir de tan lejos como es de Valencia a Granada, ella se dio en el camino buena prisa, pues partió de allá el sábado y llegó acá el lunes. Viniendo, como venís, de tierra tan extraña como es Roma, y habiendo pasado mar tan peligroso como es el golfo de Narbona, no quiero preguntaros si venís sano, sino dar gracias a Dios, pues venís vivo.

Plega a Nuestro Señor que vengáis de Italia tan sano en el cuerpo y tan limpio en el ánima, como cuando partiste de España, porque en las nuevas tierras siempre se aprenden nuevas costumbres. El buen Ligurguio mandó a los lacedemonios que ni fuera del reino saliesen a negociar, ni en sus tierras dejasen peregrinos entrar, diciendo que si los reinos se hacen ricos con tratos extraños, se tornan pobres de virtudes propias. Hablando, señor, con verdad, y aun con libertad, a pocos he visto venir de Italia que no vengan absolutos, y aun disolutos, y esto no porque la tierra no esté consagrada de santos, sino porque agora está poblada de pecadores. La propiedad de las campanas es que llaman a todos para que vengan a misa, y ellas nunca entran en la iglesia, y a mi parecer tal es la condición de Italia, do hay grandes santuarios que provocan a oración, y en la gente de ella no hay devoción. Muchos dicen que todo el bien de Italia es ser libre; yo digo que todo su daño está en no ser a nadie sujeta, porque de hacer los hombres todo lo que quieren, vienen a hacer lo que no deben. Si Trogo Pompeo no nos engaña, dando los romanos libertad a los batros, porque habían socorrido al cónsul Ruso en la guerra de los partos, no quisieron usar de la tal libertad, diciendo que el día que les hiciesen libres harían por do mereciesen ser esclavos. Hablando la verdad, no hay repúblicas más perdidas que aquellas a do las gentes son libertadas, porque la condición de las libertades es ser de muchos deseada y en pocos bien empleada. A do no hay sujeción, no hay rey; a do no hay rey, no hay ley; a do no hay ley, no hay justicia, a do no hay justicia, no hay paz; a do no hay paz, hay continua guerra, y a do hay guerra, es imposible que dure mucho la república. Nunca a la potentísima Roma la pudieron sujetar los griegos, los pennos, los gallos, los hunnos, los epirotas, los sabinos, los sannitas, ni bruscos, y al fin fin asolóse y perdiose por la soberbia que tenían en el mandar, y por la mucha libertad para pecar. El divino Platón decía muchas veces a los atenienses, de que les veía andar muy sueltos: «Mirad, atenienses, por vosotros, y no perdáis por viciosos lo que ganaste por esforzados, porque os hago saber que la libertad no menos necesidad tiene de cordura para conservarse, que de esfuerzo para ganarse».

La experiencia nos enseña cada día que en una república libre más daños hacen, más blasfemias dicen, más delitos cometen, más escándalos levantan, más buenos infaman y más hurtos intentan solos dos mancebos libres que doscientos que estén sujetos. Si curiosamente lo miramos, hallaremos por verdad que no empozan ni agotan, ni destierran, ni degüellan, ni ahorcan, ni desorejan, ni encarcelan, sino a los hombres perdidos que gastan el tiempo en vanidad y emplean en vicios su libertad. En la vida humana no hay otra riqueza como es la libertad; mas junto con esto no hay cosa más peligrosa que es ella, si no la saben medir, y no todas veces della usar. La libertad hase de ganar, procurar, negociar, comprar, amparar y defender; mas junto con esto, amonesto y aconsejo y aún aviso al que la tuviere, no use de ella cuando se lo rogare el apetito, sino cuando le diere licencia la razón, porque de otra manera pensando que tenía libertad para toda su vida no habrá en ella para un mes. La libertad de Falaris turbó a los griegos; la de Robohán perdió a los hebreos; la de Catilina escandalizó a los romanos; la de Jugurta infamó a los pennos; la de Dionisio asoló a los sículos, y al fin a las repúblicas se les acabaron los trabajos, y a ellos las vidas y tiranías.

Muchos hombres son los que dejan de hacer mal por no querer, mas muchos más son los que dejan por no poder. Muchos son los que abstienen por la conciencia, y muchos más por la vergüenza. Muchos se refrenan por el amor, mas muchos más por el temor. Muchos viven recatados por ser buenos, y muchos más por no ser deshonrados. Ora por temor, ora por amor, ora por conciencia, ora por vergüenza, siempre nos hemos de arrimar a la verdad, y irle a la mano a la libertad, porque si a la sensualidad soltamos la rienda, y a la libertad no cerramos la puerta, tenemos que contar de día, y aun que llorar de noche.

Esto, señor, os he querido traer a la memoria para que, pues venís de Roma, no curéis preciaros mucho de las costumbres de allá, porque habéis de saber, si no lo sabéis, que las cosas de Italia más sabrosas son para contar, que seguras para imitar. Si os viniere a la memoria la generosidad de Roma, la libertad de los vecinos, la variedad de las gentes, la frescura de las romanas, la grosura de las vitelas, la bondad de los vinos, el regocijo de las fiestas y la opulencia de las plazas, acordaos, señor, que allí es a do se gasta la hacienda, se encarga la conciencia y aun se pierde muchas veces el ánima. La gente romana, en Roma, mucha della es buena; mas la gente extranjera puesta en Italia, por la mayor parte es mala, porque son muy poquitos los que con devoción van a Roma, y son infinitos los que se pierden en la ramería. No es ya Roma en poder de los cristianos la que era en tiempo de los gentiles, porque siendo madre de todas las virtudes, la hemos tornado escuela de todos los vicios. La autoridad, el poderío, la grandeza y gravedad del Pontífice Romano, aunque pese a los herejes, la admitimos, confesamos y creemos, porque, en realidad de verdad, es de toda la Iglesia único pastor, y en lugar de Cristo único Gobernador. Que haya tantos vicios en Roma no es de echar toda la culpa a los Pontífices Romanos, porque allende que dellos ha habido muchos santos y en estos tiempos hay muchos virtuosos, no hay ninguno tan malo que no trabaje de acertar en su gobierno.

Dejado esto aparte, ¿qué diremos de un pobre clérigo que va a Roma, atravesando a España, Francia y Lombardía, y antes que haya sentencia de su beneficio comete mil vicios, gasta sus dineros y hace mil maleficios? De mi digo que a Roma fui, a Roma vi, a Roma visité, a Roma contemplé, en la cual vi muchas cosas que me pusieron devoción, y vi otras que me trajeron en admiración.

¡Oh!, cuánto y cuánto va de la costumbre italiana a la ley que es puramente cristiana, porque en la una dicen que hagáis todo lo que queréis, y en la otra no, sino lo que debéis.

En la una, que neguéis a todos para medrar, y en la otra que os neguéis a vos mismo para os salvar.

En la una, que tengáis mucha conciencia, y en la otra que no hagáis caso de vergüenza.

En la una, que trabajéis por ser buen cristiano, y en la otra que os desveléis por ser muy rico.

En la una, que viváis conforme a la virtud, y en la otra que no curéis sino de gozar la libertad.

En la una, que por ninguna cosa digáis mentira, y en la otra, en caso de intereses, no hagáis cuenta de la verdad.

En la una, que viváis con solo lo vuestro, y en la otra que os aprovechéis de lo ajeno.

En la una, que siempre os acordéis de morir, y en la otra que por ninguna cosa os dejéis mal pasar.

En la una, que os ocupéis siempre en saber, y en la otra que os deis mucho a valer.

En la una, que repartáis de lo que tenéis con los pobres y amigos, y en la otra que siempre guardéis para los años caros.

En la una, que seáis muy callado, y en la otra que presumáis de muy elocuente.

En la una, que creáis en solo Cristo, y en la otra que procuréis tener dineros.

Si con estas doce condiciones queréis, señor embajador, ser romano, haga os muy buen provecho, porque el día de la cuenta más querríades haber sido labrador en España que no embajador en Roma.

No más, sino que nuestro Señor sea en su guarda, y a él y a mí nos dé buena postrimería.

De Granada, año MDXXV, día y mes sobredicho.

23. Letra para el mismo don Jerónimo Vique, en la cual se declara un epitafio romano

Muy magnífico señor y cesáreo Embajador:

Por la letra que recibí suya fui certificado el haber recibido otra mía, y no tengo en mucho haberle caído en gracia, pues debajo de vuestra buena condición no cabe ninguna cosa de desalabar, ni menos condenar. Mosén Rubín me dijo que de dormir en un lugar fresco estábades muy arromadizado, bien tengo creído que todo esto causa el calor del mes de agosto; mas, a mi parecer, ni lo debéis hacer, ni a nadie aconsejar, porque menos mal es en el verano sudar que no toser.

escribisme y aún enviáisme unas letras góticas que hallaste en una antigualla de Roma escritas, las cuales ni vos, señor, las sabéis leer, ni allá en Italia las supo ninguno declarar. Yo, señor, las he muy bien visto y las he muy bien mirado y aun remirado, y a quien no sabe mucho desta jerigonza romana parecerle han ilegibles y inteligibles, y que para bien se entender a leer era necesario que los hombres que son vivos adivinasen o los que las escribieron resucitasen. Y pues para declararos estas letras no ha de resucitar ningún muerto, ni tampoco soy yo adivino, he fatigado mi juicio y llamado a mi memoria, he revuelto a mis libros y aun he mirado inmensas historias, para ver y saber quién fue el que las escribió. Al fin, como no hay cosa que un hombre haga que otro no la pueda hacer, ni lo que uno sabe que otro no lo pueda saber, quiso vuestra dicha y mi buena diligencia que topé con lo que vos, señor, queríades y yo buscaba. Y porque no parezca que hablamos de gracia, contaremos en breves palabras la historia.

Es, pues, el caso que en los tiempos del emperador Octavio Augusto hubo en Roma un caballero romano llamado Tito Annio, varón por cierto muy diestro en las cosas de la guerra y muy cuerdo en la gobernación de la República. Había en Roma un oficio que se llamaba tribunus scelerum, y éste tenía cargo de los casos del crimen: es a saber, de ahorcar, agotar, desterrar, degollar, aspar y empozar; por manera, que el censor juzgaba lo cebil y el tribuno lo criminal. Era este oficio entre los romanos de muy grande preeminencia, y no de menor confianza, y nunca le daban sino a persona que en sangre fuese limpio; en edad, antiguo; en las leyes, docto; en la vida, honesto, y en la justicia, bien moderado. Por concurrir en Tito Annio todas estas condiciones, fue del emperador Augusto en tribuno nombrado, y por el Senado confirmado y del pueblo aprobado. Vivió y residió en este oficio Tito Annio XXV años, en los cuales todos a ninguno dijo palabra lastimosa, ni hizo alguna injusticia. En remuneración a su trabajo, y en premio de su bondad, diéronle por privilegio que se enterrase dentro de los muros de Roma, y que enterrase cabe si alguna moneda, y que en aquel sepulcro jamás se pudiese enterrar otro. Enterrarse uno dentro de Roma era entre los romanos muy grande preeminencia: lo uno, porque los sacerdotes consagraban el sepulcro; lo otro, porque para acogerse los malhechores, valían más los sepulcros que no los templos.

Quieren, pues, decir estas letras que Tito Annio, juez del crimen cabe el su sagrado sepulcro, escondió cierto dinero; es a saber, diez pies más atrás, y que en aquel sepulcro manda el Senado que no se entierre ningún su heredero. Este Tito Annio, cuando murió, dejó viva a su mujer, que se llamaba Cornelia, la cual en el sepulcro del marido puso este epitafio: «Son autores de esta historia Vulpicio, Valerio y Trebelio». Y porque la declaración de la historia parezca más clara, ponemos la exposición sobre cada letra. Son, pues, éstas las letras:

Tithus.
Annius
tribunus
sceleruin
sacro
suo
sepulcro.
T.
A.
T.
Sce.
S.
S.
S.
pecuniam
condidit.
non.
longe.
pedes.
decem.

P.
Con.
N.
Lon.
P.
X.

hoc.
monumentum.
heres.

non.
sequitur.
iure.
senatus.
H.
M.
H.
N.
S.
I.
S.
Cornelia.
Dulcisima.
eius.
coniux.
posuit.

Cor.
D.
E.
Con.
P.

He aquí, pues, señor embajador, vuestras letras expuestas y no soñadas, que a mi parecer esto que hemos dicho quieren ellas decir; y si desta interpretación no os contentáis, expónganlas los muertos que las escribieron, o los vivos que os las dieron.

No más, sino que Nuestro Señor sea en vuestra guarda y nos dé su gracia para que acabemos en su servicio.

De Toledo, a III de abril, año MDXXVI.

24. Letra para el obispo de Badajoz, en la cual se declaran los fueros antiguos de Badajoz

Muy magnífico señor y cesáreo pretor:

Recibí la letra de Vuestra Señoría, con la cual me regocijé mucho antes que la leyese, y después quedé enojado cuando la hube leído, no porque me escribía, sino por lo que me mandaba y aun demandaba. Si Plutarco no nos engaña, en la cámara de Dionisio Siracusano ninguno entraba; en la librería de Lúculo ninguno se asentaba; Marco Aurelio, la llave de su estudio, aun de su Faustina no fiaba. Y, a la verdad, ellos tenían razón, porque cosas hay de tal calidad que no solo no se han de dejar tratar, mas aún ni mirar. Esquines el filósofo, decía que por amicísimo que fuese uno de otro, no le había de mostrar todo lo que había en casa ni comunicarle todo lo que el corazón piensa, diciendo que el hombre no es más suyo de lo que tiene en sí mismo secreto. Grandes días ha que yo encomendé a la memoria aquella sentencia del divino Platón a do dice que a quien descubrimos el secreto damos la libertad. Digo esto, señor, porque si yo no metiera a vuestro secretario en mi estudio, ni él fuera parlero ni Vuestra Señoría importuno.

Decisme, señor, que os dijo haber visto en mi librería un banco de libros vicios, dellos gótizos, dellos latinos, dellos mozabes, dellos caldeos, dellos arábigos, y que acordó de hurtarme uno, el cual hacía mucho a vuestro propósito. En lo que él os dijo, él os dijo verdad, y en lo que hizo él hizo muy grande ruindad, porque entre hombres doctos las burlas extiéndense hasta decirse palabras, mas no hasta hurtarse escrituras. Como, señor, no tengo otra hacienda que granjear, ni otros pasatiempos en que me recrear, sino en los libros que he procurado y aun de diversos reinos buscado, creedme una cosa, y es que llegarme a los libros es sacarme los ojos. De mi natural condición siempre fui enemigo de opiniones nuevas, y muy amigo de libros viejos, porque si dice Salomón: «Quod in antiquis est sapientia», para mí yo no pienso que la sabiduría está en los hombres canos, sino en los libros vicios. El buen rey don Alonso, que tomó a Nápoles, decía que todo era burla, sino leña seca para quemar, caballo viejo para cabalgar, vino añejo para beber, amigos ancianos para conversar, y libros viejos para leer. Los libros viejos tienen muchas ventajas a los nuevos; es a saber, que hablan verdad, tienen gravedad y muestran autoridad; de lo cual se sigue que los podemos leer sin escrúpulo y alegar sin vergüenza.

Es, pues, el caso que en el año de mil y quinientos y veintitrés, pasando yo por la villa de Zafra, me alleguë a la tienda de un librero, el cual estaba deshojando un libro viejo de pergamino, para encuadernar otro libro nuevo, y como conocí que el libro era mucho mejor para leer que no para encuadernar libros, dile por él ocho reales, y aún diérale ocho ducados. Ya, señor, sabéis cómo era el libro de los fueros de Badajoz que hizo el rey don Alonso el Onceno, príncipe que fue muy esforzado y valeroso, y no poco sabio. Este libro es el que vuestro secretario me hurtó y el que allá os llevó, y ha me placido mucho que le hayáis visto y no te hayáis entendido; de manera que si me lo tornáis, no es porque lo habéis gana de restituir, sino porque os le haya de declarar.

Algunos fueros hay escritos en tan breves palabras, y con tan oscuras razones, que apenas se saben leer, cuanto más entender, porque se ha limado y pulido tanto la lengua española y es tan diferente el hablar de entonces al hablar de agora, que parece haberse mudado el lenguaje como se mudó el traje. Enviáisme, señor, señalados algunos fueros, los cuales, a vuestro parecer, son muy oscuros, y así es la verdad que lo son, porque si yo no estuviese tan diestro ya en las cosas antiguas, apenas podría aún entender las palabras. Será, pues, el caso que palabra por palabra pondremos lo que dice el fuero, y luego al pie dél declararemos lo que quiere decir, y soy cierto que muchos se reirán y otros se espantarán. Dice, pues, así uno de los fueros que no entendéis:

«Cui dixier hastas homes hastas homes peche diez maravedís a los camperos; mas si se firmare con tres no peche cosa». Antiguamente, en España llamaban a las lanzas hastas, y por decir «al arma, al arma», decían «hasta, homes», «hastas, homes». A los que agora llamamos en la hermandad cuadrilleros, llamaban ellos camperos, porque corrían el campo. Como agora decimos que es necesario alguno se abone con tres testigos, decían ellos «fírmese con tres». Quiere, pues, el fuero decir que si algún vecino de Badajoz, de su propia autoridad apellidare, diciendo «al arma, al arma», llévenle de pena los alcaldes de la Hermandad diez maravedís. Mas si el tal hombre probare con tres testigos que no dijo tal cosa no le den pena alguna.

«Todo home qui trajer cuchiello en villa o en villar, peche de caloña tres maravedís». Antiguamente, en España, al traer decían «trujer», y al cuchillo llamaban «cuchiello», y como agora decimos villa y arrabal, decían ellos «villa o villar», y a lo que llamamos nosotros pena, llamaban ellos «caloña». Quiere, pues, decir el fuero, que todo hombre de Badajoz, que dentro de la villa o fuera en el arrabal trajere armas sin licencia, pague de pena tres maravedís.

«Todo home que ir quisier, fuer de villa o fuer de villar, si ezquerdare cuchiello sin fe de campero, peche de caloña diez maravedís». Antiguamente, en España, por decir el hombre que quisiere ir camino, decían ellos «home que ir quisier fuera de villa o villar». Como agora decimos: Si el tal hombre ciñere espada, decían ellos «si ezquerdare cuchiello». «Ezquerdar» espada es ceñir bajo el lado izquierdo como agora se ciñe. A lo que nosotros decimos que trae uno armas sin licencia de la justicia, decían los antiguos «sin fe de campero», que era el alcalde de la Hermandad. Quiere decir el fuero: «Todo hombre vecino de Badajoz que quisiere salir de la ciudad y sus arrabales para ir camino, si el tal llevare espada ceñida por el campo, sin licencia de los alcaldes de la Hermandad, peche cinco maravedís».

«Todo burgo que ficier enforza al campero campreando, si ficier apellido, y no fuer subvenido, peche una gran caloña». Antiguamente, en España, a lo que nosotros llamamos caserías llamaban ellos «burgos», y a lo que nosotros decimos agora socorrer, decían ellos «subvenir», y por decir hacer fuerza decían ellos «facer enforza», y como nosotros decimos campear, decían los antiguos «camprear». Quiere, pues, decir el fuero que si entierra de Badajoz, andando visitando algún alcalde de la Hermandad le hicieron alguna resistencia en alguna aldea, si por caso él apellidare a otra aldea que le socorra y no le socorriere, pague por ello una muy gran pena.

«Todo hombre que al día comprar más de una dinerada de pan ferial, peche diez maravedís». Antiguamente, en España llamaban pan ferial al trigo que se compraba en el mercado, y como nosotros decimos un maravedí, decían ellos una «dinerada», y por decir cada día, ellos no decían sino «al día». Quiere, pues, decir el fuero que si algún vecino de Badajoz comprare en el mercado más trigo de un maravedí para cada día, peche ocho maravedís. En aquellos tiempos con un maravedí de trigo se mantenía una casa, y no querían que nadie comprase pan para revender.

«Mande concejo que no manquen en ferial los ochavos y ochaveros, porque non anden hi malas extrañeras, y si anduvieren los alcaldes las enfornen». Antiguamente, en España llamaban a la hanega «ochavera», porque era de ocho celemines, y no de doce como agora, y el que agora llamamos medidor llamaban «ochabero», y a las medidas que no eran de la tierra llamaban las «extrañeras», y por decir que quemasen las medidas falsas o foreras, decían que las «enfornasen». Quiere, pues, decir el fuero que los del concejo de Badajoz provean para cada mercado de medidas y medidores, para medir el pan que allí se viniere a vender, y que si por caso se hallare alguna medida que no sea por el Concejo puesta, la quemen luego en un horno.

«Moquilón que vez destajare y ficiere avieso, peche al que se lo firmare cinco maravedís, y si tomare alfadías, sea encepado». Llamaban antiguamente en España moquilón al que agora llamamos «maquilón» en los molinos, y a lo que agora decimos nosotros avenir decían ellos «destajar», y por decir si se lo probare, decían los antiguos «si se lo firmare», y a lo que agora llamamos cohechos, llamaban en aquellos tiempos «alfadías». Quiere, pues, agora decir el fuero que si algún molinero de Badajoz concertare con algún vecino de molerle a tal hora su trigo, y no moliere, que pague cinco maravedís, si le probare habérselo prometido y hecho esperar. Así mismo dice el fuero que si el tal molinero cohechare algo a los que van a moler más de la maquila acostumbrada, que le echen preso en el cepo de concejo.

«Qui ficier tal avieso y enforcias que no merezca caloña, los treses o seises le enforquen en ferial». Antiguamente, en España llamaban al gran delito «avieso», y por decir que uno salteaba decían «home que ficier enforcias», y a los que agora llamamos regidores, llamaban «treses», si eran tres, o «seises», si eran seis, y lo que agora llamamos día de mercado, decían los antiguos «día feriado». Quiere, pues, decir el fuero que si algún vecino de Badajoz hiciere algún tan grave delito que no pueda pagar con otra pena sino con la horca, que los que gobiernan el pueblo le ahorquen en día que sea de mercado.

«Todo home mesturgo que mesturgare del concegil al rey, cuanto havier le manque, y le apelliden mesturgo sine caloña». Este fuero parece muy oscuro, y entendida una palabra, es muy claro. Antiguamente, en España a los que agora llamamos malsines y cizañadores, llamaban ellos «mesturgos», y al cizañar llamaban «mesturgar», y a cosa de concejo llamaban «concegil», y por decir pierda todo lo que tiene, decían los antiguos «cuanto habier le manque», y como nosotros llámenle malsín sin pena, decían ellos «apellídenle mesturgo sine caloña». Quiere, pues, decir el fuero que si algún mal hombre de Badajoz fuere a decir mal al rey de los del Concejo, que pierda toda su hacienda, y que públicamente le llamen traidor sin caer en pena alguna.

«Tegeros de Badajoz millaren en villa y villar a dinerada de teja y ladriello». Antiguamente, en España llamaban a la ciudad y arrabal «villa y villar», y al ladrillo «ladriellos, y al maravedí «dinerada», y por decir vendan un millar, no decían más de «millaren el ladriello». Quiere, pues, decir el fuero que todos los tegeros de Badajoz no puedan vender en la ciudad y arrabal el millar de la teja, y el millar del ladrillo sino a precio de un maravedí.

«Todo descallador de Badajoz empalme tres doce fierras a maravedí, y en ferial a medio más». Antiguamente, en España al herrador de bestias llamaban «descallador», porque quitaba los callos, y a lo que agora llamamos herradura llamaban ellos «fierra», y por decir tres docenas de herraduras, decían ellos tres doce «fierras». Quiere, pues, decir el fuero que los herradores de Badajoz hierren tres docenas de herraduras a precio de un maravedí, excepto el día de mercado, que lleven medio maravedí más que los otros días.

«Reja que non huebrare por descura de ferrer, piñórenle un maravedí para el huebrero». Antiguamente, en España llamaban «ferrer» al que nosotros llamamos herrador, y por decir no arar, decían ellos «no huebrar», y a lo que nosotros llamamos sacar prendas, llamaban ellos «ernpeñorar», y como nosotros decimos descuido, decían ellos «descura», y a lo que nosotros llamamos dueño de la huebra, llamaban ellos «el huebrero». Quiere, pues, decir el fuero que si por culpa del herrero de Badajoz holgare alguna huebra, por no le haber adobado la reja con tiempo, saquen prenda por un maravedí y denle al dueño de la huebra.

«Todo home riero que aduxer pexe a Badajoz hi lo venda, y si lo vendier fora del tablado pague caloña al fosado». Antiguamente, en España al que nosotros llamamos pescador, llamaban ellos «riero», porque pescaba en el río, y por decir traer decían ellos «aduxer», y al pescado llamaban ellos «pexe».. y por decir ahí decían ellos no más de «hí», y a lo que nosotros llamamos vender, decían ellos «vendier», y como agora es costumbre de vender el pescado red, decían ellos venderse en «tablado», y por decir pague alguna pena para los reparos de la ciudad, decían ellos «peche caloña al fosado». Quiere, pues, agora decir el fuero que si algún pescador de río trajere a la ciudad de Badajoz algún pescado, lo venda públicamente en la plaza o tras la red, so pena que pague alguna pena de dinero para reparo de los muros y barbacanas.

«Jarrer de Badajoz no interese más de quartezna de todo lo que midier, y si más intrese, peche a la pavesada un maravedí». Antiguamente, en España llamaban al tabernero «jarrer», como quien dice «jarreador», y a la medida que ahora llamamos cuartillo, decían ellos «quartezna», y como agora decimos no gane más, decían ellos «no intrese más», y por decir medir decían ellos «midien», y a lo que agora llamamos casa de armas, llamaban ellos «pavesada», porque estaban allí guardados todos los paveses y armas de la ciudad. Quiere, pues, decir el fuero que si algún tabernero de Badajoz ganare en el vino que vendiere más de la cuarta parte, peche para la casa de las armas un maravedí.

«Jarrera de Badajoz aduzga en si quartezna y media quartezna dinerada y media dinerada, y si no fueren rejados en concejo peche tres maravedís». Antiguamente, en España llamaban a la taberna «jarrera», y al cuartillo y medio cuartillo, «quartezna» y «media quartezna», y por decir medida de cornado y medio cornado, decían «idinerada» y «media dinerada», y a lo que nosotros llamamos traer decían ellos «aducir», y por decir marcados, decían ellos «rejados». Quiere, pues, decir el fuero que toda tabernera de Badajoz tenga en su taberna cuartillo y medio cuartillo y medidas de un cornado y medio cornado, las cuales todas medidas sino estuvieren marcadas y selladas del concejo, pague tres maravedís.

«Campero que hasta azulada perdier enforcias siguiendo, préstenle tres maravedís de concejo». Ya dijimos que al cuadrillero llamaban los antiguos «campero», porque corría el campo, y a la lanza rica llamaban «hasta azulada», y a los que salteaban por los caminos decían que «hacían enforcias». Quiere, pues, decir el fuero que si algún cuadrillero de la Hermandad de Badajoz perdiere alguna lanza rica, yendo en seguimiento de algunos salteadores, ayúdenle para comprar otra con tres maravedís del arca de Concejo.

«Home que en lid deslinare a otri antes de fin hacer a la arrancada, pierda el quiñón amestécenle la barba». Llamaban antiguamente en Castilla «deslinar» al despojar, o desarmar; llamaban «lid» al pelear; llamaban «arrancada» al alcance; llamaban «quiñón» a la suerte; llamaban «amestezar» al pelar o mesar.

Quiere, pues, decir agora el fuero que si algún vecino de Badajoz se parare a desarmar o despojar a alguno de los enemigos caídos en el campo, antes que vuelvan todos de la batalla o del alcance, pélenle al tal las barbas y pierda la suerte que le cabía del despojo.

«Todo home fiel de Badajoz sea creído por su fiaduría y el que non fuere con el alcalde peche medio maravedí». Llamaban en Castilla antiguamente «fieles» a los que agora llaman emplazadores, y a la vara que agora traen en las manos llamaban «fiaduría». Quiere, pues, decir el fuero que si algún emplazador de Badajoz fuere a emplazar a algún vecino llevando consigo la vara o señal de emplazador, que si el tal no quisiere ir con él delante el alcalde a responder al plazo peche medio maravedí.

He aquí, pues, señor, declarados todos los fueros que me enviaste señalados, por la declaración de los cuales podréis entender todos los otros, y sí no fuere así será por algún vuestro descuido, y no por falta de buen juicio.

No más, sino que nuestro Señor sea en su guarda y a él y a mí dé su gracia.

De Valladolid, a XX de abril de MDXXVI.

25. Letra para don Juan de Palamós, en la cual se declara quién fue el caballo Seyano y oro tolosano

Muy respetable señor y noble caballero:

Recibí su letra, y en ella su queja, a la cual, respondiendo, digo que, como he estado tan ocupado en cosas que me mandó César, no he tenido tiempo aun para rezar las horas, cuanto más para responder a vuestras cartas misivas. Vino a orejas de César que el duque de Sogorbe y los monjes de Valdeparaíso se tenían mala voluntad, y se hacían mala vecindad, a cuya causa me mandó que los fuese a visitar y trabajase, de los concertar, lo cual yo hice de buena voluntad, aunque no sin muy grande dificultad. En cuarenta días que allí estuve, ni me salí a pasear, ni me ocupé en predicar, ni me di a estudiar, sino que todo mi ejercicio era ver privilegios y visitar términos, oír querellas y averiguar injurias. Como el negocio era de calidad y entre personas tan calificadas, pasose inmenso trabajo hasta hacerlos amigos y deshacer los agravios. He querido decir esto para que no me culpéis tanto como me culpáis por no haber tan presto respondido a vuestra carta ni haber cumplido lo que os prometí en el Grao de Valencia.

Fue, pues, el caso que pasando por Valencia el príncipe Borbón, vimos en un paño de su tapicería un caballo que tenía a sus pies cinco caballeros derrocados y muertos, y en los pechos del caballo estaba un escrito en que decía así: «Equus seianus»; como quien dijese: «Este es el caballo seyano». A maravilla miraban todos los de la ciudad aquel paño, y ninguno podía atinar qué fuese el blasón de aquel caballo, en que unos decían que era la historia de Josué, otros la de Judas Macabeo, otros la de Héctor, otros la de Alejandro, otros las del Cid Ruy Díaz: de manera que cada uno decía lo que se le antojaba, y ninguno lo que sabía. No faltó un caballero que dijo allí que aquel caballo era del rey don Jaime, que ganó a Valencia de los moros, y aquéllos eran cinco reyes moros que mató él un día y el caballo se llamaba Seyano, porque era de Segorbe, y como no estaba allí nadie que supiese el secreto de aquella historia, sino yo que callaba, así lo juraba y perjuraba y afirmaba, como si contara una historia de la Biblia. Como aquel caballero era en sangre generoso, en hacienda rico, en edad anciano, aunque en las palabras muy mentiroso, no quise declarar allí el misterio de aquel caballo, porque los otros no tuviesen dél que mofar, y el pobre caballero de qué se correr. Decía Mimo Publiano el filósofo, que con los viejos vanilocos y parleros, más respecto se ha de tener a las canas que tienen que a las palabras que dicen.

La historia deste caballo Seyano escriben muy graves autores; es a saber: Gallo Basiano, Julio Modesto y Aulo Gelio, en el tercero libro que hizo de las Noches de Atenas; y alego estos autores porque nadie piense que es fábula compuesta, sino que en realidad de verdad pasó como aquí contaremos la historia. Viniendo, pues, al caso, y contándole de fundamento, es de saber que el grande Hércules el Tebano, después que mató a Diómedes en Tracia, trajo consigo a Grecia una raza de caballos que criaba Diómedes, los cuales de su propia naturaleza eran en el color muy hermosos, en los cuerpos muy grandes y en las condiciones muy mansos, y en el pelear muy animosos. De la raza de estos caballos nació en la provincia de Argos un caballo, cuyas propiedades fueron tener el pescuezo alto, las crines hasta el suelo, las narices hendidas, los suelos seguros, las cañas enjutas, las ancas anchas, la cola larga, los ojos grandes, el pelo blando, el color bayo y, sobre todo, de ánimo muy denodado. Siendo aún potro este caballo, venían de Asia, de Palestina, de Tebas, de Pentápolis y de toda la Grecia a la fama dél, unos por verle, otros por comprarle y aún otros por dibujarle, porque no había persona que no le deseasa ver y mucho más tener. Como en este mundo no hay cosa tan perfecta, en la cual no haya alguna nota o tacha, fue tan maldito el hado deste caballo, que todos los que le criaron y compraron, y en él cabalgaron, infame y miserablemente murieron. Y porque no parezca que hablamos de gracia y contamos la historia muy sospechosa, tocaremos aquí brevemente quiénes fueron los que a este caballo compraron y poseyeron, y los grandes infortunios que con él les vinieron.

En el año de cuatrocientos y trece de la fundación de Roma, muerto el dictador Quinto Cincinato, enviaron los romanos a Grecia por cónsul un romano que había nombre Gneo Seyano, varón que en sangre era tenido por ilustre, y en cosas de gobernación por cuerdo. Cuando el cónsul Gneo Seyano fue a Grecia, era potro de treinta meses aquel caballo, al cual él compró y domó, y fue el primero que en él cabalgó. A causa que este Gneo Seyano, estando en Roma, siguió la parcialidad de Octavio Augusto, no un año después que fue a Grecia, y no seis meses después que compró el caballo, Marco Antonio le mandó cortar la cabeza, y aun su cuerpo quedar sin sepultura. Por ocasión que Gneo Seyano fue el primero que compró y domó a este caballo, y aun experimenté con la muerte a su infelice hado, le llamaron entonces y después el caballo Seyano.

Descabezado Gneo Seyano, sucediole en el oficio del consulado un romano que había nombre Dolobela, el cual luego que fue cónsul, compró por cien mil sextercios aquel caballo, y de verdad si él supiera el mal que para su casa compraba, es de creer que él diera otros cien mil por no le haber comprado. Dentro de un año que el cónsul Dolobela hubo comprado aquel caballo, se levantó en la ciudad de Epiro, a do él residía, una popular sedición, en la cual el triste de Dolobela fue muerto y aún por todas las calles arrastrado. Muerto el cónsul Dolobela, acodiciese a comprar aquel caballo otro cónsul que había nombre Gallo Casión, varón de quien escribe Plutarco haber tenido muy grandes cargos en Roma y haber hecho grandes hazañas en Asia. No dos años después que el cónsul Casión compró aquel infelice caballo, le dieron tales yerbas en una comida, que dentro de un hora él y su mujer y hijos perdieron la vida, sin tener tiempo de hablar una palabra. Muerto el cónsul Gallo Casión, acordó de comprar aquel caballo el muy famoso romano Marco Antonio, y agradose tanto de la forma y postura del caballo cuando se lo trajeron, que dio en albricias tanto al que se lo compró como había dado al que se lo vendió. No dos meses después que Marco Antonio había comprado aquel caballo, se dio la batalla en la mar entre él y su enemigo Octavio Augusto, en la cual batalla se quiso hallarla su amiga Cleopatra, para mayor infamia della y para más perdición dél. Cuán infelice fin hubo Marco Antonio, y cuán apresurada muerte padeció la su Cleopatra, a todos es notorio los que han leído al buen Plutarco. Muerto Marco Antonio, aún todavía quedó vivo aquel caballo infelice y desdichado, el cual vino a manos de un caballero de Asia, que había nombre Nigidio, y como el caballo era ya algo viejo, comprole al presente barato, aunque después le costó muy caro, porque dentro de un año que le compró al pasar del río Maratón, el caballo tropezó y cayó, por manera que amo y caballo se ahogaron y jamás no parecieron.

Estos, pues, son los cinco caballeros que estaban a los pies del caballo Seyano derrocados, es a saber: Seyano, Dolobela, Casión, Marco Antonio y Nigido; la cual historia, aunque es sabrosa de leer, es por otra parte muy lastimosa de oír. Después que en Asia cayeron en la cuenta de reconocer la mala fortuna que aquel caballo traía consigo, levantose entre ellos un común refrán, de decir al hombre muy infortunado y desdichado que había tenido en su casa al caballo Seyano. Semejante caso aconteció cuando Escipión robó los templos de Tolosa de Francia, en que todos los que llevaron de aquél oro y riquezas para sus casas, ninguno escapó que dentro de un año él no muriese, y toda su familia y casa no se perdiese. Hasta hoy en día es costumbre de decir en toda Francia al hombre que es mal fortunado y muy desdichado que tiene en su casa el oro tolosano.

Laercio dice que en Atenas había una casa a do todos nacían locos, y había otra casa do todos nacían bobos, y como por discurso de tiempo cayesen en la cuenta los del Senado, mandaron que las casas no se habitasen, y aunque se derrocasen. Herodiano dice que en el campo Marcio de Roma había una generosa casa, en la cual todos los dueños morían muerte subitánea, y como los vecinos della hiciesen desto relación al emperador Aureliano, no solo la mandó derrocar, mas aún toda la madera quemar. Solón Solonino vedó en sus leyes a los egipcios que no vendiesen ninguna cosa de los muertos, sino que se repartiese todo entre sus herederos, diciendo que si alguna cosa mal fortunada o desdichada aquel muerto tenía, se quedase en su familia y parentela y no pasase a la república. Luego que murieron Calígula y Nero, príncipes romanos que fueron muy infames, proveyó el Senado en que todas sus riquezas y alhajas fuesen quemadas y empozadas, temiéndose que en aquella hacienda tiránica no estuviese escondida alguna mala fortuna, por codicia de la cual Roma se perdiese y la República se emponzoñase.

He querido, señor, escribiros todos estos ejemplos de casos desastrados, no para que creáis en agüeros, mas para que penséis que hay en este mundo algunas cosas tan mal fortunadas, que parece que traen consigo las mismas desdichas.

No más, sino que nuestro Señor sea en su guarda.

26. Letra para el duque de Alba, don Fadrique de Toledo, en la cual se trata de las enfermedades y provechos dellas

Ilustre y muy estimado señor:

Al tiempo que Palomeque, su criado, me vino a visitar de su parte y me dio su carta, yo estaba a la sazón con una muy furiosa calentura, de manera que ni pude leer la carta, ni hablar al que me la traía palabra. Después que me aflojó la calentura y leí la carta, conocí el deseo que tenía de mi salud, y el pésame que me enviaba de mi enfermedad. Creedrne, señor, y no dudéis que entonces yo tenía más habilidad para beber que no para leer, porque diera toda mi librería por sola una jarra de agua.

Vuestra Señoría me escribe que también ha estado malo, y que da todo su mal por bien empleado, así por verse sano como por estar con un santo propósito de irse a la mano al pecar y de abstenerse de comer. A mí, señor, me pesa de todo corazón que hayáis estado malo y pláceme mucho y muy mucho que estéis de ese buen propósito, aunque es verdad que holgaría más de veros lo cumplir que no de oíros lo prometer, porque los infiernos están llenos de buenos deseos y el paraíso está lleno de buenas obras. Sea lo que fuere, que para mí no hay cosa en que más conozca ser un hombre cuerdo o no, que es verlo cómo se vale en la adversidad y cómo se aprovecha de la enfermedad. No hay igual locura con emplear mal la salud, ni hay igual cordura con sacar algún fruto de la enfermedad. «Cum infirmor, tunc fortior sum», decía el Apóstol que cuando estaba enfermo, entonces estaba más recio. Y esto decía él, porque al enfermo ni le hincha soberbia, ni le combate lujuria, ni le derrueca avaricia, ni le molesta envidia, ni le altera ira, ni le sojuzga gula, ni le descuida pereza, ni aun le desvelan pundonores de honra. Pluguiese a Dios, señor duque, que tales fuésemos sanos cuales prometimos de ser cuando estábamos enfermos. Toda la ansia del enfermo mal cristiano es querer sanar por solo vivir y más del mundo gozar; mas el deseo del enfermo buen cristiano es querer sanar, no tanto por vivir, cuanto por ser enmendar. En el tiempo de la enfermedad no hay quien se acuerde de afección ni de pasión de amigos, ni de enemigos, de riqueza ni de pobreza, de honra ni de deshonra, de regalo ni de trabajo, ni de atesorar ni empobrecer, de mandar o de obedecer, sino que por ahorrar de un dolor de cabeza, dará cuanto ha ganado en su vida. Con la enfermedad no hay placer verdadero, y con la salud todo trabajo es tolerable. ¿Qué le falta al que la salud no le falta? ¿Qué vale cuanto tiene el que salud no tiene? ¿Qué aprovecha que tenga uno buena cama si no puede tomar el sueño en ella? ¿Qué aprovecha tener vino añejo, y que huela, si el médico le manda beber agua cocida? ¿Qué aprovecha tener buena comida, si de solo verla poner en la mesa da arcadas y reviesa? ¿Qué aprovecha tener muchos dineros, si los más dellos gasta con físicos y boticarios? Es tan gran cosa la salud, que por guardarla y conservarla no solo habíamos de velar, mas aún nos desvelar, lo cual no es por cierto así, pues nunca la conocemos hasta que la perdemos. Plutarco, Plinio, Nigidio, Aristón, Dióscoro, Plotino, Necéfalo, y con ellos otros muchos, escribieron grandes libros y tratados, de cómo se había de curar la enfermedad, y de cómo se había de conservar la salud, y así Dios a mí me salve, que si algunas cosas acertaron, otras muchas adivinaron, y aun otras no pocas soñaron. Creedme, señor duque, y no dudéis que para mí yo tengo creído, y aún experimentado, que para curar la enfermedad y conservar la salud, no hay otra mejor cosa que evitar enojos y comer de pocos manjares. ¡Oh! cuán gran bien sería para el cuerpo, y aún para el ánima, si pudiésemos pasar sin comer y sin nos enojar, porque los manjares nos corrompen, y los enojos nos consumen los huesos Si los hombres no comiesen y si los hombres no se enojasen, ni habría por qué enfermar ni menos de quién se quejar, porque los verdugos que más atormentan nuestra mísera vida son la ordinaria gula y la profunda tristeza. La experiencia nos enseña cada día que los hombres que son bobos, o locos, o tontos, o necios, por la mayor parte siempre están recios y viven sanos, y la razón de esto es porque los tales ni se fatigan por tener honra, ni sienten qué cosa es afrenta. Lo contrario de esto acontece a los hombres que son sabios, discretos, cuerdos y agudos, cada uno de los cuales no solo le da pena de lo que le dicen, mas aún se entristece por lo que él piensa que piensan. Hay hombres tan agudos y tan reagudos que les parece poco interpretar las palabras, mas aún tienen por oficio de adivinar los pensamientos, y el pago de los tales es que para consigo siempre andan desconsolados, y para con otros están muy mal quistos. Osaría yo afirmar, y aún casi jurar, que para enfermar y peligrar la vida humana no hay ponzoña tan emponzoñada como es una muy profunda tristeza, y la razón de esto es, porque el mísero corazón, cuando está triste, alégrase en llorar y descansa en suspirar. Diga cada uno lo que quisiere, que entre discretos y no necios, sin comparación son más los que enferman de los enojos que toman, que no de los manjares que comen. No vemos otra cosa cada día, sino que los hombres que son regocijados y alegres siempre están gordos y sanos y colorados, y los que son cetrinos, lóbregos y podridos siempre andan tristes, hinchados y abuhados. En estos escritos, y por ellos, os confieso y digo, señor duque, que las calenturas que agora he tenido no fueron de los manjares que comí, sino de ciertos enojos que recibí.

Escribisme, señor, que de dormir en el suelo os vino un pestilencial romadizo; bien pienso que lo causa el calor grande deste mes de agosto, lo cual no me parece que debéis, señor, hacer, ni a nadie aconsejar, porque menos mal es sudar con el calor, que toser con el romadizo. A lo que entiendo de su carta, también querría que le escribiese alguna nueva; abaste, señor, por agora, que desta nuestra Corte hay poco que fiar del papel y mucho que decir a la oreja. Las cosas que tocan a los príncipes y señores de altos estados tenemos obligación de sentirlas, y no licencia de decirlas. En la Corte y fuera de la Corte he visto a muchos medrados por sufrir, y a muchos afrentados por no callar. Vuestra Señoría perdone por agora a mi pluma, que cuando nos viéremos suplirá lo que ella falta mi lengua.

No más, sino que nuestro Señor sea en su guarda.

De Burgos, a XV de octubre de MDXXIIII.

27. Letra para don Pedro de Acuña, conde de Buendía, en la cual se declara la profecía de una sibila

Muy magnífico y asaz cristiano caballero:

Pensará Vuestra Señoría en todo su seso que cuan larga fue la carta que me escribió, que tan larga será la respuesta que yo le enviare, y a la verdad no será así, porque soy ya venido en tal edad, que nada me agrada de lo que puedo, ni puedo hacer cosa de las que quiero. Los largos años, los continuos estudios y los muchos trabajos que he pasado han hecho en mí tal impresión, que se cansan ya los ojos de leer, los pulgares de escribir, la memoria de retener y aun el juicio de notar y componer. Dios sabe que yo no me quería dello preciar, mas al fin no puedo dejar lo de confesar, y es que cada día siento en mí mucha más edad y muy menos habilidad. Por más que disimule, por más que me esfuerce, por más que me remoce y por más bien que me trate, no puedo dejar de confesar sino que ya la vista se me turba, la memoria me falta, el cuerpo se me cansa, las fuerzas desfallecen y aun los cabellos se me encanecen. ¿Qué son todas estas cosas, oh alma mía, sino unos crueles emplazadores que emplazan mi vida, para que vaya a poblar una triste sepultura? Epaminondas el griego decía que hasta edad de treinta años les habían de decir a los hombres enhorabuena vengáis, porque entonces parecen que vienen al mundo. Desde los treinta años hasta los cincuenta, les habían de decir enhorabuena vayáis, porque ya se van despidiendo del mundo. En este repartimiento de Epaminondas no nos cabrá a Vuestra Señoría y a mí en el «enhorabuena vengáis», ni aún «enhorabuena estéis», porque somos ya de los de «enhorabuena vais». Plega al Redentor del mundo, que cuando falleciéremos del mundo salgamos en hora buena, nos despidamos en hora buena y vamos en hora buena; porque si nos va mucho en bien vivir, mucho más nos va en bien acabar. He querido, señor, escribiros todo esto para que si os respondiere algo breve, me hayáis por excusado y me tengáis por disculpado.

Viniendo, pues, al propósito, digo que huelgo mucho en leer vuestras letras, y por otra parte me importuno con vuestras importunidades, porque siempre me venís con demandas incógnitas y me preguntáis cuestiones peregrinas. Enviáisme agora un epitafio antiquísimo que trajo un vuestro amigo de Roma, el cual apostó con Vuestra Señoría un buen cuartago que no habría en toda España quien le supiese leer, ni mucho menos entender. Son, pues, las letras del epitafio éstas: R. R. R. T. S. D. D. R. R. R. F. F. F. F. Ni acertó en lo que dijo ni ganará lo que apostó aquel romano; porque, dado caso que sean oscurísimas, y esté letra por parte, yo, señor, os las enviaré tan declaradas y entendidas que él quede confuso y Vuestra Señoría gane el cuartago.

Es, pues, el caso que reinando Rómulo en Roma y Ezequías en Judea, nació una mujer en la ciudad de Tarento que hubo nombre Délfica, la cual fue muy ilustre en el vivir y única en el arte de adivinar . Entre los hebreos llamaban a las tales mujeres «profetisas» y entre los gentiles llamaban las «sibillas», y así fue que esta sibila Délfica profetizó la destrucción de Cartago, la prosperidad de Roma la ruina de Capua, la gloria de Grecia y la grande pestilencia de Italia. Como se derramase la fama de esta sibila por todo el mundo, enviole el rey Rómulo grandes presentes, hízole muchas promesas y escribiole muchas cartas, con intención de sacarla de su tierra y de traerla a vivir a Roma. Ni por ruegos que le hicieron, ni por dones que le enviaron, nunca quiso esta sibila dejar a su tierra ni venirse a morar a Roma; lo cual visto por el rey Rómulo, determinose de la ir en persona a ver, y con ella algunas cosas comunicar. El secreto que Rómulo quería saber della era qué fortuna estaba guardada para el rey y qué tales serían los hados de su ciudad de Roma, la cual a la sazón el rey Rómulo comenzaba y de nuevo edificaba. Buena respuesta ni mala respuesta no pudo sacar el rey Rómulo de aquella sibila Délfica, más de cuanto le dio catorce letras escritas en unas cortezas de árboles, porque en aquellos tan antiguos tiempos aún no se había hallado la manera de escribir en pergamino y mucho menos en el papel. El secreto y misterio de aquellas letras ni el rey Rómulo lo pudo entender ni aquella mujer se lo quiso declarar, mas de cuanto le certificó ella que estaba aún por nacer quien aquellas letras había de entender y declarar.

Vuelto el rey Rómulo de do estaba la sibila a su ciudad de Roma, mandó poner aquellas letras en uno de sus templos debajo de muy gran guarda, hasta que llegase el tiempo en que los dioses las revelasen o naciese quien las entendiese. Cuatrocientos y treinta y siete años estuvieron aquellas letras escondidas, sin que nadie las supiese leer ni menos entender, hasta que vino a Roma otra sibila por nombre Eritea, la cual tan claramente las declaró y expuso, como si ella misma, y no otra, las hubiera compuesto. Las letras no son más de catorce, las cuales, declaradas en romance, quieren decir: «Rómulo / reinando, / Roma / triunfando, / sibila / Délfica / dijo: / El reino / de Roma / parecerá / a hierro, / fuego, / hambre / y frío». Ponemos agora los mismos caracteres de las letras y la exposición en latín sobre cada una dellas, en la forma que las expuso la sibila, que fue en la forma siguiente:

Rómulo
Regnante.
Roma.
Triumfante.
sibila.
Délfica.

R.
R.
R.
T.
S.
D.

Dixit.
Regnum.
Rome
Ruet.
Ferro
Flanima.
Fame.
Frigore.
D.
R.
R.
R.

F.

F.

F.

F.

He aquí, señor, vuestras letras expuestas; he aquí vuestras profecías adivinadas; he aquí a vuestro romano confuso y aún he aquí a su cuartago ganado; y sería el donaire que habiéndome yo desvelado por buscar esta historia, se llevara vuestra señoría el precio de la respuesta. Si quisiere más por entero saber esta historia, mande buscar y leer a Libio, a Vulpicio, a Trebelio y a Pogio, los cuales escribieron De antiquitatibus romanorum y Dictis sibillarum.

No más, sino que nuestro Señor sea en su guarda y que a él y a mí nos dé su gracia. Amén, amén.

De Madrid, a XVIII de enero de MDXXXV.

28. Letra para don Iñigo Manrique, en la cual se cuenta lo que aconteció en Roma a un esclavo con un león. Es historia muy sabrosa

Muy magnífico y muy cuerdo señor:

Vuestro criado Trusilo me dio una letra vuestra, al salir que salíamos del Consejo de la Inquisición, y, para decir verdad, ni él me dijo cuyo era, ni tampoco yo le pregunté palabra; y a mi ver, el uno acertó y el otro no erró, porque él allegaba del camino cansado y yo salía del Consejo enojado. El filósofo Mimo decía: «Qui cum laso et famelico loquitur, rixam querit». Como si dije se: «Hablar con el hombre que está hambriento y querer negociar con el que está cansado, son dos muy grandes ocasiones para haber enojo». Porque si al tiempo que el hambriento quiere comer, y a la coyuntura que el que está cansado quiere descansar se asienta alguno muy despacio a negociar, dará a Barrabás el negocio y a Satanás al que lo negocia. La experiencia nos enseña que a la hora que uno descansa luego comienza a hablar, y a la hora que uno come y bebe luego comienza a gorjear, y por eso decimos que entonces, y no antes, es oportuno tiempo para negocios despachar, porque de otra manera más sería importunar que no negociar. Esto digo, señor, para que veáis y aun para que sepáis que conviene mucho al que va a negociar, no solo que huya a la importunidad, más aún que sepa buscar la oportunidad.

Dejado esto, señor, aparte, hago os saber que vuestras importunidades y mis muchas ocupaciones se han asido a los cabellos, las unas queriendo que condescendiese a lo que me rogábades, y las otras resistiendo a que no se podía hacer lo que queriades; por manera que la causa de no haber respondido es el no poder, y aun el no querer. El no poder responder procedía de que a la sazón votábamos en la Inquisición el negocio de las brujas de Navarra, y el no querer salía de enviarme a pedir cosa tan peregrina, con la cual si vos, señor, tomábades gusto en leerla, yo me enojaba y aun me cansaba en buscarla. La declaración de la historia que me enviáis a pedir, bien me acordaba yo de haberla visto, mas no me podía recordar en qué libro la había leído, y desto no nos maravillamos los que en las escrituras divinas y humanas entendemos, porque según decía el divino Platón, dejaríamos de ser hombres y seríamos ya dioses, si pudiese tanto la memoria retener cuanto pueden los ojos leer y ver. Aunque por una parte estaba muy ocupado, y por otra algo enojado, todavía me desocupé de los negocios y comencé a revolver mis libros, para ver si podría hallar aquella historia y entender aquella pintura, y quise tomar este trabajo por cumplir con vuestra amistad y aun por probar mi habilidad.

Escribisme, señor, que en la almoneda del Gran Capitán vistes un paño rico que decían haberle presentado venecianos, en el cual estaban figurados un hombre que llevaba de traílla a un león y un león que iba atado y cargado en pos del hombre. También decís que en los pechos del león estaban escritas estas palabras: «Hic leo est hospes huius hominis». Por semejante manera, en los pechos del hombre estaban otras palabras que decían así: «Hic homo est medicus huius leonis». Querían, pues, decir las unas y las otras palabras: «Este león es huésped de este hombre», y «este hombre es el médico de este león». Ya podéis, señor, pensar cuán pequeña será esta historia, pues parece cosa monstruosa aún oírla contar pintada, y por eso no me maravillo que la deseéis entender, y que fuese a mí tan laboriosa de hallar. Acontecerá a esta mi carta lo que pocas veces consiento a otra, y es que será un poco prolija, aunque no nada pesada, porque es tan aplacible de oír esta historia, que al lector le pesará de no ser más larga.

Viniendo, pues, al caso, es de saber que siendo emperador romano el buen Tito, hijo que fue de Vespasiano y hermano del mal emperador Domiciano, viniendo de la guerra de Germania, acordó de celebrar en Roma el día que él había nacido en Campania, porque entre los príncipes romanos tres fiestas eran las más celebérrimas de todas: es, a saber el día que ellos nacían, el día que sus padres morían y el día que en augustos los criaban. Llegado, pues, el día del nacimiento de Tito, ordenó de hacer grandes fiestas al Senado, y de repartir muchos dones entre los del pueblo, porque en los grandes regocijos siempre los príncipes romanos festejaban a los mayores, y hacían algunas mercedes a los menores. Cosa digna de notar, y aun de a la memoria encomendar, es que en los grandes triunfos y fiestas de Jano, de Mars, de Mercurio, de Jouis, de Venus y de Berecinta, no se alabarían ni se estimarían ser grandes o pequeñas las tales fiestas por los gastos que allí se gastaban ni por los juegos que allí se representaban, sino por las pocas o muchas mercedes que allí se hacían.

Mandó, pues, traer para aquella fiesta el emperador Tito, muchos leones, osos, venados, onzas, rinocerontes, grifos, toros, puercos, lobos, camellos, elefantes Y otros inmensos géneros de animales bravísirnos, los cuales, Por la mayor arte, se crían en los desiertos de Egipto y en las vertientes del monte Cáucaso. De muchos días antes tenía mandado el emperador que tuviesen guardados todos los ladrones, salteadores, homicianos, perjuros, traidores, aleves y revoltosos, para que aquel día entrasen en el coso a correr y a pelear con las bestias, por manera que los verdugos de los malhechores eran los mismos animales. La orden que en esto se tenía era que metidos dentro del gran Coliseo los mismos hombres y aquellos fieros animales, salían a pelear los unos contra los otros, estándolos todo el pueblo mirando y ninguno los socorriendo, y si por caso el animal despedazaba al hombre, pagaba allí su deuda; mas si el hombre mataba al animal, no le podían ya matar por justicia del monte Cáucaso.

Entre los otros animales que para aquella fiesta se trajeron, fue un león que cagaron en los desiertos de Egipto, el cual en cuerpo era grande, en edad antiguo, en el aspecto terrible, en el pelear feroz y en los bramidos muy espantable. Andando este ferocísimo león en el coso muy encarnizado, a tanto que había ya quince hombres muerto y despedazado, acordaron de echarle a un esclavo fugitivo con intención que lo matase y comiese y que en él su rabiosa furia amansase cosa maravillosa de oír y espantosa de ver fue que a la hora que al esclavo echaron en el coso al león, no solo no le quiso matar, mas aun ni tocar, antes se fue para él y le lamió las manos, le halagó con la cola, abajó la cabeza y se echó delante dél en tierra, mostrando señales de le reconocer y algo de deber. Visto por el esclavo los halagos y comedimientos que el león le había hecho, derrocose él también él luego en el suelo, y allegándose el esclavo al león y el león al esclavo, comenzaron el uno al otro a abrazarse y halagarse, como hombres que en algún tiempo se habían conocido y había grandes años que no se habían visto.

De ver cosa tan monstruosa y repentina, la cual ojos humanos nunca habían visto, ni en los libros antiguos se había leído, el buen emperador Tito se espantó, y todo el pueblo se abobó, y luego no imaginaron que el hombre y el león se habían en otro tiempo visto y allí conocido, sino que aquel esclavo fuese nigromántico y hubiese al león encantado. Visto por todo el pueblo que había ya grande espacio de tiempo que el esclavo con el león, y el león con el esclavo se estaban burlando, mandó el emperador Tito llamar delante sí al esclavo.

El cual, como viniese a cumplir el mandamiento, vínose en pos dél aquel ferocísimo león tan manso y tan pacífico como si fuera un carnero a pan criado. Díjole, pues, el emperador Tito estas palabras: «Dime, hombre, quién eres, de dónde eres, cómo te llamas, cuyo eres, qué hiciste, qué delitos cometiste, por qué aquí fuiste traído y a las bestias echado. ¿Por ventura has tú a ese león ferocísimo criado? ¿Hasle por dicha en algún tiempo conocido? ¿Hallástete tú allí cuando fue tomado? ¿Has le tú librado de algún mortal peligro? ¿Por ventura eres encantador y has le encantado? Yo te mando nos digas la verdad de lo que pasa y nos saques de esta dub4 que, a los inmortales dioses te juro, es cosa en Roma tan monstruosa y tan nueva que más parece que la soñamos que no que la vemos».

Con muy bien ánimo, con voz alta y clara, respondió aquel esclavo al emperador Tito las cosas siguientes, estando a sus pies el león echado y todo el pueblo en admiración puesto.

CUENTA ANDRÓNICO TODO EL DISCURSO DE SU VIDA.

«Has de saber oh invictísimo César, que yo soy natural de Esclavonia, de un lugar que se llama Mantuca, el cual, como se alzase y rebelase contra el servicio de Roma, fuimos allí todos presos y a servidumbre esclavos condenados. Yo me llamo Andrónico y mi padre se llamó Andrónico, y aun mi abuelo lo mismo, y este linaje de los Andrónicos era en mi tierra tan generoso como lo es agora en Roma el de Quinto Fabio y Marco Marcelo; mas ¿qué haré, triste de mí, a la fortuna, que a hijos de siervos de Roma vi allá caballeros, y a mí, que era allá caballero, me veo en Roma esclavo? Veintiséis años ha que fui en mi tierra preso, y otros tantos que fue a esta ciudad traído, y aun otros veintiséis que fui en Campo Marcio vendido, y de un aserrador de madera comprado; el cual, como viese que mis brazos se daban mejor maña a menear una lanza que no en traer una sierra, vendiome al cónsul Daco, padre que fue del censor Nuso, que agora es vivo. A este cónsul Daco envió tu padre Vespasiano a una provincia de África, que se llamaba Numidia, para que como procónsul administrase allí justicia, y como maestro de la caballería entendiese en las cosas de la guerra, porque, a la verdad, en cosas de guerra tenía experiencia y en las de gobernación mucha cordura. Has también de saber, gran César, que el cónsul Daco, mi amo, junto con la experiencia y con la cordura que tenía, era, por otra parte, superbo en el mandar y codicioso en el allegar, y estas dos cosas le hacían que en su casa fuese mal servido y en la república muy aborrecido. Como el principal intento de mi amo era allegar dinero y hacerse rico, aunque tenía muchos oficios y negocios, no tenía en su casa más de a mí y a otro para todos ellos, por manera que yo amasaba, ahechaba, molía y cernía y cocía el pan, y allende de esto aderezaba de comer, lavaba la ropa, barría la casa, curaba las bestias y aún hacía las camas. ¿Qué más quieres que te diga, oh gran César, sino que era tan grande su codicia, y tan poca su piedad, que ni me daba sayo, ni zapato, ni calla, y más y allende desto, cada noche me hacía tejer dos espuertas de palmas, las cuales me hacía vender en ocho sextercios para su despensa, y la noche que no los ganaba ni me daba de comer, ni me dejaba de agotar. Viendo, pues, que tan continuamente mi amo me reñía, tantas veces me azotaba, tan desnudo me traía, tanto me trabajaba y, que tan cruelmente me trataba, yo te confieso la verdad, oh buen César, y es que de verme tan desesperado, y de la vida tan aburrido, le rogué muchas y muchas veces tuviese por bien de me vender o diese orden de me matar. Once continuos años pasé con él esta mísera vida, sin recibir de sus manos buena obra, ni jamás oír de su boca una mansa palabra.

Viendo, pues, que en el procónsul, mi amo, cada día crecía más el enojo, y que a mí no se me desminuía cosa del trabajo, y que junto con esto yo me sentía ya en la edad viejo, en la cabeza cano, en los ojos ciego, en las fuerzas flaco, en la salud enfermo y en el corazón desesperado, acordeme conmigo de me ir fugitivo a los bravos desiertos de Egipto, con intención que alguna fiera bestia me comiese o que yo de pura hambre me muriese. Pues mi amo no comía sino lo que yo le aderezaba ni bebía sino lo que yo le traía, a buen seguro le pudiera yo matar, y dél me vengar; mas como yo tenía más respecto a la nobleza de la sangre de do yo descendía, que no a la servidumbre que padecía, quise más poner en peligro la vida, que no hacer traición a mi nobleza. Yendo, pues, mi amo, el procónsul, a visitar una tierra que llamaban Tamarta, que es a los confines de Egipto y África, a la hora que una noche él hubo cenado y le vi acostado, yo tomé mi camino sin saber ningún camino, mas de cuanto aguardé que la noche fuese muy oscura, y miré el día antes cuál era la sierra más áspera, a do estuviese más escondido y fuese menos buscado. No llevé conmigo sino unos zapatos de esparto para calzar y una camisa de cáñamo para vestir, un corcho de agua para beber, y un zurroncillo de pasas para comer, en la cual provisión podía haber para solos seis días me sustentar, los cuales pasados, o me había de morir, o bestias me comer, o a mi amo me tornar, o en salvo me poner.

Habiendo, pues, andado tres días y tres noches, apartándome de los caminos y emboscando más en los desiertos, cansado ya de los grandes calores que hacía y muy temeroso de los que me seguían, metime en una cueva grande, la cual de suyo era muy enriscada, tenía la entrada algo angosta, en el medio era bien ancha y la luz tenía muy lóbrega. No seis horas después que en aquella cueva me acogí, vi de súbito entrar por la puerta della un león muy ferocísimo, las manos y la boca del cual estaba todo ensangrentado, y a todo mi pensar era de haber algún animal comido o de haber algún hombre despedazado. Y puede se esto muy bien creer, porque dado caso que la tierra es inhabitable y el calor incomportable, todavía acuden por aquellos desiertos algunos que van a cazar leones, y otros malaventurados como yo que huyen de sus amos, los cuales eligen por menos mal ser comidos de leones que estar toda su vida esclavos.

Viendo, pues, como vi aquel ferocísimo león asentado a la puerta de la cueva, y viendo en mí que no tenía lugar para huir ni fuerzas para le resistir, las lágrimas se me saltan agora de los ojos en acordarme cómo de temor me vi sin sentido y caí en el suelo desmayado, temiendo por cierto que era ya llegada la hora en la cual, por manos de aquella bestia, se había de acabar mi mísera vida. ¡Oh cuánto va del blasonar de la muerte con la lengua a verla por vista de los ojos! Y digo esto, oh gran César, porque en viendo a la puerta al que me había de comer y que el sepulcro de mis carnes habían de ser aquellas entrañas bestiales, yo eligiera otra muy peor vida por escapar entonces la vida.

Después que el león hubo un poco a la puerta de la cueva descansado y aun acezado, fuese por la cueva adelante de una mano cojeando y gravemente se quejando, y allegándose a mí, que estaba en el suelo caído, puso su mano encima de mis propias manos, a manera de un hombre cuerdo que descubre a otro su daño, y pide para él algún remedio. No abasta lengua para decirte, oh gran César, las fuerzas que cobré y la alegría que tomé de que vi aquel ferocísimo animal estar tan manso, venir enfermo, andar tan corto y pedir ser curado, y puedes lo esto creer, porque yo estaba en aquella hora tal, que si era en manos de aquel león quitarme la vida, no tenía yo ya sentido para sentir la muerte. La enfermedad del pobre león era que de punta a cabeza tenía una espina en la mano lanzada, y la mano estaba ya llena de materia y además muy hinchada, y lo peor de todo era que estaba ya llagada tan negra y tan fistolada, que apenas se parecía la espina. A la hora que con la punta de un cuchillo le abrí la hinchazón, luego salió la materia, luego le saqué la espina, luego la lavé con la orina y luego la unté con saliva, y luego la até con un poco de mi camisa; por manera, que si no hice lo que debía, a lo menos hice lo que sabía. Holgarás, oh gran César, de ver en cómo al tiempo que le rompí la hinchazón, le saqué la espina, le exprimí la materia y le até la llaga, extendía los pies, encogía las manos, volvía la cabeza, apretaba los dientes y daba entre sí algunos gemidos, por manera que si tenía el dolor como animal, lo disimulaba como hombre.

Después que le hube curado, y bien atado, toda aquella tarde y noche se estuvo el león allí quedo y junto cabe mí echado, y como una persona se quejaba un rato, y reposaba otro, de manera que pasarnos toda la noche él en ese quejar y yo en le apiadar. Ya que vino el día y vimos por la cueva entrar la luz, torné de nuevo a exprimirle la materia, y a untársela con un poco de saliva, de la cual yo tenía poca y muy seca, porque había dos días que no comía y otros tantos que no bebía. Dos horas después que le hube curado y que el Sol era ya salido fuese el pobre león su poco a poco fuera de la cueva, al desierto, a buscar alguna cosa para que comiésemos y con que nos sustentásemos, y cuando no me cato, he aquí me trae un pedazo de animal atravesado en la boca, y qué género y qué naturaleza de animal fuese yo te juro, oh buen César, que no te lo sabría decir, pues entonces no lo supe conocer. Como vi que me aquejaba la hambre y me sobraba la carne, y me faltaba la lumbre, y que no había medio para lo poder cocer, ni menos asar, salime fuera de la cueva y puse la carne al Sol, sobre una piedra, a do con el Sol terribilísimo que en aquellos desiertos no escalienta, sino que quema, aun no abastó para asarlo: comilo así enjuto y seco, aunque no sin grandísimo asco.

Cuatro días enteros y cuatro noches estuve con el león en aquella su cueva, en los cuales yo tenía cargo de le curar y él a mí de me mantener. Como había ya seis días que se me había acabado el corcho del agua, saliame de la cueva muy de mañana, antes que el Sol saliese, y tomaba de aquellas yerbas más rociadas y trafalas por la boca, más para refrescarla que no porque me mataba la sed que tenía. Después que vi al león mi huésped estar de su mano más aliviado, y aunque yo también estaba ya de aquella vida bestial ahíto y aburrido, a la hora que él se fue de la cueva a caza, luego yo me salí y me fui a esconder y esto constreñido de necesidad que no de voluntad. Venida la noche, como tornase el león a la cueva y no me hallase en ella, yo te juro de verdad, oh gran César, que le oí desde donde estaba yo escondido dar tantos y tan dolorosos bramidos, que se me hinchieron de lágrimas los ojos, porque el pobre león mostraba sentir la soledad que sentía sin mi compañía y la falta que le hacía para su cura. Como yo estaba ya cansado de andar por aquellos bravos desiertos y de comer aquellas carnes crudas, determiné de hacer lo que aún no debiera pensar, y es de irme a buscar un lugar poblado a do hallase gente con quien hablar y conversar, y al fin pudiese matar la hambre siquiera con pan, y la insufrible sed con agua.

Como mi amo tenía tomados todos los pasos, y, sobre todo, que no eran aún mis tristes hados acabados, apenas hube llegado al primer lugar, cuando caí en manos de los que me buscaban y me seguían, los cuales, así preso, atado, agotado y arrastrado, me tornaron al cruel de mi amo, y se te decir, oh César, que quisiera yo más quedar a los pies del león muerto que no parecer delante de mi amo vivo.

Luego que a su presencia fui llegado, comenzó a tomar parecer de los que me llevaban, si me empringarían, o si me degollarían, o si me ahorcarían, o si me desollarían, o si me ahogarían, de manera que ya puedes tú pensar, oh buen César, qué tal estaría mi corazón y qué sentiría mi espíritu cuando en mi presencia se trataba, no cómo me habían de castigar, sino de qué muerte cruel me habían de dar. Después de me haber dicho lastimosas injurias y de me haber amenazado con crueles muertes, mandó que me metiesen en la cueva a do estaban los condenados a muerte, para que con ellos me trajesen aquí a Roma, a ser manjar de las bestias, y de verdad que él acertó para más de mí se vengar, porque no hay tan cruel género de muerte como esperar cada hora ser muerto.

Este león que veis aquí cabe mí es el que yo curé de la espina y el que me tuvo tantos días en su cueva, y pues los dioses inmortales han querido que él y yo nos viniésemos a conocer en el lugar a do nos traían a matar, de rodillas suplico, invictísimo César, que pues a las bestias me condenó mi culpa, nos dé por libres tu gran clemencia.

Esto fue lo que Andrónico al emperador Tito dijo, y lo que relató delante todo el pueblo romano. Y si la mansedumbre del león les había puesto espanto, las palabras y trabajos de Andrónico los movió a muy grande piedad, por ver los inmensos trabajos que el pobre hombre había pasado y ver cuántas veces la muerte había tragado. A muy grandes voces comenzó todo el pueblo a suplicar y rogar al emperador Tito fuese servido de proveer y mandar que no matasen a Andrónico, ni alanceasen al león, pues lo mejor de las fiestas había sido ver la mansedumbre del león y oír su vida a Andrónico.

De muy buena voluntad condescendió el emperador Tito a lo que el pueblo le rogó y Andrónico le pidió, y así fue que dende en adelante se andaban juntos él y el león por todas las calles y tabernas de Roma, ellos se holgando y todo el pueblo con ellos se regocijando. A manera de un asnillo traía Andrónico a su león atado con una cuerda, y cinchado con una albarda, encima de la cual traía unas talegas llenas de pan y otras cosas que les daban por las casas y tabernas, y aun otras veces consentía que subiesen encima del león los muchachos, porque le diesen algunos dineros. A los extranjeros que de tierras extrañas venían de nuevo a Roma, y no habían visto ni oído aquella historia como pasaba, si preguntaban qué cosa era tan nueva y tan monstruosa aquélla, respondíanles que aquel hombre era médico de aquel león y aquel león era huésped de aquel hombre.

Cuanta esta historia Aulo Gelio, latino, y muy más ad longum Apio, el griego.

He aquí, pues, señor, vuestra pintura declarada; he aquí la historia peregrina hallada, he aquí vuestro ruego cumplido; he me aquí a mí, que quedo tan cansado que por ninguna cosa tomaría otra vez tanto trabajo ni me ponía en tanto cuidado.

No más, sino que nuestro Señor sea en su guarda y nos dé buena postrimería. Amén, amén.

De Toledo, a XXV de agosto de MDXXIX años.

29. Letra para don Pedro de Acuña, conde de Buendía, en la cual se toca en cómo los señores han de gobernar sus estados. Es letra muy notable para los que de nuevo heredan

Muy ilustre señor y cristiano caballero:

Gonzalo de Ureña, vasallo vuestro y amigo mío, me dio una carta de Vuestra Señoría, por la cual firmáis contra mí una muy gran queja, diciendo que ha un año que no os vi y ha seis meses que no os escribí. Yo, señor, soy tan ocupado, y de mi natural condición tan recogido, que me es penoso visitar, y me importuno de ser visitado, no porque me visitan, sino porque me ocupan. Decía el divino Platón: «Quod amici sunt fures temporis»; quiere decir que el amigo no es sino ladrón del tiempo, y tan prolijos en el hablar, que es más mal empleado el tiempo que con ellos se pierde que no la hacienda que los ladrones nos roban. Tenemos muy gran trabajo los cortesanos con el enjambre de los que en la Corte se nos hacen amigos, de los cuales se asientan muy despacio y se arrellanan en una silla, no a preguntaros algún caso de conciencia o hablar algo de la Escritura sagrada, sino a murmurar, diciendo que el rey no firma y el Consejo que no despacha, contadores que no libran, los privados que todo lo mandan, los obispos que no residen, los secretarios que roban, los alcaldes que disimulan, los oficiales que cohechan, los caballeros que juegan y las mujeres que se desmandan. Pensad, señor, que a un hombre docto, leído y corregido y ocupado no le es más perder el tiempo en oír estas nuevas que curarse con zarazas, porque la murmuración, para que se tome gusto en ella, ha de ser malsín el que la dice y malo el que la oye. Dicen que decía el buen marqués de Santillana que lenguas malignas y orejas malignas hacían que fuesen las murmuraciones sabrosas. Hay tantos hombres en esta Corte holgazanes, sobrados, ociosos, vagamundos y malignos, que si Lorenzo Temporal es tan grande oficial en refinar paños como ellos son en tundir las vidas de próximos, a buen seguro daríamos más por el resino de Segovia que por la grava de Florencia. Todo esto digo, señor conde, para que hayáis por disculpado a mi descuido y para que conozcáis mi condición, la cual no se extiende a más con sus amigos de que a sus cartas les responda y que alguna vez les escriba.

Ante todas las cosas, quiero daros el para bien de la sentencia que dieron por Vuestra Señoría, en la cual os aplicaron la villa de Dueñas, y el condado de Buendía, en el cual plega a nuestro Señor daros muchos años para gozarle, y hijos para heredarle, porque no es pequeña lástima ver que los hijos extraños heredaren los sudores propios.

Escribisme, señor, en vuestra carta que ruegue a nuestro Señor le dé su gracia, así para se salvar como para ese estado gobernar, a lo cual yo respondo que les mando mucha mala ventura a los de esa villa de Dueñas, si no han de ser más bien tratados de cuanto fueren mis sacrificios a Dios aceptos. ¿No os parece que siendo yo hombre pecador, religioso pecador, y cortesano pecador, terné harto que rogar a Dios por mis pecados, sin que tome a cuestas los vuestros? Mucho le place a Dios la oración del justo; mas mucho más se huelga con la enmienda del pecador, porque muy poco aprovecha aumentar el uno las oraciones si no disminuye el otro de los pecados. Si queréis acertar a gobernar bien ese condado, comenzá la gobernación en vos mismo, porque es imposible que sepa gobernar república el que no sabe regir su casa, ni ordenar su persona. Cuando el señor es manso, honesto, casto, sobrio, callado, sufrido y devoto, todos los de su casa y república lo son, y sí por caso hay algunos criados absolutos o disolutos, ser lo han retraídos y escondidos, lo cual no es a culpa del señor, porque no hace poco el que en su casa nadie osa ser malo. En las casas a do el señor es ambicioso, bullicioso, trasagón, mentiroso, glotón, jugador, infamador y adúltero, ¿qué mayordomo podrá con los criados para que sean buenos, viendo que no hacen sino lo que hacen sus amos? Las palabras de los señores espantan, mas a sus buenas obras animan, y el fin a que decimos esto es, porque los criados y vasallos suyos antes imitarán las obras que les vean hacer labras que les oyen decir. El cargo que tiene un abad de sus monjes y un prior de sus frailes, aquél tiene un caballero de sus criados, porque no cumple un señor con pagar a sus criados lo que les debe, sino que han de hacer también lo que deben. Cosa lastimosa es de ver que una madre envía a su hijo en casa de un caballero, vestido, calzado, vergonzoso, honesto, ocupado, recogido, bien criado y devoto, y a cabo de un año anda el pobre mozo roto, descalzo, disoluto, goloso, tahúr, mentiroso y revoltoso, por manera que le fuera menos mal habérsele muerto que haberle enviado a palacio. En este caso sea la conclusión que de tal manera ordenéis vuestra vida y gobernéis vuestra casa, que tengan los vuestros qué mirar y los extraños qué loar.

Que el caballero debe ser a Dios grato y con los hombres piadoso.

Es también muy necesario tengáis siempre en la memoria las mercedes que os ha hecho nuestro Señor, en especial que para daros ese condado mató al conde, vuestro hermano; murió la señora condesa, desheredó a vuestra sobrina, dieron contra el almirante una sentencia; por manera que debéis a Dios, no solo el dárosle, mas aún el desembarazárosle. Sed cierto, señor, que delante de Dios, aunque todos los pecados son graves, el pecado de la ingratitud se tiene por gravísimo, porque Dios no quiere nada de lo que tenemos, sino que le seamos de lo que nos dio gratos. Dad gracias a Dios porque os crió, porque os redimió y aún porque os remedio, que a la verdad con ese estado y condado, si tenéis cuenta con la renta y medida en la despensa, podéis a nuestro Señor servir y muy honradamente vivir. Aunque ese condado os ha costado muchos trabajos, peligros, pleitos, enojos y dineros, no os toméis con Dios, pensando que lo hubisteis por vuestra buena diligencia, sino confesad que os le dio su muy gran misericordia, porque las victorias y mercedes que Dios nos hace podémoslas desear, y aun pedir, mas no merecer. Acordaos, señor, que os sacó Dios de enojos a descanso, de pobre a rico, de pedir a dar, de servir a mandar, de miseria a opulencia y de ser don Pedro a llamaros conde de Buendía; por manera que debéis a Dios, no solo el estado que os dio, mas aún la miseria de que os sacó. ¡Oh, cuánta merced Dios hace al hombre que le dio qué dar, y no le puso en estado de a nadie pedir! Porque a los rostros vergonzosos y a los corazones generosos no hay trabajo que así les traspase las entrañas como entrar a pedir por puertas ajenas. Plutarco cuenta del gran Pompeo que como estuviese malo en Puzol y le dijesen los médicos que para sanar y convalecer le convenía comer de unos zorzales que criaba el cónsul Lúculo, respondió: «Más quiero morir o no sanar que enviárselos a pedir, porque a Pompeo no le criaron los dioses para pedir, sino para dar». Digo esto, señor, para que miréis que, pues Dios os hizo merced de no pedir a nadie mercedes, no os descuidéis de dar como os daban, socorrer como os socorrían y partir como con vos partían, porque de los bienes temporales que Dios nos da no somos señores, sino repartidores. Aunque el condado de Buendía no tenga grandes rentas, todavía podéis hacer con él algunas buenas obras; que, como hemos dicho, el caballero que sabe regir su casa y tantear su hacienda, tendrá qué gastar, tendrá qué guardar y tendrá qué dar, porque los príncipes y poderosos señores no se pueden llamar grandes por los superbos estados que cienen, sino por las grandes mercedes que hacen. El oficio del labrador es cavar; el del monje, contemplar; el del ciego, rezar; el del oficial, trabajar; el del mercader, trampear, el del usurero, guardar; el del pobre, pedir, y el del caballero, dar, porque el día que el caballero comienza a tesorar hacienda, aquel día pone en pregones su fama. En las casas de los señores y parientes mayores han de ser los hermanos, los primos, los cuñados, los sobrinos y todos los otros deudos favorecidos en sus negocios y socorridos en sus necesidades, de manera que no haya para ellos hora vedada, ni puerta cerrada. No es menos sino que hay algunos hermanos, primos y sobrinos, tan pesados en el hablar, tan importunos en el visitar y tan descomedidos en el pedir, que hacen a hombre enojarse y aún amohinarse, y el remedio para con los tales es socorrerles la necesidad y apartarlos de la conversación.

Hallaréis agora en vuestro condado escuderos de vuestro padre, criados de vuestro hermano, allegados de vuestra casa y amigos de vuestra valía, a los cuales todos habéis de mostrar buena cara, decir dulces palabras, dar buena esperanza y hacer algunas mercedes, porque si con aquéllos fuésedes ingrato, caeriades en gran indignación del pueblo. Hallaréis también, señor, algunos escuderos vicios y algunas viudas pobres, a las cuales vuestros pasados mandaron dar alguna ración o quitación, por trabajos que pasaron o por servicios que les hicieron; guardaos mucho de no se lo quitar, ni aun disminuir, porque allende que para vos sería miseria y a ellos haría gran falta, en lugar de rogar a Dios por vuestra vida pedirán a Dios de vos venganza. Sin comparación habéis de tener más temor de injuriar a los pobres, que no a los ricos, porque el rico véngase con las armas y el pobre con las lágrimas. Hallaréis también en vuestro condado algunos mozos y mozas, hijos que fueron de criados y criadas antiguas, y los tristes huérfanos ni tienen padres que los abriguen, ni hacienda con que se sustenten; debéis, señor, en tal caso, a los hijos criar y a las hijas remediar, porque no hay en el mundo limosna a Dios tan acepta como remediar a una doncella que está a punto de ser mala. Así como es gran pecado hacer a otro pecar, así merece mucha gloria el que no deja a otro que caiga, que a la verdad más se debe al que nos quita de tropezar que al que nos ayuda a levantar.

Hallaréis también algunos hombres y mujeres de los cuales os dirán que fueron afecionados a una parcialidad y apasionados a otra; en tal caso no curéis de hacer pesquisa y menos de tomar venganza, porque los corazones generosos nunca se han de tener por injuriados, sino es de otros señores como ellos. Si algún desacato o enojo os hizo algún hombre de vuestro estado, tenía por más seguro disimularlo que vengarlo, porque ya podría ser que pensando que eran acabados los pleitos, se os levantasen de nuevo otros más indigestos enojos. El señor, con el vasallo, súfrese que le castigue, mas no que dél se vengue, pues es cierto que el otro, no solo se ha de defender, mas aún intentar de ofender, y la ofensa será levantándole la tierra y infamándole la persona. Si queréis vengaros de los que os desirvieron, sed grato a los que os siguieron y sirvieron, porque de esta manera quedarán los unos pagados y los otros confusos. Sea, pues, en este caso la conclusión que de mi parecer y voto no curéis, señor, acordaros de las injurias que os hicieron, sino de los servicios que agora os hacen, y ni curéis tomar puntas ni repelos con vuestros vasallos, porque en cosa de común y libertad, el que más parece que os sirve, aquel es el que más de corazón os vende.

Que el caballero administre justicia en su tierra.

Es también necesario, para gobernar bien a vuestros vasallos, os dejéis gobernar de hombres virtuosos y experimentados, porque no hay hombre en el mundo tan sabio que no tenga necesidad del consejo ajeno. No sin grave consideración dijimos que tomase hombres expertos, y no dijimos que tomase hombres letrados, porque los pleitos han se de encomendar a los letrados, mas la gobernación de república a los hombres cuerdos, pues vemos cada día por experiencia cuánta ventaja hay del que tiene buen seso al que no sabe más de a Bártulo. Si halláredes alguno que juntamente sea letrado y sesudo, no dejéis de echarle la mano, ni desaveniros con él por cualquier precio, porque letras para sentenciar y prudencia para gobernar, dos cosas son que las desean muchos y las alcanzan pocos. Guardaos, señor conde, de encomendar vuestras tierras a bachilleres bogales que salen de Salamanca, los cuales, como traen la ciencia en los labios y el seso en los calcañares, primero que acierten a hacer justicia os ternán escandalizada la república, y aun robada toda la tierra. Los que salen de los colegios y de las universidades, como se aten a lo que dicen los libros y no a lo que se ve por los ojos, a lo que dice su ciencia y no a lo que se halla por experiencia, son los tales buenos para abogar, mas no para gobernar, porque tienen necesidad de cercenarlos y aun de espumarlos. Creedrne, señor, y no dudéis que el arte de gobernar ni se vende en París, ni se halla en Bolonia, ni aun se aprende en Salamanca, sino que se halla con la prudencia, se defiende con la ciencia y se conserva con la experiencia. Platón, en los libros de su República, decía estas palabras: «Consilium peritorum ex apertis oscura, ex parvulis magna, ex proximis remota, ex partibus tota estimat». Como si dije se: «El hombre cuerdo y experimentado lo claro tiene por oscuro; lo pequeño, por grande; lo cercano, por remoto; lo junto, por derramado, y lo cierto, por dudoso». De estas palabras de Platón se puede colegir que va de la ciencia a la experiencia, pues vemos que el hombre inexperto todo lo tiene por fácil, y el que es experto todo lo tiene por dificultoso. Mucha merced hace Dios a los que no trae a manos de capitanes superbos, de pilotos temerarios, de letrados desalmados, de médicos necios y de jueces inexpertos, porque el capitán superbo pelea sin tiempo y el piloto temerario echaos a lo hondo, el letrado desalmado pierde os el pleito y el médico necio quita os la vida, y el juez inexperto roba os la hacienda. Los jueces de quienes habéis de confiar vuestra conciencia y encomendar vuestra república, han de ser honestos en la vida, rectos en la justicia, sufridos en las injurias, medidos en las palabras, justificados en lo que mandan, rectos en lo que sentencian y piadosos en lo que ejecutan. Guardaos de jueces mancebos, locos, osados y temerarios, y sanguinolentos, los cuales, a fin que suene en la corte su fama y les den allí una vara, harán mil crueldades en vuestra tierra, y darán mil enojos a vuestra persona, por manera que a las veces hay más que remediar en los desatinos que ellos hacen que no en los excesos que los vasallos cometen. Miento si no me aconteció en Arévalo, siendo yo guardián, con un juez nuevo y inexperto, al cual, como yo riñese porque era tan furioso y cruel, me respondió estas palabras: «Andad, cuerpo de Dios, padre guardián, que nunca da el rey vara de justicia sino al que de cabezas y pies y manos hace pepitoria». Y dijo, más: «Vos, padre guardián, ganáis de comer a predicar, y yo lo tengo de ganar a ahorcar, y, por Nuestra Señora de Guadalupe, precio más poner un pie o una mano en la picota que ser señor de Ventosilla». Como yo oí mentar a Ventosilla, repliquele esta palabra: «A la verdad, señor alcalde, justamente os pertenece el señorío de la Ventosa, porque vos no cabríades en Ventosilla».

Prosiguiendo, pues, nuestro intento, es de saber que a los que llamaban los romanos censores llamamos nosotros corregidores, y era ley entre ellos inviolable que a ninguno hiciesen censor sin que por lo menos pasase de cuarenta años, fuese casado y tenido por honesto, medianamente rico, no infamado de codicioso, y que en otros oficios de la república fuese experimentado. Julio César, Octavio, Augusto, Tito, Vespasiano, Nerva Coceyo, Trajano el Justo, Antonino Pío y el buen Marco Aurelio, todos estos tan ilustres príncipes del oficio de censores subieron a ser emperadores, por manera que en aquellos tiempos no proveían a las personas de oficios, sino a los oficios de personas.

Para oficios de gobernador, alcalde y corregidor, muchos os lo pedirán y muchos os lo rogarán; mas guardaos de a nadie lo prometer, ni por ruegos y importunaciones le dar, porque la hacienda podéisla dar a quien se os antojare, mas la vara de justicia, a quien la mereciere. También os pedirán la vara de justicia algunos vuestros criados, en pago y remuneración de algunos servicios, y de mi voto y parecer, menos lo habéis de dar a éstos, que no a otros, porque con decir que son vuestros criados, y que creéis más a ellos que a otros, los del pueblo no se os osarán quejar, y ellos tendrán licencia de más robar. Si algún hombre o mujer viniere delante vos, señor, a quejarse de vuestra justicia, escuchadle de espacio y de buena gana, y si lo que os dijere hallardes ser verdad desagraviad a él, y reprehended a vuestro alcalde, y si no fuere así, declaradle ser justo lo que le manda, y injusto lo que él pide, porque la gente baja, y plebeya las palabras del señor tienen como evangelio y las del oficial como de apasionado. Si el alcalde que tomáredes no conviene que sepa robar y cohechar, mucho menos conviene a vos, señor que seáis avaro y codicioso, porque a costa de la justicia no ha de aprovechar vuestra cámara. Avisad a vuestras justicias, que los delitos graves, sanguinolentos, atroces y escandalosos, en ninguna manera los rediman a dineros, porque es imposible que nadie viva seguro, ni aun ande camino, si en la república no hay azote, horca y cuchillo. Hay tantos traviesos, vagamundos, ladrones, homicianos, bandoleros y sediciosos, que sí pensasen escaparse de las justicias por dineros, nunca dejarían de hacer delitos, y por eso conviene que sea el juez cauto y crudo, para que ni todos los males castigue por el cabo, ni que alguna vez deje con voz del rey de honrar al pueblo. Debéis también, señor, proveer en que los oficiales de vuestra audiencia, es a saber, letrados, procuradores y escribanos sean fieles en los procesos que hacen, y no tiranos en los derechos que llevan, porque cada día acontece que viniéndose a quejar alguno de alguno no le hacen justicia de quien dio la querella, y hácenle justicia de la bolsa que lleva. Avisad también a vuestros jueces que despachen los negocios con brevedad y con verdad, y digo con verdad para que sentencien justo, y digo con brevedad para que sea presto, porque a muchos pleiteantes acontece que sin alcanzar lo que piden, gastan cuanto tienen. Debéis, señor, proveer y mandar a los ministros de vuestra justicia que no deshonren, maltraten, ni afrenten a los que vienen a vuestra audiencia, sino que sean mansos, modestos y bien criados, porque a las veces siente más el triste pleiteante una desabrida palabra que le dicen que no la justicia que le dilatan. A la verdad, hay oficiales tan, absolutos, descomedidos y malcriados, que presumen y hacen más fieros con una péñula, que Roldán con una espada. Proveed también, señor, en que vuestros jueces no se dejen mucho visitar, acompañar y mucho menos servir, pues no puede el juez tener con ninguno amistad estrecha que no sea en perjuicio de la justicia, porque muy pocos son los que se llegan al juez por lo que él vale, sino por lo que en el pueblo puede. Disensiones, enojos y pundonores, entre vuestros oficiales de justicia, ni los disimuléis, ni mucho menos lo consintáis, porque a la hora que entre ellos nazcan enojos se ha de partir el pueblo en dos bandos, de lo cual podrían resultar muchos escándalos en la república, y grandes desacatados a vuestra persona. Concluyendo, pues, en este caso digo que si queréis tener a vuestra tierra en justicia, conozcan de vos vuestros oficiales que la habéis gana, y que por ningún ruego ni interés habéis de torcer en ella, porque si el señor es justo, nunca osará el oficial ser injusto.

Que el caballero sea manso y bien criado.

Es también necesario para la buena gobernación de vuestra casa y república que de tal manera os hayáis con vuestros súbditos, que a los menores tratéis como a hijos, y a los iguales como a hermanos, a los mayores como a padres y a los extraños como compañeros, porque mucho más os habéis de preciar de tenerlos por amigos que no de mandarlos como vasallos. La diferencia que hay del tirano al señor es que el tirano, con tal que sea servido, dásele poco que sea amado, mas el que es señor y cuerdo antes elige ser amado que no ser servido, y a la verdad él tiene razón, porque la persona que me da el corazón nunca me niega la hacienda. El gran filósofo Ligurguio, en las leyes que dio a los lacedemones, mandaba y aconsejaba que a los hombres ancianos de su república ni les dejasen hablar en pie, ni les consintiesen tener las cabezas descubiertas; y digo esto, señor, porque ninguna cosa disminuirá de vuestra autoridad y gravedad en que digáis a uno «cubríos, compadre», y digáis a otro «asentaos, amigo». El buen emperador Tito, la causa de ser tan bien quisto fue que a los vicios llamaba padres; a los mozos, compañeros; a los extranjeros, parientes; a los privados, amigos, y a todos, en general, hermanos. El señor que es bien criado ámanle los extraños y sírvenle los suyos, porque la crianza y buen comedimiento más honra al que le hace que no al que se hace. No estoy bien con muchos señores con los cuales van a hablar y negociar hombres viejos, honrados y cuerdos, aunque pobres, y no les dirán «levantaos» ni «cubríos», y muy menos «asentaos», pensando que consiste toda su grandeza en que no les manden dar silla ni quiten a ninguno la gorra. Notad y mirad bien esto que os digo, señor conde, y es que la autoridad y grandeza de los señores no consiste en tener a sus vasallos arrodillados y desbonetados, sino en bien los gobernar y no los despechar. Como un caballero valeroso y generoso, aunque mal criado, le oyese yo siempre decir a cada uno con quien hablaba «vos», «vos» y «él», «él», y que nunca decía «merced», díjele yo: «Por mi vida, señor, que pienso muchas veces entre mí que por eso Dios ni el rey nunca os hacen merced; porque jamás llamáis a ninguno merced». Sintió tanto esta palabra, que dende adelante paró el decir «vos», y llamaba a todos «merced».

A todos los que vinieren a hablar y a negociar con Vuestra Señoría, debéis tratar y honrar y acatar como cada uno merece y en el grado que estuviere, mandando a los viejos cubrir, y a los mozos levantar y aun algunos asentar, porque si huelgan de serviros como vasallos, no quieren que los tratéis como a esclavos. A muchos vasallos vemos cada día levantarse contra sus señores, no tanto por los tributos que les llevan, cuanto, por los malos tratamientos que les hacen. Tened, señor, en la memoria que vos y vuestros vasallos tenéis un Dios que adorar, un rey que servir, una ley que guardar y una tierra do morar y una muerte que temer; y si esto tenéis delante los ojos, hablar los heis como hermanos, y tratarlos heis como cristianos. Sobre todas las cosas, os guardad mucho de decir a súbdito o vasallo vuestra palabra que lastime a su linaje o injurie a su persona, porque no hay villano de Sayago tan insensato que no sienta más la lástima que le dicen, que no el castigo que le dan. Hay otro mayor daño en esto, y es que entre gente común y plebeya responde por la injuria toda la parentela y la afrenta de uno toman por sí todos, de lo cual suele algunas veces acontecer que por vengar una palabra se levanta contra el señor la república. Tomad, señor, este consejo de mí en este caso, y es que si algún vasallo vuestro hiciere lo que no debe, os determinéis de castigarle, y no de lastimarle, porque el castigo pensará que es por justicia y la palabra vuestra que le decís por malicia. Por descubrimientos que tengáis y enojado que estéis, guardaos de llamar a nadie «bellaco», «judío», «sucio» ni «villano», que allende que estas palabras más son de bodegoneros que de caballeros, es obligado un caballero de ser tan castigado en el hablar como lo es una doncella en el vivir. Ser un señor desbocado, mal criado y boquirroto, no le puede venir sino de ser malencánico, cobarde y temeroso, pues a todos es notorio que a la mujer pertenece vengarse con la lengua, que al caballero no, sino con la lanza. Tenía el rey Demetrio una amiga que había nombre Lamia, la cual, como dije se a Demetrio que por qué no hablaba y se regocijaba, respondió él: «Calla, Lamia, y déjame, pues también hago yo mi oficio, como tú el tuyo, porque el oficio de la mujer es hilar y parlar, y el del hombre callar y pelear». Abofetear a los mozos de cámara, remesar a los reposteros y acocear a los pajes, no lo debéis, señor, hacer, ni aun en vuestra presencia consentir, porque en los palacios de autoridad y gravedad, al señor pertenece reñir, y al mayordomo castigar. Si mandardes castigar o azotar algún paje o criado, proveed que sea en lugar apartado y secreto, porque muy extraño ha de ser del señor generoso y valeroso ver alguno llorar, ni oír a nadie quejar. Loan mucho los historiadores a Octaviano emperador, el cual nunca consentía que de nadie se hiciese justicia, estando él dentro de los muros de Roma, sino que para quitar a uno la vida, se iba él a caza. Por el contrario, reprehenden mucho los historiadores al emperador Aureliano, el cuál delante de sus propios ojos hacía azotar y castigar a sus siervos, lo cual él por cierto no debiera hacer, porque tanta ha de ser la clemencia de los príncipes, que no solo no han de ver justicia, mas aún ni al que justician.

Guardaos, señor, de presumir de contar gracias, componer mentiras, relatar fábulas y presentar donaires, porque primos hijos de hermanos son el hombre loco y el caballero donoso. A los oficiales y criados de vuestra casa, tenedlos corregidos, amonestados y aun amedrentados, para que no revuelvan ruidos, talen huertas, ni deshonren mujeres casadas, por manera que no osen hacer los criados lo que no osarían mandar sus amos. A los mozos y pajes que tuvierdes, hacedles aprender los mandamientos, confesar la cuaresma, ayunar las vigilias, guardar las fiestas y ir a misa el domingo, porque nunca Dios os hará merced si no os preciáis más que sirvan a Dios, que no a vos. A los que jugaren en vuestra casa naipes y dados, y dineros secos, no solo los castigad, mas aun los despedid, porque el vicio del juego no se puede sustentar sino hurtando o trampeando. A los pajes y mozos que hubierdes de meter en vuestra cámara, escoged los que sean cuerdos, honestos, limpios y callados, porque los mozos parleros y boquirrotos estragaros han la ropa y enlodaros han la fama. Mandad al maestresala que enseñe a los pajes andar limpios y sacudir la ropa, alzar el antepuerta, servir a la mesa, quitar la gorra, hacer reverencia y hablar con crianza, porque no se puede llamar palacio a do falta en el señor la vergüenza y en los criados la crianza. Del criado que fuere virtuoso y a vuestra condición grato, fiadle vuestra persona, mande vuestra casa, encomendadle vuestra honra y dadle vuestra hacienda, con tal que no sea señor absoluto en la república, porque el día que a él tuvieren en algo han de tener a vos en poco. Si queréis recibir servicios y ahorrar de enojos, a nadie deis tanta mano en vuestro estado para que el criado se os atreva y el vasallo os desobedezca.

Habéis, señor, también de advertir en que como entráis agora de nuevo, no intentéis de hacer muchas novedades, porque toda novedad, cuanto place al que la hace, tanto desplace al que se hace. Lactancio Firmiano dice que la república de los siciomios duró más que la de los griegos, egipcios, lacedemones y romanos, porque en setecientos y cuarenta años nunca hicieron una pregmática, ni quebrantaron una ley. A los que os aconsejaren que renovéis alcaldes, mudéis justicias y hagáis pregmáticas, y que os sirváis de otras personas, mirad mucho si lo hacen porque vos acertéis o porque a ellos mejoréis, porque ley era entre los atenienses que no tuviese voto en la república el que pretendiese tener intereses en lo que aconsejaba. Agora, en los principios, habéis de mirar mucho de quién os fiáis y con quién os consejáis, porque si el consejero espera sacar de allí algún interese, hacia allí encamina el consejo, a do tiene inclinada la voluntad, de manera que si el tal es codicioso, busca qué robar, y si enemistado, cómo se vengar. Ya que halléis en vuestra casa qué corregir y en vuestra república qué castigar, no os aconsejo que todas las cosas a tropel las enmendéis, ni reforméis, porque las costumbres antiguas de la república no es justo ni aun seguro las queráis quitar de súbito, habiéndose ellas introducido poco a poco. Las costumbres que no tocan en la fe, ni ofenden a la Iglesia, ni escandalizan la república, ni las quitéis ni las alteréis, lo cual, si no lo hicierdes por ellos, hacedlo por vos; porque, si yo no me engaño, en la casa do mora la novedad se aposenta la liviandad.

También, señor, os aconsejo que de tal manera midáis vuestra hacienda, que no viva ella con vos, sino vos, señor, con ella; y si digo esto, es porque hay muchos caballeros de vuestro estado que con hacienda ajena tienen muy gran casa. Al que tiene mucho y gasta poco llámanle escaso, y al que tiene poco y gasta mucho, tiénenle por loco; a cuya causa deben los hombres vivir de tal manera que ni los noten de míseros en el guardar, ni los acusen de pródigos en el gastar. No seáis, señor conde, de los que tienen dos cuentos de hacienda y cuatro de locura, los cuales siempre andan tomando emprestado, sacando a cambio, arrendando, adelantando y vendiendo el patrimonio, de manera que todo su trabajo consiste, no en mantener la casa, sino en sustentar la locura.

Otras muchas cosas pudiera, señor, deciros en esta materia, las cuales deja de escribir mi pluma por remitirlas a vuestra prudencia.

No más, sino que nuestro Señor sea en su guarda.

De Valladolid, a III de noviembre.

30. Letra para el almirante don Fadrique Enríquez, do declara que los viejos se guarden del año de sesenta y tres

Muy ilustre archimarino.

Osaré con verdad escribir a Vuestra Señoría que ninguna cosa a la sazón estaba tan fuera de mi memoria como era su carta cuando la vi entrar por mi celda, y luego imaginé entre mí que me escribía alguna burla, o me enviaba a declarar alguna duda. Al propósito desto, decía el divino Platón que tanta es la excelencia del corazón sobre todos los otros miembros del hombre, que muchas veces se engañan los ojos en lo que ven y acierta el corazón en lo que piensa. El cónsul Silla, como viese a Julio César, siendo mozo, andar mal abrochado y peor ceñido, a cuya causa le juzgasen muchos por flojo y aun por bobo, decía Silla a todos los de su bando: «Guardaos de este mozo mal ceñido, que, aunque parece así, éste ha de tiranizar a Roma y asolar mi casa». Plutarco, en la vida de Marco Antonio, cuenta de un griego que había nombre Tolomeo, al cual, como le preguntasen que porqué no hablaba ni conversaba con hombre de toda Atenas, sino con Alcibíades el mancebo, respondió: «Porque me da el corazón que este mozo ha de abrasar a Grecia, y escandalizar a Asia». El buen emperador Trajano decía que nunca se engañó en tomar amigos y en conocer enemigos, porque luego el corazón le decía a quién se había de allegar y de quién se había de recatar. Si bien queremos mirar en ello, ni el corazón de Silla se engañó en lo que profetizó de Julio César, ni el corazón de Tolomeo le mintió en lo que adivinó de Alcibíades, porque el uno quitó la libertad de Roma y el otro oscureció la gloria de Grecia. He querido decir todo esto a Vuestra Señoría para que veáis en cómo mi corazón no se engañó en adivinar lo que escribiades y aun lo que queriades. Podré con verdad decir que algunas veces, señor, me escribís algunas burlas que me alegran y otras veces me pedís algunas cuestiones que me desvelan. Pues Vuestra Señoría tiene el juicio tan claro, la memoria tan facunda, la escritura tan en pronto, el tiempo tan repartido y sobre todo gran presteza en el escribir y mucha costumbre en el leer, muy grande agravio me hace en importunarme tantas veces a que le declare lo que no entiende y a que le busque lo que no halla. Exponerle como le expuse los versos de Homero, declararle el Tifeo de Antigon, buscarle la historia de Mitidas el Tebano y relatarle la cervatica de Sertorio, no piense que se hizo a tan sin trabajo, que a ley de bueno le juro me desvelé en lo buscar, me enhastié en lo ordenar y me cansé en lo escribir. Otros muchos señores destos reinos, y aun de fuera dellos, me escriben y aun me piden, les declare algunas dudas y les envíe algunas historias, las cuales dudas y demandas todas son llanas y abonadas, y que a tres vueltas las hallo entre mis escrituras; mas Vuestra Señoría es tan amigo de novedades, que como siempre me pide historias peregrinas, no puede mi juicio andar sino peregrinando.

Viniendo, pues, al caso, decís, señor, que os escribió el conde de Miranda que once días antes que el buen condestable don Íñigo de Velasco muriese, me oyó decir y certificar que se había de morir, y que dado caso, que entonces dije lo que sucedería, no quise declararle cómo lo sabía. Escribisme, señor, que os escriba si lo dije de veras o lo dije burlando, o si vi en el enfermo algún pronóstico, o si yo sé en este caso algún gran secreto; el cual yo le quiero descubrir, si me promete de guardar en secreto, y que no me será dél ingrato. La verdad es que lo dije yo al conde de Miranda, y aun al doctor Cartagena, y no lo supe por revelación como profeta, ni lo alcancé en cerco, como nigromántico, ni lo hallé en Tolomeo, como astrólogo, ni lo conocí en el pulso, como médico, sino que lo supe como filósofo, porque el buen condestable andaba en el año climatérico. A la hora que supe estar el condestable enfermo, pregunté que qué años tenía, y como me dije sen que sesenta y tres, luego dije que corría su vida muy gran peligro, porque estaba en el año para morir más peligroso.

Para entendimiento desto es de saber que toda la vida humana es semejante a una enfermedad larga y peligrosa, en la cual se mira mucho el día séptimo, y el día noveno, porque en aquellos días créticos mejoran o empeoran los enfermos. Lo que en el enfermo llama término el físico, llama en el sano clima el filósofo; y de aquí es que de siete en siete años, y de nueve en nueve años mudan los hombres la complexión, y aun muchas veces la condición. Que esto sea verdad parece claro en que el hombre que agora es flemático, le vemos tornar colérico, y al que es furioso, tornarse manso, y al que es próspero, tornarse desdichado, y aun al que es cuerdo, tornarse loco; lo cual todo proviene que después de los siete o nueve años mudaron, como dijimos, las condiciones y aun las complexiones. Es también de saber que en todo el discurso de nuestra vida siempre vivimos debajo de un solo clima, que es de siete o de nueve años, excepto en el año de sesenta y tres, en el cual se juntan dos términos o climas: es a saber, nueve sietes o siete nueves, porque nueve veces siete y siete veces nueve son sesenta y tres años, y por eso mueren allí muchos viejos. Los que llegan al año de sesenta y tres deben vivir muy regalados y aun andar muy recatados, porque es aquel año tan peligroso que ninguno le pasa sin padecer en él algún peligro. Muchos y muy notables varones en tiempos pasados y aun presentes murieron en aquel año de sesenta y tres; mas junto con esto digo que el hijo que viere pasar deste término a su padre, no espere que tan aína le verá morir, ni menos le espere de heredar. Los príncipes romanos y griegos, después que se veían escapados del año de sesenta y tres hacían muy grandes mercedes a los suyos y aun ofrecían no pequeños dones en los templos, según se lee que lo hizo el emperador Octavio, el emperador Antonino Pío y el buen Alejandro Severo.

He querido, señor, daros cuenta de la historia, o, por mejor decir, de esta filosofía, para que sepáis cómo yo adiviné la muerte del buen condestable de Castilla, al cual vimos todos sus deudos y amigos dentro del año de sesenta y tres comenzar a enfermar, y aun acabarse de morir. A todos los grandes deste reino tengo yo a unos por deudos, a otros por señores, a otros por vecinos, a otros por conocidos, y, entre todos, tenía a él por particular señor y amigo, porque le hallaba de muy buena conversación y de muy sana condición. Era el buen condestable manso en el mandar, justo en el gobernar, cuerdo en el hablar, largo en el gastar, animoso en el pelear, piadoso en perdonar y muy buen cristiano en su vivir. Pues Vuestra Señoría y él fuiste capitanes en la guerra y visorreyes en la paz, no me negaréis ser verdad lo que digo, y aun que dejo dél mucho más que decir. Luego que distes, y aun venciste, la batalla de Reniega, cabo Pamplona, me acuerdo que llegando yo a Vuestra Señoría que me firmase dos cédulas, una que tocaba a justicia y la otra a hacienda, me dijiste, señor, estas palabras: «Conmigo, padre maestro, acabado tenéis que haga lo que queréis, y firme lo que pedís; mas es necesario que informéis primero al condestable del caso y le hagáis relación de la calidad del negocio, porque es muy recatado en las mercedes de hacienda y muy escrupuloso en las cosas de justicia». El buen condestable tuvo conmigo muy estrecha familiaridad, y yo con él inviolable amistad, y sobre este fundamento siempre comunicaba conmigo cosas de conciencia y descargos de su hacienda, en lo cual todo siempre conocí dél que procuraba de acertar y se apartaba de errar. No sé más, señor, en esto que os escriba, sino que el buen condestable, si acabó aquí, en Madrid, su vida, a lo menos en mi crónica quedará inmortal su memoria.

De Madrid, a XV de octubre de MDXXIX.

31. Letra para el almirante don Fadrique Enríquez, en la cual se expone por qué Abrahán y Ezequiel cayeron de buces y Heli y los judíos, de colodrillo

Muy ilustre achimarino:

Grandes son las quejas que Vuestra Señoría me envía en esta su postrera letra; lo uno, porque no respondí ogaño a su carta, y lo otro, porque no le envié absuelta su duda, y, sabida la verdad y descubierta la poridad, creedme, señor, que ni yo seré culpado, ni vos quedaréis quejoso. La poridad que en esto pasa es que como a Mansilla, vuestro criado, le hurtaron el caballo, y jugó toda la moneda que traía para el camino, por buscar algún empréstido para pagar la posada, a él se le olvidó de recaudar de mí la respuesta. Pues yo leo de muy buena voluntad sus cartas y luego a la hora me pongo a estudiar sus dudas, no es justo que impute a mí la culpa, si vuestros criados olvidan la carta. Aína me corriera y aun aína me enojara de ver cuán azogada y colérica venía su letra, que a la verdad, para mostrar tanto enojo y escribir tan aploma-do, no tuviste, señor, ocasión y mucho menos razón. Como vuestro cuerpo es pequeño y vuestro corazón está mejorado sobre él en tercio y quinto, si le dais lugar a que diga todo lo que quiere, y se queje de todo lo que siente, creed, señor, y no dudéis que con vos mismo viviréis penado, y de los otros seréis desamado. De ninguno cosa se han de preciar tanto los grandes señores como de tener grandes corazones, los cuales han de emplear, si los quieren bien emplear, en moderarse en las grandes prosperidades y no desmayar en las adversidades. Sería yo de parecer que pues Vuestra Señoría naturalmente es colérico y mal sufrido, que nunca se pusiese a escribir cuando está turbado, porque muchas veces escriben los hombres con enojo lo que después no querrían aun que les pasara por el pensamiento. Al argumento que dice que por tenerle en poco no quise responderle luego, a esto respondo que niego la premisa y que reniego de la consecuencia, porque Vuestra Señoría tiene mucho, puede mucho y vale mucho, y por eso le tenemos todos en mucho. Dejar yo de conocer en vuestra persona tanta grandeza de estado, tanta limpieza de sangre, tanta delicadeza de ingenio, tanto ejercicio en las letras y tanta destreza en las armas, causarlo ya en mi sobrada locura o falta de cordura. Será, pues, el caso que repartamos entre todos este enojo; es a saber, que Vuestra Señoría, de aquí adelante, vaya a la mano a su cólera, y que a Mansilla se le perdone el olvido de la carta, y que yo también me obligue a exponer su duda, y desta manera daremos enmienda en lo pasado y pondremos en lo advenidero silencio.

Pedisme, señor, que os declare por qué el patriarca Abrahán, en el valle de Mambre, y el profeta Ezequiel, cabe el río de Cobar, dice la sacra escritura dellos que cayeron en el suelo de buces, y por contrario, Helí, el sacerdote, y los judíos, que prendieron a Cristo, cayeron de espaldas. No penséis, Señor, que es tan poco lo que dudáis, que si yo no me engaño, cuestión es que la mueven pocos y la exponen casi ninguno, porque dado caso que he visto mucho y he leído mucho, no me puedo acordar de haber en ello dudado, ni aun haberlo predicado. Osaría yo decir que por estas dos maneras de caer, unos atrás y otros adelante, se significan dos géneros de los que pecan, en el que así como el caer de una manera o caer de otra, al fin todo es caer, por semejante manera pecar de una manera o pecar de otra, todo es pecar. Los que caen de colodrillo y hacia atrás vémoslos tener las caras descubiertas, y hacia el cielo mirando, y por esto son entendidos los que sin ningún temor de Dios pecan y después no han vergüenza de haber pecado. Por experiencia vemos que el que cae hacia adelante se puede ayudar con sus manos, con sus codos, con sus rodillas y con sus pies; quiero por esto decir que entonces hemos de tener esperanza de salir del pecado cuando hubiéremos vergüenza de ser pecadores. Lo contrario acontece en el que cae hacia atrás, el cual ni se puede ayudar con las manos, ni levantarse con los pies; quiero por esto decir que el hombre que no ha vergüenza de ser pecador, tarde o nunca le veremos salir del pecado. Plutarco y Aulo Gelio dicen que ningún mancebo romano podía, entrar a las mujeres públicas sino llevaban las caras bien cubiertas, y si por caso alguno era tan desvergonzado que osase entrar o salir de allí descubierto, tan públicamente era castigado como si cometiera algún forzado adulterio. Es mucho de notar que todos los que cayeron hacia adelante todos fueron santos, como fue Abrahán y Ezequiel, y por el contrario, los que cayeron hacia atrás todos fueron pecadores, como lo fue Helí, el sacerdote del templo, y los judíos que vendieron a Cristo. Puédese de todo esto colegir cuánto y cuánto nos hemos de guardar, no solo de no caer, mas aún ni de tropezar, porque no sabemos si caeremos hacia delante, como el santo Abrahán, o si caeremos hacia atrás, como el desventurado de Helí. Como descendemos de pecadores y vivimos entre pecadores, andamos entre pecadores, y está el mundo tan falto de justos, que no podemos librarnos de algunos pecados, mas junto con esto roguemos a nuestro Señor que si nos quitare su gracia para que caigamos, a lo menos no nos quite la vergüenza con que nos levantemos.

Mucho se aira Dios de ver en cuán poco tenemos el pecar; mas mucho más se enoja de ver cuán tarde acordamos de nos arrepentir, porque muy pocos son los que dejan el pecar, sino al tiempo que ya no pueden más pecar. ¡Oh cuántos más son los que caen con Helí hacia atrás que no con Abrahán hacia adelante! Porque si hay uno que tenga vergüenza de pecar, hay ciento que cuentan los pecados por su pasatiempo. Estímese cada uno en lo que quisiere y diga cada uno lo que supiere, que para mí yo no tengo por gran pecador sino al que tiene a sí por muy justo, y no tengo por muy justo sino al que se conoce por gran pecador. Bien sabe Dios lo que podemos y muy bien conoce las fuerzas que tenemos, y de aquí es que no se enoja Él porque no somos justos, sino porque no nos reconocemos por pecadores. Torno a decir que no se maravilla Dios porque seamos humanos en el pecar, mas de lo que se aira es porque, siendo, como somos, tan pecadores, queremos hacer en creyente al mundo que somos justos. Sea, pues, la conclusión en esta materia que aquellos solos caen atrás con Helí y caen atrás con los hebreos, que tan sin asco se asientan a pecar, como se asientan a comer, y se echan a dormir. De lo que más me maravillo en este caso es que estando, como estamos, en gravísimos pecados caídos, así vivimos y andamos tan contentos, como si tuviésemos de Dios salvoconducto de ser salvos.

He aquí, señor, pues, a vuestra carta respondida; he aquí vuestra duda absuelta; he aquí mi culpa disculpada y he aquí vuestra cólera deshecha. No más, sino el Señor le dé su gracia y a mí su gracia y gloria.

De Madrid, a XI de noviembre de MDXXVIII.

32. Letra para el abad de Montserrat, en la cual se tocan los oratorios que tenían los gentiles, y que mejor vida es vivir en Montserrat que no en la corte

Muy reverendo y bendito abad:

A las once calendas de mayo me dio una carta vuestra vuestro monje fray Rogerio, la cual yo recibí con alegría y leí con placer, por ser de vuestra paternidad y por traerla aquel honrado padre. De Aureliano, el emperador, se lee que le eran tan pesadas las cartas que le enviaba el cónsul Domicio, que las oía, mas que no las respondía. A la verdad, hay personas tan pesadas en el hablar y tan sin gracia en el escribir, que querría hombre estar más de calenturas que oír sus palabras ni leer sus cartas. Nadie de nadie se debe maravillar, pues en los hombres son tan diversas las complexiones y tan varias las condiciones, que muchas veces, aunque no quiere, ama el corazón lo que le estaría mejor aborrecer, y aborrece lo que le estaría mejor amar. Digo esto, padre Abad, para que sepáis que todas las veces que me dicen «aquí está uno de Montserrat», se me alegra el corazón en oír de allá nuevas, y se me abren los ojos en leer vuestras cartas.

Escribisme, padre, que os escriba si antiguamente había entre los gentiles oratorios santos como los hay agora entre los cristianos, a la cual demanda diré lo que he leído y lo que al presente me acuerdo. El oráculo de los sículos era Libeo. El oráculo de los rodos era Ceres. El oráculo de los efesinos era la Gran Diana. El oráculo de los palestinos era Bello. El oráculo de los griegos era Delfo. El oráculo de los numidanos era Juno. El oráculo de los romanos era Berecinta. El oráculo de los tebanos era Venus. El oráculo de los hispanos era Proserpina, cuyo templo era en Cantabria, que agora se llama Navarra. A lo que los cristianos llaman agora ermita llamaban los gentiles oráculo, y este oráculo siempre estaba de las ciudades algo apartado y en muy grande veneración tenido. Estaba siempre en el oráculo un sacerdote solo, estaba bien reparado, bien cerrado y bien dotado, y los que iban a él en romería podían solamente las paredes besar y desde la puerta mirar; mas dentro no podían entrar, excepto los sacerdotes ordinarios y los embajadores extranjeros. Cabe el oráculo siempre plantaban árboles; dentro dél siempre ardía aceite; el tejado dél era todo de plomo, porque no se lloviese; a la puerta estaba la imagen del ídolo, a do besasen; tenían allí un cepo grande, a do ofreciesen, y hecha una casa a do posasen. Plutarco loa mucho al magno emperador Alejandro, porque en todos los reinos que conquistaba y en todas las provincias que tornaba mandaba hacer templos muy solemnes para orar, y oráculos muy apartados para visitar. El rey Antígono, paje que fue del emperador Alejandro, y padre del rey Demetrio, aunque le reprehenden de haber sido en el gobernar muy absoluto y en las costumbres disoluto, mucho le loan los historiadores, porque cada semana iba una vez al templo, y cada mes dormía una noche en el oráculo. El Senado de Atenas mucha más honra hizo al divino Platón después de muerto, que no le había hecho cuando era vivo, y la causa de esto fue porque el buen Platón, ya que de leer y estudiar estaba cansado, retrájose a vivir y a morir cabe un oráculo muy devoto, en el cual después él fue sepultado y como dios adorado. Archidamas, el griego, hijo que fue de Agesilao, después de haber gobernado veintidós años la república de Atenas, y haber vencido por mar y por tierra diez batallas, mandó hacer en las más ásperas montañas de Argos un muy solemnísimo oráculo, en el cual Archidamas acabó la vida y aún eligió para sí sepultura. Entre todos los oratorios que los antiguos tenían en las partes de Asia, el más afamado era el oráculo que estaba en la isla de Delfos, porque allí de todas las partes del mundo concurrían, y allí más presentes llevaban, y allí más votos hacían, y aún allí más respuestas de sus dioses tenían. Cuando Camilo venció a los sannitas, hicieron los romanos voto de hacer una imagen de oro para enviar a aquel oráculo, para la cual las matronas romanas dieron los collares, los anillos, las manillas y chocallos de sus personas, por la cual magnificencia fueron ellas muy honradas y aun muy privilegiadas.

He querido deciros esto, padre Abad, para que sepáis no es cosa nueva en el mundo haber en los pueblos templos y eremitorios. La diferencia que hay de los nuestros a los suyos es que aquellos oráculos los señalaban los hombres, mas los nuestros santuarios elígelos Dios, de lo cual se sigue gran utilidad y no poca seguridad, porque en el lugar que de Dios es escogido podemos orar sin ningún escrúpulo. Acuérdome haber estado en Nuestra Señora de Loreto, de Guadalupe, de la Peña de Francia, de la Hoz de Segovia, y de Balbanera, las cuales casas y santuarios son todas de mucha oración y grande admiración; mas para mi contento y mi condición, a Nuestra Señora de Montserrat hallo ser edificio de admiración, templo de oración y casa de devoción. Digo os de verdad, padre Abad, que nunca me vi entre aquellos riscos ásperos, entre aquellos montes grandes y altos, entre aquellos cerros bravos y entre aquellos bosques espesos, que no propusiese en mí de ser otro, que no me pesase del tiempo pasado y que no aborreciese la libertad y amase la soledad. Nunca pasé por Montserrat que luego no estuviese contrito, que no me confesase de espacio, que no celebrase con lágrimas, que no velase allí una noche, que no diese algo a los pobres, que no tomase candelas benditas y, sobre todo, que no me hartase de suspirar y propusiese de me enmendar. ¡Oh, pluguiese a Dios del Cielo, y a Nuestra Dona de Montserrat, que tal fuese yo en esta tierra cual propuse de ser en esa santa casa! ¡Ay de mí, ay de mí, padre Abad, que cuanto más voy cargando en días, tanto más flojo me siento en las virtudes, y lo que peor de todo es, que en deseos buenos soy un santo y en hacer obras buenas soy muy pecador, predicando yo, como yo predico, que el cielo está lleno de buenas obras y el infierno de buenos deseos. No sé si son amigos que me aconsejan, parientes que me importunan, enemigos que me descaminan, negocios que se me ofrecen, César que siempre me ocupa o el demonio que siempre me tienta, que cuanto más propongo de apartarme del mundo, tanto más y más cada día me voy a lo hondo. Es, pues, verdad que es apacible la vida de la Corte para tener apetito de ella, sino que allí sufrimos hambre, frío, sed, cansancio, pobreza, tristeza, enojos, disfavores y persecuciones, lo cual todo se sufre, por que no hay quien nos quite la libertad, ni nos pida cuenta de la ociosidad.

Creedme, padre Abad, y no dudéis que para el ánima, y aun para el cuerpo, es mucho mejor vida la que tenéis allá en Montserrat, que no la que tenemos acá en la Corte, porque la Corte muy mejor es para oír lo que en ella pasa, que no para experimentar lo que en ella hay. En la Corte, el que vale poco está olvidado, y el que vale mucho es perseguido. En la Corte no tiene el pobre qué comer y el rico no se puede valer. En la Corte son pocos los que viven contentos y muchos los que están aburridos. En la Corte todos procuran por privar, y al fin uno lo viene todo a mandar. En la Corte, ninguno ha gana de se morir, y después ninguno vemos de allí salir. En la Corte hacen muchos lo que quieren y muy poquitos lo que deben. En la Corte todos de la Corte blasfeman y después todos la siguen. Finalmente, digo y afirmo lo que muchas veces he dicho y predicado, y es que la Corte no es sino para privados que la disfrutan, y para mancebos que no la sienten. Si con estas condiciones queréis, padre Abad, veniros a la Corte, desde aquí os la trueco por vuestra Montserrat, y aun os doy mi fe como cristiano que más veces os arrepintáis de haberos tornado cortesano, que no yo de meterme ahí monje benito. Por lo mucho que os quiero, y por la devoción que ahí tengo, sois obligado a rogar a nuestro Señor me saque de aquesta infame vida y me alumbre con su gracia, sin la cual no le podemos servir ni mucho menos nos salvar.

De mano de fray Rogerio recibí las cuchares que me envió, y a él di el libro que me pidió, por manera que yo tendré cuchares para comer y vuestra paternidad no estará sin libros para rezar. En lo demás que me escribe acerca del monasterio, será el caso que hagáis con Dios por mí como devoto, que yo haré con César obra de amigo.

No más, sino que Nuestro Señor sea en su guarda.

De Valladolid, a VII de enero MDXXXV.

33. Letra para el almirante don Fadrique Enríquez, en la cual se declara una autoridad de la sagrada escritura muy bien tocada

Muy ilustre archimarino:

Delante el alcalde Ronquillo estoy determinado de emplazar a Vuestra Señoría para que, llamadas y oídas las partes, juzgue y sentencie entre nosotros si, siendo, como soy, hidalgo y cortesano, tengo obligación de responder luego a todas sus cartas y exponer y declararle todas sus dudas. Como sois, señor, tan contino en me escribir y vuestro solicitador no es perezoso en me solicitar, yo confieso que muchas veces doy al demonio al criado y aun a la sazón que no ruego a Dios por el amo. Quejándome yo ayer a vuestro solicitador, porque tanto me importunaba, y porque tan a menudo me molía, respondiome él con muy buena gracia: «Mirad, señor maestro: hago os saber que el almirante, mi señor, quiere a vuestra reverencia para que le escriba como amigo, le envíe nuevas como cronista, le declare sus dudas como teólogo y le conseje su conciencia como religioso». A esto le torné yo a replicar: «Si vuestro amo, el almirante, quiere ser bien servido, también quiero ser yo muy bien pagado, y la paga ha de ser por oficio de cronista, de teólogo, de amigo y consejero, que pues no puedo ganar de comer con la lanza, lo tengo de ganar con la pluma». Todo este fiero hice, no porque me deis, señor, de comer, sino porque me dejéis de importunar, porque gracias a Nuestro Señor, el emperador, mi señor y amo que es, no solo me ha dado lo que he menester, mas aún para que tenga a otros que dar. El bien que tenemos con los príncipes es que, si somos obligados a servirlos, tenemos siempre licencia de pedirles. Será, pues, la conclusión que con la intención que yo dije aquellas palabras acá, las tome Vuestra Señoría allá, que al fin, al fin, por más que riñamos y nos enojemos, habéis de hacer lo que os rogare, y yo tengo de hacer lo que me mandardes.

Escribisme, señor, que os escriba, cómo se entiende aquella palabra de Isaías a do dice: «Ve tibi, Hierusalem, quia bibisti calicem ire dei, usque ad feces». Quieren decir estas palabras: «¡Ay de ti, Jerusalén, porque bebiste el cáliz de la ira de Dios hasta las heces!». Pedís, señor, una materia tan alta y una cosa tan profunda, que querría yo más sentirla que no decirla, gustarla que no escribirla, porque saben más della los que se dan a la contemplación que no los que se ocupan en la lección. Es, pues, agora la duda que pues Dios Padre envió a Cristo, su Hijo, un cáliz que bebiese de amargura, porque Jerusalén es reprehendida por el cáliz que bebió de ira. Cáliz era el uno y cáliz era el otro; de amargura el uno, y de ira el otro; a la Sinagoga cupo el uno, y a la Iglesia cupo el otro; Cristo bebió del uno y Jerusalén bebió del otro; Dios envió el uno y Dios envió el otro. Pues si esto es así, ¿por qué loan tanto al cáliz que Cristo gustó y condenan al que la triste de Jerusalén bebió?

Para entender esta profundidad de escritura hemos de presuponer que hay dos maneras de cálices; es a saber; cáliz que se dice simplemente de solo Dios, y cáliz que se dice con aditamento que es de la ira de Dios; y hay entre los dos cálices tanta diferencia, que en el uno bebemos el cielo y en el otro sorbemos el infierno. No es otra cosa el cáliz santo de Dios, sino las tentaciones, hambre, frío, sed, persecuciones, destierros, pobreza, tentaciones y martirio, de las cuales cosas da Dios a beber y gustar a los que Él ha elegido que le sirvan, y tiene predestinados a que se salven. Aquel a quien Dios da deste cáliz a beber es señal que está empadronado con los que se han de salvar, por manera que no podemos escapar de los infiernos, si no fuere a costa de muy grandes trabajos. Profundamente es de mirar que dijo Cristo que el cáliz no se diese a sola su persona, sino que pasase también a su iglesia, por manera que dél bebió, mas no le acabó, porque si Cristo todo el cáliz bebiera, solo Cristo en la gloria entrara, y por eso rogó a su Padre que pasase el cáliz a los de su iglesia, porque todos entrásemos con Él en la gloria. ¡Oh alto y inaudito misterio, que estando Cristo en el huerto a oscuras, solo, de rodillas postrado, sudando, orando y llorando, no pide a su Padre que a los escogidos de su iglesia haya de regalar, sino que del cáliz les dé algún sorbo a beber! De aquel cáliz de amarguras y trabajos solo Cristo bebió hasta hartar, porque Él solo fue bastante a nos redimir; todos los que venimos después de Cristo, si no podemos beber hasta hartar, ojalá bebamos lo que abaste a nos salvar. La cruz de san Pedro, el aspa de san Andrés, el cuchillo de san Bartolomé, las parrillas de san Llorente y los guijarros de saniesteban, ¿qué otra cosa son sino unas arras que de Cristo recibieron y unos sorbos que de su cáliz bebieron? Tantos más grados tendrá uno en el cielo de gloria cuanto más bebió del cáliz de Cristo en esta vida, y por eso le debemos rogar cada día con lágrimas, que si no pudiéremos todo su cáliz beber, a lo menos que nos lo deje gustar. El cáliz de Cristo, aunque de beber es acedoso, después de bebido hace muy gran provecho; quiero decir que los trabajos que por ser buenos padecemos, nos dan tanta pena cuando los pasamos, como dan placer después de haberlos pasado. Provéase cada uno de vinos de Illana, de candiotas de Candía, y de fondones de Rivadavia, que para mi consolación y salvación no pido a Dios sino que todos los días que me quedan de vida me deje beber siquiera una gota.

Hay otro cáliz que se llama el cáliz de la ira de Dios, del cual hablar las entrañas se me abren, el corazón se me parte, las carnes me tiemblan y aun los ojos me lloran. Con éste nos amenaza Dios, déste es el que habla el profeta, déste bebió la triste de Jerusalén, déste se emborrachó la infelice Sinagoga y por la borrachez de éste fue la casa de Israel desterrada de Judea y trasladada en Babilonia. Aquél bebe del cálice de ira que cae del estado en que estaba de gracia, de lo cual se sigue que muy más muerta está el alma sin gracia que lo suele estar un cuerpo sin alma. Entonces se dice tener Dios ira, cuando de nosotros Él se descuida, y el día que nos descuidaremos de le tener, y Él se olvidare de nos amar, al fin de la jornada nos condenaremos, y a cada paso tropezaremos. ¡Oh cuánto va de la ira que muestran los hombres a la ira que llaman de Dios! Porque los hombres, citando están airados, castigan; mas Dios, cuando tiene ira, deja de castigar, por manera que más castiga Dios a un malo cuando con Él disimula, que no cuando luego le castiga. No hay mayor tentación que no ser tentado; no hay mayor tribulación que no ser atribulado; no hay mayor castigo que no ser castigado, ni aun mayor azote que no ser de Dios azotado. Del enfermo que el médico desafiuzia, poca esperanza hay de vida; quiero decir que del pecador que Dios no castiga, tengo de su salvación gran sospecha.

Es mucho de notar que no solo amenaza el profeta a Jerusalén porque bebió del cálice de la ira, sino porque también bebió las heces dél, hasta no dejar nada; por manera, que si más hubiera, más bebiera. Beber el cálice hasta las heces es en que habiendo ofendido a Dios con los cinco sentidos, habiendo cometido los siete pecados mortales, habiendo delinquido en algunos artículos y habiendo pecado con todos los miembros, si como son los mandamientos diez, fuesen diez mil, poder podríamos morir, mas no dejar de en todos pecar. Beber el cálice hasta las heces es que no nos contentaremos con quebrantar un mandamiento, ni quebrantar dos, ni aun quebrantar tres, sino que por fuerza se han de quebrantar todos diez. Beber el cálice hasta las heces es que si cometemos un pecado al día, cometemos con el pensamiento dos mil cada hora. Beber el cálice hasta las heces es que si dejamos de cometer algunos pecados, no es por no querer, sino por no poder, o por no saber. Beber el cálice hasta las heces es que no nos contentamos con solamente pecar, sino que nos preciamos y alabamos haber pecado. Beber el cálice hasta las heces es que, cometiendo, como cometemos, todas las maneras de pecados, no podemos sufrir a que nos llamen pecadores. Beber el cálice hasta las heces es tener ya tanta desvergüenza en el pecar, que osamos convidar y importunar a otros que pequen. Beber el cáliz hasta las heces es tener los deseos de santo y en las obras ser un demonio.

He aquí, pues, señor almirante, lo que yo siento de aquellas palabras del Profeta, y he aquí lo que me parece de vuestra duda, y ruego a Dios Nuestro Señor sea Él servido merezcamos beber del cáliz que bebió Cristo, y no del cáliz que escribió Jeremías.

No escribo a Vuestra Señoría nuevas desta Corte, como le suelo escribir, porque me parece cometer traición a la Sagrada Escritura, si al pie de tan santa materia pusiese alguna cosa profana.

No más, sino que el Señor nos dé su gracia.

De Madrid, a XXV de marzo.

34. Letra para el gobernador Luis Bravo, porque se enamoró siendo viejo. Es letra que conviene que lean los viejos antes que emprendan amores

Noble y descuidado señor:

Intitularos noble o muy noble, virtuoso o muy virtuoso, magnífico o muy magnífico, es levantaros un falso testimonio; porque averiguada la edad que tenéis y sabida la vida que hacéis, ni en vos hay nobleza ni en vuestra vida limpieza. La carta que me escribiste agora bien parecía ser del urdimbre de vuestro juicio y de la estofa de vuestra mano, porque en ella se conocía muy claro cuán poco caso hacéis de la honra y cuánto menos de la vergüenza. Si vos no me engañaste, y si vuestro hermano no me mintió, para cumplir sesenta y cuatro años no os faltaban entonces sino dos meses, y esto se entiende con haber pagado el diezmo dellos al obispo de Córdoba y todas las primicias al cura de la Magdalena. En siglo tan largo, en edad tan prolija y en años tan antiguos como los vuestros razón fuera de haber cobrado seso y de haber sobre vos tornado; mas tal es la propiedad de los obstinados en vicios, como vos, que primero se les acaba la vida, que veamos en ellos alguna enmienda. Esto digo, señor compadre, porque no me pesa tanto de lo que en vuestra carta me decís cuanto de la ocasión que me dais a no sabrosamente os responder, que pues vos me escribís materia de liviandad, libre quedo yo de responderos con gravedad.

Contando, pues, el caso, digo que me ha caído en mucha gracia en que siendo yo cristiano teólogo, predicador, sacerdote, religioso, y aun de los muy observantes, de san Francisco, me metáis agora en chistes de amores y me empadronéis con los muy enamorados. En este caso yo confieso que nací en el mundo, anduve por el mundo y aun fui solo uno de los muy vanos del mundo. También confieso que gasté mucho tiempo en ruar calles, ojear ventanas, escribir cartas, requestar damas, hacer promesas y enviar ofertas, y aun en dar muchas dádivas; las cuales cosas todas las digo, para mayor mi confusión y menos condenación. Doy gracias al inmenso Dios que en el mayor hervor de mi juventud y en lo más peligroso de mi edad me sacó del siglo y me encaminó a ser religioso, en el cual estado tengo mucho lugar para le servir, y ninguna ocasión para le ofender. En el estado que Dios me llamó y en hábito que para mí elegí, muy más culpado sería yo si fuese malo que lo sería ninguno de los que estáis en el mundo, porque allá, en el mundo, algunos dejan de ser buenos, porque no pueden, mas acá, en la religión, no, sino porque no quiere. Tener en la religión las paredes altas, la clausura estrecha, cerrar las puertas del monasterio, huir la conversación del mundo, comer manjares gruesos, vestir hábitos muy ásperos, no es por que en aquellas ceremonias ponemos la perfección, sino por huir de la ocasión. No dejo de confesar que allá en el mundo muchos son buenos; mas junto con esto digo que en la religión estamos menos ocasionados, que a la verdad, entre mil, apenas hay uno que se abstenga del pecado, cuando le viene a la mano el vicio. Esto digo, señor compadre, para que sepáis, si no lo sabéis, que a otros de vuestro oficio, y a otros que están muy zahondados en el mundo pudiérades descubrir vuestros amores y escribir vuestros dolores, porque mi oficio más es enseñaros a confesar que mostraros a requebrar. Escribisme una cosa, la cual habiades de tener vergüenza de la escribir, pues la tengo yo agora de os responder; conviene a saber, que al cabo de sesenta y cuatro años, andáis agora muy metido en amores. Enviáisme también a rogar en vuestra letra que os escriba una carta de amores para vuestra amiga, en la cual persuada a que cumpla con vos, aunque olvide un poco a Dios. Pues yo no sé quién es, ni conozco a vuestra amiga, mucho querría que le mostrásedes esta mi carta, porque si es bien leída y entendida, hallaréis a mí vengado de vuestra desvergüenza y a vos avisado de vuestra porfía, y a ella desengañada de vuestra locura. Y porque no parezca hablar de gracia, tiempo es que demos licencia a que diga en esto lo que siente mi pluma.

A tal edad como la vuestra, falso testimonio os levantéis en decir que padecéis dolores y morís de amores, porque a los semejantes viejos que vos no los llamamos requebrados, sino resquebrajados; no enamorados, sino malhadados; no servidores de damas, sino pobladores de sepulturas; no de los que regocijan al mundo, sino de los que ya pierden el seso.

En tal edad como la vuestra, más os habéis de regir por la campana que tañe a las diez a queda, que no por la que tañe de mañana a prima.

En tal edad como la vuestra, puede ser que vos améis, mas es mentira que seáis amado; porque la triste enamorada que os quiere escuchar, no es por el contento que tiene de vuestra persona, sino por el apetito que tiene de vuestra hacienda.

En tal edad como la vuestra, ninguna cosa les escuchan de veras, sino que todo para en burlas; porque las mujeres taimadas y enamoradas de este tiempo a los mancebos admiten para se holgar y a los viejos oyen para dellos burlar.

En tal edad como la vuestra, no sois ya para pintar motes, tañer guitarras, escalar paredes, aguardar cantones, y ruar calles; como sea verdad que las mujeres vanas y mundanas no se contentan con ser solamente servidas y pagadas en secreto, sino que también quieren ser requestadas y festejadas en lo público.

En tal edad como la vuestra, no se sufre traer zapatos picados de seda, media gorra toledana, sayo corto hasta la rodilla, polainas labradas a la muñeca, gorjal de aljófar a la garganta, medalla de oro en la cabeza y de las colores de su amiga la librea, como sea verdad que las mujeres tales y cuales, no solo quieren que sus enamorados sean cuerdos en lo que escriben, mas aún muy pulidos y galanes en lo que visten.

En tal edad como la vuestra, en ninguna manera podéis sufrir, y menos disimular, la importunidad dellas en cada día pedir y la frecuentación que tienen en cada hora escribir, mayormente que las mujeres cuercas y enamoradas luego paran sus amores y comienzan a dar sus quejas, si no les dan todo lo que piden, y no les responden a todo lo que quieren.

172

En tal edad como la vuestra, no se sufren tristezas fingidas, gemidos mundanos, no suspiros livianos, como sea verdad que las mujeres requestadas y mundanas luego se amotinan y desgracian con sus servidores, si no les escriben como lastimados y no les rondan las puertas con suspiros.

En tal edad como la vuestra, no se sufre ya andar a buscar nuevos manjares que presentar, ni nuevas joyas y preseas que dar, porque son las mujeres tan antojadizas, y tan mal contentadizas, que a la hora aborrecen a los que quieren y burlan de los que aman, si no les dan cada semana un dix que traer, y no les envían cada día un regalo que comer.

En tal edad como la vuestra, no se sufre ya dar cuenta de lo que hacéis, ni descubrir a nadie los negocios, que tratáis, lo cual vuestra enamorada no podrá sufrir ni menos disimular, porque si cada noche no le dais cuenta de los pasos en que andáis y de los pensamientos que tenéis, teneos por dicho que os ha de volver las espaldas en la cama, y aún estar muy rostrituerta a la mesa.

En tal edad como la vuestra, no se sufre ya estar atado y andar amedrentado, para que no oséis ir a donde quisiéredes y entrar a donde os pluguiere, lo cual vuestra amiga no os sufrirá ni menos disimulará, porque el día que supiere en cómo rondáis la puerta de otra, a vos os dejará y a ella infamará.

En tal edad como la vuestra, no se sufre ya que tengáis veedores sobre vuestra hacienda, ni quien mande más que vos en vuestra casa, lo cual, aunque os pese, habéis de sufrir, pues os determinaste de enamorar, porque es de tal condición la mujer amigada, que le habéis de dar todo lo que quisiese y dejar hurtar todo lo que pudiese.

En tal edad como la vuestra, no se sufre ya gastar algo demasiado, ni emplear mal vuestro dinero, el cual el enamorado no puede hacer, ni con su amiga lo puede acabar, porque el día que tomáredes a cargo una mujer, no os ha de agradecer el ordinario que le dais para sus alimentos, sino, que cada día os ha de pelar para sus apetitos.

En tal edad como la vuestra, no se sufre ya suspender los negocios graves y provechosos por seguir los inútiles y cumplir con los vanos y livianos, de lo cual apelará, y aun renegará, vuestra amiga, porque la condición de las tales es pensar que todos vuestros negocios son de voluntad, y el servir y contentar a ella es de necesidad.

En tal edad como la vuestra, no se sufre ya cerrar las puertas a vuestros amigos ni dejar de visitar a vuestras conocidas, de lo cual murmura, y aun malamente os reñirá vuestra querida amiga, porque lo primero que las tales mandan a sus enamorados es que se aparten de toda ajena conversación y se hagan a sola su condición.

En tal edad como la vuestra, no se sufre aún casar, cuanto más osarse enamorar, porque, por vana y mundana que sea una mujer, a los hombres de sesenta y cuatro años, como vos, más os quieren ya para que les deis buenos consejos que no para tener de vos hijos.

En tal edad como la vuestra, no se sufre ya dejar de decir las verdades ni servir a nadie con lisonjas, la cual condición no cabe en hombre que trata en amores, ni se la sufrirá ninguna mujer enamorada, porque el día que loardes a otra de más hermosa y mejor acondicionada, desde entonces os negará la persona, cerrará la puerta, no saldrá a la ventana y pondrá en vos muy recio la lengua.

En tal edad como la vuestra, si los amores van adelante, o vos quedaréis burlado, o ella se hallará engañada, porque si la triste hace lo que queréis, doyla por mal empleada, y si hace lo que con los tales viejos como vos suelen hacer, vos os hallaréis burlado y de sus manos muy bien pelado.

En tal edad como la vuestra, no se sufre ya esperar el sereno de la noche, ni cobrar el frío de la mañana, lo cual no podéis excusar de sufrir, si queréis de vuestros amores gozar, porque muchas veces es necesario que entréis de noche, porque no os vean, y salgáis antes que amanezca, porque no os sientan.

No quiero, señor compadre, escribiros más en esta carta hasta ver cómo tomáis lo que va en ésta; porque si os intoxica presto la yerba, no faltará en otra un poco de atríaca.

No más, sino que Nuestro Señor os dé su gracia.

De Toledo, a VII de agosto MDXXIX.

35. Letra para el mismo comendador don Luis Bravo, en la cual se ponen las condiciones que han de tener los viejos honrados, y que el amor tarde o nunca sale del corazón do entra

Muy noble señor y enamorado caballero:

En las palabras de vuestra carta conocí cuán presto llegó a vuestro corazón el tóxico de mi letra, y huelgo mucho de haberos tirado con tan buena yerba que abastó para os derrocar y no para haceros caer. Aunque en otra letra que os escribí me arrepentí de llamaros «noble», agora doy por bien empleado el llamaros en ésta «muy noble», porque habéis respondido a vuestra nobleza y habéis enmendado el avieso de vuestra vida. Decís, señor, que las palabras de mi carta os penetraron el corazón y os lastimaron hasta lo vivo; para deciros la verdad, he holgado dello mucho, porque yo no las escribí para que solamente las leyésedes, sino para que cordialmente las sintiésedes. Junto con esto os prometo, como caballero, y os juro, como cristiano, que no fue mi intención, cuando os escribí, a fin de quereros lastimar, sino con intención de haceros enmendar. Decís, señor, que a la hora que leíste mi carta quemaste la empresa de vuestra enamorada, rasgaste las cartas de amores, despediste el paje de los mensajes, quitaste la habla a vuestra amiga y distes finiquito a la alcahueta. No puedo sino loar lo que habéis hecho, y mucho más loaré cuando os viere continuar y en ello perseverar; porque son tan malos de desarraigar los vicios de donde una vez están entablados, que, cuando pensamos ser ya idos, remanasen en casa escondidos. Yo, señor, os doy gracias por lo que hiciste y también os pido perdón por lo que os dije, aunque es verdad que con veros enmendado tengo en poco el estar vos enojado, porque más presto se pierde el enojo que no se despide el vicio.

Pedisme, señor, por vuestra carta que pues os escribí las condiciones del viejo enamorado, que os escriba también las condiciones que ha de tener el viejo cuerdo, porque sepan los unos del barranco de que se han de guardar, y atinen los otros al camino que han de seguir. Yo, señor, huelgo en cumplir con lo que pedís, y escribiros lo que queréis, aunque es verdad que no sé si mi juicio tendrá tan delicada vena, y mi pluma tan buena gracia en el consejar como en el reprehender, porque hay, muchos que en dar consejos son muy fríos, y en decir malicias son muy sabrosos. Yo, señor, cumplo con lo que diré lo que mejor pudiere y lo escribiré lo menos mal que supiere, con apercibimiento que hago ante todas cosas al que esto oyere, o leyere, que no tomará tanto gusto en leer estos consejos, cuanto provecho le hará en el obrarlos.

Los viejos de vuestra edad han de ser tan corregidos en lo que dicen y tan ejemplares en lo que hacen, que no solo no les han de ver hacer obras malas, mas ni aun decir palabras inhonestas, porque abastará a perder todo un pueblo el viejo que es absoluto y disoluto.

Los viejos de vuestra edad han de dar, no solo buenos ejemplos, mas aún buenos consejos, porque la inclinación del mancebo es a errar y desviar, y la condición del viejo ha de ser acertar y aconsejar.

Los viejos de vuestra edad han de ser mansos, modestos y pacíficos, porque si en algún tiempo fueron caudillos de discordia, agora sean medianeros de paz.

Los viejos de vuestra edad han de ser maestros de los que poco saben y defensores de los que poco tienen, y si no los pudieren remediar, no los dejen de consolar, porque el corazón afrentado y lastimado a las veces se consuela más con lo que le dicen que no con lo que le dan.

Los viejos de vuestra edad no es tiempo ya que se ocupen sino en visitar hospitales y en andar santuarios, porque no puede ser cosa más justa ni justísima que cuantos pasos distes en ramerías, andéis agora en romerías.

Los viejos de vuestra edad no se han ya de ocupar sino en hacer sus descargos, cuando están en su casa, y en llorar sus pecados, cuando van a la iglesia, porque muy segura tiene su salvación el que en la vida hace lo que debe y en la muerte lo que puede.

Los viejos de vuestra edad deben ser muy medidos en lo que hablaren y no prolijos en lo que contaren, y aun también se deben guardar de no contar novelas y mucho menos de relatar farsas, porque en tal caso, si a los mancebos llaman livianos y locos, a ellos llamarán locos y chocarreros.

Los viejos de vuestra edad débense de quitar de contiendas y de pleitos, y, si le fuese posible, deberían de remediar todos los pleitos a dineros a causa de ahorrar de infinitos trabajos, porque los mancebos no sienten más de los trabajos, mas los viejos sienten los trabajos y lloran los enojos.

Los viejos de vuestra edad deben tener sus comunicaciones con personas bien complexionadas y no mal acondicionadas, con las cuales puedan seguramente descansar y apaciblemente conversar, porque no hay en esta vida mortal cosa en que tanto se recree el corazón como es la dulce conversación.

Los viejos de vuestra edad deben buscar hombres y elegir amigos honestos, y deben mucho mirar que los amigos que escogieren y los hombres con quien conversaren no sean hombres pesados en el hablar y muy importunos en el pedir, porque amistad y importunidad nunca en un plato comieron ni de un bando se llamaron.

Los viejos de vuestra edad no han de tener ya otros vanos ni livianos pasatiempos más de granjear sus haciendas y mirar por sus casas, porque el viejo que no mira por su hacienda no tendrá qué comer, y el que no velare su casa, no le faltará que llorar.

Los viejos de vuestra edad tienen obligación de andar muy limpios y bien aderezados; mas no tienen licencia de andar curiosos, ni vestirse como livianos, porque en los mancebos la polideza es buena curiosidad, mas en los viejos es gran liviandad.

Los viejos de vuestra edad debéis mucho huir de no reñir con vuestros émulos, ni atravesar palabras con vuestros vecinos, porque si os replican alguna desacatada palabra o os dicen alguna lastimosa injuria, es el daño que tenéis corazón para sentirla y no tenéis ya fuerzas para vengarla.

Los vicios de vuestra edad deben ser caritativos, piadosos y limosneros, porque los mancebos sin experiencia, como andan tan abobados en las cosas del mundo, parece a cada uno que es harto llamarse cristiano; mas los viejos, que el tiempo los ha avisado y la edad desengañado, ténganse por dicho que nunca habrá Dios dellos piedad si no tuvieren caridad.

Los viejos de vuestra edad deben tener algunos libros buenos para aprovechar el tiempo y otros historiales para pasatiempo, que como ya su edad no sufre caminar, ni menos trabajar, y es forzoso que todo el día se estén ociosos y pensativos, más vale que se harten de leer en los libros que no que se cansen en pensar en los tiempos pasados.

Los viejos de vuestra edad deben huir de entrar en junta, ir a cabildo, ni hallarse en regimiento, y la causa de esto es que como allí no se trata sino cosas de república y intereses de hacienda, y esto por manos de mancebos atrevidos y hombres apasionados, nunca allí creen a los hombres cuerdos, ni oyen a los viejos experimentados.

Los viejos de vuestra edad, cuando se hallaren en concejo, o los llamaren a consejo, no deben ser temerarios, vocingleros, ni porfiados, porque a los mancebos pertenece seguir la opinión, mas a los viejos no, sino la razón.

Los viejos de vuestra edad han de ser sobrios, pacíficos y castos, y preciarse más de ser virtuosos que no de llamarse viejos, porque en este tiempo, y aun en el tiempo pasado, más respeto tienen a uno por la vida que hace que no por las canas que tiene.

Los viejos de vuestra edad deben tener por principal empresa ir todos los días a misa y oír vísperas el día de la fiesta, y si esto se le hiciere grave y pesado a alguno, yo le doy licencia que no vaya más veces a misa, siendo viejo, que iba a visitar a su amiga, cuando era mozo.

Los vicios de vuestra edad, proveídas muy bien todas las cosas de sus ánimas, deben también entender en la salud de sus personas, que, como dice Galieno, la vejez es de tan monstruosa condición, que ni es enfermedad acabada ni es sanidad perfecta.

Los viejos de vuestra edad, ante todas cosas, deben procurar de tener una casa que la coja el aire, y la bañe el Sol, la cual esté afamada de sana, y tenga en sí mucha alegría; porque soy de opinión que no hay hacienda tan bien empleada como la que el viejo emplea en una casa buena.

Los viejos de vuestra edad deben procurar no solo de morar en buena casa, mas aún de dormir en buena cama, y miren que la cama sea blanda y la cámara esté bien abrigada; porque el viejo, como es delicado y anda siempre achacoso, más daño le hace un poquito de aire que entra por un resquicio que le hacía el sereno de la noche cuando era mozo.

Los viejos de vuestra edad deben mucho procurar de comer buen pan y de beber buen vino, y el pan que esté bien cocido, y el vino que sea añejo; que como la vejez esté rodeada de enfermedades y cargada de tristezas, el buen mantenimiento los tendrá sanos y el buen vino los traerá alegres.

Los viejos de vuestra edad deben mucho mirar en que los manjares que comieron sean pocos, sean tiernos y sean bien sazonados, y si comen mucho y de muchos manjares, siempre andan enfermos; cuanto más que, si tienen dineros para comprarlos, no tienen ya calor para digerirlos.

Los viejos de vuestra edad deben mucho procurar de tener una cama entoldada, una cámara entapizada, la lumbre que sea manga y la chimenea que no sea humosa; porque la vida de los viejos consiste en traerse limpios, andar abrigados y en estar desenojados.

Los viejos de vuestra edad deben estar muy sobre aviso de no morar sobre río, no negociar en portal húmedo ni dormir en lugar airoso; porque los viejos, siendo, como son, delicados como niños, y naturalmente enfermos, el aire les penetrará los poros y la humedad se les meterá en los huesos.

Los viejos de vuestra edad, so pena de la vida, se deben templar en las comidas y irse a la mano en las cenas, porque, como los viejos tienen ya estómagos flacos y resfriados, no pueden digerir al día dos pastos, y el vicio goloso y glotón que lo contrario hiciere regoldará mucho y dormirá poco.

Los viejos de vuestra edad, para que no estén enfermos, no se hagan pesados ni se tornen gordos; deben aliviarse un poco, salir al campo, hacer algún ejercicio o ocuparse en algún oficio, porque de otra manera ya podrá ser que les diese un asma y se mancasen de tal manera que dejasen de resollar y los oyésemos soplar.

Los viejos de vuestra edad deben tener muy gran cuidado de que a sus mozos y mozas no digan malas palabras, les sufran algunas negligencias y les paguen sus soldadas, a causa que anden contentos y no estén desabridos, porque de otra manera serán negligentes en el servir y muy astutos en el hurtar.

Sea, pues, la conclusión: que los viejos de vuestra edad deben mucho trabajar de traer la ropa no grasienta, la camisa bien lavada, la casa tener barrida y la cama que esté muy limpia, porque el hombre que es viejo y presume de cuerdo, si quiere vivir sano y andar contento, hade tener el cuerpo sin piojos y el corazón sin enojos.

Al cabo de vuestra letra me escribís que, habiendo vos dejado los amores, no quieren dejar os a vos los dolores que ellos dan a los enamorados, y que me rogáis mucho os dé algún remedio o os envíe algún consuelo; porque, dado caso que los echaste de casa, no dejan de cuando en cuando tocar a la puerta. En este caso, señor, yo os remito a Hermógenes, a Tesifonte, a Dorcacio, a Plutarco y a Ovidio, los cuales gastaron mucho tiempo, y escribieron muchos libros, para dar orden en cómo los enamorados habían de amar y de los remedios que para sus amores habían de tener. Escriba Ovidio lo que quisiere, y diga Dorcacio lo que le pluguiere, que al fin no hay otro mayor remedio para el amor que es nunca comenzar a amar, porque es una tan mala bestia el amor que se deja con un hilo prender y a lanzadas no se quiere ir. Mire cada uno lo que intenta; mire lo que hace, mire lo que emprende, mire a donde entra y mire a do se prenda, porque si fuere en su mano entablar el juego, no le será alzarse a su mano. Hay en los amores, después de comenzados, infinitos barrancos, inmensos atolladeros, peligrosos reventones y no pensados ventisqueros, en los cuales unos quedan destrozados, otros encenagados, otros enlodados y aun otros anegados, por manera que al mejor librado dellos yo le doy por mal librado. ¡Oh, cuántas veces deseó Hércules apartarse de su amiga Mitida, Menalao de Dorta, Pirro de Helena, Alcibíades de Dorbeta, Demofón de Filis, Aníbal de Sabina y Marco Antonio de Cleopatra! De las cuales, no solo nunca se pudieron apartar, mas aún, al fin, por ellas se hubieron de perder. En caso de amar, nadie se fíe de nadie y mucho menos de sí mismo; porque es tan natural al hombre y a la mujer el amor y el querer ser amados, que a do una vez entre ellos el amor afierra, es betún que nunca abre y liga que nunca suelta. Es el amor un metal tan delicado, un cáncer tan oculto, que no se pone en el rostro a do se vea, ni en el pulso a do se sienta, sino en el triste corazón, a do, aunque se hace servir, no le osan descubrir.

Después de todo esto, digo que el remedio que doy para el amor es que no le den lugar a que entre en las entrañas, no se desmanden los ojos a mirar ventanas, no anden alcahuetas a las orejas, no vayan ni vengan tratos de damas; si viniere alguna a casa, cierren las puertas, y no ande nadie después de las Ave Marías; que con estas condiciones, si el amor del todo no se pudiere remediar, a lo menos podrá se remendar.

Si de todas estas cosas, señor compadre, os queréis aprovechar, y en ellas bien mirar, excusaréis muchos enojos y aun ahorraréis hartos dineros, porque a vuestra edad y a mi gravedad más les conviene ya saber las buenas tabernas que no ojear las ventanas de las enamoradas. Tomad, señor, ejemplo, y aun castigo, en el licenciado Burgos, vuestro conocido y mi grande amigo, el cual, siendo viejo como vos, y enamorado como vos, murió este sábado una muerte tan desastrada que a todos espantó y sus deudos lastimó.

No más, sino que Nuestro Señor sea en vuestra guarda y a mí dé su gracia para que le sirva. Amén.

De Burgos, a XXIIII de febrero MDXXIII.

36. Letra para don Diego de Guevara, tío del autor, en la cual le consuela de haber estado malo y de habérsele apedreado el término

Magnífico señor y muy honrado tío:

Quéjase vuestra merced, por su carta, de mí, que ya ni le sirvo como a señor, ni le requiero como a padre, ni le visito como a tío, ni aun le escribo como amigo. Yo no puedo negar sino que sois hermano de mi padre en cuanto deudo, sois mi señor en merecimiento, sois mi padre en crianza y sois mi primogenitor en mercedes, las cuales yo he recibido de su mano, no como sobrino, sino como hijo, y aun hijo muy regalado. Pues he confesado el deudo que tengo, y la deuda que debo, tampoco quiero negar la culpa en que he caído en no le haber visitado, ni tan poco escrito, porque con los amigos hemos de cumplir hasta más no poder, y gastar hasta más no tener. Valga cuanto valiere y pueda cuanto pudiere mi excusa, que la verdad es que yo ando en esta Corte con mis oficios tan ocupado y en negocios que no me dejan tan distraído que apenas ya nadie conozco, ni aun de mí mismo me acuerdo, y esto no lo digo tanto por excusar mi culpa cuanto es por acusar mi vida. Cuando yo era vivo y estaba en mi monasterio, levantábame a maitines, madrugaba a decir misa, estudiaba en mis libros, predicaba mis sermones, ayunaba los advientos, hacía mis disciplinas, lloraba mis pecados y rogaba por los pecadores, por manera que cada noche hacía cuenta con mi vida, y cada día renovaba mi conciencia. Después que yo morí, después que me enterraron y después que a la Corte me trajeron, aflojo en los ayunos, quebranto las fiestas, olvido las disciplinas, no hago limosnas, rezo poco, predico raro, hablo mucho, sufro poco, rezo con tibieza, celebro con pereza, presumo mucho y como demasiado; y lo peor de todo es que me doy a conversaciones inútiles, las cuales me acarrean algunas pasiones pesadas, y aun afecciones bien excusadas. He aquí, pues, señor tío, por donde los que andamos en la Corte ni conocemos deudos ni hablamos a amigo, ni sentimos el daño, ni aprovechamos el tiempo, ni buscamos reposo, ni aun tenemos seso, sino que nos andamos acá y acullá, como unos hombres abobados, cargados de mil pensamientos. Sea, pues, el caso que pues en lo advenidero habrá enmienda, de lo pasado yo alcance perdón, que por ésta le prometo, a fe de buen sobrino, que en pasando la Corte los puertos, de le ir a ver, y cada vez que haya mensajero, de le escribir.

Don Ladrón, vuestro hijo y mi primo, me dijo, aquí, en Madrid, que os escribiese el pésame del mal que, señor, tío, hablades tenido, y de la enfermedad larga que habiades pasado. Pésame del exceso que hiciste, pésame de la calentura que tuviste, pésame de los dolores que pasaste, pésame de los xaropes que recibiste, pésame de la purga que tomaste, pésame de las unciones que experimentaste, pésame de los baños que probaste, pésame de los lavatorios que gustaste y aun de los dineros que gastaste. Viendo el enfermo lo mucho que ha gastado y lo poco que medicinas le han aprovechado, muchas veces siente más lo que da al médico y boticario que no el mal que ha padecido. He aquí, señor tío, en cómo yo no soy hombre que doy un pésame, sino ciento, si son menester, aunque es verdad que no valen tanto mil pésames cuanto un pláceme. Ligurguio, en las leyes que dio a los lacedemonios, mandó que nadie diese malas nuevas a nadie, sino que el paciente lo adivinase o por discurso de tiempo lo supiese. El divino Platón, en los libros de su República, aconsejaba a los atenienses que a nadie de sus vecinos fuesen a visitar ni consolar sin que le pudiesen en algo remediar, porque decía él, y decía bien, que frío y insípido es el consuelo cuando no va envuelto en algún remedio. A la verdad, el remediar y el consejar oficios son distintos y que pocas veces caben en uno ambos, porque el consejo ha de dar el que sabe y el remedio el que tiene. Pluguiera a Dios, señor tío, que estuviera en mi mano su remedio como está el desearlo, que antes yo le diera el pláceme de la salud que no el pésame de la enfermedad.

Mucha envidia, señor, os tengo, no a Paradilla, donde moráis, no al majuelo que tenéis, no al molino que hacéis, ni a noventa años que habéis, sino al concierto de vuestra vida que tenéis, porque vuestra casa es en la crianza un palacio y en la honestidad un monasterio. Catón Censorio retrájose en la vejez a vivir en una heredad suya, que es entre Nola y Gayeta, y todos los romanos que por allí pasaban decían: «Iste solus scit vivere». Quieren decir estas palabras: «Éste solo sabe vivir»; lo cual ellos decían porque se había retraído allí con tiempo y se había apartado del bullicio del mundo. La mayor merced que Dios hace a un viejo es darle a conocer que es ya viejo; porque, si esto de sí conoce, hallará por verdad que el viejo no tiene ya otra cosa más cierta que es esperar que agora más agora se ha de morir. Platón decía: «Juvenes cito moriuntur, senes autem diu vivere non posunt». Como si dije se: «Los mozos es verdad que mueren presto, mas los viejos no pueden vivir mucho». Gastado el acero, no puede cortar el cuchillo; acabado el sebo, mal alumbra la vela; puesto ya el Sol, no puede tardar la noche; caída del árbol la flor, no se espera ya fruta: quiero por lo dicho decir que desde que el viejo pasa de los ochenta años, más aparejos ha de hacer para se morir que provisiones para vivir. Diodoro Sículo dice que era ley entre los egipcios que ningún rey, después que le naciesen hijos, ni ningún viejo, después que pasase de sesenta años, fuese osado de edificar casa sin que primero tuviese hecha para si sepultura. Esto digo, Señor tío, porque, no como egipcio, sino como buen cristiano, habéis en el monasterio de Cuenca hecho sepultura y dotado capellanía a do vuestros huesos descansen y de que vuestros deudos se precien.

Pedro de Reinoso, vuestro vecino y muy grande amigo mío, me dijo que en ese Páramo de Paradilla se habían apedreado los panes, y que en lo bajo se habían helado las viñas, en el cual desastrado caso, aunque sintáis mucha pena, debéis, señor, mostrar buen ánimo, y tener gran paciencia, pues estáis ya en edad que antes os faltarán años para vivir que no graneros para comer. Los que compran el vino a renuevo y guardan el pan para el mes de mayo, sobre éstos ha de caer la tristeza y en éstos está bien empleada la pérdida, porque no hay cosa más justa y justísima que el hombre que desea mal año a la República nunca vea buen año entrar por su casa. Propiedad es de los muy codiciosos y poco virtuosos murmurar de lo que naturaleza hace y Dios permite, por manera que quieren antes a Dios enmendar que a sí mismos corregir. Cáiganse las casas, hiélense las viñas, apedréense las mieses, muéranse los ganados y váyanse los renteros, y nosotros demos gracias a Dios por lo que deja y no nos quejemos por lo que lleva, que, si no aflojamos en le servir, nunca Él se descuidará de nos proveer.

Dícenme que estáis, señor, congojado, estáis triste y aun desabrido; privilegios son éstos de vicios, mas no de viejos cuerdos; porque muy mayor mal sería habérsele helado la cordura que no habérsele apedreado toda su tierra. Bien sabéis, señor tío, que en todos los mercados de Villada y Palencia se halla pan a vender, y en ninguna feria de Medina se halla cordura a comprar; por cuya causa deben los hombres dar más gracias a Nuestro Señor porque los crió cuerdos, que no porque los hizo ricos. Más sana hacienda es preciarse uno de sabio que no presumir de rico, porque con el saber adquieren el tener, mas con el tener se vienen a perder. El oficio de la humanidad es sentir los trabajos y el oficio de la razón es disimularlos; que según los sobresaltos que nos vienen y los infortunios que a nuestra puerta tocan, si a todos ellos quieren el corazón recibir, y de todos ellos se queja, siempre tendrá que contar y nunca le faltará que llorar. Promoteo, el que dio las leyes a los egipcios, decía «que por ninguna cosa ha de llorar el filósofo, si no es por la pérdida del amigo, porque todas las otras cosas están en las arcas y solo el amigo mora en las entrañas». Si Promoteo no permite mostrar sentimiento sino por el amigo, no es de creer que llorara él por las mieses del campo, y él tuviera en ello razón, porque, dado caso que el daño de los bienes temporales es el que más sentimos, por otra parte, es el en que menos perdemos. Vista la incertinidad desta vida y las continuas mudanzas que hay en ella, y que tan poca seguridad tienen los hombres que están en casa como los panes que están en la hera, osaría yo decir que tenemos muy poco en qué esperar y hay mucho que temer.

Ya sabéis, señor tío, que en esta vida no hay cosa segura, pues vemos que las mieses se apedrean, los árboles se hielan, las flores se caen, la madera se carcome, la ropa se apolilla, los animales se acaban y los hombres se mueren, y que, bien mirado todo, al fin todo ha fin. Tienen por privilegio los hombres que pasan de sesenta años ver por sus casas muy grandes infortunios; es a saber: ausencia de amigos, muertes de hijos, pérdidas de hacienda, enfermedades de la persona, pestilencias en la República y muchas novedades en la fortuna, y por eso osó decir Plinio que el hombre no debiera de nacer, y ya que naciera, luego se hubiera de morir. ¡Oh cuán bien decía el divino Platón, es a saber: «que no deberían fatigarse los hombres por mucho vivir, sino por muy bien vivir»!

He querido escribir esto para que os sepáis aprovechar de la vejez, pues supisteis gozar de la mocedad, porque en edad de ochenta años tiempo es de tener en muy poco la vida y hacer gran caudal de la muerte. Todas estas cosas os he escrito, señor tío, no porque las habéis menester, sino porque tengáis en qué leer, y aun porque sepáis que si ando por esta Corte derramado, no dejó de reconocer lo bueno.

184

No más, sino que Nuestro Señor sea en su guarda.

De Madrid, a XI de marzo, MDXXXIII años.

37. Letra para el maestro Gonzalo Gil, en la cual se expone aquello que dice el salmista: «inclinavi cor meum ad faciendas justificationes tuas in eternum»

Reverendo señor y facundo Maestro:

«Ad ea que mihi scripsti quid tibi sim responsurus ignoro». Aunque digo que a tantas cosas no le responder, mejor dijera que ninguna cosa le oso escribir, porque son llegadas las cosas de nuestra república a tal estado, que si tenemos obligación de las sentir, no tenemos licencia de en ellas hablar. Grave cosa se le hace a la nuestra humanidad sufrir las injurias; mas muy más grave cosa se le hace al triste corazón callarlas y porque el remedio del corazón triste es descubrir su ponzoña y descansar con quien él ama. Es mucho, vale mucho y puede mucho el corazón que siente las cosas como hombre y las disimula como discreto, porque la lástima que una vez hizo asiento en el corazón, de mayor ánimo es olvidarla que vengarla. Si mi memoria revelase lo que en sí retiene, y mi lengua dije se lo que sabe, y mi pluma osase escribir lo que quiere, soy cierto que los presentes se espantarían y los ausentes se escandalizarían, porque ya arde el pabilo sin sebo y de rondón se va todo a lo hondo.

El ejército de los caballeros está aquí, en Medina de Ríoseco, y el de las comunidades está en Villa Bráxima; de manera que a los unos deseamos victoria, y de los otros tenemos compasión, porque los unos son nuestros señores, y los otros nuestros amigos. Deseo que venga la parte de los caballeros, y pésame de que veo muertos y tropellados a los pobres, mayormente que ni saben lo que piden, ni sienten lo que hacen. Si el trabajo de la guerra y el peligro de la batalla cayese a cuestas de los que esto inventaron y que a los pueblos, alteraron, aún sería cosa tolerable de ver y injusta de padecer; mas iay, dolor! que ellos repican en salvo y corren desde la talanquera el toro. Tenemos el monasterio lleno de soldados y las celdas ocupadas con caballeros, en que ni hay lugar do hombre se retraer, ni una hora de quietud para estudiar; de manera que si están derramados mis libros, también están destruidos mis pensamientos. ¿Qué quietud, ni contentamiento queréis que tenga viendo al rey fuera del reino, la república en guerra y los del Consejo huidos, los caballeros perseguidos, los plebeyos alterados, los gobernadores atónitos y los pueblos saqueados? Cada hora entra gente de guerra, cada hora hacen alardes, cada hora tocan al arma, cada hora ordenan caracoles, cada hora hay escaramuzas, cada hora entienden en repares y aun cada hora veo traer heridos. El cardenal y los gobernadores me mandan aquí predicar y en los negocios de la paz entender; lo que le podré decir es que voy del un ejército al otro al tercero día, y los de la comunidad, ni me quieren creer ni se quieren convertir, de manera que tienen la voz de Jacob y las manos de Esaú. En esta guerra cevil, oye de por allá decir tantas cosas, que me desplacen, y veo acá tantas que me descontentan, que «posui custodiam ori meo ut non delinquam in lingua mea». Si topan por allá mis cartas y parecen por acá las vuestras, ora por no las entender, ora por mal las interpretar, podría ser que corriese yo peligro, y vos, señor, perdiésedes crédito. «Ignosce mi, dómine: tum brevitati literarum, tum etiam quod non liceat hic nostra tempestati, apertius loqui».

Expone el autor la autoridad del profeta.

Cuando este otro día, que fue la fiesta de Santo Tomé, prediqué a los gobernadores, decís, señor, por vuestra carta, que me oíste exponer aquella palabra del Profeta que dice: «inclinavi cor meum ad faciendas iustificationes tuas in eternum, propter retributionem». Y que me rogáis os la dé por escrito en la forma y manera que la blasoné en el púlpito. Yo, señor, lo quiero hacer, aunque no lo suelo hacer, porque os quiero mucho y aun os debo mucho, pues el amigo a su amigo ni secreto que sepa le debe esconder, ni cosa que tenga le debe negar.

Viniendo, pues, al caso, cosa es de notar, y no menos de espantar, quererse obligar el Profeta a servir a Dios para siempre sin fin, sabiendo él que había de morir y haber fin. Para entender esta palabra de David es menester exponer aquello de Cristo que dice: «Ibunt in suplicium, boni autem in vitam eternam», porque declarada la una es entendida la otra. Siendo como es Cristo sunma verdad y sunma justicia, parece cosa desproporcionada dar a los buenos gloria infinita por méritos finitos y a dar a los malos pena eterna por culpa temporal, pues se manda en el Apocalipsis que al peso de los deméritos sean los malos atormentados. Si no hubiese parecer divino, parecería al parecer humano ser cosa justa diesen al justo que sirvió a Dios cien años en este mundo, otros tantos de gloria en el otro, y al malo que ofendió cincuenta años acá siendo vivo, le atormenten otros tantos en el infierno, de manera que se diese la pena por peso y la gloria por medida. No querer dar Dios premio finito por servicios finitos, ni dar pena finita por ofensas finitas, algún muy alto misterio debe estar en este caso, el cual, si es fácil de preguntar, es muy difícil de absolver.

Para entendimiento de esto es de saber que la pena que en el otro mundo nos han de dar, y el premio que en la gloria hemos de recibir, no corresponde a las muchas o pocas obras que hacemos, sino a la mucha o poca caridad con que las obramos, porque Dios no mira lo que agora hacemos, sino lo que querríamos nosotros hacer. Ya puede ser que merezca uno mucho con pocas obras, y otro merezca poco pasando muchos trabajos, porque el mérito o demérito nuestro no consiste en los trabajos que pasamos, sino en la paciencia que en ellos tenemos. No sin alto y muy notable misterio dijo Cristo «in pacientia vestra», y no dijo «in labore vestro posidebitis animas vestras»; porque, según dice Agustín, no hace a uno mártir la pena que padece, sino la causa por qué la padece. Respondiendo a vuestra demanda y a mi duda, digo y afirmo: que por eso en el otro mundo se da premio eterno a los buenos; porque si para siempre Dios los dejar a vivir, siempre y para siempre nunca cesaran ellos a Dios de servir. Por semejante manera dará en el otro mundo a los malos pena infinita, siendo sus pecados finitos, porque si para siempre les dejase Dios acá vivir, nunca cesarían ellos a Dios de ofender. Decir el Profeta: «Inclinavi cor meum in eternum», es como si dije se: «Yo, señor, me obligo de servirte tanto cuanto tú te quisieres de mí servir, en que si me perpetuares la vida, será en tu servicio siempre empleada». ¿Qué más quieres que te diga, ¡oh mi Dios! sino que si fueres servido que mis días sean finitos, a lo menos mis buenos deseos serán infinitos? «Quia in eternum inclinabi cor meum». ¡Oh, con cuánta gana hemos a Dios de servir, y oh, cuánta esperanza hemos de tener de nos salvar, pues tenemos señor tan bien acondicionado, y Dios tan poderoso, que sin escrúpulo ninguno podemos asentar a su cuenta, no solo lo que hacemos, mas aún lo que deseamos hacer!

No más, sino que Nuestro Señor sea en su guarda.

De Medina de Ríoseco, a XXII de enero MDXXIII.

38. Letra para el abad de san Pedro de Cardeña, en la cual se alaba la tierra de la montaña

Reverendo abad y monástico religioso:

«Regi seculorum inmortali sit gloria quia te ex literis tuis bene valere audito, et ipse bene habeo» La salud corporal en todo tiempo se ha de tener en mucho, y mucho más en este presente año, porque la guerra tenemos en casa y la pestilencia está llamando a la puerta. No dije mucho en decir que la pestilencia llama a la puerta, pues está Ávila dañada, Madrigal despoblada y Medina escandalizada, Valladolid asombrada y Dueñas yerma. En lo demás, doy a vuestra paternidad muchas gracias por los Diálogos de Ocham que me prestó, y no menos se las doy por las cecinas que me envió, que como nací en Asturias de Santillana, y no en el potro de Córdoba, ninguna cosa pudiera enviarme a mí más acepta que aquella carne salada, por manera «quod cognovisti cogitationes meas de longe». Desde Asia a Roma envió la hermosa Cleopatra a su buen amigo Marco Antonio una grulla salada, la cual la tuvo en tanto que solo una hebra comía cada día de aquella cecina. Desde el Illirico, que es en los confines de Pannonia, trajeron presentadas al gobernador Augusto seis lampreas trechadas, el cual manjar fue cosa tan nueva en Roma, que sola una de ellas comió, y las otras cinco entre los Senadores y embajadores repartió. Macrobio, en sus Saturnales, contando, o, por mejor decir, reprehendiendo a Lúculo, el romano, de una muy solemne y costosa cena que hizo a unos embajadores de Asia, dice que, entre otras cosas, comieron un grifo adobado y un ansarón cecinado. En una invectiva que hace Crispo Salustio contra su émulo Cicerón, entre las cosas más graves que le acusó es que hacía traer por sus regalos cecinas de Cerdeña y vinos de España. El divino Platón, cuando fue a ver a Dionisio el Tirano, de ninguna cosa tanto de él se escandalizó como fue verle comer dos veces al día, y que por mejor beber, comía carne salada. Grandes tiempos se pasaron en Roma en los cuales, aunque comían carne fresca y salada, no sabían sazonar aún la cecina, y el primero que se dice haber inventado esta golosina fue el regalado Miscenas, el cual daba en sus banquetes asnicos asados y cabrones cecinados.

Como los tiempos cada día van más cosas descubriendo y los ingenios de los hombres se van más adelgazando, ha venido la cosa en que las cecinas que para los reyes en otro tiempo se buscaban, con ella ahora los rústicos se ahitan. Por más sazonadas y aún más sabrosas tengo yo las cecinas de la Montaña, que no las de Castilla, porque en la Montaña son las yerbas más delicadas, las aguas más delgadas, las tierras más frías y los animales más sanos, y los aires más sutiles. Que sea mejor tierra la Montaña, que no Castilla, parece claro, en que los vinos que van de acá allá son más finos y los hombres que vienen de allá se tornan más maliciosos; de manera que allá les mejoramos los vinos y ellos acá nos empeoran los hombres. Bien estoy yo con lo que decía Diego López de Haro: es a saber, que para ser uno buen hombre, había de ser nacido en la Montaña y traspuesto en Castilla; mas pésame a mí mucho que aquellos de mi tierra se les apega poco de la crianza que tenemos y mucho de la malicia que usamos. Cuando preguntamos a un vecino del Potro de Córdoba, del Zocadover de Toledo, del Corrillo de Valladolid, o del Azoguejo de Segovia, que de dónde es natural, luego dice que es verdad haber él nacido en aquella tierra, mas sus abuelos vinieron de la Montaña; por manera que en el tener quieren ser castellanos, y en el linaje quieren ser vizcaínos.

Si Roderico Toletano no nos engaña, siete naciones enseñorearon nueve provincias de España; es a saber: los griegos, a Carpentania, los vándalos, a Andalucía; los suevos, a Cartagena; los alanos, a Galicia; los hunnos, a Tarragona; los godos, a Lusitania, y los romanos, a Pirenea, mas de todas estas nueve naciones, de ninguna leemos que pasase la Peña de Orduña, ni osase llegar a la Peña Horadada. A los que somos montañeses no nos pueden negar los castellanos que cuando España se perdió, no se hayan salvado en solas las montañas todos los hombres buenos, y que después acá no hayan salido de allí todos los nobles. Decía el buen Íñigo López de Santillana que en esta nuestra España que era peregrino, o muy nuevo, el linaje que en la Montaña no tenía solar conocido.

He querido, padre Abad, deciros todo esto para que veáis en cuánto tengo lo que me enviaste: lo uno, porque era cecina, y lo otro, porque era sazonada en mi tierra. No es mucho me sepan a mí bien las cecinas de mi tierra, pues el emperador Severo nunca se vestía camisa sino de lino de África, que era su natural tierra. De Aurelio el emperador, cuentan sus cronistas que decía muchas veces que todos los manjares que comíamos de otras tierras los comíamos con sabor, mas los que eran de nuestra tierra los comíamos con amor y sabor.

En lo demás que vuestra paternidad me escribió y encomendó, fray Benito, su súbdito y mi amigo, le dirá cómo hablé en ello a su majestad y lo que me respondió y al presente se despachó.

No más, sino que «gratia Domini nostri Iesu Cristi sit tecum et rnecum».

De Madrid, a XII de marzo de MDXXII.

39. Letra para el doctor Manso, presidente de Valladolid, en la cual se declara que en el negocio ajeno puede hombre ser importuno

Muy magnífico y muy reverendo procónsul Cesáreo:

«Quanto timore ad vos seribam: novit ipse quem timemus in vobis». Con mucho temor y no poca vergüenza escribo esta letra a Vuestra Señoría, porque le tengo cada día con mis letras tan importunado. Creedme, señor, que es muy extraña cosa para mí ir a importunar, ni aun querer ser importunado, porque el hombre importuno téngole por hermano del necio. Al negociante sufrido, callado y bien criado holgamos de oírle, responderle y despacharle, y, por el contrario, al que es bullicioso, reagudo, entremetido y importuno, cerrámosle la puerta, atajámosle la plática, volvémosle la cara y aun dámosle entre dientes un «vengáis en hora mala». Cicerón, en el libro De amicicia, dice que en los negocios que solamente tocan a nosotros, no hemos sino de rogar; mas por lo que toca a nuestros antiguos amigos, debemos rogar y podemos importunar. En el negociar debe se mucho considerar quién es el que negocia, con quién negocia, qué es lo que negocia y aun a qué tiempo negocia, porque querer despachar un negocio fuera de tiempo es cortar por los huesos el pavo. Negocios hay de tal calidad que aun hablar en ellos es fealdad, y si se procuran para otros es muy gran caridad. El magno Alejandro, la cosa que él más loaba en el su gran filósofo Calistenes era que para otros le pedía muchas cosas y para sí ninguna. Mortales enemigos eran Julio César y Cicerón; mas al fin dijo un día, en el Senado, Julio César a Cicerón: «No puedo negarte, oh Cicerón, sino que en las cosas que tocan a ti eres muy remiso, y en las que tocan a la república muy importuno». Ley era entre los romanos muy usada y muy guardada que, so pena de la cabeza, ninguno fuese osado de llegar a la tienda do el emperador comía y dormía, excepto los que de día le servían y de noche le guardaban. Fue, pues, el caso, que estando el emperador Aureliano en la guerra de Asia contra Cenobia, entró de noche un escudero greciano en la tienda del emperador, el cual, como fuese preso y luego a muerte condenado, dijo a grandes voces desde la cama Aureliano: «Si ese hombre venía a pedir algo para sí, muera; y si venía a negociar algo de otros, viva». Hallose, pues, por verdad que venía a rogar aquel pobre hombre por tres compañeros suyos que se habían dormido siendo centinelas, a los cuales mandaba su capitán azotar y a los enemigos entrar. ¡Oh ejemplo digno de notar, y de a la memoria encomendar, pues de un mismo caso y infortunio sacó el escudero la vida, los compañeros escaparon de la afrenta y el buen príncipe alcanzó para sí renombre de clemencia!

He querido traer estos ejemplos antiguos, para avisar a los que sois supremos jueces y estáis constituidos en altos estados a que, si no quísierdes hacer todo lo que os pedimos, a lo menos no nos riñáis cuando algo os rogáremos, porque la obligación que tiene un juez de ser justo en lo que juzga, aquella misma tiene un bueno de ser importuno, cuando por otro ruega. El oficio del hombre bueno es rogar y importunar, no solo por los buenos mas aún por los malos; es a saber: por los buenos, que los mejoren, y por los malos, que los mejoren y perdonen, pues no hay en el mundo ley tan rigurosa que en buena o mala parte no puede ser interpretada. Han de presuponer los jueces que no les rogamos que sus leyes quebranten, sino que las moderen. Muchas veces se queja el pleiteante, no de la sentencia en que fue condenado, sino del deseo que mostraba el juez de le condenar. Vicio intolerable es en el juez condescender a todo lo que le piden, mas también es gran extremo no hacer nada de lo que le ruegan; porque el buen jaez ha de ser siempre en lo que sentencia justo, y en lo que le ruegan alguna vez, humano.

Como se preciase el cónsul Ascanio de que nunca en el oficio de censor había admitido, ni aún oído, ruegos de amigos, díjole un día, en el Senado, el buen Catón Censorio: «No está el daño, ¡oh Ascanio!, en dejar se el juez rogar, sino en consentirse de alguno mandar». No de pocos, sino de muchos jueces, podríamos con mucha verdad decir que lo que no hacen por ruego de un caballero lo hacen después por consejo de algún su privado o amigo. Miento sino rogué a una mujer de un juez que hiciese ver el pleito de un amigo mío, la cual me respondió: «¿Rogar o qué? No penséis, señor Guevara, que tiene mi marido mujer que le ha de rogar, sino de mandar». Y así fue como lo dijo, que lo que no se pudo alcanzar en medio año despachó ella en una noche. En los libros de la República avisa Plutarco a Trajano que, pues en las leyes humanas hay más cosas arbitrarias que no forzosas, debería avisar a sus jueces se allegasen más a la razón que no a la opinión. Los jueces desabridos y inexorables es imposible sino que sean a todos odiosos, y por eso soy yo de parecer que, una por una, oían a todos con buena crianza, y después determinen lo que hallaren por justicia. Tienen muchos jueces por pundonor de honra oír a los pleiteantes de mala gana, y de lo que les ruegan no hacer cosa, lo cual ellos hacen, no porque son en sus oficios justos, sino que de su natural son mal acondicionados. El buen juez no ha de torcer las leyes a su condición, si no torcer su condición conforme a las leyes, porque de otra manera no habríamos de buscar jueces justos, sino hombres bien acondicionados. Pues se dejó Dios rogar de los de Nínive que estaban condenados; de Ezechías, que estaba oleado; de David, que cometió el adulterio; de Achab, que había idolatrado; de Josué, que no había vencido; de Anna, que no había parido, y de Susana, por el falso testimonio, no es, por cierto, mucho que los hombres se dejen rogar de otros hombres.

He querido, señor presidente, escribiros todas estas cosas, no para enseñároslas, sino para acordároslas. El abad de san Isidro es mi conocido y grande amigo, porque nos criamos en Palacio juntos y fuimos en un colegio compañeros; de manera que somos hermanos, no en armas, sino en las letras. Agora de nuevo se le ha ofrecido un pleito en esa vuestra audiencia, para el cual quiso presentar allá su presencia y llevar de camino una carta mía, por la cual yo ruego mucho a Vuestra Señoría que el Padre Abad y sus religiosos «sentiant si placet, quod non sit amor ociosus, sive vester ad nos, sive noster ad illos, salua tamen in omnibus iusticia contra quam neque patrem respicere fas est».

De Toledo, a XX de agosto de MDXXII.

40. Letra para el conde de Benavente, don Alonso Pimentel, en la cual se trata la orden y regla que tenían los antiguos caballeros de la banda. Es letra notable

Muy ilustre señor y mayor conde de España:

Muy grata fue a mi corazón la carta que me escribió con el comendador Aguilera, porque no había en estos reinos señor ni perlado que no me hubiese escrito, y a quien yo no hubiese rescrito, si no era Vuestra Señoría y el señor conde de Cabra. Pues ya se pasa el puerto, se marea el golfo, se rozó el camino y venimos en conocimiento; conociendo yo la limpieza de vuestra sangre, la generosidad de vuestra persona, la autoridad de vuestra casa y la fama de vuestra fama, no os dejaré ya de requerir, tú me dejaré de os escribir. Con algunos señores tengo conocimiento, con otros deudo, con otros amistad, con otros conversación y aun de otros aparto la comunicación y huyo la condición, porque en el ingenio son botos y en la comunicación muy pesados. Más trabajo es sufrir a un señor pesado que a un labrador necio, porque el caballero hace os rabiar, y el bobo labrador provoca os a reír, y más y allende de esto al uno podéisle mandar que no hable, y al otro habéisle de esperar a que acabe. Pues Vuestra Señoría es tan buena estofa y salió de tan buena turquesa, no habrá lugar en él mi sacudimiento, pues es de tan delicado juicio, sino que de aquí adelante me preciaré de su conversación y me loaré de su condición.

Mandáisme, señor, que os escriba si he leído en alguna escritura antigua quiénes fueron en España los caballeros de la banda, y también queréis saber en tiempo de qué príncipe esta Orden se levantó, y quién fue el que la inventó, y porqué la inventó, y qué regla de vivir les dio, y qué tanto duró, y porqué se perdió. Aunque yo fuera algún testigo sospechoso, y Vuestra Señoría fuera el alcalde Ronquillo, no me tomara el dicho por interrogatorio más delicado; que, a ley de bueno le juro, que, si es tan cumplida mi respuesta como lo fue su pregunta, él quede bien satisfecho y yo no quede poco cansado. Después que vi las casas superbas que hiciste en Valladolid, más os alababa de buen edificador que no de curioso lector, y por eso huelgo mucho de lo que pide y me escribe, porque al buen caballero también le parece tener un libro so la almohada como la espada a la cabecera. El gran Julio César, en mitad de sus reales tenía los Comentarios en el seno, la lanza en la mano izquierda y la pluma en la derecha, por manera que todo el tiempo que ahorraba de pelear, le expendía en leer y escribir. El Magno Alejandro, que con solo el temor sojuzgó a Poniente, y con las armas al Oriente, la espada de Aquiles traía siempre ceñida y con la Illiada de Homero se dormía en la cama. No quiero tan poco, señor conde, que el leer y escribir toméis por principal oficio como yo que soy letrado, sino que el diezmo de las horas que gastáis en parlar y perdéis en jugar, lo empleéis y gastéis en leer.

Viniendo, pues, al propósito, es de saber que en la era de mil y trescientos y sesenta y ocho, estando en la ciudad de Burgos el rey don Alonso, hijo que fue del rey don Hernando y de la reina doña Costanza, hizo este buen rey una nueva Orden de caballería, a la cual llamó la Orden de la banda, en la cual entró el mismo rey, y sus hijos y hermanos, y los hijos de los ricos hombres y caballeros. Desde a cuatro años que ordenó esta Orden de la banda, estando el rey don Alonso en Palencia, tornó a reformar la regla que había hecho, y a poner penas a los transgresores della, de manera que conforme a la regla postrera, que fue la mejor y más caballerosa, os escribiré, señor, esta carta.

Llámanse caballeros de la banda, porque traían sobre sí una correa colorada, ancha de tres dedos, la cual a manera de estola la echaban sobre el hombro izquierdo, y la anudaban sobre el brazo derecho. No podía dar la banda sino solo el rey, ni podía ninguno recibirla si no fuese hijo de algún caballero, o hijo de algún notable hidalgo, y que por lo menos hubiese en la Corte diez años residido, o al rey en las guerras de moros servido. En esta Orden de la banda no podían entrar los primogénitos de caballeros que tenían mayorazgos, sino los que eran hijos segundos o terceros y que no tenían patrimonios, porque la intención del buen rey don Alonso fue de honrar a los hijosdalgo de su Corte que poco podían y poco tenían. El día que recibían la banda hacían en manos del rey pleito homenaje de guardar la regla, y digo que no hacían algún voto estrecho o algún juramento riguroso, porque si después alguno quebrantase algo de la regla estuviese sujeto al castigo, mas no obligado al pecado.

Mandaba su regla que el caballero de la banda fuese obligado de hablar al rey, siendo requerido en pro de los naturales de su tierra y por el defendimiento de la república, so pena que, siendo de esto notado, fuese del patrimonio privado, y de la tierra desterrado.

Mandaba su regla que el caballero de la banda fuese y, sobre todas cosas, dije se al rey siempre verdad y a su corona y persona guardase fidelidad, y que si en su presencia alguno del rey murmurase, y él lo disimulase y aprobase, le echasen de la Corte con infamia y le privasen para siempre de la banda.

Mandaba su regla que todos los de aquella Orden hablasen poco y lo que hablasen fuese muy verdadero, y que si por caso algún caballero de la banda dije se alguna notable mentira, anduviese un mes sin espada.

Mandaba su regla que se acompañasen con hombres sabios de quienes aprendiesen a bien vivir, y con hombres de guerra que los enseñasen a pelear, so pena que el caballero de la banda que le dejar e acompañar, o le viere pasear con algún merchante, o oficial, o plebeyo, o rústico, sea del maestro gravemente reprehendido y un mes entero en su posada encarcelado.

Mandaba su regla que todos los caballeros de, esta Orden mantuviesen sus palabras y guardasen fidelidad a sus amigos, y en caso que se probase contra algún caballero de la banda que no había cumplido su palabra, aunque fuese dada a persona baja, y sobre cosa muy pequeña, que el tal se anduviese por la Corte solo y desacompañado, sin osar a nadie hablar ni a ningún caballero se allegar.

Mandaba su regla que fuese obligado el caballero de la banda a tener buenas armas en su cámara, buenos caballos en su caballeriza, buena lanza en su puerta y buena espada en su cinta, so pena que si en algo de esto fuere defectuoso, le llamen en la Corte, por espacio de un mes, escudero, y pierda el nombre de caballero.

Mandaba su regla que ningún caballero de la banda fuese osado de andar en la Corte a mula, sino a caballo, ni fuese osado de andar sin la banda en lo público, ni se atreviese, sin llevar espada, entrar en Palacio, ni aun osase en su posada comer solo, so pena que para hacer la tela de la justa pagase un marco de plata.

Mandaba su regla que ningún caballero de la banda sirviese de lisonjero ni se preciase de chocarrero, so pena que si alguno dellos se pusiese en Palacio a contar donaires, o a decir al rey algunas lisonjas, anduviese por la Corte un mes a pie y estuviese restado en su posada otro.

Mandaba su regla que ningún caballero de la banda se quejase de alguna herida que tuviese, ni se alabase de alguna hazaña que hiciese, que el que dije se ¡ay! al tiempo de la cura y el que relatase muchas veces su proeza, fuese del maestre gravemente reprehendido y de los otros caballeros de la banda no visitado.

Mandaba su regla que ningún caballero de la banda fuese osado de jugar ningún juego, en especial juego de dados secos, so pena que, si alguno los jugase, o en su posada los consintiese jugar, le quitasen el sueldo de un mes y no entrase en Palacio mes y medio.

Mandaba su regla que ningún caballero de la banda fuese osado de empeñar sus armas ni jugar las ropas de su persona, y esto a ningún juego que fuese, so pena que el que las jugase y aun sobre ellas apostase, anduviese dos meses sin banda y estuviese otro mes preso en su posada.

Mandaba su regla que el caballero de la banda entre ni semana se vistiese de paño fino y las fiestas sacase sobre sí alguna seda, y las pascuas algún poco de oro, y e medias calzas y trajese botas, fuese obligado el maestre de se las tomar, y a los pobres dellas limosna hacer.

Mandaba su regla que si el caballero de la banda quisiese en palacio, o por la Corte, pasearse a pie, que no anduviese muy a prisa ni hablase a grandes voces, sino que hablase bajo, y se paseease despacio, so pena que de los otros fuese reprehendido y del maestre castigado.

Mandaba su regla que ningún caballero de la banda fuese osado, ora en burlas, ora de veras, decir a otro caballero alguna palabra maliciosa ni sospechosa de que el otro caballero quedase afrentado o lastimado, so pena que después pidiese perdón al injuriado y le diesen de la Corte tres meses de destierro.

Mandaba su regla que ningún caballero de la banda tomase contienda con ninguna doncella en cabello, ni levantase pleito a mujer hijadalgo, so pena que el tal caballero no pudiese acompañar a ninguna señora por el pueblo, ni osar servir alguna dama en Palacio.

Mandaba su regla que si algún caballero de la banda topase en la calle con alguna señora que fuese generosa y valerosa, fuese obligado de se apear, y de la ir acompañar, so pena que perdiese un mes de sueldo y fuese de las damas desamado.

Mandaba su regla que sí alguna mujer noble o doncella en cabello rogase que hiciese alguna cosa por ella a algún caballero de la banda, y pudiendo la hacer no la hiciese, que al tal le llamasen en Palacio las damas «el caballero mal mandado y no bien comedido».

Mandaba su regla que ningún caballero de la banda fuese osado de comer cosas torpes y sucias, es a saber: puerros, ajos, cebollas, ni otras semejantes vascosidades, so pena que el tal no entrase aquella semana en Palacio ni se asentase a mesa de caballero.

Mandaba su regla que ningún caballero de la banda fuese osado de comer estando en pie, ni comer solo, ni de comer sin manteles, sino que comiesen asentados y acompañados y los manteles tendidos, so pena que el caballero que así no lo hiciere comiese un mes sin espada y pagase un marco de plata para la tela.

Mandaba su regla que ningún caballero de la banda bebiese vino en vasija de barro ni bebiese agua en cántaro, y que al tiempo del beber se santiguase con la mano y no con el vaso, so pena que el caballero que hiciese lo contrario desto fuese un mes desterrado del Palacio y otro mes que no bebiese vino.

Mandaba su regla que si dos caballeros de la banda riñesen y se desafiasen, los otros caballeros trabajasen de los poner en paz, y si no quisiesen ser amigos, que de nadie fuesen ayudados, so pena que si alguno los bandeare, ande un mes sin banda y pague un marco de plata para la justa.

Mandaba su regla que si alguno trajese banda sin habérsela dado el rey, le desafiasen dos caballeros de la banda, y si ellos le venciesen a él, que no pudiese traer banda, y si él venciese a ellos, pudiese dende adelante la banda traer y caballero de la banda se llamar.

Mandaba su regla que cuando en la Corte se hiciesen justas y torneos, el caballero que ganase la joya de la justa, y la presea del torneo, ganase también la banda, aunque no fuese caballero de la banda, la cual el rey allí luego le había de dar, y todos los caballeros en la Orden y compañía suya recibir.

Mandaba su regla que si algún caballero de la banda echase mano a su espada para otro caballero compañero suyo, que en tal caso no pareciese delante el rey dos meses, y que no trajese más de media banda otros dos.

Mandaba su regla que si algún caballero de la banda hiriese a otro caballero de la banda sobre enojo y rencilla, que no entrase en Palacio en un año y estuviese preso el medio de aquel tiempo.

Mandaba su regla que si algún caballero de la banda fuese justicia por el rey, ora en la Corte, ora fuera della, que no pudiese justiciar a ningún caballero de la banda, sino que en tomándole en cosa no bien hecha, solamente le pueda prender y después al rey remitir.

Mandaba su regla que yendo el rey a la guerra, fuesen con él todos los caballeros de la banda, y que puestos en el campo se juntasen todos so una bandera, y estuviesen y peleasen a una, so pena que el caballero que en la guerra fuera de su bandera pelease, y a otro caballero extraño se allegase, perdiese un año de sueldo y anduviese con media banda otro año.

Mandaba su regla que ningún caballero de la banda fuese osado de ir a guerra si no fuese de moros, y que si en alguna otra guerra se hallase con el rey, que se quitase por entonces la banda, y que sí pelease en favor de otro que el rey, perdiese la banda.

Mandaba su regla que todos los caballeros de la banda se juntasen tres veces en el año, do el rey mandase, y que estas juntas fuesen para que hiciesen alarde de sus armas y caballos y para platicar en cosas de su Orden, y éstas fuesen por abril, y septiembre, y navidad.

Mandaba la regla que todos los caballeros de la banda por lo menos torneasen dos veces en el año y justasen otras cuatro, y jugasen cañas seis, y fuesen a la carrera cada semana, so pena que el caballero que a estos ejercicios militares fuese negligente en venir y fuese mal enseñado en los ejercitar, anduviese un mes sin banda y otro mes sin espada.

Mandaba su regla que todos los caballeros de la banda fuesen obligados dentro de ocho días que llegase el rey a algún lugar de poner tela para justar y carteles para tornear, y más allende de esto, tuviesen maestro y escuela a do fuesen a esgrimir y a jugar de puñal y espada, so pena que el negligente en esto le restasen en su posada y le quitasen media banda.

Mandaba la regla que ningún caballero de la banda estuviese en Corte sin servir alguna dama, no para la deshonrar, sino para la festejar, o con ella se casar, y cuando ella saliese fuera la acompañase, como ella quisiese, a pie o a caballo, llevando quitada la caperuza y haciendo su mesura con la rodilla.

Mandaba su regla que si algún caballero de la banda supiese que en torno de diez leguas de la Corte se hacían justas o torneos, fuese obligado de ir allá a justar y a tornear, so pena de andar un mes sin espada y otro tanto sin banda.

Mandaba su regla que si algún caballero de la banda se casase veinte leguas en torno de la Corte, todos los otros caballeros fuesen con él al rey a pedirle para él alguna merced, y que después le acompañasen todos hasta do se había de casar, para que allí hiciesen algún honroso ejercicio de caballería y para que ofreciesen alguna presea a su esposa.

Mandaba su regla que todos los primeros domingos de cada mes fuesen los caballeros de la banda a Palacio juntos, y muy bien ataviados y armados, y que allí, en el patio, en la sala real, delante el rey y toda su Corte, jugasen de todas armas, dos a dos, de manera que no se lisiasen, pues el fin de hacer esta Orden fue para que se preciasen de los hechos más que de los nombres de caballeros, en que por esto fuesen del rey muy honrados.

Mandaba su regla que no torneasen más de treinta con treinta, y esto con espadas romas y sin filos, y que tocando las trompetas arremetiesen juntos, y en sonando el añafil, se retirasen todos, so pena de no entrar más en torneo y de no ir un mes a Palacio.

Mandaba su regla que en la justa no corriesen más de cada cuatro carreras y tuviesen por jueces cuatro caballeros, y el que en cuatro carreras no quebrantase la lanza, pagase todo lo que costó la tela.

Mandaba su regla que al tiempo que falleciese algún caballero de la banda, le fuesen todos a ayudar a bien morir, y después le fuesen a enterrar, y que por haber sido hermano y compañero de la banda, se vistiesen todos de negro un mes, y no justasen dende a otros tres.

Mandaba su regla que dos días después de enterrado el caballero de la banda se juntasen todos los otros caballeros de la Orden y fuesen al rey; lo uno, a le dar la banda que dejó el muerto, y lo otro, para le suplicar tenga memoria recibir en su lugar algún hijo grande, si dejó, y haga alguna merced a la mujer que tenía, para se sustentar y sus hijas casar.

He aquí, señor, la regla y orden de los caballeros de la banda, que hizo el buen rey don Hernando, junto de la cual os quiero poner a todos los caballeros que primero en esta Orden entraron, el título de los cuales dice así:

ESTOS SON LOS MUY CORTESES, Y MUY PRECIADOS, Y MUY NOMBRADOS, Y

MUY ESCOGIDOS CABALLEROS Y INFANZONES DE LA FIDALGA ORDEN DE LA VANDA, QUE MANDÓ FACER NUESTRO SEÑOR EL REY DON ALFONSO, QUE DIOS MANTENGA.

EL REY DON ALFONSO, QUE HIZO LA ORDEN.
El Infante don Pedro.
Don Enrique.
Don Fernando.
Don Tello.
Don Juan el Bueno.
Don Juan Núñez.
Enrique Enríquez.
Alfonso Fernández Coronel.
Lope Díaz de Almazán.
Fernán Pérez Puerto Carrero.
Fernán Pérez Ponce.
Carlos de Guevara.
Fernán Enríquez.
Alvar García de Albornoz.
Pero Fernández.
Garci Jofre Tenorio.
Juan Estévanez.
Diego García de Toledo.
Martín Alfonso de Córdoba.
Gonzalo Ruiz de la Vega.
Juan Alfonso de Benavides.
Garcilaso de la Vega.
Fernán García duque.
Garci Fernández Tello.
Pero González de Agüero.
Juan Alfonso Carriello.
Íñigo López de Orozco.

Garci Gutiérrez de Grajalba.
Gutierre Fernández de Toledo.
Diego Fernández Castriello.
Pero Ruiz de Villegas.
Alfonso Fernández Alcayde.
Ruy González de Castañeda.
Ruy Ramírez de Guzmán.
Sancho Martínez de Leiva.
Juan González de Bazán.
Pero Trillo.
Suero Pérez de Quiñones.
Gonzalo Mexía.
Fernán Carriello.
Juan de Rojas.
Perálbarez Osorio.
Pero Pérez de Padilla.
Don Gil de Quintana.
Juan Rodríguez de Villegas.
Diego Pérez Sarmiento.
Mendo Rodríguez de Viezma.
Juan Fernández Coronel.
Juan de Cerejuela.
Juan Rodríguez de Cisneros.
Orejón de Liébana.
Juan Fernández Delgadillo.
Gómez Capiello.
Beltrán de Guevara, único.
Juan Tenorio.
Umbrete de Torrellas.
Juan Fernández de Bahamón.
Alfonso Tenorio.

En toda esta letra lo que se ha de notar es cuán en orden andaban los caballeros en aquel tiempo y cómo se ejercitaban en las armas y se preciaban de hacer proezas y que los hijos de los buenos eran en la casa del rey muy bien criados y que no los dejaban ser viciosos, ni andar perdidos. Es también de notar en esta letra en cuán poco tiempo hace tantas mudanzas el mundo, es a saber: deshaciendo a unos, y levantando del polvo a otros, porque la fortuna nunca descarga sus tiros sino contra los que están muy adelante puestos. Digo esto, señor conde, porque hallará aquí en esta Orden de la banda algunos antiguos linajes que en aquel tiempo eran bien generosos y afamados, los cuales todos, no solo son ya acabados, mas un del todo olvidados. ¿Qué casas ni mayorazgos hay hoy en España de los Albornoces, de los Tenorios, de los Villegas, de los Trillos, de los Quintanas, de los Biezmas, de los Cerejuelas, de los Bahamondes, de los Coroneles, de los Cisneros, de los Grajalbas y de los Orozcos? De todos estos linajes había caballeros muy honrados en aquellos tiempos, como parece en la lista de los que entraron primero en la Orden de la banda, de los cuales todos agora, no solo se hallan generosos mayorazgos, mas aun los solares propios. Hay agora en España otros linajes, que son: Velascos, Manríquez, Enríquez, Pimenteles, Mendozas, Córdobas, Pachecos, Zúñigas, Fajardos, Aguilares, Manueles, Arellanos, Tendillas, Cuevas, Andrades, Fonsecas, Lunas, Villandrandos, Carvajales, Soto Mayores y Benavides.

Cosa por cierto es de notar, y no menos de espantar, que ningún linaje de todos estos sobredichos están entre los caballeros de la banda nombrados; los cuales todos son agora en estos nuestros tiempos ilustres, generosos, ricos y muy nombrados. Bien es de creer que algunos de estos ilustres linajes eran ya levantados en aquellos tiempos, y si no los pusieron entre los caballeros de la banda fue, no porque les faltaba gravedad, sino por no tener entonces tanta autoridad, y aun porque si les sobraba la nobleza, les faltaba la riqueza. También es de creer que de aquellos linajes antiguos y olvidados hay agora hartos descendientes que son nobles y virtuosos, a los cuales, como les vemos tener poco y poder poco, tenemos por mejor callarlos que nombrarlos.

Los hijosdalgo, y caballeros, por más de ilustre sangre que sean, si tienen poco y pueden poco, ténganse por dicho que los han de tener en poco, y por eso les sería muy saludable consejo que antes se quedasen en sus tierras a ser escuderos ricos, que no venir a las cortes de los reyes a ser caballeros pobres, porque de esta manera serían en sus tierras honrados, y así andan por las cortes corridos. Al propósito de esto, aconteció en Roma que como Cicerón fuese tan valeroso en su persona, y tuviese tanto mando en la república, teníanle todos tanta envidia y mirábanle con muy sobrada malicia, y por esto le dijo un patricio romano, como si dijésemos un hidalgo español: «Dime, Cicerón, ¿por qué te quieres tú igualar conmigo en el Senado, pues sabes tú, y lo saben todos, en cómo desciendo yo de romanos ilustres y tú de rústicos labradores?». A esto le respondió Cicerón con muy buena gracia: «Yo te quiero confesar que tú desciendes de romanos patricios, y yo procedo de labradores pobres; mas junto con esto, no me puedes tú negar que todo tu linaje se acaba en ti, y todo el mío comienza en mí». De este ejemplo podéis, señor conde, colegir cuánto va de un tiempo a otro, de un lugar a otro y aun de una persona a otra, pues sabemos que en Gayo comenzaron los Augustos y en Nero se acabaron los Césares. Quiero, por todo lo dicho, decir que la poquedad de muchos dio fin a muchos linajes de los caballeros de la banda, y la valerosidad de otros dio principio a otros ilustres linajes que hoy hay en España, porque las casas de los grandes señores nunca se pierden por mengua de riqueza, sino por falta de personas.

Yo me he alargado en esta letra mucho más de lo que había prometido, y aún en mi presupuesto; mas todo lo doy por bien empleado, pues soy cierto que si yo quedo cansado de la escribir, Vuestra Señoría no tomará fastidio en la leer, porque van en ella tantas y tan buenas cosas que para caballeros viejos son dignas de saber y para caballeros mozos necesarias de imitar.

De Toledo, a XII de diciembre de MDXXVI.

41. Letra para el condestable de Castilla don Íñigo de Velasco, en la cual se toca que el hombre cuerdo no debe fiar de la mujer ningún secreto

Muy ilustre señor y buen condestable:

Don Diego de Mendoza me dio una carta de Vuestra Señoría, escrita de vuestra mano, y sellada con vuestro sello, y ojalá se pusiesen a tan buen recaudo las que yo respondo, como acá se ponen las que él me escribe, que no sé si es en vuestra dicha, o en mi desdicha, que apenas escribo allá letra que no lo sepan todos en vuestra casa. Cuanto me place que sepan todos ser yo vuestro amigo, tanto me pesa cuanto descubrís de mí algún secreto, mayormente en negocio grave y gravísimo, porque venido a oídos de vuestra mujer y hijos que comunicáis conmigo vuestros delicados negocios, tendrán muy gran queja de mí, si en provecho de su hacienda yo no encamino a vuestra conciencia. La señora duquesa me escribió mostrando tener de mí algún escrúpulo, diciendo que en esto de la casa de Tovar le era yo contrario, lo cual yo nunca hablé ni pensé, porque el oficio de que yo me precio es encaminar a los hombres que sean nobles y virtuosos y no entender en deshacer ni hacer mayorazgos. Bien sabéis, señor condestable, que todas las veces que conmigo os confesáis y os aconsejáis, siempre os dije y digo que el caballero de necesidad ha de pagar lo que debe, y a su voluntad repartir lo que tiene, y que para el restituir era menester conciencia, y para el repartir, cordura. Si pasa más o menos entre nosotros ambos, no hay necesidad que vuestra nobleza lo diga, ni que mi autoridad lo confiese, porque las cosas que de su natural son graves y se requiere que sean secretas, si no podemos evitar a que no se presuman, a lo menos debemos atajar que no se sepan. De soltársele a Vuestra Señoría alguna palabra, o de caérsele alguna carta mía, vino a amohinarse la señora duquesa, y no me maravillo dello, que como no entendió el misterio de vuestra palabra, ni las cifras de mi carta, encendiose la cólera y puso contra mí la demanda.

Creedme, señor condestable, que ni en burlas ni en veras nunca de mujer debéis confiar cosas secretas, porque a fin que las tengan los otros en algo luego descubren cualquier secreto. Por muy bobos tengo yo a los maridos que esconden de sus mujeres los dineros y les confían los secretos, porque en el dinero no hay más pérdida de la hacienda, mas en el descubrirles el secreto, a las veces les va la honra. El cónsul Quinto Furio descubrió toda la conjuración del tirano Catilina a una mujer romana que se llamaba Fulvia Torcata; la cual, como lo dije se a otra amiga suya, y así de mano en mano se divulgase por toda Roma, resultó de aquí que a Quinto Furio le costó la vida y a Catilina la vida y la honra. De este ejemplo podéis, señor, colegir que las cosas que son graves y esenciales no solo de las mujeres no se deben confiar, mas aún ni delante dellas platicar, porque a ellas no les importa cosa que lo sepan, y a los maridos va les mucho en que se descubra. No es razón de pensar, ni es justo osar decir que todas las mujeres son iguales, pues vemos que hay muchas dellas que son honradas, honestas, cuerdas, discretas y aun secretas, y que tienen algunas dellas los maridos tan bobos y necios, que sería más seguro fiar dellas que confiar dellos. No perjudicando a las señoras que son discretas y secretas, sino hablando comúnmente de todas, digo que tienen más habilidad para criar hijos que no para guardar secretos.

Cuanto a esto, sea la conclusión que no le acontezca otro día platicar delante algún hombre, cuanto más mujer, lo que entre nosotros hemos platicado y concertado, porque resultaría de aquí que quedásedes, señor, lastimado y yo desgraciado. Al presente, no hay cosa más nueva desta Corte que escribir, sino que yo estoy enojado de lo que Vuestra Señoría osó descubrir, y estoy turbado de lo que la señora duquesa me envió a decir, a cuya causa le suplico como a señor y le mando como a ahijado que me reconcilie con la señora duquesa o me mande despedir de su casa.

De Valladolid, a VIII de agosto de MDXXVI.

42. Letra para el condestable don Íñigo de Velasco, en la cual se toca que en el corazón del buen caballero no debe reinar pasión ni enojo

Muy ilustre señor y piadoso condestable:

Yo podré decir por Vuestra Señoría lo que dijo Dios de la sinagoga, es a saber: «Curavimus Babiloniam, et non est curata: relinquamus illam». Quieren, pues, decir estas palabras: «Curamos a Babilonia, y no quiso sanar; ordenamos de dejar la». Digo esto, señor, porque me ha caído en mucha gracia que escribiéndoos yo que no dijésedes a la señora duquesa ni sola una palabra de lo que os escribía y aconsejaba, le mostraste mi carta y tuviste muy gran palacio con ella. No lo habéis echado en saco roto que luego mostré vuestra carta al conde Nasao, con la cual flamencos, portugueses, alemanes y españoles tuvieron serao, si con la mía tuvisteis allá palacio. Fue muy buena dicha que todo el mal que dije de mujeres en vuestra carta se lo echó la señora duquesa en burla; por manera que con razón me podré alabar de su cordura y quejarme de vuestra temeridad. Por vida vuestra, señor condestable, no curéis de hacer tantas pruebas de atríaca con mis letras, sino que las leáis y rasguéis, o queméis, porque podría ser que algún día las leyésedes delante algunos no muy sabios, ni aun bien acondicionados, que adivinasen en mi daño lo que no entienden en su provecho.

Dejado esto aparte, decisme, señor, que por mi amor perdiste el enojo que teníades de quel caballero, lo cual yo tengo en tanta merced y gracia como si a mí mismo me perdonara la injuria, porque soy tan amigo del que tengo por amigo, que todo lo que veo hacer por su persona, y veo mejorar en su casa, lo asiento yo todo en mi cuenta. Allende de cumplir con mi cuenta y ruego, hiciste, señor, lo que érades obligado, porque los príncipes y grandes señores, no solo no tenéis licencia de hacer injurias, mas aún ni de vengarlas, que como sabéis lo que en los menores se llama saña, en los señores se dice soberbia, y lo que en los pequeños es castigo, en los grandes se llama venganza. Todas las veces que hicierdes conjugación con vuestra nobleza y conciencia y os acordáredes que sois cristiano y caballero, os placerá de las ofensas que habéis disimulado y os pesará de las injurias que habéis vengado. El perdonar las injurias da al corazón muy gran contentamiento, y el quererlas vengar zapúzale mucho más en lo hondo; quiero por lo dicho decir que algunas veces, por vengar alguno alguna injuria pequeña, sale de allí muy más injuriado. Algunas injurias hay que no solo se han de vengar, mas aún ni confesar, porque son tan delicadas las cosas de la honra, que el día que uno confiesa haber recibido injuria, desde aquel día se obliga a tomar delta venganza. El cónsul Mamilo preguntó una vez al gran Julio César que qué era la cosa de que tenía en este mundo más vanagloria, y que en acordándose delta le daba más alegría. A esto respondió el buen Julio César: «A los dioses inmortales te juro, oh cónsul Mamilo que de ninguna cosa en esta vida pienso que merezco gloria ni otra ninguna me da tanta alegría como es perdonar a los que me injurian y gratificar a los que me sirven». ¡Oh palabras dignas de loar, y apacibles de oír, notables de leer y necesarias de imitar! Porque si Julio César creía como pagano, obraba como cristiano; mas nosotros todos creemos como cristianos y obramos como paganos. No inmérito digo que vivimos como paganos, aunque creemos como cristianos, y obramos, pues ha venido a tanto la malicia humana en este caso, que muchos querrían perdonar a sus enemigos, y no lo osan hacer por temor de sus amigos; porque en viendo que hablan en perdonar alguno, luego dicen que más lo hacen por flaqueza que no por conciencia. Sea lo que fuere y diga cada uno lo que quisiere, que en este negocio y perdón Vuestra Señoría lo hizo con aquel caballero como fiel cristiano, y lo hizo como buen amigo y tras tener fidelidad a Dios y amistad al amigo, no hay que pedir más a ningún hombre del mundo.

El memorial que, señor, me enviáis de las cosas que tocan a vuestra conciencia y a vuestra hacienda, yo, señor, le miraré despacio y responderé a él sobre acuerdo, porque en vuestros cargos y descargos de tal manera os tengo de dar el consejo, que no quede en mi pecho ningún escrúpulo. En el que pide consejo ha de haber diligencia, y no pereza, porque muchas veces están los negocios ya tan enconados, y tan adelante puestos, que lo más seguro es, aprovecharse de las armas, que no esperar a lo que dicen las letras. Lo contrarió desto ha de haber en el que ha de dar consejo a otro, es a saber, que tenga mucha prudencia, y poca diligencia, porque el consejo que se da, si no es sobre muy pensado, las más veces trae consigo algún arrepentimiento. El divino Platón, escribiendo a Orgías el griego, dice: «Escríbesme, Orgías, amigo mío, que te aconseje de la manera que te has de haber en Licaonia, y por otra parte das prisa a que responda a tu carta, la cual cosa, aunque tú te atrevas a la pedir, no la osaría yo hacer, porque mucho más estudio para aconsejar a mis amigos que no para leer en la Academia a los filósofos». El consejo que se da o que se toma hale de dar hombre cuerdo, por el buen juicio que tiene; hale de dar hombre sabio, por lo mucho que ha leído; hale de dar hombre anciano, por lo que ha visto; hale de dar hombre sufrido, por lo que por él ha pasado; hale de dar hombre sin pasión, porque no le ciegue malicia; hale de dar hombre sin interese, porque no le impida codicia; finalmente, digo que el hombre vergonzoso y de corazón generoso ha de dar a sus amigos con libertad los dineros y con mucha gravedad los consejos.

Si es verdad, como es verdad, que todas estas condiciones ha de tener el que a otro ha de aconsejar, bien osaremos decir que el aconsejar es un oficio tan común que lo usan muchos y le saben hacer muy pocos. Viene un cuitado a pedir consejo a su amigo; el cual consejo, en dársele de una manera, o dársele de otra, te va la vida, la honra, la hacienda y aún la conciencia, y entonces el amigo a quien le ha pedido sin de allí se mudar, ni en ello pensar, tan sin asco le dice lo que en aquel caso haga, como si lo hallara escrito en la Sagrada Escritura.

Todo esto, señor, os digo, porque algunas veces os enojáis y atufáis si no respondo luego a vuestras cartas y no os envío declaradas vuestras dudas.

En lo que decís de Marco Aurelio, lo que pasa es que yo lo traduje, y le di a César, aún no acabado, y al emperador le hurtó Laxao, y a Laxao la reina, y a la reina, Tumbas, y a Tumbas, doña Aldonza, y a doña Aldonza, Vuestra Señoría: por manera que mis sudores pararon en vuestros hurtos.

Las nuevas desta nuestra Corte son que el secretario Cobos priva, el gobernador de Bresa calla, Laxao gruñe, el almirante escribe, el duque de Béjar guarda, el marqués de Pliego juega, el marqués de Villafranca negocia, el conde de Osorno sirve, el conde de Siruela reza, el conde de Buendía suspira, Gutierre Quijada justa y el alcalde Ronquillo agota.

De Madrid, a VI de enero MDXXIIII.

43. Letra para el condestable don Íñigo de Velasco, en la cual se le dice lo que el marqués de Pescara dijo de Italia

Muy ilustre señor y quejoso condestable:

Ha me caído en mucha gracia que jamás me escribís carta que no vengan algunas quejas en ella, diciendo que no respondo a todo lo que escribiste, o que soy muy corto en el escribir, o que escribo de tarde en tarde, o que detengo al mensajero; por manera que ni en mí se acaban las culpas ni en Vuestra Señoría se agotan las quejas. Si todos los desmiramientos, negligencias, descuidos, simplicidades y bobedades que yo tengo, queréis, señor, notar y acusar, sé os decir que os fatigaréis, y aun cansaréis, porque en mí hay mucho que reprehender y muy poquito que loar. Lo que hay en mí que loar es: que me precio de ser cristiano, que me guardo de hacer mal a alguno y que me alabo de ser vuestro amigo; y lo que hay en mí que reprehender es: que nunca acabo de pecar, ni jamás me comienzo a enmendar. Esto, señor, es lo que a mí me congoja; esto es lo que a mí me atierra, y esto es por lo que en mí nunca reina alegría: que, como sabéis, señor, las cosas de la honra y de la conciencia danse mucho a sentir y no se osan decir. Escribir corto o largo, escribir tarde o temprano, escribir pulido o desabrido, ni está en el juicio que lo ordena, ni en la pluma que lo escribe, sino en la materia de que se trata, o en el tiempo que lo lleva; porque si está hombre desgraciado escribe lo que no debe, y si está contento dice lo que quiere. Homero, Platón, Esquines y Cicerón, en sus escritos, y por ellos se quejan, y aun nunca se acaban de quejar, que cuando sus repúblicas estaban quietas y pacíficas, ellos estudiaban, y leían, y escribían, y que cuando estaban alteradas y remontadas, ni podían estudiar, ni menos escribir. Lo que por estos tan ilustres varones pasó entonces, pasa cada día por mí; que si yo estoy contento y de gana, a borbollones se me ofrece cuanto quiero decir, y si acaso estoy desgraciado, no querría aún la pluma en las manos tomar. Veces hay que tengo el juicio tan acendrado y tan delicado, que a mi parecer barrenaría un grano de trigo, y hendería por medio un cabello, y otras veces le tengo tan boto y tan remontado, que ni acierto en la yunque con el martillo y ni aún sé labrar de mazo y escoplo.

Desta Corte no sé qué le escriba, sino que es llegado agora aquí el marqués de Pescara, que viene de Italia: el cual cuenta de allá tales y tantas cosas, que si son dignas de poner en crónica, no son para escribir en carta. Quien sabe las condiciones de Italia no se maravillará de las cosas della, porque en Italia ninguno puede vivir so el amparo de la justicia, sino que para tener y valer ha de ser poderoso o privado. No le cale vivir en Italia el que no tiene privanza del rey para se defender, o potencia en el campo para ofender. En Italia nunca curan de pedir por justicia lo que pueden ganar con la lanza. En Italia no han de preguntar al que tiene estado o hacienda de quién lo heredó, sino cómo lo ganó. En Italia, para dar o quitar estados y haciendas, no buscan el derecho en las leyes, sino en las armas. En Italia, el que deja de tomar algo es por no poder, y no por no querer. Italia es muy aplacible para vivir y muy peligrosa para se salvar. Italia es una empresa a do van muchos y de donde vuelven pocos. Estas y otras muchas cosas semejantes nos contaba el marqués de Pescara a la mesa del conde Nasao, estando presentes muchos señores y algunos perlados. Dad gracias a Dios Nuestro Señor que os crió en España; y de España, en Castilla; y de Castilla, en Castilla la Vieja; y de Castilla la Vieja, en Burgos, a do sois querido y servido; porque en otros pueblos de España, aunque son generosos y poderosos, siempre tienen algunos repelos. El memorial que ogaño, señor, me enviaste para que le mirase y sobre él os aconsejase, agora se le envío corregido con mi conciencia y consultado con mi ciencia. No más, etc.

44. Letra para el condestable don Íñigo de Velasco, en la cual se declaran los precios de a cómo solían valer muchas cosas en Castilla

Muy ilustre señor y curioso condestable:

Recibí una letra de Vuestra Señoría, y, según parece por ella, aunque sois cabeza de los Velascos y yo soy de los Ladrones de Guevara, allá tenéis el hecho y acá tenemos el nombre: pues entrando en mi celda, me hurtaste mis imágenes y me revolviste mis libros. Si es privilegio de los condestables de Castilla que estando un religioso diciendo misa le entren ellos a saquear su celda, justo es que muestren por qué lo hicieron, o restituyan al dueño lo que le hurtaron. Escribisme, señor, que no me restituiréis la imagen que llevaste si no os envío por escrito las ordenanzas antiguas que hizo el rey don Juan en Toro; por manera que no os contentáis con hurtar, sino que queréis también cohechar. No sé cuál fue mayor aquel día: vuestra fortuna o mi desdicha, en quedarse abierta mi celda, que a fe de cristiano le juro valiese delante de Dios harto más mi lanza si pusiese tanto recaudo en refrenar mis pensamientos como pongo en guardar mis libros.

Decisme, señor, que el libro que topaste en mi librería era viejo, de letra vieja, de tiempo viejo y de cosas viejas, y que trataba de los precios a que se vendían todas las cosas en Castilla en los tiempos que el rey don Juan el primero reinaba. No solo quiero escribiros lo que aquel buen rey ordenó en Toro, mas aún las palabras toscas con que se escribió aquel ordenamiento, de lo cual podrá colegir cómo se ha mudado en España, no solo la manera del vender, mas aún la de hablar.

Lo que en este caso pasa es que el rey don Juan el primero hizo Cortes en la ciudad de Toro, en la hera de mil y cuatrocientos y seis, en las cuales ordenó muy particularmente, no solo cómo los mantenimientos se habían de vender, mas aún a qué precios los jornaleros habían de trabajar.

El título del ordenamiento dice estas palabras:

«Nos, el rey don Juan, estando con Nusco en Toro nuestro fijo, y nuestros hermanos, y tíos, y muchos perlados y caballeros, y escuderos, y infanzones de nuestro reino, siendo, como somos, tenudos a facer justicia, la cual no haciendo no merecemos reinare, fecimos este ordenamiento a pro de este nuestro reino, en esta guisa:

»Mandamos que la fanega del trigo valga quince maravedís; la del centeno, a cuatro; la de cebada, a diez; la de avena, a ocho, y dende ayuso cada uno como retezgare.

»Mandamos que el azumbre de vino añejo valga a tres maravedís, y la de lo nuevo, a dos y medio, y lo acantarado una cuartezna menos.

»Mandamos que la vara del paño chillón se venda a sesenta maravedís; la de Bruselas y Lombay, a cincuenta, y si el paño fuere emperchado, o reglado, lo pierda el mercadante.

»Mandamos que la escarlata de Gante le venda la vara a cien maravedís; la de Ipré, a ciento y diez, con tal que sea doble y empolvada.

»Mandamos que ningún home sea osado de sacar paño de Bruselas, Mompellier, Londres y Valencia, si no fuere para tomar infanzona, o venir al rey.

»Mandamos que desde noviembre hasta marzo den al jornalero tres maravedís viejos, y a la jornalera le den nueve dineros usuales, y campeen de Sol a sombra.

»Mandamos que desde marzo hasta noviembre gane el jornalero cuatro maravedís y medio viejos, y la jornalera gane dos maravedís, y denle medio gobierno a su talante.

»Mandamos que a la huebra de dos acémilas, con su home, que es para arar, le den por un día diez maravedís viejos y medio gobierno.

»Mandamos que en tiempo de vendimia den a un home y bestia mayor por día siete maravedís, y si tornare gobierno no le den más de tres y faga un viaje antes que el Sol venga y otro viaje a la sombra.

»Mandamos que al mancebo soldadero le den por un año cien maravedís vicios y a la soldadera, si es manceba, le den cincuenta, y a la vieja cuarenta, y denle también las acostumbradas pertenencias.

»Mandamos que no espiguen las mujeres de los yugueros y jornaleros, ni espigue infanzón o infanzona que pueda jornalar, sino que espiguen los viejos y niños pobres.

»Mandamos que los zapatos mayores de cabruno se den por seis maravedís, y los zapatos menores se den por tres, y si fueren vadanados, puédanse terciar.

»Mandamos que por zapatos mayores de carnero den tres maravedís, y por zapatos menores den maravedí y medio, y si estuvieren solados, regateznen sobre ellos.

»Mandamos que por una silla marroquí caballar no lleven los silleros sino cien maravedís, y por la que fuere mular lleven veinte maravedís, y por el fierro fogar le den un maravedí.

»Mandamos que el par de los marroquís valgan cincuenta maravedís, siendo aproados, y los no aproados valgan treinta maravedís, y si estuvieren mal entinados no se aprecien.

»Mandamos que los enluzidores lleven por enluzir espada tres maravedís, y por enluzir cuchillo de tajador, un maravedí, y por enluzir asta dos maravedís, por enluzir cota, seis maravedís, y dende ayuso como regateznaren.

»Mandamos que el pelliquero empellique la gavardina a tres maravedís, y que el pellote señoril valga veinte maravedís, y el pellote común valga no más de doce maravedís viejos.

»Mandamos que los argenteros de Burgos, y Toledo, y León, y Segovia, labren el telento de plata llana a quince maravedís, y el de la plata bruneta a veinte maravedís, y todo home que no fuere fijodalgo no labre de tres talentos arriba.

»Mandamos que los pavesones dubres se vendan a veinte maravedís, y si tuvieren deseñas valgan a veinte y cinco, y los que fueren dorados, valgan a treinta.

»Mandamos que adarga de Ariona emborlada valga veinte y cinco maravedís, y por las que no son de Arjona, den a quince maravedís, y ninguno sea osado de emperchar en palas, asta ni adarga, si no fuere fijodalgo.

»Mandamos que los ferradores despalmen y fierren a dos maravedís la ferradura, con tal que sea de Vizcaya, y si fuere de la tierra, dos maravedís.

»Mandamos que los molineros muelan la harina de trigo a dos maravedís, y si por caso el maquilón se atreviere a facer algún desaguisado a mujer moledora, muera por ello.

»Mandarnos que el cegatero y cegatera vendan la liebra a tres maravedís; el conejo, a dos maravedís; la gallina, en cuatro; el ansarón, en seis; el cochino, en ocho; la paloma, en tres, y la perdiz, en cinco, y no sea osado ningún oficial de la comprar, sino en pascua o boda.

»Mandamos que el millar de la teja sana valga setenta maravedís, y el millar de ladrillo valga cincuenta y cinco, y la fanega de yeso en polvo valga seis maravedís, y la fanega de la cal valga cinco maravedís, y todo queremos se mida con la medida burgueña.

»Mandamos que el buey criado en Guadiana valga docientos maravedís, y todos los otros a ciento y ochenta maravedís, y cualquier home que sacare buey, vaca o jubenco fuera del reino, le enforquen por ello. Homes que se obligaron a tajar carne, den la libra de carnero a dos maravedís, y si alguno se hallare en soplar la carne haya la pérdida.

»Mandamos que todos los precios que aquí van señalados se guarden en la guisa de este ordenamiento, así en comprar como en vender, y los precios que aquí no van puestos queremos que los concejos y justicias los señalen hasta el mes de enero que viene.

»Este, pues, es el ordenamiento que fezimos nos el rey don Juan, estando con Nusco todos los caballeros privados y fijosdalgo de nuestro reino, y así como todos los fecimos, así todos los firmamos y aprobamos.»

He aquí, señor condestable cumplido vuestro deseo, aunque a costa de mi trabajo y no le tengáis en poco, ni por ser servicio de amigo; a ley de bueno le juro que por otro que Vuestra Señoría no me ocupara en escribir esta carta. Mándeme restituir la imagen que llevó Vuestra Señoría, si no quiere que delante el alcalde Ronquillo le ponga una demanda, y la demanda será que don Íñigo de Velasco, condestable de Castilla, se ocupa en hurtar y se da a cohechar.

Leída esta carta, bien creo, señor, que os espantaréis del barato que había en aquel tiempo y de la careza que hay agora en los bastimentos, y también creo que os reiréis de la rusticidad en el hablar que había entonces, y de la polideza que hay agora, aunque es verdad que la ventaja que les llevamos agora en el hablar, nos llevaban ellos entonces en el vivir. En lo demás, que sabe yo he mirado todas sus escrituras, y he hecho en las márgenes los apuntamientos dellas, por manera que si mira el memorial que le envío, verá claramente allí todo lo que siento y aún en todo lo que dudo. Creedme, señor condestable, que cosas de honra y consecuencia nunca bien se tratan por entre puesta persona, porque a nadie osa hombre decir lo que quiere, y mucho menos escribir lo que siente.

Nuevas de Corte son que César está con su cuartana y aún con las condiciones della: es a saber, amar soledad y aborrecer negocios. Harto, pues, se esfuerza a negociar, a hablar y aún a leer, sino que es el humor de la cuartana tan esquivo que de sí mismo tiene asco el cuartanario.

No más, sino que Nuestro Señor sea en su guarda.

De Madrid, a XII de mayo de MDXXIIII.

45. Letra para don Alonso de Fonseca, obispo de Burgos, presidente de las Indias, en la cual se declara por qué los reyes de España se llaman reyes Católicos

Muy magnífico señor y indiano Procónsul:

Habrá veinte días que me dieron una carta suya y habrá más de quince que os escribí la respuesta della; la cual nadie hasta agora me la ha venido a pedir, ni yo he tenido con quien se la enviar. Escribisme, señor, que os escriba qué es lo que dicen por acá de Vuestra Señoría, y para hablar con libertad y deciros la verdad, todos dicen en esta Corte que sois un muy macizo cristiano y aún muy desabrido obispo. También dicen que sois largo, prolijo, descuidado y indeterminado en los negocios que tenéis entre manos y con los pleiteantes que andan tras Vos, y, lo que es peor de todo, que muchos dellos se vuelven a sus casas gastados y no despachados. También dicen que Vuestra Señoría es bravo y orgulloso, impaciente y brioso, y que muchos dejan indeterminados sus negocios por verse de Vuestra Señoría a sombrados. Otros dicen que sois hombre que tratáis verdad, decís verdad y sois amigo de verdad, y que a hombre mentiroso nunca le vieron ser vuestro amigo. También dicen que sois recto en lo que mandáis, justo en lo que sentenciáis y moderado en lo que ejecutáis, y lo que más es de todo, que en cosa de justicia no tenéis pasión, ni afección en determinarla. También dicen que sois compasivo, piadoso y limosnero, y, lo que no sin gran alabanza se puede decir, que a muchos pobres y necesitados que quitáis la hacienda por justicia, se la dais por otra parte de vuestra cámara.

214

No os maravilléis, señor, de lo que digo, pues yo me escandalizo de lo que hacéis, porque de las unas obras y de las otras se puede colegir que no hay hombre en el mundo tan perfecto que no haya en él qué remendar, ni le hay tan malo que no haya en él que loar. Notan los historiadores a Homero de vaniloco; a Alejandro, de furioso; a Julio César, de ambicioso; a Pompeyo, de superbo; a Demetrio, de vicioso; a Aníbal, de pérfido; a Vespasiano, de codicioso, a Trajano, de vinolento, y a Marco Aurelio, de enamorado. Entre varones tan ilustres y tan heroicos, como fueron todos estos, no es mucho que paguéis, señor, una libra de cera por entrar en su cofradía, y esta libra será no porque sois mal cristiano, sino porque no sois bien sufrido. No hay virtud más necesaria en el que gobierna república como es la paciencia, porque el juez que se mide en las palabras que dice y disimula las injurias que le dicen, podrá descender, mas no caer. Los perlados y presidentes que tenéis cargo de gobernar pueblos y determinar pleitos, mucho más que otros habéis de vivir recatados y ser más sufridos, porque, si somos de vosotros juzgados, creedme que, también sois de nosotros mirados. No hay cosa en el mundo más cierta que el que es temido de muchos haya de temer a muchos, y si yo quiero ser juez de vuestra hacienda, luego habéis de ser vos veedor de mi vida, y de aquí es que muchas veces es más damnificado el juez en la fama, que no el pleiteante en la hacienda. Todo esto se entiende, señor, de los jueces que son orgullosos, podridos y malencónicos; que de los que son mansos, benignos, mites y sufridos, no solo no les escudriñan las vidas que hacen, mas aún les disimulan las flaquezas que cometen. El que tiene cargo de república es le necesario que tenga la condición mansa, por manera que a do viere flaqueza esfuercondición mansa, por manera que a do viere flaqueza, esfuerce; a do viere corazón, alabe; do viere mal recaudo, provea, do viere disolución, castigue; do viere necesidad, socorra; do viere sedición, apacígüela, do viere conformidad, consérvela; do viere sospecha, aclárela; do viere tristeza, remédiela, y a do viere alegría, témplela: porque en pos de los placeres sobrados vienen los enojos cogolmados. Si en las obras virtuosas que intentardes no os sucedieren los fines conforme a vuestros buenos deseos, y si por caso dello recibiéredes pena, no echéis sobre vos toda la culpa, porque al hombre que hace todo lo que puede no podemos decirle que no hace lo que debe. Pues en sangre os tengo por deudo, en conversación por amigo, en autoridad por señor y enmerecimiento por padre, no dejaré de rogaros como a padre, y suplicaros como a señor, seáis manso en la conversación, y medido en las palabras, porque de los jueces y señores como vos a las veces se siente más una palabra que de otro una lanzada. Pues en todo el reino es notorio ser Vuestra Señoría honesto en su vivir, y justo en su tribunal, no querría yo oír que los que alaban lo que hacéis se quejasen de lo que decís. Con señor de tan alto estado, y con juez de tan preeminente oficio, no se atreviera a escribir lo que escribe mi pluma, si Vuestra Señoría no se lo mandara; dígolo, señor, porque si no os supiere bien esto que aquí os he escrito, enviadle a revocar la licencia que le habéis dado.

Por qué a los reyes de Castilla llaman agora Católicos.

Escribisme que os escriba, señor, si he hallado en alguna crónica antigua qué sea la causa por qué los príncipes de Castilla se llaman, no solo reyes, mas aún reyes católicos, y que también os escriba quién fue el primero que se llamó rey católico, y qué fue la razón y ocasión de tomar este tan generoso y católico título. Hartos había en esta Corte a quien lo preguntáredes, y de quien lo supiérades, en edad más ancianos, en saber más doctos, en libros más ricos y en escribir más curiosos, que no yo; mas al fin, sed de una cosa cierto, señor, que lo que aquí os escribiere, si no fuere escrito en estilo pulido, a lo menos será todo ello muy verdadero.

Viniendo, pues, al caso, es de saber que los príncipes antiguos siempre tomaban sobrenombres superbos: así como Nabucodonosor, que se intitulaba «rex regum»; Alejandro Magno, «rex mundi»; el rey Demetrio, «expugnator urbium»; el gran Aníbal, «domitor regnorum»; Julio César, «dux urbis»; el rey Mitrídates, #restaurator orbis»; el rey Atila, «flagellum mundi», el rey Dionisio, «hostis omnium», el rey Ciro, «ultor deorum»; el rey de Inglaterra, «defensor ecclesie», el rey de Francia, «rex cristianisimus», el rey de España, «rex catholicus». Daros, señor, cuenta quiénes fueron estos príncipes y de la causa por qué tomaron éstos tan superbos títulos, a mí sería penoso de escribir y Vuestra Señoría enojoso de leer, y abaste que yo declare lo que me mandáis, sin que os envíe lo que no me pedís.

Es de saber que en la hera de MCM, a cinco días del mes de julio, en un día de domingo, junto al río Bedalac, a cerca de Jerez de la Frontera, ya que quería venir el alba, se dio la última y infelice batalla entre los godos que estaban en España y los alárabes que habían pasado de África; en la cual el triste rey don Rodrigo fue muerto y todo el reino de España perdido. El capitán moro que venció esta tan famosa batalla se llamaba Muza, el cual supo tan bien seguir la victoria, que en espacio de ocho meses ganó y enseñoreó desde Jerez de la Frontera hasta la Peña Horadada, que es encima de Oña; y lo que más nos ha de espantar es que lo que los moros ganaron en ocho meses se tardó en recuperar casi ochocientos años, porque tantos pasaron desde que España se perdió hasta que Granada se ganó.

Los pocos cristianos que escaparon de España fueronse retirando hasta las montañas de Oña, cabe la Peña Horadada, hasta la cual los moros llegaron; mas de allí adelante no pasaron, ni ganaron, porque hallaron allí gran resistencia, y aun porque la tierra era allí muy áspera.

Como vieron los de España que el rey don Rodrigo fue muerto, y todos los godos con él, y que sin tener señor ni cabeza no podían resistir a la morisma, levantaron por rey a un capitán español, que había nombre Don Pelayo, varón que era en las armas muy venturoso y de todos los pueblos muy amado. Derramada la fama por toda España que los montañeses de Oña habían levantado por rey al buen Don Pelayo, concurrieron a él todos los hombres generosos y belicosos, con los cuales hizo él en los moros muy grandes daños, y hubo dellos muy gloriosos triunfos. Tres años después que levantaron por rey al buen Don Pelayo, casó una hija suya con un hijo del conde de Navarra, que había nombre don Pedro, y su hijo se llamaba don Alonso, y este conde don Pedro descendía por línea recta del linaje del bendito rey Recaredo, en cuyo tiempo los godos dejaron la secta del maldito Arrio, por méritos del glorioso san Leandro, el arzobispo.

Muerto el buen rey Don Pelayo, dieciocho años después de su reinado, levantaron los castellanos por rey a un hijo suyo que había nombre Favila, el cual, dos años después que comenzó a reinar, andando un día a monte, pensando de matar un oso, el oso le mató a él. Como murió sin hijos el rey Favila, levantaron los castellanos por rey al marido, de su hermana: es a saber, al hijo del conde de Navarra, que se llamaba Alonso, el cual comenzó a reinar en la hera de setecientos y sesenta y dos años, y duró su reinado dieciocho años, que fue otro tanto tiempo cuanto había reinado el buen rey Don Pelayo, su suegro.

Este, pues, buen rey fue el primero rey que se llamó Alonso, el cual en tan buen punto tomó este nombre, que después acá ningún rey de Castilla que se haya llamado Alonso no leemos dél que haya sido malo, sino bueno. Deste buen rey don Alonso cuentan los historiadores muchas cosas loables de contar, dignas de saber y ejemplares de imitar.

Este rey don Alonso fue el primero que desde Navarra entró en Galicia a hacer guerra a los moros, con los cuales hubo muchos recuentros y batallas, y al fin los venció y alanzó de Astorga, Ponferrada, Villafranca, Túy y Lugo, con todas sus tierras y castillos. Este buen rey don Alonso fue el que ganó también de los moros a la ciudad de León, y edificó en ella un alcázar real, para que allí residiesen todos los reyes de Castilla, sus sucesores: y así fue que por muy largos tiempos después dél, muchos reyes de Castilla vivieron y murieron en León. Este buen rey don Alonso fue el primero que, después de la destrucción de España, comenzó a edificar iglesias y hacer monasterios y hospitales; en especial, fundó desde el principio las iglesias catedrales de Lugo, Túy, Astorga y Ribadeo, la cual después se pasó a Mondoñedo. Este buen rey don Alonso edificó muchos y muy solemnes monasterios de la Orden de San Benito, y muchos hospitales en el camino de Santiago, y muchas iglesias particulares en Navarra y en la tierra de Ebro, las cuales todas dotó de muchas riquezas y les dio opulentas posesiones. Este buen rey don Alonso fue el primero que buscó y mandó buscar con muy grande diligencia los libros santos que se habían escapado de manos de los moros, y como celoso príncipe, mandó que los llevasen a la iglesia de Oviedo a guardar, y hizo muy grandes mercedes a los que los tenían escondidos. Este buen rey don Alonso fue el primero que mandó juntar en León a todos los grandes escribanos y cantores del reino, para que escribiesen libros grandes para cantar y breviarios pequeños para rezar, los cuales dio y repartió entre todos los monasterios y iglesias que él había fundido, porque los malditos moros no dejaron iglesia en España que no derribasen, ni libro que no quemasen. Este buen rey don Alonso fue el primero que comenzó a hacer todas las casas de los obispos junto a las iglesias catedrales, porque el calor del verano ni el frío del invierno no les estorbase de residir en el coro, y ver cómo se hacía el culto divino.

Murió el buen rey don Alonso el Primero en la edad de sesenta y cuatro años en la ciudad de León, en la hera de setecientos y noventa y tres: fue por los castellanos y por los navarros tan llorada su muerte cuanto era deseada de todos su vida. Cuán acepta fuese a Dios su vida pareció muy claro, en lo que mostró por él Nuestro Señor en su muerte, es a saber, que al punto que quería espirar oyeron encima de su cama cantar a los ángeles y decir. «Mirad cómo se muere el justo, ninguno hace caso dél, son acabados sus días, y su ánima será en descanso». Fue tan grande el sentimiento que en toda España se hizo por la muerte del buen rey don Alonso, que, dende en adelante, cada vez que alguno nombraba su nombre, se quitaba su bonete el que era hombre, o hacía una reverencia, si era mujer. No tres meses después que murió el buen rey don Alonso, se juntaron a Cortes todos los grandes del reino, en las cuales ordenaron edicto público que desde entonces para y mandaron por siempre jamás ninguno fuese osado de decir a secas el rey don Alonso, sino que por excelencia le llamasen el rey don Alonso el Católico, pues había sido príncipe tan glorioso y del culto divino tan celoso. Este buen rey fue yerno de Don Pelayo, fue el tercero rey de Castilla después de la destrucción, fue el primero deste nombre Alonso, fue el primero que fundó iglesias en España, fue el primero rey en cuya muerte cantaron los ángeles, fue el primero rey que se llamó Católico; por cuyos méritos y virtudes, todos los reyes de España sus sucesores se llamaban hasta el día de hoy reyes Católicos.

Parésceme a mí, señor, que pues los reyes de España se precian de heredar el nombre, se preciasen también de imitarle la vida, a saber: en hacer guerra a la morisma y ser padres y defensores de la Iglesia. Y pues en el principio de esta letra os hablé como amigo, y en ésta he cumplido lo que me pediste como siervo, no digo más sino que Nuestro Señor sea en su guarda y a todos nos dé su gracia.

De Segovia, a XXII de mayo de MDXXIII.

46. Letra para Mosén Rubín, valenciano y enamorado, en la cual se ponen los enojos que dan las enamoradas a sus amigos

Magnífico señor y viejo enamorado:

Somos en Madrid a cuatro de agosto, a do recibí una letra vuestra, y como la letra era tirada, y la firma algo borrada, yo os juro a ley de bueno que no podía acertar a leerla, ni caer en la cuenta del que me la escribía, porque, dado caso que siendo yo inquisidor en Valencia, nos conocimos, ha mil años que no nos vimos. Ya que llamé y desperté a mi memoria, y leí y releí la carta, caí en la cuenta que era de MOSÉN RUBÍN, mi vecino: digo MOSÉN RUBÍN EL ENAMORADO. Acuérdome que algunas veces jugábamos al ajedrez en mi posada, y sabía yo tan poco, que me dábades la dama, mas no me acuerdo que me dejásedes ver a vuestra amiga. Acuérdome que en la Sierra de Espadán, en el recuentro que hubimos con los moros, salí yo herido, y vos descalabrado, y no hallamos cirujano que nos curase ni aún trapo que nos atasen. Acuérdome que en albricias, porque os hice firmar una cédula de la reina, me enviaste una mula, la cual yo os agradecí y no la tomé. Acuérdome que yendo que fuimos a acompañar al rey de Francia a Requena, cuando llegamos a Siete Aguas, yo me quejaba de no hallar qué comer, y vos, señor, de no tener a do pasar, y al fin yo os acogí en mi posada y vos saliste a buscar la comida. Acuérdome que cuando César me envió a llamar a Toledo, me distes una carta para el secretario Urrías, sobre un vuestro negocio, el cual, no solo le hablé, mas aún os le despaché. Acuérdome que riñendo con un capellán de vuestra mujer delante de mí, como él os dije se que no le tratásedes mal, pues tenía cargo de ánimas, y era cura, le respondistevos: «que él no era cura, sino la locura». Acuérdome que os aconsejé, y aún os persuadí, estando en Játiva, que diésedes al diablo los amores de que vos sabéis, y aún yo también lo sé, porque eran amores enojosos, peligrosos y costosos. Acuérdome que, después en Algeciras, me dijiste llorando y suspirando, que no los podíades echar de la memoria, ni alanzar del corazón, y allí os torné a decir, y a jurar y perjurar que no eran amores que aplacían, ni aún os convenían. Acuérdome que después nos topamos en Torres Torres, adonde os pregunté que en qué habían parado vuestros amores, y vos me respondiste que en mil dolores y trabajos, porque hablades escapado dellos acuchillado, aburrido, burlado, infamado y aún pelado. De otras muchas cosas me acuerdo haberos visto platicar, y aún obrar, en el tiempo que en Valencia fuimos vecinos, y nos conversamos, las cuales aunque se podrían platicar no se sufren escribir.

En esta presente letra me escribís que de otros nuevos amores estáis agora enamorado, y que pues os dije la verdad en los primeros, os escriba mi parecer en estos segundos, teniendo por cierto que os sabré tomar la sangre, y aun atar la herida. Otra cosa quisiera yo, señor Mosén Rubín, que me escribiérades, o que me pidiérades, porque, hablando la verdad, esta materia de amores, ni vos estáis ya en edad para seguirla, ni cabe en mi gravedad escribirla. A mi hábito, y a mi profesión, y a mi autoridad y gravedad habéisle de pedir casos de confesiones, y no remedios de amores, porque yo más he leído en el Hostiense, que amuestra a confesar, que no en Ovidio, que enseña a enamorar. A la mi verdad, señor Mosén Rubín, ni sois vos, ni soy yo, a quien los amores buscan y con quien ellos se regalan, porque vos sois ya viejo, y yo soy religioso; de manera que a vos os sobra la edad y a mí falta la libertad. Creedme, señor, y no dudéis que no son amores, sino dolores; no alegría, sino dentera; no gusto, sino tormento; no recreación, sino confusión, cuando en el enamorado no hay mocedad, libertad y liberalidad. Al hombre entrado ya en edad, y que de nuevo se remoza y enamora, nunca le llamaban viejo enamorado, sino viejo ruin y loco, y así Dios a mí me salve, que tienen razón, los que se lo llaman, porque los pajares viejos y podridos más son ya para estercolar que no para guardar. El dios Cupido y la diosa Venus no quieren en su casa sino a mancebos que los puedan servir y a liberales que sepan gastar, y a libres que puedan gozar, y a pacientes que puedan sufrir, y a discretos que sepan hablar, y a secretos que sepan callar, y a fieles que sepan agradecer, y animosos que sepan perseverar. El que de estas condiciones no fuere dotado y privilegiado, más sano consejo le será acabar en el campo que no enamorarse en palacio, porque no hay en el mundo hombres tan malaventurados como son los enamorados necios.

Al enamorado necio mofa dél su dama, burlan dél los vecinos, engáñanle los criados, pélanle las alcahuetas, cébase de palabrillas, emplea mal sus joyas, anda desvelado, créese de ligero y al fin hállase burlado. Todos los oficios y todas las ciencias desta vida se pueden aprender, si no es el oficio de saber amar, el cual ni le supo escribir Salomón, ni pintar Asclepio, ni enseñar Ovidio, ni contar Helena, ni aun aprender Cleopatra, sino que de la escuela del corazón ha de salir y la pura discreción le ha de enseñar. No hay cosa para que haya más necesidad de ser uno discreto que es para ser enamorado, porque si ha hambre, frío, sed y cansancio, siente lo no más del cuerpo, mas las necedades que se hacen en amores lloralas el corazón. Para que los amores sean fijos, seguros, perpetuos y verdaderos, han de ser entre sí iguales los enamorados, porque si el enamorado es mozo y ella vieja, o él viejo y ella moza, él es cuerdo y ella loca, y él loco y ella cuerda, él es discreto y ella necia, o él necio y ella discreta, él ama a ella y ella aborrece a él, o ella ama a él y él aborrece a ella, creedme, señor, y no dudéis que de enamorados fingidos han de parar en enemigos verdaderos.

He querido deciros esto, señor Mosén Rubín, para que si la enamorada que agora vos tomáis ha sesenta y tres años como vos habéis, no es gran peligro que os améis y conozcáis, porque lo más del tiempo gastaréis vos en contar a ella las amigas que habéis tenido, y ella en contar a vos los que a ella han servido. Hablando más en particular, querría yo saber para qué un hombre como vos, que pasa de los sesenta años, y que está lleno de sarna, y cargado de gota, quiere agora tomar amiga moza y hermosa, la cual se ocupará antes en robaros que no en regalaros. ¿Para qué queréis amiga, de la cual no os podéis servir si no es para ataros las vendas, y oxearos las moscas? ¿Para qué queréis amiga, pues entre vos y ella no ha de haber, otra conversación ni comunicación si no fuere relatarle y contarle cuentos y patrañas, y cuán poquito habéis comido aquel día, y cuántas veces habéis contado el reloj aquella noche? ¿Para qué queréis amiga, pues ya no tenéis fuerzas para seguir la hacienda para servirla, paciencia para sufrirla, ni edad para gozarla? ¿Para qué queréis amiga, a la cual no podéis representarle lo que por ella habéis sufrido y padecido, sino contarle en cómo ya la gota se os ha subido de la mano al colodrillo? ¿Para qué queréis amiga, la cual no entrará por vuestras puertas el día que cesáredes de le dar y os descuidáredes de le escribir? ¿Para qué queréis amiga, a la cual no habéis de osarle negar cosa que os pida, ni reñirle enojo que os haga? ¿Para qué queréis amiga, a la cual no habéis de servir conforme a vuestra hacienda sino al respeto de su locura? ¿Para que queréis amiga, a la cual habéis de agradecer los favores que os diere, y no osar quejaros de los celos que os pidiere? ¿Para qué queréis amiga, la cual cuando más y más os halagare, no será su fin por contentaros, sino por algo pediros? ¿Para qué queréis amiga, delante de la cual os habéis de reír, aunque la gota os haga rabiar? ¿Para qué queréis amiga, con la cual primero tendréis gastada vuestra hacienda que tengáis su condición conocida? ¿Para qué queréis amiga, con la cual os juntaste por dineros y la sustentáis con regalos, y al fin os habéis de apartar con enojos?

Si con estas condiciones vos, señor Mosén Rubín, queréis ser enamorado, sedlo, mucho enhorabuena, y aún digo en hora buena, pues soy cierto que os ha de llover en casa, porque a vuestra edad y enfermedad más le conviene tener un amigo con que se recree que una amiga con que se pudra. Samocracio, Nigidio y Ovidio escribieron muchos libros, y hicieron grandes tratados del remedio del amor, y el donaire de ello es que buscaron los remedios para los otros y ninguno tomaron para sí mismos, porque todos tres ellos murieron perseguidos y destruidos, no por los males que hicieron en Roma, sino por los amores que intentaron en Capua. Diga Ovidio lo que soñare, Nigidio lo que quisiere y Samocracio lo que se le antojare: que al fin, al fin, el mayor y mejor remedio contra el amor es huir de la conversación y apartarse de la ocasión, porque en caso de amores, a muchos vemos escapar de los que huyen, y a muy poquitos librarse de los que esperan. Mirad, señor, no os engañe el demonio a que tornéis agora de nuevo a ser enamorado, pues no conviene a la salud de vuestra persona, ni a la autoridad de vuestra casa, porque yo os doy mi fe que más ayna os acaben los enojos de la amiga que no los dolores de la gota.

Mi pluma se ha extendido más de lo que yo pensé y aun más de lo que vos quisiérades; mas pues vos fuiste el primero que echaste mano a las armas, no es mía la culpa si os acerté algún revés. Al padre Prior de Portaceli envío una palia rica; por mi amor que se la mandéis dar y de mi parte visitar, porque posé mucho tiempo en su posada, y soyle obligado y afecionado.

No más, sino que Nuestro Señor sea en vuestra guarda y os guarde de mala amiga, y os sane de vuestra gota.

De Madrid, a III de marzo de MDXXVII.

47. Letra para el obispo de Zamora don Antonio de Acuña, en la cual es gravemente reprehendido por ser capitán de los que en tiempo de las comunidades alborotaron el reino

Muy reverendo señor y bullicioso perlado:

Salobreña, vuestro cabo de escuadra, me dio una carta vuestra, la cual luego no podía entender; mas después que la leí, y torné otra vez a leer, vi que no era carta, sino un cartel que me enviaba el obispo de Zamora, por el cual me desafiaba y me amenazaba que me había de matar o mandar me castigar. La causa de este desafío decís, señor, que es porque en Villabráxima os saqué de entremanos a don Pedro Girón, y le aconsejé que os dejase de seguir y viniese al rey a servir. Yo, señor, acepto vuestro desafío, y me doy por desafiado, no para que nos matemos, sino para que nos examinemos; no para que salgamos en campo, sino para que nos pongamos en razón, la cual razón como vedora de nuestros hechos, nos dirá cuál de nosotros es más culpado: yo en seguir al rey, o vos en alterar el reino.

Acuérdome que siendo muy niño, en Treceño, lugar de nuestro mayorazgo de Guevara, vi a don Ladrón, mi tío, y a don Beltrán, mi padre, traer luto por vuestro padre. En verdad, señor obispo, viendo como yo os vi en Villabráxima, rodeado de artillería, acompañado de soldados y armado de todas armas, con más razón traeríamos jerga porque vos vivís, que no luto porque vuestro padre murió. El divino Platón de dos cosas no sabía cuál lloraría primero: es a saber, ver a los buenos morir, o ver a los malos vivir porque grandísima lástima es al corazón ver al bueno tan presto se acabar, y ver al malo tan largo tiempo vivir. Preguntado un griego que por qué mostraba tanto sentimiento en la muerte de Agesilao, respondió: «No lloro yo porque murió Agesilao, sino porque quedó vivo Alcibíades, cuya vida espanta a los dioses y escandaliza al mundo». Un caballero de Medina, que se llamaba Juan Zuazo, me dijo que, siendo él vuestro ayo, os mudó cuatro amas en seis meses, porque de criar érades bravo, y en tomar la leche muy importuno. Parésceme, señor obispo, que pues en la niñez fuisteis penoso y en la vida habéis sido tan bullicioso, sería razón que en la vejez fuesedes pacífico, lo cual, si no hiciésedes por lo merecer, lo hablades de hacer siquiera por descansar. Teniendo como tenéis dentro de vuestro mayorazgo los sesenta cerrados y que presto os preciaréis de los setenta cumplidos, no me parecería mal consejo, ofreciésedes siquiera los salvados a Dios, pues habéis dado tanta harina al mundo. Pues vuestra huerta es helada, pues vuestra vendimia es ya hecha, pues vuestra flor es caída, pues vuestra primavera es acabada, pues vuestra juventud es pasada y vuestra senectud es venida, mejor acertaríades en tomar enmienda de vuestros pecados que no haceros capitán de comuneros. Si no queréis imitar a Cristo, que os crió, imitad a don Luis de Acuña, que os engendró, a cuyas puertas comían cada día muchos pobres, y a las vuestras no vemos agora sino jugar y aun reflegar soldados. Hacer de soldados clérigos, aún pasa;

mas de clérigos hacer soldados, esto es cosa escandalosa, lo cual, señor, no diremos de vos que lo consentiste, sino que lo hiciste, pues trajiste de Zamora a Tordesillas trescientos clérigos de misa, no para confesar los criados de la reina, sino para defender aquella villa contra el rey.

Por quitaros, señor, de malas lenguas, y para más salvación de sus ánimas, sacaste los de Zamora al principio de la Cuaresma; de manera que, como buen pastor y perlado, los quitaste de confesar y los ocupaste en pelear. En el combate que dieron los caballeros en Tordesillas contra los vuestros, vi con mis ojos propios a un vuestro clérigo derrocar a once hombres con una escopeta, detrás de una almena, y el donaire era que al tiempo que estaba para tirarles, los santiguaba con la escopeta y los mataba con la pelota. Vi también que antes que el combate se acabase, dieron al clérigo una saetada por la frente los nuestros que estaban de fuera, y fue tan acelerada la muerte de aquel malaventurado, que ni tuvo tiempo de se confesar, ni aún de se santiguar. El ánima del obispo que aquel clérigo de su iglesia sacó, y el ánima del clérigo que a tantos mató, ¿qué excusa tienen con los hombres, y qué cuentas darán a Dios?

Pecado fue sacaros de la guerra, y muy mayor fue haceros de la Iglesia, pues sois bullicioso y no nada escrupuloso, y desto estamos muy ciertos, porque no se os da nada por ir a pelear y matar, ni aun por estar irregular. Mucho querría yo saber en qué libro habéis leído más, es a saber, en Vegecio, que trata de las cosas de la guerra, o en san Agustín, en el de doctrina cristiana, y lo que en este caso sé es que muchas veces os vi en la mano una partesana y nunca os vi sobre el hombro una estola.

Ha me caído en mucha gracia en que a los soldados que combatían y caían al tomar de la fortaleza de Empudia, me dicen que deciades: «¡Así, hijos, así! Subid, pelead y morid, y mi alma osadas vaya con la vuestra, pues morís en tan justa empresa y demanda tan santa». Bien sabéis vos, señor obispo, que los soldados que allí morían eran descomulgados del Papa, traidores al rey, alborotadores del reino, robadores de las iglesias, salteadores de los caminos y enemigos de la república, y mantenedores de guerra. Bien parece que el ánima del obispo que tal blasfemia dice no es muy escrupulosa, pues desea morir a la soldadesca, y no me maravillo que desee morir como soldado el que nunca se preció de ser obispo. Si esta guerra levantáredes por reformar la república, o libertar vuestra patria de alguna vejación que hubiese en ella, parece que teníades ocasión, aunque no por cierto razón; mas vos, señor, no os levantaste contra el rey por el bien del reino, sino por baratar otra mejor Iglesia, y por alanzar de Zamora al conde de Alba de Lista.

Si entramos en cuenta con todos los que andan en vuestra compañía, hallaréis por verdad que os fundaste sobre pasión, y no sobre razón, y que no os movió el celo de la república, sino el querer cada uno aumentar su casa. Don Pedro Girón querría a Medina Sidonia; el conde de Salvatierra, mandar las merindades, Fernando de Ávalos, vengar su injuria; Juan de Padilla, ser maestre de Santiago; don Pedro Laso, ser único en Toledo; Quintanilla, mandar a Medina; don Fernando de Ulloa, echar a su hermano de Toro; don Pedro Pimentel, alzarse con Salamanca; el abad de Compludo, ser obispo de Zamora; el licenciado Bernardino, ser oidor en Valladolid; Ramir Núñez, apoderarse de León, y Carlos de Arellano, juntar a Soria con Borobia. Dice el sabio: «Ocasiones querit qui vult recedere ab amico». Y por semejante manera, podemos decir que los hombres bulliciosos no andan a buscar sino tiempos revueltos, porque les parece que en cuanto duran aquellos bullicios, si al que no comerán de sudores ajenos.

También me ha caído en gracia el arte que habéis tenido para engañar y alterar a Toledo, a Burgos, a Valladolid, a León, a Salamanca, a Ávila y Segovia, diciendo que de esta hecha quedarán exentas y libertadas, como lo son Venecia, Génova, Florencia, Sena y Luca, de manera que no las llamen ya ciudades, sino señorías, y que no haya en ella regidores, sino cónsules. Pensando en este caso lo que diría, tuve gran espacio suspensa la péñula, y al fin me pareció que sobre tan grande vanidad y sobre tan nunca oída liviandad no había que decir ni menos que escribir, porque me tengo por dicho que aquellas ciudades no las queréis libertar, sino tiranizar; no para que sean señorías, sino para aprovecharos de sus riquezas.

Los que quieren comprender algún remedio que de su cogecha es bullicioso y escandaloso, no han de mirar la ocasión que hay entonces para lo levantar, sino el mal fin o bueno que puede tener, porque todos los afamados escándalos siempre han habido comienzo de buenos respetos. Silla y Mario y Catilina, que fueron famosos romanos y ilustres capitanes, so color de libertar a Roma de malos gobernadores, se hicieron ellos en ella tiranos. A las veces, es menos mal tolerar en los grandes pueblos alguna falta de justicia que no alborotarlos a guerra, porque la guerra es una red barredera que de todos los bienes yerma a la república. Preguntado el Magno Alejandro que porqué quería ser señor de todo el mundo, respondió: «Todas las guerras que se levantan en el mundo son por una de tres cosas: es a saber, o por haber muchos dioses, o por haber muchas leyes, o por haber muchos reyes; quiero, pues yo ser señor de todo el mundo, para mandar que en todo él no adoren más de a un dios, no sirvan más de un rey, ni guarden más de una ley». Cotejemos agora a Vuestra Señoría con el Magno Alejandro, y hallaremos que él era rey y vos, señor, obispo; él pagano y vos cristiano; él criado en guerra y vos en la Iglesia; él nunca oyó el nombre de Jesucristo y vos jurastes de guardar su Evangelio, y con todas estas condiciones, él no quiere para todo el mundo más de un rey, y vos, señor, queréis hacer siete para toda Castilla. Digo, señor, que queréis poner en Castilla siete reyes, pues queréis hacer las siete ciudades della señorías. Los buenos y leales caballeros de España suelen quitar reyes para hacer rey, y los que son traidores y desleales, suelen quitar rey para hacer reyes. Para nosotros y para nuestros amigos, no queremos otro Dios sino a Cristo, ni otra ley sino el Evangelio, no otro rey sino a don Carlos; y si vos y vuestros comuneros queréis otro rey y otra ley, juntaos con el cura de Mediana, que cada domingo pone y quita reyes en Castilla.

Es el caso que en un lugar que se llama Mediana, que está cabe a la Palomera de Ávila, había allí un clérigo vizcaíno medio loco, el cual tomó tanta afección a Juan de Padilla, que al tiempo de echar las fiestas en las iglesias, las echaba en esta manera: «Encomiendo os, hermanos míos, una Avemaría por la Santísima Comunidad, porque nunca caiga; encomiendo os otra Avemaría por su majestad el rey Juan de Padilla, porque Dios le prospere; encomiendo os otra Avemaría por Su Alteza de la reina Nuestra Señora doña María de Padilla, porque Dios la guarde; que a la verdad estos son los reyes verdaderos, que todos los de hasta aquí eran tiránicos». Duraron estas plegarias poco más o menos de tres semanas, después de las cuales pasó por allí Juan de Padilla con gente de guerra, y como los soldados que posaron en casa del clérigo le sonsacasen a su manceba, le bebiesen el vino, le matasen las gallinas y le comiesen el tocino, dijo en la iglesia el siguiente domingo: «Ya sabéis, hermanos míos, cómo pasó por aquí Juan de Padilla, y cómo sus soldados no me dejaron gallina, y me comieron un tocino, y me bebieron una tinaja, y me llevaron a mi Catalina; dígolo, porque de aquí adelante no roguéis a Dios por él, sino por el rey don Carlos, y por la reina doña Juana, que son reyes verdaderos y dad al diablo estos reyes toledanos».

He aquí, pues, señor obispo, cómo es, más poderoso el cura de Mediana, que no lo es Vuestra Señoría, pues él hizo y deshizo reyes en tres semanas, lo cual vos no habéis hecho en ocho meses; que yo os juro y profetizo que dure tan poco el rey que vos pusiéredes en Castilla como el que hizo el cura de Mediana.

No más, sino que Nuestro Señor sea en su guarda y le alumbre con su gracia.

De Medina de Ríoseco, a XX de diciembre MDXXI.

48. Letra para el obispo de Zamora, don Antonio de Acuña, en la cual le persuade el autor que se torne al servicio del rey

Muy reverendo señor y inquieto obispo:

Por letra de Quintanilla, el de Medina, supe en cómo habíades, señor, recibido mi carta, y aún supe que en acabando la de leer comenzaste luego a gruñir y decir: «Es cosa ésta para sufrir que sea más poderosa la lengua de Fray Antonio de Guevara que no lo es mi lanza, y que no contento con habernos sacado a don Pedro Girón de entre manos, me escriba aquí agora mil blasfemias». Mucho me ha placido que fuese también enherbolada mi carta, que tan en breve llegase a vuestro corazón la yerba, porque yo no la escribía para que solamente la leyésedes, sino para que la leyésedes y la sintiésedes. El enfermo que se determina de tomar un poco de ruibarbo, sufre el amargor que le deja en la garganta por el provecho que le hace a su calentura; quiero decir que muy poco aprovechará, señor, que os sepáis quejar, si no os determináis enmendar. A Vuestra Señoría, por ser en sangre Osorio, en dignidad obispo, en autoridad caballero y en profesión cristiano, téngolo yo en mucho; mas junto con esto a sus fieros, y a sus quejas, y a sus amenazas, téngolas en muy poco, porque hay Dios que mira por sus siervos y príncipe que torna por sus criados. No me parece a mí mal que seáis guerrero, y andéis armado, con tal que las armas sean de las que dice el Apóstol: «Quoniam arma militie nostre non sunt carnalia sed spiritualia»; porque nuestra guerra no ha de ser con los enemigos, sino con los vicios; que, como dice Séneca, mayor gloria mereció Catón por desterrar los vicios de Roma, que no Escipión por vencer a los cartaginenses en África. Ya que quisiésedes andar en guerra y hacer guerra a toda la república de Castilla por tropellar a vuestro enemigo el conde de Alba de Lista, ¿qué culpa os tenían el rey y la reina? Perdonar a muchos por méritos de uno, oficio es de cristianos; mas castigar a muchos por culpa de uno, oficio es de tiranos; mas por manera que ya no os llamaremos obispo de Zamora, sino tirano de la república.

Muchas veces me paro a pensar porqué habéis querido, señor, desobedecer al rey, alterar el reino, revolver los pueblos, hacer ejércitos, llegaros a comuneros, perderos a vos, y dañar a nosotros, y para mí yo no hallo ocasión ni menos razón, si no es: que como deseáis ser arzobispo de Toledo, querriades ganar por fuerza lo que no merecéis por virtud. Si la cosa se allegase a juicio delante de Dios, y aun delante de los hombres, estad, señor, seguro que más deméritos se hallarían en vos para quitaros el Obispado que tenéis, que no méritos para daros el Arzobispado que pedís. Las dignidades de la Iglesia de Dios no se han de dar a los que las procuran, sino a los que las rehúsan, porque tanto es uno para gobernar ánimas más digno cuando se siente él por más digno. Para merecer el Arzobispado de Toledo habíades, señor, de derramar lágrimas y no sangre, estar en el templo y no en el campo, acompañaros de clérigos y no de soldados, rezar vuestras horas y no alterar las repúblicas; mas como vos, señor obispo, veis que no le podéis merecer por virtudes, acordáis de tomarle con las armas. Acordaros debríades que os eligió Dios para obispo y no para capitán, para la Iglesia y no para la guerra, para predicar y no para pelear, para vestiros una casulla y no una malla, para socorrer huérfanos y no soldados y aún para hacer órdenes y no ordenar caracoles. El primero obispo del mundo, que fue san Pedro, no halló entre todos los apóstoles sino dos cuchillos para defender a Cristo, y hallarse han en vuestra casa mil escopetas para asolar este reino; por manera que os hemos de loar, no de los libros en que leéis, sino de las armas que tenéis. Maldonado, vuestro criado y mi amigo, me dijo que le habíades dado doscientos ducados de beneficios, y como yo le preguntase si sabía bien rezar el oficio divino, respondiome él: «Mal estáis en la cuenta, señor maestro, porque en este tiempo en casa del obispo, mi señor, ninguno sabe rezar y todos aprender a esgremir».

Las casas de los buenos perlados no son sino una escuela de virtuosos, a do nadie ha de saber mentir, ni aprender juego, ni ser goloso, ni andar disoluto, ni estar ocioso, ni preciarse de hablador, ni ser bullicioso, ni aun ambicioso, cual no es así en vuestra casa, a do todos son absolutos, y se precian de disolutos. Cuando estotro día me enviaron allá los gobernadores del reino para asentar las paces con los de la junta en Villa Bráxima, y vi a Vuestra Señoría armado como reloj, rodeado de soldados, cercado de tantos tiros, acompañado de tantos comuneros y cargado de tantos negocios, estuve conmigo dudando si lo que veía era sueño o si había el obispo don Orpas resucitado. Si no queréis acordaros que sois cristiano, sois sacerdote, sois perlado y sois natural del reino, acordaros que descendéis de sangre delicada, y de casa muy antigua, aunque es verdad que como en la sangre sois Osorio, en la condición sois muy osado.

Pésame, señor obispo, que usáis de las armas, no como sabio, sino como temerario; no como quien defiende, sino como quien ofende; no como debéis, sino como queréis; porque os veo seguir la opinión y huir de la razón. Todo vuestro daño está en que seguís vuestra voluntad y empleáis mal vuestra habilidad, y, como dice Séneca, en la casa a do la voluntad es señora, muy poco mora la razón en ella.

Ha me caído, señor, en mucha gracia que me dice Moscoso que decís, suspirando, muchas veces a la mesa: «¿No habría quien me prendiese al maestro Guevara, para colgarle de una almena, porque engañó y sonsacó a don Pedro Girón de nuestra Junta?». Decir que yo le engañé, niégolo; decir que yo le desengañé, confiésolo. Y si le está bien o mal quedar allá, o tornarse acá, soy cierto que él no está arrepiso de haberme creído, ni lo estoy yo tan poco de habérselo aconsejado. Bien os acordáis, señor, cuando vuestro capitán Larez me prendió, y me llevó delante de vos preso, y no obstante que me reprehendiste y maltrataste, os requerí de parte de los gobernadores dejásedes la guerra y tomásedes una honesta concordia, en la cual embajada tuviste en poco lo que se os dijo, y también mofaste de mí que os lo dije . Bien sabéis, señor obispo, cuántos malos días he pasado, cuántas injurias he sufrido, qué lástimas se me han dicho, en qué peligros me he visto, qué afrentas me han hecho, con qué amenazas me han amenazado y qué testimonios me han levantado por yo seguir al rey, y por procurar la paz del reino.

Cuando estaba en Villa Bráxima con Vuestra Señoría y los otros comuneros, no os predicaba sino penitencia; a los gobernadores del rey no les persuadí en Ríoseco, sino clemencia, porque era imposible que si los unos no se arrepentían, y los otros no perdonaban, se pudiesen remediar estos reinos, ni atajarse tantos daños. Andando, pues, yo en estos casos, y sufriendo tantos trabajos, no sé porqué me llamáis traidor, y me deseáis matar, y colgar de una almena, pues yo no deseo ver a Vuestra Señoría ahorcado, sino enmendado. Tito Livio cuenta de un patricio romano, el cual, como fuese ambicioso de honra y cobarde para ganarla, determinose de poner fuego a la casa del erario, a do todo el pueblo romano tenía su tesoro. Preso y atormentado aquel mal aventurado, como le preguntasen porqué lo había hecho, respondió: «Quise hacer este daño en la república, porque los escritores hagan de mí en sus escrituras alguna memoria: es a saber, que los tesoros de Roma, si no fui para ganarlos, fui para quemarlos».

He querido, señor, traeros a la memoria esta historia para que sepáis cómo yo soy predicador y cronista de su majestad, en la cual imperial crónica habrá asaz memoria de Vuestra Señoría; no que fuiste padre y pacificador de vuestra patria, sino mullidor y inventor de toda esta guerra. ¿Cómo podré yo con verdad escribir la rebelión de Toledo, la muerte del regidor de Segovia, la toma de Tordesillas, la prisión del Consejo, el cerco de Alahejos, la Junta de Ávila, la quema de Medina, la alteración de Valladolid, el escándalo de Burgos, la perdición de Toro, Zamora y Salamanca, sin que haga conmemoración de Vuestra Señoría? ¿Cómo podré yo contar los males que hizo en Valladolid Vera el cerrajero; en Medina, Bobadilla el tundidor; en Ávila, Peñuelas el Perayle; en Burgos, el cerrajero, y en Salamanca, el pellejero, sin que en aquella cofradía santa no hallemos al obispo de Zamora? Decidme, señor obispo: ¿levantaros he falso testimonio en decir en mi crónica que vi en Villa Bráxima a las puertas de vuestra casa toda la artillería junta, vi en torno de vuestra posada hacerse la guarda, vi a todos los capitanes de la Junta comer a vuestra mesa, vi en vuestra cámara juntarse todos a consulta, vi firmaros la nómina para pagar la gente de guerra y que todos apellidaban «viva, viva el obispo de Zamora»? Todas estas cosas que Vuestra Señoría ha hecho las dejar ya yo de escribir, si vos, señor, las quisiésedes enmendar y aun remediar; mas yo os miro con tales ojos, que antes pederéis la vida con que vivís que la opinión que seguís.

Muy gran compasión me tomo cuando este otro día os vi rodeado de comuneros de Salamanca, de villanos de Sayago, de forajidos de Ávila, de homicianos de León, de bandoleros de Zamora, de perayles de Segovia, de boneteros de Toledo, de freneros de Valladolid y de celemineros de Medina, a los cuales todos tenéis obligación de contentar y no licencia de mandar. Esa gente que traéis de la comunidad es tan vana, y tan liviana, que con amenazas os siguen; con ruegos se sustentan, con promesas se ceban, con miedo pelean, con sospechas andan, con esperanzas viven, con poco no se contentan, ni con dádivas se aplacan, porque su intento no es seguir a los que tienen mejor justicia, sino a quien les dé mejor paga.

Una diferencia hay de nosotros a vosotros y es que los que seguimos al rey esperamos mercedes, mas vosotros no las esperáis, sino que os las tomáis. Sé que también sabemos que vos mismo a vos mismo tenéis prometido el Arzobispado de Toledo. Bien sabéis que Juan de Padilla él mismo a sí mismo se tiene prometido el maestrazgo de Sanctiago. Bien sabemos que el clavero él mismo a sí mismo se tiene prometido el maestrazgo de Alcántara. Bien sabemos que el abad de Compludo él mismo a sí mismo se tiene prometido el Obispado de Zamora. Bien sabemos que el prior de Valladolid él mismo a sí mismo se tiene prometido el Obispado de Palencia. Don Pedro Pimentel, Maldonado, Quintanilla, Sarabia, el licenciado Bernardino y el doctor Cabeza de Vaca, ninguno de éstos daría hoy su esperanza por un buen cuento de renta. Ramir Núñez y Juan Bravo ya se dejan llamar señoría: el Juan Bravo, porque espera ser conde de Chinchón, y el Ramir Núñez, conde de Luna; y podría ser que alguno dellos, o ambos a dos, perdiesen primero las cabezas que alcanzasen los estados. Tornaos, pues, señor obispo, a recoger, arrepentir y a enmendar, porque la lealtad de Castilla no sufre más de un rey ni quiere más de una ley.

No más, sino que Nuestro Señor sea en su guarda.

De Tordesillas a X de marzo, MDXXII.

49. Letra para don Juan de Padilla, capitán que fue de los comuneros contra el rey en la cual le persuade el autor que deje aquella infame empresa

Magnífico señor y desacordado caballero:

La carta que de vuestra mano me escribiste y la creencia que con Montalbán, vuestro criado, me enviaste, recibí aquí, en Medina, y, para decir verdad, cuanto holgué en ver la letra tanto hube pena en oír la embajada, porque me parece todavía que queréis, señor, ir adelante con vuestra empresa, y acabar de perder la república. Bien, señor, os acordáis que en la junta de Ávila os dije que íbades perdido y íbades engañado, y que íbades vendido, porque Hernando de Ávalos y don Pedro Girón, y el obispo de Zamora, y los otros comuneros no habían inventado esta guerra cevil con celo de remediar los daños de la república, sino por tomar cada uno de su enemigo venganza. También, señor, os dije que me parecía gran vanidad y no pequeña liviandad lo que se platicaba en aquella junta, y lo que pedían los plebeyos de la república, es a saber, que en Castilla todos contribuyesen, todos fuesen iguales, todos pechasen y que a maneras de señorías de Italia se gobernasen, lo cual es escándalo oírlo y blasfemia decirlo, porque así como es imposible gobernarse el cuerpo sin brazos, así es imposible sustentarse Castilla sin caballeros. También, señor, os dije que siendo vos en sangre tan limpio, en cuerpo tan dispuesto, en armas tan mañoso, en ánimo tan esforzado, en juicio tan delicado, en condición tan bien quisto, en edad tan mozo, estaríades mucho mejor en Flandes sirviendo a vuestro rey que no en Castilla alterándole su reino. También, señor, os dije en cómo de nuevo criaba el rey por gobernadores al almirante y al condestable, los cuales, con toda la grandeza y nobleza de España, se juntaban en Medina de Ríoseco, para dar orden en desencastillar a Tordesillas y desparcir a los que están en Villa Bráxima, y mi voto y parecer era os preciásedes antes de ser soldado con los caballeros, que no capitán de los comuneros. También, señor, es dije que los gobernadores habían mandado hacer un cadalso, encima del cual puesto un rey de armas pregone públicamente por aleves y traidores a todos los caballeros y hijosdalgo que dentro de quince días no fuesen con sus armas y caballos debajo del estandarte real, a servir y residir; y que me parecía deblades de cumplir antes con lo que los gobernadores mandaban, que no con lo que en Toledo os rogaban. También, señor, os dije que comúnmente las guerras ceviles y populares suelen poder poco, valer poco y durar poco, y que después de acabadas y apaciguadas las repúblicas, tienen por costumbre los príncipes y señores dellas de perdonar a los pueblos y descabezar los capitanes. También, señor, os dije que no os cebásedes de lisonjas locas ni de palabras livianas; es a saber, de muchos que os dirán que vos sois el padre de la patria, el refugio de los presos, el caudillo de los agraviados, el defensor de la república y el restaurador de Castilla, porque los mismos que hoy os llaman redentor os pregonarán mañana por traidor. También, señor, os dije en cómo debríades poner delante los ojos que vuestro padre Pero López, y vuestro tío Don García, y vuestro hermano Gutierre López, y todos vuestros deudos están en servicio del rey en el campo de los gobernadores, y que solo vos, de vuestro linaje, estáis contra el rey con los comuneros, de lo cual resulta que teniendo vos solo la culpa, reciben ellos allá la afrenta. También, señor, os dije que pues el rey no os ha hecho ninguna afrenta, ni quitado ninguna merced, ni mandado cosa injusta, no era justo fuésedes vos, señor, la palmatoria con que Hernando de Ávalos querría vengar su injuria, porque si él tiene prometido y jurado de vengarse de Xebes, también vos tenéis obligación de ser fiel al rey. También, señor, os dije que diésedes al diablo las profecías y hechicerías y nigromancias de la señora doña María, vuestra mujer, que me dicen que hace ella y una esclava suya, porque de hablar y tratar con el demonio no puede resultar sino que ella infierne el ánima y vos, señor, perdáis finalmente la vida. También, señor, os dije no curásedes de intentar a querer meteros en el convento de Uclés, por ser maestre de Santiago, ni de echar de Toledo a don Juan de Ribera por tomarle el Alcázar, pues esto era vanidad pensarlo y liviandad emprenderlo, porque el maestrazgo no tenéis hechos los servicios porque os le den, ni los alcázares de Toledo no tiene don Juan fechas traiciones porque se los quiten.

Tantos y tan buenos consejos, tantos y tan provechosos avisos, tantas y tan persuasivas palabras, tantos y tan importunos ruegos, tantas y tan grandes promesas, tantas y tan grandes seguridades como yo os di, prometí, juré, rogué, importuné y aseguré, no era de amigo sospechoso, ni de hombre doblado, sino como de padre a hijo, de hermano a hermano y de amigo a amigo. Ojalá conociésedes, señor, el corazón mío y el corazón de Hernando de Ávalos, vuestro tío, y veríades en ellos muy claro en cómo yo soy el que os amó y él es el que os engaña; yo soy el que os doy la mano y él es el que os arma la zancadilla; yo soy el que os muestro el vado y él es el que os mete a lo hondo; yo soy el que os alumbro el hito y él es el que os quita el blanco; yo soy el que os tomo la sangre y él es el que os manca los brazos; finalmente, yo soy el que quiero curar y desopilar vuestra postema y él es el que quiere olear vuestra vida y enterrar vuestra fama. Si vos, señor, tomáredes mis consejos, asentara os yo en mis crónicas entre los varones ilustres de España, es a saber: con el famoso Viriato, con el venturoso Cid, con el buen conde de Fernán González, con el caballero Tirán y con el Gran Capitán y otros infinitos caballeros dignos de loar y no menos de imitar. Pues quisiste y queréis seguir y creer a Hernando de Ávalos, y a los otros comuneros, será me forzado de asentaros en el catálogo de los famosos tiranos; es a saber: con el alcayde de Castro Nuño, con Fernán Centeno, con el capitán Zapico, con la duquesa de Villalva, con el mariscal Pero Pardo, con Alonso Trujillo, con Lope Carrasco y con Tamayo el Izquierdo. Todos estos y otros muchos con ellos, fueron tiranos y rebeldes en los tiempos del rey don Juan y del rey don Enrique, y la diferencia que de vos a ellos va es que cada uno dellos tiranizaba no más de a su tierra, y vos, señor, a toda Castilla.

Yo no sé qué fin tenéis, ni sé qué sacáis de seguir esta empresa y porfiar sobre tan injusta demanda, pues sabéis, y sabemos todos, que en caso que salgáis con ella, no hay quien os lo agradezca, y si no salís con ella hay rey que os pida la injuria; porque la grandeza de Castilla ni sabe desobedecer a reyes, ni dejar se mandar de tiranos, Cuando ogaño me fuiste a hablar en Medina del Campo, y fui con vos a ver el frenero, y a Villoria, el pellejero; y a Bobadilla, el tundidor; y a Peñuelas, el perayle; y a Ontoria, el cerrajero; y a Méndez, el librero; y a Lares, el alférez, cabezas y inventores que fueron de los comuneros de Valladolid, Burgos, León, Zamora, Salamanca, Ávila y Medina, yo, señor, me espanté y escandalicé, porque luego vi y conocí que vos os guiábades por pasión, y ellos seguían su opinión, y que todos huyades de la razón.

Ni porque yo sea en vida pecador, en hábito, religioso; en oficio, predicador, y en el saber, simple, habéis de tener en poco lo que yo os aconsejo; que, como decía Platón, «mucho debemos a los que nos avisan de lo que erramos y nos imponen en lo que hagamos, porque más vale enmendarnos por corrección ajena que no perdernos con perseveración loca».

Creedme, y no dudéis, señor Juan de Padilla, que si antes habláredes en Toledo, como después me hablaste en Medina, nunca vos entrárades en esta empresa, que, como decía el emperador Trajano, los hombres que tienen los corazones generosos y los rostros vergonzosos nunca deben comenzar lo que no es en su mano acabar, porque en tal caso dejarán con gran vergüenza lo que comenzaron con buena esperanza. Bien sabéis, señor, que todos los que traéis en vuestro campo contra el rey, son ladrones, homicianos, blasfemos, fementidos y oficiales sediciosos y comuneros, los cuales todos, como sea gente baja y cevil, habéis los de rogar y no forzar, sufrir y no castigar, pagar y no mandar, hablar y no amenazar, porque aquéllos no os siguen a fin de remediar los agravios que se hacen, sino por robar las haciendas que otros tienen. El día que el rey entre en Castilla, el día que perdáis alguna batalla y aun el día en que no haya para pagar la gente de guerra, a la hora veréis, señor, cómo se os irán sin que los despidáis y aún os venderán sin que se lo sintáis.

Habed, señor, compasión de vuestra edad tierna, de vuestra sangre tan limpia, de vuestra parentela tan honrada, de vuestra casa tan antigua, de vuestra condición tan buena, de vuestra habilidad tan entera y de vuestra juventud tan mal empleada, las cuales cosas todas tenéis oleadas y aun casi amortajadas. Si a mí queréis creer y a mis palabras alguna fe dar, encomendaos a Dios, dejad esa empresa, tornad al rey, yos para los gobernadores y dad de mano a esos comuneros, que, según el rey es piadoso, y desean todos vuestro remedio, en mucho más tendrá venirle a servir a tal coyuntura que no haber levantado contra él esta guerra. No os engañe el demonio ni algún vano pensamiento dejar esto de hacer por pensar que os han de notar de liviano en lo que emprendiste y de traidor en lo que os encargaste, porque en todas las historias del mundo a los que siguen a su rey llaman leales y a los que son rebeldes llaman traidores. A un caballero, si le llaman perezoso, madruga; si le llaman desbocado, calla; si le llaman glotón, témplase; si le llaman adúltero, abstiénese; si le llaman furioso, súfrese; si le llaman ambicioso, abájase; si le llaman pecador, enmiéndase; mas si le llaman traidor, ni hay agua con que se lave, ni disculpa con que se disculpe.

Ni el rey está tan ofendido, ni el reino está tan alterado, ni los negocios están tan adelante, ni los gobernadores están tan desganados para que no os podáis reducir y os quede tiempo para servir; y si esto quisiéredes hacer, a fe de cristiano os prometo, y a ley de bueno os juro, que, enmendando vos, señor, el avieso, mude mi pluma el estilo. Montalbán, vuestro maestre sala y yo hablamos en secreto asaz cosas secretas, y pues él me creyó, creedle vos, señor, a él, y si no quisiéredes, lavo mis manos de vuestra culpa y dende agora me parto de vuestra amistad.

No más, sino que con la fe y creencia que recibí vuestra carta, con ella misma recibáis esta mía.

De Medina del Campo, a VII de marzo. Año MDXXI.

50. Letra para un caballero amigo secreto del autor, en la cual se avisa y reprehende a que no sea avaro y mezquino. Es letra muy notable

Magnífico señor y codicioso caballero:

El buen emperador Tito, hijo que fue de Vespasiano y hermano de Domiciano, fue él en sí tan virtuoso y de todo el imperio romano tan amado, que el día de su muerte pusieron estas palabras en su sepulcro: «Delicie moriuntur generis humani». Que quiere decir: «Hoy se ha muerto en Roma el que alegraba a toda la naturaleza humana». De este buen emperador Tito se lee en Suetonio que, estando una noche cenando con él muchos príncipes del imperio, y asaz embajadores de varios reinos, dio de súbito un gran suspiro, y dijo: «Diem amisimus, amici». Como si más claro dijera: «No se cuenta este día entre los días de mi vida, pues no he hecho hoy merced de alguna cosa». También dice Plutarco del Magno Alejandro que, como muchos filósofos disputasen en su presencia sobre en qué consistía la bienaventuranza de esta vida, respondió él: «Creedme, amigos, y no dudéis que no hay en este mundo igual deleite ni placer como es tener qué dar y qué gastar». Así mismo se dice de Teoponto el tebano, que siendo capitán de gente de guerra, como le pidiese uno de su campo alguna blanca para comer y él no tuviere dineros que le dar, descalzose los zapatos que tenía, diciendo: «Si mejor cosa tuviera, mejor te la diera, mas, entre tanto, toma esos zapatos míos, pues no tengo dineros; porque más justo es que yo ande descalzo que no tú hambriento». Dionisio el Tirano, como entrase un día en la cámara de su hijo y viese en ella muchas joyas de plata y oro, dijo: «No te di yo esas riquezas, hijo, para que las guardásedes, sino para que las repartiésedes; porque no hay hombre en el mundo tan poderoso como el que es dadivoso y magnánimo, el cual, con el dar, conserva los amigos y enternece a los enemigos».

He traído este rodeo para escribiros una cosa, la cual, si como estáis en Andalucía estuviérades en Castilla, nunca os la escribiera mi pluma, sino que os la dijera mi lengua a la oreja, porque a los verdaderos amigos como vos, aunque tenemos licencia de corregirlos, no la tenemos de lastimarlos.

Algunos andaluces me han dicho acá, y algunos amigos vuestros me han escrito de allá, que sois grande amigo de allegar dineros, y muy enemigo de gastarlos, del cual hecho yo estoy penado y aun afrentado, porque son tan contrarias en sí la honra y la avaricia, que jamás moran en una persona ni se mandaron por una puerta. Todos los viciosos de esta vida toman en los vicios algún gusto, sino es el malaventurado del avaro, el cual pena por lo que tienen los otros y no gusta de lo que tiene él. El trabajo de los hombres avaros es que siempre andan sospechosos y recatados de que las avenidas no les lleven los molinos, no les pazcan las dehesas de los ganados, no les yermen la caza los cazadores y que no les hurten el tesoro los ladrones; mas al fin fin, el hombre que es mísero y avaro, de ninguno guarda tanto su hacienda, como es de su persona propia. En lo que más toma el avaro gusto es en ahuchar doblones, contar ducados, esconder los dineros, vérsele vender el vino, ensilar mucho trigo, parir bien las ovejas, moler caro sus aceñas, no llover el abril y tener él mucho trigo para el mayo. La suma gloria del hombre avaro es poder ganar, tener qué ahuchar, nadie le pedir y nunca gastar. El hombre avaro, aunque en estas pocas cosas torna gusto, con otras muchas pasa tormento; es a saber: si le piden dos maravedíes para especias, un cuarto para candelas, un ardite para comprar una olla, tres blancas para verdura, un maravedí para aceite y una blanca para sal, hunde la casa a voces y da al diablo a la mujer y hijos, diciendo que son a una para robarle todos.

Muy señalada merced hace Dios a los hombres que les da rostros vergonzosos y corazones generosos, porque si los avaros gustasen cuán dulcísima cosa es el dar, aun lo necesario para sí no podrían retener. El hombre magnánimo y dadivoso no es tanto lo que él da como lo que a él le dan, porque en pago de cualquiera merced le dan todos a él su libertad. El hombre generoso y dadivoso es señor del pueblo a do mora, y de todos los con quien trata, porque con estar ciertos que lo ha de agradecer, nadie tiene rostro para cosa le negar. Lo contrario acontece al hombre mísero, avaro y escaso, al cual nadie se allega, nadie le habla, nadie le acompaña, nadie le da nada, nadie entra por su puerta, ni nadie quiere ir por lumbre a su casa. ¿Quién ha de pedir al avaro ninguna cosa, y menos entrar en su casa, viéndole traer el zapato voto, las calzas descosidas, el capuz raído, la gorra sudada, la camisa rota, el jubón desabrochado y a él andarse solo? ¿Cómo remediará la necesidad ajena el que no remedia una gotera de su casa? ¿Cómo hará a nadie limosna el que se abrocha con un cabo de agujeta? ¿Cómo socorrerá a los extraños el que mata de hambre a los suyos? ¿Cómo dará a los hospitales leña el que se calienta a los granzones de la paja? ¿A quién prestará dineros el que tiene los suyos enterrados? ¿Cómo repartirá de su trigo el que espera revenderlo el mes de mayo? ¿Quién osará ser amigo del hombre avaro siendo él enemigo de sí mismo? ¡Oh, a cuántos avaros hemos visto y vemos cada día, a los cuales da Dios fuerza para ganar las riquezas, cordura para sustentarlas, ánimo para defenderlas, vida para poseerlas, y no les dio licencia para gozarlas, sino que pudiendo ser señores de lo ajeno, los vemos hechos esclavos de lo suyo propio.

De cuánta mayor excelencia sea la honesta pobreza que no la maldita avaricia, puédese conocer muy claro, porque el pobre se contenta con lo poco, y al rico no le parece nada lo mucho. ¿Qué mayor desgracia ni qué más malaventura puede venir sobre un avaro, pues todo lo que ve en otros suspira, y todo lo que él tiene y posee le falta? ¿Qué tiene el que a sí mismo no tiene? El hombre avaro tiene ocupados sus ojos en las viñas que planta, las manos en el dinero que recibe, la lengua en los factores con quien riñe, los pies en ir al ganado que tiene, el tiempo en las trampas que trae, las orejas en las cuentas que toma, el cuerpo en las compras que hace y el corazón en los ducados que guarda; de manera que, como anda enajenado de sí, ninguna parte tiene en sí. Ya que los hombres avaros no tienen corazón para dar a los amigos o propincuos, es verdad que osan expenderlo consigo mismos, no por cierto ni por novedad, sino que dan por tan mal empleado lo que consigo mismos gastan como lo que otros de su hacienda les hurtan. Al hombre avaro y mísero testimonio es que le levantan en decir que es rico, porque no él a las riquezas, sino las riquezas a él tienen y poseen, de manera que pasa trabajo en allegarlas, peligro en guardarlas, pleitos en defenderlas y tormento en repartirlas, porque si no le fuese por vergüenza, más querría comer pan y cebolla que no sacar de la bolsa una tarja.

No es de tan buena condición un hombre avaro como lo es el oficial ollero, pues el uno se aprovecha del lodo y el otro no osa tocar en el oro, y más y allende de esto, el pobre ollero gana su vida vendiendo ollas y el hombre avaro pierde la honra en atesorar sus riquezas. Por muy enterrado y guardado que tenga el avaro a su dinero, de nadie lo guarda tanto como lo guarda de sí mismo, porque si echa dos llaves al cofre para lo guardar, echa doscientas a su corazón para no lo gastar. Los hombres generosos y vergonzosos muy mucho se deben guardar de no comenzar a tesorar ni amontonar dinero, porque si una vez se abezan o acostumbran a tesorar y esconder alguna moneda por poca que sea, no por más de por ahorrar una sola blanca, caerán en mil poquedades cada día.

Para vengarse alguno del hombre avariento, no le ha de desear sino que viva muy mucho, porque muy peor vida se da el avariento con su avaricia que nosotros le daríamos con una grande penitencia. Miento si no conocí, siendo yo guardián de Arévalo, a un ricazo, el cual no comía de toda su hacienda sino la fruta caída, la uva podrida, la carne enferma, el trigo mojado, el vino acedo, el pan ratonado, el queso gusaniento y el tocino rancio, por manera que no se atrevía a comer si no lo que no podía vender. También confieso que fui a su casa algunas veces, más por mirar que no por negociar, y vi que tenía las cámaras llenas de arañas, las puertas desquiciadas, las ventanas hendidas, los encerados rotos, los suelos levantados, los tejados destejados, las sillas quebradas y las chimeneas caídas, de manera que era casa más para murmurar que no para morar. Aunque es vergüenza de lo decir, no lo dejaré de decir, y es que me decían los vecinos y amigos dél, que, si por caso le venía algún pariente o amigo de fuera, le había de hospedar en casa de algún vecino o pedir todo lo que había menester prestado. Grande, por cierto, es la codicia, y muy infame es la avaricia, la cual la vergüenza del mundo no reprime, ni el temor de la muerte no ataja. El hombre avaro y mezquino lo que anda a buscar es cuidado para sí, envidia para sus vecinos, espuelas para sus enemigos, despertador para los ladrones, peligro para el cuerpo, dañación para el ánima, maldiciones de los herederos y pleitos para los hijos.

Todas estas cosas os he querido, señor, decir, para que sepáis el ruin oficio que habéis tomado y la mala opinión en que sois tenido, lo cual a nosotros, vuestros amigos, es gran vergüenza, y a vos grande afrenta. Enmendad, señor, el avieso, y tomad en el vivir otro estilo, porque en casa de cualquiera hombre de bien súfrese cualquiera quiebra en la hacienda, y no ninguno en la honra. Si todavía porfiardes a ser mísero y mezquino y os dierdes a guardar dineros, desde agora me despido de ser vuestro amigo y aun de llamaros mi conocido, porque jamás me precié de tener conocimiento con hombre que osase mentir y se diese a guardar. Esta carta os envío sin llevar pies ni cabeza, es a saber, sin ponerle data, ni tampoco firma, porque yendo, como va, tan colérica y aun satírica, no es justo se sepa quién la escribió, ni para quién se escribió. No más, etc.

51. Letra para doña María de Padilla, mujer de don Juan de Padilla, en la cual le persuade el autor se torne al servicio del rey y no eche a perder a Castilla

Muy magnífica y desaconsejada señora:

En los tiempos que imperaba el buen emperador Justiniano allá en Oriente, gobernaba los reinos de Poniente un capitán suyo, que había nombre Narsetes, varón de gran capacidad para gobernar y de gran ánimo para pelear. De este Narsetes decían los romanos que estaba en él solo la fuerza de Hércules, la audacia de Héctor, la generosidad de Alejandro, el ingenio de Pirro, el ánimo de Anteo y la fortuna de Escipión. Después que este ilustre capitán hubo vencido y muerto a Totila, rey de los godos, y a Uncelino, rey de los gallos, y a Sindual, rey de los britones, y pacificado y triunfado de todos los reinos de Poniente, revolviéronle los romanos con su señor Justiniano, diciendo que se le quería levantar con el imperio. Fue necesario, pues, a Narsetes partir de Roma y pasar en Asia, a verse con el emperador Justiniano, y con la emperatriz Sofía, su mujer, para mostrar su inocencia y probar que todo aquello era levantado por envidia. Días había que la emperatriz Sofía quería muy mal a Narsetes, unos dicen que porque era rico, otros porque mandaba el imperio, otros porque era eunuco, y como vio sazón para mostrarle su odio, díjole un día en Palacio: «Pues tú, Narsetes, eres menos que hombre y medio mujer, por ser eunuco, yo te mando que dejes la governación del imperio, y te subas al telar a do tejen mis doncellas tocas, y allí les ayudarás a aspar mazorcas». Aunque Narsetes era hombre de gran autoridad y de mucha gravedad, llegáronle aquellas palabras tan a lo íntimo de las entrañas, que se le demudó la cara, y se le arrasaron los ojos de lágrimas, y así, lastimado y lloroso, dijo: «Mucho quisiera, serenísima princesa, que me castigaras como señora, y que no me lastimaras como mujer, y no me pesa tanto de lo que me has dicho cuanto de la ocasión que me das a lo que te tengo de responder». Y dijo más: «Yo me parto para Italia tejer, urdir y tramar una tela, que ni tú la sepas entender, ni aun tu marido la pueda destejer».

Viniendo, pues, al propósito, el señor Abad de Compludo me dio aquí, en Medina, una carta de vuestra merced, la cual venía tan atrevida y descomedida, que él hubo vergüenza de habérmela dado, y yo me espanté de ver lo que en ella venía escrito. Como dijo el buen Narsetes a la emperatriz Sofía, no me pesa de lo que me decís, sino de lo que os tengo de responder, porque será necesario que salga mi pluma a hacer armas con vuestra lengua.

Decís, señora, en vuestra carta que vistes la carta que envié a vuestro marido Juan de Padilla, y que bien parece en ella que es de fraile irregular, desbocado, atrevido, absoluto y disoluto, y que si estuviera allá en el mundo, no solo osara tales cosas escribir, mas aun ni por los rincones hablar. Afeáis me también mucho que soborné a don Pedro Laso, que sonsaqué a don Pedro Girón, que me tomé con el obispo de Zamora, que fui por los gobernadores a Villa Bráxima, que predico públicamente contra la Junta y que en mi boca no hay verdad, ni en mis obras fidelidad. También me argüís, afeáis, condenáis y aun amenazáis por aquella carta que a vuestro marido escribí, y por los enojos que le di, afirmando y jurando que después acá que yo le hablé, siempre anda triste, pensativo, amohinado y aun desdichado. También me notáis, y aun argüís, que nunca paro de lisonjear a los gobernadores, engañar a los de la Junta, desanimar a su gente de guerra, predicar contra la comunidad, prometer lo que el rey no manda, ir y venir a Villa Bráxima y traer embaucada a toda Castilla. Estas y otras semejantes cosas vienen en vuestra carta, indignadas de escribir y escandalosas de contar; mas pues vuestra merced echó primero mano a la espada, no se queje si en la cabeza le acertare alguna herida.

A lo que decís, señora, que si estuviera en el mundo como estoy en la religión no osara tal carta a vuestro marido escribir, vos, señora, decís muy gran verdad, porque siendo yo hijo de don Beltrán de Guevara y sobrino de don Ladrón de Guevara, a estar allá en el mundo no había yo de escribir, sino de pelear; no de cortar la péñula, sino de aguzar la lanza, no de aconsejar a vuestro marido, sino de reptarle de comunero; porque el competir sobre lealtad a traición no se ha de averiguar con palabras, sino con armas. Yo, señora, soy en profesión cristiano; en hábito, religioso; en doctrina, teólogo; en linaje, de Guevara; en oficio, predicador, y en la opinión, caballero, y no comunero; por cuya causa me precio de predicar la verdad y impugnar la comunidad. Tengo por verdad a los que defienden la verdad, que son los caballeros y hijosdalgo que están en nuestro ejército, pues no saltean los caminos, no roban las iglesias, no talan las mieses, no queman las casas, no saquean los pueblos y no consienten hombres perdidos, sino que guardan su ley y sirven a su rey. Tengo por comunidad y comunero a Hernando de Ávalos, que la inventó; a vos, señora, que la sustentáis; a vuestro marido, que la defiende; al obispo de Zamora, que la sigue; a don Pedro Girón, que la autoriza; a don Pedro Laso, que la predica; a Sarabia, que la alaba; a Quintanilla, que se anda con ella, a don Carlos de Arellano, que la honra, y a don Pedro Pimentel, que la manda; los cuales todos ni saben lo que siguen, y menos lo que pierden.

Yo bien sé que Hernando de Ávalos fue el primero que la comunidad inventó, y también sé que en vuestra casa se ordenó y platicó el hacer la junta en Ávila, y la orden de levantar a todo Castilla; de manera que él puso el fuego y vos, señora, le soplaste. Negro corregimiento fue aquel de Gibraltar, que quitaron a Hernando de Ávalos, pues fue ocasión de él engañaros a vos, y vos a Juan de Padilla, y Juan de Padilla a don Pedro Girón, y don Pedro Girón a don Pedro Laso, y don Pedro Laso al Abad de Compludo, y el Abad de Compludo al obispo de Zamora, y el obispo de Zamora al licenciado Bernardino, y el licenciado Bernardino a Sarabia, y Sarabia a todos los más de la letanía.

Muchas veces he pensado, y aun lo he preguntado, qué fue el motivo, señora, para conmover y alterar este reino, y dícenme todos vuestros amigos, y aun deudos, que adivinaste o soñaste ver a vuestro marido maestre de Santiago, lo cual, si ansí es, es una muy grande liviandad, y no pequeña vanidad, porque ya podría ser que en lugar de darle la cruz, le pusiesen en la cruz. Si queréis a vuestro marido hacerle maestre de Santiago, otro camino habéis de tomar, y otro consejo habéis de dar, porque aquella tan alta dignidad no la ganaron los maestres pasados revolviendo, como vos, a Castilla, sino peleando con los moros en la vega de Granada. En todas las repúblicas del mundo hay amigos y enemigos, contentos y descontentos, prósperos y abatidos, y aun leales y traidores, y en lo que se conocen los unos y los otros es: que los leales se dan a servir, y los traidores se ocupan en robar.

Pensad, señora doña María, que ya murió el rey don Juan, ya falleció el rey don Enrique, ya degollaron al mariscal Pedro Pardo, ya desterraron al alcalde de Castro Nuño, ya empozaron al capitán Zapico y ahorcaron a Fernán Centeno, en cuyos tristes tiempos, quien más podía, más tenía; mas ya, gracias a Dios, quien algo quisiere, no solo lo ha de pedir, mas aún ha lo de servir. Si las historias no nos engañan, Mamea fue superba, Medea fue cruel, Marcia fue envidiosa, Popilia fue impúdica, Zenobia fue impaciente, Helena fue inverecunda, Macrina fue incierta, Mirtan fue maliciosa, Domicia fue malsobria; mas de ninguna he leído que haya sido desleal y traidora, sino vos, señora, que negaste la fidelidad que debíades, y la sangre que teníades. Descendiendo vos, señora, de parentela tan honrada, de sangre tan antigua, de padre tan valeroso y de linaje tan generoso, no sé qué pecados fueron los vuestros para que os cupiese en suerte marido tan poco sabio y a él cupiese mujer tan sabida. Suelen ser las mujeres naturalmente piadosas, y vos, señora, sois cruel; suelen ser mansas, y vos sois brava; suelen ser pacíficas, y vos sois revoltosa, y aun suelen ser cobardes, y vos sois atrevida; por manera que a la duquesa de Villalba sucedió doña María de Padilla. Quéjase Asiria que se revolvió por Semíramis, Damasco por Mitrida, Armenia por Pincia, Grecia por Helena, Germania por Urondonia, Roma por Agripina, España por Hecuba, y agora se queja Castilla no que se revolvió por vos, sino que la revolviste vos.

Para asosegar esa ciudad de Toledo, a do vos, señora, estáis, ni bastan mandamientos del rey, promesas de los gobernadores, el ejército del prior de san Juan, amenazas de don Juan de Ribera, ruegos del arzobispo de Barri, persuasiones de vuestros hermanos, ni aun oraciones de los monasterios, sino que cada día estáis más y más encarnizada en la guerra y menos amiga de la paz. También, señora, os levantan que tenéis una esclava lora o loca, la cual es muy grande hechicera, y dicen que os ha dicho y afirmado que en breves días os llamarán señoría, y a vuestro marido alteza, por manera que vos esperáis suceder a la reina nuestra Señora, y él espera suceder al rey don Carlos. Yo esto no lo creo, ni jamás lo creeré; mas si por caso es algo, guardaos del diablo y no creáis al demonio, porque. Joseph soñó que había de ser señor de toda Egipto, y no soñó que le habían de vender allí por esclavo. Ya puede ser que como el demonio es sutil y mañoso, os haya pronosticado la fama que vos tenéis, y el mando que tiene vuestro marido, y cómo el rey se había de ir y Castilla de revolver, y por otra parte os haya encubierto cómo la comunidad se ha de deshacer y cómo vosotros os habéis de perder.

Zorastes, que fue el inventor del arte mágica; Demócrito el filósofo, y Artemio, capitán de los tebanos, y Pompeo, cónsul de los romanos, y Tulio y la hija de Tulio, y otros infinitos con ellos, se dieron a hablar con los demonios, y a querer creer mucho en sueños, los cuales, si como son muertos, fueran vivos, ellos nos contaran de las burlas que los demonios les hicieron acá, y los tormentos que les dan allá. Nunca vi ni jamás leí a hombre ni mujer creer en sueños, hacer hechicerías, andar con nigrománticos, mirar en agüeros, tratar con encantadores y encomendarse a los magos, que no fuese tenido por muy liviano, y aun por muy mal cristiano, porque el demonio con ninguno tiene tan estrecha amistad para que haya gana de avisarle, sino de engañarle.

También, señora, os levantan por acá que entraste en el sagrario de Toledo a tomar la plata que allí estaba, no para renovarla, sino para pagar a vuestra gente de guerra. Ha nos caído acá en mucha gracia la manera que tuviste en el tomarla y saquearla: es a saber, que entraste de rodillas, alzadas las manos, cubierta de negro, hiriendo os los pechos, llorando y sollozando, y dos hachas delante de vos ardiendo. ¡Oh bienaventurado hurto! ¡Oh glorioso saco! ¡Oh felice plata!, pues con tanta devoción mereciste ser hurtada de aquella santa iglesia. Los hombres, cuando hurtan, temen, y cuando los ahorcan, lloran; en vos, señora, es lo contrario, pues al hurtar, lloráis, pienso al justiciar os reiréis. Para enviar los romanos un presente al dios Apolo, que estaba en Delfos, todas las romanas dieron los collares de sus gargantas, los anillos de sus dedos, las ajorcas de sus muñecas y aun los chocallos de sus orejas, porque por más bien empleado tenían ellas el darlo a sus templos que no traerlo sobre sus personas. Plega a Dios, señora doña María, seáis agora mejor cristiana que fuerades entonces romana, que pues os atreviste a tomar la plata de la iglesia de Toledo, de mala gana daríades vuestro oro para el templo de Apolo. Tomar de los soldados para dar a la Iglesia, aún pasa; mas tomar de la Iglesia para dar a los soldados, es cosa escandalosa y descomulgada; por manera que fue sacrilegio tomarlo de do se tomó y fue grande escándalo darlo a quien se dio.

Húmilmente, señora, os suplico que atajéis estos males, dejéis esa gente, abráis esas puertas, recojáis a vuestro marido, asoseguéis vuestro corazón, deis al diablo hechiceras y hayáis piedad de Toledo; porque de otra manera, si los negocios van como han ido hasta aquí, nosotros tendremos bien que llorar y vuestra merced que pagar.

De Medina de Ríoseco, a XVI de enero MDXXII.

52. Razonamiento hecho en Villa Bráxima a los caballeros de la Junta, en el cual el autor les requiere con la paz en nombre del rey y les dice muchas y muy notables cosas

Magníficos y extremados señores:

A Dios que me crió invoco y por este templo santo juro que en todo lo que aquí entiendo de decir no es mi intención de a nadie lastimar, y menos engañar, porque el hábito religioso de que estoy vestido, y la sangre delicada de que yo me precio me dan lugar que sea malicioso en las entrañas y doblado en las palabras. Algunos de los que aquí estáis ya conocéis mi condición, y aún mi conversación, y también sabéis la libertad que suelo tener en el hablar, y la osadía en el predicar, y cómo en el lisonjear suelo ser frío, y en el reprender absoluto. Ayer, que fue día de todos santos, prediqué a los gobernadores, y a todos los grandes del reino que estaban allí con ellos, y como les dije tan ásperamente lo que habían de hacer, y en el reino de enmendar, mandáronme hoy venir acá, con esta carta de creencia, para que os diga en qué erráis, como a ellos dije en lo que no acertaban. También, señores, traigo una larga instrucción firmada del Cardenal, y del almirante, y del condestable, en la cual se contiene lo que el rey os envía decir, y ellos de su parte a ofrecer, porque, vista su escritura y oída mi plática, desde agora quede del todo rota la guerra o asentada paz. En dieciséis días he venido aquí a hablaros siete veces, y porque los gobernadores no me han de mandar acá más venir, ni en estos negocios más platicar, es necesario que hoy en este día nos resumamos, y por amigos o por enemigos nos declaremos, porque de otra manera, estando, como estáis, tan cerca, de necesidad os habéis de dar unos a otros la batalla. Yo, señores, diré lo que siento y diré lo que me es mandado, para que oído lo uno y visto lo otro, sepáis lo que me habéis de responder y os determinéis en lo que habéis de hacer.

246

Ante todas cosas, me quiero quejar de vuestro capitán Larez, el cual me prendió y maltrató, así en obras como en palabras, sabiendo él bien que el medianero que va de un ejército a otro, por do quiera suele pasar seguro. No es justo que Larez me traiga a mí preso como a ladrón y empujando me como a traidor, pues yo vengo en nombre del rey, y por mandado de sus gobernadores, a traer la paz y a estorbar la guerra, mayormente que si estuviera yo en el mundo, se tuviera él por dichoso de ser mi escudero.

Dejando esto a parte, yo, señor, quiero contaros lo que por mí ha pasado, y en los desastres que me he hallado, después que el rey se ausentó, y la comunidad se levantó, porque tengáis de mí creído que todo lo que os dijere aquí no lo he adivinado ni soñado, sino con mis propios ojos visto.

Ya sabéis que de vuestra comunidad el inventor fue Hernando de Ávalos, el capitán don Pedro Girón, el caudillo Juan de Padilla, el letrado el licenciado Bernardino, el asesor el doctor Zúñiga, el alférez Pedro de Mercado, el capellán el Abad de Complado y el metropolitano el señor Obispo de Zamora. Yo me hallé en Segovia en el primero alboroto que hubo en el reino, cuando a veintitrés de mayo, miércoles después de Pascua, sacaron de la iglesia de san Miguel al regidor Tordesillas, y le llevaron a la horca, a do le ahorcaron entre dos porquerones, como a Jesucristo entre dos ladrones. Yo me hallé también en Ávila cuando se juntaron allí todos los procuradores de la Junta, en el Cabildo de la Iglesia Mayor, y allí juraron todos de seguir y morir por el servicio de la comunidad, excepto Antonio Ponce y yo, que no quisimos jurar, por cuya causa a él mandaron derrocar la casa y a mí salir de Ávila. Yo me hallé en Medina del Campo, a veinte y dos del mes de agosto, un martes de mañana, cuando Antonio de Fonseca amaneció sobre ella con ochocientas lanzas, y no le queriendo dar el artillería del rey, quemó la villa y monasterio de san Francisco, y no salvamos otra cosa sino fue el Santo Sacramento en el hueco de una olma que estaba cabe en la añoría. Y me hallé también allí cuando se levantó el tundidor Bobadilla, con otros como él, y echó por las ventanas abajo del regimiento al regidor Nieto y mató a Téllez el librero, y luego tomó casa y puso porteros, y se dejaba llamar señoría, como si fuera ya señor de Medina o fuera muerto el rey de Castilla. Yo me hallé cuando Valladolid se levantó, en quemándose Medina, y puestos todos en armas, anduvieron toda la noche, a derrocar casas, trayendo por capitán a Vera el Frenero, y los frailes de san Francisco, con el Sacramento, para evitar el fuego. También me hallé en Valladolid cuando el Cardenal huyó por la puente, el presidente se metió en san Benito, el licenciado Vargas salió por un albañar y al licenciado Zapata sacamos en hábito de fraile hasta Cigales, y el doctor Guevara, mi hermano, fue, en nombre del Consejo, a Flandes. A todos los otros señores del Consejo Real no los vi prender, mas vilos después presos, y véolos agora huidos, que ni se osan juntar ni justicia hacer. Este otro día vi en Soria que ahorcaban a un procurador de la ciudad, pobre, enfermo, viejo, no porque había hecho algún mal, sino porque le querían algunos mal.

Deciros, señores, cómo echaron al condestable de Burgos, al marqués de Denia de Tordesillas, al conde y a la condesa de Dueñas, a los caballeros de Salamanca; a don Diego de Mendoza, de Palencia, y cómo, en lugar de estos caballeros, han tomado por adalides y capitanes a freneros, a tundidores, a pelejeros y a cerrajeros, es grande afrenta contarlo y lástima oírlo. Los daños, las muertes, los robos y escándalos que en este reino agora se hacen diría yo que de esta tan gran culpa todos tenemos culpa, porque es Nuestro Señor tan recto juez, que no permitiría fuesen todos castigados si no fuesen todos culpados.

Han venido las cosas de este reino a tal estado, que no hay en todo él camino seguro, no hay templo privilegiado, no hay quien are los campos, no hay quien traiga bastimentos, no hay quien haga justicia y no hay quien esté seguro en su casa, porque todos confiesan rey y todos apellidan rey, y es el donaire que ninguno guarda la ley, y ninguno sigue al rey. Creedme, señor, que si vuestra gente reconociesen rey y tuviesen ley, ni robarían al reino, ni desobedecerían al rey, mas como no han miedo al cuchillo, ni temen a la horca, hacen lo que quieren, y no lo que deben. Yo no sé cómo decís que queréis reformar el reino, pues no obedecéis al rey, no admitís gobernadores, no consentís Consejo Real, no sufrís chancillerías, no tenéis corregidores, no hay alcalde de Hermandad, no sentencian pleitos, ni se castigan los malos, por manera que a vuestro parecer el no haber en el reino justicia es reformar la justicia.

No sé yo cómo queréis reformar el reino, pues con todo vuestro favor no hay súbdito que reconozca perlado, ni hay monja que guarde clausura, no hay fraile que esté en monasterio, no hay mujer que sirva a su marido, ni hay vasallo que guarde lealtad, ni hay hombre que trate verdad; por manera que so color de libertad vive cada uno a su voluntad. No sé yo cómo reformáis vosotros la república, pues los de vuestro campo fuerzan las mujeres, sonsacan las doncellas, queman los pueblos, saquean las casas, hurtan los ganados, talan los montes, roban las iglesias; por manera que si dejan de hacer algún mal, no es porque no osan, sino porque no pueden. No sé yo cómo queréis reformar la república, pues por vuestra ocasión se ha levantado Toledo, alterado Segovia, quemado Medina, cercado Alaejos, encastillado Burgos, amotinádose Valladolid, estragádose Salamanca, desobedecido Soria y aun apostatado Palencia. No sé yo cómo queréis reformar la república, pues Nájara se reveló al duque, Dueñas al conde, Tordesillas al marqués, Chinchón a su señor; pues, Ávila, León, Toro, Zamora y Salamanca no hacen más de lo que quiere la Junta. Tal sea mi vida como es, señor, vuestra demanda, es a saber, que no salga el rey del reino, que mantenga a todos en justicia, que no lleve fuera del reino moneda, que se hagan las mercedes a naturales, que no se inventen tributos nuevos y, sobre todo, que no se vendan los oficios, sino que se den a los hombres más virtuosos.

Estas y otras semejantes cosas tenéis, señor, licencia de pedirlas, y solo el rey tiene autoridad de remediarlas; porque pedir a los príncipes con la lanza lo que ellos han de proveer por justicia, no es de buenos vasallos, sino de desleales servidores.

Bien sabemos que quedaron en estos reinos muchos pueblos quejosos de la nueva gobernación de los flamencos, y hablando la verdad, la culpa no estuvo en todos ellos, sino en la poca experiencia suya y en la mucha envidia nuestra. Hablando aquí la verdad, no tienen tanta culpa los extranjeros como la tienen los naturales, pues ellos no sabían las tenencias que habían de pedir, las encomiendas que habían de procurar, ni los oficios que habían de vender, sino que de los nuestros eran avisados, y aun en las astucias instructos; por manera que si en ellos abundó la codicia, en nosotros sobró la malicia. Ya que Musior de Xebes y los otros tuvieron alguna culpa, no sé yo qué culpa tiene nuestra España para que en ella y contra ella levantáis la guerra, porque la medicina que vosotros habéis inventado para el remedio de este mal, no es para purgar, sino para matar. Pues queréis, señor, hacer guerra, averigüemos aquí contra quién es esta guerra: no contra el rey, pues su tierna edad le excusa; no contra el Consejo, que no parece; no contra Xebes, que ya está en Flandes; no contra los gobernadores, que agora tomaron el oficio; no contra los caballeros, que no han hecho mal; no contra tiranos, que el reino estaba pacífico; es, pues, la guerra contra vuestra patria y contra la triste de vuestra república. No abastaba el descuido del rey, ni la avaricia de Xebes, para que viésemos, como vemos, levantarse pueblo contra pueblo, padres contra hijos, tíos contra sobrinos, amigos contra amigos, vecinos contra vecinos y hermanos contra hermanos, sino que nuestros pecados merecieron que fuésemos así castigados y los vuestros merecieron que fuesedes nuestros verdugos.

Hablando más en particular, no os podéis excusar de culpa por inventar, como inventaste la Junta de Ávila, del Consejo de la cual ha emanado toda la guerra, y de verdad que luego allí lo adiviné, y aún prediqué; es a saber, que nunca hubo monipodio de reino del cual no naciese algún notable escándalo. El reino ya está alterado, el rey es desacatado y el pueblo ya está levantado; el daño ya está comenzado el fuego ya está bien encendido y la república ya se va a lo hondo; mas, al fin, si vosotros queréis, puédese tomar algún medio de do salga todo el remedio, porque hemos de tener por fe que antes oirá Nuestro Señor a los corazones que le piden la paz, que no a los pífanos y atambores que pregonan la guerra. Si vosotros queréis olvidar algo de vuestro enojo, y los gobernadores quieren perder algo de su derecho, yo lo doy todo por acabado, que hablando aquí la verdad, en las guerras ceviles y populares, más pelean los hombres por la opinión que toman, que por la razón que tienen. Mi parecer sería, en este caso, que os juntásedes con los gobernadores a platicar en los agravios y a entender en los remedios dellos, porque de esta manera en vosotros habría más madureza para lo que hablades de pedir, y en el rey nuestro señor habría más facilidad en lo que hubiese de conceder. Si quisiéredes, señores, dejar las armas y dar fe a mis palabras, en fe de cristiano os juro, y por la creencia que traigo os prometo, que seréis del rey perdonados y de sus gobernadores bien tratados, para que jamás seáis por lo hecho castigados, ni aun con palabras lastimados. Y porque no parezca que vuestro celo ha sido en vano, y que los gobernadores no desean el bien del reino, quiero os agora aquí mostrar lo que ellos por el reino quieren hacer, y por parte de su majestad merced os hacer, que son las cosas siguientes:

Lo primero que prometen es que ninguna vez que salga su majestad fuera del reino se pondrá gobernador en Castilla que no sea castellano, por razón que la autoridad y gravedad de España no se sufre gobernar por gente extranjera.

Item os prometen que todas las dignidades, tenencias, encomiendas y oficios del reino y corte se darán a naturales, y no a extranjeros, atento que hay muchas personas nobles que lo tengan bien merecido y en quien esté bien empleado.

Item os prometen que las rentas reales de los pueblos se encabezarán en un honesto y mediano arrendamiento de manera que las ciudades ganen bien y la corona real no pierda mucho.

Item os prometen que si en el Consejo real se hallare algún oidor o fiscal, o otro oficial, aunque sea el presidente, que no fuere cuerdo para gobernar, y docto para sentenciar, y honesto en vivir, que su majestad le absolverá del oficio, y le dará de comer en otro cabo, atento que son hombres como los otros, y se pueden afeccionar a unos, y aun apasionarse con otros.

Item os prometen que de aquí adelante mandará su majestad a los sus alcaldes de corte y chancillerías que no sean en lo que mandan tan absolutos, ni en lo que castigan tan rigurosos, atento que algunas veces son en algunas cosas temerarios, porque sean más temidos, y aun tenidos.

Item os prometen que de aquí adelante mandará su majestad reformar su casa y cercenar los gastos demasiados de su despensa, atento que los desordenados gastos acarrean muchos tributos.

Item os prometen que por extrema necesidad que tenga el rey nuestro señor, no sacará ni mandará sacar ningún dinero de estos reinos para llevar a Flandes ni a Alemania, ni a Italia, atento que luego paran los tratos en los reinos que no hay dineros.

Item os prometen que no permitirá el rey nuestro señor en que de aquí adelante hierro de Vizcaya, alumbre de Murcia, vituallas de Andalucía, ni sacas de Burgos, se carguen en naos extranjeras, sino en naos de Vizcaya y de Galicia, atento que los extranjeros no puedan robar, y los naturales tengan en qué ganar de comer.

Item os prometen que no dará su majestad, de aquí adelante, fortaleza, castillo roquero, casa fuerte, puente, puerta, torre, sino fuere: a hijosdalgo, llanos y abonados, y no a caballeros poderosos, para que en tiempos revoltosos se puedan alzar con ellos, atento que en los tiempos antiguos ninguno podía tener artillería, ni casa, ni fortaleza, sino el rey en Castilla.

Item os prometen que de aquí adelante su majestad no mandará dar cédulas de sacas, para sacar pan de campos para Portugal, ni de la Mancha para Valencia, atento que muchas veces el poderlo llevar allá lo hace encarecer acá.

Item que con toda brevedad mandará su majestad ver el pleito que trae Toledo con el conde Belalcázar, y el de Segovia con don Fernando Chacón, y el de Jaén con la villa de Martos, y el de Valladolid con Simancas, y el de doxi Pedro Girón con el duque de Medina, atento que los que poseen dilatan y los desposeídos se quejan.

Item os prometen que el rey mandará refrenar los trajes, tasar los casamientos, dar ley a los convites, reformar a los monasterios, visitar las chancillerías, reparar las fortalezas y fortificar las fronteras todas, atento que en todas estas cosas hay necesidad de reformación, y aún de corrección.

Si vosotros, señores, sois los que os pregonáis ser por toda Castilla, es a saber, que sois los redentores de la república, y restauradores de la libertad de Castilla, he aquí os ofrecemos la redención y aún la resurrección della, por tantas ni tan buenas cosas como son éstas, ni os acordárades de las pedir, ni aún las osáredes suplicar. Ya, señores, es llegada la hora en que se conoce si es uno lo que decís, y es otro lo que queréis; porque si queréis el bien general, ya se os da, y si pretendéis vuestro interese particular, no se os ha de consentir; que, hablando la verdad, no es justo, sino injusto, que con sudores de la pobre república quiera cada uno mejorar su casa. Sea, pues, la conclusión que pues estamos en esta iglesia de Villa Bráxima, yo, señores, os suplico por mi parte de rodillas, y os requiero de la parte de los gobernadores, y os lo mando de parte del rey, dejéis las armas, deshagáis el campo y desencastilléis a Tordesillas; donde no, dende agora rompo la guerra y justifico por los gobernadores su demanda, para que todos los daños y muertes que de aquí adelante se sucedieren en el reino sean sobre vuestras ánimas, Y no sobre sus conciencias.

Como yo me hinqué de rodillas al tiempo que dije estas palabras postreras, llegóse luego a mí Alonso de Quintanilla y Sarabia, los cuales, quitadas las gorras, y con buena crianza, me ayudaron a levantar, y me forzaron asentar. Durante el tiempo que yo decía todo lo sobredicho, fue cosa de ver y digna de contemplar en cómo los unos dellos me miraban, otros pateaban, otros oxeaban, otros voceaban y aun otros me mofaban; mas yo ni por eso lo dejé de notar, ni paré de hablar.

Después que hube acabado mi razonamiento, ellos todos a una voz dijeron y rogaron al obispo de Zamora me dije se su parecer, y que después ellos verían todo lo que les convenía hacer.

Luego el obispo me tomó la mano, y en nombre de todos me dijo: «Padre Fray Antonio de Guevara: vos habéis hablado asaz largo, y aun para la autoridad de vuestro hábito, como hombre atrevido, mas como sois mancebo, y poco experimentado, ni sentís lo que decís, ni sabéis lo que pedís. O vos os metiste fraile muchacho o vos estáis apasionado, o vos sabéis poco del mundo, o vos sois falto de juicio, pues tales cosas os dejáis decir, y nos queréis hacer creer. Como vos, padre, os estáis en vuestro monasterio, no sabéis las tiranías que en el reino se han hecho, y lo que los caballeros tienen del patrimonio real tiranizado, a cuya causa será recibida vuestra intención, aunque no creídas vuestras palabras. Oído había yo decir que érades atrevido en el hablar, y áspero en el reprender; mas junto con esto tenía creído que pues los gobernadores os traían consigo, que teníades buen celo y no falta de juicio; mas pues ellos sufren vuestras locuras, no es mucho que nosotros suframos vuestras palabras. Dios os ha hecho la costa en no se hallar aquí algún capitán de la guerra, que según los desatinos que habéis dicho, primero os quitaran la vida que acabárades la plática, y entonces fuera en nuestra mano pesarnos, mas no remediaros. Cuando otro día hablardes delante de tanta autoridad y gravedad como son los que están aquí, habéis de ser en lo que dijerdes muy medido, y en la manera del decir más comedido, porque vuestra plática más ha sido para escandalizarnos que no para mitigarnos, pues habéis querido condenar a nosotros y salvar a los gobernadores. Y pues nosotros no somos más de capitanes para ejecutar, y no jueces para determinar, conviene que nos deis por escrito, y de vuestra mano firmado todo lo que aquí habéis dicho, y de parte del rey prometido, para que lo enviemos a los señores de la santa Junta, y allí verán ellos lo que a nosotros han de mandar, y a vuestra embajada responder.

A la hora hicieron correo a Tordesillas, que estaba allí la Junta con la creencia que traje, y con la plática que hice; los cuales dieron por respuesta que tan fría embajada y tan descomedida plática no merecía otra respuesta sino ser bien reprehendido y aun agramente castigado. Luego, pues, a la hora me mandaron salir de Villabráxima, sin querer darme letra, ni decirme qué dije se a los gobernadores ni sola una palabra, sino fue el obispo, que me dijo: «Padre Guevara, andad con Dios, y guardaos no volváis más acá, Por que si venís, no tornaréis más allá; y decid a vuestros gobernadores que si tienen facultad del rey para prometer gobernadores que mucho, no tienen comisión para cumplir sino muy poco».

Esto hecho y dicho, yo me torné a Medina de Ríoseco, maltratado y peor respondido, y como de lo que yo dije, y el obispo me respondió, cuando ya del todo rota la guerra, nunca más se habló en la paz. Mucho les pesó a don Pedro Girón y a don Pedro Laso de las palabras feas que se me dijeron, y de la mala respuesta que sus consortes me dieron, porque a la verdad ellos quisieran mucho reducirse al servicio del rey, y que asentara la paz del reino. Don Pedro Girón salió a mí al camino, cuando me tornaba, y allí platicamos tales y tan delicadas cosas, que de nuestra plática resultó que él retirase el campo hacia Villapando, y que los gobernadores marchasen hacia Tordesillas, y así fue y así se hizo; que de aquella jornada fue la reina nuestra señora libertada y los de la junta presos.

53. Letra para el comendador Alonso Juárez, corregidor de Murcia, en la cual el autor le responde al parabién que le enviaba del obispado. Y tócanse en la carta muy notables cosas

Magnífico señor y censor cesáreo:

La carta que me escribiste desde Murcia recibí aquí, en Ocaña, la cual, sin venir firmada de vuestra mano, la conociera yo luego en el estilo vuestro, porque sois breve en las palabras, y grave en las razones. Son me tan gratas vuestras letras, que las leo y releo, y torno otra vez a leer, porque traen consigo una urbana elocuencia y una cortesana crianza. En tres cosas se conoce el hombre loco, o el hombre cuerdo: es a saber, en refrenar la ira, en gobernar su casa y en escribir una carta; porque estas tres cosas son tan difíciles de alcanzar, que ni se pueden con hacienda comprar, ni aún por amistad emprestar. Platón el griego, Phalaris el argentino, Cicerón, el romano, y Lucio Séneca, el hispano, fueron los que en esta arte de escribir cartas más florecieron, y que más alto estilo alcanzaron. Aunque de muchas personas y de diversas partes me traen letras, con ningunas me alegro como con las vuestras, porque, hablando os la verdad, traen consigo un no sé qué que me alegra, y aun un bien sé qué que me avisa. Una de las cosas que en un hombre es digna de loar, o de desloar, es saber bien una carta notar y al propósito escribir, porque allí es a do los hombres muestran su habilidad y aún su necesidad.

Dejado esto a parte, escribisme, señor, que me enviáis una muy buena mula, y que así querríades enviarme toda vuestra hacienda; a lo cual yo os respondo que acepto el deseo que tenéis, y no la mula que me enviáis, porque a otros tengo yo para que suplan mis necesidades y a vos, señor, para que me deis buenos consejos. Teniendo, como yo tengo, salario de la Inquisición, salario de predicador, salario de cronista y agora que soy electo en obispo, si bien me queréis, ¿para qué más desto me deseáis? Pocas veces, y aún en pocas personas, falta esta regla, y es que en la casa a do sobran las riquezas, hay grande hambre de virtudes, porque entre los continuos regalos es a do se crían los hombres viciosos. El hombre conténtase con que no le falte; mas el vano y loco quiere que le sobre, y de aquí que muchas veces les acontece a los tales que la sobrada abundancia les hace caer en infinita pobreza. Gran pena es al pobre procurar lo que le falta, y también es muy gran trabajo al rico guardar lo que le sobra, porque en allegar las riquezas es él solo, y en hurtárselas hallan se muchos. Otro daño trae consigo la opulenta fortuna, y es que si crece la autoridad a palmos, crece la necesidad a codos; por manera que no está ya el trabajo en mantener la casa, sino en sustentar la locura. Dado caso que cada uno es obligado a procurar lo necesario, débese también guardar de no se empachar en lo que es superfluo, porque muchos hombres hay a los cuales si no les sobrasen los dineros no serían ellos tan viciosos. No loo tampoco, ni apruebo, ose nadie descuidarse de procurar lo necesario para pasar esta mísera vida, y sustentar cada uno su casa, porque el hombre necesitado jamás puede vivir contento. ¡Oh cuánta y cuánta merced hace Dios al que le da una honesta pasada y le libra de la vergonzosa pobreza, de manera que al tal no le falte para se sustentar, ni le sobre para se perder!

También he sabido el placer que mostraste, la alegría que tomaste y las albricias que distes por mi nueva promoción a ser obispo; y en esto también, como en lo otro, acepto vuestro deseo y no consiento en vuestro regocijo, porque si supiésedes, como yo sé, qué cosa es gobernar ánimas, antes me fuerades a la mano que no me diérades el para bien de ello. Creedme, señor, y no dudéis que es de tal calidad el oficio de regir repúblicas, cuanto más iglesias, que dado caso que le deseen muchos, aciertan en él muy pocos. Requiérese en el que gobierna que sea sabido, para saber lo que hace; que sea prudente, para atinar cómo lo hace; que sea cuerdo, para ver cuándo lo hace; que sea justo, para mirar lo que hace, y que sea paciente, para enmendar lo que errare; porque de otra manera pondrá en trabajo a su persona, y en peligro a la república. Todas estas condiciones puédense en un hombre desear, mas tarde o nunca se pueden hallar; porque, hablando la verdad, y aun hablando con libertad, por muy bueno y rebueno que sea uno, siempre hay en él faltas que enmendar y aun flaquezas que remendar.

Llamar con verdad y no con lisonja a un hombre virtuoso, es darle el mayor dictado de todo el mundo, y por eso decimos y afirmamos que este título de virtuoso es de muchos deseado y de muy poquitos merecido. Mucho me caen a mí en gracia las quejas que dan muchos hombres vanos y mundanos, los cuales catan homecillo a los que les escriben cartas si no les ponen en los sobre escritos dellas «a los muy ilustres, o muy poderosos, o muy altos, o muy magníficos, o muy nobles, o reverendísimos señores», tomando por grande afrenta si los llaman «muy virtuosos», diciendo que aquel título no es de caballeros, sino de pobres escuderos. Para escribir a uno «muy alto señor» requiérese que sea rey; para llamarle «muy poderoso», que sea visorrey; para llamarle «muy ilustre», que descienda de sangre real; para llamarle «muy magnífico», que tenga grande estado; para llamarle «muy noble», que sea notable caballero; para llamarle «reverendísimo», que sea grande perlado; mas para llamarle «muy virtuoso», ha de ser hombre muy bueno. En mucho más ha de estimar un señor que te llamen virtuoso, que no ilustre, ni reverendísimo, porque lo uno le llaman por la dignidad que tiene, y lo otro por la virtud que usa. Esto digo, señor, por lo que arriba dije y torno otra vez aquí a decir: y es que este título de llamarse uno virtuoso es de muchos deseado y de pocos alcanzado.

Tornando, pues, al propósito, creedme, señor, y no dudéis que estoy tan harto y aún ahíto de entender en gobierno, y de ser obispo, que si como lo tengo acabado con la razón, lo tuviese con la opinión, de tan buena gana lo renunciaría yo como lo aceptarían otros, porque mi natural inclinación más es de filosofar que no de gobernar. Esto que aquí digo, yo mismo contra mí mismo lo escribo, pues ya yo y los otros vanos y mundanos semejantes a mí no emplean su saber y poder en buscar solamente lo que han menester, sino en satisfacer a lo que de ellos pueden decir, de manera que se andan, no tras la razón, sino tras la opinión. Muchas personas hay en este mundo, los cuales si no hubiesen de contentar más de a sí mismos, aun de lo poco que tienen les sobraría algo, mas como todo su fin es de satisfacer a lo que sus vecinos pueden decir, y no a lo que ellos son obligados a hacer, ni les abasta lo que heredaron de sus pasados, ni aún los empréstidos de sus amigos.

Enojoso, peligroso y costoso es el estado de los príncipes y grandes señores, pues las riquezas han de ganar ellos solos, y el repartirlas ha de ser a voluntad de muchos. No estoy en un dedo de llamarlos tributarios, y aún no sé si diría pecheros, pues de todo lo que ganan ellos son los que menos dello gozan, porque, dado caso que tengan grande estado y posean mucho oro, no pueden al fin comer más de por uno. El buen Marco Aurelio, escribiendo a su amigo Pulión, dice estas palabras: «Hágote saber, amigo mío Pulión, que algunas veces le está bien al hombre hacer lo que él no querría hacer, mas nunca le está bien hacer lo que no debería hacer, porque hacer guerra a los hombres, a las veces es gloria; mas hacerla a la razón, siempre se atribuye a locura. También quiero que sepas, Pulión, que hay muchos géneros de hombres locos, y el mayor loco de todos es el que teniendo en su casa reposo, busca enojos y ruidos, de manera que no saca otro fruto de los oficios sino pasar a cada paso mil trabajos. ¿Quién no dirá que ser uno emperador de Roma es la mayor bienaventuranza que puede tener en esta vida? Mira, pues, Pulión, lo que pasa, y verás cuán contrario es de lo que allá piensas, que pues eres tanto mi amigo, quiero te hablar en todo, y por todo, muy claro, no tanto porque tú lo deseas saber, cuanto porque yo descanso en te escribir.

»Es, pues, el caso que el emperador Antonino Pío puso los ojos en mí, para que yo fuese su yerno, y él fuese mi suegro, y diome por mujer a su hija y en dote a su imperio, y se te decir, amigo mío Pulión, que son estas dos cosas para mí muy onerosas y aun no poco escandalosas, porque el estado del imperio es muy penoso de gobernar y Faustina, mi mujer, es muy mala de guardar. No te maravilles de esto que te escribo, sino de cómo ha tanto tiempo que lo sufro, porque los trabajos del imperio me consumen la vida, y la soltura de Faustina me asuela la honra. Faustina, mi mujer, como es hija de emperador, y mujer de emperador, y junto con esto se ve rica, se ve hermosa, se ve poderosa y aun generosa, usa del privilegio de la libertad, no como debe, sino como quiere, y lo que es peor de todo, no lleva enmienda este yerro, sin muy gran perjuicio mío. Con tal vida como ésta, y con tal mujer como Faustina, más sano consejo me fuera a mí tornarme labrador que no ser emperador, porque al fin no hay tierra tan brava que resista al arado, y no hay hombre tan manso que quiera ser mandado. Nunca fui tan bien servido como cuando no tenía más de un siervo, y fui lo mucho mejor cuando no tenía ninguno; y agora que soy emperador, llámanse todos mis siervos, siendo yo el que sirvo a todos, de manera que si ellos me han de obedecer, Yo los tengo a ellos de regalar.

»Has de saber, Pulión, que la diferencia que va del que soy al que solía ser es que siendo filósofo andaba muy contento y agora que soy emperador ando muy hinchado, por manera que olvidé la ciencia que sabía, y aun la virtud de que me preciaba. Antes que tornase el imperio todos ponían en mí los ojos, y agora que soy príncipe, todos emplean en mí sus lenguas, por manera que de los altos príncipes nunca falta qué decir, ni tan poco falta en los súbditos qué castigar. Todo esto escribo, Pulión, para que tengas envidia a lo que fui, y mancilla de quien agora soy, pues ya no tengo tiempo de comunicar los amigos con quien me crié, ni de gozar la ciencia que aprendí».

He aquí, pues, señor, en cómo al para bien que me distes del obispado os respondió el buen Marco Aurelio, de cuyas palabras se puede colegir cuánto más seguro camino es a los hombres religiosos y letrados cómo procurarse en estudiar que no darse a gobernar. De mí le hago saber que de cuando en cuando me toca al arma la gota, y Dios sabe que yo no querría militar debajo de su bandera, ni aun tener que medicarme con el doctor Mexía, porque cuanto más yo me estoy quejando, tanto más él se está riendo.

Ahí está mi tío, el señor don Carlos de Guevara; pido os señor, por merced, hayáis por encomendadas allá sus cosas, como yo tendré acá las vuestras, porque es caballero en quien concurren autoridad, gravedad y verdad.

No más, sino que en merced de la señora doña Inés me encomiendo y en la de todos sus hijos me recomiendo.

De Granada, a IV de diciembre. Año de MDXXXI.

54. Letra para el doctor Melgar, médico, en la cual se toca por muy alto estilo el daño y el provecho que hacen los médicos

Muy reverendo doctor y cesáreo médico.

Recibí una carta vuestra y la recepta que dentro de ella venía, y si hablé o no hablé al presidente en vuestro caso, vereislo por el despacho, y por lo que os dirá vuestro mozo, de manera que vos lo habéis hecho conmigo como médico, y yo con vos como amigo. Cuál de nosotros lo haya hecho mejor, es a saber: vos en me curar o yo en os despachar, véanlo los hombres buenos, pues yo me quedo con mi gota y vos os lleváis buena libranza. Yo, señor, mandé buscar aquellas yerbas y sacar aquellas raíces, y al tono de vuestro arancel las saqué, y las molí, y aún las bebí, y mejor salud dé Dios a vuestra ánima que ellas aprovecharon cosa alguna a mi gota; porque me escalentaron el hígado y resfriaron el estómago. Yo os quiero confesar que como en este mi mal no solo no acertaste, mas aún me dañaste, cada vez que con la frialdad de mi estómago comienzo a regoldar, luego digo que nunca medre el doctor Melgar. Pues mi mal no está de la cinta arriba, sino de la espinilla abajo, y yo no pedía que me pergásedes los humores, sino que me quitásedes los dolores, y yo no sé porqué castigaste mi estómago, teniendo la culpa el tobillo. Al doctor Soto hablé, aquí en Toledo, acerca de una ciática que me dio en un muslo, y mandóme dar dos botones de huego en las orejas, y el provecho que sentí fue dar a toda la corte que reír, a mis orejas que sufrir. Hablé también en Alcalá con el doctor Cartagena, y él ordenome una recepta, en que de boñigas de buey, de freza de ratón, y de harina de avena, y de hojas de ortigas, y de cabezas de rosas, y de alacranes fritos hiciese un emplasto y le pusiese en el muslo, y el provecho que dél saqué fue que no me dejó dormir tres noches, y pagué al boticario que le hizo seis reales. Agora digo que reniego de los conejos del conciliador de los aforismos de Iprocas, de los fines de Avicenas, de los casos de Ficino, de los compuestos de Rasis y aun de los cánones de Erofilo, si en sus escritos y por ellos se halla aquel maldito emplasto, el cual, como no me dejase dormir, y menos reposar, no solo le quité, mas aún le enterré, porque por una parte me hedía y por otra me quemaba.

Acuérdome que en Burgos, año de XXI, me curó el doctor Soto de unas fiebres erráticas, y hízome pacer tanto apio, y tomar tanto ordeate, y beber tanta agua de endibia, que caí en un hastío tan grande, que no solo no podía comer mas aún ni lo oler. No pocos años después fui a ver al mismo doctor Soto, que estaba en Tordesillas malo, y vile comer una naranja, y beber una copa de vino blanco y oloroso al tiempo que le dejó el frío y le comenzó la calentura, de lo cual como yo me maravillase y casi escandalizase, díjele medio riendo: «Decidme, señor doctor, ¿en qué ley cabe, ni qué justicia lo sufre, que curéis vos con vino de san Martín a vuestra calentura, y por otra curéis con boñigas de bueyes a mi ciática?» A esto me respondió él con muy buena gracia: «Ha de saber vuestra merced, señor Guevara, que nuestro maestro Hipocrás mandó a todos los médicos sus sucesores que, so pena de su maldición, curásemos a nosotros con agua de fumus cepa, y a nuestros enfermos con agua estilada». Aunque el doctor Soto me dijo esto de burla, creído tengo yo que pasa ello así de veras, porque vos, señor doctor, me dijiste una vez en Madrid que en todos los días de vuestra vida tomaste purga compuesta, ni probaste a qué sabía el agua estilada. No hay arte en el mundo que me haga perder los estribos, o por mejor decir los sentidos, como es la manera con que curan los médicos, porque los vemos codiciosos de curar y enemigos de ser curados. Y porque me escribís, señor doctor, y aun me juráis y conjuráis, por el siglo de don Beltrán, mi padre, que os escriba qué es lo que siento de la medicina, y qué es lo que he leído de los inventores y nacimiento de ella, yo haré lo que me rogáis, aunque no lo que otros querrían, porque es materia con que holgarán los médicos sabios y darán a vos y a mí al demonio los médicos necios.

De los antiquísimos inventores de la medicina.

Si Plinio no nos engaña, en ninguna arte de todas las siete artes liberales se trató menos verdad, y hubo más mutabilidad, que fue en el arte de medicina, porque no hubo reino, gente ni nación notable en el mundo a do no fuese recibida, y después de recibida que no fuese alanzada. Si como es medicina fuera persona, inmensos fueran los trabajos que nos contara que había padecido, y muchos, y aún muy muchos los reinos que había andado, y las provincias en que había peregrinado, no porque todos no holgaban de ser curados, sino porque tenían a los médicos por sospechosos. El primero que en los griegos halló el arte de curar fue el filósofo Apolo, y su hijo Esculapio, el cual, por ser tan ilustre en la medicina, concurrían a él como a un oráculo de toda la Grecia. Fue, pues, el caso que como este Esculapio fuese mozo, y por desastre le matase un rayo, como no dejase ningún discípulo que supiese sus secretos, ni hiciese sus remedios, juntamente murieron el maestro que curaba y pereció el arte de curar.

Cuatrocientos y cuarenta años estuvo el arte de la medicina perdida, en manera que no se hallaba hombre en todo el mundo que públicamente curase, ni médico le llamase, porque tantos años corrieron desde que murió Esculapio hasta que nació Artajerjes el segundo, en cuyo tiempo nació Hipocrás, Estrabón y Diodoro, y aún Plinio, hacen mención de una mujer greciana que en aquellos antiquísimos tiempos floreció en el arte de medicina; de la cual cuentan cosas tan monstruosas e insólitas que a mi parecer son todas o las más dellas ficticias o hablillas, porque a ser verdad, más parecía resuscitar los muertos que no curar los enfermos.

En aquel tiempo se levantó en la provincia de Aclaya otra mujer médica, la cual comenzó a curar con ensalmos o palabras, sin aplicar ninguna medicina simple ni compuesta, lo cual, como fuese sabido en Atenas, fue condenada por decreto del Senado a apedrear, diciendo que los dioses y naturaleza no habían puesto el remedio de las enfermedades en las palabras, sino en las yerbas y piedras.

En los tiempos que no había médicos en Asia, tenían en costumbre los griegos que cuando alguno hacía alguna experiencia de medicina y sanaba con ella, era obligado de escribirla en una tabla y colgaría en el templo de Diana, que estaba en Éfeso, para que en semejante caso usase el que quisiese de aquel remedio. Trogo y Laercio, y aún Lactancio, dicen que la causa porque los griegos se sustentaron tantos tiempos sin médico fue porque cogían en mayo yerbas odoríferas, que tenían en sus casas, y porque se sangraban una vez en el año, y porque se bañaban una vez en el mes, y porque no comían más de una vez al día. Conforme a esto, dice Plutarco que preguntado Platón por los filósofos de Atenas si había visto alguna cosa notable en Tinacria, que agora se llama Sicilia, respondió: «Vidi monstrum in natura, hominem bis saturum in die». Que quiere decir: «Vi a un hombre monstruo en naturaleza, el cual se hartaba dos veces al día». Lo cual él decía por Dionisio el Tirano, el cual fue el primero que inventó comer a medio día, y después cenar a la noche, porque en los antiguos siglos usaban cenar, mas no comer. Curiosamente lo hemos mirado, y en mucha variedad de libros lo hemos buscado, y lo que en este caso hallamos es que todas las naciones del mundo comían a la noche, y solo los hebreos a mediodía.

Prosiguiendo, pues, nuestro intento, es de saber que el templo más estimado de toda la Asia era el Templo de Diana, lo uno por ser muy superbo en edificios, lo otro por ser servido de muchos sacerdotes, y lo más principal por estar allí colgadas las tablas de las medicinas con que se curaban los enfermos.

Estrabón, De situ orbis, dice que once años después del bello Pelopenense nació el gran filósofo Ipocras, en una isla pequeña, que se llamaba Coe, en la cual también nacieron los muy ilustres varones Ligurguio y Brías, capitán que fue de los atenienses, y el otro, príncipe de los lacedemonios. De este Ipocras se escribe que fue pequeño de cuerpo, algo bizco, la cabeza grande, hablaba poco, laborioso en el estudio y sobre todo de muy alto y delicado juicio. Desde los catorce años hasta los treinta y cinco se estuvo Ipocras en las academias de Atenas estudiando, filosofando, y leyendo, y dado caso que en su edad florecían muchos filósofos, él era el más nombrado y estimado de todos. Después que Ipocras salió de los estudios de Atenas, anduvo peregrinando por diversos reinos y provincias, inquiriendo y pesquisando de todos los hombres y mujeres qué es lo que sabían de las propiedades y virtudes de las yerbas y plantas, y qué experiencias habían visto de ellas, lo cual todo lo escribía y encomendaba a su memoria. Buscó también Ipocras con grandísima diligencia si había algunos libros escritos en medicina por otros filósofos antiguos, y dícese que halló algunos libros escritos, en los cuales escribían sus autores, no medicina que se hiciese, sino las que ellos habían visto hacer.

De los reinos y provincias por do anduvo desterrada la medicina.

Once años continuos anduvo en este trabajo y peregrinación Ipocras, después de los cuales se retrajo al templo de Diana, que estaba en Éfeso, y allí trasladó todas las tablas de medicinas y experiencias que allí estaban desde grandes tiempos colgadas, y puso en orden, lo que estaba confuso, y añadió muchas cosas que él habla hallado, y otras que había experimentado. Este filósofo Hipocrás es el príncipe de todos los médicos que fueron en el mundo: lo uno, porque él fue el primero que tomó la pluma para escribir y poner en orden la medicina; lo otro, porque se lee de él que jamás erró en pronóstico que dije se, ni enfermedad que curase. Aconsejaba Hipocrás a los médicos que no curasen al enfermo desordenado, y a los enfermos aconsejaba que no se curasen con físico mal fortunado, porque según él decía, no se puede errar la cura a do el enfermo es bien regido y el médico es bien fortunado.

Muerto el filósofo Hipocrás, como sus discípulos comenzasen a curar, o por mejor decir a matar a mucha gente enferma de Grecia, a causa que era muy nueva la ciencia y muy menor la experiencia, fueles mandado por el Senado de Atenas, no solo que no curasen, mas aún que de toda la Grecia se saliesen. Después que los discípulos de Hipocrás fueron alanzados de Grecia, estuvo el arte de medicina desterrada y olvidada ciento y sesenta años, la cual ninguno osaba aprender, ni menos enseñar, porque tenían en tanta reputación los griegos a su Hipocrás, que afirmaban haber la medicina con él nacido y con él haberse muerto.

Pasados aquellos ciento y sesenta años, nació otro filósofo y médico llamado Crisipo, en el reino de los siciomios, el cual fue tan esclarecido entre los argibos, cuanto lo había sido Hipocrás entre los atenienses. Este filósofo Crisipo, aunque fue muy docto en la medicina, y muy fortunado en las experiencias della, fue por otra parte muy opinativo, y de juicio muy remontado, porque en todo el tiempo que vivió y leyó, y en todos los libros que escribió, no fue otro su fin sino de impugnar a Hipocrás en todo lo que dijo y probar ser verdad solo lo que él decía; por manera, que él fue el primero médico que sacó la medicina de razón y la puso en opinión. Muerto el filósofo Crisipo, hubo muy grande a alteración entre los griegos, sobre cuál de las dos doctrinas seguirían: es a saber, la de Hipocrás o la de Crisipo, y al fin fue determinado que ni la una se siguiese ni la otra se admitiese, porque decían ellos que la vida y honra no se había de poner en disputa.

Bien estuvieron los griegos otros cien años sin tener médicos, hasta que se levantó el filósofo Aristrato, nieto que fue del gran filósofo Aristóteles, el cual residió en el reino de Macedonia, y allí levantó y resucitó otra vez de nuevo la medicina, y eso no tanto porque fue más doto que sus pasados, sino porque fue más fortunado que todos. Este Aristrato comenzó a cobrar fama a causa que curó de una enfermedad del pulmón al rey Antíoco el primero, en albricias de lo cual le dio el príncipe, su hijo, que se llamaba Tolomeo, mil talentos de plata y una copa de oro, por manera que ganó la honra en toda Asia y riqueza para su casa. Este filósofo Aristrato fue el que más infamó la medicina, a causa que él fue el primero que puso la medicina en precio y que comenzó a curar por dinero; porque hasta su tiempo todos los médicos curaban unos por amistad y otros por caridad. Muerto el médico Aristrato, suscediéronle unos discípulos suyos más codiciosos que sabios, los cuales, como se diesen mejor maña en el robar las bolsas que en el curar las enfermedades, fueles prohibido en el Senado de Atenas que ni osasen leer la medicina, ni menos curar a alguna persona.

De otros trabajos que pasó la medicina.

Otros cien años estuvo en Asia olvidada la medicina, hasta que la resucitó el filósofo Euperices, en el reino de Trinacria; mas como él y otro médico altercasen sobre curar al rey Crisipo, que a la sazón reinaba en aquella isla, fue por todos los del reino determinado que curasen solamente con medicinas simples, y que no fuesen osados de mezclar unas con otras. Grandes tiempos estuvo el reino de Sicilia, y aún la mayor parte de Asia, sin saber qué cosa era el arte de la medicina, hasta que en la isla de Rodas remaneció un gran médico y filósofo llamado Herófilo, varón que fue en su siglo asaz docto en la medicina y muy instructo en la Astrología. Muchos dicen que este Herófilo fue maestro de Tolomeo, y otros dicen que no fue sino su discípulo; y sea lo que fuere, que él dejó en Astrología escritos muchos libros y doctrinados asaz discípulos. Este Herófilo tuvo por opinión que el pulso del enfermo no se había de tomar en el brazo, sino en las sienes, diciendo que allí nunca faltaba y que en las muñecas algunas veces se escondía. Fue de tanta autoridad este médico Herófilo entre sus rodos, que sustentaron esta opinión de tomar el pulso en las sienes, todo el tiempo que él vivió, y aún sus discípulos, los cuales todos muertos, la opinión se acabó, aunque él no se olvidó. Muerto Herófilo, nunca los rodos se quisieron más curar ni en su tierra otro médico admitir; lo uno, por no ofender la autoridad de su filósofo Herófilo, y lo otro, porque naturalmente eran enemigos de gentes extrañas, y aún no amigos de nuevas opiniones.

Después que esto pasó, bien estuvo adormecida la medicina otros ochenta años, así en Asia como en Europa, hasta que nació el gran filósofo y médico Asclepides, en la isla Metilena, varón asaz docto en el saber y muy extremado en el curar. Este Asclepides tuvo por opinión que el pulso no se había de buscar en el brazo, como agora se busca, sino en las sienes, o en las narices, y esta opinión no fue tan apartada de la razón que muchos tiempos después dél no se aprovecharon de ellas los médicos de Roma y. aún de Asia.

En todos estos tiempos no se lee haber nacido ni venido médico ninguno a toda Italia, ni tampoco a Roma, porque los romanos fueron los postreros de todo el mundo que recibieron relojes, truhanes, barberos y médicos. Cuatrocientos años y cuarenta y seis meses se pasó la gran ciudad de Roma sin que entrase en ella médico ni cirujano, y el primero que se lee haber venido a ella fue uno que se llamó Antonio Musa, de nación griego y en oficio médico. La causa de su venida fue una enfermedad de ciática que tuvo el emperador Augusto en un muslo, al cual, como Antonio Musa le curase y del todo le librase, en remuneración de tan gran beneficio hiciéronle los romanos una estatua de pórfido en el campo Marcio, y más y allende estos que gozase de ser ciudadano romano. Inmensas riquezas había allegado, y renombre de gran filósofo había alcanzado Antonio Musa, si con aquélla se quisiera contentar, y el arte de su medicina no exceder. Fue, pues, el caso de su triste hado que, como se diese a curar de Cirugía, así como de medicina, y en aquella arte sea algunas veces necesario cortar pies o dedos, romper carnes podridas o dar botones de fuego, los romanos, que no estaban avezados a semejantes cruel-dades ver, ni tan enormes dolores sufrir, en un día y en una hora apedrearon a Antonio Musa, y le arrastraron por toda Roma.

Desde que en Roma apedrearon al sin ventura de Antonio Musa no con-sintieron haber más médico, ni aún cirujano, en toda Italia, hasta en tiempo del malvado Nero, el emperador; el cual, a la vuelta que volvió de Grecia, trajo a Roma muchos médicos, y aun muchos vicios. En los tiempos que imperaron el emperador Galba, Octo y Bitello, floreció mucho la medicina, y triunfaron mucho los médicos en Roma; mas después de aquellos príncipes muertos, mandó el buen emperador Tito alanzar de Roma a los oradores y a los médicos. Preguntado el emperador Tito que porqué los desterraba, pues los unos abogaban en los pleitos, y los otros curaban los enfermos, respondió: «Destierro a los oradores como a destruidores de las costumbres, y también a los médicos, como a enemigos de la salud». Y dijo más: «También destierro a los médicos por quitar las ocasiones a los hombres viciosos; pues vemos por experiencia que en las ciudades a do residen muchos médicos siempre hay abundancia de vicios».

De una carta que escribieron desde Grecia, para que se guardasen de los médicos que iban a Roma.

El gran Catón Uticense fue muy grande émulo de todos los médicos del mundo, en especial para que no entrasen en el Imperio romano, el cual desde Asia escribió una carta a su hijo Marcelo, que estaba en Roma, en esta manera: «En ti y en mí se conoce claro ser mayor el amor que tiene el padre al hijo, que no el hijo al padre, pues tú te olvidas aun de escribir, y yo no me descuido de te escribir, ni aun de tus necesidades proveer. Si no me quisieres escribir como a padre, escríbeme como a un amigo, cuanto más que lo debes a mis canas, y aun a mis buenas obras. En lo demás, hijo mío Marcelo, ya sabes cómo yo he estado aquí en Asia cónsul cinco continuos años, de los cuales el más tiempo he residido aquí, en la ciudad de Atenas, a do toda la Grecia tiene sus notables estudios, y sus muy esclarecidos filósofos. Y si quieres saber lo que me parece destos griegos, es que hablan mucho y obran poco, llaman a todos bárbaros y a sí solos filósofos, y lo peor de todo es que son amigos de dar a todos consejo y enemigos de tomarlo. Las injurias saben las disimular, mas nunca perdonar. Son muy constantes en el aborrecer, y muy mudables en el amar. Son muy tenaces en el dar, y muy codiciosos de allegar. Finalmente, hijo Marcelo, te digo que de su propio natural son superbos en el mandar, y indómitos en el servir. He aquí, pues, lo que en Grecia leen los filósofos, y lo que aprenden los populares, y si te escribo esto es para que no tomes trabajo de venir a Grecia, ni te pase por pensamiento de dejar a Italia, pues sabes tú y lo sé yo que la gravedad de nuestra madre Roma ni puede sufrir mocedades, ni aun admite novedades. El día que los padres de nuestro sacro Senado permitieren que entren en Roma las artes y letras de Grecia, desde aquel día da por perdida a toda nuestra república, porque los romanos preciaranse de bien vivir, y los griegos no sino de bien hablar.

En estos reinos y ciudades a do las academias están bien corregidas y por otra parte están las repúblicas mal gobernadas, dado caso que las veamos florecer, muy en breve las veremos acabar, porque no hay en el mundo cosa que con verdad se puede llamar perpetua, sino la que sobre verdad y virtud está fundada. Aunque todas las artes de Grecia sean sospechosas, perniciosas y escandalosas, sé te decir, hijo Marcelo, que para la república de nuestra madre Roma es la peor de todas la medicina, porque han jurado todos estos griegos de enviar a matar con médicos a los que no han podido vencer con armas. Cada día veo aquí a estos filósofos médicos tener entre sí grandes altercaciones acerca del curar las enfermedades, y el aplicar de unas a otras medicinas, y lo que más de espantar es, que haciéndose lo que el un médico manda y el otro aconseja, vemos al enfermo padecer, y aun a las veces morir, por manera que si altercan entre sí, es no sobre cómo le curarán, sino con qué medicina le matarán. Avisarás, hijo Marcelo, a los padres del Senado que, si aportaren por allá seis filósofos médicos que se han partido de acá de Grecia, no les dejen leer medicina, ni curar la república, porque es una arte esta de medicina tan peligrosa de ejercitar, y tan delicada de saber, que son muchos los que la aprenden y muy poquitos los que la saben.

De siete notables provechos que hacen los buenos médicos.

He aquí, señor doctor, declarado el origen de vuestra medicina, y de cómo fue hallada, y de cómo fue recopilada, y de cómo fue perdida, y de cómo fue desterrada, y de cómo fue recibida, y aun de cómo anduvo la triste peregrinando de república en república. Pedisme por vuestra carta, señor doctor, que os escriba, no solo lo que de la medicina he leído, mas aun lo que de ella siento, lo cual quiero hacer por haceros placer, y aun porque se vea de cuánta utilidad son los buenos médicos, y cuán dañosos son los malos.

De loar es la medicina, pues el Hacedor de todas las cosas la crió para el remedio de sus criaturas, poniendo virtud en las aguas, en las plantas, en las yerbas, en las piedras y aun en las palabras, para que con todas estas cosas los hombres se curasen y con la salud le sirviesen. Mucho se sirve Dios con la paciencia que tienen los enfermos, mas mucho más se sirve con la paciencia y caridad y hospitalidad en que se ejercitan los sanos. Cosa es religiosa y aun necesaria procurar la salud corporal, aun para servir a Dios, porque el enfermo, si tiene los deseos buenos, tiene las obras flacas; mas el que está sano y es virtuoso tiene los deseos buenos y las obras buenas.

De loar es la medicina cuando ella está en manos de un médico que es docto, es grave, es prudente, es atinado y experimentado; porque el tal médico, con la ciencia conocerá la enfermedad, con la cordura buscará la medicina y con la mucha experiencia sabrá aplicarla.

De loar es la medicina cuando el médico no usa de ella sino en enfermedades agudas y muy peligrosas: es a saber, en un dolor de costado, en una esquinencia, en una nacida, en una fiebre aguda o en una modorra, porque en tan atroces casos, y tan peligrosos peligros, todas las cosas por la salud se deben probar, y en todo y por todo el buen médico se debe creer.

De loar es la medicina cuando es tan cuerdo el médico, que a un pujamiento de sangre cura lavándole; a un dolor de jaqueca, con un sahumerio; a un dolor de estómago, con un saquito; a un escalentamiento de hígado, con una unción; a un escozimiento de ojos, con agua fría; a una replectión de vientre, con una melezina, y a una calentura simple, con buena dieta.

De loar es la medicina cuando yo viere que el médico que a mí me cura se aprovecha más de las medicinas simples que crió naturaleza, que no de las compuestas que inventó Hipocrás; de manera que pudiéndome me curar con agua clara, no me hace beber de agua de endibia.

De loar es la medicina cuando. es tan cuerdo el médico, que en una simple calentura no solo espera hasta que pase la quinta terciana, mas aun después Mira la orina si está sanguinolenta, tienta el bazo si está opilado, reconoce el pulmón si está dañado, mira la lengua si está encostrada, y abre los ojos si están cargados, por manera que nunca para la botica recepta hasta que la enfermedad está bien conocida.

De loar es la medicina cuando el médico que viere al enfermo estar en mucho peligro, y de sospechosa enfermedad herido, huelga que con él llamen a otro, y aun a otro, si quisiere el paciente, con tal condición que todos juntos se ocupen en estudiar, y no que se paren a parlar, y se asan a porfiar. El médico que con estas condiciones quisiere curar, seguramente le podemos llamar, y podemos dél confiar, y aun de nuestras bolsas pagar, porque todo el bien de la medicina consiste en tener habilidad para conocerla y experiencia para aplicarla.

De nueve daños muy perniciosos que hacen los malos médicos.

Quéjome a vos, señor doctor, de muchos médicos torpes, idiotas, atrevidos y inexpertos, los cuales, con haber oído un poco de Avicena, o haber residido en Guadalupe, o haber sido criado del doctor de la reina, se van a la Universidad de Mérida, o con un rescrito de Roma se gradúan de bachilleres, licenciados y doctores, de los cuales se puede con verdad decir el proverbio que dice: «médicos de Valencia, haldas largas y poca ciencia».

Quéjome a vos, señor doctor, de muchos médicos comunes y inexpertos, los cuales, si toman entre manos algunas enfermedades graves, peregrinas y peligrosas, después que al triste enfermo le han jaropado, purgado, sangrado y untado, no saben otro remedio que le aplicar, ni otra experiencia que le hacer, si no es mandarle que sobre cena tome culantro preparado, y a las mañanas ordeate serenado.

Quéjome a vos, señor doctor, de muchos médicos mozos y inconsiderados, los cuales contra unas calenturas que son simples, ordinarias, comunes, no furiosas, ni peligrosas, tan largamente receptan luego en la botica, como si fuese contra una pestilencia inguinaria, por manera que le sería menos daño al triste enfermo sufrir el mal que tiene, que no esperar el remedio que le dan.

Quéjome a vos, señor doctor, de muchos compañeros, y aun discípulos vuestros, los cuales contra un estómago ahíto, contra una cólera alterada, o contra una azedía ordinaria, contra una calentura efímera, lo cual todo podrían atajar y remediar con una melezina común, o con tres días de dieta, o con beber el agua azucarada, o con tomar un poco de miel rosada, no contentos con esto, mandan al pobre paciente que le echen unas ventosas, le unten el hígado, le pongan unos saquitos, tome zumo de verbena, y aun le den en la nariz una sangría, por manera que en lugar de le curar, se ponen a le martirizar.

Quéjome a vos, señor doctor, de muchos compañeros vuestros que presumen de doctores, y a la verdad no son necios, los cuales nunca nos curan con beneficios simples, ni nos aplican medicinas benedictas, llanas y no furiosas, sino que, por darnos a entender que saben lo que otros no saben, receptan cosas tan peregrinas y inusitadas, que al presente son muy difíciles de hallar y después muy dificultosas de tomar.

Quéjome a vos, señor doctor, de muchos criados vuestros, bachilleres bozales, en que teniendo, como tienen, todas las enfermedades días créticos, y vayan haciendo de día en día sus cursos, no curan ellos de mirar, ni menos contar, el día que el mal comenzó, y la hora que el parajismo primero le tomó, para ver si la enfermedad va todavía en cremento, o está ya en disminución, porque aplicar la medicina en una hora o en otra, no te va más al enfermo de la vida.

Quéjome a vos, señor doctor, de que generalmente todos los que sois médicos os queréis mal unos a otros, siendo diferentes en las condiciones, y contrarios en las opiniones lo cual parece claro en que unos siguen a Hipocrás, otros a Avicenas, otros a Galeno, otros a Rasis, otros al Conciliador, otros a Ficino, y aun otros a ninguno, sino a su parecer propio; y lo que en esto más de lastimar es, que todo este daño no cae sino sobre el triste del enfermo, porque el tiempo que le habíades de curar, os ponéis a disputar.

Quéjome a vos, señor doctor, de muchos médicos que son mozos en la edad, nuevos en el oficio, rudos en el juicio, y aun asentados en el seso, los cuales, cualquiera experiencia que hayan visto, leído u oído, por más que sea dificultosa de hacer y peligrosa de tomar, luego mandan que se haga, aunque la enfermedad no lo requiera, de lo cual resulta muchas veces que una experiencia loca cuesta a un enfermo la vida.

Quéjome a vos, y aun de vos, señor doctor, que generalmente todos los médicos receptáis lo que nos mandáis dar en latín cerrado, en cifras de jerigonza, en vocablos inusitados y en unos recipes muy largos, lo cual yo no sé por qué ni para qué lo hacéis, porque si es malo lo que mandáis, no lo debríades de mandar, y si es bueno, dejar nos lo entender, pues nosotros, y no vosotros, somos los que lo hemos de tomar, y aun al boticario pagar.

Qué es lo que siente el autor de la medicina.

He aquí, señor doctor, tocados delicadamente los provechos que los buenos médicos hacen y los muchos años que los malos médicos cometen, y para deciros, señor la verdad, tengo para mí creído que aunque mis quejas son muchas, todavía son vuestros agravios mayores, pues a costa de nuestra vida ganáis para vosotros gran fama, y aun mejoráis vuestra hacienda. Con el señorío del médico no se puede igualar ningún otro señorío, pues a la hora que entran por nuestras puertas, no solo confiamos de ellos las personas, mas aun partirnos con ellos las haciendas, de manera que si el barbero nos saca tres onzas de la vena de la cabeza, ellos nos sacan diez de la vena del arca. Después de dar limosna, no hay cosa tan bien empleada como la que se da al médico que acertó en una cura; y, por el contrario, no hay cosa en el mundo tan mal gastada como la que lleva el médico que erró la cura, el cual merecía, no solo no ser pagado, mas aun por ello ser muy bien castigado. Ley fue muy usada, y aun mucho tiempo guardada entre los godos, que el enfermo y el médico hiciesen entre sí su concierto, el uno de le sanar, y el otro de le pagar, y si por caso no le sanaba, habiéndose obligado a le sanar, mandaba en tal caso la ley que el médico perdiese el trabajo de su cura, y aun pagase las medicinas en la botica. Yo os prometo, señor doctor, que si esta ley de los godos se guardase en estos tiempos, que vos y vuestros compañeros os diésedes más a estudiar, y os atentásedes mejor en lo que habíades de hacer; mas como sois tan bien pagados, que sane el enfermo, o que no sane, si acertáis, atribuís a vosotros la gloria, y si no acertáis, echáis al pobre enfermo la culpa. Parece esto muy claro, en que decís que el enfermo es un glotón, bebe mucha agua, come mucha fruta, duerme entre día, no toma lo que le mandan, sálese a pasear fuera, y no guarda el sudor de la calentura; por manera, que al triste enfermo, de que no le pueden curar, acordaron de le infamar.

Mucho me cae en gracia lo que dice vuestro Hipocrás, y es que no vale nada el médico, si de su cosecha no es bien fortunado; de lo cual podemos inferir que depende toda nuestra vida, no de las medicinas que nos aplicáis, sino de la fortuna buena o mala que los médicos tenéis. Poca confianza debla de tener de la medicina el que osó decir esta sentencia, porque si nos arrimamos a esta regla de Hipocrás, hemos de huir del médico sabio y mal fortunado, y irnos a curar con el que es simple y dichoso.

Año de dieciocho, estando yo en Osornillo, que es cabe vuestro lugar, viniéndome allí vos a ver, me dijiste que mirase lo que hacía, porque habiades muerto a don Ladrón, mi tío, y a don Beltrán, mi padre, y a don Diego, mi primo, y a doña Inés, mi hermana, y que si yo quería entrar en aquella cofradía, antes os encargariades de me matar, que no de me curar. Aunque vos, señor doctor, me lo dijiste burlando, ello pasó así de veras, a cuya causa, desde que aquello os oí, y aquella regla de Hipocrás leí, determiné en mi corazón de nunca más daros el pulso, ni fiar mi salud de vuestro consejo, porque en mi linaje de Guevara no es bien fortunada vuestra medicina.

A muy ilustres médicos he visto hacer muy ilustres curas, y a muy necios médicos he visto muy grandes necedades; y digo esto, señor doctor, porque en manos del molinero no perdemos sino la harina; en las del albéitar, la mula; en lo del letrado, la hacienda, en las del sastre, la ropa, mas en las del médico perdemos la vida. ¡Oh, cuánta necesidad ha de tener, y cuánto primero lo ha de mirar el que ha de tomar por la boca una purga, y ha de consentir que en su brazo den una lancetada, porque muchas acontece que daría el enfermo cuanto tiene por tener la purga fuera, o por tornar la sangre al brazo. No hay en el mundo hombres más sanos que los que son bien regidos, y no curan de andarse tras médicos, porque nuestra naturaleza quiere ella ser bien regida y muy poco medicada.

El emperador Aureliano murió de sesenta y seis años, en los cuales todos jamás se purgó, ni se sangró, ni medicó, sino que cada año entraba en el baño, cada mes hacía un vómito, cada semana dejaba de comer un día y cada día se paseaba una hora. El emperador Adriano, como en su mocedad fuese voraz en el comer y desordenado en el beber, vino en la vejez a ser muy enfermo de la gota y mal sano de la cabeza, por cuya ocasión andaba cargado de médicos y experimentando muchas medicinas. Si alguno quisiere saber el provecho que las medicinas le hicieron, y los remedios que los médicos le hallaron, podrase conocer en que a la hora que falleció mandó poner estas palabras en su sepulcro: «Perii turba medicorum». Como si más claro dijera: «No me habiendo podido matar mis enemigos, vine a morir a manos de médicos». Del emperador Galeno cuentan una cosa digna, por cierto, de saber, y graciosa de oír, y es que estando aquel príncipe malo, y muy malo, de una ciática, como un gran médico le curase, y mil experiencias en él hiciese sin le aprovechar cosa, llamole un día el emperador y dijole: «Toma, Fabato, dos mil sextercios, y has de saber que si te los doy no es porque me curaste, sino porque nunca más me cures». ¡Oh, a cuántos y cuántos médicos podríamos hoy decir lo que dijo el emperador Galieno a su médico Fabato, los cuales, si no se llaman Fabatos, los podríamos llamar con razón bobatos, porque ni conocen el humor de que la enfermedad peca, ni aplicar la medicina necesaria.

Así Dios a mí me salve, señor doctor, tengo para mí creído que nos sería más sano consejo pagar de vacío a los médicos simples, porque no nos curasen, que no porque nos han curado, pues vemos claramente con nuestros ojos que más matan ellos receptando en la botica, que mataron sus pasados peleando en la guerra.

Sea, pues, la conclusión de toda mi letra que, yo acepto, apruebo, alabo y bendigo la medicina, y por otra parte maldigo, repruebo y condeno al médico que no sabe usar de ella, porque según vuestro Plinio dice, hablando de la medicina: «Non rem antiqui damnabant, sed artem». Como si más claro Plinio dije se: «Los antiguos sabios, y los que de sus repúblicas echaron los médicos, no condenaban la medicina, sino el arte de curar que los hombres inventaron en ella, porque habiendo naturaleza puesto el remedio de las enfermedades en medicinas simples, las han ellos puesto en cosas compuestas, de manera que a las veces es menos penoso sufrir la enfermedad, que no esperar el remedio».

No más, sino que Nuestro Señor sea en vuestra guarda, y a mí dé gracia que le sirva.

De Madrid, a XXVII de diciembre de MDXXV.

55. Letra para Mosén Puche, valenciano, en la cual se toca largamente cómo el marido con la mujer y la mujer con el marido se han de haber. Es letra para dos recién casados

Mozo señor y recién casado caballero:

¡Casarse Mosén Puche con doña Marina Gralla, y doña Marina Gralla casarse con Mosén Puche! Desde acá les doy el parabién del casamiento y desde acá ruego a Dios se goce el uno del otro por tiempo muy largo. Casarse Mosén Puche con mujer de quince años, y casarse doña Marina con marido de diecisiete, si no me engaño, asaz tiempo les queda para gozar el matrimonio, y aun para llorar el casamiento. Solón Solonino mandó a los atenienses que no se casasen hasta tener edad de veinte años. El buen Ligurguio mandó a los lacedemonios que no se casasen hasta los veinte y cinco. El filósofo Pmoteo mandó a los egipcios que no se casasen hasta los treinta años; y si por caso algunos se osasen casar, fuesen los padres públicamente castigados, y los hijos tenidos por no legítimos. Sí Mosén Puche y doña Marina Gralla fueran de Egipto, como son de Valencia, no escaparan ellos de ser castigados, y aun sus hijos desheredados. Por los regalos que recibí de vuestra madre y por el amor que tuve con vuestro padre, en el tiempo que fui inquisidor en Valencia, aun me pesa de veros en tan tierna edad casado, y de tan gran carga cargado, porque tan pesada carga como es el matrimonio ya no tenéis licencia para dejar la, ni tenéis edad para sufrirla. Si vuestro padre os casó de suyo, él usó con vos de gran crueldad, y si vos os casaste sin licencia, cometiste gran liviandad, porque osar poner casa un mancebo de diecisiete años y una moza de otros quince, es temeridad hacerlo, y poquedad consentírselo, porque los pobres mozos ni saben la carga que tornan, ni sienten la libertad que pierden. Sepamos qué condiciones ha de tener la mujer, y qué condiciones ha de tener el marido para que sean bien casados, y si se hallaren en Mosén Puche y en doña Marina Gralla, desde agora confirmo su matrimonio, y condeno a mí en no saber lo que digo.

Las propiedades de la mujer casada son que tenga gravedad para salir fuera, cordura para gobernar la casa, paciencia para sufrir el marido, amor para criar los hijos, afabilidad para con los vecinos, diligencia para guardar la hacienda, cumplida en cosas de honra, amiga de honesta compañía y muy enemiga de liviandades de moza. Las propiedades del hombre casado son que sea reposado en el hablar, manso en la conversación, fiel en lo que se le confiare, prudente en lo que aconsejare, cuidadoso en proveer su casa, diligente en curar su hacienda, sufrido, en las importunidades de la mujer, celoso en la crianza de los hijos, recatado en las cosas de honra, y hombre muy cierto con todos los que trata.

Pregunto, pues, agora yo si en los diecisiete años de Mosén Puche, y en los quince años de doña Marina Gralla, si hallaremos todo lo que habemos dicho, o si les pasa por el pensamiento. En hombres tan tiernos y en casados tan mozos, de sospechar es que tales y tan delicadas cosas ni sabrán entenderlas, aunque se las digan, ni preguntar por ellas, aunque les falten. Pues yo les juro, y aun profetizo, a los diecisiete años de Mosén Puche, ya los quince años de doña Marina Gralla, que si todas estas condiciones no quisieren aprender, y, después de aprendidas, guardar, que andando un poco más el tiempo, o ellos den con la carga en el suelo, o cada uno dellos busque nuevo amor. No tengo por tan grave meterse uno fraile novicio como ver a un mancebo casado, porque el uno puédese salir, mas el otro aun no se puede arrepentir. Los daños que se siguen de casarse diecisiete años con quince años, Mosén Puche y doña Marina Gralla los sabrán mejor contar que yo escribir, porque yo, si algo digo, será de sospecha; mas ellos podranlo afirmar como testigos de vista.

De casarse los hombres muy mozos se les siguen muy grandes daños es; a saber: se quebrantan en parir, enflaquecen las fuerzas, cargan de hijos, gastan el patrimonio, pídense celos, no saben qué cosa es honra, no entienden en proveer la casa, acábanse los primeros amores y cobran nuevos cuidados, por manera que de haberse casado tan niños, vienen a vivir después descontentos, o apartarse cuando son viejos. Aconsejaba el divino Platón a los de su república que en tal edad casasen sus hijos que sintiesen lo que elegían y conociesen lo que tomaban. Grave, y muy grave, es esta sentencia de Platón, porque tomar mujer, o elegir marido, a cualquiera es cosa fácil; mas saber sustentar casa es muy difícil. Yo no he sido casado, ni aun he tenido tentación de serlo; mas por lo que he visto en mis deudos, por lo que, he leído en los libros, por lo que he sospechado de mis vecinos y por lo que he oído a mis amigos, hallo por mi cuenta que los que aciertan a casarse bien, tienen aquí paraíso, y los que aciertan mal, hicieron su casa infierno.

¿Qué hombre, hasta hoy, topó con mujer tan acabada, que no desease en ella alguna cosa? ¿Qué mujer eligió ni le cupo en suerte marido tan acabado, que no hallase en él algún repelo? A los principios que se ven y se tratan los desposorios, por maravilla hay casamiento que desagrade; mas andando un poco el tiempo, no hay cosa que les contente, y lo que más cierto de todo es, que en acabándose los dineros luego llaman al aldaba los enojos. ¡Oh, triste de ti, marido, que si topas con mujer generosa, has de sufrir su locura! Si topas con alguna que es cuerda y mansa, no te la dieron sino en camisa. Si te dan alguna que es muy rica, afréntaste de contar su parentela. Si eliges mujer hermosa, tienes malaventura en guardalla. Si te cupo en suerte alguna que es fea, a pocos días huyes de casa y aun apartas della cama. Si te precias que tu mujer es sabia y discreta, también te quejas que es muy regalada y muy poco casera. Si dices que tu mujer es muy aliñada y casera, es por otra parte tan brava, que no hay moza que la sufra. Si tienes vana gloria de que tu mujer sea honesta y guardada, muchas veces la aborreces porque es de ti tan celosa. ¿Qué más quieres que te diga, oh pobre casado?

Lo que digo allende de lo dicho, es que si a tu mujer encierras en casa, nunca acaba de se quejar, y si sale cuando quiere, da a todos que decir. Si la riñes mucho, anda rostrituerta, y si no le dices nada, no hay quien con ella pueda. Si gasta por su mano, ¡ay de la hacienda!, y si gasta por la suya, o te ha de hurtar la bolsa, o vender algo de casa. Si siempre estás en casa, tiénete por sospechoso, y si vienes algo tarde, dice que eres travieso. Si la vistes bien, quiere salir a ser vista, y si no anda bien vestida, mándote mala cena y peor comida. Si le muestras mucho amor, tiénete en poco, y si en esto le tienes algún descuido, sospecha que en otra parte estás enamorado. Si le niegas lo que te pregunta, nunca cesa de te importunar, y si le descubres algún secreto, no lo sabe guardar. He aquí, pues, la ocasión, y aun la razón, por do si hay en un pueblo diez que sean bien casados, hay ciento que viven aburridos y arrepentidos, los cuales a la hora apartarían de sus mujeres casa y cama, si lo acabasen con la iglesia como lo acabarían con su conciencia. Si los matrimonios de los cristianos fuesen como el matrimonio de los gentiles para que cada uno pudiese cuando quisiese hacer divorcio y alzarse a su mano, yo juro que más prisa hubiese la cuaresma a se descasar, que hay en el carnal a se casar.

Que nadie se case sino con su igual.

Las reglas y consejos que yo quiero dar aquí a los que se han de casar, y aun a los que son ya casados, si no les aprovecharen para vivir mas contentos, a lo menos aprovecharles han para ahorrar de muchos enojos.

Es, pues, el primero saludable consejo; es a saber: que la mujer elija tal hombre y el hombre elija tal mujer que sean ambos iguales en sangre y en estado; es a saber: el caballero con caballero, mercader con mercader, escudero con escudero y labrador con labrador; porque si en esto hay disconformidad, el que es menos vivirá descontento, y el que es más vivirá desesperado. La mujer del mercader que casa a su hija con caballero, y el rico labrador que consuegra con algún hijodalgo, digo y afirmo que ellos metieron en su casa un pregonero de su infamia, una polilla para su hacienda, un atormentador de su fama y aun un abreviador de su vida. En mal punto casó a su hija o hijo el que tal yerno o nuera metió en su casa, que ha vergüenza de tener al suegro por padre, y de llamar a la suegra señora. En los tales casamientos no pueden con verdad decir que metieron en sus casas yernos, sino infiernos; no nueras, sino culebras; no quien los sirviese, sino quien los ofendiese; no hijos, sino basiliscos; no quien los honrase, sino quien los infamase; finalmente digo que el que no casa con su igual a su hija, le fuera menos mal enterrarla que no casarla, porque si muriera, lloraránla un día, y estando mal casada, la llorarán cada día. El mercader rico, el escudero pobre, el labrador cuerdo y el oficial plebeyo, no han menester en sus casas nueras que sepan afeitar, sino nueras que sepan muy bien hilar, porque el día que las tales presumieren de estrado y almohada, aquel día se pierde su casa y se va a lo hondo su hacienda. Torno a decir y afirmar que se guarden los tales de meter en sus casas a yerno que se alabe de muy hidalgo, que presuma de correr un caballo, que no sepa sino pasearse por el pueblo y que se alabe de muy cortesano, y que sepa mucho de naipes y tablero, porque en tal caso halo de ayunar el pobre suegro para que lo gaste en locuras el hombre loco. Sea, pues, la conclusión de este consejo que cada cual case a sus hijos con su igual, y donde no, antes de año cumplido le lloverá sobre la cabeza al que buscó casamiento de locura.

Es también saludable consejo que elija cada uno mujer que sea conforme a su complexión, y a su condición; porque si el padre casa a su hijo, o el hijo se casa por necesidad, y no por su voluntad, no podrá el triste mancebo decir que de verdad le casaron, sino que para siempre le cautivaron. Para que los casamientos sean perpetuos, sean amorosos, y sean sabrosos, primero entre él y ella se han de añudar los corazones que no se tomen las manos. Bien es que el padre aconseje a su hijo que se case con quien él quiere; mas guárdese no le haga fuerza, si él no quiere, porque todo casamiento forzoso engendra desamor en los mozos, contiendas entre los suegros, escándalo entre los vecinos, pleitos con los parientes y pundonores entre los cuñados. No es tampoco mi intención que nadie se case de súbito y secreto, como mozo vano y liviano, porque todo casamiento hecho por amores, las más veces para en dolores. No vemos otra cosa cada día sino que un mancebo, con la poca edad y mucha libertad, como no sabe lo que ama, ni menos lo que toma, enamórase de una moza, y despósase con ella, el cual, al tiempo que la acabó de gustar, la comenzó a aborrecer. La cosa que entre dos casados más se ha de procurar es que se amen mucho y se quieran mucho, porque de otra manera, cada día andarán rostrituertos y tendrán que ponerlos en paz los vecinos.

También los quiero avisar que para que el amor sea fijo, sea verdadero y sea seguro, se ha de ir asentando en el corazón muy poco a poco, porque de otra manera por el camino que el amor vino corriendo, le verán tornarse huyendo. A muchos he visto yo en este mundo amarse muy aprisa, los cuales vi después aborrecerse muy despacio. Una de las cosas trabajosas que hay en la vida humana es que, si hay ciento que permanezcan en el amar, hay cien mil que nunca acaban de aborrecer. Es también de advertir que el consejo que doy al padre a que no haga casamiento sin voluntad de su hijo, el mismo doy al hijo para que no se case contra la voluntad de su padre, porque de otra manera, ya podría ser que le dañase más la maldición de su padre que le aprovechase el dote que le diese el suegro. Los mozos, con la mocedad, no miran más de su placer, cuando se casan, y conténtanse con solo que su mujer sea hermosa; mas al padre y a la madre, como les va la honra y la hacienda, búscanle mujer que sea cuerda, rica, generosa, honesta y casta, y lo postrero que miran es si es hermosa.

El casamiento que se hace clandestino y escondido, digo que procede de gran liviandad, y sale de mucha crueldad, porque da a todos los vecinos que decir, y a los viejos de sus padres que llorar. Acontece muchas veces que, habiéndose desvelado la madre por hilar el ajuar, y habiéndose envejecido el padre por allegar el dote al tiempo que tratan algún honroso casamiento, remanece el mozo loco desposado, de lo cual se sigue después que queda la madre lastimada, el padre afrentado, los parientes corridos y los amigos escandalizados. Otra lástima hay mayor en esto, y es que acertó a tomar el hijo tal esposa, que tiene el padre por mal empleada la hacienda en ella, y tiene muy grande afrenta de meterla en su casa. Hay otro daño en semejante casamiento, y es que muchas veces piensan los padres con el dote del hijo remediar también a una hija, y como el principal intento del mozo fue gozar de la moza, y no que le diesen hacienda, quédase la hermana perdida y el hijo engañado, y el padre burlado. Plutarco, en su Política, dice: que el hijo que se casaba sin licencia de sus padres, que le azotaban públicamente entre los griegos, y que entre los lacedemones no le azotaban, sino que de toda su herencia le desheredaban. Laercio dice que a los así casados era costumbre entre los tebanos que no solamente fuesen de todos los bienes desheredados, mas aun públicamente de sus padres fuesen malditos. No tenga nadie en poco ser bendito o maldito de sus mayores, porque entre los antiguos hombres, sin comparación tenían los hijos en más la bendición de sus padres que no el mayorazgo de sus abuelos.

Que la mujer sea muy vergonzosa y no muy parlera.

Es también saludable consejo, y aun consejo muy necesario, que el hombre que se hubiere de casar, y poner casa, elija mujer que sea muy vergonzosa, porque si en la mujer no hubiese más de una virtud forzosa, ésta había de ser la vergüenza. Yo confieso que es más peligroso para la conciencia, empero digo que es menos dañoso para la honra, en que sea la mujer secretamente deshonesta, que no que sea públicamente desvergonzada. Muchas y muchas flaquezas se encubren en una mujer con solo ser vergonzosa, y muchas más se sospechan de ella cuando no tiene vergüenza en la cara. Diga cada uno lo que quisiere, que yo para mí averiguado tengo que en una mujer vergonzosa hay poco que reprender, y en la que es desvergonzada no hay nada que loar. El homenaje que dio naturaleza a la mujer para guardar la reputación, la castidad, la honra y la hacienda fue sola la vergüenza, y el día que en ésta no pusiere muy grande guarda, dése la triste para siempre por perdida. Cuando tratare casamiento alguno con alguna, lo primero que ha de preguntar de la esposa es, no si es rica, sino si es vergonzosa; porque la hacienda cada día se gana, mas la vergüenza nunca en la mujer se cobra. El mejor dote, la mejor heredad y la mejor joya que la mujer ha de llevar consigo ha de ser la vergüenza, y si el padre viere que su hija ha ésta perdido, menos lástima le sería enterrarla que casarla.

Es, pues, el donaire que muchas mujeres presumen de decidoras, y graciosas, y mofadoras, el cual oficio yo no les querría ver aprender, ni menos usar, porque, hablando con verdad y aun con libertad, lo que en los hombres llamamos gracia, se llama en las mujeres chocarrería. Donaires, fábulas, gazafatones, deshonestidades, no solo la que es honrada mujer ha de haber vergüenza de decirlas, mas aun muy grande empacho de oírlas. La mujer grave y de autoridad no se ha de preciar de ser donosa y decidora, sino de ser honesta y callada, porque si precia mucho de hablar y mofar, los mismos que se rieron del donaire que dijo, murmuran después de la misma que lo dijo. Es tan delicada la honra de las mujeres, que muchas cosas que pueden los hombres hacer y decir, no es lícito a las mujeres que las osen aun boquear. Las señoras que quieren tener gravedad, no solo han de callar las cosas ilícitas y deshonestas, mas aun las lícitas, si no son muy necesarias, porque la mujer jamás yerra callando, y muy poquitas veces acierta hablando. ¡Oh, triste del marido a quien le cupo en suerte de tener mujer decidora, parlera y picuda, porque la tal, si una vez toma la mano para contar una cosa, o formar una queja, ni admite razón que le den, ni sufre palabra que le digan. La mala vida que las mujeres pasan con sus maridos no es tanto por lo que hacen de sus personas cuanto es por lo que dicen de sus lenguas. Si la mujer quisiese callar, cuando el marido comienza a reñir, nunca él tendría mala comida, ni ella tendría peor cena; lo cual no es así, por cierto, sino que a la hora que el marido comienza a gruñir, comienza ella a gritar, de lo cual se sigue que llegan a las manos y aun apellidan a los vecinos.

Que la mujer sea recogida y poco ocasionada.

Es también saludable consejo que la mujer se precie de ser honesta y presuma de muy recogida, porque de querer las mujeres ser en sus casas muy absolutas vienen a andar después por las plazas disolutas. Debe la mujer honrada estar muy recatada en lo que dice, y muy sospechosa de todo lo que hace, porque las tales, de tener en nada los dichos, vienen a caer en los hechos. Por inocente que sea uno, conocerá cuán más delicada sea la honra de la mujer que no la del hombre, y que esto sea verdad parece muy claro, en que el hombre no puede ser deshonrado sino con la razón; mas para se deshonrar una mujer, abasta ocasión. La que es buena, y presume de buena, téngase por dicho que tanto será más buena cuanto de sí misma tuviere menos confianza. Digo menos confianza, para que ni ose oír palabras livianas, ni ose admitir ofertas fingidas. Sea quien fuere, valga cuanto valiere y presuma cuanto quisiere, que la que huelga de oír y se deja de servir, que tarde o temprano ella ha de caer; y si me dijeren que todo aquello lo hacen por pasatiempo, y para holgar y burlar, a esto les respondo que de semejantes burlas suelen ellas quedar muy burladas.

Aviso y torno a avisar a cualquiera señora generosa, o plebeya que sea, no ose con primo, ni con sobrino, ni con otro cualquier deudo apartarse, ni fiarse, porque si con el extraño, apartándose, teme lo que puede ser, con el primo o sobrino tema lo que dél y della se puede decir. No se fíe ninguna mujer de bien en decir que siendo el deudo entre ellos tan estrecho, que es imposible los traiga ninguno sobre ojo, porque si la malicia humana se atreve a juzgar los pensamientos, no es de creer que perdonará a lo que ve con los ojos. Las señoras que oyeren, o leyeren esta mi escritura, quiero que noten esta palabra, y es: que el hombre, por ser hombre, abástale que sea bueno, aunque no lo parezca; mas la mujer, por ser mujer, no abasta que lo sea, sino que lo parezca. Nota, nota, nota, que así como la provisión de la casa depende de solo el marido, ansí la honra de todos ellos depende de sola la mujer; por manera que no hay más honra dentro de tu casa, de cuanto es tu mujer honrada. No llamamos aquí honrada a la que solamente es hermosa en la cara, y generosa en sangre, abultada en la persona, y guardadora de su hacienda, sino a la que es muy honesta en el vivir y muy recatada en el hablar. Plutarco cuenta que la mujer de Tuscides el griego, preguntada que cómo podía sufrir el hedor de la boca de su marido respondió: «Como nunca otro que mi marido se me llegó cerca, pensaba yo que a todos los hombres les olía la boca». ¡Oh ejemplo digno de saber, y mucho más de imitar, en el cual nos enseña aquella nobilísima griega que tan recatada ha de ser la mujer honrada, que no consienta llegársele hombre tan cerca que le pueda la boca oler, ni aun a la ropa tocar.

Que la mujer casada no sea soberbia y brava.

Es también saludable consejo que la mujer no sea brava, ambiciosa, sino mansa y sufrida, porque dos cosas son las que pierden mucho a una mujer: es a saber, lo mucho que parla y lo poco que sufre; y de aquí es que, si calla, será de todos estimada, y sí sufre, será con su marido bien casada. ¡Oh, cuánta malaventura lleva el hombre que con mujer brava se casa, porque no echa de sí tanto fuego el monte Etna cuanta ponzoña echa ella por su bocal sin comparación, es más de temer la braveza de la mujer que no la ira del hombre; porque el hombre enojado no sabe más de reñir, mas la mujer brava, reñir y lastimar. Hombre que sea cuerdo, y mujer que presuma de honrada no se deben tomar con alguna otra mujer cuando está furiosa, porque a la hora que la tal pierde la vergüenza y se le enciende la cólera, no solo dice lo que vio y lo que oyó, mas aun lo que soñó. Es para muy grande donaire en que, cuando una mujer está muy encendida y embravecida, ni oye a sí, ni entiende a los otros, ni admite excusa, ni sufre palabra, ni toma consejo, ni se allega a razón; y lo peor de todo es que muchas veces deja a los con quien trabó el enojo y se toma con el que se atravesó de por medio. Cuando una mujer riñe con otra, o con otro, y viene alguno a ponerlos en paz, no solo no le dará las gracias, mas aun formará contra él muchas quejas, diciendo que si él fuera cual ella, pensaba, la ayudara a reñir, y aun tomara, por ella la mano para la vengar. La mujer que de su natural es buena y furiosa, jamás piensa que se enoja sin ocasión, ni riñe sinrazón, y por eso es mucho mejor dejar la que no resistirla.

Tórnome a rectificar en mi dicho, y es que tiene malaventura la casa a do la mujer es rencillosa, porque la tal siempre está aparejada para reñir y nunca para se conocer. La mujer brava es muy peligrosa, porque embravece al marido, escandaliza a los deudores, es malquista de los cuñados y huyen de ella los vecinos; de lo cual se sigue que algunas veces el marido le mide el cuerpo con los pies y le peina el cabello con los dedos. A una mujer furiosa y rencillosa, por una parte, es pasatiempo oírla reñir, y por otra parte, es espanto de ver lo que se deja decir, porque si se toma con ella una procesión de gentes, ella les dirá una letanía de injurias. Al marido dice que es descuidado; a los mozos; que son perezosos; a las mozas, que son sucias, a los hijos, que son golosos; a las hijas, que son ventaneras; a los amigos, que son ingratos; a los enemigos, que son traidores, a los vecinos, que son maliciosos, y a las vecinas, que son envidiosas; y, sobre todo, dice que no hay hombre que trate con otro verdad, ni guarde a mujer lealtad.

Miento si no vi apartarse de en uno dos honrados casados, no por otra ocasión sino porque el pobre marido estaba algunas veces triste a la mesa y otras veces suspiraba en la cama. Decía la mujer que alguna traición pensaba contra ella su marido a la mesa, y que por amores de alguna hermosa suspiraba en la cama, y sabida la verdad de la cosa, era por que tenía el marido una peligrosa fianza y no podía reinar en él alegría. Al fin, al fin, por más que le rogué y prediqué, y aun le reñí, nunca los pude tornar a concertar, hasta que juró él en mis manos de no estar mustio a la mesa, ni de suspirar más en la cama.

La mujer que quisiere ser pacífica y sufrida, será bienaventurada del marido, bien servida de los criados, bien honrada de los vecinos y muy acatada de sus cuñados, y donde no, téngase por dicho que huirán todos de su casa y se santiguarán de su lengua. Cuando la mujer es brava y orgullosa, poco gusto toma el marido en que ella sea generosa en sangre, hermosa en gesto, rica en hacienda y aliñada en su casa, sino maldice el día que con ella se casó y blasfema del primero que en ello le habló.

Que los maridos no sean muy rigurosos, mayormente cuando son recién casados.

También es saludable consejo que el marido no sea bravo y desabrido para con su mujer, porque jamás tendrán paz entre sí los dos si la mujer no aprende a callar y el marido no sabe sufrir. Osaré decir, y aun cuasi jurar, que más es casa de locos que no de casados, a do al marido falta la prudencia, y a la mujer la paciencia, porque los tales, o se han de apartar por tiempo, o han de andar cada día al pelo. Las mujeres naturalmente son tiernas de complexión, y flacas de condición, y para eso es el hombre, para que sepa tolerar sus faltas y encubrir sus flaquezas; de manera que las han de llamar una vez mordiendo y ciento lamiendo. Si se tiene compasión al hombre que tiene mujer brava, más se ha de tener a la mujer que le cupo marido recio, porque hay algunos tan bravos y tan mal sufridos, que a las pobres de sus mujeres ni les abasta cordura para servirlos, ni paciencia para sufrirlos. Ora por los hijos, ora por los criados, ora porque no hay en casa dineros, no se pueden excusar entre marido y mujer enojos, y en tal caso osaría yo decir que entonces ha menester su cordura, cuando está su mujer airada: es a saber, echárselo todo en burla, o no le responder palabra. Si a todas las cosas de que la mujer tiene pena, y forma queja, el hombre cuerdo le ha de responder y satisfacer, téngase por dicho que ha menester las fuerzas de Sansón y la sabiduría de Salomón.

Mira, marido, lo que te digo, y es: que o tu mujer es cuerda, o tu mujer es loca; si te cupo mujer loca, poco te aprovecha reprehenderla, y si te cupo mujer cuerda, abasta que le digas una palabra desabrida, porque has de saber, amigo, que si la mujer no se corrige por lo que le dicen, nunca se enmendará por lo que le amenazan. Cuando la mujer estuviere muy encendida en la ira, débenla sufrir, y después que se le hubiere quitado el enojo, débenla reprender; porque si comienza a perder al marido la vergüenza, cada hora hundirá a voces la casa. El que presumiere de hombre cuerdo, y de ser buen marido, más ha de usar con su mujer de sagacidad que no de rigor y fuerza, pues es de tal condición la mujer, que, al cabo de treinta años que estén casados, hallará en ella cada día reveses en su condición, y mudanzas en su conversación. Es también de notar en que si en todo tiempo debe el marido de guardarse de trabar con su mujer enojos, mucho más lo debe evitar, cuando fueren recién casados, porque si a los principios la mujer le comienza a aborrecer, tarde o nunca le tornará a amar. A los principios de su casamiento, debe el sagaz marido halagar, regalar y enamorar a su mujer; porque si entonces se cobran el uno al otro amor, aunque después vengan a reñir y a gruñir, será con enojo nuevo, y no por odio antiguo. Son muy mortales enemigos el amor y el desamor, y el primero de ellos que toma al corazón por posada, allí se queda morador toda su vida, de manera que los primeros amores puédense de la persona apartar, mas no de corazón olvidar. Si desde el principio que se casan comienza la mujer a tomar el freno de aborrecer a su marido, yo le mando a ella mala vida, y a él mala vida y aun mala vejez; porque, si fuere poderoso para hacerse temer, nunca lo será para hacerse amar. Alábanse muchos maridos de ser servidos y temidos en sus casas, a los cuales yo tengo más mancilla que envidia; porque la mujer que está aburrida, teme y sirve a su marido; mas la que está contenta, ámale y regálale. Mucho debe trabajar la mujer por estar en gracia de su marido, y mucho debe temer el marido el no estar en gracia de su mujer, porque si ella se determina de poner los ojos en otro, otro la gozará, aunque pese al marido. Para tan larga jornada, y para tan trabajosa vida, como es la del matrimonio, no se ha de contentar el marido con que a su mujer robe la virginidad, sino que también le granjee la voluntad, porque no abasta que sean casados, sino que sean muy bien casados, y vivan mucho y muy mucho contentos. El marido que no es bien quisto de su mujer, tiene en peligro su hacienda, en sospecha su casa, en peligro su honra y aun en condición su vida, pues se puede buenamente creer que no deseará a su marido larga vida la que con ella pasa tan mala.

Que los maridos no sean demasiadamente celosos.

También es saludable consejo se guarden los maridos de ser con sus vecinos maliciosos, y de tener de sus mujeres dos géneros de gentes verán, extremados celos, porque a dos géneros de gentes verán, solamente que son celosos: es a saber, los que son muy mal acondicionados, o los que, siendo mozos, fueron muy traviesos. Tienen por imaginación los tales que lo que las mujeres de otros hicieron con ellos han de hacer sus mujeres con otros, lo cual es grande vanidad pensarlo, y no pequeña locura decirlo; porque si hay algunas que son disolutas, también hay señoras muy recatadas. Decir que todas las mujeres son buenas es sobra de afección; decir también que todas son malas es falta de razón; abaste decir que entre los hombres hay mucho que reprender, y entre las mujeres no falta que loar. No tengo yo por malo, a la que es vana y liviana, no solo que la ponga en razón, mas aún le quite la ocasión; mas esto se entiende con que no la pongan en tanto estrecho, ni le den tan mala vida en que, so color de la guardar, la traigan a desesperar. No podemos negar sino que hay mujeres de tan mala condición, y de tan inhonesta inclinación, que ni se corrigen por miedo, ni se enmiendan por castigo, sino que parecen haber en este mundo nacido mejor para la lástima de sus maridos y para afrentar a sus deudos. Por el contrario, hay otras mujeres, muchas y muchas, las cuales de su propio natural son de tan limpia condición y de tan casta inclinación, que no parece que nacieron en el mundo sino para espejo de toda la república, y para gloria de toda su parentela.

Torno otra vez a decir que de cuando en cuando no es malo cerrarle la puerta, apartarla de la ventana, negarle alguna salida y quitarte alguna sospechosa compañía; mas esto ha de hacer el marido con tan grande cautela, que muestre fiar más de la bondad que ella tiene, que no en la guarda que le pone. Alabo y apruebo que sean los hombres con sus mujeres cautelosos; mas no tengo por seguro que sean demasiadamente celosos, porque son de tal calidad las mujeres, que ninguna cosa tanto procuran como es lo que mucho les vedan. Si el marido tiene de su mujer sospecha, débese aprovechar de cautelas, no mostrándolo en las palabras, porque si la mujer una vez se ve lastimada y afrontada, ella buscará modos y maneras para hacer verdadera la sospecha; y esto no tanto por el apetito que tenía de ser viciosa, cuanto por ver a su corazón del marido vengado. Las fuerzas de Sansón, la ciencia de

Homero, la prudencia de Augusto, las cautelas de Piro, la paciencia de Job, la sagacidad de Aníbal y las vigilias de Hermógenes no abastan para una mujer gobernar, ni a su voluntad la sujetar, porque al fin, al fin, no hay en el mundo tan gran fuerza que haga a una ser buena por fuerza. Los descuidos y flaquezas que viere el marido en su mujer, no es cordura pregonarlas, ni aun luego castigarlas, sino que dellas debe reñir, dellas corregir, dellas avisar, dellas castigar, dellas atajar y las más dellas disimular. Por cuerda y sufrida que sea una mujer, solas dos cosas no puede oír, ni le abasta paciencia para sufrir; es a saber, que la tengan por mala de su persona, y por fea de su cara, sino que siendo mala, quiere que la tengan por buena, y siendo fea, quiere que la alaben por hermosa.

Sea, pues, la conclusión que cuando el marido está seguro de todas cosas, es a saber, que su mujer no hace carnicería de su persona, que no anda por las plazas su fama, y no mete a saco mano su hacienda, sería yode parecer que ni la trate como celoso, ni la hable como malicioso, porque muy gran obligación tiene la mujer a ser virtuosa, cuando el marido hace de ella gran confianza.

Que si entre los que son casados pasaren enojos, no han de dar parte de ellos a los vecinos.

Es también saludable consejo que de tal manera se hayan el marido y la mujer en sus diferencias y enojos, que no den parte dellos a sus vecinos, pues saben que si los quieren mal, tornan placer, y si los quieren bien, tendrán qué decir. Hay hombres tan mal mirados, y mujeres tan mal sufridas, en que ni ellos saben reñir sino voceando, ni ellas responder les sino gritando; por manera que el oficio de sus vecinos es apaciguarlos entre semana, y oír sus quejas el día de fiesta. Quéjase el marido diciendo que su mujer es brava, y. que no hay demonio que con ella pueda. Quéjase también que es celosa y sospechosa, y que no puede con ella hacer vida. Quéjase también que es impaciente y deslenguada, y que cada paso le deshonra. Quéjase también que su mujer es flaca, fea, enferma, y que gasta cuanto tiene en curarla. Quéjase también que es regalada, perezosa, dormilona, y que no se levanta hasta medio día. Quéjase también que es sucia, desaliñada y descuidada, y que las cosas de su casa ni las sabe allegar, ni menos guardar. Quéjase también que su mujer es parentera, comadrera, callejera, y si una vez toma la puerta, hasta ver estrellas en el cielo no torna a casa. Por otra parte, las pobres mujeres, como no tienen fuerzas para se vengar, aprovéchanse de las lenguas para se quejar. Quéjase la mujer de su marido que es triste, cetrino y malencónico, y que de puro mal acondicionado, ni cabe con los vecinos, ni le pueden sufrir los criados. Quéjase de su marido que es bravo, soberbio y mal sufrido, y que muchas veces que se le enciende la cólera, a las mozas apalea, y aun a ella destoca. Quéjase también que la baldona de fea y de villana, de sucia y de judía, y que algunas veces dice tantas y tan grandes lástimas, que se le rompen las entrañas y se le arrancan los ojos de lágrimas. Quéjase también que no le consiente ir a ver a sus padres, ni visitar a sus parientes, y que de puro malicioso, no la deja salir de casa, y manda que a media misa vaya a la iglesia. Quéjase también que su marido es celoso y sospechoso, sin tener ocasión ni menos razón, y que por este fin ni la deja salir a la puerta, ni poner a la ventana, ni vestir una ropa, ni tocar una toca, ni hablar con nadie una palabra, sino que ha de estar guardada como una doncella, y escondida como monja. Quéjase también dél, que ni cree cosa que le dice, ni agradece servicio que le hace, porque si está enojado, luego desmiente a todos y arroja cuanto tiene en las manos. Quéjase también dél que no deja casada a quien no sirva, ni viuda a quien no siga, ni soltera con quien no ande, ni moza con quien no retoce, y que a ella, triste y desventurada, no la tiene ya sino para que empañe los hijos, ponga la olla y guarde la casa. Quéjase también dél, que no contento con tomarle el trigo, el tocino, la manteca, el aceite y el queso para dar a tales y a cuales fuera de casa, mas aún le hurta a ella para dar a su amiga lo que hila a la rueca, y aun gana a la almohadilla. Quéjase también dél que es un público tablajero, y un ordinario tahúr, y que no contento con jugar toda la renta y todo lo que gana, le juega también a ella las alhajas de su casa, y las preseas de su persona. Quéjase también dél que muchas veces viene de fuera tan enojado, turbado y tan endemoniado, que no hay quien le espere, ni menos quien le sufra, sino que azota a los hijos, riñe con las mozas, remesa a los mozos y aun carmena a ella sus cabellos. Estas y otras semejantes cosas se queja el marido de la mujer, y la mujer del marido, de las cuales dar parte a quien no las puede remediar, ni conviene saber, en el hombre es gran poquedad, y en la paréceme que mujer gran liviandad.

Torno a decir que es poquedad y liviandad, pues no quieren mostrar a ninguno lo que tienen en sus arcas, y dicen a las veces lo que tienen en sus entrañas. Mostrar el amigo a su amigo el pan, el vino, y el dinero, y el granero, no hay en ello inconveniente ninguno. En lo que hay inconveniente es en lo que amamos, en lo que queremos y en lo que adoramos, lo cual no solo se ha de guardar, mas aun esconder y transponer. El amor y desamor que está en el corazón fijo es necesario que esté cerrado, y muy necesario que esté sellado. ¿Qué guardo yo para quien bien quiero, si a todos digo lo que en mi corazón está escondido? Al que nos ama de corazón, y queremos de corazón, a él solo, y no a otros, hemos de manifestar el corazón. Las pasiones que nos dan y los infortunios que se nos ofrecen, no es cordura manifestarse sino a quien nos los ayude a remediar, y aun nos los ayude a llorar, porque las lágrimas del amigo mucho alivian al corazón del trabajo. Pues si esto es verdad, como es verdad, ¿para qué el marido se queja de la mujer, y la mujer se queja del marido, a quien sabe que no les puede remediar, sino que ha de burlar y dellos mofar? Si alguna travesura hiciere el marido, y si alguna flaqueza hay en la mujer, gran locura y poca cordura es decirlo a los que no lo saben, porque menos mal es que lo sospechen los otros, que no que lo sepan de su boca dellos.

Que los maridos provean de lo necesario a sus casas.

Es también saludable consejo que los maridos sean muy cuidadosos de proveer sus casas, de vestir a sus mujeres y de criar a sus hijos, y de pagar a sus criados; porque en las cosas voluntarias puédense los hombres descuidar, mas en las necesidades de sus casas no se sufre descuidar, ni olvidar. El oficio del marido es ganar hacienda, y el de la mujer allegarla y guardarla. El oficio del marido es andar fuera a buscar la vida, y el de la mujer es guardar la casa. El oficio del marido es buscar dineros, y el de la mujer es no malgastarlos. El oficio del marido es tratar con todos, y el de la mujer, hablar con pocos. El oficio del marido es ser entremetido, y el de la mujer es ser zahareña. El oficio del marido es saber bien hablar, y el de la mujer es preciarse de callar. El oficio del marido es celar la honra, y el de la mujer es preciarse de muy honrada. El oficio del marido es ser dadivoso, y el de la mujer es ser guardadora. El oficio del marido es vestirse como puede, y el de la mujer es como debe. El oficio del marido es ser señor de todo, y el de la mujer es dar cuenta de todo.

El oficio del marido es despachar todo lo que es de la puerta afuera, y el de la mujer es dar recaudo a todo lo de dentro de casa. Finalmente, digo que el oficio del marido es granjear la hacienda, y el de la mujer gobernar la familia.

He querido decir esto a fin que a la casa a do cada uno de ellos hiciere su oficio, la llamaremos monasterio, y a la casa a do fuere cada uno por su cabo, la llamaremos infierno. Que la mujer pida a su marido cosas superfluas y muy costosas, ni las debe pedir, ni se las han de dar; mas si pide las cosas necesarias para su casa, no se le deben negar, porque se ha de tener por dicho el marido que sobre las prendas de la honra, muchas veces provee la mujer a sí y a su casa. El marido que no da a su mujer para la saya ni mantón, ni camisa, ni chapín, ni toca, ni zamarro, ni para vestir los hijos, ni para pagar las criadas, y, por otra parte, la ve de todas estas cosas proveída, honrada y mejorada, cierto es que el tal ha de pensar que antes lo ganó ella trotando, que no hilando. ¡Oh, cuántas mujeres son malas, no porque lo querrían ser, sino porque sus maridos no les dan lo que han menester, las cuales, a trueque de la castidad, suplen su extrema necesidad!

Para mantener la casa y familia no abasta que la mujer teja, hile, cosa, labre, vele y se desvele, sino que también el marido afane, sude y trabaje, y donde no, hase de tener por dicho que la casa se proveerá a costa de su honra dél, y a costa de la persona della. Por pobreza, ni por flaqueza, ninguna mujer debe hacer cosa que a ella sea afrenta, y a sus parientes deshonra; mas junto con esto, osaré decir que muchas veces el descuido del marido hace que su mujer sea para con él absoluta. No sé yo con qué cara, ni con qué corazón osará el marido a su mujer reñir, ni apalear, pues nunca le ve echar mano a la bolsa para trae de comer. El marido que conforme a su estado mantiene su familia y sustenta su casa, justa y justísimamente puede reñir a su mujer los descuidos que tiene, y aun afearle los excesos que hace; y donde no, ha de sufrir lo que le dijere, pasar por lo que oyere, callar lo que sospechare y aun disimular lo que viere.

Que los maridos no deben llevar a sus casas personas sospechosas.

Es también saludable consejo que los hombres casados sean amigos de buenas personas y se aparten de malas compañías, porque muchos hay que son mal casados, no por faltas que en sus mujeres ven, sino por lo que otros maliciosos les dicen. Si el marido es bobo, callo; mas si es agudo y discreto, por afrenta lo ha de tomar que ose ninguno decir mal de su mujer, pues el otro no la ve una vez en la semana, y él la tiene cada noche en la cama, cada día en la mesa y cada hora en casa. Si la mujer es una loca, parlera, derramada, andariega, liviana, absoluta y disoluta, el marido es el que primero lo ha de saber y el que luego lo ha de remediar; y si lo sabe y no lo remedia, al tal bobo y bovato débenle dejar, pues ello quiere sufrir. Una de las grandes ofensas que a Dios se puede hacer es cizañar al marido con la mujer, y a la mujer con el marido, porque si algún descuido se viere en él, o alguna flaqueza se hallare en ella, tenemos obligación de los avisar, mas no licencia de los acusar. Muchas veces los maridos son culpados en que de ligero dan crédito a los amigos, a los vecinos y aun a los criados, los cuales si les dicen algún mal de su mujer, no es tanto por el celo que tienen de su honra, cuanto es por la malicia y interese que tienen con ella. Es también dañoso al marido tratar con malos hombres, por la infamia que se le puede seguir de la conversación dellos; porque hay algunos sagaces y tan malos, que procuran de tomar amistad con el marido, no por más de por tener segura la entrada para con su mujer, Bien se sufre que el vecino, el amigo, el pariente, el conocido del marido tenga con su mujer amistad, mas no familiaridad, porque la amistad no quiere más de comunicación; mas la familiaridad para en conversación. No sería yo de voto que nadie confiase tanto de alguno, que con verdad osase decir: «Voto a tal, que entro en casa de fulano, y con su mujer como, burlo, juego, parlo y paso tiempo; porque es mucho mi señora, devota y amiga». Reniego yo del amigo que no tiene otro pasatiempo sino con la mujer de su amigo. Lo que se sufre decir en semejante caso es que «fulano es mi amigo y su mujer mi conocida», porque proverbio muy antiguo es que la mujer y la espada puédense amostrar, mas no confiar. Si al marido se le siguiere alguna infamia de haber llevado a su amigo a casa, y haber hecho con su mujer que le conozca, quéjese de sí mismo porque le llevó, y no de su mujer porque tropezó. Plutarco dice que era ley entre los partos que no pudiesen las mujeres tener otros particulares conocidos sino a los amigos de sus maridos, por manera que entre aquellos bárbaros no solo era común lo que de hacienda tenían, mas aun los amigos que amaban. Sería yo de parecer que la mujer amase a los amigos de su marido, y que el marido amase a los parientes de su mujer, porque si quiere tener paz en su casa, débese de la mujer servir y de los parientes della honrar. No ha de ser el marido tan desabrido, ni tan sacudido, a que cuando los parientes de su mujer vinieren a casa, los deje de hablar, y se descuide de los convidar, porque sería para ella muy grande afrenta, y caería él en muy mala crianza. Algunas veces también las mujeres toman afecciones, y emprenden amistades bien excusadas, aunque no sospechosas, las cuales por sustentar, vienen con sus maridos a reñir, y aun a descompadrar; lo cual yo no lo alabo, ni menos aconsejo, porque la mujer honrada y recatada ninguna amistad ha de llevar tan al cabo que abaste a enemistarla con su marido. En ninguna mujer de bien se sufre decir: «éste es mi amigo», sino decir: «éste es mi conocido»; porque la mujer casada a ninguno ha de tener por enemigo, y a solo su marido ha de tener por amigo. No me parece tampoco bien que algunas mujeres son demasiadamente afeccionadas, apasionadas y aun decideras, a las cuales algunas veces por defender a sus amigos y tornar por sus bandoleros, les miden los cabellos a puños, y aun les sacuden el polvo de las espaldas.

Que las mujeres deben aprender a amasar y cocer.

Es también saludable consejo que las mujeres casadas aprendan y sepan regir muy bien sus casas; es a saber, amasar, cocer, labrar, barrer, cocinar y coser; porque son cosas tan necesarias, que sin ellas no pueden ellas mismas vivir, ni menos a sus maridos contentar. Suetonio Tranquillo dice que Augusto, el emperador, mandó aprender a sus hijas las infantas todos los oficios con que una mujer se puede mantener, y de que se debe preciar, de manera que todo lo que vestían ellas, lo hilaban y tejían. Por grande que sea en estado, y por generosa que sea en sangre, y por estimada que sea en riqueza una gran señora, tan bien le parece en la cinta una rueca, como parece al caballero la lanza, y al sacerdote la estola. Cuando los romanos, sobre hecho de apuesta, enviaron desde la guerra a Roma a saber qué hacía la mujer de cada uno en su casa, fue entre todas ellas la más afamada, y más loada, la casta Lucrecia, no por más de porque a sola ella hallaron tejiendo, y a todas las otras holgando. Si me dicen que entre gente noble es caso de menos valer entender en estas poquedades, a esto respondo que la mujer de bien no se ha de afrontar de hilar y de amasar sino de comer, holgar y parlar, porque la honra de una señora no consiste en estar asentada, sino en andar ocupada. Si las mujeres quisiesen trabajar en sus casas, no veríamos por las plazas tantas de ellas perdidas, porque no hay en el mundo otro tan mortal enemigo de la castidad como es la ociosidad.

Una mujer que es moza, es sana, es libre, es hermosa, es desenvuelta y es holgazana, ¿qué es lo que piensa, arrellanada sobre una almohada? Lo que ella hace es ponerse muy despacio a pensar qué forma tendrá en se libertar y perder, de manera que engañe a todos diciendo que es muy buena, y por otra parte goce a su placer de la vida. ¡Qué placer es de ver a una mujer levantarse de mañana, andar revuelta, la toca desprendida, las faldas prendidas, las mangas alzadas, sin chapines los pies, riñendo a las mozas, despertando a los mozos y vistiendo a sus hijos! ¡Qué placer es verla hacer su colada, lavar su ropa, ahechar su trigo, cernir su harina, amasar su masa, cocer su pan, barrer su casa, encender su lumbre, poner su olla y, después de haber comido, tomar su almohadilla para labrar o su rueca para hilar! No hay en el mundo marido, por loco y insensato que sea, que no le parezca su mujer mucho mejor el sábado cuando amasa, que no el domingo cuando se afeita. No estoy bien con las mujeres que no saben otra cosa sino acostarse a la una, levantarse a las once, comer a las doce, y parlar hasta la noche, y más y allende desto, no saben sino armar una cama a do se echen, y aderezar un estrado a do negocien; de manera que las tales no nacieron sino para comer y dormir, holgar y parlar. Dejada a parte la cámara do ellas duermen, y el estrado a do negocian, si dais una vuelta por todo lo demás de casa, habréis vergüenza de lo ver, y asco de lo andar, según está todo desaliñado y peor barrido, por manera que muchas señoras, por hacer del estado, hacen de la casa establo. Para ser una mujer buena, gran parte es estar siempre ocupada, y, por el contrario, no vemos otra cosa sino que la mujer ociosa anda siempre pensativa. Créanme en esto las señoras: en que ocupen siempre sus hijas, porque les hago saber, si no lo saben, que de los ociosos momentos y de los livianos pensamientos se vienen a hacer los malos recaudos.

No más sino que Nuestro Señor sea en vuestra guarda.

De Granada, a IIII de mayo de MDXXIIII años.

56. Letra para el duque de Alba, don Fadrique de Toledo, en la cual se expone una autoridad del apóstol y se tocan algunas notables antigüedades

Muy ilustre señor y gran duque de España:

Con Rodrigo Enríquez recibí una letra de la mano de vuestra señoría escrita, y un memorial que dentro della venía, y para mí fue cosa muy nueva querer enviar por mi consejo aquel con quien César toma consejo. No os maravilléis, señor, de verme a mí maravillar, pues en vos pregonáis humildad y en mí confesáis habilidad. Hasta determinarme en lo que os había de responder, y resolutoriamente aconsejar, he estado muy perplejo y cuasi indeterminado, porque vuestra honra querría uno, y vuestra conciencia clamaba por otro.

Después que lo miré, y lo estudié, y me determiné, yo os lo envío, señor, tan bien declarado, y lo que queréis, tan bien desmarañado, que ni en la conciencia tendréis escrúpulo, ni en la fama correréis peligro. El hombre gentílico, que es desalmado, en lo más que mira es preciarse mucho de caballero, y después apéguesele lo que se le apegare de caballero. Ser caballero y ser cristiano muy bien se compadecen en la ley de Cristo, porque el bueno y verdadero caballero ha de ser animoso en el corazón, y esforzado en el pelear, cierto en el hablar, generoso en el dar, paciente en el sufrir y clemente en el perdonar, las cuales cosas no solo en la bendita ley de Cristo se permiten, mas aun se mandan. Creedme, señor, y no dudéis que los cielos están llenos de caballeros y los infiernos están llenos de necios. El apóstol san Pablo, a su discípulo Timoteo, dice: «Labora ut bonus miles». Quería, por estas palabras, decir: «Trabaja como buen caballero». No dijo trabaja como labrador, pescador, molinero o marinero, sino como buen caballero, porque no es de menor ánimo resistir a los vicios que acometer a los enemigos. condénanse los hombres por necios cuando no saben lo que deben, y condénanse por cobardes cuando no hacen lo que saben; mas el sabio y virtuoso caballero hace lo que sabe, y aprende lo que debe. No solo dice el Apóstol que trabaje su discípulo como caballero, sino como buen caballero, porque la bondad del caballero cristiano está no en sustentar mucha familia, sino en tener buena conciencia. Tener muchos paños en la casa, muchos pajes en la cámara, muchos escuderos en su casa, muchos caballos en la caballeriza, y muchos halcones en la alcándara, todas estas cosas más son para se honrar que para se salvar. Si son para se honrar, no decimos que son para se condenar, porque en los palacios de los caballeros loamos el dar de comer a muchos hijos de buenos, y condenamos el dejar los ser viciosos. El que a sus criados consiente que sean mentirosos, blasfemos, tahúres, golosos, amancebados y vagamundos, podrase llamar caballero, mas no buen caballero; porque las casas de los buenos caballeros han de ser escuelas a do se críen los buenos, y no cuevas a do se escondan los ladrones. A uno que tiene mucha caza, hace grandes banquetes, consiente muchos tableros, y defiende a muchos perdidos, y debe muchos dineros, dicen del tal que es un muy gentil caballero; y en verdad, sin mirar lo que dicen, dicen en ello verdad, porque semejantes cosas más son de hombres gentílicos, que no de caballeros cristianos. Conforme a lo que dice el Apóstol, aquél trabaja de ser buen caballero que se esfuerza a ser buen cristiano, porque debajo de la ley de Cristo ninguno es libertado para que ose ser vicioso.

Quiénes eran los más honrados entre los antiguos.

Señor, también me escribís que os escriba a quiénes daban antiguamente la honra y preeminencia, para que en los Ayuntamientos tuviesen mejores asientos, y en el pagar los tributos fuesen más libertados. En esta vuestra demanda no puedo daros regla general, en la cual todos los de los siglos pasados conviniesen, y que todos la guardasen, sino que, según la diversidad de las naciones, así tuvieron en el dar diversas costumbres. Ligurgio, que fue el que dio leyes a los lacedemones, mandó que los más honrados fuesen los que tuviesen las cabezas blancas, y en las barbas canas. Solón Solonino mandó a los atenienses que estimasen por más honrados a los que tuviesen más hijos. El rey Promoteo mandó a los egipcios que aquellos entre todos tuviesen más honra que tenían en la república cargo de la justicia. El rey Drídamo mandó a los sicionios que los sacerdotes del templo fuesen más honrados que todos. Brías, rey de los argibos, mandó que los más honrados fuesen los filósofos que leían en los estudios. Numa Pompilio mandó a los romanos que aquel tuviesen por más honrado en la república que hubiese vencido alguna famosa batalla. Anacraso, filósofo, mandó a los pennos que aquél fuese más honrado en la república, que en tiempo de paz la aconsejase, y en tiempo de guerra la defendiese. Esto presupuesto, decimos que aunque todos los aquí nombrados merecen ser honrados y acatados, mucho más lo merecen los que son cuerdos y sufridos, porque de ánimo generoso y de corazón valeroso procede ser uno prudente en la prosperidad y paciente en la adversidad.

Agora, señor, en esta nuestra edad, o por mejor decir tempestad, no hay necesidad de vuestra demanda, ni de mi respuesta, pues vemos que ya de los viejos burlan, a los padres desacatan, a los jueces desobedecen, a los sacerdotes infaman, a los guerreros olvidan, a los sabios arrinconan y a los virtuosos persiguen. En edad tan férrea, en siglo tan inhumano, en tiempo tan ingrato, no hace poco quien se esfuerza a ser virtuoso. Antiguamente, el que más sabía, más valía; lo cual no es así agora, sino el que más rico, es el más honrado; de manera que tanto valemos, cuanto tenemos. Antiguamente no daban la honra sino a los que huían de ella; mas agora, en nuestros tiempos, no honran al que la merece, sino al que la busca. Antiguamente, en tierras extrañas iban a buscar a los buenos; as agora, aunque llamen a las puertas, no son respondidos. Antiguamente no había Senado a do no residiese un filósofo, y agora no hay palacio a do no hay un truhán. Antiguamente, el que era virtuoso tenía licencia de corregir al malo; mas agora el que es malo osa reprender, y aun lastimar al bueno. Antiguamente, en las repúblicas solos los buenos podían hablar; mas agora, en nuestro tiempo, ningún malo suele callar. Finalmente, decimos que en aquellos siglos antiguos, y en aquellos tiempos dorados, el malo se oscurecía y el bueno prevalecía; mas en este nuestro siglo, el bueno se escurece y el malo prevalesce.

Mandaisme también, señor, que os escriba a quiénes tenían por ladrones, y qué pena daban a los ladrones en tiempo de los gentiles. Curiosa, más que necesaria, es esta vuestra cuestión, porque a vuestra señoría le hacía poco al caso saberla, y a mí ha sido muy penoso hallarla, porque materia tan delicada como ésta, nunca la pensé, ni menos estudié. Aulo Gelio, en el libro octavo, es el que más en esta materia metió la mano, como es escritor curioso, y de peregrinas antigüedades muy antiguo. Pone este autor muchas maneras de ladrones, y aun muchas maneras de castigos, los cuales, aunque se cometan agora, son tenidos por culpas, mas no por hurtos.

Llamaban los antiguos ladrón al hombre que en el campo, o en el pueblo, hurtaba lo ajeno, ninguno lo viendo, y el dueño no lo queriendo. Llamaban ladrón al hombre que pedía un caballo prestado para ir una jornada, y él caminaba en él dos. Llamaban ladrón al depositario que tomaba una cosa en guarda, y después se aprovechaba de ella como si fuera suya. Llamaban ladrón al que pedía alguna cosa emprestada por diez días, y no la tornaba hasta los veinte. A todos los sobredichos tenían por ladrones, llamaban ladrones y aun castigaban como ladrones.

Las penas que daban a los ladrones no eran todas unas, porque los griegos, mandaban que con hierros ardiendo fuesen en las frentes señalados, porque fuesen de todos conocidos. Ligurguio mandó que a los ladrones les cortasen las narices. Promoteo mandó que los entregasen a los muchachos. Numa Pompilio mandó que les cortasen una mano. Los primeros que inventaron el desorejar y ahorcar a los ladrones fueron los godos, los cuales, aunque en otras cosas fueron muy bárbaros, fueron de ladrones muy enemigos. Una cosa digo, señor duque, y es que si agora ahorcasen a todos los ladrones que hay en nuestros tiempos, antes faltarían horcas que culpas; mas, como decía Diógenes, los ladrones mayores ahorcan a los menores.

No más de que Nuestro Señor sea en su guarda.

De Madrid, a XIIII de enero de MDXXVI.

57. Letra para el doctor coronel. Es letra familiar en la cual le responde el autor a ciertas cosas

Reverendo señor y parisiense maestro:

«Reddidit rnihi familiaris tuus tuas literas ut apud cancelarium rem tuam curarem. Extemplo id libenter feci, sed minime opus erat currenti equo calcar admouere. Sunmo enim diligit te corde, libenterque se exercet in his qui tuum respiciunt conmodum. Ceterum respondebo literis tuis, quanitum potero breviter et succincte, ne vel tibi lecturo, vel mihi scribenti sim molestus». Conforme a lo que vuestra merced envía a mandar, yo fui al capitán Cerrato, a rogarle que recibiese a vuestro sobrino por su sargento, y en la primera y aun en la segunda plática le hallé tan frío y me respondió tan tibio, que no quise a él más rogar, ni a mí afrentar, «quia faciem frigoris eius, quis sustinebit». Los amigos generosos y los rostros vergonzosos, ir a rogar a quien no merece ser rogado, mas lo sienten que lo muestran, porque después al que rogaron alábase que fue rogado, y el que rogó queda del ruego afrentado.

No hay cosa en el mundo más cara que la que con ruegos se compra, porque, sin comparación, da más el que por sola una hora empeña la vergüenza de su cara, que no el que da por una cosa toda su hacienda. Decía el divino Platón que cuan grande es el contentamiento que toma el corazón en dar, tan grande es el tormento que siente en rogar, porque con el dar compra la libertad ajena, y con el recibir pierde la suya propia. Porque las mujeres romanas no se afrontasen, y de afrontadas no mal pariesen, era ley muy usada y muy guardada entre los romanos, que ninguna cosa en el tiempo de su preñado les negasen, o a lo menos por entonces se la suspendiesen.

Los libros que me dejaste hice encuadernar, y los dineros que me enviaste para pagarlos os hago tornar, porque el trabajo que pasa el amigo por su amigo no se ha de pagar luego a dinero, sino que el remedio del uno se tome por remuneración del otro. Las amistades que sobre interese se fundan, por el mismo interese se acaban. Entre los verdaderos amigos, ni ha de haber fin en el amar, ni cuenta en el gastar. Veinte y tres reales que costaron a encuadernar vuestros libros, quererlos enviar desde allá acá, una de dos cosas es: o que en vos, señor, falta la hermandad, o en mí la liberalidad.

Escríbeme vuestra paternidad que le escriba cómo me va con el abad de Compludo, a esto respondo que es muy gran trabajo tratar con hombres que ni saben callar ni se pueden asosegar. Los hombres que son desenfrenados en hablar, y inquietos en el vivir, a las repúblicas do moran pierden, y a sí mismos desasosiegan. No hay en el mundo igual trabajo como estar el hombre de sí mismo descontento, porque, dado caso que en el mundo no podemos vivir contentos, a lo menos podemos, si queremos, vivir asosegados. Esto digo, porque el señor abad se ha en los trabajos a manera de animal indómito, que, al cargarle, está quedo, y al descargar, tira coces. Condición de hombres hay que no solo no saben huir de los trabajos y bullicios, mas aun se hacen encontradizos con ellos. Muchos hay en esta vida con los cuales hemos de emplear más fuerzas en los sosegar que para hacer a otros trabajar.

A lo que decís, señor, de Francisco de Mercado no os sé más decir sino que él perdió su persona, y casa, y hacienda, y nosotros perdimos en él una condición nobilísima. Más sentimos sus amigos perderle que él sintió perderse. Si como tuve entonces cargo de aconsejarle, pudiese agora remediarle, sed cierto, señor, que él sentiría allá a do está mi amistad como yo siento acá su soledad. Si él me creyera, no se perdiera; porque yo le decía que no era otra cosa la comunidad sino un sonoroso eco, el cual tiene el sonido claro, mas no le hallan dueño. Los hombres que emprenden grandes negocios no deben tener en poco los avisos de sus amigos, porque, en otra manera, necesario será que aquél que no se aprovechare de la corrección blanda, experimente la fuerza sanguinolenta. A todo lo demás que me escribe, «dabo operam ut reipsa intelligas nihil frustra te scripsise».

Vale ex Medina die VIII mayo, MDXXIII.

58. Letra para don Juan Perelloso Aragonés, en la cual se trata que las mujeres que tienen a sus maridos ausentes las hemos de socorrer, mas no ir a visitar

Magnífico señor y agradecido caballero:

Estando el magnífico Alejandro en Egipto, llegóse a él un egipcio pobre, que había nombre Biancio, a pedirle favor y ayuda para poder casar una hija, y el buen príncipe hízole merced de una ciudad que era asaz populosa y además muy rica. Espantado, el egipcio de lo que el magnánimo príncipe le había dado, dijo: «Mira, soberano príncipe, lo que das, y a quien lo das, porque ya puede ser pienses que soy otro, o no hayas entendido lo que yo te pido». A estas palabras respondió Alejandro: «No estoy, como piensas, desacordado, que bien miro quién eres, bien oigo lo que me pides, y bien sé lo que te doy; toma, pues, lo que te doy, y calla, que si tú eres Biancio en el pedir, yo soy Alejandro en el dar». La serenísima reina Cleopatra, aunque por una parte fue muy requebrada en su vivir, por otra parte fue muy generosa en el dar, porque jamás hizo merced tan pequeña que no abastase al que la hacía para sacarle de miseria, y aun para pasar honradamente la vida.

Todo esto digo porque, en albricias de la buena venida de César en España, os pedí una mermelada portuguesa, y vos, señor, me enviaste una buena mula de Losa, de manera que yo representé a Biancio en el demandar, y vos, señor, al magno Alejandro en el dar. Todos los que esto supieren y esta carta leyeren loarán mi demanda y aprobarán vuestra dádiva, porque yo me mostré poco codicioso en lo que pedí, y vos, señor, muy generoso en lo que distes. Yo, señor, he visto vuestra mula, la cual no solo probé, mas aun aprobé, y ella es tan bien acondicionada y tiene tan generosa presencia, que no solo merece tener amo obispo, mas aun obispo de capello. Un criado mío torna a llevaros la mula, y esta carta os lleva las gracias della, por manera que vos, señor, la tornáis a cobrar y yo quedo obligado de os la pagar. Y porque con los amigos verdaderos hemos de ser escasos de palabras, y muy pródigos en las obras, por esta letra le prometo, y a ley de bueno le juro, que, cuando César me pagare los servicios que le he hecho, yo, señor, os sirva las mercedes que agora me hacéis.

Escribisme, señor, también que os escriba qué tal está la mujer de micer Ángelo, y si hemos sabido de su marido, después que pasó en Italia, pues es vuestra tía y en Valencia fue mi vecina. Yo, señor, os confieso que ni la he visto, ni aun la entiendo de ir a ver, si ella no me envía a llamar, porque a las mujeres que tienen sus maridos ausentes, aunque tengamos obligación de servirlas, no tenemos licencia de visitarlas.

Dos cosas son las que jamás se deben prestar, ni de nadie confiar; es a saber, la espada que tenemos y la mujer con quien nos casamos; porque parece muy bien al hombre la espada ceñida, y muy mejor parece a la mujer que esté en casa guardada. La casta Lucrecia, teniendo a su marido Colatino en la guerra de los vascos, por quererla visitar el disoluto Tarquino, él a solas, y ella sola, se siguió dello que Roma se escandalizase, la guerra se desbaratase, Lucrecia se matase y Tarquino se perdiese. Digo esto, señor, para que a las mujeres de nuestros amigos que tienen a sus maridos ausentes abasta socorrerlas con dineros, si los han menester, y entender en algún negocio, si nos lo encomendaren, sin que las llevemos a festejar, ni las frecuentemos con visitar. La malicia de los hombres es muy continua, y la honra de las mujeres es muy delicada, y por eso hemos de mirar mucho cómo las hablamos, y a qué hora las visitamos, porque no demos a los vecinos qué decir, ni a los maridos qué suspirar.

Por lo demás que, señor, me escribís y rogáis, yo lo hablaré al gran Canciller de muy buena voluntad, y si él no lo hiciere como queréis, a lo menos yo se lo diré como me lo escribís. Al que tiene negocios en corte, ni le ha de faltar paciencia, ni le ha de sobrar la confianza, porque allí mucho más aprovecha una onza de fortuna que una arroba de cordura. No vemos otra cosa en esta corte sino negocios justos y casi acabados se perder, y por otra parte vemos negocios perdidos, y aun oleados, en bien acabar; de manera que en la corte, de ningún favor hemos de esperar, y por ninguna desgracia hemos de desesperar. No penséis que diga esto, señor, por excusarme yo del trabajo, sino porque estéis apercibido a que si el negocio no se hiciere como lo queréis y pedís, no por eso os turbéis, pues no es cosa de honra, sino de hacienda; por lo cual, si tenemos licencia de nos enojar, no la tenemos de desesperar.

No más, sino que Nuestro Señor sea en su guarda, y a mí dé gracia que le sirva.

A XXX de enero de MDXXIII.

59. Letra para don Hernando de Toledo, en la cual se exponen dos autoridades de la Sagrada Escritura y de lo que los egipcios hacían por los amigos muertos

Muy magnífico señor y discreto caballero:

Si respondiere breve a vuestra carta, echad la culpa a la maldita de mi gota, la cual ni me deja andar, ni menos escribir, ni aun de noche reposar, porque no ha dejado cosa sana en mi cuerpo, sino es el corazón con que suspiro, y la lengua con que me quejo. La primera palabra que preguntamos a quien bien queremos es «cómo os va», «qué tal estáis», «cómo os ha ido» y «qué tal os sentís»; y, a la verdad, la costumbre es digna de loar, y de nunca se olvidar, porque el hombre que tiene un real que gastar, y salud para le gozar, de ninguna cosa se debe trabajar, ni menos gozar. El señor duque de Alba, vuestro hermano, me vino en persona a ver, y después me envió un precioso ungüento para me untar, y ruego a Dios le prospere el estado que tiene, y le alargue la vida que posee, porque con su presencia me alegro y con su unción me alivio. Yo, señor, os doy inmensas gracias por la carta que me escribís, y por lo que en ella me decís, y aun por los dineros que me enviáis, aunque es verdad que vuestra merced me los envía para comprar libros, y habranse de gastar en pagar los boticarios, y en satisfacer a los médicos. La merced de vuestra merced ha sido conmigo tan larga, que no solo me enviaste para pagar lo que debía, mas aun para me curar y después me regalar; y sed cierto, señor, que en mí tendrá vuestra casa un fiel amigo y vuestra persona un gran pregonero.

Decís, señor, por vuestra carta que el otro día me oíste en la capilla delante el emperador predicar y exponer dos palabras de la Sagrada Escritura, las cuales querríades que, como las dije allí, os las escribiese aquí; lo cual yo haré, aunque de muy mala gana lo suelo hacer.

Es, pues, la primera autoridad aquella del Levítico, capítulo diez y nueve, a do dice así: «Super mortuo non incidetis carnes vestras, neque figuras aliquas, aut stimata neque calbicium». Como si más claro dijera Moisés: «Manda Dios a vosotros, los hombres, que cuando se os muriere algún pariente o amigo, no rayáis las cabezas, no arañéis las caras, no rompáis las carnes, ni hagáis algunos caracteres en ellas». Para entendimiento de este mandamiento es de saber que como los hijos de Israel moraron en Egipto tantos y tan largos tiempos, apegáronseles muchas costumbres malas y perniciosas de los egipcios, los cuales eran naturalmente nigrománticos, magos, matemáticos y supersticiosos. En todas las naciones del mundo, de ninguna se lee que hiciesen tan gran sentimiento en la muerte de alguno, como lo hacían en Egipto cuando se les moría algún amigo, porque mayores señales de amistad les mostraban después de muertos, que de antes cuando eran vivos.

Era, pues, el caso que si al padre se le moría el hijo, o el hijo al padre, o el amigo a su amigo, usaban algunos de los egipcios raerse la mitad de los cabellos de la cabezas, en señal que se les había muerto el amigo, que era la mitad de su corazón; y por eso les mandaba Dios a los israelitas que no se hiciesen calvos, porque no pareciesen a los egipcios. Tenían también costumbre las mujeres egipcianas que, cuando se les morían los maridos, o algunos hijos o parientes muy queridos, se arañaban y desollaban todas las caras con sus propias uñas; y por eso manda Dios a los israelitas que no arañasen las caras, porque no pareciesen a las mujeres egipcianas. Tenían también en costumbre los sacerdotes menores de los egipcios que, cuando moría el supremo sacerdote, tomaban unos hierros ardientes y hacianse unas señales, cuales ellos querían, en las manos y en los brazos, o en los pechos, para que todas las veces que aquellas señales se parasen a mirar, se tomasen a llorar. Tenían también en costumbre los egipcios que cuando moría su príncipe, o rey, todos los criados y oficiales de la casa real se daban sendas cuchilladas en las manos, o en los brazos, o en la cara, o en la cabeza, de manera que el que más privaba, mayor cuchillada se daba. Mandar Dios a los hebreos que no se hagan caracteres en los brazos es decir que no imiten a los sacerdotes egipcios, y manda Dios que no se hagan llagas o heridas en las cabezas; esto dice porque no imiten a los de la casa real, en darse cuchilladas; porque todas estas cosas eran supersticiones inventadas por el demonio, que dañan a los vivos y no aprovechan a los muertos. Prohibir Dios en la vieja ley todas estas cosas y otras semejantes, así como que no arasen con buey y asno, y que no sembrasen en una tierra trigo y cebada, y que no pareasen asno y yegua, y que no vistiesen vestidura de lino y lana, no piense nadie que eran niñerías, sino cosas muy misteriosas, porque eran ceremonias de Egipto, y no quería Dios que se usasen en el su pueblo hebreo.

Junto con esto débese aquí de notar que no vedaba a los hombres el estar tristes, ni el llorar a los muertos, porque el trasquilar la cabeza, y el acuchillar la cara, y el arañar el rostro, y el quemar los brazos, es en nuestra mano de lo hacer, o no lo hacer, mas la tristeza por el amigo no se puede evitar. Como quien conoce al corazón lo hizo Dios con el corazón; es a saber, el no le inhibir el se entristecer, ni le prohibir el querer llorar; porque al corazón que es tierno y amoroso, no hay cosa para él más áspera que verse apartado de lo que mucho ama. La experiencia nos enseña que cuando a un animal le matan, o le toman el hijo o compañero de cabe sí, muestra de fuera lo que siente de dentro; lo cual parece claro, en el león que brama, el lobo aúlla, la vaca muge, la oveja bala, el ánsar grazna, el puerco gruñe, el perro ladra, el gato mía y aun la mula patea. No somos de menor condición los hombres que son los animales, para que no lloremos la muerte de nuestros caros amigos y la soledad que nos queda sin ellos. Pues lloramos al vecino cuando le vemos navegar, o le vemos pelear, o le vemos caminar, o le vemos malpasar, ¿no lloraremos al amigo, viéndole enterrar? Mimo el filósofo decía que tantas veces el hombre moría cuantos amigos enterraba, y en verdad que él decía la verdad, que pues los corazones enamorados no tienen más de un ser, y un querer, justa cosa es llore la muerte ajena como cosa suya propia.

La segunda palabra que expuse en aquel sermón fue aquello que dice Dios en el Deuteronomio.

«Eligite ex vobis viros sapientes et nobiles, ut sint tribuni». Como si más claro dijese Dios: «Es mi voluntad que todos los que hubieren de gobernar la república sean en la condición nobles y en la habilidad sabios». No sin alto misterio quiso Dios que sus gobernadores fuesen sabios y que fuesen también nobles, porque la sabiduría sin nobleza es cosa muy pesada, y la nobleza sin sabiduría es cosa muy necia. Gobernarse hombre por el que tiene mucha ciencia y ninguna nobleza, es cosa intolerable, y gobernarse hombre por el que tiene mucha nobleza y no ninguna prudencia, es cosa insufrible y penosa. Es necesario en el juez que tenga ciencia para determinar y mirar los pleitos, y nobleza para honrar a todos. Cuando Dios mandó que los jueces de su república fuesen sabios, no lo dijo para que solamente supiesen a Baldo, y a Bártulo, y al Esforzado, sino para que fuesen graves, modestos, mansos, sufridos y comedidos; porque para ser uno recto y verdadero juez, no han de hallar en él nada que juzgar, y menos que notar. No inmérito, mandaba Dios que los jueces de su república fuesen en sangre limpios, y en condiciones nobles, porque muy gran parte es para tener en paz la república preciarse él de nobleza y crianza.

El primero gobernador que gobernó la república de Dios fue el manso Moisés, el cual quiso Dios que se criase en la casa real del rey Faraón, por manos de una infanta hija suya, porque desprendiese él allí cómo a los buenos había de tratar, y a los malos castigar. Las cosas de la guerra muy diferentes son de las que se requieren para gobernar bien una república, porque para pelear han de ser los hombres bien esforzados, y para gobernar, muy bien criados. No es regla general que todos los plebeyos sean rústicos, ni todos los cortesanos sean bien criados; mas junto con esto, podemos decir y afirmar que los hombres cortesanos son más hábiles para gobernar pueblos que no otros ningunos, porque los criados en las casas reales siempre tienen respeto a las personas, y se miden más que otros en las palabras. Pocas cosas se han de llevar por el rigor de la justicia, y muchas menos se han de guiar por fuerza, y por eso es necesario que el buen juez sea sabio, y sea noble, para que con la ciencia sepa lo que es justo, y con la nobleza temple el rigor del derecho.

He aquí, señor, lo que prediqué a César el día de la conversión de san Pablo, en san Cerne, de Pamplona, y si a vuestra merced le pareciere que le pareció mejor cuando lo oyó allí, que no cuando lo leyere aquí, eche la culpa a mi pluma, pues no tiene tanta gracia como mi lengua. Por escribiros de otra mano, bien perdonaréis, señor, la mano propia, pues no tengo mano para comer, cuanto más para escribir, porque la maldita de la gota me tiene enclavado el tobillo izquierdo y muy hinchada la mano derecha.

No más, sino que Nuestro Señor sea en su guarda y a Él plega de me dar su gracia para que le sirva.

De Burgos, a VII de marzo, año de MDXXIII.

60. Letra para Mosén Rubín, valenciano y viejo, en la cual se le responde a ciertas preguntas muy notables. Es letra para la mujer que se casa con algún viejo

Honrado señor y viejo remozo:

Mirada y remirada vuestra carta, lo que alcancé de ella es que tiene mucha escritura y viene en papel grueso escrita, de lo cual se puede muy bien colegir que os sobra el tiempo y os falta el dinero. Poco medraría con vos quien agora llegase a pediros limosna para una túnica, pues no tenéis un maravedí para comprar un pliego de la culebrilla; aunque es verdad que si agora no tenéis un maravedí de papel para escribir, otras veces soléis echar cien ducados de un resto en el jugar. Propiedad y condición es de jugadores unas veces tener mucha abundancia y otras veces pasar miseria, de manera que sobrándoles hoy ducados para jugar, no tienen mañana aun para comer. Muchas veces lo he dicho, y aun escrito, en mis doctrinas, y es que a los jugadores no los tengo yo envidia a los dineros que ganan, sino a los suspiros que dan, porque si de corazón echan el dado, con muy gran suspiro piden la suerte.

Viniendo, pues, al propósito de lo que decís, y respondiendo a lo que queréis, digo que si a todas las preguntas de vuestra carta no respondiere con buena elocuencia y gracia, echad la culpa a estar yo desgraciado, y aun desganado. Y la causa de mi desgracia no se sufre escribirla en papel y tinta; abasta estar hombre en la corte, a do hay pocas cosas de que el hombre se precie y muchas de que se queje.

Escribisme, señor, que os escriba qué es lo que siento de haberos hecho la reina baile de Orihuela y guarda de la Frontera de Caspe, por do los moros de Polope se van y los de África entran. A esto, señor, os respondo que habéis de tener en poco datos la reina cargo de justicia, si Nuestro Señor os niega su gracia, porque los oficios preeminentes consérvanse con las virtudes, mas las heroicas virtudes corren peligro entre los oficios. En el que administra justicia, es necesario buen seso para sentenciar, buen comedimiento para hablar, buena disimulación para sufrir, buen consejo para discernir, buena intención para sentenciar y buen esfuerzo para ejecutar. Si en la barjuleta de vuestra casa os halláis con toda esta hacienda, seguramente podéis ser juez de Orihuela, y aun gobernador de Valencia; y si vuestra habilidad no se extiende a tanto, más sano consejo os será estaros en vuestra casa, que no poner en disputa a vuestra honra.

Escribisme también que os escriba qué fue y qué se contenía en la carta de la condesa de Consentaina, que me amostró la reina. Lo que pasa en este caso es que, muerto el conde de Consentaina, la señora condesa escribió luego a los vasallos del condado una carta del pésame de la muerte de su marido, y en la firma puso lo que suelen las semejantes señoras y viudas poner; es a saber, «la triste y malaventurada condesa», y echó dos borrones por la firma. Recibida la carta y por los vasallos leída en su consejo, delante todos, acordaron de responder a la señora condesa, y darle también el pésame de la muerte del conde, su marido della y señor dellos, y parecióles que pues ella había mudado el estilo de la firma, que también ellos eran obligados de mudar el estilo de la carta, en la cual el sobre escrito dellos decía así: «A la triste y muy malaventurada nuestra condesa de Concentaina». Dentro de la carta, arriba, a do se pone la cortesía, decía así: «Muy magnífica y muy triste señora». Y abajo, a do decía «por mandado del Consejo, justicia y regidores», estaban dados tres rasgones muy borrados; de manera que al tenor de como les escribieron, respondieron. Estaba la señora condesa muy corrida y muy graciosa en decirme a mí que quisiera ella que fuera por yerro de uno, y no, como fue, con el parecer de todos.

Escribisme también, señor, que os escriba cómo le va a Mosén Burela después acá que le aconteció aquella tan gran desgracia en Játiba. A esto, señor, os respondo que a mí me pone muy gran lástima verle, y muy grande compasión oírle, porque lo veo andar muy cargado de pensamientos y muy desacompañado de amigos. Creedme, señor, y no dudéis, que en este mundo no cae sino el que de la gracia del príncipe cae, porque el estilo de la corte es que el privado no se conoce y al caído no le conocen. Las casas y cortes de los príncipes son muy bien fortunadas para unos y muy peligrosas para otros, porque allí, o valen mucho, o se pierden del todo. Todos los cortesanos me parece a mí que son los unos como las abejas, y los otros como las arañas, en que hay algunas personas en la corte tan bien fortunadas que todo lo en que ponen la mano se les torna oro, y hay otros tan mal fortunados, que todo lo en que entienden se les torna lodo. De nuestro Mosén Burela os sé decir que él está bien enlodado cuanto a la honra, y bien tropellado cuanto a la hacienda, porque perdió el oficio que tenía y el crédito con que se sustentaba.

También, señor, me escribís que os escriba cómo les va a los hijos de Vasco Bello, vuestro amigo y mi vecino. A esto vos respondo que habiendo sido sus padres mercaderes, se han tornado ellos caballeros, y, porque me entendáis mejor, digo que no son de los caballeros de juro viejo, sino de los de al quitar, porque comida la hacienda, dad por acabada su caballería. En el estado que los hombres ganan de comer, en aquel se debían conservar; porque, de otra manera, de mercaderes ricos vendrán a ser escuderos pobres. Los hijos de Vasco Bello han cuarteado su hacienda, como si la cuartearan por justicia; en que una parte della han dado a mujeres, otra a banquetes, otra a tahúres y otra a liviandades, de manera que lo que sus padres ganaron en ferias, gastan ellos en locuras.

También, señor, me escribís que os escriba qué es lo que me parece de un nuevo casamiento, que os traen en Villena con una mujer que es rica, moza, hermosa y generosa, y sobre todo bien afamada. Cuanto a lo primero, seos, señor, decir que tal casamiento como ése, de muchos es deseado, y de pocos alcanzado, porque no hay en el mundo mujer tan acabada que no tenga en ella su marido que desear, y aun halle en ella que desechar. Hay algunas mujeres que son señoras, las cuales, si por una parte son ricas, generosas, mozas y hermosas, tienen por otra parte unos repelos en la condición y unos siniestros en la conversación, que por menor mal tienen los maridos disimular lo que ven, que no reñir lo que sienten. Dejado esto aparte, habéis, señor, de mirar que, si ella es moza, vos sois viejo, y si ella es hermosa, vos estáis cano, y que no abasta estar de ella contento, sino que lo esté ella también de vos, porque de otra manera, andando ella rostrituerta, vos tendréis con ella mala vida. Entre los casados, menos mal es caer el descontentamiento sobre el hombre, que no sobre la mujer; porque el marido, si es cuerdo, sabe la tristeza disimular; mas la mujer, ni la puede disimular, ni aun la quiere callar. Si la mujer que os dan es rica, téngolo por cosa provechosa; si es hermosa, téngolo por cosa deleitosa; si es generosa, téngolo por cosa honrosa, mas si es moza, téngolo por cosa peligrosa, porque ella tendrá que suspirar en veros viejo, y vos tenéis que guardar en ser ella tan moza. No sé a cual de vosotros dos ponga culpa, ni en cual halle disculpa: vos, señor, en os casar, o ella en os tomar; porque moza de veinte años con viejo de sesenta años, es vida de dos años. Mirad bien lo que hacéis, y mirad mucho lo que tomáis, y reconoced a la con quien os casáis; que casarse el hombre de tal edad con tan tierna edad, desde agora os profetizo que, o ella os desame, o ella os infame, o ella os acabe. Finalmente, señor, os digo que si mi consejo queréis tomar, y de enojos os apartar, estaréis en vuestra casa, y procuraréis vuestra hacienda, y ya que os queréis casar, os caséis con francolines de Algeciras, con terneras de Polope, con blando de Monviedro y con el tinto de Benicarló, los cuales os darán sustancia y os alargarán la vida.

No más, sino que en merced de la señora doña Leonor de Villanueva me encomiendo.

De Granada, a XII febrero, MDXXVI.

61. Letra para el comendador Angulo, en la cual se tocan muchas buenas doctrinas y avisos, en especial de cómo se han de haber los hombres recién casados

Muy notable señor y desconsolado viudo:

En la villa de Pincia, en las tres calendas de Jano, en el oráculo de los minoritas, a la hora matutina, me dieron una letra vuestra, escrita en esa ciudad de Auca, la cual, aunque traía pocos renglones y no muchas razones, todavía representaba en sí vuestra gravedad y nuestra amistad. He tomado inmenso placer en saber que estáis ya bueno, que habéis dejado la guerra, que habéis tornado a vuestra casa, y que saliste ya de Navarra, porque para mí tengo la gente de aquella tierra por peligrosa de conquistar, y trabajosa de gobernar. Como haya días que no nos hemos visto, y ha ya tres años que andáis fuera del reino, tenía pena en no saber de vuestra persona, y tenía también deseo de saber cómo os iba con la fortuna, porque los vaivenes y desmanes que da de sí fortuna, ni a los naturales perdona, ni con los extranjeros disimula. Cicerón, escribiendo a Átizo, dice y afirma que no es obligado el amigo de desear a su amigo salvo tres cosas, es a saber, que viva sano, esté honrado y no ande necesitado. En verdad que Cicerón dijo la verdad, porque el hombre que tiene un día yvito (sic), ¿para qué quiere más en este mundo? Pues si hablamos del bien del cuerpo, ¿qué le falta al que salud no le falta?; ¿qué puede haber perdido el que la honra no ha perdido? Ni yo, señor, para vos, ni vos para mí queráis que quiera, ni quiero que queráis otra cosa alguna más de que tengamos salud para los cuerpos, algo con que vivamos y honra de que nos preciemos, «pues todas las otras cosas desta vida no las da la fortuna para honrarnos, sino para afrontarnos. Contentaos, señor, con lo que Dios os ha dado; contentaos con lo que con vos ha repartido, y contentaos con haberos de tantos peligros librado, porque tanto debemos a Dios por los peligros que de nosotros desvía, como por las grandes mercedes que cada día nos hace.

Como Dios Nuestro Señor es tan bueno, y nos ama tanto, siempre nos requiere, siempre nos da algo, siempre nos visita, y aun siempre nos regala, porque Él no nos trata como lo quiere nuestra culpa, sino como lo demanda su misericordia. Con mal estaríamos nosotros, los pecadores, si con la vara del pecado varease Dios el castigo, porque es tan enorme cosa el pecar, que a la hora que nos tomasen con el primer hurto, seríamos sepultados en el infierno. En los altos y profundos secretos de Dios, muy bien cabe y se permite algunas cosas disimular, y otras perdonar, y otras castigar, y no usa Dios de poca misericordia con el que esta vida castiga, porque solo aquél se puede llamar de Dios azotado, que no ha llegado a su casa. Darnos nuestro Dios tristezas, enfermedades, calamidades, muertes y sobresaltos no son éstas cosas con que nos castiga, sino con que nos visita, pues su fin no es de robarnos, sino de avisarnos; no de quebrarnos, sino de aderezarnos; no de intoxicarnos, sino de purgarnos, no de lastimarnos, sino de enmendarnos; porque Él es tan bueno, que no nos da lo que pedirnos, sino lo que Él querría que le pidiésemos. Como nosotros podemos tan poco, somos tan poco, sabernos tan poco, pensamos algunas veces que nos están bien algunas cosas, y sabida la verdad, nos son dañosas y aun perniciosas; a cuya causa, usando Dios de su inmensa misericordia, quítanos las con que le ofendemos, y danos las con que le sirvamos. De una manera se ha Dios con el pecador cristiano, y de otra con el hombre justo: es a saber, que al pecador, perdónale el pecado, y al que es justo, quítale las ocasiones del pecar, y de aquí se puede colegir cuánto debemos más al que no nos deja caer, que al que nos ayuda a levantar.

Viniendo, pues, al propósito, quiero, señor, que sepáis en cómo no por más de por daros el pésame de la muerte de vuestra mujer he traído todo este rodeo y he hecho tan luengo preámbulo; porque si vos habéis llorado su muerte como buen marido, yo la he sentido como fiel amigo. Siendo como ella era generosa en sangre y patrimonio, dispuesta en su persona y muy afamada en su vida, paréceme a mí que aún es poco el sentimiento que por ella hacéis, según la gran razón que tenéis, porque la muerte de una mujer buena es pérdida que muy tarde se cobra. Por muy dichoso y asaz fortunado se ha de tener el hombre que le cupo por suerte mujer que le hace dulce compañía, y no que le es carga pesada, porque llevar la condición de una mujer siempre y para siempre es una cosa tan pesada y aun apesarada, que, si muchos no la sacuden de sí, no es porque no quieren, sino porque no pueden. Bien conocí a la señora doña Aldonza, vuestra mujer, y bien conocí de su condición que no era con vos rebelde, con los vecinos presuntuosa, con los cuñados desabrida, ni aun con los pobres cruel; por lo cual tengo para mí creído que, pues a todos fue grata su condición, está en vía de salvación. Ya que esto es hecho, ya que ella es muerta, ya que no podemos resucitarla, lo que resta a sus devotos y a vuestros amigos es rogar a Nuestro Señor que dé a ella gloria y a vos dé paciencia. Más quiero, señor, que penséis en vuestra vida, que no en la muerte de la señora doña Aldonza, pues es de creer que si a ella Dios llevó allá, fue para que descansase, y si a vos dejó acá, fue para que os emendásedes, porque al hombre que da Dios larga vida es con intención que haya en él alguna enmienda.

Muchas veces lo he dicho, muchas veces lo he escrito, y aun muchas veces lo he predicado, y es que los clamores que tocan las campanas en las iglesias, no son por los que mueren, sino por los que viven, las cuales nos dan a entender que hemos de morir como aquellos murieron, nos han de enterrar como a aquellos enterraron, y aun nos han de olvidar como a aquellos olvidaron; de manera, que con más razón podemos decir que tañen a vivos que no que tañen a muertos. Pues el que tañe las campanas es vivo, el que paga al campanero es vivo, y el que las oye tañer es vivo, y el que las mandó tañer es vivo, ¿qué tiene que ver con ellas el muerto? Los clamores de las campanas nos llaman a que demos cuenta, nos llaman a que oyamos sentencia, y nos traen a la memoria aquella postrera hora, en la que querríamos entonces haber sido, no emperadores, sino pastores.

Dejado aparte lo que toca a la señora doña Aldonza, vuestra mujer, y lo que toca a la enmienda de vuestra vida, paréceme, señor, que debéis de tener paciencia, y aprovecharos de vuestra cordura en este caso que os ha sucedido, y este desastre que vos ha venido, teniendo por cierto que si Dios Nuestro Señor llevó a vuestra mujer, no es porque ella no os merecía, sino porque vos no merecíades a ella. Las cosas que los hombres hacen podémoslas afear, podémoslas contradecir, y aun podémoslas resistir; mas lo que Dios manda hase de cumplir, y todo lo que él quiere hemos de aprobar, porque es imposible mande cosa injusta aquel que es suma justicia. Ya que sintáis la muerte de la señora doña Aldonza, decidme, así os ayude Dios, ¿a quién pediréis el daño de su muerte, si no es a esa misma muerte? Agora tenéis por saber que la muerte es un tan crudo tirano, que ni de las lágrimas tiene clemencia, ni de suspiros hace caso; burla de los sollozos y mofa de los apasionados; a los reyes derrueca y a los reinos asuela; mata a los heredados y sublima a los abatidos; no perdona a los viejos, ni aun ha piedad de los mozos, y lo que más de espantar es, que con todos tiene cuenta, sin nadie le osar pedir cuenta.

Preguntado el filósofo Secundo qué cosa era muerte, respondió: «La muerte es un sueño eterno, un espanto de ricos, un apartamiento de amigos, un deseo de pobres, un caso inevitable, una peregrinación incierta, un ladrón del hombre, un fin de los que viven y un principio de los que mueren». Es la muerte tan libre y es en todo el mundo tan libertada, que se entra a do quiere sin llamar, condena a cualquiera sin le oír, lleva lo que quiere sin lo pedir, mata a quien quiere sin avisar, hace lo que quiere sin nadie le contradecir, y lo que es más grave y gravísimo de todo, que le hemos de agradecer lo que deja, y no quejarnos de lo que lleva.

Pena y mucha pena os dará agora la falta del servicio, la soledad no acostumbrada, la crianza de los hijos, la guarda de las hijas, el gobierno de la casa y el tratamiento de vuestra persona; mas, pues se ha de pasar, hacedle buen rostro a lo sufrir, porque en esta enojosa vida más son las cosas que nos espantan que no las que nos dañan. Llorar mucho, suspirar contino, cargaros de luto, estar en las tinieblas, aborrecer la conversación y amar la soledad, cosas son éstas en un hombre grave, como vos, más para las reprender que no para las aprobar, porque así como la mucha alegría enajena al corazón, así la sobrada tristeza acarrea desesperación. Ni porque sea muerta doña

Aldonza, vuestra mujer, os debéis de descuidar de mirar por vuestra casa, procurar por vuestra salud, mejorar vuestra hacienda, conservar vuestra honra y gobernar vuestra familia, porque las grandes ansias y tristezas del corazón no se curan con nuevos daños, sino con largos tiempos. El mayor trabajo que tenemos en esta mísera vida, que las tristezas y congojas entran en el corazón de súbito, y después no quieren salir sino poco a poco. La pena y tristeza que tiene el corazón atribulado no se ha de importunar que la deje, sino rogarle que la temple, porque en los principios de su pérdida más descansa el corazón en contar su daño que no en hablar de su remedio. Cuando el amigo viere el corazón de su amigo triste y lastimado, debe por entonces ayudarle a llorar, y después entender en le remediar, porque los socrocios del corazón atribulado no son sino el tiempo y el olvido.

Ni porque estéis, señor, viudo y apasionado, no debéis de descuidaros de la crianza de vuestros hijos, porque no es pequeña locura llorar a los muertos que no se pueden cobrar, y no remediar a los vivos que se pueden perder. Al hombre muerto no soy yo obligado a le resucitar; mas al amigo vivo, téngole de ayudar, y aun remediar. Por vida vuestra, señor, no seáis como vuestro vecino y amigo Rodrigo Sarmiento, el cual, enviudando, puso capirote sobre la cabeza, traía loba arrastrando, no comía en manteles, no se servía con plata, no se asentaba en silla, no abría ventana, no se lavó dos meses el rostro y durmió medio año vestido. Acá me han dicho muchas extremidades que habéis hecho, y no pocas que agora hacéis, acerca de las cuales, ni a Rodrigo Sarmiento quiero condenar, ni tampoco a vos salvar, sino que para mí tengo creído que todo hombre extremado tiene una punta de loco. Uno de los grandes bienes que un hombre en esta vida puede tener es que ni la adversa fortuna le mude, ni la gran prosperidad le levante, sino que sea como es el árbol bien arraigado, el cual, aunque de todos los vientos es combatido, de ninguno es derribado. Dado caso que la adversa fortuna haga alguna mudanza en la hacienda, no se sufre que la haga en la persona, y mucho menos en la cordura, porque el hombre vergonzoso, y el corazón generoso, mucho más pierde en perder lo que merecía que no en perder cuanto tenía. No tengo yo por pérdida la del que, perdiendo la hacienda, recobró su bondad y cordura, porque no ha de pensar que halló poco el hombre que halló a sí mismo. Cosa es de maravillar, y no menos de escandalizar, de que si un hombre pierde una cosa, por pequeña que sea, vemos la diligencia que pone en buscarla, y no menos en pregonarla, y si por caso pierde la vergüenza, la paciencia, la continencia y aun la conciencia, ni muestra pena por la perder, ni aun se da nada por la buscar. ¡Oh inadvertencia de la naturaleza humana, en la cual se nos da poco por errar, y muy menos por acertar, y, lo que es peor de todo, que después de haber errado el camino, y estar caídos en el ventisquero, no solo no queremos buscarnos, mas aun ni vemos que estamos perdidos. Todas las cosas que en este mundo tenemos, por muy pequeñas que sean, no solo las guardamos, mas aun buscamos quien nos las ayude a guardar, excepto nosotros mismos, porque no abasta que no nos queremos guardar, mas aun buscamos compañías que nos ayuden a perder.

No quiero en esta materia más os escribir, ni con mi letra importunar, sino rogaros y importunaros cumpláis luego lo que vuestra mujer mandó en el testamento, y lo hagáis con ella como buen marido, porque si amor verdadero le teníades, no solo lo habéis de mostrar en traer muchos lutos, sino en entender en sus descargos. Con tal que paguéis sus deudas, descarguéis con sus criadas, hagan por ella limosnas y le digan algunas misas, en todo lo demás muy poco se le dará a ella que comáis en mesa, os asentéis en silla, ni que os vayáis a caza. También os quiero avisar, y aun rogar, no dejéis de confesaros, comulgaros, visitar hospitales, oír misas y iros a los sermones, porque más os habéis de preciar de ser buen cristiano, que no remirado viudo.

No más, sino que Nuestro Señor sea en vuestra guarda y a mí dé gracia que le sirva.

De Logroño, a XI de agosto de MDXXIII.

62. Letra para don Pedro Girón cuando estaba desterrado en Orán. Es letra muy notable para todos los hombres que están desterrados y atribulados

Ilustre señor y desterrado caballero:

No en novelas de Iuan Bocacio, ni en las tragicomedias de Calisto, sino en las altas visiones del alto profeta David, se dice y escribe de cómo dos ángeles debatieron y se contradijeron delante de Dios, en que el uno defendía ser bueno no libertar a los hebreos, porque se convirtiesen a los persas, y el otro porfiaba que los libertasen, porque sacrificasen y reedificasen el templo de Jerusalén, de lo cual se puede colegir que a lo que entre los malos llamamos porfía, entre los buenos es celo. Digo esto, señor don Pedro, porque Archidona, vuestro camarero, me dio dos cartas juntas, una de vuestro padre, el conde, y otra de vuestra merced, y, entre dos extremos, no sé cuál era el mayor: es a saber, la sobrada tristeza del padre, o el ánimo generoso del hijo; porque el conde siente vuestro destierro como padre piadoso, y vos, señor, lo tomáis como caballero magnánimo. Si al conde, vuestro padre, le pluguiera de veros desterrado, y a vos, señor, pesara por veros desterrar, él negara el oficio de buen padre y vos, señor, el de animoso caballero; mas pues padre y hijo cumplís con lo que debéis, no desconfiéis de lo que deseáis.

No estoy desacordado de cuando me fuiste a ver a Ávila, en el camino que César os enviaba desterrado a la frontera de Orán, y allí me mandaste, y sobornaste, os escribiese y, si pudiese, os visitase, el cual trabajo yo quisiera antes tomar, que no pararme a escribir, porque más me consolara yo en vuestra presencia, que no vos, señor, os consolaréis con mi carta. Por cumplir con el amor que os tengo, y por satisfacer a lo mucho que os debo, os escribiré algunas cosas en esta carta, las cuales no os harán daño que las leáis, ni aun que las cumpláis, porque os diré en ellas las verdades como amigo y os consolaré como a desterrado. Yo, señor, os tengo por sabio, por cuerdo y por esforzado, y pues así es, agora tenéis a do lo emplear, y dello os aprovechar; es a saber, de la cordura para os gobernar, del esfuerzo para pelear y de la sabiduría para os consolar; porque sin estas tres cosas, en Osuna estaríades desterrado, y con ellas, en Orán tendréis paraíso.

La palabra del amigo mucho consuela al corazón del amigo, mayormente cuando es más lo que siente que no lo que dice; porque al fin al fin, las ansias que están asentadas en el corazón no se olvidan sino con ansias de otro corazón. A Diomedes, el griego, muriósele un hijo que tenía solo, y que era su único y real heredero, y como concurriesen de diversas partes diversas personas a le visitar y consolar, hallóse allí presente una mujer pobre que le venía a pedir justicia; la cual, como callase y llorase, y los otros hablasen y no llorasen, díxoles Diomedes: «Las palabras que vosotros, amigos, me habéis dicho, hanlas oído mis orejas; mas no han llegado a mi corazón; solas las palabras de esta pobre mujer me han mucho consolado, por ver que de corazón mi pena ha llorado». Si esto es verdad, como es verdad, justa cosa es, señor don Pedro, que de voluntad me oyáis, y de corazón me creáis, porque en verdad y de verdad vos juro, señor, a ley de cristiano, y a ley de amigo, que, como siempre os tuve en mi corazón, y os amé de corazón, así siento vuestros trabajos de corazón.

Acordándome del deudo que nos hemos, de la amistad que nos tenemos, de los secretos que de mí habéis fiado y aun de las mercedes que me habéis hecho, y si como tengo la voluntad tuviera la libertad, vos viérades y conociérades que, aunque no fui vuestro compañero en la desgracia que hiciste, lo fuera yo agora en el destierro que padecéis. Ojalá pluguiese a Dios que, como es en vuestra mano el repartir la hacienda, fuese también el repartir la pena y tristeza, porque vos, señor, veríades entonces cómo entre todos vuestros amigos yo podría ser mejorado en tercio y quinto, no en los dineros que tenéis, sino en los trabajos que sufrís. No niego que no me hayáis hecho obras de señor, ni aun tampoco me negaréis que no os las haya hecho de amigo, pues en Valladolid os avisé, en Villabráxima os desengañé, en Peñafiel os visité, en Victoria os ayudé, y agora os escribo, y a doquiera que me hallo, por vos torno.

No quiero más hablar por rodeo, sino venir a lo que hace al caso, porque los muchos ofrecimientos han de ser para los extraños, y las buenas obras para los verdaderos amigos. Bien sé que os dará mucha pena en ese vuestro destierro el pensamiento que tendréis de lo que de vos pensarán en la Corte, y dirán acá por el reino, es a saber, vuestros enemigos, para se gloriar, y vuestros amigos, para les pesar, y desto no me maravillo, porque todas las veces siente el hombre más el placer que sus émulos toman, que no el trabajo que él padece. Plutarco, en sus Apotematas, dice de Aristón, capitán que fue muy famoso de los esparciatas, al cual, como se quejase uno de Atenas que hablaban muy mal los de su ejército, contra los atenienses, respondióles él: «Si los atenienses mirasen primero lo que hacen, no tomarían pena de lo que los esparciatas dellos dicen». Digna es esta palabra de notar, y aun a la memoria encomendar, porque, según decía el santo Job: «Factus sum mihi metipsi gravis».

Los grandes y graves y verdaderos trabajos que padecemos, nosotros mismos nos los buscamos. Digo esto, señor don Pedro, porque si tomárades mi parecer en Valladolid, y aun del buen condestable, vuestro tío, en la Coruña, vos ahorrárades del destierro que padecéis, y de la afrenta que sentís. La empresa que vos, señor, tomaste, no la habíades de fundar sobre tan pequeña ocasión, ni sobre tan gran pasión, ni aun en aquella sazón, porque muchas veces pide la razón que se haga alguna cosa, la cual no consiente el tiempo por entonces que se haga. Muchos negocios se pierden en esta vida, no porque no son justos, sino porque no los negocian en sus lugares y tiempos; porque tan sazonado ha de estar el negocio para se despachar, como la huerta para se sembrar.

Si acción y derecho pretendíades tener al ducado de Medina Sidonia, mucho más seguro y aun más honesto os fuera pedirle en el Consejo por justicia, que no encomendaros al obispo de Zamora, que, como, señor, os dije en Villabráxima, los tiranos ponen sus derechos en las armas, y los justos no sino en las leyes. A la hora que os vi acompañando con el obispo de Zamora, imaginé que toda vuestra negociación iba perdida, porque el pobre señor y obispo, por poder vengarse del conde de Alba de Lista, alborotó el reino, desacató a César, engañóos a vos, y echóse a perder a sí.

He querido, señor, traeros a la memoria todas estas cosas, no para consolaros, sino para reprehenderos, y aun para que si estuviéredes triste, no sea por lo que padecéis agora, sino por el yerro que hiciste entonces; porque más quiero veros por mano de César desterrado en África, que veros en su desgracia duque de Medina. El caballero que presume de cuerdo y sabio, debe trabajar de ser a su rey acepto y con buenos servicios sustentar su estado, y fuera destas dos cosas, si por caso viere que en el reino o en la corte se levantan bandos, envidias, pasiones, competencias y disensiones, yo le doy licencia que pueda en ellas hablar, y aun a hurtas murmurar, mas no en ellas se entremeter, porque negocios de república muy poco se vadean y mucho menos se marean. Dejada aparte la fe, debe el buen caballero, a tuerto o a siniestro, cerca o lejos, contra amigos o enemigos, en el reino o fuera del reino, a toda ley servir y seguir a su rey, porque menos mal es al caballero perder la vida y el estado que tiene, que no poner mácula en la fidelidad que a su señor debe. No inconsideradamente dije que los negocios de la república, ni se vadean, ni se marcan, pues no vemos otra cosa cada día sino a muchas repúblicas alteradas, y a muy pocas reformadas, porque, naturalmente, la gente común es muy fácil de levantar y muy difícil de apaciguar. Mucho trabajo tuvo Catilina de reformar a Roma, Sócrates a Atenas, Esquines a Rodas, Ligurguio a los esparciatas, Tolomeo a Pentápolis, Promoteo a Egipto, Teoponto a los argibos, y Platón a los sículos; mas al fin de sus empresas todos estos ilustres varones escaparon muertos o desterrados, y sus pueblos se quedaron como de antes perdidos. Y porque no es razón de renovar viejas llagas ni de más hablar en cosas pasadas, vengamos a hablar en vuestro destierro, y en los remedios del hombre desterrado, en la cual materia, si no os agradare lo que dijere, tomad, señor, en cuenta lo que os querría decir, porque, así Dios me salve, querría yo más remediaros que consolaros.

Notables palabras para el hombre desterrado.

En ese vuestro destierro de Orán daros ha mucha pena el acordaros que sois de España, y veros desterrado en África, que, como decía Sertorio el romano, esnos tan natural el amor de la patria, y somos tan amigos de nuestra naturaleza, que si se acaba con la cordura de un hombre que la deje, no se acabará con su corazón que la olvide. Cuando el buen rey don Alonso estaba en Nápoles rodeado de muchos príncipes, y le loaban la generosidad de Roma, la grandeza de Venecia, la riqueza de Florencia y la opulencia de Milán, respondía él: «Loo y apruebo ser eso todo bueno; mas yo para mí más querría hallarme en Carrioncillo». Carrioncillo es una aldehuela pagiza, una legua de Medina del Campo, a do el buen rey siendo niño se crió, y siendo mozo residio. En hablando uno de su naturaleza, luego dice que su tierra es más fértil, la gente mejor acondicionada, el Sol más claro, el aire más limpio, las aguas más sanas, las carnes más sabrosas, el pan más sustancioso, los vinos más odoríferos, y los hombres menos maliciosos. Cosa por cierto es de ver cuán de corazón cada uno dice, encarama, blasona y aun porfía las cosas de su tierra o doquiera que sea razón cada uno dice y se halla, y lo que más es de todo que hay personas tan apasionadas en esto, que antes consentirán que les digan a ellos alguna injuria, que no oír decir mal de su naturaleza. Toda esta flaqueza viene de no querer pensar los hombres que son tierra, nacieron de tierra, andan en la tierra, y se han de tornar tierra, y que no tienen ninguna tierra, porque solo aquello es del hombre propio, que lo puede llevar consigo al sepulcro. Entre los altos documentos de Sócrates, uno dellos era que ningún discípulo suyo osase decir «ésta es mi tierra», ni «aquella es mi patria»; porque, según él decía, por evitar de decir «esto es mío» y «esto es tuyo», no quiso

Naturaleza darnos pluma con que nos cubriésemos, ni casas a do morásemos, sino que después acá los hombres ambiciosos y codiciosos, la tierra, que es común a todos partieron entre sí mismos. Del verdadero Hércules, el tebano, cuenta Plutarco en el libro de Exilio que, preguntado por los sidonios, que de donde era natural, respondió: «Ni soy de la gran Tebas, ni de la nombrada Atenas, ni aun soy de Licaona, sino natural de toda Grecia». Mucho, y aun mucho más, estimaron los griegos quererse Hércules llamar natural de toda la Grecia; mas en mucha más se tuvo después, lo que respondió Sócrates: «Ni soy de Tebas, como Tesifonte; ni soy de Atenas, como Agesilao; ni soy de Licaonia, como Platón; ni soy de Lacedemonia, como Ligurguio; sino que soy nacido en el mundo y natural de todo el mundo». Plutarco cuenta y dice que en la isla de Cobdo, que es en la Grecia, hubo antiguamente un linaje de hombres griegos, que se llamaban los agitas, los cuales se preciaban descender del muy famoso capitán griego que se llamó Agis el Bueno, a diferencia de otro Agis, que fue muy gran tirano. Estos insulanos agitas eran en toda la Grecia tenidos por hombres muy cuerdos, y no poco esforzados, y ordenaron entre sí mismos que ninguno se osase llamar natural de aquella isla si no hubiese primero hecho alguna notable hazaña, porque, según decían ellos, la tierra es la que se ha de preciar de tener tales hijos, que no los hijos de ser más de una que de otra tierra.

Conforme a esta ley de los insulanos agitas, diría yo si osase, señor don Pedro, que mucha más razón hay para que vos os preciéis de capitán africano, que no de caballero español, pues la honra que en España perdiste, en África la cobraste. Y porque no parezca que hablamos de gracia, y que nuestra pluma escribe lo que se le antoja, cotejemos lo que acá, en España, hacíades con lo que agora allá en Orán hacéis, y veréis y conoceréis en vos muy claro en cómo si alguna pena tenéis en vuestro corazón, más es por la opinión que tenéis que por la vida que pasáis. Acá, señor, en España érades muy bien afamado y nombrado de montero famoso, de bolar una garza, matar un puerco, jugar a la primera, servir a una dama, escribir requiebros, hacer banquetes, frecuentar palacios, regocijar la corte, acostaros a la una y levantaros a las once. Todas estas cosas, aunque son ejercicios de mancebos cortesanos, no lo son por cierto para caballeros animosos, porque los mayorazgos y grandes estados de España no los ganaron nuestros antepasados dándose a recrear en la caza, sino sirviendo a sus príncipes en la guerra. El ejercicio que nos dicen que tenéis ahí en Orán es levantaros de mañana, almorzar en pie, tener siempre ensillado, descansar sobre la lanza, hacer de antenoche mochila, tocar muchas veces al arma, rondar la muralla, salir a las escaramuzas, hablar siempre de guerra, pelear con los moros, animar los soldados, traer la lanza ensangrentada o la cabeza descalabrada. Ved, pues, señor don Pedro Girón, cuál de estas dos cosas os está muy más honrosa para vuestra fama, o más provechosa para vuestro estado, es a saber, preciaros de caballero esforzado o de cortesano enamorado.

Estando acá, en España, no podíades contar sino de hechos ajenos; mas agora que estáis en África, todos tienen por acá qué decir de las hazañas que haréis y de los peligros en que andáis, que, como decía el cónsul Mario, los escritores han de decir «en tal tiempo se hizo esto»; mas el buen caballero no ha de decir sino «en tal guerra me hallé en esto». Destierro que tan felicemente os ha sucedido, a lágrimas y dineros le habiedes de haber comprado, pues os ha sido ocasión a que no solo emendásedes vuestro avieso, mas diésedes en el hito de punta en blanco. Decidme, señor don Pedro, cuando fueredes ya viejo, y que plega a Dios lleguéis allá, ¿de qué os alabaréis más delante vuestros hijos y otros caballeros: de haberos hallado en una boda de Osuna, o de haber peleado con los moros de África? Mucho me cae en gracia, aunque ello es una muy gran desgracia, es a saber, cuán de reposo y entonado se pone un caballero a contar a do voló una garza, a do mató un puerco, a do hirió un venado, a do hizo un banquete, a do sirvió una dama y aun a do danzó una baja, las cuales cosas todas súfrese que un caballero las haga, mas no se sufre que de ellas se precie. El cónsul Annio Silvano, que fue de la parcialidad de los Silanos, y grande enemigo de los Marianos, como en el Senado motejase al cónsul Mario de que era muy ambicioso de honra, para ser tan bajo en el linaje, respondiole Mario: «Yo confieso, Silvano, que desciendes de mejor linaje que no yo; mas no me podrás negar que no soy yo mejor hombre que no tú, porque en tu casa no tienes pintadas más de las armas que heredaste de tus pasados, mas yo tengo colgadas las banderas que gané de los enemigos». Esto digo, señor don Pedro, para que os tengáis por dicho y os preciéis de ese destierro, pues estándoos acá en España, no fuerades más de Silvano, y en haber pasado en África os habéis tornado Mario, pues si fuisteis con armas pintadas, volveréis con banderas ganadas. No es justo que os quejéis del destierro de África, pues por él os hará mi pluma de inmortal memoria, que, como, señor, sabéis, yo soy cronista de César, y amigo vuestro, y sed cierto que, si escribiere las desgracias por que fuisteis desterrado, también os engrandesceré las grandezas que hiciste en el destierro.

De muchos varones ilustres que les fue bien en el destierro.

Muchos antiguos varones que quisieron ganar renombres de altos príncipes, aunque no fueron desterrados por manos de otros, se desterraron ellos mismos a sí mismos, porque, según decía Alcibiades, el famoso griego, de los hombres que siempre se están en sus naturalezas, a pocos hemos visto famosos, y aun a muchos viciosos. La experiencia nos enseña que los vinos alejados, y los árboles traspuestos son muy mejores que no los otros. Quiero, por lo dicho, decir que los hombres generosos y vergonzosos siempre son mejores en tierras extrañas que no en las suyas propias, porque más quieren morir allí pobres, que volver a sus tierras afrontados. En la propia naturaleza muy pocas veces alcanzan los hombres gran fama, y de aquí es que los príncipes muy afamados en tierras extrañas se afamaron. ¿Por ventura no nació en la isla Meotida el rey Datirso, al cual después llamaron Datirso el scita, porque en Asia venció a los scitas? ¿Por ventura no nació en la isla de Mileto el famoso capitán Geloncio, al cual después llamaron Geloncio el Sículo, porque venció a los sículos? ¿Por ventura no nació en una aldea de Atenas el rey Piro, al cual llamaron Piro el Epiroto, porque venció a los epirotas? ¿Por ventura no nació en una aldea de Campania el gran Escipión, al cual llamaron Escipión el Africano, porque venció a los africanos? ¿Por ventura no nació el emperador Severo a una legua de Numidia, al cual después llamaron Severo el Pártizo, porque triunfó de los partos? ¿Por ventura no nació el buen Octavio Augusto en la aldea de Belitre, y después le llamaron el Octavio el Germánico, porque venció a los germánicos? ¿Por ventura no nació el justo Trajano en la ciudad de Gades, que agora es Cádiz, el cual se llamó después Trajano el Daco, porque venció a los de Dacia? ¿Por ventura no nació el buen Tito en una pobre aldea de Campania, al cual después llamaron Tito el Palestino, porque venció a los palestinos?

Como hemos dicho destos pocos, pudiéramos decir de otros muchos, los cuales, con un ánimo heroico y con un corazón denodado, en tierra extraña alcanzaron para sí inmortal memoria. ¡Oh, cuántos y cuántos fueron en los siglos pasados, los cuales en sus propias tierras eran bajos en condición, oscuros en linaje, ignotos en la fama y pobres de riqueza, y después que fueron desterrados de sus tierras propias esclarecieron su linaje, honraron su patria, afamaron sus personas y aun alcanzaron grandes riquezas! El famoso Temístocles y el gran capitán Phalarero, con grande inominia de sus personas y gran pérdida de sus haciendas, fueron desterrados de Atenas, y aun echados de toda la Grecia, a los cuales sucedio tan bien aquel destierro, que no solo merecieron ser privados del rey Tolomeo en Alejandría, mas aun después tornar muy honrados y ricos a su tierra propia. Plutarco cuenta, en el libro de Exilio, deste Temístocles, que solía decir a su mujer y hijos, cuando estaban desterrados: «Perieramus omnino nisi perisemus». Las cuales palabras quieren decir: «Si no nos perdiéramos, hubiéramonos del todo perdido. Altas y muy altas palabras son éstas, que dijo aquel griego, las cuales, aunque las dijo uno, se pueden aplicar a muchos, pues no vemos otra cosa cada día sino que se ha con los desterrados la fortuna como se ha con los arcaduces la añoria, a los cuales si los abaja y derrueca, no es su fin de los empozar y quebrantar, sino de los hinchir y sublimar.

Joseph, hijo de Jacob, el desastre de ser vendido de sus hermanos le fue ocasión a que viniese a ser señor de todo Egipto, y a remediar el pueblo hebreo. Quiero, por lo dicho, decir que de haber acontecido a alguno algún notable infortunio le fue después ocasión de ser bien fortunado, porque así como muchos pensando que van bien, yerran, así otros pensando que van errados, atajan. El muy famoso capitán Camilo, por un desastre que le aconteció en Roma, fue desterrado de Roma a Campania, y como en breve se levantase una peligrosa guerra a causa que los gallos fueron a cercar a Roma, sucediole a Camilo también en aquel destierro que en breves días tornó a la, ciudad, no como malhechor, sino como buen triunfador. El justo y ilustrísimo emperador Trajano, desterrado estaba de toda Italia en la ciudad de Agripina, cuando el emperador Nerba, su tío, le crió en Augusto, le envió la insignia del imperio y le adoptó por su hijo. Burlando Trajano con sus familiares amigos, en este caso, les decía: «El destierro a que me envió desterrado Domiciano fue el alcahuete de mi imperio».

He querido, señor don Pedro, traeros tantos ejemplos, y contaros tantas historias, así de los que se desterraron por alcanzar fama, como de los que se desterraron por alguna culpa, para que con ellos os consoléis y os esforcéis y aun los imitéis, y porque muy poco aprovechará seguirlos en el destierro que padecieron, si no les pareciésedes en el grande ánimo que tuvieron. Yo espero en Nuestro Señor y espero en vuestro buen ánimo que por defender esa ciudad de los moros, y por aumentar la fe de los cristianos, haréis tales y tan nobles proezas ahí en África, que volváis tan ilustre a España como volvió Camilo a Roma. En esa guerra de África, a do se halla vuestra persona desterrada, aconséloos, señor, que os mostréis largo en el gastar, paciente en el sufrir, animoso en el pelear, sobrio en el comer, comedido en el hablar y aun cristiano en el vivir, porque todos los que acá les pesó de lo que hiciste se precien agora de lo que hacéis. Como al filósofo Diógenes le dije sen unos amigos suyos que los senopenses le desterraban de la isla de Epiro para la isla de Ponto, respondióles él: «Decid a los senopenses que si ellos me destierran a mí de Epiro para Ponto, que yo los destierro a ellos de Ponto para Epiro. Mayormente que al hombre animoso y virtuoso no pueden con verdad decir que le desterraron, sino que le mudaron». Sería, pues, yo de parecer que os aprovechásedes, señor, de esta doctrina de Diógenes para con los que os tienen enemistad, y no buena voluntad, y aun amenazándolos, que pues ellos os destierran de España en África, vos los desterráis a ellos de África en España, mayormente que en torno de poco tiempo ellos os tendrán envidia a lo que haréis, y vos a ellos mancilla de lo que oiréis. Mucho os ruego, y aun os aconsejo, que en las palabras que dijéredes allá, y en las cartas que escribiéredes acá, no mostréis estar del rey quejoso, ni tener en esa tierra ningún descontento, porque a vuestros émulos y enemigos más les placerá saber que andáis aburrido que no de veros desterrado.

De los privilegios que tienen los hombres desterrados.

Los hombres que están desterrados tienen algunos muy notables y preeminentes privilegios, los cuales es mucha razón, señor don Pedro, que los sepáis, y aun que los guardéis, porque, entrando en tan generosa cofradía, justa cosa es juréis las ordenanzas de ella. El primer privilegio de los tales es que al hombre que está desterrado, y fuera de su tierra, ninguno sea osado de le tener envidia, sino todos mancilla, porque la verdadera y natural envidia es al hombre que tiene la vida holgada y la hacienda sobrada.

Es privilegio del hombre desterrado que en todo tiempo que durare su destierro nadie se descomida a pedirle ningún dinero prestado, porque [cosa] es muy notoria a todos que el hombre que está desterrado de su patria le sobren los suspiros y le falten los dineros.

Es privilegio del hombre desterrado que sin ninguna conciencia, ni aun vergüenza, pueda pedir, importunar, rogar y aun cohechar, a los con quien trata todo lo que ha menester, porque so color que están de sus casas muy lejos, y que fueron sus bienes confiscados, puédenles decir y jurar que, si no los quieren socorrer, se han de dar a hurtar.

Es privilegio del hombre desterrado que pueda escribir desde donde estuviere a todas las partes que quisiere muchas nuevas y aun muchas novelas, como a él se le antojare, o mejor a él le estuviere, y la causa de esto es que, como para probarle una mentira han de ir muy lejos a hacer la probanza, puede el tal mentir, y aun a todos desmentir, estándose él a pie quedo, y quedándole el brazo sano.

Es privilegio del hombre desterrado que sin nadie te pedir cuenta, ni menos le acusar la rebeldía, pueda escribir a su tierra que está malo, aunque esté bueno; que no se halla, aunque esté contento; que suspira por su casa, aunque no se acuerde della; que está muy pobre, aunque le sobren los dineros; lo cual, por ventura, él hará, porque más ayna sea del rey perdonado y de sus amigos socorrido.

Es privilegio del hombre desterrado que no sea obligado a hacer covnites, ni banquetes, ni aun andar costosamente vestido, y para mayor defensa suya puede decir y afirmar, y aun blasonar, que allá en sus tierras tenía las mesas muy espléndidas y las arcas llenas de ropas.

Es privilegio del hombre desterrado que no sea obligado a responder plazo que dio, ni pagar deuda que se obligó, y para esto puede decir, y se excusar, que las obras que hacen los amigos por sus amigos, cuando los ven desterrados, que cumplen por entonces con agradecérselas, y después que tornaren a sus casas, pagárselas.

Es privilegio del hombre desterrado que con su conciencia, y aun con su vergüenza, acabe de andarse solo, y tener poco más de un criado, y ansí Dios a mí me salve, señor don Pedro, que con este privilegio querrían hoy ser muchos privilegiados, porque si no tuviesen criados, de la despensa ahorrarían muchos dineros, y del corazón quitarían muchos cuidados.

Es privilegio del hombre desterrado que pues está desterrado en tierras extrañas, no sea obligado a mantener su casa, ni morar con su mujer, del cual privilegio osaría yo afirmar que desean gozar todos los hombres libres, como los que están desterrados; porque muchos hombres hay que por no poder sufrir la mala condición de la mujer, y las muchas travesuras de los hijos, sin hacer porque los destierren, buscan ocasión con que se vayan.

Es privilegio del hombre desterrado a que no sea obligado a pagar portazgo, ni montazgo, ni martiniega, ni alcabala, ni moneda forera, ni aun pecho, ni empréstido, porque a la hora que diga a las cogedores y alcavaleros que es forastero y desterrado, no le empadronaran para que pague tributo.

Es privilegio del hombre desterrado que no sea obligado a servir ni acompañar a los hombres parciales, bandoleros, enemistados y amotinados; del cual privilegio querrían muchos gozar, y dél se preciar, porque hay muchos que responden por muchos, siguen a muchos, gastan por muchos y aun se pierden por muchos, no porque su voluntad se lo lleva, sino porque su bando a ello le obliga.

Es privilegio del hombre desterrado que no sea obligado en todo tiempo de su destierro de festejar, convidar, banquetear, regocijar, ni hospedar a nadie en su posada, ni fuera de ella, y a fe de hidalgo que este privilegio no es menos deseado y provechoso que el otro, porque muchas veces hospeda hombre en su casa, o asienta a su mesa algún vecino o pariente suyo, no por el amor que tiene a su persona, sino por el miedo que tiene a su lengua.

Tenéis, pues, señor don Pedro, doce privilegios y doce libertades de que podéis gozar los que estáis desterrados allá en África, y de que carecemos los que estamos acá en España, aunque para mí tengo yo de vos creído que querríades más una licencia del rey para tornaros a Archidona, que cuantos privilegios tenéis en África. Ni quiero que dejéis de tener pena por estar desterrado, ni quiero que perdáis la esperanza de que se os alzará el destierro, por manera que debéis esperar en Nuestro Señor que os consolará, y en el buen César que os perdonará.

En este monasterio de frailes del Val he predicado toda esta Semana Santa, y la Pascua al nuestro César, en el cual tiempo el condestable y yo le hemos hablado en vuestro negocio, por lo que debéis estar muy cierto que el condestable os hace obras de buen tío y yo de buen amigo. Ahí, señor, os envío unas aprobadas reliquias que traigáis, y un notable libro en que leáis, y para mi bien tengo creído que quisiérades vos más una libra de oro que jugar, que no al mi buen Marco Aurelio para leer.

No más, sino que Nuestro Señor sea en su guarda, y le torne con salud a su tierra.

De España, a XVI de abril de MDXXIIII

63. Letra para don Enrique Enríquez, en la cual el autor cuenta la historia de tres enamoradas antiquísimas, y es letra muy sabrosa de leer, en especial para los enamorados

Muy magnífico y engañado señor:

A la hora en que quise responder a vuestra carta tuve en la mano suspensa la pluma más de media hora, debatiendo con mi gravedad y vuestra amistad si os respondería, o disimularía, porque el amor que os tengo convidábame a que lo hiciese, y vuestro descomedimiento constreñíame a que os lo negase. Yo, Señor, leí vuestra carta y vi las tres imágenes que me enviaste con ella, y fue tanto el enojo que recibí, y la afrenta que sentí, que, si como sois grande amigo mío, fuerades mi muy propincuo deudo, el deudo os negara, y jamás letra os escribiera. En los rostros vergonzosos y en los corazones generosos sin comparación vale más una onza de amistad que una arroba de consanguinidad; lo cual parece claro en que la enemistad que nace entre parientes dura mucho, mas la que se levanta entre los verdaderos amigos acábase luego. Pisistrato, rey y tirano que fue de los atenienses, como un sobrino suyo que había nombre Trasilo fuese en cierta conjuración contra el tío, escribióle una carta en que decía estas palabras: «Acordarte debrías, sobrino mío Trasilo, no que te crié en mi casa, no que eres mi sangre, no que te admití a mi conversación, no que te fié mis secretos, no que te casé con mi hija, no que te di la mitad de mi hacienda, sino que te amé como amigo y te traté como a hijo.

Hasme salido aleve, y hasme hecho traición, sin yo de ti tal pensar, ni menos te lo merecer, a cuya causa quisiera poder acabar conmigo que, como te niego el deudo, te pudiera negar la amistad; mas no lo puedo hacer, ni con mi fidelidad acabar, porque la sangre que contigo tengo puedo la sacar, pues está en las venas, mas no el amor con que te amo, porque está en el corazón». He querido traeros este ejemplo a la memoria para que, pues vos, señor, habéis sido Trasilo en me enojar, seré yo Pisistrato en os perdonar, haciendo, como hago, muy gran caudal, no tanto del deudo que me tenéis, como de la amistad que os tengo.

Viniendo, pues, al propósito, y contando cómo aconteció el caso, digo que yo, señor, recibí una letra vuestra aquí, en Granada, habrá dieciocho días, y con ella recibí unas muy ricas tablas, en las cuales estaban unas imágenes, asaz bien pintadas, y no menos bien tratadas. Querríades agora vos saber de mí qué es lo que me parece de la pintura, y qué misterios tiene su historia, jurando y perjurando que os costaron mucho y las tenéis en mucho. A esto, señor, os respondo y digo que, si vos tenéis aquellas imágenes en mucho, yo señor, las tengo en muy poco, y más y allende desto digo que si compraste lo que no sabíades, os acuso por no cuerdo, y si supiste lo que compraste, os condeno por mundano. Dije que os condenaba por mundano, y no por liviano, no porque no lo merecía vuestra culpa, sino porque no cabía en mi crianza. La poca edad, la poca ciencia y la poca experiencia que tenéis del mundo os excusa del yerro que habéis hecho y del descomedimiento que conmigo habéis tenido; que, hablando la verdad, yo estoy corrido, y aun afrontado, que tales imágenes me enviásedes, y sobre tales liviandades me consultásedes. En mi hábito, por ser de religioso; en mi sangre, por ser de caballero; en mi profesión, por ser de teólogo; en mi oficio, por ser predicador, ni en mi dignidad, por ser de obispo, no se sufre semejantes vanidades preguntar, ni menos platicar, porque el hombre de bien, no solo ha de mostrar su gravedad en las obras que hace, mas aun en las palabras que dice y en las pláticas que oye. El buen filósofo Diógenes vio en la plaza hablar muy despacio a un discípulo suyo, con un mancebo que era tenido por liviano, y aun por travieso, el cual, como le preguntase en qué hablaban, qué concertaban, respondió él: «Decíame que esta noche pasada había hecho una muy gran travesura, y que había muy gran miedo no fuese descubierta. Oído todo esto, Diógenes mandó llamar al otro mancebo y dijo a ambos a dos: «Yo mando que en el anfiteatro del foro, que igualmente os den a cada uno cuarenta azotes: a él, por lo que hizo, y a ti, por lo que le escuchaste; porque tanto merece el filósofo por no tener atapadas las orejas, como el secular en no tener las manos quedas.»

Yo, señor don Enrique, ni sé qué me haga, ni sé con quién me cumpla; que por una parte querría hacer lo que me rogáis, pues sois mi amigo, y por otra parte estoy temeroso de Diógenes el filósofo, porque si él sabe lo que vos me consultáis, y atina a lo que yo os respondo, no es menos sino que desta hecha vos o yo quedamos desterrados, y no menos azotados. Aunque sea en detrimento de mi gravedad, y en ofensa de mi honestidad, determínome de responder a vuestra carta, y declararos el misterio de vuestra duda, con que prometo y protesto que no lo hago por serviros, sino para confundiros, porque veáis y conozcáis que esa vuestra tabla de imágenes no es para poner en los altares de los santos, sino en las cámaras de los locos.

Es, pues, el caso que en las tres tablas que me enviaste estaban tres imágenes de tres mujeres a maravilla hermosas, y por extremo muy bien pintadas, los rétulos de las cuales decían así: «Sancta Lamia», «Sancta Flora» y «Sancta Layda». Queríades agora vos, señor don Enrique, saber de mí quiénes fueron estas tres mujeres, de dónde fueron, en qué tiempo fueron, a do murieron y qué martirio pasaron; porque, según me escribís, las tenéis en vuestro oratorio colgadas y les rezáis cada día ciertas avemarías. Yo, señor, lo quiero hacer, y a vuestro ruego condescender, aunque no sin mucha pena y gran vergüenza, no de vos, que lo habéis de leer, sino de aquellos a quien lo habéis de mostrar, porque todos dirán, y no sé si con razón, que vos, señor, sois agora vano, y que en algún tiempo yo fui mundano.

Notable historia de tres enamoradas.

Esta Lamia, esta Flora, esta Layda, que vos, señor, tenéis por santas, fueron las tres más hermosas y más famosas rameras que nacieron en Asia, se criaron en Europa, y aun de quienes más cosas los escritores escribieron, y por quienes más príncipes se perdieron. Destas tres se dice y escribe que fueron dotadas de todas gracias: es a saber, hermosas de rostros, altas de cuerpos, anchas de frentes, gruesas de pechos, cortas de cinturas, largas de manos, diestras en el tañer, suaves en el cantar, pulidas en el vestir, amorosas en el mirar, disimuladas en el amar y muy cautas en el pedir. Destas tres se dice y escribe por excelencia que nunca a príncipe amaron que las dejase, ni jamás cosa pidieron que se la negase. Destas tres se dice y escribe que nunca a hombre hicieron burla, ni jamás de hombre recibieron afrenta. Destas tres se dice y escribe que la Lamia enamoraba con el mirar; la Flora, con el hablar; la Layda, con el cantar; y los que una vez de sus amores se prendían, tarde o nunca se libraban. Destas tres se dice y escribe que fueron las enamoradas más ricas del mundo mientras vivieron, y que dejaron de sí mayores memorias cuando murieron, porque en los pueblos les pusieron estatuas, y los escritores escribieron dellas grandes cosas. Y porque no parezca que hablamos de gracia, contaremos aquí destas tres enamoradas la historia, protestando primero que no diremos más de cada una de sola una palabra, porque para deciros, señor, verdad, no es esta historia tan honesta y limpia para que ose emplear en ella mucho tiempo mi pluma.

La más antigua destas tres enamoradas fue la que llamaron Lamia, la cual fue en el tiempo del rey Antígono, criado de Alejandro el Magno, del cual Antígono escriben los que dél escribieron que fue príncipe muy belicoso, y poco venturoso. Este rey Antígono dejó un hijo heredero, el cual se llamó Demetrio, el cual fue menos belicoso, aunque más fortunado que no su padre, y fuera él muy esclarecido príncipe, si en su mocedad supiera cobrar amigos, y en la vejez no se diera tanto a los vicios. Este rey Demetrio tuvo por amiga a esta enamorada Lamia, a la cual únicamente amé, y largamente dio. Fue el rey Demetrio, en amar a su Lamia, más loco que enamorado, porque olvidaba su gravedad y autoridad, no solo le daba cuanto ella quería de su hacienda, mas aun no hacía vida con su mujer Euxonia. A esta Lamia preguntó una vez el rey Demetrio que cuál era la cosa con que más se convencían las mujeres, a lo cual ella le respondió: «No hay cosa que más ayna haga a una mujer caer que ver a un hombre de corazón por ella penar, porque de querer amar los hombres de burla vienen después a quedarse burlados». Ítem le preguntó Demetrio: «Dime, Lamia, qué es la cosa por que más aborrecéis las mujeres a los hombres?» A esto le respondió Lamia: «La cosa por que una mujer aborrece a un hombre es cuando se alaba de lo que no hace y no cumple lo que promete». Ítem le preguntó Demetrio: «Dime, Lamia, ¿qué es la cosa de que más os contentáis del hombre?» A esto le respondió Lamia: «La causa por que una mujer más ama a un hombre es cuando le ve que es discreto en lo que dice, y secreto en lo que hace». Ítem le preguntó Demetrio: «Dime, Lamia, ¿por qué son los hombres mal casados?» A esto le respondió Lamia: «Es imposible que sean bien casados cuando en la mujer hay necesidad, y en el marido necedad». Ítem le preguntó Demetrio: «Dime, Lamia, ¿cuál es la causa por que más aˊna se deshace el amor de entre dos enamorados?» A esto le respondió Lamia: «No hay cosa por que más aˊna se desamen los que se aman que por ser el enamorado derramado en el amar y la enamorada muy importuna en el pedir». Ítem le preguntó Demetrio: «Dime, Lamia, ¿cuál es la cosa con que más penan los hombres enamorados?» A esto le respondió Lamia: «La cosa que más atormenta al corazón del hombre enamorado es el no poder alcanzar lo que desea, y pensar que ha de perder lo que goza». Ítem le preguntó Demetrio: «Dime, Lamia, ¿cuál es la cosa que más al corazón de una mujer lastima?» A esto le respondió Lamia: «No hay cosa con que más una mujer se sienta y se entristezca que con llamarla fea y desgraciada, y saber que la tienen por mala».

Era esta mujer Lamia de muy delicado juicio, aunque en ella estuvo mal empleado, y así es que a todos atraya con la lengua, y enamoraba con la persona. Antes que ella viniese a poder, o por mejor decir, a perder al rey Demetrio, anduvo mucho tiempo por las achademias de Atenas, a do ganó muchos dineros, y aun echó a perder muchos mancebos. Plutarco cuenta, en la vida de Demetrio, que como los atenienses le presentasen doscientos talentos de plata para ayuda a pagar su gente de guerra, todos se los dio a su amiga Lamia, sin que entrase ninguno en su casa, de lo cual quedaron los atenienses, no solo enojados, mas aun afrontados, no tanto por habérselos dado, cuanto por haberlos él tan mal empleado. Cuando el rey Demetrio quería alguna cosa encarecer, o algún negocio arduo con juramento afirmar, nunca juraba por sus dioses, ni juraba por sus antepasados, ni aun por la vida, ni salud de sus hijos, sino que siempre juraba en esta manera: «Ansí yo permanezca en la gracia de mi Lamia, y así ella y yo acabemos juntos la vida, como pasa esto y esto».

Un año y dos meses antes que muriese el rey Demetrio, murió su enamorada Lamia, y sintió el enamorado rey tanto su muerte, que disputaban y aun dudaban los filósofos en Atenas cuál de dos cosas fuese mayor: es a saber, las lágrimas que por ella lloró, o las riquezas que en sus obsequias gastó. Fue esta enamorada natural de Argos, nacida de bajos padres, y anduvo mucho tiempo por Asia la mayor, asaz absoluta y disoluta, y al fin, como muriese en Fenicia, y la mandase enterrar el rey Demetrio junto a su casa, debajo de una ventana de su cámara, y le preguntase un privado suyo que por qué lo había hecho, le respondió: «Amóme tanto, y quísela tanto, que no sé con qué le pagar lo mucho que me quería, y lo mucho que le debía, si no es con depositarla en tal lugar, a do tengan mis ojos cada día que llorar y cada hora mi corazón que penar».

La segunda enamorada de las tres que arriba contamos se llama Layda, y fue su naturaleza de la isla Bitrita, que es en los confines de Grecia, y, según della escriben sus cronistas, fue hija de un sumo sacerdote del templo de Apolo, que citaba en Delfos, varón muy docto en el arte mágica, mediante la cual alcanzó la perdición de su hija. Esta enamorada Layda nació y floresció en tiempos del muy nombrado rey Pirro, príncipe y señor que fue muy deseoso de alcanzar honra, y no muy dichoso en saber conservarla. Siendo el rey Pirro mancebo de dieciséis años, vino en Italia por hacer guerra a los romanos, y déste dicen y cuentan los escritores de su tiempo que fue el primero príncipe, que dio orden en ordenar los campos, repartir las batallas y hacer escuadrones; porque todos los de antes dél, al tiempo de dar una batalla, juntamente arremetían y confusamente peleaban.

Esta enamorada Layda anduvo mucho tiempo en el campo del rey Pirro, y con él vino a Italia, y con él tornó a Grecia, y désta se dice y escribe que a todos los que podía hacía placer, mas que con un solo hombre se quiso amigar. Fue esta enamorada Layda tan amorosa en la conversación, y tan hermosa en la disposición, que si quisiera ella sus amores recoger, y a un solo señor se allegar, no hubiera príncipe en el mundo que por ella no se perdiera y cuanto quisiera no le diera.

Después que Layda volvió de las guerras de Italia a Grecia, retráxose a vivir en la ciudad de Corinto, y fue allí tan servida y requestada, que no hubo hombre rico en Asia que a sus puertas no llamase, ni quedó rey ni príncipe que allá no entrase. Aulo Gelio dice que el buen filósofo Demóstenes fue una vez disfrazado desde Grecia a Corinto por la ver, y aun con ella se revolver; y como ella, antes que le abriese la puerta, le enviase a pedir docientos sestercios de plata, respondió Demóstenes: «No quieran los dioses que yo gaste mi hacienda, ni aventure mi persona, en cosa que apenas la habré hecho, cuando della esté arrepentido». Esto pienso que dijo Demóstenes, por lo que dice el filósofo, es a saber: «Quod omne animal post coitum tristatur».

Desta enamorada Layda se dice lo que nunca de mujer leí, ni aun en mujer tampoco vi, es a saber, que nunca mostró amor a hombre que la sirviese, ni nunca fue aborrecida de hombre que la conociese. Puédese desto colegir cuán bien fortunada fue esta enamorada Layda, pues nadie la aborrecía, y cuán mal acondicionada era, pues a nadie ella amaba. Si la enamorada Lamia fue sabia, no fue, por cierto, Layda necia, y si fue aquélla aguda, ésta fue reaguda, porque en el arte de amores excedio a todas las mujeres de su oficio, en saber amar y en saberse de los amores aprovechar. Como un mancebo corinto preguntase a Layda qué haría y qué diría a una mujer, por la cual él andaba muy penado, y aun cuasi desesperado, respondióle ella: «Dile a esa mujer que amas, que pues no te quiere remediar, que te dé licencia para por ella penar, y si diere la tal licencia, ten esperanza que alcanzarás su persona, porque somos de tal condición las mujeres, que cuando con el enamorado soltamos alguna palabra dulce, ya le hemos dado primero el corazón».

Como un día en su casa hablasen, y en su presencia alabasen a los filósofos de Atenas de muy sabios y muy honestos, dijo Layda: «Ni sé qué saben, ni sé qué entienden, ni sé qué aprenden, ni aun sé qué leen estos vuestro filósofos, pues yo, con ser mujer y sin hhaber estado en Atenas, los veo venir aquí, y de filósofos los torno mis enamorados, y ellos a ningunos de mis enamorados veo que tornan filósofos». Preguntó un caballero tebano a Layda que qué haría un hombre para alcanzar una mujer que mucho quisiese, y bien le pareciese, al cual respondió ella: «El hombre que quiere alcanzar una mujer, debe seguirla, servirla y sufrirla, y algún tiempo olvidarla» porque una mujer de bien, después que le han levantado el corazón, más siente los descuidos que con ella usan que agradece los servicios que le hacen». Preguntada por uno de Achaya que qué haría con una mujer de la cual tenía sospecha, respondióle Layda: «Dale a entender que es buena y quítale las ocasiones con que puede ser mala, porque si sabe que lo sabes y disimulas, primero la verás muerta que no emendada». Otro mancebo de Palestina le preguntó otra vez que qué haría con una mujer que servía, la cual ni le agradecía el amor que le tenía, ni le daba gracias por los servicios que le hacía. Responde Layda: «Si la dejases de servir, no sienta de ti que cesas de la amar, porque naturalmente las mujeres somos tiernas en el amar, muy duras en el aborrecer». Preguntada por otra vecina suya que qué enseñaría a una hija suya para que fuese buena, respondióle Layda: «El que quisiere que su hija sea buena, enséñela desde niña a que tenga temor de salir y vergüenza de hablar». Preguntada por una mujer que también era su vecina y amiga que qué haría a una hija suya que tenía, la cual se le encomenzaba a levantar y a enamorar, respondióle Layda: «El remedio para la moza alterada y liviana es no la dejar estar ociosa ni le consentir que ande bien vestida».

Murió esta enamorada Layda en la ciudad de Corinto, en edad de sesenta y dos años, cuya muerte fue de muchas matronas deseada y de muchos enamorados llorada.

La tercera mujer enamorada fue una que se llamó Flora, la cual no fue tan antigua como lo fueron Lamia y Layda, ni aun fueron de una nación y patria, porque ella fue de Italia, y las otras de Grecia; lo que Lamia y Layda excedieron a Flora en antigüedad, les excedio ella a ellas en sangre y generosidad, porque fue de sangre muy limpia, aunque no de vida muy casta. La naturaleza desta enamorada Flora fue de Nola, de Campania, y descendía de linaje de unos romanos llamados Fabios Metelos, que fueron de los primeros cónsules romanos, varones que fueron en el Imperio romano asaz esclarecidos en la guerra y muy señalados en la república. Cuando los padres de esta Flora murieron, quedó ella en edad de quince años, cargada de mucha riqueza y dotada de gran hermosura, y muy sola de parentela, porque ni le quedó hermano que la recogiese, ni aun tío que la riñese.

Fue, pues, el caso de la triste moza de Flora que, como la mocedad, libertad, riqueza y hermosura sean grandes alcahuetes para una mujer se descuidar, y aun resbalar y caerse, fue a la guerra de África, a do puso en almoneda su persona. Floresció esta Flora en los tiempos del primero Bello Púnico, es a saber, cuando el cónsul Mamillo fue enviado contra Cartago, el cual gastó más dineros en los amores que tuvo con Flora, que no con los enemigos de África. Esta enamorada Flora tenía escrito en su puerta: «rey, príncipe, dictador, cónsul, censor, pontífice y questor, pueden llamar y entrar. En el calendario de sus enamorados no puso Flora a emperadores, ni césares, porque estos dos tan ilustres nombres muchos tiempos después fueron por los romanos criados. Esta enamorada jamás consintió gozar, ni aun llegar a su persona, sino a hombre de sangre esclarecida, o que en dignidad fuese muy honrado, o de riquezas muy dotado, porque, según decía ella, la mujer hermosa en tanto será servida en cuanto se tuviere ella.

Layda y Flora fueron en las condiciones muy contrarias, porque Layda primero se hacía pagar que se dejase gozar, y la Flora, sin hacer mención de la paga, se dejaba tratar la persona, y como en este caso fuese preguntada, respondió: «Por eso me allego a varones ilustres, porque lo hagan ilustremente conmigo, que por la diosa Venus vos juro que jamás hombre me dio tan poco que no me diese más de lo que yo pensaba, y aun el doble de lo que yo le pidiera». Dicen que decía esta enamorada Flora: «La mujer que es cuerda y sagaz, no ha de pedir al que bien quiere precio por el placer que le hace, sino por el amor que le tiene, porque todas las cosas del mundo tienen precio, si no es el amor, el cual no se paga sino con otro amor».

Todos los embajadores del mundo que venían a Italia, tanto llevaban que contar de la hermosura y generosidad de Flora como de toda la república romana; que en la verdad era cosa monstruosa ver la riqueza de su casa, el acompañamiento de su persona, la hermosura de su cara, los príncipes que la seguían y los dones que le daban. Esta enamorada Flora siempre tuvo respeto a la buena sangre que heredó, y a la nobleza en que se crió, porque, si vivía como enamorada, siempre se trataba como señora. El día que ella cabalgaba por Roma, dejaba qué decir un mes en toda ella; es a saber, contando unos a otros los señores que la seguían, los criados que la acompañaban, las damas que la miraban, los vestidos que traía, la hermosura que llevaba, los extranjeros que la seguían y los galanes que la hablaban.

Como esta Flora fuese ya vieja y se quisiese casar con ella un mancebo de Corinto, hermoso y generoso, díxole ella: «No quieres tú casar con sesenta años que ha Flora, sino con docientos mil sestercios que tiene ella en su casa. Huelga, pues, amigo, y ha placer, que a las de tal edad como la mía más las honran por ser ricas que no por verlas casadas». Jamás hubo en el Imperio romano ninguna mujer enamorada en quien concurriesen tantas gracias como concurrieron en Flora, porque fue generosa en sangre, hermosa en rostro, elegante en el cuerpo, discreta en lo que le cumplía y no pródiga en lo que tenía. Expendio esta Flora lo más de su mocedad en África, en Germania y en la Gallia trasalpina, y como no se dejaba servir sino de personas ricas, ni se dejaba tratar sino de personas generosas, dábase muy buena mafia en disfrutar a los que estaban en paz, y aun en pelar a los que andaban en guerra.

Murió esta enamorada Flora en edad de setenta y cinco años, y dejó por su único heredero de todas sus joyas y riquezas al pueblo romano, y fue tanto el dinero que hallaron y las joyas que vendieron, que abastaron para edificar los muros de Roma, y aun para desempeñar a la república. Por haber sido esta Flora romana, y por haber dejado sus riquezas a la república, hiciéronle en Roma los romanos un solemnísimo templo, al cual, en memoria de Flora, llamaron Floriano, en el cual cada año celebraban la fiesta de la enamorada Flora, el mismo día que había muerto ella.

Suetonio Tranquilo dice que la primera fiesta que celebró el emperador Galba en Roma fue la fiesta de la enamorada Flora, en la cual fiesta podían hacer todos los romanos y romanas tales y tan feas cosas, que tenían entonces por más santa a la que aquel día era más deshonesta. Como aquel templo Floriano estaba dedicado a la enamorada o ramera que fue Flora, teníanse por dicho las damas romanas que todas las que iban allí aquel día en hábito de romeras, se habían de volver rameras.

Son autores de todo lo sobredicho Pisanio, el griego, y Mamilo, el latino, en los libros que escribieron de las ilustres mujeres y famosas enamoradas.

He aquí, pues, señor don Enrique, declarada vuestra tabla y cumplido vuestro deseo; mas porque conozco vuestra condición, que es de mozo, y aun vuestra inclinación, que es de hombre travieso, osaré deciros y escribiros que si fueran aquellas tres enamoradas en vuestro tiempo, o vos fuérades en el suyo, holgárades antes de verlas vivas, que no agora tenerlas pintadas. Días ha que yo sé en cómo soléis ir a jubileo de las cristianas y aun tener novenas con las moriscas, porque desde muy niño os avezastes a beber de todas aguas, y aun otras veces a escoger como en peras. Yo confieso que fuera a mí más honesto, y aun más honroso, escribir las vidas de tres santas que no las historias de tres rameras; mas quiéroos, señor don Enrique, tanto y déboos tanto, que, por condescender a vuestra condición, niego a mi profesión. Allá os torno a enviar las tablas de estas tres enamoradas, las cuales pienso que, si hasta aquí teníades en mucho, las tendréis de aquí adelante en mucho más, porque todos los que entraren en esta vuestra recámara tendrán que mirar en la pintura, y vos, señor, que les contar en la historia.

En merced de la señora doña Francisca me encomiendo, y a los señores, sus hijos y mis sobrinos, me manden recomendar, pues en sangre les soy deudo y en amor amigo.

No más, sino que Nuestro Señor sea en su guarda, y a mí dé gracia que le sirva.

De Granada, a XVI de mayo de MDXXII.

64. Letra para don Fadrique de Portugal, Arzobispo de Zaragoza y viso rey de Cataluña, en la cual el autor le envía una carta de Marco Aurelio, no de las cartas de amores, las cuales muestra pena por haberlas traducido

Muy ilustre señor y cesáreo cónsul:

En el infelice año que el triste de Jeremías se quedó en Jerusalén lamentando la gran captividad de su pueblo llevado en Babilonia, estaba y reinaba el ateruense Dracón, en su reino de Bitinia. Fue este rey Dracón varón sabio en lo que hacía, cuerdo en lo que decía, y esforzado en lo que entendía; aunque, junto con esto, era, por otra parte, muy desabrido en la condición y muy riguroso en la gobernación. Las leyes que dio este rey Dracón a los atenienses y bitinios, dado caso que ellas eran en sí asaz buenas y provechosas, las penas que ponían en ellas eran atroces y inhumanas. Mandaba Dracón en sus leyes que todo hombre que no fuese niño, o viejo, o enfermo, que, si por caso le probasen que era ocioso y se andaba por el reino vagamundo, que al tal hombre públicamente le apedreasen, o otra cruda muerte le diesen. Mandaba también Dracón en sus leyes que, si por caso algún vecino recibiese de otro vecino algún beneficio, que si después, andando el tiempo, le probase que del tal beneficio había sido a su bienhechor ingrato, que el tal muriese por ello. Como por el quebrantamiento de cualquiera ley no puso Dracón otra pena sino perder la vida, dijo Platón en los libros de su República que las leyes de Dracón no fuesen escritas como las otras, con tinta, sino con sangre humana.

Todo esto he dicho, reverendísimo señor, para que, consideradas las mercedes que yo he recibido de vuestra señoría, yendo y viniendo con César a Italia, si por algún descuido yo fuese en todo ello ingrato y desconocido, juntamente merecía ser con la ley de Dracón muy bien castigado. Al hombre que es de suelo generoso y de rostro vergonzoso, no hay para él igual injuria en el mundo como llamarle mal criado y desconocido, porque son palabras muy inhonestas y vergonzosas de oír, y muy lastimosas para sentir. Podráme vuestra señoría argüir que sé poco, puedo poco, tengo poco, valgo poco; mas nunca quiera Dios que me acuse de ser ingrato, porque si las mercedes que he recibido de mis señores y amigos no las puedo pagar, a lo menos no las dejo de conocer y, cuando puedo, reconocer. Fuera de llamarme mal cristiano, de ninguna cosa tanto me injurio como es llamarme desagradecido; porque, hablando la verdad, con el hombre ingrato no puede nadie andar sino sospechoso. Dejado esto aparte, acuérdome, señor, que ahí en Barcelona, estando en la cámara de César, me tomó vuestra señoría mi mano con su propia mano, y allí me hiciste jurar y prometer que no os negaría lo que pidiésedes ni me excusaría de lo que me rogásedes. Muchas veces después acá, yo mismo a mí mismo me corro y reprehendo de haber jurado sin saber lo que había de cumplir, y de haber prometido lo que no sabía que había de dar, por manera que aquel día estuvo vuestra señoría muy importuno, y yo muy grande necio. Lo que entonces me mandaste como a vuestro siervo y me pedistes como a vuestro amigo fue que si me había quedado alguna carta del buen Marco Aurelio, fuera de las que puse en su libro, tuviese por bien de quererla traducir y con ella os servir. Esto fue lo que entonces me pedistes, en la cámara; que lo demás que, callando, me pedistes a la oreja, no es menester repetirlo en esta carta, pues yo lo tomé todo de burla, y pienso que no me lo dijistes, señor, de veras.

Para deciros, señor, verdad, a mí me quedaron pocas cartas de Marco Aurelio, digo de las que son morales y de buenas doctrinas; que de las otras que escribió, siendo mozo, a sus enamoradas, aún tengo razonable cantidad dellas, las cuales son más sabrosas para leer que no provechosas para imitar. Muchas veces he sido importunado, rogado, persuadido y aun sobornado, para que publicase estas cartas, y a ley de bueno le juro que no ha faltado caballero que me daba una muy generosa mula porque le diese una carta de alguna enamorada, diciéndome que se la había pedido una dama y le iba la vida en complacerla. Mil veces me he arrepentido de haber romanzado aquellas cartas de amores, sino que el conde Nasao y el príncipe de Orange, y don

Pedro de Guevara, mi primo, me sacaron de seso, y me hicieron hacer lo que yo no quería ni debía. Siendo, como yo era, en sangre limpio; en profesión, teólogo, en hábito, religioso, y en condición, cortesano, bien excusado fuera a mí oficio de enamorado; es a saber, en pararme a escribir aquellas vanidades, o aquellas liviandades; por lo cual, yo, pecador, digo mi culpa, mi gravísima culpa, pues ofendí a mi gravedad y aun a mi honestidad. Muchos señores, y aun señoras, se paran a lisongearme y alabarme del alto estilo en que traduxe aquellas cartas y de las razones tan delicadas y enamoradas que puse en ellas, y mejor salud les dé Dios que yo tomé dello gloria, ni aun vanagloria, porque así me afrento cuando me hablan en aquella materia, como si me echasen una pulla. Si por traducir yo aquellas cartas amatorias, y haber puesto en ellas razones tan vivas y requebradas, algún enamorado, o alguna enamorada, han pecado, «cogitatione, delectatione, consensu, visu, verbo et opere»; otras y otras mil veces pido a Dios perdón de lo en que le ofendí, y del ejemplo que de mí di. Sin menos vergüenza y con mejor conciencia pudiera yo traducir los libros de consideración de san Bernardo, y las medicaciones de san Agustín, y los colloquios de san Anselmo, que no las epístolas de amores de Marco Aurelio, la obra de las cuales plega al rey del cielo que abaste haber sido para mi confusión, sin que sea para mi dannación.

Dejado esto a parte, yo, señor, he mirado y remirado mis libros viejos y mis memoriales antiguos, en los que topé con esa carta del buen Marco Aurelio, la cual luego traduxe de mi propia mano, y esto lo menos mal que pude y lo mejor que yo supe. Pues vuestra señoría me mandó traducirle esta carta, no emperece de verla y leerla, y aun notarla, y verá en ella que para ser gentil, y no cristiano, el buen Marco Aurelio qué fidelidad debía tener a sus amigos, cuando de tanta caridad usaba con sus enemigos. A ley de cristiano le prometo, y a fe de caballero le juro, que la carta va al pie de la letra traducida, y muy fielmente sacada. Y si digo esto, señor, es porque no es justo pierda su buen crédito el buen Marco Aurelio, si no me agradare mi bajo estilo. Ésta es la carta:

Letra del emperador Marco Aurelio para Popilión, capitán de los partos.

Marco Aurelio, único emperador romano, a ti, Popilión, capitán de los partos, salud y consolación en los dioses consoladores. No puedo negar la gloria de la gloria que alcancé en esta batalla, ni puedo absconder la pena de la pena que tengo de tu desdicha, porque los corazones humanos tanta compasión han de mostrar a los vencidos como placer con los vencedores. Tú eras caudillo de los partos, y yo lo era de los romanos; en ti había buen ánimo para resistir, y en mi faltaba esfuerzo para pelear; y, al fin, tú perdiste la batalla, y yo llevé la victoria, y eso no pienses que fue porque en ti faltó ánimo y en mí sobró el esfuerzo, sino porque las victorias y los triunfos danse las más veces no a los hombres que mejor pelean, sino a do los dioses más se inclinan. Acordarte debrías que Darío contra Alejandro, Pompeyo contra César, Aníbal contra Escipión, Marco Antonio contra Augusto, y Mitrídates contra Silla, sin comparación tenían mayores ejércitos que no los tenían sus enemigos; de lo cual se puede colegir que contra la ira de los dioses soberanos poco aprovechan los grandes ejércitos.

Dime, Popilión: hombre tan generoso en sangre y valeroso en persona, rico en hacienda y alto en estado como tú eres, ¿por qué has sentido tanto el perder esta batalla, pues sabes que en ninguna cosa es más incierta la fortuna que en las cosas de la guerra? Dícenme que andas por los montes, huyes de los hombres, te quejas de los dioses, te apartas de los amigos y te quejas de tus tristes hados. Tal extremidad y esquividad como ésta, no solo en ti no había de caber, mas ni aun en otros la consentir, porque al hombre generoso y valeroso nunca le hace menos de lo que es el faltarle la fortuna, sino el faltarle cordura, juntar grandes ejércitos, oficio es de príncipes; gastar bien los tesoros pertenece a magnánimos; herir en los enemigos es de capitanes esforzados; mas sufrir los infortunios pertenece a hombres heroicos; porque el mayor bien de los hombres es que ni en la prosperidad se ensoberbezcan, ni en la adversidad desesperen. Los que muestran gran sentimiento de verse abatidos, señal es que tenían certenidad de estar siempre prósperos, lo cual es vanidad pensarlo, cuando más esperarlo, porque las honras y bienes de fortuna no tienen cosa más cierta que ser inciertas. El día que te dimos y nos diste la batalla, tú ordenaste el campo como capitán cuerdo, elegiste el sitio como hombre sabio, y nos tomaste el Sol gomo varón experto; y pues esto es así, quéxate de la fortuna, pues no te acudio, y no de la cordura, pues no te faltó.

Cata, Popilión, que de hombres prudentes y cuerdos es que, si no pueden lo que quieren, quieran lo que pueden. El buen varón no ha de tomar tristeza porque no alcanzó lo que quería, sino porque quería lo que no debía. Mira bien por ti, Popilión, y la fama que ganaste en aventurar muchas veces tu persona, no la pierdas agora, por no querer hacer rostro a la fortuna; porque son tan delicadas las cosas de la fama, que no abasta a un bueno que haga lo que puede, sino que ha de hacer también lo que debe. Acá he sabido que andas amontado, con temor que, si fueses de los míos preso, serías de mí mal tratado; y si esto es ansí, yo me maravillo de te lo hacer nadie creer, y mucho más de tú lo pensar; porque los príncipes romanos, con los que se nos rinden mostrarnos nuestra largueza, y con los prisioneros, nuestra clemencia. Contra los príncipes superbos, y ejércitos aparejados, y hombres armados, y ciudades cercadas, tomamos armas los romanos, y no contra los caudillos vencidos y fugitivos como tú, porque el generoso capitán ha de pelear contra el que le resiste y disimular con el que le huye. El hombre cuerdo no debe querer más de su enemigo, sino conocer del que le ha miedo; que, habiéndole miedo cosa es cierta que estará dél seguro, porque los corazones flacos y temidos, ni osan esperar, ni menos acometer. Mayor venganza toma el hombre de su enemigo en hacerle que huya, que no en quitarle la vida, porque el cuchillo acaba a uno en un día, mas el temor atormenta el corazón cada hora. Grave cosa es morir a hierro; mas muy grave cosa es tener el corazón lastimado; porque el hierro no hiere sino las carnes; mas los enojos rasgan las entrañas. Si tú, Popilión, huyes de mi presencia, por pensar que no hay en mí piedad ninguna, esto, ni de mis palabras lo has colligido, ni en mis obras lo has visto, porque jamás negué clemencia a quien me la pidiese, ni afronté a quien de mis manos se fiase. El temor que agora tienes, antes le hablas de tener, no de mi persona, sino de lo que suele hacer fortuna, la cual nunca emplea sus crueles flechas sino en las personas que están de sí más seguras. La condición de la fortuna es descuidarse con los que están sobre aviso, por los asegurar, y andarse tras los descuidados, por los engañar; de manera que es tan esenta la fortuna, que, no dando ella a nadie cuenta, tiene con todos cuenta. Digo de verdad, amigo mío Popilión, que temo agora más a la fortuna, que la temía antes de la batalla, porque la fortuna no se precia de tomarse con los vencidos, sino de vencer a los vencedores.

338

Dejado, pues, aparte lo que toca a mí, y hablando en lo que toca a ti, dígote de verdad que seguramente puedes venir a mi presencia sin tener sospecha que peligrará tu persona; porque, hablando la verdad, ninguna otra se puede llamar verdadera victoria si no es aquella que trae consigo alguna clemencia. Hombre sanguinolento y riguroso no se puede, con verdad, llamar victorioso, porque Alejandro, y Julio, y Augusto, y Tito, y mi señor Trajano, más fama alcanzaron por las clemencias de que usaron con sus enemigos, que no por las victorias que alcanzaron en reinos extraños. Séte decir que el vencer es cosa humana, mas el perdonar es cosa divina, y de ahí viene que a los dioses inmortales no los engrandescemos por lo que suelen castigar, sino por lo que quieren perdonar. No niego que los príncipes romanos no tenemos por gran victoria el vencer una batalla; mas junto con esto, te hago saber que más nos preciamnos de perdonar a los que nos ofenden, que no de castigar a los que nos resisten. Si huyes de mi presencia por temor de los daños y muertes que hice en los romanos, eso que te hace desconfiar te había de poner mayor confianza para luego te a mí venir porque tanto es mayor la clemencia cuanto en el culpado fue mayor la culpa. Aquello solo se puede llamar perdón famoso, al cual precedio injuria atroz y famosa, porque las injurias que son comunes y ligeras, con más razón podemos decir que las disimulamos, que no que las perdonamos.

Lo que me convida a querer tu amistad es que en las treguas guardabas lo capitulado, y en los recuentros peleabas como capitán bellicoso; de lo cual tengo colligido y creído que, pues me fuiste cruel enemigo en la guerra, me serías también buen amigo en la paz. De perdonar Alejandro a Diomedes el tirano, y Marco Antonio al orador Tulio, y el buen Augusto a Herodes, yo sé que nunca se arrepintieron, ni de perdonar yo a ti, fui cierto que nunca me arrepentiré, porque el hombre virtuoso y generoso, aunque tenga ocasión de quejarse de la ingratitud del amigo, no tiene licencia de arrepentirse de la buena obra que le haya hecho. La largueza en el dar, la clemencia en el perdonar, cuanto es más indigno aquel con quien se usa, tanto es más de loar el que la hace. Solo aquello se puede decir con verdad ser dado, que el que lo da, lo da sin ningún respeto; porque el hombre que lo da con pensamiento que también a él le darán, no le llamaremos benéfico, sino hombre que da a logro.

Tú sabes muy bien que, en el tiempo que anduvo más encendida la guerra, nunca hecimos cosa que a civilidad nos fuese notada, y pues esto es así, no debes creer que, si fuimos piadosos cuando te guerreamos la tierra, que seremos rigurosos teniéndote en nuestra casa. Si conociste en nosotros clemencia, cuando derramabas nuestra sangre, ¿piensas que te faltará cuando comieres nuestro pan? Los prisioneros de tu ejército, ellos te dirán si fueron bien tratados, los heridos bien curados y los muertos sepultados; si esto hacíamos con los que nos querían matar, ¿qué piensas que haremos con los que nos vienen a servir? No te digo más, Popilión, sino que si vinieres, serás bien recibido, y si me sirvieres, serás bien galardonado. Los dioses sean en su guarda y nos aparten de la siniestra fortuna.

65. Letra para el almirante don Fadrique, en la cual el autor toca la manera que tenían los antiguos en las sepulturas, y de los epitafios que ponían en ellas. Es letra notable y graciosa

Muy ilustre almirante y curioso señor:

Con vuestra señoría, ni me aprovecha enojar, ni callar, ni blasonar, ni quejar, ni aun dejar le de responder, sino que todavía me ha de combatir con sus cartas y enviarme a que le absuelva sus dudas. Pues no ha quince días que os respondí a una carta, y no ha un mes que os envié absuelta una duda, estoy en mí determinado de no responderos a otra carta, ni declararos ninguna duda, hasta que los del Consejo de Zaratán lo vean, y los de Villarrubia lo determinen. Para cumplir con lo que me pedís, y para hacer lo que me mandáis, no puedo negaros, señor, que no he visto mucho, oído mucho, pasado mucho y aun leído mucho; mas, junto con esto, debéis, señor, de pensar que soy ya viejo, estoy cansado, ando muy ocupado y que mis ocupaciones son de necesidad, y vuestras dudas de voluntad. Ya yo, señor, os he dicho y escrito muchas veces que, como sois pequeño de cuerpo y tenéis ese ánimo tan generoso, os sería mucho descanso trocásedes vos y Alonso Espinel, es a saber, que él os prestase un poco de más cuerpo, para a do os cupiese ese corazón, y vos le prestásedes un poco de corazón para aquel tan grandazo cuerpo. Considerada la flojedad de Alonso de Espinel, y la sobrada viveza vuestra, no pienso que me engaño en llamar a vuestra señoría alma sin cuerpo, y llamar a él cuerpo sin alma. Una cosa me consuela, y es que, según vuestra señoría es ya viejo y yo también soy viejo y enfermo, serán pocas las veces que nos escribiremos, y menos las que nos veremos; porque, según decía el divino Platón, los mozos a las veces se mueren presto, mas los viejos no pueden vivir mucho. Poco o mucho, mucho o poco, plega al rey del cielo que lo que viviéremos, lo vivamos a su servicio, porque no hemos de hacer cuenta de lo que vivimos, sino de como lo vivimos. Dejadas aparte sus burlas y mis quejas, yo, señor, estoy determinado de aquí adelante de responder con toda brevedad a sus cartas, y declararle todas sus dudas, que, como dice Horacio, el poeta, de hombres sabios es mostrar buena voluntad en lo que se ha de hacer de necesidad.

Viniendo, pues, al caso, mandáisme, señor, que os escriba la manera que tenían los antiguos en hacer sus sepulturas y sepulcros, y la orden que tomaban en poner sus epitafios y letreros, porque, según parece, queréis entender en vuestra sepultura y ordenar el letrero que habéis de poner en ella. Desde agora digo y adivino que todos los que vieren la respuesta que diré a vuestra demanda, se han de maravillar, y aun por ventura se reír, porque me ha de ser forzoso relatar aquí historias muy peregrinas y costumbres nunca oídas.

Plinio, en el principio de su séptimo libro, contando las grandes miserias con que el hombre nace, y los inmensos trabajos con que vive, dice ansí: «Entre todos los animales que Natura crió, solo el hombre llora, solo es él ambicioso, solo él es soberbio, solo él es avaro, solo él es supersticioso, y solo él desea mucho vivir, y hace sepultura a do se enterrar». En verdad que Plinio dice la verdad; porque todos los otros animales, ni les ensalza la riqueza, ni les entristece pobreza, ni curan de ganar, ni trabajan por allegar, ni lloran cuando nacen, ni se entristecen cuando mueren, sino que solamente trabajan por vivir, sin tener cuidado de adonde se han de sepultar. Solo el loco del hombre es el que trae mármol de Génova, y alabastro de Venecia, pórfido de Candia, hueso de Gelofe y marfil de Guinea, no para más de para hacer una superba capilla y una rica sepultura, a do se sepulten sus huesos, y royan sus entrañas los gusanos. No desfeo yo ni reprehendo, sino que antes lo admiro y alabo, edificar buenas iglesias, levantar grandes capillas, dotar buenas memorias, pintar hermosos retablos y hacer ricos ornamentos; mas junto con esto digo que tengo por más seguro trabajar el hombre de hacer buena vida, que no rica sepultura. ¡Oh, cuantos pobres están enterrados en los cimenterios, cuyas almas están descansando en los cielos!, y ¡oh, cuántos están enterrados en los ricos sepulcros, cuyas ánimas están penando en los infiernos!

La noche que ardía Troya, como Eneas rogase a su padre, Anchises, que se saliese fuera, siquiera por que no caresciese de sepultura, respondió el viejo: «Facilis iactura sepulcri». Como si dijera: «No hay para el hombre menor pena que carecer de sepultura». Bien dijo el rey Anchises en lo que dijo, pues vemos a un hombre vivo quejarse de una mosca que le muerde, y de una pulga que le pica; mas a un hombre que sea muerto, jamás le vimos quejarse de no haber por él mucho tañido, o de no haberle puesto en sepulcro honrado. Si Homero y Pisistrato no nos engañan, los escitas fueron los que más pomposamente enterraban a los muertos, y los que en más reverencia tenían sus sepulcros. Xenofón el Tebano dice que, yendo los escitas huyendo del rey Darío, como Darío les enviase a decir que hasta adónde habían de huir, respondieron ellos: «No se nos da cosa a los escitas de perder las casas, ni los campos, ni los hijos, ni aun a nosotros mismos, a respeto de tocar en los sepulcros de nuestros pasados, a los cuales, cuando llegares tú, ¡oh rey Darío!, allí verás y conocerás en cuánto más tenemos a los huesos de los muertos que no a las vidas de los vivos». Los salaminos enterraban a sus muertos bueltas las espaldas contra los agarenos, que eran sus mortales enemigos; de manera, que la enemistad que se tenían, no solo duraba en la vida, mas aun mostraban en la sepultura. Los masagetas, en muriendo el hombre o la mujer, les sacaban toda la sangre de las venas, y, juntos aquel día todos sus parientes, bebían la sangre y después enterraban el cuerpo. Los hircanos lavaban los cuerpos de los muertos con vino, y untábanlos con aceite precioso, y después que los parientes habían llorado y enterrado los cuerpos de los muertos, guardaban aquel aceite para comer y aquella agua para beber. Los caspios, en acabando de espirar el defunto, le echaban en el fuego, y cogidas las cenizas de los huesos en un vaso, las bebían después poco a poco en el vino, de manera que las entrañas de los vivos eran los sepulcros de los muertos. Los escitas tenían en costumbre de no enterrar a ningún hombre muerto sin enterrar con él otro hombre vivo, y si por caso no había quien de su voluntad se quisiese con el muerto enterrar, compraban por dinero un esclavo y enterrábanle por fuerza con el muerto. Los batros, que era una gente muy bárbara, curaban al humo todos los cuerpos, como se curan agora las cecinas, y después entre año, en lugar de cecina, echaban un pedazo del cuerpo muerto en la olla. Los tiberinos curaban de industria unos perros muy ferocísimos, los cuales, en acabando el muerto de espirar, llegaban los perros a le comer y despedazar; de manera que las entrañas de los perros eran a do los tiberinos enterraban a sus difuntos. Y porque no parezca que hablamos de gracia, leed, señor, a san Jerónimo contra Joviniano, y a la Polintea, en el título de sepultura, a donde hallaréis todo lo que hemos dicho, y aun muchas más cosas que dejamos aquí de decir.

De la sepultura de Bello, y de la de Nino, y de la de Semíramis, y de la de Promoteo, y de la de Ogiges, y de las de otros reyes de Egipto, cuenta tantas y tan fabulosas cosas Diodoro Sículo, que será muy más sano consejo callarlas que escribirlas, por a él no deshonrar y a mí no cansar. Los escitas, a sus muertos, enterraban en el campo en uno ataúdes de palo de cita, que es madera incorruptible. Los hebreos enterraban a sus muertos en sus heredades o viñas, y encima dellos echaban una grande losa muy labrada, y de piedra muy escogida. Comúnmente se enterraron los antiguos dentro de sus casas, o en medio de sus posesiones, y así parece agora en Italia, que a doquiera que hay algún muy alto túmulo de tierra y piedra, es señal que allí había una honrada sepultura. Cuatro sepulturas había en Roma riquísimas y superbísimas; es a saber, la del grande Augusto, que es agora la Aguja; la de Adriano, que es agora el castillo, de Santángelo; la del muy buen Marco Aurelio, que estaba en el Campo Marcio, y la del valeroso Severo, que estaba en el Vaticano. Muchos príncipes griegos, latinos, romanos, persas, medos, argivos, hebreos y germanos hicieron y edificaron muchos y muy superbí-simos templos; mas de ninguno leemos que jamás se mandase sepultar en ellos, sino que ellos se enterraban en los campos, y sus templos dedicaban a los dioses. Más de trecientos años había que estaba fundada la fe cristiana, y nunca se había enterrado ninguno dentro de alguna iglesia, y de aquí es que en ningunas leyendas de los antiguos mártires se dice, sino que le enterraren al tal mártir en el cimenterio de Pretexato, o de Calisto, o en la casa o here-dad de algún fiel cristiano. Mucho tiempo después del gran Constantino, se introduxo esta costumbre en la Iglesia Católica de ganar sepulturas dentro della, y es de creer que más fue por la devoción de los fieles que no por algún interese de los eclesiásticos.

Decís también, señor, en vuestra carta, que me tenéis por hombre cuidadoso y curioso, por cuya causa tenéis en pensamiento que de las veces que con César he pasado en Italia, y de lo mucho que he andado por España, terné algunos epitafios de sepulturas colligidos, dignos de ver y notables para sacar. No puedo negar que, a manera de borracho que huele a do hay buena taberna, así a mí se me van los ojos a do hay una sepultura antigua, para ver si hallare allí alguna letra que leer, y algún letrero que sacar. Como he andado muchas y diversas tierras y provincias, he visto muchas y muy antiguas sepulturas, en las cuales he hallado algunos letreros grandes y graves, otros agudos, otros devotos, otros maliciosos, otros graciosos y aun otros necios, por manera que algunos dellos son para notar, otros para mofar y otros para reír. Si yo pensara que había de ser alguno tan curioso en pedírmelos como yo había sido cuidadoso en buscarlos, hubiéralos tenido en más estima, y aun puesto en ellos mejor guarda, porque dellos he prestado, dellos he dado, dellos he perdido, dellos me han hurtado y dellos he hallado. Será, pues, el caso que yo enviaré a vuestra señoría de todas las maneras de epitafios; es a saber, de los que son graves, de los que son maliciosos, de los que son necios y de los que son graciosos, porque en los buenos tengáis, señor, que notar, y con los otros tengáis que reír.

A un hospital de los incurables que está en Nápoles fui con César una fiesta allí a misa, y vi en la capilla mayor una sepultura de un caballero mancebo, en la cual su madre vieja le había puesto este muy lastimoso epitafio:

Que mihi debebas supreme munera vite:
infelix solvo nunc tibi nate prior.
Fortuna inconstans lex et variabilis eui
debueras cineri iam superese meo.

En el mismo reino y en la mesma ciudad de Nápoles fue César otra fiesta a misa a un monasterio muy superbo, que hay allí de monjas de santa Clara, en el cual vi una sepultura de una dama desposada, la cual vino a morir la semana que se había de casar, y los padres pusiéronle este muy lastimoso letrero:

Nate, heu miserum misero mihi nata parenti

unicus ut fieres, unica nata dolor.
Nam tibi dum virum tedas talamumque parabam
funera et inferias anxius ecce paro.

En la ciudad de Capua, queriendo yo decir misa en una iglesia, vi una sepultura vieja y muy vieja, y aun casi deshecha, en la cual estaban estas letras esculpidas; las cuales, aunque son breves, son muy compendiosas:

Fui non sum,
estis non eritis.

En la ciudad de Gayeta, que es una de las más fuertes marítimas que hay en Italia, estando allí con César, topé una sepultura, no muy vieja, en la cual estaban estas palabras escritas:

Silvius paladius
ut moriens viveret:
vixit ut moriturus.

Yendo a ganar las estaciones en san Pablo, de Roma, andando mirando muy por menudo toda la iglesia, topé con una sepultura en el suelo, muy vieja, en la piedra de la cual estaban estas palabras esculpidas:

Hospes, qui sim vides;
quid fuerim nosti;
futurus ipse quid sis, cogita.

En el monasterio de la Minerva, que es de la Orden de los Predicadores, oyendo allí llos oficios divinos la semana santa, vi en una sepultura escritas estas palabras:

O mors, o mors, o mors.
Erunnarum portus
et meta salutis.

Estando César en la guerra de África, murió el visorey de Sicilia, que se llamaba el conde de Mandilón, señor que era de Calabres, y como degolló por justicia al conde Caramátor y a otros muchos con él, queríanle muy mal los cecilianos por ello. Fue, pues, el caso que como se depositase en san Francisco de Mecina, pusieron de noche este rétulo en su sepultura, según me dijo allí el guardián de la casa:

Qui propter nos homines
Et propter nostram salutem
descendit ad inferos.

En el año de mil y quinientos y veinte y tres, viniendo de Francia por Navarra, fuime a oír misa una mañana a una iglesia pequeña que estaba en un lugar que se llama Viana, no lejos de Logroño, y vi un epitafio sobre la sepultura del duque Valentín, el cual no escribí, sino que le medio tomé en la cabeza, y pienso que decía así:

Aquí yace en poca tierra
el que toda le temía,
el que la paz y la guerra
por todo el mundo hacía.
O tú, que vas a buscar
dignas cosas de loar;
si tú loas lo más digno,
no cures de más buscar.

En la guerra de Lombardía murió un antiguo soldado, el cual era bien esforzado, y medianamente rico, y enterráronle sus amigos en un lugar pequeño, que está entre Placencia y Voguera; en la sepultura del cual vi escritas estas palabras:

Aquí yace Campuzano,
cuya ánima llevó el demonio

346

y la ropa el señor Antonio.

En Alejandro de la Palla hallé otro soldado enterrado en una iglesia que está en la fortaleza, en cuya sepultura, es a saber, en la pared della, vi escritas de carbón estas palabras:

> Aquí yace Horozco el Sargento,
> el cual vivió jugando
> y murió bebiendo.

En la ciudad de Aste, cuando César iba a la guerra de Francia, estuvimos algunos días, y como enterrasen a un soldado en el monasterio de san Francisco, y según pareció después, siendo él muy pobre, hizo testamento como rico, vi un letrero que le puso en él otro soldado, que decía así:

> Aquí yace Billandrando,
> el cual jugó lo que tenía
> y mandó lo que no tenía.

En la ciudad de Niza enterramos a un soldado honrado, que había sido capitán, y esto fue a la mañana; y cuando a la tarde volvimos a hacerle decir las vigilias, vi de carbón, escritas en su sepultura, estas palabras:

> Aquí yace el soldado Billoria,
> el cual mandó el cuerpo a la Iglesia
> y el corazón a la amiga.

Sea a do fuere, que en un lugar de España topé con una sepultura de una señora, la cual, por ventura, era parienta mía, en la cual estaban estas palabras escritas:

> Aquí yace la señora doña Marina,
> que murió treinta días antes que fuese condesa.

En el año de dieciocho, siendo yo guardián de la ciudad de Soria, yendo yo a predicar al campo de Gómara, hallé en una aldea pequeña una sepultura muy vieja, en la piedra de la cual estaban estas palabras escritas:

«Aquí yace Juan Husillo Calbo,
el cual enseñaba a nadar a los mozos
y a bailar a las mozas».

En tierra de Campos, en un valle que se llama Añoza, me hallé ha muchos años pidiendo limosna como pobre fraile, porque a la sazón moraba con unos religiosos del monasterio de la Misericordia de Paredes, y allí, en una iglesia pequeña, hallé estas palabras en una sepultura:

«Aquí yace Pedro Calbo, zapatero,
maestro de obra prima
y gran pescador de vara».

Este año pasado, andando yo a visitar mi obispado de Mondoñedo, hallé en el arcedianazgo de Trasancones, en una iglesia pequeña de una aldea cabe la mar, una sepultura muy antigua, que decía ser de un hidalgo natural de allí, en la cual estaban escritas estas palabras:

«Aquí yace Vasco Bello,
home boo y fidalgo,
que, trazendo espada,
a ningem mató co ela».

Yendo por custodio de mi provincia de la Concepción a un capítulo generalísimo, juntamente con unos religiosos portugueses de mi Orden, que ivan también allá, entre los cuales iba un guardián de Sanctarem, hombre cuerdo y varón docto, y como él sintió de mí que era amigo de cosas antiguas, díxome que en su monasterio de Sanctarem estaban escritas estas palabras, en una sepultura de un portugués muyto fidalgo, que decían así:

«Aquí yaze Basco Figueyra
muyto contra su voluntade».

Tan alta sentencia, tan delicadas palabras y tan cierta verdad como ésta, así Dios a mí me salve, señor almirante, que no podía proceder, ni se había de inventar, sino por hombre alto de juicio y de muy delicado ingenio. Ellas se dijeron en Portugal y en monasterio de Portugal, y para hombre portugués, y las dijo portugués; de lo cual para mí tengo colligido que los nobles de Portugal es gente cuerda en lo que hacen y agudos en lo que dicen. A mi juicio, a mi apetito y a mi gusto, hasta hoy tengo por oír, y aun por leer, cosa tan graciosa como es la letra de aquella sepultura; porque no se puede decir otra mayor verdad que es decir que Basco Figueira, y otra cualquiera persona, están contra su voluntad en la sepultura. ¿Qué sepultura hay en el mundo tan rica en la cual esté alguno de buena gana? ¿Cuál hombre es tan insensato que no quiera más vivir en una estrecha choza que no en una sepultura ancha? No solo Basco Figueira yace en la sepultura contra su voluntad, mas aun los Macabeos en sus pirámides, Semíramis en su polimita, el gran Ciro en su obelisco, el buen Augusto en su columna, el nombrado Adriano en su Mole Magna, y el superbo Alarico en su Rubico, a los cuales, si pudiésemos hablar, y ellos nos responder, jurarían y afirmarían que sin ellos lo querer fueron muertos, y contra su voluntad están enterrados. Desde agora os adivino, señor almirante, que si Basco Figueira yaze contra su voluntad morto en la sepultura, que de mala gana os dejar éis vos enterrar en la vuestra, aunque a la verdad la capilla es rica y la sepultura superba.

He querido, señor, alargarme tanto en esta carta para que tengáis de qué os maravillar, y aun con qué os reír, con protestación que hago que si de aquí a medio año me tornáis a escribir, no os tengo de rescribir, porque tengo entre manos ciertas obras mías para luego las imprimir, y después las publicar.

No más, sino que Nuestro Señor sea en su guarda.

De Valladolid, a XXX de marzo de MDXXXIIII.

66. Letra para el regidor Tamayo, en la cual se toca que el hombre honrado no debe tener su casa infamada

Descuidado señor y señor regidor:

Cuando Roma estaba en su gran prosperidad, ningún romano podía entrar ni sacrificar en el templo de la diosa Minerva, sino solas las matronas de Roma, y estaba tan guardado y tan honesto, que las imágenes de los hombres cubrían cuando las mujeres allí sacrificaban. Fue pues, el triste caso que el malvado de Clodio corrompió allí a la matrona Obelina estando a solas orando, y como fuese acusado de este gran sacrilegio y incesto, diose tan buena maña en el negocio, que corrompió a los jueces con dineros, y así fue suelto del adulterio. No contento Clodio con dar a los jueces dineros, prometióles de les hacer haber las más hermosas mujeres de Roma para sus deleites, y así como lo prometió, así lo cumplió; de manera que el traidor de Clodio, no solo pecó, mas aun fue alcahuete para que otros pecasen. Más pena le dieron y más los romanos se escandalizaron del infame Clodio, por hacer a otros pecar que no por ser él pecador, porque lo uno es humanidad y lo otro maldad.

El fin porque os escribo, señor, esto, es para avisaros y amonestaros, y aun reprehenderos de que en esa vuestra casa no solo vuestros hijos son inhonestos, mas aun son encubridores de otros viciosos como ellos, lo cual es para ellos gran culpa y para vos grande infamia. Si lo sabéis y disimuláis, es gran yerro, y si, por caso, no lo sabéis, es muy gran descuido, porque el hombre que presume de ser hombre como vos más cuenta ha de tener con la honra de su casa que con el dinero de la bolsa. El gran sacerdote Heli no fue castigado por los pecados que él cometió, sino por los que a sus hijos disimuló; y a la verdad, ello fue justamente hecho, porque el padre que quiere que sea bueno su hijo, hale de criar bien siendo niño, y castigar mucho cuando mozo. Ya que sean vuestros hijos disolutos y inverecundos, abasta que lo sean para sí mismos, y entre sí mismos, sin que procuren mujeres para otros; porque de otra manera, si fuesen discípulos de Clodio en la culpa, habían de ser sus compañeros en la pena. Mirad, señor, por vuestra honra; velad sobre vuestra grey, corregid vuestra familia y desinfamad a vuestra casa, porque así Dios a mí me salve que me han dicho y certificado que no es el hospital de Burgos tan frecuentado de romeros como lo es vuestra casa de rameros. Por mi amor, no pase la cosa más adelante, ni se dé más que decir a los extraños, ni qué murmurar a los vecinos, porque dende ahora os aviso que os tengo de ver emendado si me habéis de tener por amigo.

Dejado esto aparte, escribísme que estáis ya viejo, y andáis muy cansado, porque os parece que ha mil años que habéis nacido, según lo que habéis visto y oído. Si vos me queréis a mí creer, no habéis de contar la vida por los años que habéis vivido, sino por los trabajos que habéis pasado, porque a la sensualidad paréscele poco vivir cient años, y al triste corazón paréscele mucho vivir cient momentos. A lo que decís que estáis muy viejo, a esto vos respondo que no abasta que lo parezcáis, sino que lo seáis, porque solo aquél se puede llamar viejo que pone fin a los males vicios. Poco aprovecha tener la cabeza llena de canas, y la cara llena de arrugas, si por otra parte es el tal en los vicios mozo, y en el seso mochacho; y de aquí viene que a los viejos viciosos y disolutos la vida los cansa y la muerte los espanta. Los viejos malos y de mal vivir no andan tristes y desconsolados por otra coia, sino porque ven que para gozar de sus vicios les quedan ya pocos años; porque si siempre y para siempre los dejase Dios vivir, nunca por nunca cesarían ellos de pecar.

Escrebísme también, señor, que tenéis el estómago tan flaco que no podéis comer bocado, ni tomáis sabor en ello. A esto vos respondo yo que plega a Dios de dar a vos salud y a mí librar de enfermedad, aunque para deciros verdad, tengo conmigo alguna sospecha que vuestra hambre es más de tener que no de comer. Habrá un año que me dijistes en Medina del Campo que teníades mil hanegas de trigo para si no llovía el mayo, y las queríades llegar a dos mil, si llovía por aquel tiempo; de lo cual tengo colligido para mí que es muy mayor el apetito de vuestro filo, que no es el hastío de vuestro estómago.

Yo, señor, os pido perdón si os he enojado con esto que os he escrito; que, como sois amigo mío y os quiero mucho, he tenido intento de avisaros, y no de lisonjearos.

No más, sino que en merced de la señora su mujer y hijas me encomiendo. De Arévalo, a XI de noviembre de MDXXII.

67. Letra para el alcayde Hinestrosa Sarmiento, en la cual se toca que de no castigar los padres a sus hijos salen después traviesos

Pariente señor y alcayde animoso:

Para mí, bien tengo creído, que no me engaña mi memoria, de que habrá más de los veinte y cinco años que, pasando unos libros antiguos, vi, leí y noté en las leyes de Solón Solonino estas notables palabras: «Ploratus et lamentaciones in alieno funere Solon legislator prohíbuit. Nec subsidia nec alimenta filius patri deberet, a quo non arte eset aliqua ad usum vite institutus». Como si, más claro, dijera el filósofo Solón: «Mando por especial decreto que ningún hombre ni mujer llore enterramiento ajeno, sino que en tal caso y mortuorio llore cada uno su daño propio, sin que le ayude a llorar su vecino o amigo. Ítem quiero y mando que si algún padre no oviere enseñado a su hijo algún oficio mechánico, en que gane de comer siendo mozo, que en tal caso no sea obligado el hijo a sustentar a su padre cuando fuere viejo». En el tiempo que Tarquino el superbo imperaba en Roma reinaba también en Egipto el rey Amasio, el cual mandó por edicto público que ninguno en todo su imperio se anduviese ocioso, ni osase de vivir de sudor ajeno, so pena que al hombre que no quisiese trabajar, ni oficio aprender, le azotasen públicamente en la plaza, y le desterrasen después de su república. Para saber este buen rey Amasio quiénes eran los que trabajaban y quiénes los que holgaban, mandó en todo su reino que todos los días primeros del año viniesen sus vasallos delante sus justicias ordinarias y allí diese cada uno cuenta a do vivía y de qué vivía, so pena que el que no mostrase después la cédula de haberse aquel año registrado, perdiese la vida o dejase la tierra.

Viniendo, pues, al propósito, he querido contaros, señor, todos estos ejemplos para que sepáis allá de cómo sabemos acá la perdición de vuestro hijo, y el desatino que agora ha hecho, de lo cual a mí me ha pesado mucho, así por vuestro enojo como por vuestro daño. Para deciros, señor, la verdad, a todos los que he oído hablar en esta cosa os echan a vos la culpa, no porque no os pesa de ser él travieso, sino porque otras travesuras le habéis disimulado, de las cuales si él fuera corregido, por ventura no hiciera este escándalo. No queriendo vos, señor, enviar a vuestro hijo a Palacio, ni ponerle al estudio, ni enseñarle algún oficio, sino dejar le andar paseándose por las plazas, vanqueteando por las huertas, jugando por las casas y requebrándose con las mozas, de tales romerías, o ramerías, ¿qué podía sacar sino semejantes veneras? En este infame caso tanto me pesa de la circunstancia como de la culpa, es a saber, de la ofensa de Dios, del escándalo del pueblo, de la perdición de la moza, del peligro del mozo, del enojo vuestro y, sobre todo, en acertar a sacar a la hija de Juan Carrillo, vecino que era vuestro y grande amigo mío.

Irse una moza de quince años con un mochacho de dieciocho, ¿a do pensáis que pueden ir: a tener novenas, o a ganar las estaciones, si no es a la feria de Medina o al Azoguejo de Segovia?

Muchos días ha que vino a mi noticia ser ese vuestro hijo atrevido, y desvergonzado, y mal criado, de lo cual antes os podemos nosotros acusar, que no vos excusar, porque ningún hombre se puede con verdad llamar cuerdo a la hora que consiente a su hijo que sea vicioso. No podemos negar que no dañen mucho a los mozos las inclinaciones malas; mas para mí por muy peor tengo no se allegar a compañías buenas, porque al fin, al fin, la mala inclinación puédese resistir, mas la mala costumbre tarde o nunca se puede dejar. El padre que quiere criar bien a su hijo débele ir cada hora a la mano, y no lo dejar salir con su apetito o siniestro, porque la juventud de los mozos es muy tierna para resistir los vicios, y muy incapaz para recibir consejos. En muchas cosas son de peor condición los hombres racionales que no los brutos animales, es a saber, en que un animal, por do una vez tropezó o se entrampó, rehúsa de más por allí pasar, y el insensato del hombre, no una, sino muchas y muchas veces, torna en una misma cosa a caer. Muchas cosas feas hacen los hombres en esta presente vida, el castigo de las cuales guarda Dios para la otra, excepto la culpa de criar mal un padre a su hijo, de lo cual el propio hijo es de su padre verdugo, porque cuantos vicios le disimuló en la mocedad, tantos enojos le da después en la vejez.

Osaría yo afirmar, y aun jurar, que ningún hombre de bien tiene tan crueles enemigos como el triste padre que soporta en su casa hijos viciosos, porque los daños de los enemigos son en la hacienda, mas las travesuras de los hijos tocan en la honra. No inconsideradamente dije, y torno a decir, que es muy peor el mal hijo que no el cruel enemigo, porque muchas veces acontece que a un hombre de bien no le puede en diez años matar su enemigo, y después le mata su propio hijo con algún enojo. Los enojos que pasa el hombre con los extraños tómalos como extraños, y los que pasa fuera, caen de fuera; mas los que pasa en su casa, y de dentro de sus puertas, éstos son los que le allegan a las entrañas. El padre que usa con el hijo vicioso de piedad, consigo mismo usa de crueldad, porque el día que quita a su hijo la disciplina, aquel día hace justicia de su persona, y pone en la horca su fama. Había entre los romanos una ley que se llamaba Falcídica, la cual disponía y mandaba que por el primero delito cometido fuese el hijo avisado; por el segundo, fuese castigado, y por el tercero, que fuese el hijo ahorcado, y el padre, desterrado. Si la ley Falcídica hasta agora durara, y en estos tiempos se guardara, yo vos juro y prometo que no cometiesen los mozos tantos vicios, ni hobiese en sus padres tantos descuidos; mas como los padres no los castigan, y las madres los encubren, vienen después a cometer tan atroces delitos que se pueden llorar, mas no remediar.

No más, sino que Nuestro Señor sea en vuestra guarda, y a mí dé gracia que le sirva.

De Burgos, año de MDXXXIIII.

68. Letra para el canónigo Íñigo Osorio, en la cual se toca cuán poco es lo que sabemos de lo que nos está bien ni mal en esta vida

Reverendo canónigo y cuartanario señor:

Cornelio Rufo, que fue en los tiempos de Quinto Cincinato, habiéndose una noche acostado sano y bueno, soñó que perdía la vista de los ojos y que le adestraban como a ciego, y así le sucedio como lo soñó, porque otro día amaneció sin ninguna vista, sin que jamás viese cielo ni tierra. Phaleto el Tebano, como estuviese enfermo de una grave enfermedad de pulmón, acordó de entrar en una batalla, en la cual, como le diesen una muy feroz lanzada, quiso su buena dicha y fortuna que escapó de la herida y sanó de la enfermedad. Mamillo Búbulo, rey que fue de los etruscos, como le diesen en una batalla con una saeta por la garganta y se le quedase dentro de la garganta el cazquillo de la saeta, fue tan bien fortunado y tan dichoso, que, como un día andando a caza, diese del caballo una tan grandísima caída, echó por la boca el cazquillo de la saeta y quedó muy sano para toda su vida. Puédese de lo sobredicho colegir cuán poco saben todos los mortales qué es lo que han de elegir ni qué es lo que han de desechar; pues vemos que Cornelio Rufo, estándose durmiendo en su cama, perdió la vista, y Phalero el Tebano, con una lanzada sanó del mal que tenía, y el rey Mamillo, por ocasión de una caída, echó por la boca una saeta. Todas las cosas de esta vida no tienen en sí más mal, ni más bien, de como suceden: es a saber, que si tienen prósperas salidas, las tenemos por buenas, y si hay en ellas algunas desgracias, las tenemos por malas; de manera que ninguna cosa hemos de esperar, y por ninguna desesperar, hasta ver qué es nuestra ventura, y qué es lo que hace fortuna.

He traído todo este rodeo para daros el parabién de vuestra, salud, y del buen suceso en ese vuestro mal es a saber, que habiendo estado tres continuos años cuartanario, os sucedio un tan grande enojo y tristeza, que fue bastante de echar de vuestra casa la cuartana. Por ocasión de, vuestro ejemplo, torno otra vez, y otra vez, a decir y me afirmar en que no sabemos lo que pedimos, ni atinamos a lo que nos está bien ni mal, porque muchas veces buscamos aquello de que habíamos de huir, y huimos de aquello que habíamos de buscar. Entre los altos, documentos del divino Platón, uno de ellos fue que con los dioses no nos pusiésemos a decir «dadnos esto», o «dadnos estotro», sino que les rogásemos y importunásemos que nos diesen aquello con que ellos fuesen más contentos y nosotros quedásemos mejor librados. Habiéndose los hebreos gobernado por jueces muchos tiempos, pidieron a Dios que les diese rey que los mandase y gobernase; lo cual, como Dios hiciese más por importunidad que no por su voluntad, dioles un rey tan astroso, que más valiera nunca le haber pedido.

Sea, señor, lo que fuere, o suceda lo que sucediere, que yo os torno a dar el parabién de la cuartana que se despidio, y del enojo que la alanzó, aunque es verdad que jamás lo oí a persona, ni lo leí en escritura que su merced de la señora tristeza haya sido causa de alguna buena obra. Pues yo os doy mi fe, señor canónigo, que si todos los enfermos sanasen como vos sanastes, es a saber, con tristeza y enojos, que valiese más barata la tristeza que no vale la caña fístola. Si por gemidos, lágrimas, suspiros y sollozos diesen en las ferias dineros, muchos hombres y mujeres habría ricos y bien aventurados; porque es a todos tan común la pena y tristeza, que no hay rincón, ni aun cantón, a do no se halle. De mí os sé decir, señor, que si los suspiros que he dado y las desgracias que me han acontecido valiesen a otros por medicina o para quitar la cuartana, yo me obligaría de poner una tan gran botica que bastase para toda España y aun Francia. A muchos he visto en este mundo faltar a unos los ojos, a otros los pies, a otros las orejas, a otros las manos, a otros las casas, a otros la hacienda y aun a otros la capa; mas a ninguno vi con tanta pobreza que le faltase pena y tristeza, porque no hay casa en el mundo tan rica do no falten los dineros y sobren los enojos. El espíritu triste seca y deseca los huesos, dice Salomón; lo cual no fue así en vos, pues la pena y tristeza, no solo os desecaron los huesos, mas aun os sacaron del cuerpo los humores malos. Si de aquí adelante os fuéremos a visitar por enfermo, no os podremos hacer mayor servicio que daros muy grande enojo. Yo, señor, Canónigo, maldigo a vuestra complisión y aun reniego de vuestra condición, pues para haberos de sanar os hubieron de enojar, porque los hombres que presumen de racionales, y que no son bestiales, suelen redimir los enojos a dineros, y comprar los placeres y descansos. Si me queréis creer, y a mi consejo allegar, alegraos de haberse os quitado la cuartana, y no digáis que se os quitó con un enojo o tristeza, porque a ley de amigo vos juro os infamen luego todos de que sois colérico, adusto o mal acondicionado. «De hoc: hactenus suficit».

De esta Corte hay mucho que escribir, y poco que decir, porque el murmurar hácese a solas, mas las cartas pasan por muchas manos, y como, no las saben entender, ósalas cada uno glosar.

No más, sino que Nuestro Señor sea en su guarda, y a mí dé gracia que le sirva.

69. Letra para el capitán Cerezeda, en la cual se ponen las señales del hombre que se quiere morir

Noble capitán y lastimado señor:

No sé si estos vuestros criados han sido correos, o vienen de vos amenazados, o quedan allá enamorados, porque vienen cada vez tan apriesa, y danme tanta importunidad por la respuesta, que no me dan lugar a buscar lo que pedís, ni aun responder a lo que me escribís. Es el donaire que para darles luego la respuesta me dan vuestra carta mojada, rota y borrada, de manera que para haberla de entender la hube primero de construir. Y pues vuestra carta viene tan maltratada, y yo lo estoy peor de la cuartana, pidos, señor, de especial gracia, me tengáis en servicio, no lo que os respondiere, sino que os respondo. Ha diez meses que estoy cuartanario, y ando con ella tan desabrido y desganado, que ni estoy para matar moro, ni que moro mate a mí, porque, hablando la verdad, bien le llama ella cuartana, pues a todos los que con ella mora y trata, cuartea. Aunque quiera, no puedo responder a vuestra carta, sino muy breve y aun brevísimo, así por no responder de mi mano, como por no escribir sobre pensado, lo cual yo no suelo hacer ni aun a mis amigos aconsejar, porque jamás escribí carta de importancia de que no hiciese primero la minuta.

Escrevísme, señor, que os escriba si he oído, o leído en algún libro de filosofía, o en el arte de medicina, qué sean las señales más evidentes para atinar en un enfermo peligroso si ha de vivir, o si ha de morir, porque tenéis una hija muy mala, y querríades saber qué será en esta enfermedad della. Para deciros, señor, la verdad, esta cuestión y demanda más era para el doctor de la reina y para el doctor Cartajena, que no para don Antonio de Guevara, porque yo oí Teología, y no medicina, y aprendí a predicar y no a medicinar. Lo que en este caso osaré deciros, como cristiano, y juraros como caballero, es que, si Dios Nuestro Señor quisiere, vuestra hija vivirá, y si no es su voluntad que viva, ella morirá, porque no solo es Él el que nos da la vida, mas aun es nuestra vida.

Conforme a mi Teología, mas que no Avicena, debríades, señor, hacerla confesar, comulgar y con el olio santo ungir, y aun algunas oraciones devotas por ella rezar; lo cual hecho y cumplido, decidle a Dios que de ella y de vos haga lo que fuere más servido, que con aquello seréis vos más contento. Pues sois cristiano, creed a mí que soy pecador, y no dudéis y es que solo Nuestro Señor, y no otro alguno, puede darnos la muerte y quitarnos la vida, porque todos los otros hombres desta vida puédennos curar, mas no sanar, y puédennos amenazar, mas no matar. A muchos he visto en esta vida después de oleados vivir, y a otros muchos después de convalescidos morir, lo cual no depende de errar o acertar el médico, sino de tenerlo la Providencia divina así ordenado. Desahuciado estaba de los médicos el rey Ezechías, y muerto estaba el hijo de la mesonera de Samaria, y por quererlo Dios mandar, el mochacho resuscitó, y Ezechías sané.

Dejado esto aparte, que es hablar como cristiano, y respondiendo a vuestra demanda como filósofo, digo, señor, que algunos escritores antiguos, así médicos como filósofos, pusieron en sus escritos y por ellos algunas notables señales en el enfermo, mediante las cuales se puede congeturar más que no conocer, si puede el tal escapar, o si ha de morir. Estas señales que aquí agora yo porné, teneos, señor, por dicho que no pecaréis mucho, aunque las creáis, ni será caso de inquisición, aunque las dejéis de creer, porque vemos en muchos que muchas veces aciertan y también en otros que algunas veces faltan. Plinio, libro séptimo, capítulo cincuenta y uno, dice que cuando algún hombre está muy malo de algún mal que sea furioso y frenético, si por caso vieren al tal enfermo alegrarse algo y dar grandes risadas de súbito, es gran señal que morirá presto. También se escribe del hombre que está malo de algún humor melancónico, es a saber, que huelga estar a solas en lo oscuro, triste y callando, que si el tal enfermo se pone a mirar a otro de hito en hito, es muy evidente señal que morirá presto. También se escribe del hombre que está malo de tener asma en el pecho, y le sobrevienen hipos en el estómago, y se echa boca abajo, es gran señal que el tal no vivirá mucho. También se escribe del hombre que está malo de fiebres agudas y coléricas que si al tal le vieren andar el pulso agudo y interpolado, es a saber, que anda un poco y se para otro poco, es señal que morirá presto. También se escribe del hombre que está malo de alguna profunda modorra que si al tal mísero enfermo vieren cuando está en la cama asir de la sábana, doblar la ropa, arañar la colcha, es indubitable señal que se le va acabando la vida. También se escribe que si algún hombre vieren haber estado mucho tiempo malo, y que se va ya a entrar en la tercera especie de hético, que si al tal vieren cerrar y abrir a menudo los ojos, y apretar recio los dientes y la boca, que al tal se le acaba también la vida. También se escribe del hombre que está herido, Dios nos guarde de pestilencia inguinaria, es a saber, de nacidas en las tripas o en las ingles, que si al tal enfermo vieren que estando medio despierto y amodorrado habla y departe consigo mismo, es señal que no vivirá mucho. También se escribe del hombre o mujer que pasando de los ochenta años, que si por acaso les sobreviene de súbito alguna hambre canina, que a cada hora quieren comer y beber, es gran señal que se quieren morir. También se escribe que si algún mochacho o niño es muy parlero, sesudo, de manera que en su respuesta parezca más viejo que niño, es muy evidente señal que no vivirá mucho.

He aquí, pues, las señales más evidentes que en caso de morir o vivir escriben los naturales, acerca de las cuales torno a decir y me afirmar que morirá el enfermo cuando Dios quisiere, y vivirá cuanto a Él le pluguiere.

No más, sino que Nuestro Señor sea en vuestra guarda, y a mí dé gracia para que le sirva.

De Valladolid, a VI de mayo de MDXXII.

Libro Segundo

1. Razonamiento hecho a su majestad en un sermón de la cuaresma, en el cual se trata el perdón que pidio Cristo al padre de sus enemigos

S. C. C. R. M.

«Pater ignosce illis, quia nesciunt quid faciunt». Entre las virtudes cardinales, la mayor y más principal dellas es la virtud de la prudencia, porque sin ésta la justicia para en crueldad, la temperanza para en floxedad, la fortaleza para en tiranía, y de aquí es que a la prudencia llama el vulgo cordura, y a la imprudencia dicen locura. No dijo Cristo a sus discípulos «sed templados, sed fuertes, ni sed justos», sino que les dijo «estote prudentes sicut serpentes et simplices sicut columbe», porque a la hora que es uno prudente no puede ser sino justo en lo que manda, comedido en lo que hace y esforzado, en lo que emprende.

Es tan alto el don de la prudencia, que mediante ella se enmienda lo pasado, se ordena lo presente y se prove en lo futuro: y de aquí es que el hombre que carece desta tan grande gracia ni sabe recuperar lo perdido, ni sabe conservar lo que tiene, ni aun sabe buscar lo que espera. «Super inimicos meos prudentem me fecisti», decía el profeta David, y es como si dije se: «Muchas gracias te hago, Señor, en que si por mi malicia merecí tener enemigos, me socorriste con tu prudencia para saber me valer con ellos, porque sin ella ni a ti pudiera servir, ni a ellos resistir. «Es tan generosa y tan heroica la virtud de la prudencia, que no se sufre ella estar ni reposar en alguna persona que sea totalmente mala; y si por caso viéremos a alguno o algunos ser astutos en lo que hacen y versutos en lo que dicen, recatados en lo que emprenden y sagaces en lo que entienden, diremos con Isaías de los tales, «quod sapientes sunt ut malum faciant, facere autem bonum nesciunt». Hablándose un día delante el rey Saúl de los hijos de uno que se llamaba Isaí Betlamita, dijo el rey Saúl a uno de los criados suyos, que allí estaban: «Novi David filium Isai, virum bellicosum et prudentem verbis». Y es como si dijera: «Yo conozco un hijo de un hombre de Betlem que se llama Isai, y el hijo se llama David el cual es mancebo en la edad, rojo en el cabello, hermoso en la cara, bajo algo de cuerpo, recio en las fuerzas y muy prudente en las palabras». Cosa es asaz de notar de cómo la escritura sacra no loa a David, que ni era prudente en el mirar, ni era prudente en el oír, ni era prudente en el pelear, sino que era prudente en el hablar, para darnos a entender que no hay cosa en que más se conoca la virtud de la prudencia que es en la palabra que el hombre habla. «Tempus tacendi et tempus loquendi», dijo el sabio Salomón; y es como si dije se: «Todas las cosas desta vida tienen lugar a do estén, tienen el ser con que se conservan, tienen tiempo en que obren, tienen condición a que se inclinen y aun tienen fin a do paren: y de aquí es que en un tiempo siembran y en otro cogen, en un tiempo trabajan y en otro huelgan, en un tiempo edifican y en otro derruecan, y en un tiempo callan y en otro hablan; y esto dice porque naturalmente el hablar requiere congruo tiempo y aun mucho tiento.

Muy mucho es de ponderar que no dijo el sabio «tempus loquendi» y «tempus facendi», sino que primero dijo «tempus facendi» y después dijo «tempus loquendi», para darnos a entender que si primero no nos habituamos a callar, nunca nos abezaremos a hablar, porque el hombre prudente y cuerdo entre sí mismo callando piensa lo que ha de decir, antes que lo ose publicar. La mayor señal de hombre discreto es saber elegir el tiempo en que ha de hablar y conocer tan bien el tiempo en que ha de callar, porque ya podría ser haber tanta necesidad de hablar que el callar le notasen por simpleza, y también podría haber canta necesidad de callar que el hablar le imputasen a locura. Mas como sabio dijo el sabio «tempus tacendi et tempus loquendi», en las cuales palabras nos da licencia a que hablemos y también nos pone freno a que callemos, porque el siempre callar es extremo y el mucho hablar es de loco. «Si non anuntiaveris impio iniquitatem suam omnes iniquitates eius de manu tua requiram», dice Dios por el profeta Ezequiel, y es como si dije se: «Si vieres algún amigo o vecino tuyo ser en sí malo y hacer a otros mal, y no quisieres tú amonestarle y convidarle a que sea bueno, asentaré a tu cuenta sus pecados como a encubridor y consentidor de todos ellos».

También el profeta Jeremías se quejaba de haber callado y no hablado, cuando decía: «Ve mihi quia tacui». Y es como si dijera: «Ay de mí, ay de mí, Señor, Dios de Israell, cuántos pecados he cometido y cuántas maldades he disimulado y callado, los cuales si yo los riñera se enmendaran y si yo los descubriera se castigaran». Si es malo el callar, también a las veces es malo el hablar, pues el malvado de Caín, cuando dijo: «Major est iniquitas mea quam ut veniam merear», mucho más le valiera callar que no hablar, porque sin ninguna comparación pecó más en reconocer en Dios misericordia que no en quitar a su hermano Abel la vida. He aquí, pues, a Jeremías culpado porque callaba y he aquí también a Caín condenado porque hablaba, de lo cual podemos colegir cuánta necesidad tenemos de la prudencia y cordura para en sus tiempos y lugares osar hablar, y para en otros tiempos y coyunturas saber callar; porque la bondad del hombre se conoce en lo que hace, mas si es sabio o simple, no, sino en lo que dice.

Todo este rodeo hemos traído para probar en cómo Cristo nuestro Dios fue muy sufrido en el callar y muy comedido en el hablar, porque nunca hablaba sino cuando sacaba de su habla algún provecho, y nunca callaba sino cuando pensaba haber escándalo.

De tres maneras a que se reducen todas las palabras que Cristo decía.

A tres maneras de hablar se reducen todas las palabras de Cristo nuestro Redemptor: es a saber, o alabar a su inmenso Padre, cuando decía «beati mites», o a reprehender los vicios y viciosos cuando decía: «ve vobis legis peritis»; de manera que si no se ocupaba en loar al Padre, o en predicar su doctrina, o en reprehender algún vicio, luego se aprovechaba del silencio. Llevaron los hebreos a Cristo a tres tribunales delante tres jueces: es a saber, al palacio delante Herodes, y a la casa obispal delante Anás, y al árbol de la Cruz delante su Padre; y solamente habló delante dél y calló delante los otros, porque en los dos tribunales acusábanle de culpado, y por eso quiso callar, y en el tercero estaba como abogado, y a esta causa quiso hablar. Desde que el bendito Jesu fue en el huerto preso hasta que fue en el palo crucificado, las obras que hizo fueron inmensas y las palabras que dijo fueron muy pocas, para darnos a entender que en el tiempo de las tribulaciones y persecuciones más nos habemos de aprovechar de la santa paciencia que no de la mucha elocuencia. Estando, pues, el Verbo divino nuestro Dios en el monte Calvario, no solo sentenciado a muerte, mas aún muy propincuo a la muerte, teniendo sus carnes crucificadas con clavos y sus entrañas abrasadas de amor, comenzó a hablar con el Padre y decir: «Pater, ignosce illis, quia nesciunt quid faciunt». Como si más claro dijera: «¡Oh Padre mío eterno, y bendito! En pago de haber yo venido al mundo, y en pago de haber yo tu nombre predicado, y en pago de haber sido crucificado, y en pago de haber reconciliado el mundo contigo, no quiero otro galardón de todos mis trabajos sino que perdones a estos mis enemigos, porque ellos pecaron para que yo muriese y yo muero para que éstos vivan». «Pater, ignosce illis»: pues ves tú y ve todo el mundo que con mi propia sangre está soldada su culpa y con mi caridad los he metido en mi gloria, mayormente que abasta esta mi muerte para que no haya en el mundo más muerte. «Pater, ignosce illis»: pues sabes tú muy bien que la muerte que prevalesció en el madero y me puso a mí en el madero, la tengo yo crucificada aquí en este madero, a cuya causa es mucha razón, Padre mío, que tengas en más la caridad con que yo por ellos muero, que no la malicia con que a mí ellos me matan. «Pater, ignosce illis»: porque si quieres castigar por el cabo a estos mis enemigos, muy poca pena les será echarlos en los infiernos, y por eso será mejor que los perdones, Padre mío, porque así como jamás se cometió otra semejante culpa como esta, así tú nunca habrás usado de tan gran misericordia como si hoy les perdonas esta culpa. «Pater, ignosce illis»: que, pues mi muerte es bastante para perdonar a los nacidos y por nacer, y a los ausentes y a los presentes, y a los vivos y a los muertos, razón es, Padre, que no eches de fuera a estos mis enemigos, porque justa causa es que, pues mi sangre fue con tu consentimiento derramada, sea también por tus manos muy bien empleada.

Mucho es aquí de notar que no dijo Cristo nuestro Dios «Domine, ignosce illis», sino que dijo «Pater, ignosce illis», porque este nombre «Señor» presupone tener siervos y vasallos; mas este nombre «Padre» no presupone sino tener hijos, en la cual palabra daba Cristo a su Padre a entender que no quería que los juzgase como señor, sino que los perdonase como padre. También es aquí de ponderar que no dijo Cristo condicionalmente «Pater, si vis, ignosce illis», sino que absolutamente dijo «ignosce illis»; él los perdonando y rogando a su Padre que los perdonase, en lo cual nos dio a entender que la reconciliación que hiciéremos con nuestros enemigos y malhechores sea tal y tan entera que ni les volvamos la cara, ni les neguemos la habla. Débese también de advertir en que no dijo Cristo en singular «Pater, ignosce illi», sino que dijo en plural «Pater, ignosce illis»: es a saber, que no rogó por uno o por algunos, sino que rogó por todos ellos juntos, para darnos a entender que la sangre que Él derramó y la muerte que en la vera cruz padeció era muy poco emplearla en el rescate de un solo mundo, pues abastaba a redimir millares de mundos. Queriendo, pues, sacar misterio de misterio, hemos de pensar que por eso dijo Cristo: «Padre, perdónalos», y no dijo «perdónale»; porque es el bendito Jesu tan generoso en el dar y tan largo en el perdonar, que no sabe perdonar un pecado quedando más pecados en el pecador. Tampoco vaca de misterio que no dijo Cristo «yo los perdono», sino que rogó al Padre que los perdonase, a causa que si solo el Hijo los perdonara, pudiérales el Padre después de su muerte pedir su injuria, diciendo que si su Hijo los perdonó, fue como hombre, mas que la execución de la justicia guardó para Dios. Como el Verbo divino hizo este perdón tan de corazón verdadero, no quiso que hubiese en Él ningún escrúpulo, y por eso dijo al Padre «Pater, ignosce illis», para que de la humanidad que padecía y de la divinidad que lo consentía fuesen luego allí sus enemigos perdonados, y nosotros esperásemos también alcanzar perdón.

De cómo Cristo nuestro dios, cuando perdona, no deja cosa que no perdona.

De notar también es que no dijo Cristo: «Padre, perdonarlos has después que yo espirare», sino que le rogó los perdonase luego en aquella hora; en la cual palabra se nos da a entender que para ser buenos cristianos y verdaderos imitadores de Cristo nos conviene, antes que pasemos desta vida, quitemos todos los rencores que tenemos en la conciencia, porque los obstinados y enemistados en el otro mundo tendrán allá harto que pensar por lo que no quisieron acá perdonar. Tan alta obra como fue el perdón que el Verbo divino hizo en la Cruz, y razón será que escudriñemos qué le movió a hacerla y qué hicieron los hebreos para que la mereciesen, porque tanto es más esclarecido el perdón cuanto hay menor ocasión de perdonar. Cinco injurias hicieron notables los hebreos en su muerte, la menor de las cuales merecía, no solo no perdonarlos, mas aun enviarlos a los infiernos vivos. La primera fue que no solo le mataron por malicia siendo el más provechoso hombre de la república, mas aun hicieron soltar al ladrón Barrabás, que mataba los vivos, y mataron a Cristo, que resucitaba a los muertos. La segunda fue que pues ya le mataban, si le mataran en una aldea apartada, no le fuera tan gran afrenta ni deshonra, mas ellos, por más se vengar y mayor afrenta le, hacer, crucificáronle en la gran ciudad de Jerusalén, a do era Cristo asaz acepto en sus sermones y pariente de muchos buenos. La tercera es que pues ya le mataban en Hierusalém, pudiéranle matar secreto en su posada, o ya que la noche escurecía, lo cual ellos no quisieron hacer, sino que a la hora de tercia le sacaron y a hora de sesta le crucificaron, y a hora de nona espiró; en el cual tiempo del día es cuando el Sol está más claro y la gente bulle más por el pueblo. La cuarta es que habiéndole de matar, menos mal fuera si le mataran solo que no con dos ladrones acompañado, pues era Cristo del tribu real, lo uno, y tenido por gran profeta, lo otro; mas ellos no quisieron sino crucificarle en medio de dos ladrones, para que pensasen todos que él era el mayor ladrón. La quinta razón es que pues ya se determinaban de quitarle la vida, podían le dar otra muerte que no fuese tan escandalosa de oír ni tan terrible de sufrir como era el crucificarle; mas ellos no quisieron sino pedir a Pilato que le crucificase, el cual género de muerte era en la vieja ley el más aborrecido y menos piadoso de todos.

He aquí, pues, las obras que a tiempo hicieron y los méritos que tuvieron para que Cristo los perdonase y dellos se apiadase; el cual, en pago de la muerte que le daban y de la afrenta que le hacían, como si por ello merecieran gracias, exclama a grandes voces al Padre diciendo: «Pater, ignosce illis, quia nesciunt quid faciunt». «Supra dorsum meum fabricaverunt peccatores et prolongaverunt iniquitatem suam», decía el profeta en nombre de Cristo, y es como si dije se: «No sé qué hice contra ti, oh sinagoga, pues desde mi niñez me contradixiste, y desde que fui hombre me perseguiste, y en lo mejor de mi vida me crucificaste, y lo que es más de todo, que encima de mis propios hombros descargaste todos tus pecados». «Supra dorsum metun fabricaverunt peccatores». Es a saber: Adam fue el primero que me echó a cuestas su inobediencia; Eva, su mujer, la gula; Caín, su hijo, el homicidio; el patriarca Neo, el incesto; el rey David, el adulterio; Jeroboá, su hijo, la idolatría y toda la sinagoga, su malicia; de manera que habiendo ellos cometido las culpas, hube yo, en la Cruz, de pagar por ellos las setenas. La pena que yo tengo no es «quod supra dorsum meum», echaron y descargaron ellos todos sus pecados, sino que añadiendo maldad a maldad, «prolongaverunt iniquitatem suam», no les pesando de lo que habían hecho, sino porque no podían más hacer; porque si fue inmenso el placer de verme ya muerto, también fue muy grande el pesar de oír que ya era resucitado. Entonces los míseros hebreos «prolongaverunt iniquitatem suam», cuando tuvieron a su doctrina envidia, y de la envidia concibieron rancor, y del rancor vinieron a andarle a acechar, y de andarle a acechar acordaron de le matar, y de acordarle de matar le osaron crucificar, y de osar le crucificar se pusieron a dél burlar, y de ponerse a dél burlar le negaron el resuscitar, y de negarle el resuscitar han venido a se obstinar, de manera que con razón dice Cristo: «Expugnaverunt me a juventute mea prolongaverunt iniquitatem suam» hasta mi sepultura.

De cómo Cristo usó de muy tiernas palabras para alcanzar el perdón de sus enemigos.

Pues hemos dicho la poca o ninguna razón que tuvieron los hebreos en matar a Cristo, y la poca o ninguna ocasión que tuvo Él de perdonarlos a ellos, oigamos agora de la inmensa bondad que Él con ellos usó y del general perdón que de su Padre les sacó, porque tanto es de notar las circunstancias de lo que hace, como el mismo perdón que hace. Mostró Cristo su bondad en ser la primera demanda que pidio a su Padre al paso de la muerte, como cosa que era dél muy deseada y para los que la pedía muy necesaria, porque si después pidiese al Padre otras cosas para sí o para sus amigos, tuviese una por una alcanzado el perdón de sus enemigos. Las lágrimas de su madre sentíalas Cristo, como hijo; mas la perdición de los hebreos sentíala como criador, porque ella habíale parido a Él con gozo, y Él había redimido a ellos con muy gran trabajo. Lo segundo mostró su bondad en las palabras con que pidio el perdón; es a saber, llamándole «Padre» y no le llamando «Señor», porque mucho se enternescen las entrañas de cualquier padre cuando oye que le llama «padre» su hijo. «Frons meretricis facta es tibi, et nolvisti erubescere; revertere ad me et dic: 'Pater, meus es tu'». Decía Dios por Jeremías, hablando con la sinagoga, como si dijera: «A tanta malicia ha llegado tu pecado, pueblo israelítico, que a manera de una ramera pública no tienes ya de pecar vergüenza; mas esto no ostante a la hora que me llamares padre no podré sino responderte como a hijo». Algún gran misterio quería decir o alguna cosa ardua quería Cristo a su Padre pedir cuando oraba y la oración comenzaba en «Pater», así como cuando dijo, estando predicando, «confiteor tibi, Pater», y cuando dijo en la cena «Pater sancte», y cuando dijo en el mismo lugar «Pater juste», y cuando dijo en el huerto «Pater mi», y cuando dijo en la Cruz «Pater in manus tuas», y cuando rogando por sus enemigos dijo: «Pater, ignosce illis». De manera que el bendito Jesu, con las mismas palabras que oraba por sus hechos, rogaba también por los de sus enemigos. Lo tercero, mostró Cristo su bondad en decirlo delante quien lo dijo; es a saber, delante su bendita Madre, y delante su primo san Juan, y sus tías las tres Marías; porque si con la boca pedía al Padre que dellos se compadeciese, también rogaba con el corazón a la Madre que los perdonase. El fin porque Cristo les sacó perdón de su Padre, y de su Madre, y de sus primos, y de sus tías, y de todos sus amigos, fue porque más quería Él que les aprovechase su sangre que no que les pidiese su muerte. Lo contrario de todo esto pidieron ellos delante Pilato, cuando Él, no queriendo ni hallando causa porque matar a Cristo, le dijeron: «Sanguis eius sit super nos et super filios nostros». Como si dijeran: «Los jueces romanos suelen ser tan escrupulosos como tú eres, oh Pilato, una por una crucifícale tú a este malhechor que te traemos aquí, y si te parece hacer cosa injusta, venga la venganza de su inocencia sobre todos nosotros y aun sobre los que descendieren de nosotros». Apela el bendito Jesu desta petición y protesta de no estar por este contrato, porque si ellos dicen que su sangre sea contra ellos, dice Cristo que no quiere que sea sino en su favor dellos; de manera que ellos pedían delante Pilato ser condenados y Cristo pedía al Padre que fuesen perdonados. No hacer mal un enemigo a otro enemigo suele acontecer; perdonar al enemigo los cristianos lo deben hacer; amar al enemigo, los perfectos lo hacen; mas perdonar a quien no quiere ser perdonado, esto solo Cristo lo hizo, pues diciendo los hebreos «sanguis eius sit super nos», dice Cristo «Pater, ignosce illis». Es verdad, pues, que habían pasado muchos años o muchos meses de las unas palabras a las otras; no por cierto, sino que a la hora de tercia dijeron ellos: «crucifícale, crucifícale», y el derramamiento de su sangre sea a nosotros demandada; y luego, a la hora de nona, dice Cristo: «Pater, ignosce illis»; es a saber, que no les pidas, Padre, mi muerte, ni venga sobre ellos tu ira, porque ni sienten lo que a mí hacen, ni saben a Pilato lo que piden. Mejor sintió aquel tan gran misterio el apóstol san Pablo, cuando decía: «Accesistis ad sanguinis aspersionem melius loquenten quam Abel»; como si dijera: «Oh infelices hebreos y oh bien fortunados de nosotros los cristianos, pues merecimos ser perdonados por la sangre del Hijo de Dios; la cual habla mejor que no habló la de Abel: porque aquélla decía a grandes voces: «justicia, justicia», y la de Cristo no decía sino «misericordia, misericordia». Tan general mal y tan enorme pecado como era el nuestro, necesidad tenía de tan grande abogado como era Cristo, porque nada podía tan bien alcanzar perdón de nuestra culpa, como era Cristo, en quien no había culpa.

De cómo Dios se solía llamar el Dios de las venganzas, y agora se llama el padre de las misericordias.

Muy mayor testamento hizo Cristo nuestro Dios estando en la Cruz agonizando que no hizo el rey David estándose muriendo; el cual mandó a Salomón su hijo que matase a Joab y a Semei, sus vasallos y criados, sin haberle tocado ni aun la ropa, y Cristo nuestro Redemptor, por contrario, mandó perdonar a los que te habían quitado la vida. «Deus ultionum, Deus ultionum», decía el rey David hablando cómo se había con ellos, como si más claro dijera: «Tú, Señor, eres el Dios de las venganzas, y el dios de las venganzas eres, Señor; pues que en haciendo la culpa es con nosotros la pena, y aun porque te tenemos tanto temor y nos tratas con tanto rigor». «Deus ultionum» llamaban a nuestro Dios los antiguos, porque en pecando Adam le echó del paraíso, a los del diluvió ahogó y a los de Sodoma condenó, a los de Datán y Abirón enterró vivos, a los del becerro mandó degollar, al ladrón de Jericó mandó apedrear y al ejército, de Senacherif mandó matar; de manera que no haciendo a nadie injusticia, hacía de todos justicia. Si era Dios en aquel tiempo «Deus ultionum», véase cuando en el monte Rafim, pidieron los hebreos a Moisés que les diese a comer carnes y se las dio por su mal dellos, acerca de lo cual dice la Escritura sacra, numeri: «Adhuc carnes erant in dentibus eorum et ecce furor domini et percusit populum plaga magna». Como si más claro dijera: «No habían los tristes de los hebreos aún acabado de mascar, y mucho menos de tragar las carnes de las codornices que vinieron sobre sus reales, cuando la ira del Señor mató tantos dellos que no quiso la Escritura de pura compasión nombrarlos». De manera que juntamente comían ellos las codornices y les quebrantaba Dios las cabezas. Desde que el rey Abimelech resistió a los hijos de Israel por su tierra, hasta que Saúl fue electo en rey de Israel, más pasaron de trecientos años, al cabo de los cuales dijo Dios a Saúl (j. Regum, XV): «Recensui que fecit Abimelech Israeli; vade ergo et interfice a viro usque ad mulierem, bobem, ovem, camelum et asinum». Como si dijera: «No se me ha pasado de la memoria el desacato que me tuvo Abimelech cuando no dejó pasar al mi pueblo por las tierras de su reino; toma, pues, luego tú todo tu ejército y ve contra Abimelech y pondrás a todo su reino a cuchillo, desde el rey que está en el trono hasta el asno que está en el establo». Deste ejemplo y del pasado podemos nosotros colegir cuán profundos y inscrutables son los juicios de nuestro Dios, pues algunas veces castiga a los mismos que cometieron los delitos y otras veces no castiga sino a los que descienden después dellos, de manera que Dios a nadie afrenta ni castiga sin que primero no haya precedido en él alguna culpa. No, pues, sin alto misterio llamaba el profeta nuestro Dios el Dios de las venganzas; porque en caso de ofensas que le hiciesen y desacatos que le tuviesen, aunque por entonces alguna injuria disimulaba, no por eso se le olvidaba.

El mismo Dios que tenían los hebreos, tenemos hoy por Señor y Dios de los cristianos, del cual da mejores nuevas el Apóstol a la Iglesia que no dio David a la sinagoga; porque él decía que era «Deus ultionum», mas el Apóstol dice que es «Pater misericordiarum et Deus totius consolationis». Ocasión tuvo David en decir lo que dijo, y muy gran razón tiene el Apóstol en decir lo que dice, porque en aquella ley de temor usaba mucho Dios el castigar, y en nuestra ley de gracia dase más al perdonar, y de aquí es que mudó el nombre, pues había mudado las costumbres; es a saber, que como antes le llamaban «Deus ultionum», quiere que le llamen agora «Pater misericordiarum». «Pater misericordiarum» es Cristo, pues perdonó a Mateo sus recambios, a la Magdalena sus vanidades, a la Samaritana sus adulterios, a la Chananea sus importunidades, al ladrón sus hurtos, y a San Pedro el negarle, a los Apóstoles el desampararle, y a los hebreos el crucificarle; de manera que en ninguno experimentó su venganza, y en muchos y muy muchos empleó su clemencia.

«¡Oh buen Jesu, oh amores de mi alma!, pues ya pasó el tiempo en que llamaban a tu Padre «Deus ultionum»; y es llegado el tiempo en que se llama «Pater misericordiarum», ha piedad de mi ánima y haz que enmiende mi vida, pues soy hermano tuyo y soy miembro de tu Iglesia, porque yo, Señor, pierdo mucho en perderme y tú harás como quien eres en perdonarme. ¡Oh Criador de todas las cosas y Redemptor de todas las culpas!, pues tú dixiste por el Profeta. «Nollo mortem peccatoris, sed ut magis convertatur et vivat», he me aquí, Señor, delante ti, he me aquí tomado a ti; recíbeme como Padre y perdóname como a hijo, de manera que pues yo digo a ti el «tibi soli peccavi», Tú también digas al Padre: «Pater, ignosce illi».

Llamaban en la vieja ley a Dios el Dios de las venganzas, porque mandaba que un malhechor a otro pagase diente por diente, ojo por ojo y mano por mano; mas en la ley de gracia llamámosle padre de misericordia, porque mandó dar amor por odio, honra por infamia, favor por persecución, gracias por martirio, clemencia por crueldad y aun perdón por injuria, diciendo «Pater, ignosce illis». «Locuti sum adversum me lingua dolosa, et odio circundederunt me, et expugnaverunt me gratis, ego autem orabam», decía el profeta en nombre de Cristo (psalmo CVIII); como si dijera: «¡Oh sinagoga, oh sinagoga! Bien sé que no pudiste ni aun supiste hacerme más mal del que me hiciste; es a saber, que me aborreciste con el corazón, me infamaste con la lengua y me quitaste con las manos la vida, en pago de los cuales males, «ego orabam ad patrem», para que a mí oyese y a ti perdonase. Esta tan alta profecía como el profeta lo profetizó así a la letra en Cristo se cumplió, pues al tiempo que le crucificaron con los clavos y al tiempo que dél blasfemaban con las lenguas, y al tiempo que movían contra Él las cabezas, y al tiempo que mofaban de sus profecías, y al tiempo que Él regaba la tierra con sangre y rompía los cielos con lágrimas, se paró el buen Jesu a orar y decir «Pater, ignosce illis». Que veas Tú, Señor, a tus propios enemigos desde la Cruz, «quod locuti sunt adversum te», y que también veas «quod, odio circundederunt te», y que sin ninguna razón ni ocasión «expugnaverunt te», y que Tú te pongas allí a orar por ellos como si no te fuesen en nada culpados, digo que trasciende la capacidad humana y aún sobrepuja la angélica; mas al fin obra tuya es estar en la Cruz orando por los que están delante ti murmurando. Muy contrarios sois en las obras y muy diferentes en las intenciones Tú y tus enemigos, Señor; pues ellos te aborrecen y Tú los amas, ellos te prenden y Tú los sueltas, ellos te acusan y Tú los excusas, ellos te llevan a Pylato y Tú a ellos a tu Padre, y ellos dicen que te crucifiquen y Tú dices que los perdone; de manera que mucho más es lo que Tú los amas que no lo que ellos a sí mismos se aman. ¿Qué es esto, buen Jesu, sin haber contrición en el culpado, le das Tú por satisfecho? ¿No han aún confesado los pecados y Tú pides al Padre la absolución para ellos? Está aún por darte la hiel y vinagre a probar y está también por darte la lanzada en el costado, y Tú ruegas al Padre que los absuelva de la pena, antes que acaben de cometer la culpa.

En decir Cristo «Pater, ignosce illis», es visto atar las manos al Padre que no castigue aquella culpa, es visto decir a su Madre que no pida justicia, es visto mandar a San Juan que no vengue su muerte, y es visto querer que tampoco sus tías diesen en su nombre queja, sino que todos aconsejasen a ellos, que se convirtiesen, y al Padre celestial que los perdonase. Si el hijo de Dios quisiera pedir, bien tenía a su Padre qué le pedir; es a saber, que le mitigara los acérrimos dolores de los clavos, que le quitara delante sí aquellos sus enemigos, que no consintiese crucificarle entre dos ladrones y que después de muerto mandase dar sepultura a sus huesos; el bendito Señor ninguna destas cosas quiso pedir, porque más holgaba Él que su Padre perdonase a uno de sus enemigos que no que le aliviase a Él de todos sus tormentos. «¡Oh sunmo sacerdote, oh gran redentor del mundo!: plega a tu inmensa bondad y a tu incomprehensible caridad que pues en la primera misa que cantaste en el ara de la Cruz dixiste por oración la oración de «Pater, ignosce illis», pongas por mí la collecta de «Pater, ignosce illi». Porque si no me hallé entonces en crucificarte, soy agora el primero en ofenderte».

No se contentó Cristo con decir «Pater, ignosce illis», sino que también excusando les dijo: «Nesciunt quid faciunt». Y es como si dijera: «Perdónalos, Padre mío; perdónalos, pues no saben el bien que pierden en matarme, ni saben el mal que hacen en desconocerme. Y pues así es, ruégote, Padre mío, que supla tu clemencia lo que falta su ignorancia». Muy bien dice Cristo en decir «Nesciunt quid faciunt»; pues como necios no alcanzaban que con su sangre se aplacaba la ira del Padre, se restauraban las sillas de los ángeles, se despoblaba del todo el limbo, se perdonaba el pecado antiguo y se redemía todo el universo mundo. «Resciunt», por cierto, «quid faciunt», pues matan al Hijo de Dios, matan al mayorazgo de las eternidades, matan al hacedor del mundo, matan al señor de los ángeles y matan al mayor de los justos. «Nesciunt» aquellos necios «quid faciunt», pues le será la sangre del ignocente demandada, será su ciudad asolada, será su templo derrocado, serán acabados sus sacrificios, será acabada su ley, y hasta la fin del mundo andarán sin rey y sin ley. «Resciunt quid faciunt», pues en mérito de aquella sangre sagrada, a la sinagoga sucede la iglesia, a Moisés Cristo, a la Circuncisión el baptismo, al maná la eucharistía, a los profetas los Apóstoles, al Testamento viejo el nuevo, al serpiente eneo la cruz de Cristo nuestro Dios, y a los sacrificios antiguos los sacramentos eclesiásticos; de manera que si en la Cruz quitaron ellos a Cristo la vida, también dio Cristo fin en la Cruz a su sinagoga. «Plega a ti, oh buen Jesu, que pues quisiste perdonar a los que te crucificaron sin nadie te lo rogar, perdones mis pecados, pues de rodillas te lo ruego, y con lágrimas te lo pido, dándome aquí gracia y después la gloria. Amén».

2. Razonamiento hecho a su majestad en un sermón de la cuaresma, en el cual se toca la conversión del buen ladrón por muy alto estilo

S. C. C. R. M.

«Domine, memento mei dum veneris in regnum tuum». Grandes días ha que está encomendada a mi memoria y es muy acepta a mi juicio aquella sentencia de Boezio que dice: «Quod nil ex omni parte beatum», como si más claro dijere: «No hay cosa en esta vida tan perfecta a la cual no le falte o no le sobre alguna cosa; de manera que muy pocas cosas son las que hinchen la vara cuando las miden y paran en el fiel cuando las pesan». Que sea verdad «quod nil sit ex omni parte beatum», parece claro en que somos tan poco, valemos tan poco, podemos tan poco y alcanzamos tan poco, que jamás hubo príncipe en el mundo tan ilustre, ni filósofo tan sabio, ni capitán tan esforzado, ni aun hombre tan afanado en quien no viésemos algo que desechar y no todo que loar. «Nil est ex omni parte beatum», pues hasta hoy por nacer está en el mundo quien no haya llorado, quien no haya pecado y aun quien no haya errado; porque hablando sin lisonja, muchas más cosas hace el hombre de que se arrepentir que no de que se alabar. «Justus es, Domine, et rectum iudicium tuum», decía el profeta, como si más claro dijera: «Justo, es el Señor en todo lo que hace, y muy recto es el Señor en todo lo que determina». Poca honra de Dios era decir que era justo si no dijera también que hazía justicia, y poco era decir que hazía justicia si no dijera que era justo, porque hay muchos hombres que en sus personas son justos, y a los otros no los mantienen en justicia, y hay otros que hacen justicia, mas ellos no son en sí justos. Es tan alto y es tan heroico el privilexio de en todas las cosas acertar y en ninguna tropezar ni caer, que para sí solo Dios le guardó y a nadie le comunicó. Todas las cosas en que Dios pone sus ojos, no solo son buenas, sino muy mucho buenas, «quia vidit Deus cuncta que fecerat et erant valde bona»; mas todas las otras en que los hombres ponen las manos siempre hay que enmendar y siempre hallan que remendar, porque es nuestra vida tan corta y el arte que aprendemos tan larga, que cuando acabamos alguna cosa de aprender, ya estamos en víspera de nos morir. Grave sentencia era la de Sócrates cuando decía que no había aprendido en Atenas otra cosa sino saber que no sabía nada, y en verdad él decía verdad: porque por baja y vil que sea un arte todavía nos queda della más que aprender que aprendimos. No vemos otra cosa cada día sino filósofos contra filósofos, artífices contra artífices y maestros contra maestros, tener contiendas, sustentar opiniones y vivir en disputas sobre quién sabe más y entiende más; lo cual todo proviene de lo poco que sabemos y de lo mucho que presumimos, y aun porque es tan grande la fantasía, que nadie quiere a nadie reconocer ventaja. «Omnia in pondere et mensura fecisti», decía el sabio hablando con Dios, y es como si dijera: «A todas las cosas que hiciste, Señor, echaste la plomada para que fuesen bien derechas, y las diste cogolmadas para que fuesen bien medidas. En este mísero mundo como son las cosas guiadas más por opinión que no por razón, muchas veces cercenan lo que habían de añadir y añaden lo que habían de cercenar; mas en la casa de Dios ninguna criatura se puede quejar dél con justicia, pues todas las cosas que nos da, nos las da por peso y por medida. Cuando Dios prometió a Abrahám la tierra de promisión, bien quisiera él que se la diera luego; mas Dios no quiso dársela hasta pasados más de treszientos años, diciéndole «Quod nondum complecta era[t] malicia amorreorum», como si más claro dijera: «Yo soy el gran Dios de Israel y soy juez de los vivos y de los muertos, y soy juez de los malos y de los buenos, y como soy el que tiene de tener la vara derecha y mantener a todos en justicia, es necesario esperar otros trecientos años para que la tierra de los cananeos ellos la desmerecan y vosotros la acabéis de merecer». Desde que el rey Saúl cayó en desgracia de Dios y el buen rey David fue eligido en rey de Israel, pasaron largos quarenta años antes que al uno quitasen el cetro y al otro asentasen en el trono, en los cuales años estuvo esperando Dios a que el triste de Saúl se empeorase y el rey David se mejorase. Si da Dios trabajos es por exercitarnos, si da descanso es porque le loemos, si da pobreza es para que merezcamos, si da abundancia es para que le sirvamos, y si nos castiga es para que nos enmendemos; de manera que todo nos lo da medido con su justicia y enivelado con su misericordia.

Viniendo, pues, al propósito, si es verdad, como es verdad, «quod justus es, Domine, et rectum iudicium tuum», y que también es verdad «quod omnia in pondere et mensura fecisti», ¿cómo se puede con esto compadecer que diese Cristo al ladrón el cielo sin merecerlo y te llevase consigo a paraíso sin haberle hecho algún servicio? Pecador por pecador, malo por malo, ingrato por ingrato y ladrón por ladrón, parece al parecer humano que también empleara su reino en Judas, que le siguió tres años, como en el ladrón que le acompañó en la Cruz no más de tres horas. «Fur erat et loculos habebat», se dice de Judas; es a saber, que era ladrón y tenía bolsicos, y del otro se dice que era también ladrón y salteador de caminos; de manera que si en el modo del hurtar eran diferentes, a lo menos en los hechos y en el nombre eran conformes. Si Cristo nuestro Dios quitara el reino a un malo para darlo a un bueno, era hacer rectamente justicia; mas quitarlo a un ladrón para darlo a otro ladrón parece cosa regia, mayormente que no hay cosa en el mundo tan mal empleada como la que se da a alguna persona indigna. Quitó nuestro Dios el mayorazgo a Caín y diole a Abel, quitóle a Ismael y diole a Isaac, quitóle a Esaú y diole a Jacob, quitóle a Rubén y diole a Judas, quitóle a Saúl y diole a David, quitóle a Heli y diole a Samuel, y todo esto fue porque en los unos halló grandes méritos y en los otros muy grandes deméritos. Mas entre estos dos ladrones poco había que escoger y mucho en ellos que reprehender y castigar.

A esto respondiendo digo que en este caso ni en otro no haya Dios que cavilar ni al bendito de su Hijo que argüir, pues justamente envió Cristo a Judas al infierno y justísimamente llevó consigo al ladrón al paraíso, porque el uno le mereció por confesor y el otro le perdió por traidor. No nos azoremos por cosa que Dios haga ni nos alteremos de cosa pues nosotros no juzgamos al hombre sino por las vestiduras que trae y Dios no juzga a nadie sino por las entrañas que tiene, y de aquí es que en el alto tribunal de Cristo nunca la vara de su justicia se tuerce, ni la medida de su misericordia se falsa. Si Cristo nuestro Dios dio el reino de los cielos al ladrón fue porque le confesó por Señor, le acompañó en la cruz, reprehendio al compañero, reconoció ser malo y aun sobre todo que murió con Cristo, encomendóse a Cristo y valióle Cristo.

¡Oh secretos juicios de Dios, que en recompensa de un treintanario de años que fue este ladrón en el mundo malo, satisface a Dios con solas tres horas que en la cruz fue bueno! Y lo que más de espantar es que le valieron a él más tres horas de estar con Cristo que a Judas tres años de su apostolado. Mucho se debe de notar que no fueron años, ni fueron meses, ni fueron semanas, ni fueron días, sino que fueron horas, y aun pocas horas, las que aquel ladrón estuvo en la cruz; mas él las empleó tan bien, que cuan despacio pecó, tan de súpito se arrepintió y tan apriesa se enmendó.

Y porque me parece que es tiempo ya de contar las excelencias de este ladrón, es de saber que el fundamento de toda nuestra salvación consiste en tener verdadera fe con Cristo, mediante la cual hagamos lo que debemos y alcancemos lo que queremos, porque sin esto ni nos podemos salvar, ni aun cristianos nos llamar. Pues no es otra cosa ser cristiano sino creer en Cristo nuestro Dios y servir a Cristo nuestro redentor, digo y afirmo que este buen ladrón se tornó cristiano y murió cristiano, porque no es de creer que tornara él por Cristo si no fuera amigo de Cristo, ni es de creer que se encomendara a él como a Dios si no le creyera ser Dios. De ser este ladrón baptizado, no lo dudamos de cómo se baptizó y adónde se baptizó no lo sabemos; lo que sabemos, a lo menos, es que si faltó el agua para baptizarle, no faltaron lágrimas de la Madre y sangre del Hijo para regenerarle. En el baptismo de Cristo se halló solo San Juan; mas en el de este ladrón se halló Cristo, y su Madre, y San Juan, y la Magdalena, y Nicodemus, y Josef, y con ellos toda Jerusalén; de lo cual podemos colegir que más honra hacen en la casa de Dios a los buenos ladrones que no a los malos emperadores. Fue este ladrón tan gran cristiano y creyó tan de corazón en Cristo, que sobrepujó en fe a todos los que hasta allí eran muertos, y aun se igualó con todos los que hasta allí eran vivos, porque públicamente confesó a Cristo cuando todos le negaron y acompañó en la cruz a Cristo cuando todos le dejaron. No se entiende aquí, ni en todas nuestras Escrituras, comprehender a la Madre de Dios debajo de este nombre «todos», porque con ella ninguno se ha de comparar, ni menos igualar. «Ibi fides non habet meritum ubi humana ratio habet experimentu», dice San Gregorio, y es como si dije se: «Tanto la fe del cristiano es más meritoria cuanto la razón estuviere más flaca y le sintiéremos más descorazonada, porque el mérito de nuestra santa fe católica no consiste en lo que ven los ojos, sino en lo que cree el corazón. Y porque no parezca hablar de gracia, cotejemos la fe de este ladrón con la fe que tuvieron sus antepasados, y aun con la que tenían los que en aquel tiempo eran vivos, y hallaremos por muy cierta verdad que cuanto ellos excedieron a él en bien vivir, tanto los excedio él a ellos en bien creer. Fe tuvo Abrahám; mas fue porque le habló nuestro Señor Dios desde el cielo. Fe tuvo Isaías; mas fue porque vio primero a Dios en su majestad. Fe tuvo Moisés; mas fue porque mereció ver a Dios en la zarza y que no se ardía. Fe tuvo Ecequiel; mas fue porque vio a Dios rodeado de serafines. Grande fue la fe de aquellos santos; mas muy mayor fue la fe de aquel ladrón pecador, porque si creyeron en Dios, vieron a Dios, y aun hablaron con Dios; mas este fiel ladrón, para creer que Cristo era Dios, ni le vio en hábito de Dios, ni aun hacer allí muchas obras de Dios, y si Cristo las hacía, él por cierto no las entendía. Dejemos a los muertos y cotejémosle con los que allí estaban vivos, y hallaremos por verdad que si entre los otros ganó la victoria, entre éstos alcanzará la palma. Fe tuvo el glorioso San Pedro; mas fue porque vio andar a Cristo sobre las aguas. Fe tuvo la Magdalena; mas fue porque resuscitó a su hermano Lázaro. Fe tuvo la Chananea; mas fue porque desendemonió a su hija. Fe tuvo el Centurión; mas fue porque sanó a un su criado. Fe tuvo San Juan; mas fue porque durmió en su pecho. Fe tuvo Santiago; mas fue porque le vio en el monte Tabor transfigurado. De manera que fue muy poca la fe que éstos tuvieron a respecto de las grandes maravillas que en Cristo vieron. ¡Oh bienaventurado y bendito ladrón, pues no habiendo visto a Cristo hacer milagros, andar sobre las aguas, mandar estar quedos los vientos, sacar los demonios y resucitar a los muertos, osaste a voz en grito confesarte por criador y recibirle por redentor! En decir, como dixiste, «domine», conociste que te había Él criado, y en decir «memento mei», reconociste que te había Él redemido; de manera que como bueno y fiel cristiano, con el corazón le creíste y con la lengua le confesaste. Pues decías a Cristo «Domine, memento mei», querría que me dije ses, oh ladrón, qué ves en Él de Señor, pues le llamas Señor, y qué has visto en Él, pues te encomiendas a Él. Para ser uno señor, ha de ser libre, lo cual no ves tú en Cristo, pues le ves que está atado. Para ser uno señor ha de ser competentemente rico, lo cual no ves tú en Cristo, pues está roto y desnudo. Para ser uno señor ha de ser muy poderoso, lo cual no ves tú en Cristo, pues está en la Cruz crucificado. Para ser uno señor ha de estar muy acompañado, lo cual no ves tú en Cristo, pues los suyos le dejaron solo. Para ser uno señor habla de ser muy servido, lo cual tú no ves en Cristo, sino que es de todos ofendido. Para ser uno señor había de ser muy acatado, lo cual no ves tú en Cristo, pues con los ladrones está, como ladrón, justiciado. Todas las veces que pienso en la fe de este ladrón tomo nueva admiración, de ver cómo vio a Cristo ser preso como hombre, castigado como hombre y ser muerto como hombre, le confiese por Dios y le llame como a Dios, diciendo «Señor, acuérdate de mí», pues yo no me acuerdo sino de ti.

Después acá que el ladrón murió y Cristo espiró, infinitos han sido los santos que en Él creyeron y innumerables los mártires que por Él murieron, de lo cual podemos inferir cuán justo es que creamos en Cristo, y confesemos a Cristo, pues este ladrón creyó en Él con muy poca ocasión, aunque con mucha, razón. Es también de notar que todos los Evangelistas callaron deste ladrón de qué nación era, qué edad había, qué delitos había hecho, qué ley guardaba o de qué sangre descendía: y esto se dice porque Pilato, como era juez romano, indiferentemente podría crucificar a los gentiles como ahorcar a los judíos. No sin alto misterio guardó la Escritura tanto silencio en este caso, lo cual diría yo que fue querernos dar a entender cuán poco hace al caso para salvarnos, o condenarnos, ser de ilustre o de baja sangre, ser pobre o ser rico, o ser valeroso o ser abatido, ser afamado o ser infamado, sino que solamente abasta tener a Cristo por único rey y guardar fielmente su ley. Por pecadores que seamos y por tarde que lleguemos a la Cruz, no desesperemos de ser oídos y de ser admitidos, pues no leemos de este ladrón que se hubiese crismado ni confesado, ni ayunado, ni restituido, ni enmendado, ni aun arrepentido hasta que le pusieron en el palo, y después de puesto allí un solo suspiro le higo cristiano, y una sola palabra le llevó al cielo. Hurtar en la niñez, hurtar en la mocedad, hurtar en la vejez y hurtar hasta la horca cada día lo vemos; mas hurtar en la misma horca, de solo este ladrón lo leemos, y el hurto que hizo fue que delante los ojos de todos les hurtó el reino de los cielos. Ladrón fue nuestro padre Adán cuando hurtó en el paraíso la manzana. Ladrona fue la hermosa Raquel cuando hurtó los ídolos a su padre Labán. Ladrón fue Cam cuando hurtó la vara de oro en Jericó. Ladrón fue David cuando hurtó la lanza y el frasco de agua de la cabecera de Saúl. Ladrones fueron los criados de Moisés cuando hurtaron el razimo de uvas. Ladrones fueron los criados de

David cuando hurtaron el agua de Betlem. Ladrón fue Judas cuando hurtaba de las limosnas de Cristo. Ladrones fueron Ananías y Safira cuando hurtaron el dinero del campo que vendieron. Mayor que todos, más famoso que todos, mejor que todos y más sutil ladrón que todos fue este nuestro ladrón, pues no solo hurtó antes que viniese a la cruz, sino que también hurtó en la cruz, y lo que es más de todo, que al tiempo que quiso espirar, se puso de nuevo a hurtar, de manera que quitándole Pilato en el palo la vida, hurtó a Cristo en la cruz otra vida. san Crisóstomo, hablando de este ladrón, decía: «Por ladrón echaron a Adán del paraíso y por ladrón entró este ladrón en el paraíso». Salió del paraíso el que perdió la vida en el madero y entró en el paraíso el que la cobró en el madero. Echaron de allá al que no creyó a Dios, y entró allá el que confesó a Dios. Un ladrón fue el primero que salió de paraíso, y un ladrón fue el primero que entró en paraíso. Finalmente digo que a mediodía justició Dios al primero ladrón y al mediodía perdonó a este ladrón. ¡Oh buen Jesu! ¡Oh amores de mi alma! Si con tal ladrón me consientes que sea ladrón, yo te juro y prometo de no hurtar manzana como Adán, ni ídolos como Raquel, ni frascos de agua como David, ni barras de oro como Cam, ni racimos de uvas como los de Noé; sino que si tengo de hurtar algo para mí, no ha de ser, Señor, sino solamente a ti, porque de topar el ladrón con tal hurto, vino a ser bien aventurado para siempre.

De cómo el buen ladrón ofreció a Dios el corazón y la lengua porque no tenía más.

Aquel trono de sabiduría, el divino Paulo, cuando «vidit archana Dei que non licet homini loqui», preguntado en qué haríamos nosotros placer a Dios, pues él vio allá en el cielo a Dios y trató con Dios y habló con Dios, responde estas palabras, escribiendo a los Romanos: «Conmendat vobis deus charitatem suam»; y es como si dije se: «No encomienda Dios otra virtud tanto como es su caridad, y es así que améis vosotros a él, como él os ama a vosotros, lo cual haréis y cumpliréis cuando amáredes a todos los cristianos, no tanto porque os aman a vos, cuanto porque ellos aman a Dios». No dice el Apóstol que nos encomienda Dios su fe, su esperanza, su paciencia, su castidad ni su humildad, sino solamente su caridad, para darnos a entender que el hombre que de veras es de Dios enamorado no puede ser de ningún vicio reprehendido. ¿Qué le falta al que caridad no le falta? Qué tiene el que caridad no tiene? Al hombre caritativo y que se precia de ser piadoso, sea cierto que te tendrá Dios de su mano para que no caiga de la fe, que no pierda la esperanza, que no ensucie la castidad, no desprecie la humildad, no olvide la paciencia ni deje de hacer penitencia, porque en el tribunal de Dios nunca usan de crueldad con el que tuvo acá caridad. «Si charitatem non habeo factus sum velut es sonans aut cimbalum tiniens», dice el Apóstol; y es como si dije se: «Aunque hable con las lenguas de los ángeles y me precie en mí de tener todas las virtudes, si sola la caridad me falta, no soy más que la campana que tañe a misa y ella nunca entra en la iglesia». El hombre que no es caritativo, sino que se precia de ser riguroso, ni se ha de llamar cristiano, ni aun tenerle por amigo, porque en el corazón do no reina caridad no puede haber fidelidad. Si preguntamos a teólogos qué cosa es caridad, respondernos han «quod charitas est cum Deum diligimus propter se et proximum propter Deum»; y es como si dije sen: «No es otra cosa la virtud que llamamos caridad sino amar a Dios por sí y amar al próximo por Dios. El amor de Dios y el temor de Dios en los corazones de los justos siempre han de andar pareados, con tal condición que no hemos de temer a Dios porque nos libre del infierno, ni hemos de amar a Dios porque nos lleve a paraíso, sino que solamente le hemos de amar y de temer porque es Él el sunmo bien y de quien pende todo el bien. Si unos aman a otros hombres, o es por las mercedes que dellos han recibido o por las que esperan de recibir; mas en la casa de Dios y en el amor de Dios ni esto se usa ni tal se consiente, sino que es Dios tal y tan bueno que no le hemos de amar por lo que Él por nosotros hace, sino solo por lo que su suma bondad merece». No se contenta el profeta con decir una vez «paratum cor meum», sino que torna otra vez a decir «paratum cor meum», para darnos a entender que no solo tiene su corazón aparejado para amar al criador, sino que le tiene también aparejado para amar a la criatura. No sabe qué cosa es caridad el que se precia de amar a Dios y se descuida de amar al próximo, ni tampoco siente qué cosa es caridad el que se alaba de amar al próximo y no cura de amar a Dios, porque hablando la verdad, toda la caridad cristiana consiste en hacer algún servicio a Cristo y en procurar a nuestros próximos algún provecho. Es el bendito Jesu tan amigo del hombre cristiano y es tan requebrado de la ánima cristiana, que en el amarnos se quiere hallar solo y al tiempo que le amemos quiere estar acompañado. En el amor mundano no se sufre en muchas partes estar el corazón repartido; mas en el amor que es divino requiérese amar a Cristo y amar también al próximo, con tal condición que el próximo sea buen cristiano, porque de otra manera hemos de desearle la salvación y huirle la conversación.

Todo esto que aquí hemos dicho decimos para demostrar y contar la sunma caridad que tuvo el buen ladrón en la cruz cuando estaba cabe Cristo crucificado; el a saber, que en aquel poco de tiempo mostró el amor grande que tenía con Cristo y el verdadero celo que tenía de salvar al ladrón malo, su compañero. Cuanto deseo tuvo aquel ladrón de salvar a Dios, mostrólo muy bien en lo con que sirvió a Dios, porque el amor que es fingido muéstrase en el hablar; mas el amor que es verdadero no, sino en el dar. Los vanos mundanos enamorados préscianse de hablar y olvídanse de servir; mas a do hay amores castos y entrevienen amores divinos, las bocas tienen cosidas y las manos siempre abiertas. Ofresció Caín a Dios mieses; Abel, corderos; Noé, carneros; Abrahám, palomas; Melchisedech, pan y vino; Moisés, encienso; David, plata y oro; Jete, a su hija, y Anna, a Samuel, su hijo. Mucho fue lo que estos varones a Dios ofrecieron; mas mucho más fue lo que el buen ladrón le ofreció, y la causa es porque ellos cuanto le ofrecieron eran cosas de sus casas; mas el buen ladrón no le ofreció sino sus propias entrañas, y en tal caso mucho va de ofrecer el hombre a Dios lo que tiene cabe sí a ofrecerle a sí.

De ver tanto a mi pluma encarecer este negocio nadie debe estar espantado; porque si me preguntan qué es lo que este ladrón ofreció, yo les preguntaré qué es lo que para sí guardó; porque averiguando que en todo y por todo da uno a otro su propio ser, es también visto darle él su querer y tener. No dio este ladrón a Dios los ojos, porque los tenía atapados; no los dineros, porque se los tomó el carcelero; no el sayo, que se le tomó el verdugo; no los pies, que estaban enclavados; no las manos, que estaban atadas; no el cuerpo, que estaba crucificado; solamente le había quedado el corazón y la lengua, y el corazón dio cuando le creyó y la lengua cuando le confesó. Había el triste del ladrón perdido la honra por el hurto, la vida quitábasela Pilato por el delito, la hacienda habíasela tomado el fisco; solamente había escapado el corazón con que en Cristo creyó y también escapó la lengua con que a Dios se encomendó. Fielmente podemos creer que si otra cosa más del corazón y la lengua este ladrón escapara, con mucho más y más a Cristo sirviera, y por eso no podemos argüir de miserable su ofrenda, pues ofreció a Dios cuanto tenía. «Multiplicati sunt super capillos capitis mei et cor meum dereliquit me», decía David, y es como si dijera: «Soy llegado a tal edad que ya mis ojos se han cegado, mis enemigos me han cercado, mis amigos se me han muerto, mis pecados me han derrocado, mi buen tiempo es ya acabado y son más mis trabajos que todos mis cabellos, y lo que es peor de todo, que sin darle ninguna ocasión ni tener él ninguna razón, me ha dejado mi corazón». Si pierde las manos, pierde el hombre los ojos, pierde algo; si pierde de algo; si pierde las orejas, pierde algo; si pierde los pies, pierde algo; si pierde la hacienda, pierde algo; mas si pierde el corazón piérdelo todo, porque en las entrañas de la madre lo primero que se engendra es el corazón, y lo postrero que en nosotros muere es el mismo corazón. «Si cor meum non dereliquit me», cierto es que podré yo a mi Dios amarle, temerle y servirle y seguirle; mas «si cor meum dereliquit me», ni podré ayunar, ni orar, ni regar, ni aun perseverar, a cuya causa se ha de tener por muy gran don de Dios o por muy gran castigo de Dios hacer a uno de corazón animoso o darle corazón apocado. «Audi, popule stulte, audi, qui non habes cor», decía Dios por Jeremías, y es como si dije se: «óyeme, pueblo israelítico, óyeme, pueblo hebreo: Has de saber, triste de ti, que te llamo loco porque no tienes corazón, y por eso no tienes corazón, porque te has tornado loco». Decir el profeta que no tenía corazón el pueblo israelítico era decir que ni creía en Cristo ni tenía parte con Cristo, porque así como muriéndose el corazón se le acaba a uno la vida, así en espirando Cristo en la Cruz se acabó la sinagoga. Muy gran razón tuvo Jeremías de motejar al pueblo hebreo de loco y descorazonado, pues no abastaron tantos milagros y tantos sermones, tantos beneficios y tantos avisos como Cristo en ellos obró para hacerlos cristianos, lo cual no pudo proceder sino de poca cordura y de mucha locura. Moralmente hablando como de buena razón, otra cosa no hemos de amar sino a Dios, pues Dios no ama a cosa tanto como a nosotros; decir que falta el corazón a uno es decirle que no tiene en su corazón a Cristo, porque para emprender alguna buena obra Cristo es el que nos ha de dar el corazón, y aun ponernos en razón. Privado está de la razón y no tiene consigo su corazón el que no ama a Cristo, piensa en Cristo, sirve a Cristo, teme a

Cristo y no espera en solo Cristo; de manera que en la ley de Dios no es otra cosa llamar a uno descorazonado, sino llamarle desalmado.

¡Oh buen Jesu, oh redentor de mi alma! Si fueres servido llámame loco, bobo, tonto y aun necio, con tal que no me llames con el pueblo hebreo descorazonado, porque no sería otra cosa faltarme a mí mi corazón, sino haberme Tú dejado, que eres mi corazón. «Omni custodia custodi cor tuum», dice el sabio, y es como si dije se: Guardas y sobreguardas se debe poner al corazón para que no le ensucie la carne, no le altere el mundo, no le engañe el demonio, no le ocupe el amigo, ni nos le dañe el enemigo, porque tanto y no más tenemos nosotros en Cristo, cuanto en nuestro corazón tiene el mismo Cristo. Si poco tiene Dios en ti, poco tienes tú en Dios, y si mucho tiene Dios en ti, mucho tienes tú en Dios, y si todo te das a Dios, todo se dará Dios a ti; de manera que como todo lo que Dios nos da y nosotros a Dios ofrecemos sean cosas de corazón y están en el corazón y tocan al corazón, es menester que nuestro corazón esté siempre lleno de santos deseos y muy guardado de pensamientos malos. No se contentó el sabio en decir simplemente que guardasen al corazón, sino que dijo que con todas guardas lo guardasen, y a muy buen recaudo lo tuviesen, para darnos a entender que los ojos se guardan con las pestañas y la boca con los labios, las orejas con algodones, las manos con esposas, los pies con grillos y los dineros tras llaves; mas al ambicioso corazón nadie es poderoso para quitarle el pensar ni para atajarle el desear.

Prosiguiendo, pues, nuestro intento, debemos atentamente mirar que mucho ofrece el que su corazón a Dios ofrece y mucho pierde el que su corazón pierde; lo cual nos muestra claro la conversión del buen ladrón; el cual solo, y a solas, y colgado del palo, no más de con ofrecer su corazón a Cristo, mereció irse a paraíso con Cristo. Tome cada uno ejemplo en este bendito ladrón, para que no se fatigue si no tuviere o manos, o dineros, o ojos, o ropas, o joyas, para ir a ofrecer a Dios, porque, a más no poder, con un solo deseo santo, tendremos a Dios muy contento. La hermana de Moisés fue sarnosa, la generosa Lía fue lagañosa, el manso Moisés fue tartamudo, el piadoso Tobías fue ciego, el triste de Mimfebosef fue coxo y el sacerdote Zacarías fue mudo; mas todos estos defectos ninguna cosa les impidio para que fuesen virtuosos, porque no más sino que tengamos los corazones sanos, poco se le da a Dios que estén todos nuestros miembros podridos. El ladrón que estaba en la cruz sentenciado estaba a muerte, descoyuntados tenía los miembros, atapados tenía los ojos, rompidas tenía las carnes, derramada tenía la sangre y crucificado tenía el cuerpo; mas con solo el corazón que le quedó vivo, cuando estaba colgado del palo, se supo remediar y se vino a salvar. En tan pocas horas, en tan breves tormentos y en tan poquito espacio como el ladrón estuvo en la cruz crucificado poca penitencia podría hacer, pocas palabras podría decir y pocos suspiros podría dar; mas como los que daba los daba tan de corazón y con tanta devoción, recibióle Dios en cuenta, no solo lo que entonces hazía, mas aún lo que después hiciera, si la muerte no le atajara.

De cuán mal habló el mal ladrón en la cruz.

«Si tu es Cristus, salvate metipsum et nos», decía el mal ladrón hablando de Cristo con Cristo, y es como si dijera: «Si tú eres el que dicen ser hijo de Dios y el Cristo que esperan los hebreos, libra a ti de esta muerte y quita a nosotros de estas cruces». Estas palabras, ¡oh maldito ladrón!, son horrendas, son malditas, son blasfemas y son descomulgadas porque el hijo de Dios que está ahí crucificado no padece esa muerte por sí, sino por lo que toca a ti y conviene a mí. «Que non rapui tunc exolvebam», decía el profeta en nombre de Cristo, como si dijera: «Lo que otro comió, escoto yo; hizo otro el hurto, y seténanme a mí; no teniendo yo culpa, cargan sobre mí la pena, siendo otro el que escandalizó la república, hacen de mí justicia; finalmente, siendo yo sin pecado, pago por el pecado de todo el mundo. Muy gran razón tiene el hacedor del mundo en decir lo que dice y en quejarse de lo que se queja; porque si él muere muerte tan cruel, más es por querernos Él redimir que no porque Él merecía morir. No dijo este ladrón asertivamente «tú eres Cristo», sino que, dudando dello, dijo «si tú eres Cristo», y de aquí es que como el malaventurado dudó en si Cristo era Cristo, no mereció ser hecho cristiano, como lo fue el otro ladrón su compañero. No dijo el buen ladrón «si tú eres señor, acuérdate de mí», sino que absolutamente dijo «Domine, memento mei»; y San Pedro tampoco dijo «si tú eres hijo de Dios, yo creo en ti», sino que absolutamente dijo «ego credo quia tu es Cristus filius dei vivi». De manera que el que quiere ser alumbrado de Dios ningún escrúpulo ha de tener en la fe de Dios. «Si quis indiget sapiencia postulet a Deo, nil hesitans in fide», dice el Apóstol, como si dije se: «Si alguno tuviere necesidad de pedir a Dios alguna cosa mire y no la pida con fe tibia, porque si Dios no da algunas cosas que le piden, más es porque no se las sabemos pedir, que no porque él no nos las quiere dar». Dios, por su misericordia, nos guarde de decir con el ladrón malo: «si tú eres Cristo, salva a ti y a mí», sino que digamos nosotros con el ciego de Jericó: «Hijo de David, habe piedad de mí», porque de esta manera seremos alumbrados con el ciego y no condenados con el ladrón. Decir el ladrón a Cristo «salva temetpisum et nos», era decirle y persuadirle a que dejase la cruz, desamparase la cruz y huyese de la cruz, poniendo en salvo a su persona sola y dándole a él también la vida. Pensaba aquel malaventurado de ladrón que como a él justiciaba Pilato por salteador de caminos, que también justiciaban a Cristo por alborotador de pueblos, y que si él rehusaba el morir, también Cristo deseaba el vivir, en lo cual todo él vivía por cierto muy engañado, porque nunca el ladrón deseó tanto vivir, cuanto deseó Cristo por nosotros morir. «Desiderio desideravi hoc pascha vobiscum manducare», decía Cristo a sus discípulos, como si dijera: «Otros años he celebrado con vosotros esta fiesta; mas habéis de saber que a esta de agora tengo yo por pascua, porque para mí no hay otra igual pascua como es dar a mis amigos buena pascua». Como en las divinas letras «duplicatio verbi sit signum magni desiderii», decir Cristo dos veces «desiderio desideravi», era decir que no menos deseaba morir que nos deseaba redimir, porque era tan grande la agonía que tenía Cristo de destruir nuestra muerte, que no vía ya la hora de emplear su vida. En todo el tiempo que Cristo vivió, ni en todos los sermones que Él predicó, jamás dijo esta palabra: «deseo esto, deseo aquello», sino fue a la hora de su muerte cuando dijo «desiderio desideravi», para darnos a entender que nosotros somos los que tenemos en Dios que desear, porque Él no tiene en nosotros sino que desechar. Conforme a lo que dijo este ladrón a Cristo, rogaron también los judíos a Cristo: es a saber, que descendiese de la Cruz y que creerían todos en Él, lo cual el Redemptor del mundo no amó oír, ni menos quiso hacer, porque si Él desamparara la Cruz, todo el mundo había de ser crucificado. «iOh ladrón malvado! iOh pueblo endurescido! Si Cristo descendiera de la Cruz, como tú le rogabas, o huyera de la Cruz, como el ladrón le aconsejaba, ni para vosotros faltara infierno ni para nosotros hubiera paraíso, porque no vino Él a descender, sino a subir, ni vino a huir de la Cruz, sino a morir en la Cruz». «Cum exaltatus fuero a terra omnia traham ad me ipsum», dijo Cristo un día predicando, como si dijera: «Como ando agora predicando de tierra en tierra y tengo toda mi hacienda derramada, no podéis conocer lo que yo puedo ni podéis alcanzar lo que yo tengo; mas sé os decir que cuando me viéredes en la Cruz crucificado, ahí tendré yo conmigo todo mi tesoro. Palabra es de grande admiración para los buenos y no de poco espanto para los malos decir Cristo «omnia traham ad me ipsum», en lo cual se nos da a entender que quien quisiere de Cristo algún don alcanzar a la Cruz se lo ha de ir a pedir, porque nunca Él se mostró tan libre como estando allí enclavado, ni tan rico como estando allí desnudo, ni tan gran señor como estando allí condenado, ni aun tan pródigo como estando allí muerto. Todos sus tesoros trajo Cristo desde el cielo al suelo y desde el suelo los llevó consigo al palo, y después, estando en el palo, los repartió por todo el mundo. De manera, oh buen Jesu, que el que más acerca de tu Cruz se halla, mucho mexor que los otros libra. En la Cruz fue a do su ánima encomendó al Padre, allí dio su madre al sobrino, allí dio el sobrino a la tía, allí dio a San Pedro la Iglesia, allí dio a Nicodemus el cuerpo, y allí dio al ladrón el paraíso. En la Cruz fue a do mandó al Sol que pusiese luto, y a los cielos que se cubriesen de jerga, a las piedras que se quebrantasen, al velo del templo que se rompiese, a los sepulcros que se abriesen y a los muertos que resuscitasen, en testimonio de su muerte y nuestra vida. En la Cruz fue a do se razonó con su Padre, a do consoló a su Madre, a do se acordó del discípulo, a do perdonó al ladrón, y a do alumbró a Centurio para que a Cristo reconociese por redentor, y a sí mismo por pecador. En la Cruz, a do Cristo tuvo abierto su santo costado, allí es a do derramó más sangre, allí es a do mostró más su caridad, allí es a do se aprovechó más su paciencia, allí es a do más usó de su clemencia y allí es a do se acabó de morir y a nosotros de redimir. En la Cruz se vio coronado como rey, allí se vio saludar como rey y allí se halló con título de rey. Pues si esto es verdad, como es verdad, no era justo que dejase la Cruz quien tantas preeminencias tenía en la Cruz. «¡Oh buen Jesu, oh amores de mi alma! No te ruego yo, con los hebreos, que desciendas de la Cruz, ni tampoco te suplico con el ladrón en que huyas de la Cruz; lo que yo te ruego es que me pongan ahí contigo en la Cruz, porque más justo sería que esos sayones crucificasen a mí por ti que no que crucificasen a ti por mí. No te pido, Señor, que me des a comer, pues no tienes ahí sino hiel; ni te pido a beber, pues no tienes sino vinagre; ni te pido ropa, pues estás desnudo; ni te pido libertad, pues estás atado; ni aun te pido vida, pues estás ya cuasi muerto. Lo que yo te pido y suplico, Señor, es que me des parte en esa Cruz, pues te sobra aún mucha Cruz, porque ya sé yo, Señor, que jamás comunicaste tus amores sino con los que sienten tus dolores».

Puédese, pues, de todo lo sobredicho colegir cuán grande ánimo hemos menester para emprender alguna buena obra y cuán heroico corazón es menester para acabarla, porque luego son con nosotros los demonios a engañarnos, la carne a alterarnos, los hombres a estorbarnos y el mundo a perturbarnos. Muchas ocasiones tuvo Cristo en la Cruz para dejar la Cruz; es a saber: los hebreos, que le rogaban que se abajase; el ladrón, que le aconsejaba que huyese; su cuerpo, que se congojaba de morir; las hijas de Jerusalén, que las veía llorar; muchos peregrinos, que ponían allí a dél burlar, y, sobre todo, cuán pocos le habían su pasión de agradecer. Todas estas cosas, ni otras infinitas que se le ofrecieran con ellas, no abastaran a estorbarle lo que el Padre le mandaba y lo que su caridad le obligaba, porque en la ara de la Cruz, cuando Cristo dijo «sitio», no lo dijo tanto por el apetito que tenía de beber, cuanto por la mucha gana que tenía de más padecer.

De lo que dijo y hizo el buen ladrón en la cruz estando en la cruz crucificado.

«Neque tu times Deum, qui in eadem damnatione es, nos quidem iuste patimur, dignam factis recepimus, hic autem quid mali fecit?» Visto por el buen ladrón cuán mal hablaba de Cristo el otro mal ladrón, díxole estas palabras y son como si dijera: «Habiendo sido tú de tan mal vivir y estando a punto ya de morir, espantado estoy de ti, oh compañero mío ladrón, cómo no temes a Dios ni has vergüenza de lo que dices, es a saber, que crucificas a este profeta con la lengua como los sayones le crucifican con los clavos, sabiendo tú muy bien que nunca este inocente hizo a nadie mal, ni tú y yo supimos jamás hacer a nadie bien». Pocas son las palabras que este ladrón dijo; mas muchos son los misterios que en ellas toca, y por eso es menester oírlas con gravedad y decirlas con caridad. Como quiera que Dios nuestro Señor esté todo en todas las cosas por potencia, más particularmente se muestra estar en el corazón y en la lengua del hombre por gracia, porque aquellos dos miembros son con que más le servimos y aun con que más le ofendemos. Los ojos empaláganse de ver; las orejas, de oír; las manos paran de trabajar, los pies se cansan de andar y aun el cuerpo se cansa de pecar, solo el corazón es el que nunca acaba de pensar, ni la lengua de parlar. El buen rey David hombre era de muy buen juicio y sano era de todo su cuerpo; mas todavía decía «cor mundum crea in me, Deus», y también decía: «Domine, labia mea aperies», como si más claro dijera: «A este mi corazón te suplico, Señor, que refrenes, y a esta mi lengua te pido, Señor, que me guardes, porque todos los otros mis miembros puédenme enojar, mas no me pueden dañar».

La principal señal para saber si somos amigos de Dios es si nos da gracia para que los corazones tengamos limpios, y las lenguas refrenadas, porque el fundamento del buen cristiano es creer en Dios con el corazón y alabarle con la lengua. Muy bien está Dios con el pueblo israelítico cuando por Jeremías les decía: «Ego dabo eis cor novam», y muy privado estaba de Dios Ezequiel cuando decía: «Ego aperiam os tuum in medio eorum». Como si dijera: «Por grande amistad alumbraré tu corazón, oh Israel, para que me creas, y porque eres mi siervo abriré tu boca, oh Ecequiel, para que me prediques, porque muy pocos son los que me alcanzan a conocer y muy poquitos los que saben mi nombre predicar». Porque uno sepa leer, estudiar, interpretar y vocear no es por eso visto ser luego apostólico predicador, porque no es de los pequeños dones de Dios saber predicar la palabra de Dios. Todo esto decimos para ver la magnificencia de Cristo en la Cruz, pues la gracia del corazón nuevo que dio a Israel y el abrir la boca para bien predicar que dio a Ecequiel, dio juntamente al ladrón bueno que tenía cabe sí, pues le tocó el corazón con que le creyese, y le abrió la boca con que le predicase. Después que Cristo predicó, y antes que los Apóstoles comenzasen a predicar, el primero predicador que hubo en la Iglesia fue este buen ladrón, el cual delante todo el pueblo, crucificado en aquel palo, comenzó a engrandescer lo que Cristo hazía y a reprehender lo que su compañero decía. En muchas partes dividio su sermón este ladrón, y la primera fue cuando dijo: «Neque tu times Deum qui in eadem dannatione es»; es a saber: «Mira, hermano ladrón, que no temes a Dios y que vas camino de dannación, por eso mira a mí y torna sobre ti». Enseñar al que no sabe y encaminar al que va perdido, obra es de gran caridad, y que procede de mucha bondad, y tal fue la del buen ladrón, pues le osó decir que mirase cuán mal había vivido que estaba a muerte condenado y que a su lado tenía a Cristo, que le podía perdonar, y aun del infierno librar». ¡Oh, a cuántos y cuántos compañeros nuestros podríamos decirles lo que dijo el ladrón, a el otro ladrón!, es a saber: «Mirad que no teméis a Dios, mirad que andáis perdidos, mirad que sois muy viciosos, y mirad que quebrantáis los diez mandamientos». Mas ¡ay dolor! que no hay amigo que tal diga a su amigo, sino que todas las amistades paran, no en se corregir, sino en se encubrir. Gran confusión es decirlo y muy mayor es hacerlo, que veamos a un pecador enseñar a otro pecador, un malhechor corregir a otro malhechor, un ladrón reprehender a otro ladrón, y que un cristiano no reprehenda a otro cristiano, sino que quieren más sufrir les que sean viciosos que no apartarse de ser sus amigos. Bien parece que este ladrón había ya dejado el oficio de hurtar y se había dado al predicar, pues él y el otro ambos eran amigos, ambos eran justiciados, ambos eran compañeros, ambos eran ladrones y ambos estaban crucificados, y esto no obstante le reprehende lo que dice, y le enseña lo que haga. No avisar al amigo en cosa que toca a la honra, pasa; ni avisarle en cosa que toca a la hacienda, pasa; mas no avisarle en cosa que toca a la conciencia, en ninguna manera debe pasar, porque en cosa de ofender a Dios, a mi Padre, no lo tengo de disimular, ni a mi amigo consentir. Natán reprehendio a David, Samuel reprehendio a Saúl, Nicheas reprehendio a Achab, Elías reprehendio a GeVabel, san Juan reprehendio a Herodes y san Pablo reprehendio a san Pedro, no porque habían a ellos ofendido, sino porque habían contra Dios pecado, para darnos a entender que todo aquel a quien Dios no tuviere por amigo hemos de tener nosotros por enemigo. «Nonne qui oderunt te oderam, et inimici facti sunt mihi», dice hablando con Dios David, como si dije se: «Oh gran Dios de Israel, uno de los mayores servicios que por ti, Señor, he hecho es que todos los días de mi vida desamé a quien no te amaba, aborrecí a quien no te seguía, me aparté de quien no te quería y aun huí de quien no te servía». Muy gran razón tenía el rey David en lo que decía y no menos en lo que hacía, porque si los malos no tuviesen compañeros que los ayudasen y amigos que los vandeasen, no es menos sino que en breve tiempo los veríamos acabados o a lo menos enmendados.

Muy grande fue la caridad que tuvo el buen ladrón con su compañero y muy grande fue la piedad que tuvo también de Cristo, pues se puso a defender a Cristo y se paró a predicar a su compañero, de lo cual podemos inferir que la caridad cristiana es apiadarnos del que está atribulado y encaminar al que va errado, ya que el ladrón se hubo a Dios tornado, hubo creído en Cristo, hubo su pecado confesado y hubo tornado por Cristo, acordó de hablar a Cristo y decir: «Domine memento mei, dum veneris in regnum tuum». Si yo las sé bien contar, seis palabras son éstas, y no más ni menos, es a saber: «domine» la primera, y «memento» la segunda, y «mei» la tercera, y «dum veneris» la cuarta, «in regnum» la quinta, y «tuum» la sexta, las cuales son muy dignas de notar y aun a la memoria de encomendar. Dice, pues, la primera «domine», que quiere decir «señor», y de verdad él acierta en llamarle señor, y confesarle por señor, porque nunca usará Dios con nosotros de su piedad si primero no confesamos en Él su divinidad. En los antiguos siglos, cuando nuestro Dios hablaba con los hebreos, muchas y cuasi todas las veces usaba de estos dos vocablos; es a saber: «hec dicit Dominus» y «ego Dominus, qui et loquor vobis», para darnos a entender que cualquiera príncipe y rey temporal de este mundo hemos de tener no más de por gobernador, y a solo Dios por señor. Necesario es que ante todas cosas confesemos a Dios Padre e por Señor y a su bendito Hijo por Señor y Redemptor, porque repugna a su potencia ordinaria perdonar algún pecador, al que no reconoce en Él señorío. Aconsejémonos, pues, con este ladrón; sigamos a este ladrón, y digamos con este ladrón: «Domine, memento mei», porque piadosamente hemos de creer que confesando a Dios por criador y sirviéndole como a señor, que no nos desconocerá por extraños, preciándonos de ser nosotros suyos.

La otra palabra que el ladrón dijo fue: «memento mei, Domine», que quiere decir: «Señor, acuérdate de mí». «Da mihi, Domine, sed tuarum asistricem sapientiam, ut sciam quid aceptum sit coram te omni tempore», dice el sabio Salomón, y es como si dijera: «Dame, Señor, parte de tu sabiduría para que yo acierte en lo que a ti es más acepto, y para que haga lo que es a mí más provechoso. El rey que hubo en Israel más pacífico, más rico, más nombrado y más sabio fue Salomón, y con todas estas condiciones, no osa pedir a Dios otra cosa señalada si no es que le haga merced de su sabiduría, y a la verdad él tenía razón, porque el hombre, aunque sabe lo que quiere, no sabe lo que le conviene. Como sea verdad que viva yo más en Dios que no vivo en mí y me ame a mí más Dios que yo mismo me amo a mí, por semejante manera sabe mucho mejor Dios lo que me estaría a mí bien pedirle, que no yo lo que le debo pedir. Como muy avisado y como hombre muy buen cristiano, no quiso el buen ladrón pedir a Cristo cosa señalada, sino que solamente dijo: «Domine, memento mei», para darnos a entender que según está Dios ganoso de hacernos bien, no es menester que le importunemos, sino que le acordemos lo que queremos. Para con Dios no son menester palabras prolijas, ni peticiones largas, sino un memorialito pequeñito, en que diga no más de «memento mei», que me criaste; «memento mei», que me redemiste; «memento mei», que creo en ti; «memento mei», que sirvo a ti: y si es verdad, Señor, que sirvo a ti, «memento mei» de llevarme para ti. ¡Oh buen Jesu!, ¡oh amores de mi alma!, «memento mei», pues me hiciste de tierra; «memento mei», pues me diste ánima; «memento mei», pues por mí te hiciste hombre; «memento mei», pues por mí veniste a morir y pues por mí pusiste, Señor, la vida, «memento mei», a que no pierda yo, Señor, mi alma. «Memento mei», que pasaste por mí muchos trabajos, sufriste grandes tentaciones, derramaste mucha sangre, me compraste por muy gran precio; y pues es verdad que te costé, Señor, mucho, «memento mei», para que no me tengas, Señor, en poco. Mucho también es de notar que no dijo este ladrón «acuérdate, Señor, de mis hijos; acuérdate de mi mujer, acuérdate de mi casa, acuérdate de mis amigos o acuérdate de mis trabajos», sino que solamente dijo: «acuérdate, Señor, de mí», para darnos a entender que so el cielo ninguna cosa nos ha de ser tan cara como son las cosas de nuestra conciencia. Ante de todo y más que todo, y aun primero, que todo, dijo el ladrón a Cristo nuestro Dios: «Domine, memento mei», en lo cual somos avisados y amonestados en que una por una alcancemos de Dios nuestro Señor el perdón de nuestros pecados y después entendamos en el perdón de nuestros amigos. Con mucha ocasión y con no poca razón dijo Cristo a la madre y hijos del Zebedeo: «nescitis quid petatis», porque sin primero pedirle perdón de sus pecados, le pedían reinos y señoríos, y sin haber averiguado las cosas de su alma, se querían asentar uno a la izquierda y otro a la mano derecha. No lo hizo así la prudentísima Chananea, la cual primero dijo «misere mei», que no que dije se «filia mea male a demonio veratur»; es a saber, que antes pidio perdón para sí que no remedio para su hija, porque Dios nuestro Señor es tan bueno y tan amigo de bondad, que si no está bien con el que le pide nunca da lo que le piden. Bien supiste lo que pediste y aun cómo lo pediste, oh glorioso ladrón, pues ante todas cosas dixiste «miserere mei» y después dixiste: «dum veneris in regnum tuum»; es a saber, que primero pediste perdón a Cristo de tus hurtos, que no le pidieses para ti el reino de los cielos, lo cual tú alcanzaste muy mejor que lo pediste: pues tú pedías solamente que se acordase de ti cuando se viese en su reino, y Él se acordó de ti antes que antrase en el reino del cielo. Pidio Abrahám a Dios quien le heredase, y diole hijo heredero y aun de quien descendiese nuestro Señor Jesucristo; pidio Jacob a Dios que le tornase a Benjamín, y tornóle a Benjamín y aun a José; pidio Tobías a Dios que le volviese su hijo con salud de Nínive, y volviósele sano y salvo, y aun rico y casado; pidio Ester a Dios que descercase a Tusa, su pueblo, y descercó el pueblo y aun degolló a Olofernes, su enemigo; pidio Anafaruel a Dios un hijo y diole a Samuel por hijo y que fue profeta y varón muy santo; pidio el buen ladrón a Cristo que se acordase dél en el otro mundo, y Cristo acordóse dél en éste, perdonándole, y en el otro glorificándole. Bien dice la Escritura, hablando de la largueza de Dios: «quod ipse est qui dat omnibus afluenter»; es a saber, que da cuanto da a todos en abundancia, porque los príncipes de este mundo si dan algo no lo dan en abundancia, y si dan en abundancia danlo a pocos y no a muchos; mas la sunma bondad de nuestro Dios ni sabe negar lo que le piden, ni aun dar poco de lo que le piden. «Aperis tu manum tuam et imples omne animal benedictione», decía el profeta hablando de Dios, como si dijera: «Todos los que en este mundo dan a otros algo, dánselo a puño cerrado; mas Dios nuestro Señor siempre da a mano abierta, y el que da a mano abierta ninguna cosa para sí guarda. Las manos tiene abiertas después que lo crucificaron, y las palmas tiene rotas después que lo enclavaron; de manera que si en el perdón es muy piadoso, también en el dar es un manirroto. ¡Oh cuán abiertas tenía las manos! ¡Oh cuán rotas tenía las palmas! ¡Oh cuán descubiertas tenía las entrañas en la ara de la Cruz el bendito Jesu, cuando el ladrón le dio un memoria en que iba una sola palabra y él le llevó consigo aquel día a la gloria!

Mucho también es de notar y ponderar que no dijo este ladrón a Cristo: «domine, memento mei», para afloxarme estos cordeles; «domine, memento mei», para arrancarme estos clavos; «memento mei», para sanarme estas llagas; «memento mei», para darme la vida, pues eres el dador della; sino que dijo «dum veneris in regnum tuum», como si dijera: «Arrodillado delante Pilato, preguntándote él si eras rey y tenías reino, te oí decir anoche que tu reino no era reino de este mundo, y pues esto debe ser así, y lo creo yo así, suplícote, mi Dios y Señor, que cuando te vieres en tu reino con descanso, te acuerdes de mí, que soy el mayor pecador del mundo». Ver este ladrón a Dios con sus ojos y oírle con sus orejas; tocarle con sus manos y hablarle con su lengua, y no le querer pedir cosa deste mundo, sino del siglo venidero, cosa es para espantar a los hombres y para poner en admiración a los ángeles. Desde la hora que Cristo derramó su sangre preciosa, tuvo ella muy grande eficacia en su iglesia, lo cual pareció bien claro en este buen ladrón; el cual, habiendo poco que andaba a descorchar casas, pidio luego ser vecino de las gerarquías, y siendo un ladrón cosario, presumió ser compañero de Cristo nuestro redentor, y no habiendo hecho a Dios ningún servicio, a boca llena le pide su reino, y esto no pensaba él alcanzarlo por las plegarias y palabras que a Cristo decía, sino solo por la sangre que Cristo por él derramaba. Para mí creído tengo que al punto que Cristo nuestro Dios quería espirar, y que su bendita sangre se acababa de derramar, debía ver este ladrón el cielo cómo se abría y la grande gloria que a Cristo estaba aparejada, y que por eso dijo «memento mei, domine, dum veneris in regnum tuum», porque de otra manera parecería cosa muy fuera de propósito pedir un ladrón a Dios su reino. Descubra lo que descubriere y vea lo que viere, que yo a la opinión deste ladrón me quiero allegar y de su oración me quiero aprovechar diciéndole: «Domine, memento mei dum veneris in regnum tuum» y entonces, Señor, seré cierto que te acordarás de mí cuando en este mundo no me pagares los servicios que te he hecho y en el otro me perdonares los delitos que contra ti he cometido. ¿Cómo tengo yo de querer ser pagado en este mundo, pues dices tú, Señor: «regnum meum non est de hoc mundo»? ¡Oh buen Jesu! ¡Oh buen Jesu! Si por ser baptizado, si por llamarme cristiano, si por decir que soy tuyo, y lo más principal, porque me has redimido, me quisieres algo dar y por ello remunerar, no sea, Señor, acá, sino «dum veneris in regnum tuum», porque a todos los que tú das sueldo en los libros deste mundo es señal que los tienes tú raídos de los registros del cielo. Mejorado fue Isaac: más que Israel; mejorado fue Jacob más que Esaú; mejorado fue Judas más que Rubén; mejorado fue Josef más que sus hermanos; mejorado fue Axa en los prados de su padre y mejorado fue Nabot en la viña de Samaria; mas yo, Señor, no quiero ser mejorado, sino «dum veneris in regnum tuum», porque fuera de tu casa yo la doy por condenada cualquiera mejora.

En fin de este sermón es de notar que al tiempo que Cristo perdonó a este ladrón no dijo «amen dico vobis», sino que dijo «amen dico tibi», para darnos a entender que en perdonarle mostró su gran misericordia, y en perdonar no más de a él mostró su recta justicia. De muchas naciones y de varias condiciones estaban en torno de la Cruz aquel día, y de creer es que había allí hartos pecadores que quisieran ser perdonados; mas de todos y entre todos éste solo fue perdonado, para darnos a entender que pues a él perdonó, no desesperemos de ser perdonados, y pues no perdonó más de a él, no pequemos con esperanza que nos ha de perdonar. Sea, pues, la conclusión que antes del pecado acordémonos que no perdonó al pueblo, y después del pecado acordémonos que perdonó al ladrón, y de esta manera temeremos a su justicia y acordarnos hemos de su misericordia, cual plega a Él de usar con nosotros aquí por gracia y después por gloria. Amén. Amén.

3. Letra para don Francisco de Mendoza, obispo de Palencia, en la cual se declara y condena cuán torpe cosa es decir «bésoos las manos»

Señor muy reverendo y apostólico comisario:

La cuestión que agora, señor, me demandáis y la duda sobre que me consultáis es para mí tal y tan peregrina, que en toda mi vida me la paré a pensar ni abrí libro para la buscar, mayormente que jamás vi a hombre que en ella dudase ni menos hablase. Yo aprendí gramática, lógica, filosofía, teología y aun astrología; mas yo no me acuerdo en ninguna destas ciencias haber lo que me pedís hallado, ni aun a maestro mío oído. Desde ayer acá he revuelto mi librería y he mucho fatigado a mi memoria para ver si podría hallar algo que yo sin vergüenza os responda, y que allá a vuestra Señoría satisfaga. Siempre recibo vuestras letras con amor y respondo a ellas con temor, y la causa desto es porque en el escribir sois gracioso, y de lo que, señor, os escriben muy sospechoso.

Es, pues, vuestra duda y demanda querer saber de mí qué harán dos hombres de bien cuando se topan; es a saber, con qué palabras se han de saludar cuando se ven y qué dirán el uno a el otro cuando se despiden. No es de los pequeños primores de corte saber, cada uno en su estado, cómo ha de hacer la reverencia, qué tanto ha de quitar la gorra, si se levantará de la silla, o si saldrá a la puerta, y qué se han de decir al tiempo de se hablar, para que no los noten de malos cortesanos, o los acusen de muy groseros. A uno que merece «merced» decirle «vos» y al que merece «vos» decirle «merced», y al que merece «ilustre» llamarle «magnífico», y al que merece «magnífico» llamarle «reverendo», y al que merece «noble» llamarle «virtuoso», y al que merece «virtuoso» llamarle «pariente y amigo», no le va más al que esto escribiere o dijere de condenarle por necio o pregonarle por mal criado. Cuan justo es que el platero sepa hacer una taza, y el sacerdote decir una misa, y el sastre hacer una ropa, tan justo es que el buen cortesano sepa qué cosa es la buena crianza; porque en la corte del rey, de ser allí los hombres muy corteses, los vinieron a llamar cortesanos. Los pundonores de cortes y los primores de palacio muy mejor los pudiérades, señor, saber del regidor de Segovia que no de mi pluma, pues cae debajo de su conquista ser juez de la pelota y maestro de la crianza.

Cuanto a lo que queréis saber de mí, es a saber, cómo se ha de saludar un hombre a otro cuando se toparen de nuevo, sé os decir que ni lo osaría aconsejar, ni menos determinar, porque esto no se alcanza por escritura, sino que se ha de ver la costumbre de la tierra. Dejados aparte los principios por se notos y las máximas naturales en filosofía, así como es «per quod unumquodque tale et illud magis», y aquella que dice «si ab ecualibus ecualia demas, que remanent sunt ecualia», y aquella que dice «omnis triangulis habet tres angulos ecuales duobus rectis», y aquella que dice «finitum tandem per ablationem consumitur», en todas las otras costumbres morales y rurales hemos de estar a lo que el vulgo hace y a lo que la costumbre quiere. Por haceros placer y en algo satisfacer, lo que yo haré será relataros aquí lo que en este caso los siglos pasados hicieron, y lo que en nuestros tiempos, se hace, con protestación que vuestra Señoría no lo que yo le dijere, sino lo que a él le pareciere y por bien tuviere.

Los idumeos, cuando se topaban, decían estas palabras: «Dominus vobiscum», que quiere decir: «el Señor sea con vosotros». Los verdaderos hebreos, cuando se saludaban, decían: «Ave, mi frater», como si dije se: «Dios te dé salve, hermano mío» Los filósofos griegos, cuando se saludaban, decían:

«Avete omnes», como si dijera: «estéis todos enhorabuena». Los tebanos, cuando se saludaban, decían: «Salus sit vobis», como si dijeran: «Dios os dé salud». Los antiguos romanos, cuando se saludaban, decían: «Salus sit vobis», como si dijeran: «Dios os dé buen hado». Los sículos, que son los de Sicilia, cuando se saludaban, decían: «Diu vo guarde», que es a saber, «Dios os guarde». Los cartagineses no se saludaban aunque se topaban, sino que en señal de amistad se tocaban las manos derechas el uno al otro y se las besaban. Los moros tampoco se saludaban, aunque se topaban, sino que al tiempo de verse se besan los hombros, y al despedir se besan en las rodillas. En Italia es costumbre que en un solo día se saludan de tres maneras, a saber: que a la mañana dicen en cuanto se topan: «Bon matin», que quiere decir que le dé Dios buena mañana. Después de comer, si se topan, se dicen: «Bon jor», que quiere decir que le dé Dios buenos días. Ya que quiere anochecer y encender candelas, dicen «Bon vespre», que quiere decir que les dé Dios buenas noches. También es costumbre entre los ítalos que cuando se apartan unos de otros dicen: «Me recomendo», que quiere decir yo me encomiendo en vuestra merced. En el reino de Valencia, cuando se topan, se saludan de esta manera: «Ben seao benguth, monseñor», como si dije se: «Vengáis enhorabuena, señor mío», y al tiempo que se despiden dicen: «a deo riao, Perote», que quiere decir: «quedaos a Dios, Pedro». Al cual le replica el otro: «Anao en bo hora», como si dije se: «Andad enhorabuena». En Cataluña, cuando topan con alguno, le saludan de esta manera: «Ben seao arribath», como si dije sen: «Bien seáis arribado a la tierra». Acá, en esta nuestra Castilla, es cosa de espantar, y aun para se reír, las maneras y diversidades que tienen en se saludar, así cuando se topan como cuando se despiden, y aun cuando se llaman. Unos dicen «Dios mantenga»; otros dicen «mantengaos Dios»; otros, «enhorabuena estéis», y otros, «enhorabuena vais»; otros, «Dios os guarde»; otros, «Dios sea con vos»; otros, «quedaos a Dios»; otros, «vais con Dios»; otros, «Dios os guíe»; otros, «el ángel os acompañe»; otros, «a buenas noches»; otros, «con vuestra merced»; otros, «guarde os Dios»; otros, «a Dios, señores»; otros, «a Dios, paredes», y aún otros dicen «¿chao quién está acá?».

Todas estas maneras de saludar se usan solamente entre los aldeanos y plebeyos y no entre los cortesanos y hombres pulidos, porque si por malos de sus pecados dije se uno a otro en la corte «Dios mantenga» o «Dios os guarde», le lastimarían en la honra y le darían una grita. El estilo de la Corte es decirse unos a otros «beso las manos de vuestra merced», otros dicen «beso los pies a vuestra Señoría» otros dicen «yo soy siervo y esclavo perpetuo de vuestra casa». Lo que en este caso siento es que debía ser el que esto inventó algún hombre vano y liviano, y aun mal cortesano; porque decir uno que besará las manos a otro es mucha torpedad, y decir que le besa los pies es gran suziedad. Yo vergüenza he de oír decir «bésoos las manos», y muy grande asco he de oír decir «bésoos los pies», porque con las manos limpiámonos las narices, con las manos nos limpiamos la lagaña, con la mano nos rascamos la sarna y aun nos servimos con ellas de otra cosa que no es para decir en la plaza. Cuanto a los pies, no podemos negar sino que por la mayor parte andan sudados, traen largas las uñas, están llenos de callos y andan acompañados de adrianes y aun cubiertos de polvo o cargados de lodo. Con estas tan torpes y inormes condiciones, de mí digo y por mí juro que querría más unas manos y pies de ternera comer, que los pies y manos de ningún cortesano besar.

Bien tengo yo creído que hay en las cortes de los príncipes más de diez hombres, los cuales, aunque se ofrecen de besar los pies y manos a otros, holgarían antes de cortárselas que no de besárselas. Decir un hombre de bien a otro «yo soy vuestro amigo», «yo os tengo por deudo», «estoy a vuestro mandado», «haré lo que os cumpliere», «ved lo que mandáis», «Dios os dé salud» y «Él sea en vuestra guarda», todo esto se sufre y pasa; mas decir «beso os las manos», «beso os los pies», ni se debe decir, ni menos consentir; porque besar el pie es dignidad del papa, y besar la mano es del sacerdote de misa. Con las palabras que Cristo paludaba a sus discípulos sería razón nos saludásemos unos a otros: es a saber, «pax vobis», que quiere decir «paz sea con vosotros», sino que nos preciamos más de cortesanos que no de cristianos, y nos holgamos de ir en pos de la opinión y no de la razón. Pues Cristo nos enseñó a saludar las casas a do entrásemos, con decir «pax huic domui», y nos enseñó a saludar las personas que topásemos con decir «pax vobis», digo y afirmo que es gran temeridad y poca cristiandad osar decir nadie «beso os el pie», o «beso os la mano», pues es contra la doctrina del santo Evangelio. Para decir verdad, ni sé quién, ni sé cuándo, ni sé a dónde, ni sé porqué, ni sé para qué se inventó este «besamanos» y «beso pies» en, España, sino que de mi parecer, como se va gente tras gente y no razón tras razón, algún vano o liviano lo dijo de burla y después le siguieron todos de veras.

No más, sino que nuestro Señor sea en su guarda y a mí dé gracia que le sirva. Amén.

De Ávila a XX y dos de Noviembre, MDXXXIII.

4. Razonamiento hecho a su majestad en un sermón de cuaresma, a do se expone una palabra del psalmista, que dice: «Irascimini et nolite peccare»

Cosa nunca oída, negocio nunca visto, caso nunca acaescido y castigo nunca hecho fue el que hoy Cristo nuestro Dios hizo en el templo, conviene a saber: derramar los dineros, trastornar los cambios, desatar las palomas, agotar a los logreros y aun llamar a todos ladrones. Es mucho de ponderar y advertir cuál fue mayor: el celo que Cristo tenía, o la culpa que en ellos había, pues somos ciertos que de cometer los hombres muchos pecados extremados, viene Dios a extremarse en los castigos. Negar que a Cristo no le movió buen celo, sería negar la verdad; mas decir que Cristo pecó en lo que hizo, sería gran temeridad, porque en la ley divina y eterna no se puede sufrir ser uno pecador y llamarse redentor. Primero dijo San Juan «ecce agnus Dei», que no que dije se «ecce qui tollit peccata mundi»; de manera que le confiesa por cordero sin pecado y después le alaba de quitar los pecados del mundo, porque un pecador a otro pecador puédele ayudar a que sea bueno, mas no puede perdonarle ni solo un pecado. Osar afirmar que a Cristo nuestro Dios se le encendio la cólera y que pecó, y en el pecado de la ira, sería herejía decirlo y blasfemia pensarlo, porque en caso de pecar y errar tenía el buen Jesu tan atadas las manos, que aunque quisiera no pudiera ni aun supiera. «Irascimini et nolite peccare», dice el santo profeta David; en las cuales palabras se nos da a entender que nos enojemos, mas que no pequemos, porque a las veces más se enoja Dios de la ira que tiene el perlado, que no del pecado que cometió el súbdito. Cosa parece áspera, dura y ininteligible darnos el buen rey David licencia para que nos enojemos y irnos a la mano a que no pequemos, pues entre los pecados mortales que condena nuestra madre la Iglesia, uno dellos es el pecado de la ira. Duda es muy perplexa y cuestión es muy dudosa decir el santo profeta que juntamente es en mano del hombre el poderse enojar y el no haber de pecar, como sea verdad que son muy poquitos en esta vida los que habiendo algún grande enojo no pequen siquiera de pensamiento. Más parece obra angélica que humana, pueda consigo un hombre que está inxuriado y lastimado refrenar la ira, atar las manos, coser la boca, refrenar el corazón y ponerse en razón, como sea verdad que muchas veces nos descuidamos de agradecer las buenas obras y nunca nos olvidamos de vengar las injurias. Para entender bien esta palabra de «irascimini et nolite peccare», es menester saber y declarar cuáles son las cosas de que con buena conciencia nos podemos enojar y en qué no puede haber escrúpulo de pecar, porque son tan amigas entre sí la culpa y la ira, y el enojo y el pecado, que parece cosa de sueño poner entre ellas divorcio. ¿Por ventura será bueno enojarnos contra los maliciosos que nos tocan en la honra y contra los codiciosos que nos quitan la hacienda? A esto respondo que no: porque el hombre que es generoso y vergonzoso la hacienda ha de pedir por justicia y la honra ha de defender con la lanza. ¿Por ventura hémonos de enojar contra los que nos hacen alguna notable injuria o nos dicen alguna palabra lastimosa? A esto respondo que no, porque conforme a lo que manda Cristo nuestro Dios y dispone el santo Evangelio, las injurias atroces y sanguinolentas tenemos obligación a perdonarlas, y no licencia de vengarlas. ¿Por ventura será bueno enojarnos cuando acontece que en nuestras casas son los hombres absolutos y las mujeres disolutas? A esto respondo que no, porque es tan delicada la honra del marido y de la mujer, que no pueden tocar a ella sin que lastimen también a él, y si la cosa lleva remedio débese atajar, y si no, disimular. ¿Por ventura será bueno enojarnos contra los siervos y criados que nos sirven, cuando olvidan lo que les mandan y murmuran de lo que les dicen? A esto respondo que no, porque a los mozos y criados que tenemos para que nos sirvan y nos sigan, hemos de avisarles en lo que yerran, enseñarles lo que hagan, amenazarlos si murmuraren y despedirlos si no se enmiendan. ¿Por ventura será bueno enojarnos contra nuestros amigos y conocidos cuando en su prosperidad no nos conocen y en nuestra adversidad no nos socorren? A esto respondo que no, porque hemos de pensar y fielmente creer que nunca nos faltarán si fueran amigos verdaderos, y que por eso nos faltaron: por ser amigos fingidos. ¿Por ventura será bueno enojarnos contra los que nos prometieron algo y después no nos dieron ninguna cosa?

Respondo que no, porque es de tanta estima el hombre sufrido, que ha de holgar antes perder la manda que esperaba que no la paciencia que tenía. ¿Por ventura será lícito enojarme contra mí mismo, cuando yerro en lo que digo y no acierto en lo que hago? Respondo que no, porque de mis yerros y delitos no es el remedio el enojarme, sino el enmendarme. ¿Por ventura será lícito enojarnos contra la adversa fortuna, cuando vemos que a otros sublima y a nosotros olvida? Respondo que no, porque si la fortuna diese a cada uno lo que le convenía y merecía, no se llamaría ya fortuna, sino justicia, y por no perder ella su autoridad y preeminencia da a quien hubiere y no a quien debe. ¿Por ventura será lícito enojarnos contra las astucias del demonio y contra los engaños que hay en el mundo? Respondo que no, porque si lo queremos bien mirar y considerar, antes nos avisan que nos engañan, pues nos tenemos ya por dicho que el oficio de la carne es alterarnos; el del demonio, tentarnos, y el del mundo, engañarnos. ¿Por ventura será lícito enojarnos por no valer, por no poder y por no tener tanto como los otros? Respondo que no, porque todo hombre que presume de generoso y virtuoso, cuando en su presencia hablaren en cosa de honra y preeminencia, no ha de sentir el no tenerla, sino el no merecerla.

Sea, pues, la conclusión de todo lo sobre dicho que de mi voto y consejo no deberíamos enojarnos ni conturbarnos, si no fuese contra los que a Dios nuestro Señor se atreven ofender y a nosotros nos incitan a pecar, porque el buen cristiano más queja ha de tener del que le dañó el ánima, que no del que le robó la hacienda. De lo que el buen cristiano se había de turbar y por lo que el hombre virtuoso había de llorar es ver, como vemos cada día, cuán sin asco cometemos el pecado y cuán en poco tenemos el castigo, lo cual parece claro en que tenemos en poco, los mandamientos de la ley y no osamos quebrantar las pregmáticas del rey. Cosa es de maravillar, y aun de espantar, que a do quiera y a quienquiera que hallan una vara corta o una medida falsa, luego la hacen pedazos, la echan en el fuego, le llevan la pena y la cuelgan en la picota, y si alguno quiere jurar falso o cometer algún homicidio, o cometer cualquier otro pecado, no solo no es castigado, mas aún es de muchos favorecido y defendido. Pecar los hombres no es de maravillar; mas pecar tan desvergonzadamente, esto es de espantar, porque tan públicamente son soberbios, maliciosos, golosos, adúlteros, blasfemos y perjuros, como si no hubiese Evangelio que lo vedase, ni Dios que los castigase. Cometer un pecador un pecado, y otro pecado, y aun otro pecado, no es de maravillar; mas cometerlos todos xuntos, esto es de espantar, porque hay personas tan zahondadas en las cosas del mundo y tan amigas de probar a qué sabe cada vicio, que si dejan de quebrantar algún mandamiento, no es porque no quieren, sino porque no pueden. Que los hombres estén un día, una semana, un mes y aun un año en el pecado, cosa es que pasa, aunque no debería pasar; mas ¡ay dolor! que de muchos se puede decir que ha ya tantos años que están obstinados en los pecados, que no sienten si son pecadores. No hay en un cristiano cosa tan peligrosa como avezarse a hacer callos en la conciencia, porque el tal malaventurado ni se quiere enmendar ni se sabe remediar. Hay otro género de pecadores y es los que, no contentos con pecar, se precian y alaban de haber pecado, y esto es con lo que Dios más se aíra, y aunque más tarde perdona, porque Dios nuestro Señor no se enoja tanto de cometer contra él el pecador, cuanto de tenerle después en poco. Entonces tenemos a Dios en poco cuando de pecar somos codiciosos; en el arrepentimiento, descuidados; en la perseverancia, obstinados; en el cometerlos, atrevidos, y en alabarnos, desvergonzados. «Peccata sua predicaverunt ut Sodoma, et non zelaverunt», dice Dios por Isaías profeta, como si más claro dije se: «No me quejo de ti, ¡oh pueblo de Israel!, porque me dejaste y porque me ofendiste, sino de que tus maldades publicaste, queriendo imitar a los de Sodoma y seguir a los de Gomorra, los cuales no tenían más verguenza de pecar que de comer». Contra los semejantes pecados y pecadores, es muy justo que nos airemos y conturbemos, porque de todas las otras cosas que en el mundo pasan y pasamos podemos nos maravillar, mas no enojar. El mismo Moisés fue del rey Faraón maltratado; de los judíos, perseguido; de Datán y Abirón, murmurado, y de su hermana María, envidiado; mas por todos estos trabajos nunca se airó y turbó, hasta que vio a los de su pueblo suspirar por Egipto, hacer el becerro, adorar los ídolos y murmurar de Dios. Al gran Matatías, padre que fue de los ilustres Macabeos, habiéndole quitado el sacerdocio, saqueádole la casa, echádole del templo, tomádole la hacienda y destruido a su persona, no se lee dél que tomase desto venganza ni dije se una palabra injuriosa, sino fue contra un maldito judío, al cual, porque ofreció un sacrificio a manera de gentil idólatra, le quitó allí luego la vida. El santo profeta Elías inmensas persecuciones padeció de la reina Gezebel y de los idólatras de Jerusalén, a tanto que muchas veces pedía a Dios la muerte, viendo que le era tan enojosa la vida, mas en todos estos trabajos a nadie perseguía ni de nadie se vengaba, sino fue de los que adoraban el ídolo de Baal, a los cuales destruyó los ídolos y mató dellos trescientos. No se acordaba el buen rey David de la traición de su hijo Absalón, ni de las maldiciones de Abisay, ni de las persecuciones de Saúl, ni del desacato del rey Amón, cuando con voz llorosa decía: «Exitus aquarum deduxerunt oculi mei, quia non custodierunt legem tuam». Como si más claro dije se: «Todas las horas y momentos están mis ojos hechos fuentes de lágrimas vivas, no por lo que contra mí han hecho, sino por lo que contra ti, mi Dios, han cometido». Gran celo y muy alto misterio es este que toca aquí el santo David, pues muestra mayor sentimiento por lo que Dios se ofende que no por las ofensas que a él se hacen, y en verdad él tuvo muy gran ocasión y no pequeña razón, porque no puede ser cosa en el mundo más justa que tomar las injurias de Cristo por nuestras, pues Él tomó a nuestras culpas por suyas.

Con varones tan excelentes como fueron todos éstos, bien podremos cumplir el mandamiento de «irascimini et nolite peccare», es a saber, airándonos contra los pecados y habiendo piedad de los pecadores, y esto se hará y cumplirá cuando les ayudaremos a salvar las ánimas y no a perder las honras. ¡Oh cuán contrario y cuán al revés es lo que hoy se platica y lo que hoy en el mundo pasa!, pues a penas hay ya quien se aire contra los pecados, sino quien se tome con los pecadores, de manera que el celo tornamos en ira, y la ira en venganza, y así poco a poco, so color de castigar, nos venimos a vengar. El pecado de la ira es, además, muy odioso y aun muy peligroso, porque al hombre que es impaciente y mal sufrido nadie le quiere tener por vecino, y mucho menos por amigo. Conóscese el hombre airado y furioso en que tiene los ojos encarnizados, las mexillas enzendidas, el cuerpo temblando, el corazón bullendo, los oídos atapados, la lengua turbada, las manos prestas y aun las entrañas dañadas, de manera que cuando está con aquella furia ni siente lo que dice, ni admite lo que le dicen. El hombre que de su natural condición es furioso, es coxquilloso, es desabrido y mal sufrido, yo le mando mala ventura, y aun a todos los de su casa, porque el tal ni hallará amigo que le siga, ni aun criado que le sirva. El privilegio de los hombres mal sufridos es ser de todos malquistos, andar desterrados, huir de las justicias, retraerse a las iglesias, nunca entrar en sus casas y traerlos todos en lenguas, de manera que si ellos dan a todos que hacer, todos tienen dellos que decir. Compasión es de ver al hombre impaciente y furioso, el cual siempre anda turbado, alterado, sospechoso, gruñendo, murmurando y aun a sí mismo maldiciendo, de manera que tan gran pasatiempo toma él en reñir, como lo toma otro en reír. Del hombre furioso y airado todos huyen, todos se apartan, todos murmuran y aun todos mofan, y así Dios a mí me salve, que tienen muy gran razón, porque a las veces no es tan mala de sufrir una tentación como lo es la conversación de un colérico. Con hombre que es furioso y mal sufrido, no se ha de comunicar cosa que sea discreta ni aun confiar dél cosa secreta, porque el tal para dar consejo es cabezudo y para guardar secreto es muy boquirroto. El hombre que se deja enseñorear de la ira no le habían de encomendar gobernación de república, y la causa de esto es que como en las cosas de gobernación haya algunas cosas que castigar y otras que disimular, podría ser que se le encendiese de tal manera la cólera, que en lugar de mitigar las injurias, se pusiese él a decir mil lástimas.

Dicho el daño que hace la ira, razón es que digamos algunos remedios contra ella, uno de los cuales es estar siempre sobre aviso para todo lo que le puede suceder y le quiera alguno decir, porque de esta manera haránle enojar, mas no sobresalir. Cuanta necesidad tiene el pobre de riqueza y el necio de prudencia, tanta tiene el corazón de paciencia, porque son tantos los trabajos que cada día le vienen y los sobresaltos que cada día le dan, que sin comparación han de ser más los que ha de sufrir con paciencia, que no los que ha de vengar con la lengua. Si a cada injuria que nos hacen y de cada trabajo que nos sucede ha el hombre de hacer caso y por ello mostrar sentimiento, nunca cesarán sus manos de se vengar, su lengua de se quejar, sus ojos de llorar ni aun su corazón de suspirar, porque jamás vi a hombre en esta mísera vida a quien no se te acabasen primero los días en que vivía, que no los trabajos que pasaba. Según los hombres se zahondan en los vicios y se meten a lo hondo en los negocios, no me maravillo yo de los que mueren, sino de los que viven, porque hablando la verdad y aun con libertad de no querer nosotros poner fin a los cuidados, ponen los cuidados fin en nosotros. Si como los médicos se ofrecen a sanar el mal del riñón se obligasen a sanar las ansias del corazón, más pacientes tendría cada uno a su puerta que moradores hubo otro tiempo en Roma, porque es un mal tan general la tristeza y congoja, que si huyen dél muchos, escapan muy pocos. Pregunto a ti que esto oyes, o esto lees, qué día, qué hora, ni qué momento pasa ni pasó después que te acuerdas, en el cual no dé algún dolor a tu cuerpo, no venga alguna tristeza a tu corazón, no roben algo de tu hacienda, no infamen tu persona, no te digan alguna injuria o no te hagan alguna burla. El que a todas estas cosas quiere hacer rostro y piensa poner remedio, créame y no dude que primero se acabará él de morir que las comience a remediar. Así como no hay mar sin tormenta, ni guerra sin peligro, ni camino sin trabajo, así no hay vida sin enojo, ni estado sin sobresalto; lo cual parece claro en que hasta hoy jamás vi a hombre a quien faltase qué llorar, y no tuviésede que se quejar. ¿Cómo no hemos de llorar, y cómo no nos hemos de quejar, pues la soberbia nos derrueca, la envidia nos deshace, la ira nos atormenta, la gula nos congoja, la carne nos atierra, la pobreza nos infama y la ambizión nos acaba? De manera que muchas vezes está nuestro corazón tan aburrido y tan descontento que eligiría antes un honesto morir que tan enoxoso vivir. Sea, pues, la conclusión de todo lo sobre dicho que para cumplir el mandamiento de «irascimini et nolite peccare» debe el hombre cuerdo algunas cosas de las que padece disimular, otras remediar, otras callar y otras sufrir, de manera que se guíe por la razón y huyan de la opinión.

5. Razonamiento del autor hecho a los religiosos de su orden en un capítulo provincial, en la villa de Peñafiel. Año MDXX

Parésceme a mí que los varones de alta religión y de aprobada profesión siempre se habían de acordar y delante sus ojos tener aquellas palabras que dijo Dios a Abrahám, es a saber, «sal de tu tierra y de tu parentela y vete a la tierra y lugar a do yo te mostraré», porque hallarán debajo destas palabras todo lo que Dios hizo por ellos, y aun todo lo que ellos son obligados a hacer por Dios.

Estándose, pues, Abrahám en casa de su padre Tare y de sus tíos Arán y Acor, los cuales todos eran caldeos idólatras, aparecióle Dios nuestro Señor y díxole: «Sal de tu tierra y de entre tu parentela y ve a do yo te guiare y estate a do te mandare, y en pago de esto haréte señor de mucha gente y darte he yo mi bendición y serás para siempre bendito». Si curiosamente quieren ser miradas estas palabras, hallaremos por verdad que Abrahám cuatro cosas Dios le mandó y otras cuatro le prometió, de manera que como Señor justo le dice lo en que le ha de servir, y le enseña la soldada que le ha de dar. Antes que Dios llamase a Abrahám y le tomase por suyo, no se lee dél alguna virtud que tuviese, ni algún servicio que a Dios hiciese, sino que era visnieto de Saruth, nieto de Acor, y hijo de Tare y hermano de Arán, los cuales todos fueron caldeos, y en sí idólatras. Casiano, en las Colaciones de los padres, dice que de tres maneras son llamados los que vienen a la perfección de la religión, es a saber: que los llama Dios a solas con santas inspiraciones, o los llaman los hombres con buenos consejos, o los costriñen venir a ser religiosos algunos desastres a ellos acontecidos, de manera que aunque la perfección evangélica sea una, los caminos para venir a ella son muchos. La primera vocación se llama divina, y ésta es cuando la inmensa bondad de Dios toca y despierta al corazón del hombre a que deje lo que hace y haga lo que debe, apartándose de las cosas humanas y allegándose a las divinas. La segunda vocación se llama humana, y esto es cuando algún hombre malo se torna a Dios, por consejo de otro hombre bueno, así como San Hipólito se tornó a la fe por consejo de San Llorente. La tercera vocación se llama forzosa y nece- sitada, y ésta es cuando algún hombre malo se torna a Dios por ocasión de algún caso desastrado, que le aconteció, y desta manera llamó Dios al abad Moisés en Egipto, el cual, por ocasión de haber muerto un hombre en el siglo, fue forzado ser monje en un monasterio. Pues puédese de estas tres maneras de vocación, si bien son miradas, colegir que ni la primera aprovecha, ni la postrera daña, para más o menos servir en la religión a Dios, porque muchos de los que llamó Dios a solas se condenaron, y muchos de los que le vinieron a servir por fuerza se salvaron. Solo Cristo llamó y escogió para su colegio al malaventurado de Judas, y, por el contrario, el apóstol san Pablo, la necesidad de verse derrocado y arrastrado del caballo le hizo reconocer a Cristo; de manera que a Judas sublimándole, cayó, y al Apóstol el derrocarle le sublimó.

Todo esto decimos, hermanos míos, para que no tengáis en mucho ni tampoco hagáis gran caso de llamaros Dios a la religión por su voluntad o haberos traído a ella alguna necesidad, porque el siervo de Dios que quiere en la vida monástica aprovechar, no ha de mirar cómo Dios le llamó, sino para qué le llamó. Muchos religiosos hay en las religiones cuales se precian de haber venido a ellas niños, otros se alaban que tomaron el hábito muy mozos, otros se jactan en haber entrado en monasterios muy recogidos, y aun otros presumen de haber sido discípulos de maestros muy santos. Otra manera de religiosos hay que hacen gran caudal de haber estado en la religión diez años, veinte años, treinta años o cincuenta años, teniendo a sí por ancianos y a todos los otros por novicios, y lo que es peor de todo que ponen toda su perfección en lo mucho que han estado en el monasterio, y no en lo poco que allí han aprovechado. Entrar niño, entrar hombre o entrar viejo en la religión no es caso de que ha de hacer mucho caso el varón religioso para que por eso presuma más o piense que le han de tener en más, porque el varón santo y perfecto no ha de contar los muchos años que en la religión ha estado, sino mirar lo mucho o poco que a Dios allí ha servido. Tres años estuvo Judas en el apostolado de Cristo y tres horas no más estuvo el ladrón en la cruz con Cristo, y al fin de la jornada tenemos por fe que aprovecharon más al ladrón solas tres horas que creyó en Cristo que no a Judas sus tres años del apostolado. En la parábola de Cristo no se mandó dar más dinero a los que cavaron en la viña de Sol a Sol que a los que fueron a trabajar cuando ya se ponía el Sol, para darnos a entender que no consiste nuestro mérito o desmérito en los servicios que a Dios hacemos, sino en la mucha o poca caridad con que los hacemos. A todos los Apóstoles llamó Cristo antes que muriese y al glorioso san Pablo después que murió; mas junto con esto, no le podemos negar que si fue el postrero en la vocación, que no fuese el primero en la perfección, «qui plus omnibus laboravit». Entrar en la religión siendo niño o siendo mozo y perseverar en ella mucho tiempo yo por cierto lo apruebo y lo alabo, con tal condición que no sea para que le den la mejor ración en el refitorio, sino para que sea el más humilde en el monasterio, de manera que se precie de ser el postrero en el comer y el primero en el obrar.

Guardaos, hermanos míos, guardaos mucho de las acechanzas del demonio, el cual, en pago de los muchos años que en la religión habéis estado y de las grandes tentaciones que allí habéis sufrido, os quiere contentar y hacer pago con la mejor celda del dormitorio, y con la primera voz del capítulo, de lo cual debéis de huir y muy poco caso dello hacer, porque en el estado de la religión cuanto uno tuviere menos de consolación tendrá más de perfección.

Tampoco le debe al buen religioso tomar vanagloria de haber tomado el hábito en monasterio recogido o en monasterio derramado, para que tenga a sí por observante y llame a los otros claustrales, porque la perfección evangélica no consiste en el monasterio a do entramos, sino en la buena vida que en él hacemos. Los hijos de Israel en Egipto adoraban solo a Dios y en tierra de promisión le desconocían; de lo cual podemos colegir que como quiera y a do quiera que estemos, el monasterio se ha de preciar de nosotros y nosotros del monasterio. Morando José entre los egipcios, y Abrahám entre los caldeos, y Tobías entre los asirios, Daniel entre los babilonios, fueron santos y bienaventurados, para darnos a entender que el varón perfecto del mundo hace monasterio, y el que es malo y profano, del monasterio hace mundo. Cada día se mudan muchos religiosos de unos lugares a otros so, color de perfección, y ello no es sino tentación, diciendo que el perlado que los rije es muy absoluto y el monasterio a do están muy disoluto, y a la verdad más hacen ellos esto de tentados que no de perfectos, porque no hay en el mundo lugar tan profano a do el que quisiere no pueda ser bueno. Tampoco se debe gloriar el siervo de Dios de haber tenido por maestro a alguno que fuese muy docto o lo tuviesen en la orden por varón santo, porque cosa sería muy vergonzosa para él se le olvidase lo que le enseñaron, y se preciase del que se lo enseñó. Datán y Abirón tuvieron por maestro a Moisés, y Achab a Elías, y Giezi a Eliseo, y Ananías a San Pedro, y Judas a Cristo, de los cuales, aunque oyeron sus palabras, se aprovecharon poco de sus doctrinas. En las obras acá mecánicas, primero loamos la obra, y después loamos al maestro que puso las manos en ella; quiero por lo dicho decir que muy poco aprovecharía en la vida monástica que el discípulo se preciase del maestro si el maestro se quejase del discípulo. Tampoco debe el varón religioso alabarse, ni preciarse de haberle llamado el Señor a una religión más que a otra, porque después de ser uno baptizado no hay estado en toda la Iglesia de Dios en el cual el bueno se pueda salvar y el malo condenar. Muy poco hace al caso tomar el hábito de benitos, de agustinos, de dominicos, de franciscos, de trinitarios o de mercenarios, pues todos son hábitos santos y que fueron por manos de varones santos instituídos, porque hablando la verdad, mucho más mira Dios al corazón con que le servimos que no al hábito que traemos. Con tal que uno sea cristiano, y se precie de guardar el santo Evangelio, por la presente le doy licencia que entre en la religión que quisiere, y tome el hábito que mandare, porque el inclinarse los hombres a tomar más el hábito de una religión que de otra más se ha de atribuir a devoción que no a perfección. No podemos negar que no haya unas religiones más honestas y aun más recogidas que otras, en las cuales tienen más ocasión los unos para ser buenos y tienen menos libertad los otros para ser malos, mas junto con esto decimos que el bien o el mal del monasterio no está en el hábito que traen, sino en los monjes que le traen. Mucho es de reír, y por mejor decir de llorar, las pasiones y competencias que traen entre sí unos religiosos con otros, sobre cuáles dellos son de más alta profesión, y de más perfecta religión, como sea verdad que la verdadera competencia no había de ser sobre quién es de mejor religión, sino sobre cuál dellos guarda mejor su profesión.

6. Razonamiento del autor hecho a los religiosos de su orden, en un capítulo general

Hablando Cristo de los que no se contentan con solamente ser cristianos, sino ser cristianos perfectos, dice: «El que no renunciare a todas las cosas que posee, no podrá ser mi discípulo». Ante todas cosas, nos conviene tener a Cristo en la fe por Dios, en la salvación por redentor y en la doctrina por maestro; porque si Él no nos enseña lo que hemos de hacer y no nos guía por do hemos de ir, erraremos el camino y tropezaremos a cada paso. «Vias tuas, Domine, demonstra mihi, et semitas tuas edoce me», decía el santo David, como si más claro dije se: «Enséñame, Señor, los caminos que van a parar en ti y las sendas por do llevas los justos a ti, porque no me va más en el errar o en el acertar tu camino de amanescer en el cielo o de anochescer en el infierno». No dijo Cristo «los que renunciaren», sino «el que renunciare todo lo que posee, ése será mi discípulo», para darnos a entender cuán poquitos los que saben sus caminos y muchos menos los que aciertan por sus atajos; porque dado caso que sean asaz los que recibieron el bautismo, cuál o cuál es el que llega a ser perfecto. Pues el buen Jesu nos convida a ser nuestro maestro, razón es que nos preciemos nosotros de ser sus discípulos, y esto será y se cumplirá, no cuando oyéremos sus palabras, sino cuando siguiéremos sus pisadas. «Pone me ut signaculum super cor tuum», decía Cristo en los Cantares, como si más claro dijera: «O tú, que vienes a servirme y seguirme, póneme por blanco sobre el terrero de tu corazón, do siempre afecten las saetas de tus pensamientos, porque jamás se perdió hombre que me siguió». En las escuelas de este gran maestro, la primera palabra que nos enseña es que el que no renunciare todo lo que posee, no puede ser su discípulo; para darnos a entender que el primero escalón de la ley evangélica es tener tan gran envidia a los que viéremos más pobres como teníamos en el mundo a los que veíamos más ricos. Conviene seguir al desnudo, desnudos; descalzos, al descalzo; pobres, al pobre, y crucificados, al crucificado; porque los discípulos deste tan alto maestro más han de obrar que no de hablar. Mandarnos Cristo dejar la plata y el oro que teníamos en el mundo no es porque ello es de sí malo, sino porque para servir a Dios es muy grande estorbo, y esto es por el trabajo que pasamos en lo allegar, el cuidado que tenemos de lo guardar, el peligro que hay en lo tener, y los enojos que nos dan sobre lo repartir. Tienen por condición los bienes deste mundo que si se dejan allegar no se consienten gozar; porque si son heredados, tiénense en poco, y si son ganados, cuestan mucho; de manera que cuando se acaban de allegar y pleitear, es ya tiempo de el dueño se morir. Las riquezas temporales causa soberbia el tenerlas, codicia el allegarlas, avaricia el guardarlas y pecados el gozarlas; de manera que a mejor librar escapamos los cuerpos cargados de vicios y los corazones de cuidados. Si preguntásemos a los hombres ricos y caudalosos qué sudores por caminos, qué peligros por mares, qué quiebras con acreedores, qué gastos por posadas y qué enojos en ferias han sufrido y pasado, yo juro que jurasen ellos que quisieran más haberlo pedido de puerta en puerta que no ganarlo de feria en feria. Tienen otro trabajo muy grande los ricos con la riqueza, y es que si los tristes tienen industria para ganarla, no tienen potencia para guardarla, porque si son moliendas, llévalas el agua; si casas, o se caen o las quema el fuego; si es ropa, roe la polilla; si son paneras, cómeselas el gorgojo, y si es oro y plata, húrtanlo los ladrones, de manera que les acontece a los tristes perder en un hora lo que ganaron en toda su vida.

Tienen otro trabajo los ricos, y es que al tiempo de llegar las riquezas andan solos, y al tiempo de gozarlas están muy acompañados, diciéndoles los unos que fueron sus criados; otros, que son sus deudos, y otros, que se les ofrecen por amigos; de manera que todos se llaman suyos al repartir de los dineros y ninguno al tiempo de los trabajos. Por más generoso que sea uno en el dar, y por más comedido que sea en el repartir de los bienes que Dios le ha dado, todavía será malquisto, será envidiado, será murmurado y aun maltratado, así de sus vecinos como de sus deudos propios; y esto no por la injuria que les ha hecho, sino por la hacienda que no les ha dado. Piedad, se ha de tener al pobre cuando le falta, y no menos se ha de tener al rico aunque le sobre, pues no le faltan amigos que le pidan, ni enemigos que le persigan. El día que acierta uno a ser rico, aquel día se tienen todos sus deudos por ricos, y se tratan como ricos, y aun se regalan como ricos, y si para sustentar aquel fausto no les da él de su dinero, ténganse por dicho que han de comer sobre su honra, pues no comen de su hacienda. Cosa es penosa el allegar la hacienda; mas yo tengo por cosa más trabajosa el repartirla, porque son tantos los que la piden, los que la toman y aun los que la hurtan, que si se allega sudando, se reparte llorando. Tomen hoy juramento a los más ricos hombres y poderosos de este siglo para que digan y declaren cuáles son más los dineros que gastan a su placer, o los que los han hecho gastar a su desplacer, y en tal caso, yo juro que jurasen ellos ser sin comparación más lo que otros les llevan, que no lo que ellos gozan.

Trae consigo otro trabajo la riqueza y es el fausto de criados, la muchedumbre de alhajas, la costa de la despensa, el acompañamiento de la persona, la continuación de los huéspedes y la carga de los negocios; lo cual todo ha de entretener y sustentar, o sobre eso en la demanda morir, porque es de tal calidad este triste de mundo, que antes han de cumplir los hombres con la opinión que no con la razón. Todo el trabajo de los hombres está en que después que su fortuna o su locura los puso en estado de poder y de haber, antes se dejaran morir que no de aquello descaer, y lo que más de maravillar es que a las veces no vale cien ducados su hacienda y tienen docientos de locura. ¿Qué diremos, pues, de las importunidades que pasan los ricos deste siglo con los dezmeros, con los alcabaleros, con los renteros, con los portazgueros, con los fatores y con los acreedores? Que a las veces querría más un hombre de bien sufrir una honesta pobreza que no su desvergüenza.

Hay otro trabajo en los bienes temporales, y es que por más y más que tenga un mundano en el mundo no tiene tanto que no le falte mucho más; porque si tiene para sus necesidades, fáltale para sus mocedades. Si los hombres quisiesen mirar lo que tienen y tantear lo que gastan, hallarían por verdad que todo el trabajo y necesidades que pasan es no tanto para satisfacer a la necesidad que tienen, cuanto para cumplir con la vanidad en que viven. Aun hay otro trabajo en los ricos, y es que cuanto más van en los negocios entendiendo, tanto más se van cada día engarzando, y entrampando; es a saber, en darse a comprar, a vender, a fiar, a trocar y a mohatrar, y, lo que es peor de todo, que nos dicen que agora más agora se retraerán y apartarán del trato, y por otra parte métense cada día más a lo hondo. Tienen otra carga a cuestas los ricos, y es que cuanto más tienen, más procuran, más compran, más allegan, más desean y aun más roban, y lo que es de mayor lástima en ellos es que lo mucho suyo les parece poco y lo poco ajeno les parece mucho. El que fuere amigo o vecino de algún hombre rico, si le quiere alumbrar y ayudar a salvar, no le aumente la hacienda, sino disminúyale la codicia, porque es muy poco lo que tienen en comparación de lo que desean tener. Hay otro trabajo en los bienes temporales, y es que antes de alcanzar los tenemos dellos grande apetito y después de alcanzados luego nos ponen hastío, de manera que en alcanzarlos pasamos inmensos trabajos y después en poseerlos tomamos muy poco gusto.

Siendo, pues, verdad lo que hemos dicho, falso testimonio levanta el que las riquezas llama bienes, pues no son bienes, sino males; porque si males hay hoy en el mundo, los ricos los causan y los pobres los padecen. Ni para el menor, ni para el mayor, la riqueza es bien, ni se debe llamar bien; pues sin comparación son más los que con ella de buenos se tornan malos, que no los que de malos se tornan buenos. No son bienes, sino males, estos bienes temporales, pues son tan trabajosos de allegar y tan vidriados de sustentar; porque si la riqueza está en poder de alguno que es viejo, no puede gozarla, y si está en poder de algún mozo, no para hasta perderla. Tornome a afirmar y reafirmar que estos bienes no son bienes, sino males, y no simples males, sino grandes males, pues ellos nos ponen en peligro los cuerpos, nos remontan los juicios, nos alteran los corazones, nos apartan los amigos, nos quitan las vidas y aun nos desentrañan las entrañas. Si las riquezas fuesen bienes como decimos, y no males como vemos, no se levantarían tantas guerras entre los príncipes, tantas sediciones entre los pueblos y tantos bandos entre los vecinos, ni aun tantos pleitos entre los hermanos, porque a nadie hemos visto reñir sobre el enmendar la vida que hacen, sino sobre mejorar la hacienda que tienen. Nunca Dios quiera, ni tal Él permita, que a lo que es causa de tanto mal lo llamemos nosotros bien, pues no son otra cosa las cosas deste mundo sino un deseo de vanos, un resbaladero de malos, un atolladero de buenos y un reventón de todos.

Todo esto hemos dicho, hermanos míos, para que vosotros y yo, yo y vosotros, tengamos siempre delante los ojos aquel trueque y cambio real que hecimos con el mundo el día que salimos del mundo y entramos en la religión, a do trocarnos soberbia por humildad, ira por paciencia, envidia por amor y crueldad por caridad. El que en la religión se precia y alaba de haber dejado en el mundo mucha plata y oro, y sedas, y heredades, y otros bienes temporales, ni sabe lo que dejó ni siente lo que tomó; que, como dijimos, el que dejó el mundo dejó mucha malaventura, y el que entró en la religión, alcanzó una segura vida; porque a los hombres religiosos y virtuosos más áspero les es sufrir un día en el mundo que un año en el monasterio. El que quiere ser pobre, ser paciente, abstinente y continente, seguramente puede ser monje en cualquier monasterio; mas el que quisiere ser rico, ser voraze, ser impaciente y incontinente, aconséjole que se quede allá y no venga acá, porque la religión es muy áspera para el regalado, es muy cerrada para el absoluto, es muy justiciera para el disoluto y aun es muy callada para el parlero.

Sea, pues, la concluzión de todo esto que nadie siga al mundo, pues va errado; nadie le sirva, pues es ingrato; nadie le crea, pues es fementido; nadie le ame, pues es mentiroso; y si digo que es mentiroso, es porque halaga para prender y prende para nunca soltar. Los que no conocen al mundo, aquellos aman al mundo, sirven al mundo, desean al mundo y aun se pierden en el mundo; porque los monjes avisados y religiosos, hostigados por no verle, se esconden, y de oírle se santigüan.

7. Razonamiento que el autor hizo predicando en un capítulo general de su orden es doctrina para religiosos

El serenísimo rey David era en la contemplación tan alto, en la fe tan zeloso, en la caridad tan cuidadoso y en las injurias tan sufrido, que dijo Dios dél al gran profeta Samuel: «Inveni virum secundum cor meum», como si más claro dijera: «He desechado al rey Saúl, para que no reine más en mi república, y he hallado un varón tal cual mi corazón deseaba». Creería yo que no por más dijo Dios que era David conforme a su corazón, porque perdonaba las injurias de corazón. En muchas partes de muchas personas y de muchas maneras se deja Dios servir, y se quiere de los suyos honrar; mas entre todos los sacrificios pienso que no hay sacrificio a Dios más acepto que es el perdón del enemigo. Es agora de ver que pues el corazón de Dios era conforme con el de David, y el de David con el de Dios, bien podremos creer, y aun jurar, que no pediría David a Dios cosa que no le estuviese bien, ni tampoco Dios le otorgaría cosa que te estuviese mal. Veamos, pues, qué quiere, qué desea, qué busca y qué pide el corazón de David al corazón de Dios, y si entendiéramos bien lo que él pidio, acertaremos nosotros en lo que hemos de pedir para nosotros; porque si nosotros nos perdemos, no es porque Dios no quiere dar lo que le pedimos, sino porque no se lo sabemos pedir. Dice, pues, el buen rey David: «Unam petii a domino, et hanc requiran ut inhabitem in domo domini omnibus diebus vite mee», como si más claramente dije se: «Una cosa, Señor, te he pedido y sobre ella te he muchas veces importunado, y es que me dejes morar en tu casa todos los días de mi vida. Pudiera pedir a Dios que le tornara a su tierra, cuando andaba desterrado; pudiera pedirle de comer, cuando por el desierto andaba hambriento; pudiera pedir el reino, cuando Saúl dél le alanzó, y pudiera pedir la vida de su hijo Absalón cuando Joab se le mató; mas no le pide sino que le deje morar en su casa, a do con más quietud y reposo le sirva. rey era, coronado estaba, vasallos le servían, riquezas poseía y hijos tenía, y esto no obstante, huelga de lo dejar y menospreciar con tal que le dé Dios un rincón a do mejor le pueda servir, y de las ocasiones del mundo se apartar.

La casa que él pedía no era la de Jericó, pues estaba descomulgada, no era la de Salomón, que aún no era hecha; no era la del Monte Sión, porque en ella él moraba, ni aun era la de Aminadab, a do estaba la arca santa, sino era la casa a do suele Dios a sus escogidos tener y depositar a los sus muy regalados. Así como en el arca de Noé había mansiones y mansiúnculas, como quien dice moradas y moradillas, así en la Iglesia de nuestro Dios hay estado eclesiástico y popular, a donde moran los fieles cristianos de Jesucristo, y hay estado de religiones, a donde tiene Dios a los de mucha perfección y asimismo de grande contemplación. Es nuestro Dios tan amigo de los que quieren su amistad, que desde el principio del mundo tiene costumbre de apartar a los suyos del mundo, así como hizo a Abrahám, de Caldea, a Jacob, de Siria;

a Moisés, de Palacio, y a Daniel, de Babilonia, y a Elías, de Judea, y al gran Bautista, de su república, de lo cual podemos muy bien colegir que no es otra cosa traer Dios a uno a la religión, sino quitarle las ocasiones de pecar y darle gracia para le servir. Cristo nuestro redentor hizo retraer a sus Apóstoles en un lugar alto y grande, solo y cerrado, diez días antes de Pentecostés, a do, como buenos religiosos y varones santos, estuvieron orando, ayunando y llorando, y lo que les había prometido esperando, de manera que primero se metieron frailes en aquel monasterio que quisiese Cristo enviarles el Espíritu Santo. Cristo nuestro redentor, a la hora que comenzó a predicar, recibió Apóstoles y tomó discípulos, para que en su vida le siguiesen y después de su muerte le predicasen, y así es que Él con ellos y ellos con Él andaban juntos, dormían juntos, comían juntos y moraban juntos; de manera que no era más el bendito Jesu con sus Apóstoles que un abad con sus monjes y un guardián con sus frailes.

En la primitiva iglesia luego los Apóstoles y fieles deputaron en Jerusalén un lugar honesto, a do manera de monasterio todos se juntaban y se encerraban, y lo que más es de todo, que, en tornándose uno cristiano, luego se había de meter en religión, en señal de lo cual eran entre todos todas las cosas comunes, y las suyas propias daban a los pobres. Luego que los Apóstoles murieron, se levantó el gran Basilio, obispo que fue después de Cesárea, el cual edificó después un monasterio en Escitia y puso en él muchos monjes virtuosos, les señaló hábito que trajesen y les dio regla que guardasen. En esta Orden de San Basilio fue monje Orígenes, Cronaci, Pámfilo, y Arsenio, y Panucio, y Casiano, varones que fueron en aquellos tiempos muy ilustres en las letras y muy aprobados en las vidas. Ya que la Orden de San Basilio se iba resfriando, vino el glorioso san Benito y instituyó otra Orden de nuevo, en la cual fueron monjes el glorioso Gregorio y el bendito san Mauro, y otros infinitos monjes muy aprobados, por consejo y autoridad de los cuales se gobernó la Iglesia de Dios grandes tiempos.

No poco tiempo después que el maldito monje Sergio dio a la Iglesia aquella bofetada con Mahoma y hizo a su Orden monacal aquella afrenta, vino el glorioso Augustino y instituyó una nueva Orden en un yermo de África, no lejos de su ciudad de Bona, a do él con ellos y ellos con él hacían tal vida, que era más apostólica que humana. Cansados, pues, ya de estar en los yermos y doctrinar a los pueblos, los basilios, y los benitos, y los augustinos, levantó Dios a los dos gloriosos santos San Francisco y Santo Domingo, los cuales, como dos lumbreras del cielo y dos grandes columnas del templo, la Iglesia de Dios alumbran y aun sustentan.

En la vieja ley también tuvieron una manera de religión que llamaban nazareos, los cuales no cortaban los cabellos, ni bebían vino, traían diferentes vestidos de los otros, estaban en el templo encerrados, prometían ciertos votos y ofrecían ciertos sacrificios, de manera que en la reputación que agora tenemos a todos los religiosos, tenían ellos a sus nazareos. Del Mesías prometido en la ley, que fue Cristo, dijo el profeta: «quoniam nazareus vocabitur», como quien dice: «llamarle han religioso». Moisés, cuando recibió la ley; David, cuando fue ungido en rey, Elías, cuando fue del ángel apascentado, Heliseo, cuando le dieron el espíritu doblado, y el gran Bautista San Juan, cuando mostró a Cristo con el dedo: a manera de religiosos moraban estos varones santos en aquellos desiertos. La virtuosa Judith, a manera de religioso, estaba en lo más secreto de su casa retraída, cuando le vino la gracia. La sagrada Virgen, como religiosa estaba en su casilla encerrada cuando para madre de Dios fue elegida. La honesta Elisabeth, en la alta montaña de Judea estaba apartada, cuando de la Virgen fue visitada, y aun Ana, profetisa en el templo, estaba orando, cuando mereció ver ofrecer a Cristo. La sunma verdad del Hijo de Dios, cuando quería revelar algunos secretos misteriosos a los que eran sus más privados y regalados discípulos, siempre los llevaba a lugares muy remotos, así como al monte Tabor cuando se transfiguró, al desierto Cades cuando los doctrinó, al huerto de Jethsemaní cuando oró, y al monte Calvario cuando murió; de manera que cuanto más ama Dios a uno, tanto más le aparta y alexa del mundo. «Ducam illam in solitudinem, et loquar ad cor eius», decía Dios por Osee profeta en el segundo capítulo, como si dijera: «Al ánima que es de mi amada y que tengo yo predestinada, sacarla he de los bullicios del mundo y llevármela he a un lugar solitario, a do regalándome con ella revelaré a su corazón los secretos de mi corazón». A muchos habla Dios por señas, a muchos por escrito, a muchos por palabra y aun a muchos a la oreja, y a muy poquitos al corazón, porque a solos aquellos llama Dios al corazón que ama Él de corazón. «¡O bienaventurada ánima, a la cual llamó Dios al desierto de la religión, y a la cumbre de la perfección, porque allí es a do Él da su gracia, para que con devoción le sigan y de corazón le sirvan!

Poco aprovecha que nos hable Dios a la oreja para oírle, a los pies para seguirle, a los ojos para mirarle, a la boca para loarle, si no nos habla al corazón para amarle, porque es imposible que ame a Dios de corazón el que no le tiene en su corazón. Entonces habla Dios al corazón del cristiano, cuando le saca de las tempestades del mundo y le lleva a la soledad del monasterio, a do puede muy bien guardar su cuerpo en limpieza, y su corazón en pureza, porque el árbol que está cerca del camino más sirve de sombra al que camina que no de fruta al que le labra.

No se contenta Dios con decir sacarla he del mundo y llevaría he al desierto, sino que dijo que la hablaría también al corazón, para darnos a entender que muy poco aprovecha traernos Dios al desierto del monasterio si no dejamos de todo corazón las cosas del mundo, porque más daña que aprovecha el sacarnos alguna muela, si dentro de las encías queda alguna raíz podrida. El que dejó el mundo de corazón y está en la religión de corazón y obedece de corazón, y sirve a todos de corazón, a éste, y no a otro, habla Dios de corazón, y ama de corazón, de manera que aprovecha poco traernos Dios a la religión si no nos habla al corazón.

Es, pues, el caso que cuando el santo David decía «unam petii a domino et hanc requiram, ut inhabitem in domo domini», ésta es la casa en que Él deseaba morar, y ésta es la merced que Él deseaba alcanzar; porque el mayor bien que Dios nos puede dar en esta vida es hacernos uno de los sus escogidos, y ponernos en compañía de santos religiosos. El bendito Jesu, que es sunma verdad, dijo, juró y prometió que a do quiera que estuviesen dos juntos en su nombre, Él sería el tercero, y si fuesen tres, Él sería el cuarto, puédese piadosamente creer que está Dios en todos los monasterios, pues en ellos loan y sirven a Dios tantos y tan grandes religiosos.

Muchas cosas sabía pedir, osara pedir y pudiera pedir a Dios el buen rey David, y no pide más de que le dejen morar en su casa, es a saber, con los religiosos que le loan de noche y de día, porque, hablando la verdad, tras hallar el hombre buena compañía, no me parece que se puede pedir otra cosa. No acaso fortuito, sino por muy alto misterio mandó Dios a Abrahám que dejase la casa que había edificado, la heredad que había criado, la viña que había plantado y la huerta que había cercado, para darnos a entender que todas estas cosas temporales, aunque para ser cristianos no nos dañan, todavía para ser religiosos perfectos nos estorban. «Declina a malo et fac bonum», dice el profeta David, como si más claro dije se: «Has de huir las tinieblas si quieres gozar la luz; has de ir camino derecho, si no quieres errar el camino; has te de apartar del lodo, si quieres andar limpio, y has de dejar de ser malo, antes que empieces a ser bueno; porque no dijo David «sé bueno y después dejar ás de ser malo», sino que dejases de ser malo y que después serías bueno.

8. Razonamiento que hizo el autor en un velo de una monja ilustre: tócanse en él altas doctrinas para religiosos

«Sunt lumbi vestri precincti, et lucerne ardentes in manibus vestris», dijo Cristo a sus discípulos, como si más claro dijera: «¡Oh tú, que vienes o quieres venir a la casa del Señor! Conviene que primero te ciñas muy justo, antes que la candela y el candelero te pongan en la mano, porque entre los siervos de Dios, al que vemos andar triste, tibio y remiso, aquel decimos que anda floxo y desabrochado». En las divinas letras se lee que Elías en el desierto, san Juan en el yermo, san Pedro en la cárcel y san Pablo en el Éfeso y Cristo en el Cenáculo, aunque estaban mal vestidos, andaban bien ceñidos, para darnos a entender que los varones perfectos, por trabajos y persecuciones que les vengan, nunca se han de afloxar en lo que empezaron ni resfriarse en lo que tomaron. La ropa que anda bien ceñida y apretada da calor y no coje aire.

Quiero por lo dicho decir que el novicio que viene a la religión a servir al Señor debe dejar el viento de la vanidad en el mundo y darse al calor de la devoción en el monasterio, de manera que entonces diremos que se ciñe justo cuando procura de ser justo. La ropa que está ceñida y bien apretada, ni estorba el andar, ni ocupa tanto lugar; para darnos a entender que tan abstinentes y continentes debemos ser en la religión que no se arrepientan los que nos recibieren y loen a Dios los que nos vinieren. Decir Cristo que nos conviene primero ceñir las ropas que no tomar en las manos candelas encendidas, es decir que de tal manera dejemos las vanidades y riquezas atadas y liadas y aun añudadas, que ni ellas nos puedan seguir ni nosotros las tornemos después a buscar. Las candelas que hemos de tener en las manos encendidas son las buenas y santas obras que hacemos, y así como es uno el que tiene la candela y otro el que con ella le alumbra, así es en el religioso la buena obra, la cual no solo aprovecha al que la hace, mas aun edifica al que la mira. Así como no carece de pecado el que es ocasión que otro peque, así no carece de mérito el que es causa que otro mereza, porque conforme a lo que dice el profeta, «participes sum omnium timentium te», parte tenemos con todos los que a Dios sirven cuando nosotros somos ocasión que ellos le sirvan.

No se contenta Cristo con que tengamos en las manos una candela, sino muchas candelas; porque el verdadero cristiano y buen religioso, pues son inmensos los beneficios que de Dios recibe, también es razón sean muchos y muy muchos los servicios que le haga. No vaca tampoco de misterio el mandarnos Cristo que nosotros tengamos en nuestras propias manos las candelas encendidas, y que ni las pongamos en candeleros, ni las tengan otros por nosotros, para darnos a entender que si Dios nos ha de salvar, ha de ser por su gran misericordia y por alguna buena nuestra diligencia. No abasta en la religión que estemos ceñidos, ni que tengamos candelas, ni que las pongamos en las manos, ni que las candelas sean muchas, sino que conviene que estén todas encendidas y no muertas, para darnos a entender que mucho más nos valiera no haber venido al monasterio si en él no nos enmendamos y cada día más y más no aprovechamos.

Del glorioso Bautista dice la Sagrada Escritura que era candela que ardía y que alumbraba, en lo cual se nos da a entender que tal ha de ser el varón religioso y virtuoso que ni le falte cera de buena vida para arder, ni haya en él pabilo de pecado que despabilar. No es, por cierto, candela encendida, sino muerta, el monje que no tiene más de monje sino el escapulario y cogulla, o el hábito y la cuerda, de lo cual no se deba nadie preciar, ni menos vanagloriar, porque delante el acatamiento de Dios tiénese en muy poco el ser uno monje, y tiénese en mucho el ser buen monje. La condición de la candela muerta es que se pierde el pabilo de que se hace y ocupa el lugar a donde está y hiede el sebo de que la tocan, y no alumbra cosa alguna, las cuales condiciones se pueden muy bien apropiar al religioso que es vagamundo y indevoto, el cual come lo que los otros ganan, ocupa el lugar de otro, es pesado al monasterio y anda siempre como asombrado. Las vírgenes que en el Evangelio no tenían las lámparas encendidas, no merecieron entrar con el Esposo en las bodas; de la cual palabra podemos colegir que el hombre que no hace lo que debe como cristiano, y no cumple lo que promete como religioso, se debe tener por dicho que en el día de la muerte no se hallará entre los convidados, sino entre los burlados. ¡O, cuánta merced hace Dios al que quiso sacar del mundo y le trajo a ser religioso! Porque en la santa religión vive el hombre más seguro, anda más cauto, cae más raro, levántase más temprano y aun arrepiéntese más presto.

Digo y torno a decir que el buen religioso vive en la religión más seguro y cae más raro, porque en su monasterio tiene para servir a Dios más aparejo y vive allí mucho menos ocasionado. Venir del mundo a la religión es venir del arroyo a la fuente, del mar al puerto, de las tinieblas a la luz, de la batalla al triunfo y del peligro a lo seguro; porque en el estado de la religión tropezamos sin que caigamos, y si caemos, no nos lisiamos. Vestidos de esta humanidad, no podemos dejar de ser humanos y caer en algunas humanidades; mas, junto con esto, a los que Dios escoge para suyos y tiene bien conocidos y señalados en los monasterios, de tal manera los trae de brazo y tiene de su mano, que si por ventura los deja caer en alguna flaqueza para que le conocan, no les consiente caer en muchas culpas ni en grandes pecados para que le ofendan. Al que debajo de hábito monástico viéremos osar ser soberbio, osar ser ambicioso, osar ser carnal y malicioso, podremos dél decir que es Satán entre los hijos de Dios, Datán entre los israelíticos y Saúl entre los profetas, y Judas entre los Apóstoles. ¡O tú, que saliste del mundo y que por tu voluntad entraste en el monasterio!, si no sabes lo que tomas, ¿para qué lo tomas? Si no sabes lo que buscas, ¿para qué lo buscas? Has de saber, si no lo sabes, hermano mío, que tú has de venir a la religión a te salvar, a te mejorar y a te reformar, porque en la pureza de la religión permítense entrar grandes pecadores, mas no se sufre: cometer allí grandes pecados. ¿Qué quiere decir la Sagrada Escritura cuando por solo coger unas serojas y pajas el día de fiesta un israelita en la tierra de promisión, te mandó Dios matar y apedrear, sino que el religioso que peca en la religión, que es tierra santa y consagrada, lo que era venial en el mundo, se ha de tener por excomunión en el monasterio? «Mirad no recibáis la gracia de Dios nuestro Señor en vano», decía el apóstol san Pablo, y de mi parecer aquél recibe la gracia de Dios en vano, que no hace cuenta haberle Dios sacado del mundo, porque es tan alto estado el de la religión, en que así como en el baptismo nos baptizamos, así en la profesión nos regeneramos.

Mirad, pues, hermanos míos lo que tomáis antes que lo toméis, y mirad si venís a la orden por voluntad o por necesidad, porque todas las religiones, como las instituyeron varones santos, no son sino para personas santas; de manera que el que allí quisiere vivir como profano y preciarse de mundano, téngase por dicho que si no se quisiese enmendar, ha de parar en apostatar. Querer alguno en la religión ser más esento en las disciplinas y ser más privilegiado de esenciones que los otros, así como de comer de otros manjares, vestirse de otros paños, tener para sí todas las familiaridades y nunca entrar en las comunidades, poder podrálo él por algún tiempo hacer, mas al fin la religión no lo querrá comportar, porque si la mar no puede sufrir los cuerpos muertos, mucho menos sufrirá la orden a los hombres que son desordenados. Por eso se llama orden: porque están allí todas las cosas bien ordenadas, y por eso se llaman religiosos: para que estén en su monasterio; porque de otra manera no sería orden, sino desorden; no religión, sino confusión.

Preguntado por Dios el profeta Jeremías de cómo le sabían unos higos que le mandara comer, respondió: «Señor, los higos buenos son además muy buenos, y los higos malos son además muy malos». Pues puédese de esta respuesta del profeta colegir que no hay en el mundo cosa mejor que es el monje que guarda su profesión y no hay tampoco cosa peor que el que niega a su profesión. Aquél niega su profesión y quebranta su religión, que habiendo renunciado el mundo y tomado algún santo hábito, quiere todavía tener algunos resabios de mundano y algunas notas de liviano; porque, para deciros la verdad, la doctrina del Santo Evangelio de nuestro Dios y las libertades del mundo nunca juntas se hallaron, ni en un hombre se compadecieron.

Creedme, hermanos, y no dudéis que todo religioso que suspirare por las cosas del siglo y tuviere envidia a los que están en el mundo, siempre andará desconsolado y vivirá desesperado; porque la envidia que teníamos allá a los más poderosos hemos de tener acá a los más virtuosos. ¡O cuántos y cuántos andan en los monasterios perdidos y viven en las religiones engañados!, y esto no por más de por pensar que el día que tomaron el hábito y han salido del noviciado viven ya seguros y pueden en la religión enseñar a otros; lo cual no es por cierto así, porque la alteza de la perfección y la pureza de la religión alcánzala muy pocos y cómprase con muy grandes trabajos.

Prosigue el autor su razonamiento y avisa a los religiosos que no sean propietarios.

En la vida monástica y religiosa, cada día se quejan los que están en ella de las tentaciones que pasan, de las abstinencias que hacen, del silencio que guardan y del encerramiento que tienen, y si por otra parte supiesen ellos qué bienes hay en la religión y qué secretos en la perfección, no llorarían los trabajos que allí pasan, sino los grandes gustos que de Dios pierden. «Vident cruces nostras et non vident unctiones nostras, quia melior est dies una in atriis tuis super milia», decía el glorioso Bernardo, como si más claro dijera: «Los que no saben qué cosa es religión, ni tienen algo de devoción, han compasión de lo que padecemos, como ellos no gustan de lo que gustamos, porque para los religiosos que se dan a Dios y han comenzado a gustar de Dios, menos trabajo les es sufrir un año en el monasterio que no estar una hora en el siglo». Entre los hijos de este siglo más son las cosas que dañan que no las que espantan; mas entre los siervos de Dios, muchas más son las que espantan que no las que dañan, porque debajo del cielo no hay cosa de tan gran gusto como es abezarse el hombre a ser virtuoso. El bendito Jesu, antes que fuese al monte Calvario, sudó, tembló, oró y se espantó de puro temor; mas después que subió a la crus, aunque le otorgaban los enemigos la vida, no quiso descender ni apartarse della. El santo profeta Elías, cuando debajo de un árbol pidio a Dios que le socorriese o que le matase, iba huído de Jezabel, y cansado del camino, y aun hambriento de muchos días; mas al fin socorrióle Dios con un poco de pan y agua, lo cual le dio tan grande esfuerzo que caminó cuarenta días y olvidé todas las angustias pasadas. ¡O cuánto va a comer de la mano del criador a comer de la mano de la criatura!, pues vemos que con un regojo de pan negro, ceniziento, seco, desabrido, solo y a solas, no solo el buen Elías se hartó, mas aún se recreó y regaló; de manera que para el religioso perfecto más vale la ceniza de Dios que no la harina del mundo. Daniel profeta, con solo comer manjares ásperos y pocos, se paró gordo y hermoso, y los otros, sus compañeros, con comer manjares delicados y muchos se pararon flacos y amarillos, de lo cual se puede colegir que los varones santos y perfectos más caudal han de hacer de la gracia de Dios que tienen, que no de los buenos o malos manjares que comen. El grano de trigo que cayó entre las espinas, ahogóse y perdióse, y así mismo hará el religioso que en la religión quisiere ser propietario y vivir regalado, porque, hablando la verdad, no se sufre debajo del hábito monástico ninguno cosa querer, ni mucho menos tener. Para las cosas necesarias del cuerpo poco ha menester el buen religioso, mayormente que el que tiene puestos los ojos y empleado su corazón más en se querer salvar que no en darse a regalar, no solo se abstiene de las cosas ilícitas, mas aún de las lícitas.

En la parábola de Cristo fueron para las bodas convidados los que compraron el aldea y los que plantaron la viña, los cuales todos se excusaron y allá no fueron, para darnos a entender que son muchos y muy muchos los que llama Dios a ser religiosos, y muy poquitos los que dellos llegan a ser perfectos. Seiscientas mil ánimas salieron de Egipto, pasaron el mar bermexo, recibieron la ley santa, gustaron del maná celestial y vieron las grandes maravillas de Dios; de los cuales todos seiscientos mil solos Josué y Calef merecieron pasar el río Jordán y entrar en la tierra de promisión. Figura espantable y ejemplo notable es éste, mediante el cual se nos da a entender que para ser varones perfectos y que a boca llena nos osemos llamar religiosos, no abasta salir del mundo, tomar el hábito, entrar en el monasterio, traer cogulla y prometer la regla, si con todo esto aborrecemos el monasterio y suspiramos por tornarnos al mundo.

Olvidaban los hijos de Israel las aguas dulces de Marat, el maná que les llovió del cielo, las codornices que les vinieron por el aire y la nube que les hacía sombra, y por otra parte acordábanse de las ollas que en Egipto comían, de los cohombros que allí merendaban, de las cebollas que entonces cenaban y aun de los sepulcros en que allá se enterraban. ¡O cuántos hay hoy semejantes a éstos en las religiones, los cuales, por falta de no ocuparse en la lección o no darse a la oración, háceseles tan de mal el residir en el monasterio, y procuran tanto la libertad del mundo, que a cada paso suspiran por lo que dejaron y aborrecen lo que tomaron. El que en la Orden, habiendo hambre, se acuerda de lo que en el mundo comía, y en habiendo frío, de cómo allá se vestía, y en estando pobre de lo que allá le sobraba, y en estando solo de los que allá le servían, téngase por dicho que allende de andar él aburrido será a la orden muy pesado. En cuanto a los hijos de Israel les duró el pan que sacaron de Egipto, nunca Dios les dio codornices en la tierra, ni les envió maná del cielo, para darnos a entender que si queremos que Dios nos harte, hemos de estar hambrientos, y si queremos que nos vista, hemos de estar desnudos, y si queremos que nos consuele, hemos de estar tristes, y si queremos que nos visite, hemos de estar solos, porque es tan delicada la consolación divina que no se compadece con ninguna consolación humana por más pequeña y pequeñita que sea.

No es culpa de Dios estar nosotros necesitados, ni es por descuido suyo el andar atribulados, pues Él tiene capitulado con sus siervos de oírlos cuando le quisieren llamar, y de socorrerles cuando le hubieren menester; mas junto con esto es de saber que es tan cumplido Dios nuestro Señor que siempre guarda su gran caridad para nuestra mayor necesidad. Las cosas mundanas y las consolaciones livianas son a los varones perfectos tan prohibidas que no solo les es inhonesto el procurarlas, mas están entredichos de no desearlas, porque entre los varones de alta profesión a las veces peca más el corazón en lo que desea que no la mano en lo que toca. Los bienes de Jericó fueron a los hebreos prohibidos, y aun descomulgados, y el triste de Achior, hijo que era de Carmi, porque se atrevió a tomar una ropa buena y un poco de pecunia, fue a muerte condenado y del pueblo apedreado.

Guardémonos, pues, hermanos míos, de encovarnos con los bienes de Jericó, es a saber, guardando algunos hábitos delicados para nuestros cuerpos y escondiendo algunos dineros para nuestros apetitos, porque en tal caso entiendo que antes seremos con Judas condenados que no con Achor apedreados. ¡O tú, que esto lees o esto oyes!, sabe, si no lo sabes, que todo lo de Jericó es a ti prohibido y es para ti descomulgado, de manera que el oro se te tornará lodo; la ropa, polilla, la pecunia, carcoma, y la plata, langosta, porque en la vida monástica nadie puede tener la celda rica y la condición pura.

Prosigue el autor su razonamiento y toca por alto estilo que es gran peligro andar el religioso descontento.

Cristo nuestro Dios no dijo del que quería ser perfecto: «ve y vende de lo que tienes», sino «ve y vende todo lo que tienes»; para darnos a entender que si queremos ser sus verdaderos discípulos, ninguna cosa hemos de guardar en las arcas, y mucho menos en las entrañas, sino que pobres sigamos al pobre y desnudos al desnudo. Aviso y torno a avisar al que quiere en la religión aprovechar y en ella permanescer, se guarde mucho de andar por el monasterio ocioso, y de ser en su celda y persona curioso, porque la ociosidad le cargará el corazón de pensamientos y la curiosidad le henchirá la celda de apetitos. Presciarse el religioso de tener la celda muy ancha, las ventanas curiosas, los libros compuestos, los suelos esterados, las paredes pintadas y las ropas muy plegadas, ni es de condenar ni tampoco de loar; porque en las semejantes cosas cébanse los ojos, mas no se harta el corazón. No se debe arrojar el siervo de Dios a osar henchir la celda de niñerías, ni de bugerías, porque muy pocas veces hemos visto ser un monje curioso que no parase en propietario. El mundo consiente tener a sus mundanos cosas superfluas; mas la pureza de la religión aun apenas quiere que tengamos las necesarias; de manera que el religioso que tiene en el monasterio algo superfluo, haga cuenta que lo tiene hurtado. Ladrón es cosario el monxe que tiene en su celda algo escondido y prohibido, y no le llamaremos ya curioso, sino a boca llena propietario, al que no lo quiere dejar ni a su hermano emprestar.

Habiendo el siervo de Dios dejado tantas cosas en el mundo, quererse en la religión enfrascar en cosas de poco tomo y poco precio, créame y no dude que es más tentación que recreación, porque el demonio, como a su despesar dejamos lo que con buena conciencia podíamos allá tener, hácenos procurar lo que no deberíamos aun mirar ni menos tocar. Nadie debe hacer cuenta si es rico o si es pobre lo que a su uso tiene en la religión, porque en la vida monacal no está el daño en lo poco o mucho que tenemos, sino en el amor o desamor con que lo poseemos. No podía ser en el mundo cosa más vil para comer y de menor valor para tener que eran las cebollas y los pepinos que los hijos de Israel comían en Egipto y porque suspiraban en el desierto, y por solo acordarse dellas y suspirar por ellos en el yermo, la Sagrada Escritura los condena, y la justicia divina los castiga. En este tan terrible ejemplo deben tomar todos los siervos de Dios ejemplo, para ver cuán estrecha es su religión y a cuánto les obligó su profesión, pues en el mundo podían comer gallinas y capones, y acá en la religión no pueden aún desear pepinos y cohombros. Poner el monje muy grande estudio en procurar un breviario curioso, unos registros ricos y unos cuchillos finos, unas escribanías galanas y unas imágenes costosas no es ello gran pecado; mas para ser perfecto esle muy grande estorbo, porque es tan delicado el camino de la religión y tan estrecha la senda de la perfección, que no sufre en sí polvo de avaricia ni aún una china de codicia. El malvado de Judas, a manera de religioso dejó el mundo, dio lo que tenía, andaba descalzo, siguió a Cristo y aún comía las espigas en el campo; mas no obstante todas estas asperezas, le llama la Escritura ladrón, porque tenía bolsicos y no se contentaba con lo que se contentaban los otros sus compañeros. Este tan terrible ejemplo y este tan desastrado caso habían de tener los varones perfectos delante sus ojos y sellado en su corazón, porque no es otra cosa el monje que tiene en el monasterio apetitos, sino otro Judas con bolsicos. «Omnia arbitratus sum ut stercora, ut Cristum, lucri facerem», decía el Apóstol, como si más claro dijera: «Todas las cosas deste mundo menosprecié como un poco de estiércol, por ganar y servir a Cristo». ¡O palabras dignas de notar y de a la memoria encomendar, pues no dice el Apóstol de los bienes temporales que los dejó, sino que los menospreció, ni tampoco dice que dejó dellos, sino que los menospreció todos; y lo que más nos debe espantar es que tiene en más un labrador el estiércol de su establo que tenía San Pablo a todos los tesoros del mundo. Si el Apóstol otra cosa más vil que el estiércol hallara, a ella y no a ésta los comparara, porque el estiércol aún aprovecha para engrasar la tierra, y la plata y el oro echa a perder la república.

Mucho nos debe también espantar, hermanos míos, lo que dice el Apóstol; es a saber, que para ganar y seguir a Cristo le fue necesario echar al muladar todas las cosas del mundo; de manera que en tal caso, a los que son más perdidosos llamaremos mejor librados. ¡O azar dichoso, o daño felice! ¡O pérdida bienaventurada, cuando por ganar a Cristo perdimos toda nuestra hacienda! Porque, a la verdad, no es perder, sino ganar; ni es ponzoña, sino atriaca, pues debajo del hábito de la religión, mejoramos la vida y disimulamos la culpa. Misterio es éste más para gustar que no para platicar; es a saber, que para comprar alguna cosa en el mundo hemos de buscar plata y oro, y para comprar y alcanzar a Cristo ninguna cosa hemos de buscar, sino que antes la hemos de menospreciar. En estrecha religión estaba, y aun a mucho se obligaba, el Apóstol cuando decía: «Habentes alimenta, et quibus tegamur his contenti sumus», como si más claro dijera: «Muy contentos vivimos los que moramos en el monasterio de Cristo, y hecimos prefesión del santo Evangelio, con tener simplemente que comer y algunos trapos que nos cubrir». ¡O trono de sabiduría! ¡O vaso de escogimiento! Si mirásemos lo que tú peregrinas por la tierra, los peligros que tú pasas por la mar, las disputas que tienes con los gentiles, los azotes que te dan los bárbaros, las contradiciones que te ponen los hebreos y los sermones que haces a los cristianos, los ángeles te habían de dar de comer y los serafines te habían de vestir, y con todos estos trabajos no pides sino un poco de pan para matar la hambre y alguna ropilla para cubrir el cuerpo. Sobra de desvergüenza y falta de conciencia es osar nadie en la religión procurar manjares delicados y reñir sobre si le dan poco o si le dan mucho, pues el divino Paulo no pide en abundancia de comer, sino solamente con que se pueda sustentar. Los que venimos a la religión y hacemos en ella profesión, mucho y muy mucho hemos de notar que no dice el divino Paulo «habentes vestimenta quibus operiamur sed quibus tegamur»; es a saber, que no pide qué se vestir, sino con qué se cubrir, porque para vestirse uno ha menester mucha ropa, y para cubrirse abástale una capa. Desta tan alta doctrina se puede colegir que el fraile o monje que en la religión tuviere dobladas cogullas, doblados escapularios, dobladas túnicas y doblados hábitos, ha de ser con extrema necesidad y sin ninguna curiosidad, porque en las religiones bien ordenadas el súbdito no ha de tener más de lo que ha menester, y solo el perlado ha de tener algo que dar.

Pues Dios nos llamó al estado monacal, razón es, hermanos míos, miremos lo que tratamos y tanteemos lo que tenemos, que pues el Apóstol glorioso no osa tener con qué se vestir, sino con qué se cubrir, muy ajeno debe ser del siervo de Dios el comprar y vender, el dar y tomar, y el prestar y mohatrar, porque el religioso que esto hace más le valiera quedarse en un cambio que no venir a ser monje en algún monasterio. Lo que más me espanta del Apóstol es no el decir, como dice, que no quiere más de con qué se sustentar, ni tampoco quiere más de con qué se cobijar, sino el decir «his contenti sumus»; es a saber, que agora tenga poco, agora tenga mucho, con todo y con todos vive contento.

Creed, padres míos y hijos en Jesucristo, que no está la perfección ni consiste la religión en traer el hábito, en andar descalzos, en estar encerrados y en andar hambrientos, si con esto estáis en el monasterio desesperados y andáis en la Orden descontentos, porque al demonio no se le da nada que le sirvan por fuerza, mas Dios no quiere sino que le sirvan de grado. El religioso que en la religión no fuere boquirroto, estuviere desapropiado, residiere en el monasterio y se dejare al parecer de su perlado, no tiene razón de andar triste ni aun de andar desconsolado, porque si el Señor permitiere que le vengan algunas tentaciones serán para probarle, mas no para derrocarle.

Sea, pues, la conclusión de todo lo sobredicho, que pues el Señor nos alumbró a dejar los padres que nos engendraron, y a los parientes que nos criaron, y a las riquezas que poseíamos, y a los amigos que teníamos, miremos mucho en que no nos engañe el demonio a que nos preciemos de curiosos ni nos noten de propietarios, porque las cosas de la religión son tan delicadas, que a las veces no merecemos tanto por lo mucho que dejamos, cuanto desmerecemos por lo poco que tenemos.

9. Razonamiento que hizo el autor a sus religiosos, siendo guardián de la ciudad de Soria, la noche de la calenda, en el cual toca muy grandes documentos para los buenos religiosos

Cuatro cosas son las que el hombre procura de alcanzar y desea conservar; es a saber: salud para su persona, riquezas para su casa, honra a la república y gloria en la otra vida. Otras cuatro cosas hay que, a mi ver, al corazón del hombre son muy dulces para amar y muy trabajosas de dejar; es a saber: la patria a do es criado, la riqueza que ha allegado y la honra que la alcanzado, y el amigo que ha tenido. Trabajosa cosa es dejar el hombre a su propia tierra y irse a morar a otra tierra extraña; mas este trabajo y desconsuelo sufrióle el patriarca Abrahám, y aun su nieto Jacob, el viejo por voluntad y el mozo por necesidad. Trabajosa cosa es dejar hombre la riqueza que allegó y la hacienda que heredó; mas este trabajo y desconsuelo sufriéronle Sócrates en Atenas y Demóstones en Tinacria, el uno de los cuales dio lo que tenía al templo y el otro echó cuanto poseyera en la mar. Trabajosa cosa es dejar hombre el estado que tiene y la honra que mantiene; mas este trabajo y desconsuelo sufriéronle el buen cónsul Cincinato y el gran emperador Diocleciano, el uno de los cuales dejó el consulado y el otro dejó el imperio. Trabajosa cosa es dejar hombre el compañero con quien se cría y el amigo que de corazón ama, mas este trabajo y desconsuelo sufriéronle el gran rey David y el buen príncipe

Jonatás, los cuales tenían entre sí tan estrecha amistad y se guardaban tanta fidelidad, que cuando se hubieron de apartar el uno del otro se les partió el corazón por medio.

Veniendo, pues, al caso el fin para que contamos esto es para decir y aprobar que el verdadero y esencial trabajo del hombre no consiste en alexarse de su tierra ni en dejar la riqueza, ni aun en apartarse de su compañía sino en negar a sí mismo y en no hacer él su querer propio. Creedme, padres, y no dudéis, hermanos míos, que no hay a Dios sacrificio tan acepto como es sacrificar a sí mismo, y esto hace y cumple él cuando niega a la sensualidad lo que le pide, y sigue a la razón en lo que le manda. Trabajosa cosa es dejar hombre lo que tenía en el mundo; empero muy más trabajosa cosa es irse a la mano en el monasterio, porque es el hombre tan amigo de hacer lo que quiere y de probar lo que puede, que si son los ojos fáciles de cerrar, es el corazón muy difícil de encerrar. ¡O tú, que vienes a la religión!, debes contigo pensar que veniste a ella a te saltar, a te enmendar, a te reformar y a te mejorar; porque has de saber, hermano, que en las religiones bien ordenadas zúfrese que entren en ellas grandes pecadores, mas no se permite cometer allí grandes pecados. Para que en la religión te salves, te reformes, te enmiendes y te mejores, ante todas cosas tienes muy grande necesidad de negar y aun de renegar de tu voluntad, porque con verdad no puede llamar ninguno religioso perdido, sino es el que se rige por su seso propio. Cristo nuestro redentor y maestro, queriéndonos enseñar el camino de la religión y las sendas de la perfección, decía: «Qui vult venire post me abneguet semetipsum et tollat crucem suam et sequatur me», como si más claro dijera: «Los varones perfectos que me quieren seguir y servir han de negar a sí para servirme a mí y han de traer sus cruces y crucificarse ellos en ellas». Si queremos entender estas palabras, hallaremos por verdad que para seguir a Cristo nuestro Dios hemos de perseguir a nosotros, y para acertar su camino hemos de errar el nuestro; para llamarnos suyos hemos de dejar de ser nuestros, y lo que es más que todo, que para haber a Cristo de amar, primero hemos a nosotros de desamar. El egregio Augustino decía, hablando con Cristo: «¡O bone Jesu, o dulcedo anime meae, amor mei me ducit usque ad contemptum tui, et amor tui usque ad contemptum mei!», y es como si más claro dijere: «¡O buen Jesu! ¡O amores de mi alma!, a cuando el amor comienza en mí siempre para en aborrecer a ti, y cuando el amor comienza en ti, siempre para en aborrecer a mí, de manera que el fundamento de tu amor no es otro sino el mi desamor». Desamándome a mí, aborreciéndome a mí y olvidándome a mí, es el verdadero camino para buscar a Dios, hallar a Dios y acordarse de Dios. «Jacta cogitatum tuum in domino et ipse te enutriet», decía el santo David, como si más claro dije se: «Pon a Dios en tu pensamiento y Él te mantendrá y favorecerá».

Osaría yo, padres míos, decir que entonces pone el religioso en Dios su pensamiento cuando se rige al solo parecer de su perlado, y entonces pone en el mundo y en el demonio su pensamiento, cuando se rige por su parecer propio; ca el demonio nuestro adversario, porque no acertemos en lo que debemos, huelga que hagamos lo que queremos. El monje perfecto y varón religioso no tiene licencia de examinar en el monasterio cuál es lo malo o cuál es lo bueno, porque se ha de tener por dicho que si hace lo que le mandan no puede errar, y si hace lo que quiere no puede acertar. Las vacas que llevaban el arca del Testamento, aunque iban atapados los ojos, todavía atinaron a tierra de los hebreos, y quiero por lo dicho decir que si el varón religioso consiente que le carguen el arca de la regla y le unzan al carro de la Orden y le atapen los ojos de sus deseos y se deje guiar de sus perlados, es imposible que pierda el camino que lleva y que no alcance lo que desea.

Manda el santo Evangelio que ame a Dios, que ame al próximo, que ame al enemigo y que aborreca a mí [sí (?)] mismo, para darnos a entender que no tiene el cristiano otro peor enemigo que el su parecer propio, porque si yo supiese amar a mí, no me mandaría Dios que aborreciese a mí. Toda la perfección de la vida monacal está en que nadie pruebe lo que puede ni haga lo que quiere; porque si Cristo no da licencia para amarme a mí mismo, menos la dará para regirme por mi seso propio. El camino del mundo sábelo el mundano; el camino del vicio sábelo el vicioso; el camino del infierno sábelo el demonio; mas el camino del cielo sábelo solo Cristo, y por eso es mucha razón que hagamos lo que Él nos manda, y nos vamos por do Él nos enseña.

Has de saber, hermano mío, que el camino del cielo es largo para andar, es alto para subir, es estrecho para pasar, es escabroso para acertar y poco asenderado para atinar, a cuya causa nos sería muy sano consexo preguntar al que lo sabe e irnos en pos del que lo anda, porque le saben pocos y le aciertan pocos y aun van por él muy pocos. Dice Cristo nuestro maestro que Él es la vida y Él es la carrera y Él es la verdad, en lo cual nos da a entender que no podemos decir verdad si no hablando dél, ni podemos nosotros vivir si no es en Él, ni podemos caminar si no es con Él; de manera que quedamos por tan inhábiles que ni puede cosa nuestra libertad, ni vale nada nuestra habilidad. Pues si es verdad, como es verdad, que Cristo es la vida que hemos de vivir y es la vida que nos ha de valer, y es el camino por do hemos de ir, sobra de locura sería no le rogar que nos adiestre y no le dejar que nos encamine; porque si Cristo no nos lleva de la mano, el mundo nos hará caer, y la carne estropezar, y el demonio descalabrar. ¡O tú, que veniste al monasterio a ser religioso y varón perfecto! Has de saber, hermano mío, que no te aprovecha cosa ninguna el haber renunciado el mundo si con esto no niegas a ti mismo y te apartas del tu parecer propio, porque la vida monástica y religiosa no consiste en dejar lo que tenemos, sino en no hacer lo que queremos. El religioso que hace siempre lo que quiere, muy pocas veces hace lo que debe; de lo cual se suele seguir que los monjes que son voluntariosos y temáticos siempre son castigados de los perlados y muy pesados a sus monasterios. Del rey Saúl se lee «quod mutam est in virum alterum», es a saber, que del todo se mudó en otro después que le cometieron la gobernación del reino, para darnos a entender que desde el día que Dios nos llama a morar con sus siervos hemos de ser otros y no vivir como vivíamos; porque no consiste la religión en dejar las ropas que traíamos, sino en olvidar las costumbres que teníamos. Creedme, padres míos, que es muy gran diferencia la manera que vivíamos en el mundo a la que hemos de tener en el monasterio, porque allá valen más los ricos y acá los pobres, allá los agudos y acá los inocentes, allá los generosos y acá los virtuosos, y allá los elocuentes y acá los callados; de manera que lo que en el siglo teníamos por revés, tenemos acá en la religión por envés. A los hijos de Israel no les dejó Dios vivir en el desierto como vivían en Egipto, porque, salidos de allí, luego les dio otra ley que guardasen, otros sacrificios que ofreciesen, otros sacerdotes a quien creyesen y aun otros caudillos a quien siguiesen. En lo cual se nos da a entender que si queremos perseverar en el monasterio no hemos de llevar a él ningún resabio del mundo. No era caso de inquisición ni estorbaba la redención querer Cristo nuestro Dios morir vestido y calzado y abrochado, y si quiso Él antes que subiese a la Cruz desnudar sus ropas, fue para que también nosotros antes de entrar en la cruz de la religión dexásemos nuestras voluntades propias, porque no ha de saber más de sí el que está en el monasterio que el que está ya muerto en el sepulcro.

Creedme, padres míos, y no dudéis que como en la guerra es uso y hay necesidad de seguir al capitán y en el camino a la guía que va delante, en la mar al piloto y en la escuela al maestro, así es muy necesario seguir en la Orden al perlado, porque el estado de la religión es áspero de sufrir y muy dificultoso de entender. No piense nadie, no, que por haber estado en la Orden un año, o dos, o diez, que por eso se puede ya regir por su seso y fiarse de su parecer propio; porque es de tal calidad la religión, que nadie podrá en ella aprovecharse, ni mucho menos salvarse, si no se deja al parecer de otro y no vive recatado de sí mismo. ¡O cuán bienaventurado es el monje que dice lo que dijo San Pablo a Cristo, es a saber: «Señor, ¿qué quieres hacer de mí?», y o cuán malaventurado es al que dice Cristo lo que dijo al ciego de Jericó, es a saber: «¿Qué quieres que te haga?», porque el juego de nuestra salvación no ha Dios de ponello en nuestras manos, sino nosotros en las manos de Dios! Cuando al enfermo dejan comer de cualquiera cosa que se le antoxa, señal es que los médicos le dejan poca vida; quiero por lo dicho decir que no hay más cierta señal de que fuimos del todo perdidos que es dejar nos hacer Cristo, nuestro Dios, todo lo que queremos, porque a todos los que le aman servir, y quieren seguir, tiénelos Él con su mano y aun vales a la mano. El glorioso Augustino, en sus Confesiones, decía: «¡O buen Jesu! ¡O descanso de mi alma!, no sé de cuál te haga primero gracias, es a saber, por los beneficios que me has hecho o por los males de que me has guardado; porque tanto te debo, Señor, por no dejar me caer, como por ayudarme a levantar». No vaca de gran misterio lo que Cristo nos enseña y lo que el Evangelio canta en la oración dominical y es a saber, «fiat voluntas tua», la cual petición es imposible que cumpla el que no niega a su voluntad propia, porque es tan flaco nuestro juicio, y está tan depravada nuestra voluntad, que ni acertamos en lo que buscamos ni aun sabemos lo que queremos. Primero dijo Cristo «niegue cada uno a sí», antes que dije se «sígame a mí», porque el fundamento de hacer lo que Dios quiere es en no hacer lo que nosotros queremos. El religioso que en el monasterio no ha la voluntad propia, aquel puede decir a Dios «fiat voluntas tua»; porque de otra manera ni le aprovecharía el «Pater noster» que dice, ni aun el hábito que trae.

No carece de gran misterio mandar Dios a Abrahám que le sacrificase a su mayorazgo, y tórnele después a mandar que no tocase al mozo teniendo ya desenvainado el cuchillo, y la causa de esto fue porque no andaba Dios por quitarle la vida al hijo, sino por degollarle la voluntad al padre. Con verdad podemos decir que sacrificó Abrahám su voluntad a Dios, pues por su mandado determinó de degollar a Isaac, que era mozo hermoso, generoso primogénito y mayorasgo, y que dél habían de descender los más ilustres varones del mundo, de manera que fue Dios más contento con la fuerza que Abrahám hacía a su deseo que no con la sangre que había de derramar de aquel mozo.

Creedme, padres, y no dudéis que no mira Dios qué tales somos, sino qué tales deseamos ser, ni mira lo que hacemos, sino con las entrañas que lo hacemos, y quiero por lo dicho decir que más mira Dios a la fuerza que hacemos a nuestros apetitos, que a cuantos trabajos padecemos en los monasterios. Decía el glorioso Bernardo «quod nil lardet in inferno nisi propia voluntad», como si más claro dije se: «No arden en el infierno los vicios que cometieron, sino la propia voluntad que los cometió». A la verdad, este santo dice la verdad; porque la culpa por que penan los dañados en el infierno no está en el cuerpo que la cometió, sino en la voluntad con que se comete; de manera que erramos en no hacer lo que debemos, y pecamos en hacer lo que queremos. Con estar Cristo orando y llorando en el huerto, dice que no se haga lo que Él quiere, sino lo que su Padre mandare: ¿cuál es el monje que ha de osar hacer lo que quiere en el monasterio, ni osar tener réplica a lo que le manda el perlado? El religioso que mora a donde quiere, y se va a do quiere, y trabaja como quiere, y tiene lo que quiere y no hace lo que puede, osaría yo del tal decir que no ora con Cristo en el huerto, sino que mora en el infierno con el demonio, porque el demonio huelga que hagamos todo lo que queremos, y Cristo no, sino lo que debemos . El que en la religión se dejar e al parecer ajeno y abajare la cabeza a lo que le mandare su perlado, nunca el tal vivirá lastimado, ni andará desconsolado; porque si fuere bueno lo que hace, alcanzará con todos gracia, y si no es tal, nadie le echará la culpa. El que en la Orden monacal procurare de se regalar y de los trabajos comunes se esentar, llevará la Orden de mala gana y la Orden a él de muy peor, porque el pago del monje voluntarioso es vivir toda su vida descontento, o tornarse otra vez al mundo como de antes. La más famosa, y aun la más peligrosa guerra que tiene el siervo de Dios, es, no con la carne, no con el mundo, no con el demonio, sino consigo mismo; porque la razón dice nos que trabajemos, y aprovechemos, y la sensualidad dice que no, sino que nos holguemos. La carne no nos empesce si está castigada y el demonio no nos engaña si no le creemos, y el mundo no nos engaña si no le seguimos, la traidora de la propia voluntad es la que nos trae el juicio amontado, el corazón alterado y el cuerpo desasosegado, porque hablando la verdad, aunque es trabajoso el dejar hombre lo que tiene, muy más trabajoso es el no hacer hombre lo que quiere. Mucho da el que a sí mismo da, mucho sacrifica el que a sí mismo sacrifica y mucho es digno de gloria el que a sí mismo niega; porque es tan generoso el corazón del hombre que ni sufre sujección ni querría contradicción. «Quare ieiunivimus et non aspexisti, afligimus animas nostras et nescisti? Quia in die ieiunii vestri invenitur voluntas vestra», decía Isaías hablando con Dios, como si más claro dijera: «¿Qué es la causa, Señor Dios de Israel, que ayunamos y no lo miras, y humillamos nuestros corazones y haces que no lo entiendes? Porque en el día que ayunáis hacéis lo que vosotros queréis y no lo que yo querría». ¡O cuántos hay hoy en los monasterios, los cuales riegan, barren, cocinan, leen, cantan, ayunan y se disciplinan, la menor de las cuales cosas no harían si se las mandase la obediencia y hácenlas todas por su voluntad propia! Poco aprovecha, padres míos, traer nuestras ropas rotas si nuestras voluntades están enteras, y poco aprovecha que esté el estómago ayuno de los manjares si el corazón está harto de los apetitos; porque el ayuno del buen religioso no es abstenerse de lo que ha de comer, sino irse a la mano a lo que querría hacer.

10. Razonamiento que hizo el autor en el monasterio de Arévalo siendo allí guardián, dándola profesión a un religioso

«Qui perseveraverit usque in finem, salvus erit». (Matei, XXV). Ya que el redentor del mundo había enseñado a sus discípulos cómo habían de ser cristianos mandándoles guardar sus Mandamientos, y en cómo habían de ser cristianos negando a sí mismos, enseña hoy por estas palabras en cómo les aprovecha todo lo que hacen poco si no perseveran hasta el cabo con el bien que han comenzado. Para que mejor nos entendamos y estas palabras de Cristo bien declaremos, hase de presuponer que así como muchos vicios se fingen ser virtudes, así muchas virtudes parecen ser otras virtudes, como son paciencia, firmeza, magnanimidad, longanimidad, benignidad, mansedumbre y fortaleza, y sabida la verdad y propiedad de todas ellas, cada una tiene su difinición y aun tira a su condición. La virtud de la paciencia no es otra cosa sino un corazón martirizado con dolores y pasiones, el cual con rostro alegre y igual sufre lo que pasa y se apareja para lo que ha de pesar, como fueron Tobías y Job, los cuales no solo fueron pacientes, mas aún dieron ejemplo a todos de paciencia. La virtud de la firmeza es no se mover el corazón del propósito bueno y santo que tiene, por más trabajos ni fatigas que tenga ni por más infortunios que le sucedan, como hicieron el santo Joseph en Egipto y el gran Moisés en el desierto. La virtud de la magnanimidad es cuando el corazón de un hombre solo osa emprender cosas que son muy graves de comenzar y muy peligrosas de acabar, como hizo el santo David cuando lidio con el gigante Golias, y el buen, profeta Elías cuando se tomó con Gezabel. La virtud de la grandeza de corazón es cuando el hombre no sabe dar mal por mal ni aun decir una mala palabra al que le ha hecho alguna injuria, así como el profeta Micheas, al cual, como diesen una bofetada, la injuria que él disimuló, un perro se la vengó. La virtud de longanimidad es cuando el corazón no se enoja ni aun desespera por mucho que los trabajos se le acrescienten y por más que los remedios se le alarguen, así como aconteció al apóstol san Pablo, el cual padeció en este mundo inmensos peligros y que vivió en ellos muchos años. La virtud de la mansedumbre es cuando tiene el corazón el hombre de tal manera quieto y asosegado, que ni se altera de injuria que oya ni se escandaliza de pecado que vea, así como fue el glorioso san Juan Evangelista, al cual, por ser de tan buena condición, amaban todos de corazón. La virtud de la fortaleza es cuando un corazón es de tal manera esforzado y denodado, que ni en las tentaciones se desmaya ni en hacer buenas obras se cansa, así como fueron los gloriosos Antonio y Hilario, los cuales padecieron en los desiertos grandes tentaciones y hicieron allí a Dios muy grandes servicios.

Y porque nuestro principal intento es decir las excelencias de la perseverancia y declarar cuán necesaria nos es la fortaleza, diremos aquí lo que los filósofos della dijeron y aun lo que algunos santos della sintieron. El glorioso Augustino decía que no es otra cosa la virtud de la fortaleza sino un intenso amor que está en el corazón enamorado, el cual todas las cosas ásperas tolera hasta alcanzar aquello que ama. Tulio, hablando de la fortaleza, decía que no era otra cosa la constancia y firmeza sino una determinación del corazón esforzado, con la cual disimula lo que quiere y sufre: lo que no quiere. Macrobio decía que no era otra cosa la virtud de la fortaleza sino un ánimo del hombre heroico y valeroso, con el cual ni la prosperidad le ensalza, ni la adversidad le derrueca. Aristóteles decía que no era otra cosa la virtud de la fortaleza sino un vigor del corazón virtuoso que no tiene por adversidad otra cosa en esta vida sino hacer o haber hecho alguna obra que sea fea. Lucio Séneca decía que tanta era la excelencia del hombre fuerte y denodado que más fácilmente se tomaría una ciudad cercada que no un corazón esforzado. El glorioso Hierónimo decía que no es otra cosa el discurso desta vida sino un camino real y público, a la mano derecha del cual va el atrevido y a la mano isquierda el cobarde, y por medio dél el esforzado. El divino Platón decía que los privilegios de la fortaleza y constancia eran moderar la ira con mansedumbre, la envidia con el amor, la tristeza con la perseverancia y el temor con la paciencia. El glorioso Gregorio decía que la fortaleza y constancia de los justos consistía en vencer la carne, en refrenar los apetitos, en menospreciar los deleites, en amar las cosas ásperas y en no huir de las que son peligrosas.

Es de tan grande calidad la virtud de la fortaleza, que para todas las virtudes es necesaria, lo cual parece muy claro en que si a la justicia y a la temperancia, y a la castidad, y a la prudencia no las ayuda a ir hasta el cabo la fortaleza, en muy breve tiempo los que quisieren mirar las verán caídas y derrocadas hasta el suelo y aun puestas todas del lodo. Para comenzar alguna buena obra es necesaria la cordura, para hacerla es menester la prudencia y para acabarla hemos de tener gran constancia, porque la felicidad del buen piloto no consiste en saber regir el navío, sino en llegar con salud al puerto. No promete Cristo el reino de los cielos al que toma el bautismo, ni al que se llama cristiano, ni aun al que hace obras de cristiano, sino al que permanesce en el servicio de Cristo, porque la corona del triunfo no se da al que va a la guerra, sino al que alcanza la victoria. Poco aprovecha a un labrador que are y siembre la tierra si después, por miedo de se cansar o por no se querer asolear, la deja de segar o la olvida de trillar, porque el corazón del labrador no descansa cuando derrama el pan por el campo, sino cuando lo encierra en su silo. El pobre caminante que por miedo de ser la jornada larga o por hacérsele la tierra áspera deja el camino que comenzó y se torna a do salió, de necesidad ha de perder lo que ha gastado y no le han de agradecer lo que ha sudado, porque al pobre jornalero no le pagan porque llevó la azada a la viña, sino porque cavó de Sol a Sol. La mujer de Lot fue tornada en estatua de sal a causa que volvió a mirar a Sodoma, habiéndola Dios avisado que se fuese su camino adelante, para darnos a entender que es tan malo el mundo de do salimos, que no solo no quiere Dios que le toquemos, mas aun que ni le miremos. Moisés y su hermano Aarón muy gran constancia tuvieron en no condescender a los dones que les daba, ni aun a las amenazas que les hacía el rey Faraón para que se quedasen en Egipto y no sacasen de allí el pueblo, por el cual ejemplo se nos da a entender que en caso de tornar a el mundo y apartarnos de algún bien que hemos comenzado no han de bastar ruegos de amigos, ni aun tentaciones de enemigos.

José, hijo de Jacob, muy gran constancia tuvo estando en Egipto vendido en no querer pecar con la mujer de su señor y amo, ella lo queriendo y él lo resistiendo, para darnos a entender que es menester muy mayor corazón para resistir a los vicios aparejados, que no a los enemigos manifiestos. Harto le desaconsejaban y harto le reprehendían todos sus hermanos al santo rey David que se tornase a su casa y no anduviese más en la guerra; mas el buen mancebo, no solo no dejó las armas, mas aun higo con el gigante Golias armas, de lo cual podemos colegir que antes hemos de perder las vidas que tenemos que no tornar atrás del bien que comenzamos. Muy gran constancia tuvieron Neemías y Hesdras en la reedificación del templo que hacían en Jerusalén, acerca de la cual obra unos los amenazaban, otros los deshonraban, otros los contradecían y aun otros los estorbaban, para darnos a entender que se ha de tener por dicho el siervo de Dios que es señal de hacer alguna buena obra cuando topa con algún malo que se lo contradiga. Muy gran constancia tuvo el tío de la reina Ester, que se llamaba Mardocheo, en no querer adorar ni tampoco se humillar al superbo Amán, siendo como era cultor de los ídolos y enemigo de los hebreos; en lo cual se nos da a entender que nos conviene mucho apartar y guardar de los hombres que nos estorban a salvar y nos convidan a pecar. Grande fue la constancia que tuvo la excelente mujer Susana en no querer consentir a lo que los malvados jueces le persuadían y della querían en Babilonia, es a saber, que violase el matrimonio, y les consintiese el adulterio, en lo cual nos dio ejemplo que por miedo de la pena nadie cometa alguna culpa, pues Dios nuestro Señor tiene cargo de guardarnos la vida y conservarnos la honra como lo hizo con la bendita de Santa Susana.

Hemos, pues, querido contar esto todo para que en el servicio de Dios nuestro Señor los buenos se esfuercen en ir adelante y los malos se teman de tornar atrás, porque han de tener todos por fe que nunca el Señor desampara al que le sirve, ni aun olvida al que le sigue. Estaba el profeta Daniel fuera de su tierra cautivo en Babilonia, preso en el lago, echado a los leones y olvidado de los hombres y acordóse el Señor de enviarle al profeta Abachub, no solo a le visitar, mas aun a le dar de comer; de lo cual podemos notar que si no olvidamos a Dios de servir, nunca Dios se olvidará de nos remediar.

Muy bien sabe el Señor lo poco que tenemos y aun lo poco que podemos, y pues esto es así, no desmayemos en servirle, ni dejemos de seguirle, porque tiene Él capitulado con todos los hombres que haciendo en su servicio lo que podemos, Él hará por nosotros lo que queremos. Por más que seamos coxos, mancos, flacos y enfermos, nadie debe de osar decir, en lo que toca al servicio de Dios, no puedo, sino no quiero; porque tenemos señor de tan buen, contentamiento que no mira el que tales somos, sino que tales trabajamos de ser. A este propósito decía el glorioso Bernardo: «Debilis est hostis et non vincit nisi volentem», como si más claro dije se: «Es de su natural el demonio tan flaco y tiénelo el Señor tan atado y tan inhabilitado, que por ninguna manera puede vencer, sino es a quien no le sabe resistir». A las puertas del corazón cristiano está llamando Cristo y está llamando el demonio, y no podemos entonces negar sino que está en nuestra mano el recibir al uno y el abrir al otro; de lo cual podemos bien colegir que ni el demonio puede entrar en nuestra casa si no le admitimos, ni Dios se sabe ir de nuestro corazón si no le despedimos. ¡O triste de mí, y qué será de mí cuando el Señor me pidiere cuenta de que me rogó y no le seguí, me avisó y no le creí, me llamó y no le respondí, me habló y no le conocí, y aun me tocó y no le sentí!

Platicando Dios con el rey David de cómo lo hacía con sus amigos y siervos, decía: «Cum ipso sum intribulatione eripiam eum et glorificabo eum», como si más claro dijera: «Has de saber, rey David, que yo no tengo cuenta con mis escogidos cuando comen, o duermen, o juegan, o burlan, o se huelgan, sino cuando ellos suspiran y lloran, y más y allende desto, si ellos quisieren en sus tribulaciones llamarme y un poco esperarme, yo los sacaré de allí, no solo consolados, mas aun muy honrados». En esto hemos de ver que nos quiere Dios más que todos, pues se nos obliga a hacer más que todos, porque hablando la verdad y aun con libertad los amigos ayúdannos a gastar los dineros que allegamos y Dios no, sino a sufrir los trabajos que padecemos. Mucho debe el siervo de Dios mirar y notar que cuando dijo Cristo «beati qui lugent, quoniam ipsi consolabuntur», no puso la bienaventuranza en lo que los hombres lloraban, sino en la consolación que por el llorar esperaban, de manera que el hombre cuerdo y buen cristiano no ha de mirar la tentación que del demonio sufre, sino el premio que de Cristo espera. Estando el cielo sereno y el tiempo seco, osa el labrador rústico arrojar su trigo en el polvo puro, y ¿no osarás tú, cristiano, ponerte en las manos de Cristo? Cuando Cristo dice que Él es la verdad en que hemos de creer y Él es la vida con que hemos de vivir, y Él es el camino por donde hemos de andar, quiérenos avisar y aun convidar a que si camináremos él nos llevará de brazo y si cayéremos Él nos dará la mano. «Non sumus suficientes cogitare aliquid ex nobis tanquam ex nostris, sed suficientia nostra ex Deo est», dice el apóstol san Pablo; como si más claro dije se: «No tenemos licencia de pensar, cuanto más de nos alabar y presumir, que por sola nuestra industria somos bastantes a hacer alguna buena obra, porque en tal caso hemos fielmente de tener y creer que si en algo acertamos es porque Dios nos alumbra, y si en algo erramos es porque Él nos desampara. El cristiano que comienza alguna cosa en confianza de las fuerzas que tiene y de lo mucho que puede, muy gran razón tiene de vivir recatado y andar de sí mismo sospechoso, porque hablando la verdad bien pueden los hombres dar las batallas, mas solo Dios es el que da las victorias. El que se determina de servir a Dios nuestro Señor y que de hecho se pone en las manos de Dios, ninguna razón tiene de estar temeroso y mucho menos de andar asombrado, porque tiene Dios tan gran cuidado de sus siervos, que si permite que sean tentados no consiente a lo menos que sean vencidos. Licencia sacó el demonio de Dios para tentar al santo Job, y con tal condición le fue dada, que si le lastimase en la persona y le destrozase la hacienda no le pudiese tocar en el ánima, de lo cual se puede notar que Dios nuestro Señor no muestra el amor que tiene a sus siervos en quitarles los trabajos, sino en apartarlos de los pecados. También pidio licencia el demonio a Dios para por boca de falsos profetas ir a engañar al triste de Achab y de la manera que la pidio así Dios se la concedio, para darnos a entender que la diferencia que va de los amigos a los enemigos de Dios es que a los que le sirven permite que sean tentados, y a los que le ofenden consiente que sean engañados. ¡O buen Jesu! ¡O enamorado de mi alma! Plega a tu inmensa clemencia de consentir que yo sea tentado, atribulado, perseguido y abatido con el santo Job, con tal que no sea desechado, engañado y vencido con el rey Achab, porque muy grande indicio es de ir nosotros perdidos, el consentir tú que seamos engañados. Si con una carta de crédito o con un salvoconducto va cada uno por donde quiere y como quiere, más seguro ha de pensar que va el siervo de Dios, pues dice Dios, por el profeta Micheas, que quien le toca a uno de sus escogidos, le toca y ofende a las niñetas de los ojos.

Pedimos cada noche a Dios, en las completas, que nos guarde como a las niñetas de los ojos, y que nos abrigue debajo de sus alas, lo cual Él hace y cumple cuando no nos deja caer en alguna culpa ni nos aparta de su santa gracia. No se puede llamar cristiano, ni aun preciarse de buen religioso, el que deja de servir al Señor por miedo de ser tentado, o por pensar que no ha de ser dél socorrido, porque, según dice Él por David, quiere Dios tanto a sus escogidos, que siempre los mira para ver lo que quieren y siempre los escucha para ver lo que piden. ¡O cuántas gracias han de dar los buenos cristianos a Dios!, pues por aquellas palabras que dice «occuli domini super justos et aures eius ad preces eorum», se profuere y obliga de mirar los trabajos que padecen y de oír los ruegos que hacen.

Prosigue el autor su razonamiento y habla de los votos de la religión.

Decir Cristo que el que no perseverare hasta la fin no será salvo, aunque sean palabras generales para todos los cristianos de mi voto, tomarlas ían para sí todos los religiosos, los cuales, teniendo como tienen estado tan alto y tan perfecto, cuanto merecieron en tomarle tanto pecarían en dejar le. «Vovete et redite domino deo vestro», dice nuestro Dios por el profeta, como si más claro dije se: «Si prometiéredes alguna cosa a vuestro Dios, mirad que se la déis y ofrezcáis, porque habéis de saber que hacer algún voto es de voluntad, mas el cumplir el voto es de necesidad». La madre santa Iglesia a nadie hace fuerza para que tome el bautismo; mas después que es uno bautizado, constríñele a que viva como cristiano. Quiero por lo dicho decir que nadie puede constreñir a nadie a que entre en monasterio o se quede allá en el mundo; mas si por voluntad entró en religión, de necesidad ha de guardar su profesión.

Has de saber, hermano, que no consiste la perfección de la religión en solamente tomar el hábito, salir del mundo, encerrarte en el monasterio, sino que es menester junto con esto sufrir los trabajos, resistir a los apetitos y permanescer con tus hermanos, porque el vivir en la Orden es cosa muy fácil, mas permanecer en ella hasta la fin es cosa muy difícil. «Non cesamus pro vobis orare ut dignos vos faciat vocatione sua», decía el Apóstol, como si más claro dije se: «No cesamos de rogar por vosotros al Señor para que os haga dignos de ser de su mano llamados; es a saber, que Él mismo os llame, como suele llamar a los que Él mucho quiere». A todos llama Dios, a todos convida Dios y aun a todos ruega Dios que le sirvan y que le sigan; mas los que particularmente Él llama de su mano son los que Él tiene de su mano, no los dejando caer o ayudándolos luego a levantar. Muchos vienen en la religión llamados de Dios y también vienen otros llamados del demonio; y la diferencia que de los unos a los otros va es que los llamados de Dios perseveran hasta el cabo, y los que trae el demonio tórnanse otra vez al mundo. No se espante nadie en oír decir que no todos los que vienen al monasterio vienen guiados por la mano de Cristo, pues sabemos todos que el Espíritu Santo llevó a Cristo al desierto y el espíritu diabólico lo llevó al templo, no con intención que predicase, sino que de allí se despeñase. Otros lugares había en Jerusalén muy más altos que no a do subió el demonio a Cristo, así como la torre Herodiana, la casa de Sión, el Castillo arábico y la Puerta salinaria; mas no quiso derrocar a Cristo de ninguno dellos, sino del pináculo del templo, para darnos a entender que más precia el demonio derrocar a uno de los que están consagrados a Cristo que a ciento de los que andan vagueando por el mundo. No querer el demonio tentar a Cristo que se echase a rodar del monte, sino que se despeñase del pináculo del templo es darnos a entender y querernos avisar que la caída que los siervos de Dios dan en el monasterio es muy peligrosa para el ánima, muy escrupulosa para la conciencia y muy infame para la honra, y muy escandalosa para la república.

En las vidas de los padres de Egipto se dice que vio una noche un santo viejo tener capítulo a los demonios, y relatándose allí los males que habían hecho cada uno, más premio y gracias dio su príncipe a un demonio porque a cabo de cincuenta años hizo caer a un monje en fornicio que a todos los otros que habían hecho hacer mil pecados por el mundo. Dos hijos del gran sacerdote Aarón fueron muertos quemados y abrasados, no por más de haber delinquido en una ceremonia del templo, y es de creer que había allí otros mayores pecadores que no lo eran aquellos niños, y quiso Dios disimular con los unos y castigar los otros, para darnos a entender que tenemos estado de tan alta perfección que lo que en el mundo era ceremonia es para nosotros precepto, y lo que allá era venial es a nosotros mortal. Al que llama Dios de su mano y le tiene de su mano conocer se ha muy claro en que si le viéremos tropezar, no le veremos a lo menos caer; mas al que trae el demonio a la religión y monasterio a cada paso le veremos tropezar y aun de ojos en el lodo caer, porque no hay en el mundo cosa más perdida que aquel que en la religión se comienza a perder. Hasta que se acabe la Iglesia militante y nos vamos a gozar de la triunfante, de necesidad ha de estar la escoria con el oro, la paja con el trigo, la harina en el salvado, la rosa con la espina, la caña con el hueso y aun el bueno con el malo, y lo que es más malo de todo, que a las veces es peor de sufrir la mala yacija que tienen los malos en los monasterios, que no las tentaciones con que nos tientan allí los demonios. «Utinam recedant qui conturbant nos», decía el apóstol, y es como si más claro dije se: «¡Ojalá pluguiese a Dios saliesen de nuestra compañía todos los que perturban a nuestra república», lo cual dice el buen Apóstol porque un religioso que anda alterado y es de suyo desasosegado no es menos sino que ha de hacer a los otros pecar o a lo menos murmurar. La olla que mucho hierve echa fuera la grasa; el mar levantado trastorna los navíos y el aire importuno derrueca los árboles, y los ríos muy crecidos salen de madre; quiero por lo dicho decir que el monje que no se da a la lección o vaca a la oración, o se ocupa en algún manual ejercicio, no puede permanescer mucho en el monasterio. La primera maldición que Dios echó en el mundo fue al triste de Caín, cuando le dijo: «Quia occidisti fratrem tuum, Abel, eris vaguus et profugus super terram», como si más claro dije se: Pues te puse io Caín! en mi particular paraíso y mataste allí a Abel, tu hermano, ternás por maldición mía que andes siempre peregrinando y vivas a do quiera descontento». Conforme a esto que dijo Dios a Caín, para el hombre bien ordenado muy gran paraíso es el concierto que tiene en el monasterio, y para el que es desbaratado es le estar en el infierno verse allí sujeto, porque si esto bien se sintiese, no hay so el cielo igual descanso con estar en compañía de buenos y loar a Dios con los santos. Nunca Dios nuestro Señor echara sobre el triste de Caín tan gran maldición si él no cometiera contra su hermano tan gran traición. Quiero por lo dicho decir que nunca Dios permitiría que viviese algún religioso desasosegado, si él no hubiese cometido algún gran pecado en el monasterio. Por estar en la gracia de Dios venimos a la Orden y por estar en su desgracia andamos desgraciados en ella, y de aquí es que los religiosos bien disciplinados siempre andan contentos, y los absolutos y disolutos siempre andan alterados. Sobre aquél podemos decir que cae la maldición de Caín, que se anda en el monasterio de claustro en claustro, de dormitorio en dormitorio, de celda en celda y de monje en monje, buscando con quien parlar o quien le ayude a murmurar. Sobre aquél cae la maldición de Caín, que cada año muda lugares, busca otras celdas, solicita otros monasterios y procura otros perlados, y esto no para se mejorar, sino para más libertado vivir, de manera que no tiene día por bueno sino aquel que se ve sin sujección de perlado. Sobre aquél cae la maldición de Caín, que le es a par de muerte entrar en el coro a regar, en el oratorio a orar, en la librería a leer y en la celda a se recoger, sino que como arrepentido de lo que hizo y descontento de lo que hace, se anda por el monasterio suspirando y a todos cuantos topa quejando. Sobre aquél cae la maldición de Caín, que ni puede asosegar en el monasterio, ni quiere tener paz con su perlado, buscando cada día ocasiones para ir al siglo y procurando negocios que negocie en el mundo, y lo que peor de todo es que si le niegan la licencia, pónese a murmurar, y si por caso se la dan, vase del todo a perder.

Prosigue el autor su razonamiento y reprehende el mucho andar de los religiosos.

¡Cuántos aparejos tiene para servir a Cristo el monje que se está quedo en su monasterio! Porque dado caso que estando allí la soberbia le combata, la envidia le inquiete, la gula le retiente, la ira le despierte, y la lascivia le moleste, solamente le podrán estos vicios alterar, mas no hacer pecar, lo cual no es así fuera del monasterio, a do apenas será tentado cuando se halle caído en el lodo. El edificio sin cobertura luego se cae, la caña fuera del hueso luego se seca, el pes fuera del agua luego se muere, el árbol descortezado luego se hiende y el monje fuera de su casa luego se pierde. La doncella Dina, hija del patriarca Jacob, si no se desmandara a salir fuera de do la había puesto su padre, ni Jacob se desmandara ni Amón muriera, ni ella se infamara. Si el malaventurado de Judas no se saliera del colegio de Cristo, ni se apartara de la compañía de los Apóstoles, sus compañeros, nunca cometiera tan enorme delito, ni después muriera desesperado. Aviso es éste muy notable y aún ejemplo muy espantable para que ningún monje ose salir del monasterio a donde Dios le llamó, ni se ose apartar de la congregación con que Dios le ayuntó, porque allende que para ser bueno le aprovechara el talante de la vergüenza y el remordimiento de la conciencia, mucho le hará también al caso los ejemplos que tomará de los unos y los consejos que le darán los otros. Si quiere meter la mano en el seno el religioso que va muchas veces al mundo, hallará por verdad infalible que siempre torna al monasterio más envidioso, más codicioso, más alterado, más pensativo y menos devoto que cuando salió dél; de manera que por algunos días tiene en el triste de su corazón bien que desflemar y aun bien que confesar.¡Guardaos, padres, guardaos de las acechanzas del demonio, para que no os saque de vuestro monasterio so color de ir a hacer algún bien o de querer atajar algún mal! Porque si el demonio os saca alguna ves de la compañía de los buenos, él os hará su poco a poco que seáis del número de los malos. A la oveja que anda desmandada degüella el lobo, y en la paloma que está apartada se ceba el halcón, y al caminante que va por el monte solo roba el ladrón, y el río cuando sale de madre hace todo el daño, y el monje cuando sale de su monasterio va del todo perdido. «Peccatum pecavit Jerusalén, propterea instabilis facta est», decía Dios por el profeta; como si más claro dije se: «Pecado sobre pecado pecó la triste de Jerusalén y diole Dios en penitencia que anduviese desasosegada toda su vida». Entonces comete el monje pecado sobre pecado cuando, olvidada la profesión que hizo, se torna otra vez a los peligros del mundo; y la pena de los tales es que anden allá de todos corridos y ellos estén de sí mismos descontentos. Hasta que se le acabe la vida y le echen en la sepultura no debe el siervo de Dios dejar el estado que tomó, ni olvidar a lo que se obligó, porque la paloma del patriarca Noé hasta que halló qué traer en la boca y a do asentar sus pies en la tierra, nunca salió del arca a do estaba, ni se apartó de la compañía que tenía. Por flaco, y tibio, y remiso, y indevoto que sea en la religión un religioso todavía es menos malo y está más seguro en el monasterio que no lo estaría en el mundo, porque allá hay tanta libertad para pecar y tan popo aparejo para se enmendar, que con tal que sirváis al rey poco se les da que quebrantéis la ley. El glorioso San Juan Bautista no solo era virtuoso, mas parecía ser la misma virtud, y con todo esto no le alaba Cristo de cosa más que de la constancia que tuvo en el vivir y del ánimo que mostró en el predicar, diciendo: «Quid existis in desertum videre arundinem vento agitatam?»; como si más claro dijera: «¿Qué salistes a ver vosotros los hebreos del desierto? ¿Pensáis por ventura que es el hijo de Zacarías alguna hoja de caña, que a cada viento se trastorna?» Mucho es de notar que no alaba aquí Cristo al glorioso San Juan de que andaba descalzo, estaba solo, comía langostas, bebía agua salobre, moraba entre las bestias, se vestía de cerdas y dormía entre las espinas, sino que solamente le alaba de que fue tan grande su constancia, que jamás salió del desierto desde que se fue a él desde niño.

Bien podemos creer, padres, que en tantos años y en tan bravos desiertos debía sufrir el buen Bautista mucho frío, gran hambre, asaz sed, graves tentaciones y peligrosas enfermedades y muy tristes soledades, y de ninguna cosa destas hace Cristo mención, sino es de su muy gran constancia, de manera que le aprobó y loó, no el haberse ido al yermo, sino el nunca se haber tornado al mundo. «Omnes in agone contendunt, sed unus accipit bravium; sic currite ut comprehendatis», decía el Apóstol, como si más claro dije se: «Muchos son los que salen a la tela a justar y muchos son los que van a la carrera a correr; mas al fin de la jornada el que acierta mejor lleva la joya».

Este consejo que da aquí el santo Apóstol no es de voluntad, sino de necesidad, pues le sería de menos mal a cualquier monje haberse quedado allá en el mundo que no haber tomado en la religión el hábito, si después no permanesce en lo que tomó y guarda lo que prometió. En la última cena que Cristo hizo con sus discípulos, el jueves de la cena, en diciéndoles «vos estis qui permansistis mecum in tentationibus meis», también les dijo luego: «et ego dispono vobis regnum», como si más claro dijera: «Pues vosotros y no otros permanescistes conmigo en mis trabajos y me habéis seguido en mis peligros, sed ciertos y no dudéis que os asentaré a mi mesa y os colocaré en lo mejor de mi gloria, para que allí fruyáis de mi divinidad y gocéis de mi humanidad». ¡Alto y muy alto misterio es éste!, que habiendo los Apóstoles por seguir a Cristo dejado a sus padres a sus hermanos, a sus tierras, a sus herederos y haciendas, y lo que es más que todo, que negaron sus voluntades propias, no les agradece Cristo otro servicio sino el haberle seguido hasta el cabo. No dijo Cristo a sus discípulos «vosotros sois los tentados», sino «vosotros sois los que permanecistes conmigo en mis tentaciones», para darnos a entender que en el otro mundo no asentará Dios a su mesa sino a los que acabaren hasta el fin de la jornada. Hablando el santo David de lo que sentía del varón justo, decía: «Non dabit in eternum fructuationen justo», como si más claro dijera: «Uno de los privilegios que da Dios a sus familiares y amigos es que ninguna tentación los mude de su buen propósito, ni ninguna adversidad los estorbe de llegar su obra al cabo, porque el don de la constancia y perseverancia es de muchos deseado y de pocos alcanzado». Comenzar algún bien condición es de buenos, proseguir aquel bien oficio es de virtuosos, mas acabar aquel bien privilegio es de santos, porque, hablando la verdad, por más que nos esforzemos y aun por más que presumamos somos para resistir el mal muy tiernos de corazón, y muy mudables de condición. ¡O cuán bienaventurados serán los que oyeren decir a Cristo: «Vosotros sois los que permanescistes conmigo, porque permanesciendo conmigo os gozaréis y reinaréis siempre conmigo en la gloria y bienaventuranza»!, «ad quam nos perducat Jesus Cristus. Amen».

11. Razonamiento que hizo el autor a la emperatriz y a sus damas en un sermón de cuaresma, en el cual toca por alto estilo el bien y el mal que hace la lengua

«Mors et vita in manibus lingue». (Proverbiorum, XVIII). Si preguntan a un hombre de bien qué es lo que en este mundo más desea, diríanos que es el vivir, y si le preguntarnos qué es la cosa que más aborrece, responderíanos que es el morir; y de verdad él dice la verdad, porque viviendo gozarnos de lo que tenemos, y muriendo dejamos de ser lo que somos. De lo deseado, la cosa más deseada es la vida, y de lo terrible, la cosa más terrible es la muerte; porque con el vivir todo se remedia, y con el morir todo se acaba. En la agonía de la muerte amostró Cristo temer la muerte, cuando dijo: «transeat a me calix iste», y el apóstol san Pablo, estando en Achaya, mostró desear más vida cuando dijo: «nolumus expoliari sed super vestiri»; de lo cual podemos colegir que no es mucho que amen y aborrezcan los que son pecadores lo que amaron y aborrecieron los que eran justos. Los animales engendran hijos, las frutas producen pepitas, la espiga cría granos, las aves ponen huevos y las abejas echan de sí enxambres, y esto no para más sino para que ellos vean que no pueden para siempre vivir; dejan en su lugar otros que por ellos vivan. No por más los hombres y los animales comen, beben, duermen, se visten y trabajan de por tener cabe sí la vida más conservada y tener la muerte de sí más desterrada, porque nuestra naturaleza ama el conservarse y aborrece el acabarse. Al hombre que está enfermo y peligroso no hay cosa que tanto le alegre como decirle que puede ya de todo comer, y no hay palabra que tanto le espante como es decirle que le quieren olear, porque con lo uno le aseguran la vida y con lo otro le sentencian a muerte. Muy bien experimenté esto en sí el buen rey Ecequías, al cual, en espacio de media hora, y dentro de una casa y a su misma persona, dijo el profeta Isaías que estaba a muerte condenado, y luego le tornó a decir que le había ya Dios perdonado; de manera que como había por sus pecados merecido que le quitasen la vida, mereció después por sus lágrimas que le perdonasen la muerte. Por bruto y desavisado que sea un animal, tiene siempre aviso de quitarse del fuego que quema y apartarse del piélago a do se ahogue, y aún huir del risco porque no se despeñe; y esto hace él, no por más ni para más de por querer conservar la vida que tiene y por huir de la muerte que teme. El animal huye la muerte y no ama la vida, mas el hombre ama la vida y teme la muerte, porque viviendo sabe lo que agora es, y muriendo no sabe lo que dél será.

A nuestros propincuos y amigos holgamos que tengan mucho, puedan mucho, valgan mucho y, sobre todo, que vivan mucho; mas al fin no hay nadie, por insensato que sea, que no quiera más que le quiten de la hacienda y le alarguen la vida, que no que le quiten de la vida y te aumenten la hacienda. Siendo, pues, esto así, como de verdad es, así cosa es de notar y no menos espantar, que un tesoro de tesoros y una riqueza de riquezas, y un bien entre todos los bienes que Dios nos dio y de que naturaleza nos dotó, es a saber, la muerte y la vida, se confíe de sola la lengua. El oficio que tiene la puerta en una casa, aquel mismo tiene la boca en el concierto de nuestra vida, pues por ella entra adentro lo que comemos y por ella sale afuera lo que pensamos, y decir el sabio «quod mors et vita est in manibus lingue», es decir que está la vida a la puerta de nuestra casa para se ir, y está la muerte llamando a la aldaba para entrar. En ninguna parte del cuerpo podíamos tener en mayor peligro la muerte y la vida que es en la boca y en la lengua, porque teniendo como tienen ellas dos las puertas del homenage abiertas, puédesenos la vida salir sin hablar y puédese la muerte entrar sin llamar. «Habemus thesaurum in vasis fictilibus», decía el Apóstol Paulo; como si más claro dijera: «O cuán gran trabajo tienen los cristianos en traer sus preciosos tesoros en vasos tan flacos y tan vidriados, es a saber, la fe en el entendimiento, la caridad en la voluntad, el conocimiento en los ojos, el crédito en las orejas, la piedad en las manos, la abstinencia en la garganta, el amor en el corazón, la castidad en el cuerpo y la muerte y la vida en la lengua». Riquezas tan deseadas y virtudes tan abonadas como son éstas, gran lástima es decirlo y muy mayor es sentirlo, no tener a do las guardar o siquiera depositar sino en estos vasos corruptibles y dentro destos miembros podridos, los cuales son muy peligrosos de tratar y muy ligeros de quebrar. Mucho quisiéramos, si Dios quisiera, y mucho holgáramos, si Dios holgara, que nos dieran otro lugar más secreto y aún más recio que no lo es la lengua a do la vida estuviera guardada; mas como la lengua carece de hueso a do se tenga y de nervio que la tenga, ni sabe decir lo que le mandamos ni aun guardar lo que le confiamos. El miembro más tierno entre los tiernos y el más flaco entre los flacos, y el más inquieto entre los inquietos, y aun el más peligroso entre los peligrosos, es la parlera de nuestra lengua, y es en quien está depositada nuestra muerte y nuestra vida.

Aviso y torno a avisar al hombre que teme mucho la muerte y desea tener la vida larga ponga muy gran guarda en su lengua, porque de otra manera ya podría ser que ni supiese vivir ni aun se sintiese morir. Decir, como dice Salomón, «quod mors et vita est in manibus lingue» es decir que a unos fue ocasión de salvar la vida la buena lengua, y a otros fue ocasión de darles la muerte alguna mala palabra, y en verdad que decía la verdad, porque a un corazón noble más le lastima una palabra lastimosa, que no a un rústico una fiera cuchillada, y porque no parezca a los oyentes que hablamos de gracia probaremos todo lo dicho con admirables ejemplos de la Sagrada Escritura.

El maldito de Caín, como le preguntase Dios por qué había muerto a su hermano Abel, en tal de se arrepentir y a Dios pedir perdón, dijo: «Mayor es, Señor, mi culpa que tu misericordia». Dice, pues, San Agustín sobre estas palabras: «Mientes, traidor de Caín; mientes, que sin comparación es muy mayor su misericordia que no lo ha sido tu culpa, pues el perdonar es a Dios cosa propia, y el vengarse es cosa dél muy extraña». Es, pues, en este caso de ponderar que mucho más pecó Caín en lo que dijo que no en lo que hizo, porque con la lanza quitó a su hermano la vida y con la lengua dio a su alma la muerte. El matar Caín a su hermano fue cosa fea; mas desesperar de la misericordia de Dios fue culpa diabólica, porque al Señor mucho más le ofendemos en tenerle por riguroso, que no en cometer contra él algún pecado. Un evangelista dice que crucificaron a Cristo a la hora de tercia, y dice otro evangelista que le crucificaron a la hora de sexta, y el secreto deste secreto es que a la hora de tercia pidieron los judíos a Pilato que le crucificase, y a la hora de sexta le crucificaron; de manera que en la una hora le crucificaron con las lenguas y en la otra con los clavos. ¡O cuán gran pecado debe ser el de la lengua, pues echaron tanta culpa los evangelistas a los que le crucificaron con las lenguas como a los que le crucificaron con los clavos! Y no solo decimos tanta, sino aún más, porque los de los clavos pusieron en Él las manos por ignorancia, mas los de las lenguas hiciéronlo con malicia. No se ha de espantar nadie en decir que fueron más culpados los unos que los otros; de lo que se deben espantar es que Cristo rogó por los que le crucificaron con los clavos y no rogó por los que le crucificaron con las lenguas, porque en decir el «ignosce illis, qui nesciunt quid faciunt», dio a entender que los sayones no sabían lo que hacían, mas los hebreos bien sabían lo que decían. Mucho y muy mucho es de notar que el desnudar a Cristo, atapar los ojos a Cristo, los escuderos y criados de Pilato fueron los sayones y verdugos deste horrendo caso; solamente los malaventurados de los hebreos pidieron y solicitaron que le matasen, y por eso a ellos y no a otros se les achaca y pide la muerte. Ofendieron los hebreos a Cristo en pedir que le crucificasen, en levantarle tantos testimonios y en decirle en la cruz tantos oprobios, de manera que con solas las lenguas le quitaron la vida, te infamaron la doctrina y burlaron de su persona; de lo cual se puede muy bien inferir cuánto mayor temor hemos de tener a las lenguas de los deslenguados que no a los cuchillos de los buenos.

El gran profeta Isaías, contando el caso desastrado de cómo cayó Lucifer, dice: «Quia dicebas in corde tuo in celum conscendam et super astra dei exaltabo solium meum et similis ero altisimo, propterea ad infernum detraeris»; y esto como si más claro dije se: «Porque dixiste, oh Lucifer, que subirías a lo más alto del cielo impíreo, y que ponías allí tu trono y que serías semejante al Dios altísimo, fue cosa justa y muy justísima que cayeses de lo que eras, pues querías ser lo que no debías». Razón es de ponderar en este caso que no cayó Lucifer del cielo al infierno por lo que comió o bebió, o hurtó, o adulteró, o jugó, o mató, sino solamente por la presunción que en el corazón tenía y por las palabras superbas que dijo con la lengua, de manera que si del ángel se tornó demonio, fue, no por lo que hizo, sino por lo que dijo.

Mire, pues, cada uno lo que hace, mire lo que dice y mire lo que piensa, pues al triste de Lucifer no le derrocaron del estado las malas obras que hizo, sino los pensamientos superbos que tuvo, de manera que el tener a Dios en poco le echó del cielo, y el tener a sí en mucho le alanzó en el infierno. Senacherif, rey de los asirios, viniendo por Damasco con gran ejército, envió en una embajada al rey Ecechías, que a la sazón reinaba en Jerusalén, a decirle estas palabras: «Non te seducat deus tuus in quo habes fiduciam, non enim poterit quis eripere vos de manu mea», como si más claro dijera: «Mira, rey Ecechías, por ti y no te engañe nadie diciendo que será bastante la ayuda de tu Dios y la potencia de tu ejército para libraros de mi mano, lo que es falso y mentiroso, porque todos los reyes tus antepasados fueron siervos y prisioneros de mis padres y abuelos». Enojóse tanto Dios de lo que aquel rey tirano había dicho y de la presunción que había mostrado, que no habiendo cercado ni robado la ciudad, ni muerto della ninguna persona, le mató un ángel ciento y ochenta mil de su ejército, y escapó de allí huyendo y luego sus hijos le mataron en llegando. De notar es aquí mucho que sin haber talado la tierra ni muerto a ninguna persona, perdió aquel tirano la hacienda, perdió la honra, perdió la hueste y perdió la vida, y esto no por más de por lo que parló de su lengua. Antes y después del rey Senacherif bien sabemos que muchos príncipes siros, persas, medos y egipcios hicieron grandes daños a los hebreos y grandes crueldades en sus pueblos, por las cuales todas no fueron de Dios tan castigados, ni de justicia tan lastimados como lo fue él, y esto no por más de porque si peleaban con las armas tenían quedas sus lenguas. Los príncipes en sus reinos, y los gobernadores en sus pueblos, y los perlados en sus cabildos, de cuanto es justo que sean justicieros parece mal y muy mal que sean desbocados, porque los culpados y delincuentes más se quejan después de las lástimas que les dijeron, que no de las disciplinas que les dieron. Ni al caballero en la guerra, ni al eclesiástico en la paz, les está bien ser en la conversación superbos ni en el hablar mordaces, porque para ser uno generoso entre los generosos, y valeroso entre los valerosos, han todos de temer su espada y de loar mucho su lengua. Si el triste rey Senacherif entrara por las tierras del rey Ecechías peleando y no blasfemando, por ventura nuestro Dios no se enojara y él no se perdiera, y a la verdad ni él lo hizo como rey cuerdo ni aun como capitán valeroso, porque en casos que son ilustres y entre ilustres primero se han de descalabrar que se lleguen a lastimar.

Los nietos de Cam y los visnietos del patriarca Noé dijeron que querían hacer una torre tan alta que llegase hasta el cielo, a do se pudiesen subir y escapar, si enviase Dios otro diluvio al mundo, imaginando consigo mismos que en sus manos consistía el poder huir la muerte, y no estaba en las de Dios el quererles quitar la vida. A gran misterio se ha de tener que por este gran delito, ni quiso Dios nuestro Señor castigarlos en las personas ni tomarles las haciendas, ni asolarles sus tierras, ni derrocarles sus fuertes murallas, ni aun privarlos de sus vidas, sino que solamente les castigó en las lenguas. De lo cual podemos nosotros colegir que mucho más se airó nuestro Señor Dios de las palabras superbas que aquellos dijeron que no de la torre alta que edificaron. Si nuestro Dios no se enojara más de lo que aquellos locos dijeron que no de los edificios que edificaron, es cierto que les derrocara las piedras y no les quitara, como les quité, las lenguas; es a saber, que desde aquel mismo día en adelante si se oían no se entendían; no era por las palabras que ellos decían, sino por las señas que se hacían. Antes que aquellos locos de babilonios dije sen lo que dijeron, ni fabricasen lo que fabricaron, en todo el mundo no había más que un lenguaje y todos hablaban de una manera; y como vio Dios nuestro Señor que comenzaban ya los hombres a pecar, quitéles la manera del hablar. Si quisiera, bien pudiera Dios ahogarlos como a los de Faraón, cegarlos como a los sodomitas, henchirlos de vejigas como a los egipcios, cubrirlos de lepra como a la hermana de Moisés, quemarlos vivos como a los hijos de Aarón, y no quiso, sino que como con las lenguas le habían desacatado, en ellas, más que en otra cosa, quiso mostrar su castigo. ¡O, si pluguiese a Dios nuestro Señor que a los hombres que parlan mucho, murmuran mucho y blasfeman mucho, los castigase Él en la lengua como a los de la torre de Babilonia! Yo juro a mi pecador que a los parleros se les olvidase el hablar, o cesasen de pecar.

Prosigue el autor su intento, y prueba por grandes ejemplos cuántos se perdieron por sus lenguas.

Estando un día el rey David en el valle de Ebron, vio venir a un mancebo de nación amalecita, muy apresurado y turbado, el cual traía las ropas rotas y la cabeza encenizada; y como le preguntase David de dónde venía, respondió él: «Vengo del real de los hebreos y las nuevas que allá hay son que todo el ejército es huído y muerto, y el triste del rey Saúl y su buen hijo Jonatás son muertos, y sélo esto muy bien porque el infelice rey Saúl me rogó que le matase, y yo, por su ruego, le maté». Oídas, pues, por el rey David aquellas tan lastimosas nuevas, rompió sus vestiduras, lloró de sus ojos muchas lágrimas, ayunaron él y el pueblo hasta las vísperas, compuso en alabanza de los muertos muchas cantinelas y mandó que al rey Saúl y a Jonatás hiciesen tan suntuosas obsequias, cuales pertenescían a príncipes que habían muerto en defensión de su república y por la gloria de su sinagoga. Esto hecho, mandó el rey David llamar delante sí al mancebo amalecita que había traído aquella nueva, al cual mandó que luego allí le matasen y enterrasen, diciéndole estas palabras: «Sanguis tuus sit super caput tuum; os enim tuum locutus est contra te dicens: Ego inter feci Cristum domini», como si más claro dijera David: «Yo protesto y ruego al Dios de Israel no me demande la sangre que hoy derramo de ti, ¡o mancebo amalecita!, pues tu boca condenó tu vida y tú mismo hablaste contra ti diciendo que hablas muerto al Cristo del Redentor, al cual no habías de tocar en la ropa, cuanto más quitarle como le quitaste la vida.»

Es agora aquí de notar que el buen rey David, si mandó matar al amalecita no fue tanto por el homicidio que cometió, cuanto porque de haberlo hecho se alabó; de manera que el pobre mozo, si mató al rey Saúl con la lanza, también mató a sí mismo con la lengua. Muchos años había que se querían mal y se trataban mal el rey Saúl y el rey David, y pensó el pobre mozo amalecita que por haber él muerto a Saúl y por haber traído a David tan buenas nuevas le hiciera grandes mercedes y le diera grandes dádivas; mas el rey David, no parando mientes a lo que el mozo quería, ni aun por ventura a lo que su propia sensualidad quería, quiso vengar la ofensa que se había hecho, a Dios y olvidar el provecho que había venido a él. ¡O cuán pocos y aun cuán poquitos hay hoy en el mundo que tengan esta condición ni lleguen a tal perfección como fue la del rey David; es a saber: llorar por su enemigo, hacer obsequias a su enemigo, mandar enterrar a su enemigo y, sobre todo, vengar la muerte de su mortal enemigo; sino que con tal que nos venga algún provecho, aunque no sea el provecho mucho, holgarnos que maten al enemigo y aun que no nos pesa si se nos muere el amigo! Cosa nunca oída, caso nunca visto y negocio jamás acaescido fue el que aconteció al buen rey David; es a saber, matar al que mató a su enemigo y vengar su injuria del enemigo ya muerto, como sea verdad que Cristo no mandó que al enemigo le llorasen en muerte, sino que le amasen en vida. No se maraville nadie que encaresca mucho mi pluma esta cosa, pues aquel santo rey no solo amó a su enemigo, sino que le lloró y enterró y vengó su inxuria como si él mismo le quitara la vida, de manera que antes que viniese el Evangelio era David varón evangélico. Pecó, pues, aquel mancebo amalecita en huir de la batalla, en matar al rey Saúl, en placerle del mal hecho, en traer tan mala nueva y en preciarse de su culpa, de manera que muy justamente merecía la muerte el que tantas culpas cometió en la vida. En aquel terrible y espantoso cuento que Cristo contó de lo que aconteció a un bueno y a un malo en el otro mundo, dice: que dijo el rico avariento al patriarca Abrahám que estaba en el limbo: «Pater Abrahám, miserere mei», como si más claro dijera: «¡O padre Abrahám, o padre mío Abrahám!, habe agora piedad de mí, siquiera porque soy israelítico como lo eres tú, y la piedad que has de haber de mí es que envíes acá a Lázaro, tu muy querido amigo, paraque moxado el dedo menique en agua fría me refresque un poco la mi lengua, la cual tengo abrasada en esta llama». Antes de todas cosas es aquí de notar cuánta diferencia debe de ir deste mundo al otro y del otro a éste, pues es costumbre acá que los menores pidan a los mayores y allá parésceme que los mayores piden a los menores, y más, allende desto, acá los que son ricos hacen merced a los pobres y allá los que son pobres dan limosna a los ricos; de lo cual se puede colegir que en el otro mundo se deben todos vestir del envés, y acá, en éste, no, sino del revés. Poco pedía, por poco rogaba y aun con poco se contentaba el desventurado del rico, es a saber, que con sola una gota de agua le refrescase Lázaro aquella su lengua; mas la recta justicia de Dios ni le quiso oír, ni menos a su ruego condescender, porque habiendo él negado al pobre las migajas de su mesa, injusta cosa era darle ni una sola gota de agua. No poco, sino mucho, es de notar que aquel malaventurado rico, de ninguna cosa tanto se quejaba ni en ningún miembro de su cuerpo tanto dolor sentía como era en la lengua, porque dado caso que le condene el Evangelio de haber sido vorace en el comer y desordenado en el vestir, sin comparación debían ser más los pecados que cometía hablando, que no obrando. ¡O cuánto nos ha de espantar el ver que no se queja este rico avariento del tormento que pasa en los ojos con que miró, ni de el de las orejas con que oyó, ni de el de la garganta con que comió, ni de el de las manos con que jugó, ni de el del corazón con que deseé, ni de el del cuerpo con que pecó, sino solamente lloraba los tormentos que padeció en la lengua con que habló.

Con ejemplo tan notable y con castigo tan espantable como es éste, muy sobreaviso habíamos de vivir y muy recatados habíamos de andar para responder a lo que nos preguntaren con acuerdo y para hablar en los negocios sobre muy pensado, porque para preciarse uno de la honra esle necesario tener muy recogida su lengua. Tienen en costumbre los ricos, después que han bien comido y no poco bebido, pararse muy despacio a jugar, a burlar, a reír, a mofar y a murmurar, enterrando con testimonios a los vivos y desenterrando con infamia, a los muertos, de manera que si son diez los manjares que comen, son más de veinte las personas que infaman. De la cofradía destos ricos debía ser aquel maldito rico; es a saber, comedor, bebedor, chocarrero, parlero y testimoniero, y pues él fue de su opinión en el mundo, justo es que sean ellos de su bando en el infierno, porque no hay cosa más consona a razón que todos aquellos que fueron compañeros en la culpa lo sean también al recibir de la pena.

Epilogando, pues, todo lo sobredicho, decirnos que si el envidioso Caín, y el superbo Lucifer, y el vaniloco de Senacherif, y los de la torre de Babilonia, y el amalecita que mató a Saúl, y el triste del rico avariento no tuvieran lenguas para decir tan feas palabras, de creer es que ni en este mundo perdieran las vidas ni en el otro se dañaran sus ánimas.

Prosigue el autor la materia y prueba con ejemplos los provechos que hace la buena lengua.

Pues hemos dicho y largamente probado en cómo la lengua fue causa a muchos de morir, razón es que probemos agora en cómo también la misma lengua fue ocasión a muchos de vivir, pues dice nuestro tema que la muerte y la vida están en manos de la lengua. En un cuerpo humano la cosa más necesaria es el corazón, la cosa más sutil es la sangre, la cosa más hermosa son los ojos, la cosa más pesada es la carne, la cosa más delicada son las orejas, la cosa más inquieta es el pulmón, la cosa más enferma es el bago y la cosa más peligrosa es la lengua. No inmérito decimos que la lengua es más peligrosa que otra cosa, pues el corazón solamente piensa, la voluntad consiente, los ojos miran, las orejas oyen, los pies negocian, las manos hieren, mas la lengua mata, porque el cuchillo no hiere más de en las carnes, mas la mala lengua penetra las entrañas. No es más nuestra lengua que es una pared blanca, en la cual el cuerdo pinta imágenes devotas, y el que es loco pinta en ella mil locuras. Y quiero por lo dicho decir que si sabemos usar bien de la lengua es gran parte para salvarnos, y si nos aprovechamos mal de ella es bastante para dañarnos, porque no es otra cosa todo lo que decimos sino un pregón de lo que dentro pensamos.

Para probar todo lo sobredicho y para venir a lo que queremos decir, contaremos aquí una historia del rey David, lastimosa de oír, aunque necesaria de saber, porque por ella conocerá cualquiera cristiano cuán flacos somos para caer y cuán presto nos podemos del pecado levantar. Fue el caso que por voluntad de Dios fue privado del reino el rey Saúl y fue elegido, y aun ungido, el rey David, el cual halló en el Señor tanta gracia cuanto había estado el triste de Saúl en desgracia. Entre los patriarcas fue David el más honrado; entre los reyes, el más estimado; entre los profetas, el más alumbrado; entre los duques, el más tenido, y entre los israelitas, el más bien quisto; lo cual se pareció muy bien en los grandes dones que le dio y en los grandes peligros de que le sacó. Por pocos, y por muy pocos, y aun por muy poquitos, hizo Dios en este mundo lo que hizo por David en el Testamento viejo: es a saber, que le sacó de guardar ganados, que le escogió de entre todos sus hermanos, que le libró de entre sus enemigos, que le dio vitoria contra el Golias, el gigante; que quitó el reino a otro para dárselo a él; que le hizo rey y profeta, y profeta y rey, y sobre todo, y más que todo, que le prometió, y aun juró Dios, de hacerse hueso de sus huesos y tomar carne de sus carnes. Quería nuestro Dios tanto a David y holgábase tanto con David, y parecíale tan bien David, que las palabras que dijo jamás de nadie las dijo; es a saber, «inveni virum sedem cor meum», como si más claro dijera: «Entre todos los hijos de Israel he hallado a un solo varón que sea y es a mi corazón muy apazible y a mi condición muy agradable». Por eso Dios amaba al rey David de corazón, porque le servía él también de corazón, de manera que con una vara se miden y con un peso se pesan el amor que Dios nos tiene y el servicio que le hacemos.

Como la ociosidad sea enemiga de toda virtud y sea el ordimbre de toda maldad, estándose el rey David sano, recio, poderoso, pacífico y ocioso en su corte y casa, sucediole un negocio asaz perjudicial a su fama, y no poco escandaloso a su república, porque los príncipes más pena merecen por el mal ejemplo que dan que no por la culpa que cometen. Si el rey David estuviera escribiendo en los Salmos o estuviera en la guerra de sus enemigos, o estuviera en la plaza juzgando a sus pueblos, o estuviera en la sala despachando negocios, nunca a Dios ofendiera ni nunca a su reino escandalizara. Mas así fue y así es, y así será, que a la hora que los príncipes hacen con sus enemigos treguas, se entran los vicios de tropel por sus cortes y casas. San Agustín dice en el libro de la Ciudad de Dios, que más dañosa fue para Roma la ciudad de Cartago después de asolada que no cuando la tenían los romanos por enemiga, porque todo el tiempo que tuvieron enemigos en África nunca supieron qué cosa era vicios en Roma.

Veniendo, pues, al caso, es de saber que un día, después de comer, subióse el rey David a una agotea de su palacio a se pasear y a mirar, y vio desde allí una mujer asaz hermosa, que en otra azotea estaba lavándose la cara y peinándose los cabellos; la cual, así como acabó de ver, comenzó de amar y desear. Era aquella mujer hebrea y era casada, y llamábase su marido Urías, y ella había nombre Bersabé; y como a la sazón estaba sola y el inocente de su marido estaba en la guerra, diose David tanta priesa en la requestar y ella tuvo tan poca constancia en el resistir, que dentro de pocos meses, y aun pasados pocos días, David adulteró y Bersabé se empreñó. Estando, pues, Urías con el capitán Joab en la guerra de los amonitas, como Bersabé temió que lo supiese el marido y David se receló que lo barruntase el pueblo, queriendo añadir pecado a pecado, escribieron al capitán Joab que quitase a Urías la vida, porque ellos no perdiesen la honra. Como quien bien lo sabía decía el mismo David: «Abisus abisum invocat», como si más claro dijera: «Uno de los males que trae consigo el pecado, que un pecado llama a otro pecado y otro llama a otro, así como aconteció a David, que de la gula vino la ociosidad; de ociosidad, a mirar; de mirar, a desear; de desear, a procurar; de procurar, a engañar, de engañar, a adulterar, y de adulterar a matar; de manera que el demonio nunca le prendiera si él mismo la cadena no fabricara. Si David fuera tan amigo de Dios como Dios lo era suyo, nunca él le ofendiera ni en caso sucio cayera, porque es el Señor tan cuidadoso de los suyos, que a todos los que se esfuerzan a le servir nunca en grandes pecados los deja caer. Que tropecemos y caigamos, y nos enlodemos, y aun nos derrostremos, no es de maravillar, pues los ángeles tropezaron, y cayeron, y aun se enlodaron; lo que a Dios hemos de rogar y con lágrimas pedir es que se si nos dejar e caer nos dé gracia para nos levantar. Hablando el profeta de cómo se había Dios con el bueno, dijo: «quod, non dabit fructuationem justo», y luego hablando del pecado dijo: «Deduces eos in puteum interitus», como si más claro dijera: «Tienes tú, Señor, tan gran guarda sobre los tuyos que, navegando por la mar, no consientes que se mareen y dásete tan poco por los malos que dando por la tierra, dejas que se ahoguen. Mucho nos ha de espantar decir el profeta que no echa Dios a los malos en la fuente ni en el estanque, ni en el río, sino en el pozo, porque de todas las otras aguas puede el hombre salir o a lo menos nadar; mas el que está caído en el pozo ni se puede revolber ni menos de allí salir. Entonces cae el pecador en el pozo y se puede tener por empozado, cuando Dios que caya en tantos y tan enormes pecados, de los cuales ni pueda salir ni se sepa arrepentir. Todo esto decimos por el pecado o pecados en que cayó el rey David, el cual se dio tan buena maña en se levantar presto y dende en adelante vivir recatado, que aunque con la caída se lastimó, no se mancó.

Prosigue el autor y concluye los bienes y males que hizo la lengua.

Prosiguiendo, pues, la historia, otro día que pecó David envióle Dios a decir y avisar con el profeta Natán que estaba dél muy enojado y escandalizado, así por el adulterio que cometió como por el homicidio en que cayó, y que tenía determinado de darle la pena conforme a la culpa. Oídas por el rey David estas palabras, alzados los ojos al cielo, dijo «peccavi», que quiere decir «pequé». Como el rey David era generoso, valeroso, honesto y vergonzoso, a la hora que supo estar su negocio público y entre todos infamado, fue tan grande la confusión que hubo de lo que el profeta le dijo y de lo que Dios le envió a decir, que los cielos rompió con suspiros y la tierra regó con lágrimas; diciendo al Señor: «Peccavi», y confesando ser gran pecador. Tengo para mí creído que el arrepentirse David de la culpa y el no negar la culpa fue gran parte para perdonarle la culpa, porque en el hecho del pecado no se ofende Dios tanto cuando le hacemos como cuando se le negamos. No se puso David a decir al profeta Natán que dije se a Dios en cómo él era flaco, era hombre, era de hueso y de carne, le había engañado el demonio y que aquél era pecado humano, antes confesó luego su culpa y su muy grave culpa diciendo: «tibi soli peccavi» y «malum coram te feci», de manera que el no dar disculpa le alivió la culpa.

Mucho es aquí de notar y de a la memoria encomendar que, después de haber David pecado, no va él a buscar a Dios, sino que Dios envía a buscar a él, para darnos a entender el gran cuidado que tiene Dios de los suyos, para que si cayeren en alguna culpa no perseveren mucho tiempo en ella. A San Mateo, que estaba en el cambio, Cristo le buscó; a San Pablo, que iba a Damasco, Cristo le buscó; al tollido que estaba en la piscina, Cristo le buscó; al ciego que estaba cabe el camino, Cristo le buscó, y al mozo que resucitó en Naín, Cristo le buscó; de manera que sin comparación son más tras los que Cristo anda, que no los que a Cristo buscan. ¡O inmensa clemencia de Dios, que no te buscando, tú nos buscas; no te rogando, tú nos ruegas; no te importunando, tú nos despiertas, y no te llamando, tú nos llamas; de manera que si al fin de la jornada nos perdemos, no es tan solamente porque pecamos, sino porque después del pecado no te creemos. Holguemos, pues, de abrir, que Dios nos llamará; holguemos de ser hallados, que Él nos buscará; holguemos de seguirle, que Él nos guiará; holguemos de creerle, que Él nos desengañará, y holguemos de servirle, que Él nos pagará; porque es Dios tan largo y tan piadoso, que nos daría mucho más si no lo desmereciésemos, y nos perdonaría más si no le enojásemos.

Conforme al dicho del Apóstol, «Eamus cum fiducia ad thronum gratie eius», que pues Dios fue a buscar a David, estando dél ofendido, de creer es que se dejar a hallar, y aun rogar, del que fuere verdadero su siervo, porque las condiciones de la casa de Dios son que ni fuerzan a que nadie allí entre, ni resisten al que quiere allí entrar. Cosa es de espantar y no indigna de saber: y es que habiendo el rey David caído en el adulterio y cometido el homicidio, se estaba tan descuidado en su corte y palacio como si hubiera hecho a Dios algún notable servicio, y viene la grande misericordia del Señor sobre él y cítale, incítale, llámale, despiértale y convídale a que, si quiere tornarse a su casa, hallará de par en par la puerta abierta. También es de ponderar que David pecó con los ojos en mirar a Bersabé, pecó con las orejas en oír los mensajes, pecó con las manos en matar a Urías, pecó con el corazón en se determinar a pecar, pecó con el cuerpo en cometer el adulterio y pecó como rey en dar de sí tan mal ejemplo, y por tantos y por tan enormes delitos no dijo más de «tibi soli peccavi», y luego Dios le perdonó. También es mucho de notar que no leemos de David haber llorado de sus ojos, ni dado a pobres limosna, ni que trajese sus pies descalzos, ni que castigase su cuerpo con disciplinas, ni ayunase algún día en la semana, ni que fuese en algunas romerías, ni aun se prometiese a algunos santuarios, sino que solamente dijo «peccavi», y aquella sola palabra abastó para el perdón de su culpa. Yo, pecador, y tú, o lector, mira y miremos que no dijo David «a ti pequé», «contra ti pequé», «mucho pequé» o «en esto pequé», sino que a solas y a secas no dijo, más de «pequé», para darnos a entender que el juego de nuestra salvación consiste no en multiplicar las palabras, sino en mejorar cada día las obras. No tiene Dios necesidad de grandes voces para oírnos, ni de muchas razones para entendernos, pues está claro que el pecador del rey David para en descuento de su culpa no dijo más de una palabra, y aun ésa entre dientes dicha, porque los hombres mundanos no miran sino lo que dice la lengua; mas Dios nuestro Señor mira lo que piensa el corazón.

A la hora que David oyó lo que le dijo el profeta, tuvo tan turbado el juicio, tan desacordada su memoria, tan rasgadas sus entrañas y tan perdido su corazón, que en acordándose en lo que había pecado no pudo más decir, ni aun atinó más a decir de «pequé», de manera que como el Señor no sea nada achacoso, no miró a una sola palabra que dijo, sino al gran corazón con que la dijo. «¡Oh buen Jesús, oh amores de mi alma!, y quién pudiese decir y sin mentir osase decir «pequé» y no decir «peco», y aún «entiendo de pecar»: yo sé que fácilmente le perdonarías la culpa y muy de presto tornaría en tu gracia. Mas ¡ay de mí!, ¡ay de mí!, que me hallo ya al fin de la jornada y no he aún comenzado a enmendar mi vida. El santo David puede decir con verdad «pequé», el buen san Pablo dirá «pequé», la gloriosa Magdalena dirá «pequé», el bendito san Pedro dirá «pequé», el arrepentido ladrón dirá «pequé»; porque éstos, si pecaron, no tornaron más a pecar. Mas yo, triste de mí, digo que pequé ayer, y digo que pequé hoy, y confieso que pecaré mañana, si no me va a la mano tu gran misericordia».

Si dijera a Dios David: «Yo, Señor, estoy pecando y aun entiendo de aquí adelante de pecar», no hay duda sino que nunca Dios le oyera, ni mucho menos le perdonara, mas como dijo, no más de «pequé», y esto con propósito de más no pecar, apenas hubo echado la palabra por la boca cuando Dios le había ya perdonado la culpa. ¡O ley bendita!, ¡o ley sagrada! la ley de Cristo nuestro Dios, pues por tantos delitos como cometemos y por tantos excesos como hacemos, no nos pide más, ni nos manda más de que digamos con David: «Señor, pequé, y no entiendo ya más de pecar». De mí, ¡o buen Jesu!, te digo y a ti, mi redentor, me confieso que pequé en mi niñez, pequé en mi puericia, pequé en mi infancia, pequé en mi juventud, pequé en mi viril edad, y plega a ti, Señor, que no pequé en mi senetud, porque muchas veces se tornan los viejos a los pecados de cuando eran mozos. No había más pecado, ni tornó más a pecar el mismo rey David citando decía a Dios: «Delicta inventutis mee, et ignorantias meas ne memineris, domine», como si más claro dijera: «Las bobedades de mi niñez y los delitos de mi juventud no los asientes a mi cuenta, ¡o gran Dios de Israel!, porque en carne tan flaca y en edad tan tierna como es aquélla, ni sentimos lo que hacemos, ni aun sabemos lo que queremos.

Es aquí, pues, agora de ponderar que no pide el buen David perdón de los pecados de cuando era niño, ni de citando era mozo, sino de los que cometió cuando era ya anciano y era viejo y en las cosas del mundo experimentado, porque los pecados de tal edad no se pueden llamar ignorancias, sino malicias; no bobedades, sino torpedades, no descuidos, sino vicios, y no por no saber, sino por no querer. Cuando David pedía a Dios perdón de los pecados que había hecho cuando mozo, ya era entonces viejo y aun muy viejo, y de creer es que si tuviera pecados de vejez, que también los confesara, como confesó los de la juventud; de lo cual se puede inferir que hace mucho al caso, para que Dios nos perdone los pecados pasados, no haber tornado otra vez a ellos. Es también de notar que en el punto que dijo David «Señor, pequé», luego dijo Dios que le perdonaba; del cual negocio podemos colegir que más tardamos nosotros en reconocer la culpa que tarda Dios en usar de su misericordia. Paresce que en esta cosa estaban hechos de habla el criador y la criatura: es a saber, que en haciéndose preñada Bersabé, luego mataron a Urías, y muerto Urías, luego Natán reprehendio a David del delito, y en reprehendiéndole del delito, luego confesó su pecado, y en confesando su pecado, luego Dios se mostró con él misericordioso; de manera que cuan de priesa fue David huyendo de Dios, tan apriesa fue Dios en busca de David.

Sea, pues, la conclusión «quod si mors et vita sunt in manibus lingue»; si para muchos fue la lengua ocasión de muerte, a lo menos para el rey David fue ocasión de su vida; pues lo que la vida le quitó, el «tibi soli peccavi» le tornó aquí por gracia y después por gloria, «ad quam nos perducat Jesus Cristus. Amen, amen».

12. Razonamiento hecho a la emperatriz Nuestra Señora, en un sermón que le hizo el autor, día de la transfixión de Nuestra Señora

«Mullier, ecce filius tuus». El día que al niño Jesús presentaron en el templo, dice San Lucas «quod erant mirantes pater et mater eius super his que dicebantur de puero», como si más claro dijera: «Estaba la madre de Dios muy espantada y muy regocijada de oír lo que el viejo Simeón decía del niño su hijo, es a saber, que sería lumbre de los gentiles, gloria de los hebreos, esperanza de las gentes, salud de todo el mundo, y que ya no quería Simeón mas vivir, pues había visto con sus ojos lo que tanto había deseado su corazón». Como sea cosa cierta que la presente prosperidad no sea otra cosa sino un agüero de alguna repentina desdicha, luego a la hora se volvió el viejo Simeón a la Virgen y le dijo: «Ecce hic positus est in ruinam et in resurrectionem, multuorum in Israel et tuam ipsius animam doloris gladius pertransiunt», como si más claro dijera: «Mira también lo que te digo, y es que muchos en Israel se perderán por no le creer, y muchos se salvarán por sus pisadas seguir, y dígote también más, y es que vendrá tiempo en que sea tan grande el dolor de su cuchillo que alcanzará a herir el cuerpo suyo y a traspasar el corazón tuyo». Mucho es de ponderar que no dijo Simeón que Cristo haría a muchos caer, «nisi quod erat positus in ruinam multorum». Hablando la verdad el redentor del mundo, no solo no fue causa que algunos tropezasen, mas aun ni fue ocasión de que alguno cayese y se perdiese, porque no se puede compadecer en uno el venirnos a redimir y ser causa de nos perder. «Si hago yo una puente por do podáis pasar vos seguro un río peligroso, ¿qué culpa tendré yo si después os echáis vos de la puente abajo? Si vos os escondéis en una cámara escura, o en una cava honda, ¿qué culpa tiene el Sol si no os alumbra?»

Queremos por lo dicho decir, que pues Cristo vino al mundo, predicó en el mundo, dio ley al mundo y aun redimió al mundo, ¿qué culpa tiene Cristo si alguno se condena si él no quiere guardar lo que en el Evangelio Él le manda? La bendita ley de Cristo ni es ocasionada para caer ni sospechosa para creer, ni es oscura para entender, ni tampoco recia para no se guardar, de manera que no está el peligro en lo que ella nos manda, sino en lo que nosotros en ella nos desmandamos. Decir, pues, Simeón que Cristo sería puesto en caída de muchos, no es decir que sería causa que se perdiesen muchos, sino que caerían de su ley muchos, en especial de los hebreos, los cuales habiendo de ser pregoneros de su ley, se hicieron verdugos de su vida. Lo segundo que el viejo Simeón dijo de Cristo fue no solo que era puesto en caída, «imo etiam in restirrectionem multorum in Israel», como si más claro dijera: «En la ley que dará este niño al mundo algunos tropezarán y aun cayrán y muchos y muy muchos en ella se salvaron, así como fue San Pablo, la Magdalena, San Mateo, la Samaritana, y el buen ladrón y otros inumerables con ellos, los cuales se salvaron, Cristo lo queriendo, y con su gracia los socorriendo». «Perditio tua ex te, Israel; ex me autem salvatio», decía el profeta (Osee., XIII), como sí dijera: «¡O Israel, o Israel, y qué trabajo tengo contigo! Porque si no te torno al camino, siempre vas descaminada, si no te voy adestrando, siempre veo que tropiezas; si no te ayudo a levantar, siempre estás caída; si no te voy a limpiar, siempre andas enlodada, y si no te resucito a cada paso, te hallo muerta».

De muchos y de mí muy más que de todos se pueden decir con verdad estas palabras del profeta, es a saber «perditio tua ex te Israel; ex me autem salvatio», porque si me salvo es por la gracia de Cristo, y si me pierdo es por mi mal recaudos pues sé de muy cierto que para caer abasta mi malicia y para levantarme no basta mi fuerza. Lo que mucho es de notar y mucho más de llorar es que no dijo Simeón que levantaría Cristo a todos los que cayesen, sino que resuscitaría a muchos de los que estuviesen caídos, de los cuales muchos, plega a ti, ¡o buen Jesu!, que sea yo el uno dellos; porque si tú no me das la mano, ni me sabré tener sin que caiga, ni me podré levantar después de caído».

Lo tercero que dijo Simeón a la Virgen fue «et tuam ipsius animam doloris gladius pertransivit ut revelentur multorum corda», como si dijera. «Ya que he dicho lo que acontecerá a tu hijo, quiero agora decirte lo que vendrá por ti que eres su madre, y es que al cabo de su jornada un cuchillo mismo acabará su vida y traspasará tu ánima». El cuchillo con que amenaza el santo Simeón a la madre no es otro sino la cruel pasión que había de padecer su hijo, porque así como no hay cuchillo que no sea para matar, o sea para cortar, así la pasión de Cristo quitó la vida al hijo y partió el corazón de la madre. «Collocavit ante paradisum cherubin et flameun gladium ad custodiendam viam ligni vite», dice la Sagrada Escritura (Génesis, IIII), como si dijera: «Puso Dios un cuchillo de fuego a la puerta del paraíso terrenal, luego que pecaron Adán y Eva, porque nadie osase ir a comer del árbol de la vida».

Es mucho aquí de notar que antes que el hombre pecase ni pecado se nombrase en el mundo no se lee de Dios haber tenido espada ni aun cuchillo; mas a la hora que el hombre cometió el pecado, luego puso en su casa horca y cuchillo: es a saber, muerte temporal y muerte espiritual. El cuchillo que estaba a la puerta del paraíso significaba el bendito Jesu en su cruz crucificado, en el cual había hierro de humanidad y fuego de divinidad; de manera que con la humanidad padecía los tormentos y con la divinidad perdonaba los pecados. El cuchillo que estaba ante el paraíso era el cuerpo de Cristo que padecía, y el fuego de aquel cuchillo era la caridad con que lo padecía; porque si debemos mucho al bendito Jesús por la sangre que por nosotros derramó, no menos le debemos por el fuego del amor con que la derramó. Muy mejor cuchillo es el que tiene la Iglesia que no el que tenía la Sinagoga, pues aquél era para defender el paraíso y el nuestro es para abrir el paraíso. Aquel su cuchillo era de fuego que quemaba; mas el nuestro es de sangre que alimpia.

Aquel cuchillo a nadie dejaba entrar; mas el nuestro a todos convida a que entren. Aquel cuchillo estorbaba a todos el paso; mas el nuestro enséñanos el camino. Finalmente digo que aquel cuchillo se hizo para ofender a los hebreos y el de Cristo se hijo para defender a los cristianos. La cruz de Cristo es el cuchillo de que decía el profeta David, «acingere gladium tuum super femur tuum potentisime». Este cuchillo es con el que el buen rey David cortó la cabeza de Golias. Este cuchillo es con el que el profeta Ezequiel se rayó la cabeza y se hizo la barba. Este cuchillo es del que dijo Cristo «non veni pacem mittere sed gladium», porque con la sangre que derramó este cuchillo quitó el Señor al demonio lo que tenía usurpado y restituyó al hombre lo que tenía perdido. Y pues el paraíso de la sinagoga tenía un cherubín que le guardaba y un cuchillo de fuego con que se guardaba, ni tengo gana de ir allá ni rogaré a nadie que me lleve allá, porque más quiero morir a manos del sagrado cuchillo de la Iglesia, que no vivir en el paraíso de la sinagoga.

En el paraíso de Adán comían fruta; mas en el paraíso de Cristo fruimos de su esencia divina. En el paraíso de Adán hubo pecadores; mas en el paraíso de Cristo jamás entraron sino santos. Y pues en aquel paraíso se abezaron las mujeres a regalar y los hombres a pecar, más razón hay de llorar nuestra desdicha, que no de suspirar por tornar a su gloria.

Lo cuarto que dijo Simeón a la Virgen fue que el cuchillo de su hijo se llamaría «gladius doloris»: es a saber, «cuchillo de dolor», la cual palabra es muy lastimosa y no poco misteriosa, y por eso deben los sabios escudriñarla, y los devotos contemplarla. Para entendimiento de esta palabra es de notar que la primera maldición que Dios echó a Adán en pecando fue «in sudore vultus tui vesceris pane tuo»: es a saber, que «en el sudor de su cara comería el pan que le pusiesen a la mesa». A la mujer también le dijo que le costarían muchos dolores los partos de sus hijos, de lo cual podemos inferir que de partes del padre heredarnos los sudores, y de partes de la madre heredarnos los dolores. No podemos negar que los sudores y los dolores es herencia que se heredó y no es hacienda que se ganó; pues por mucho que vivamos y por más prosperidad que tengamos, nunca acabamos de sudar ni aun cesarnos de nos quejar. Maldición dada a nuestros primeros padres fue que nos cueste muchos sudores todo lo que comemos, y padecemos grandes dolores mientras viviéremos, lo cual es así como decimos, pues siempre andamos hambrientos por lo que nos falta y no cesamos de quejarnos por lo que nos duele. En esta triste vida yo no sé de qué se puede nadie gloriar, ni mucho menos alabar o preciar, pues somos hijos de padre que nos dejó la herencia en sudores y de madre que nos dio el dote en dolores, y lo que es peor de todo que es mayorasgo que no se puede vender y es herencia que no se puede repudiar. «Quid agam?, si locutus fuero, non requiescit dolor meus; si tacuero non recedet a me?», decía el santo Job hablando de sus trabajos (XVI), como si dijera: «¿Qué haré, triste de mí, que son tan grandes los dolores que paso y los sudores y trabajos que sufro, que el cuerpo me tienen consumido y el corazón muy atribulado, porque ni hablando me dejan, ni callando me olvidan?» Razón tiene el santo Job en decir que ni porque callaba ni porque hablaba se le afloxaban sus dolores, pues no oímos ni vemos otra cosa cada día, sino quejarse todos de todo, que les duele la cabeza, o los ojos, o las muelas, o el pecho, o el estómago, o la rodilla, o el bazo; de manera que el oficio en que el hombre mejor maña se da es darse a suspirar y saberse quejar. «Quid agam necio?», dice el bendito Job, como quien dice que ya no sabe que se hacer, ni ve a do se ir, pues pobre y rico holgando y trabajando, solo y acompañado, triste y aun alegre, no le faltan dolores que le fatiguen, ni pensamientos que le atormenten; lo cual él dice muy gran verdad, porque todo lo mejor de nuestra vida se nos pasa en suspirar por lo que deseamos y en quejarnos de lo que padecemos. Pues las dos más principales cláusulas del mayorasgo de nuestros primeros padres son «in sudore vultus tui vesceris pane tuo», la una, «et in dolore paries filios», la otra, no me parece debemos quejarnos mucho de lo que sufrimos, sino antes dar muchas gracias a Dios por lo que no padecemos, porque no hay cosa más anexa a nuestra vida que tener a cada paso mil sobresaltos en ella. Pues somos hijos de dolor y nacimos de dolor, y nos criamos con dolor, y vivimos con dolor, y aun morimos con dolor, no cae debajo, de razón que ningún sudor nos canse o algún dolor nos espante; porque el hombre que es sabio y cuerdo, de lo que se maravilla y espanta es no de los dolores que sufre, sino de algún placer si le sobreviene. Si profundamente se miran las tristezas y pobrezas y adversidades y descontentos que a nuestras puertas llaman y en nuestros pobres corazones se aposentan, en más tendremos un solo momento de descanso que no un año de desasosiego, porque los pesares y dolores son a nosotros anexos, mas los regalos y placeres sonnos como accesorios.

Tiempo es ya que dejemos de hablar de nuestros dolores y hablemos de los dolores que padeció Cristo; los cuales fueron tan excesivos en ser dolorosos y tan sin cuenta en ser muchos, que comparados los unos a los otros parecen los nuestros no más de haberlos soñado, y los de Cristo haberlos padecido. «Cum eset David in spelumca Obdollan convenerunt ad eum omnes qui erant in angustia, et presi ere alieno et factus est eorum princeps» (I. Regum, XXII), las cuales palabras quieren decir: «Estando el rey David en la cueva de Obdollan escondido y huido de la persecución de su señor, el rey Saúl, juntáronse allí con él todos los que andaban por el reino desterrados y fugitivos, a le consolar, y aun con él se consolar, de los cuales todos fue hecho señor y caudillo, porque entre todos ellos era él el más atribulado». En esta figura del rey David se muestra tan a la clara que los excesivos dolores que Cristo pasó en el discurso de su vida que sería para mí más sano consejo que mi ánima los gustase que no que mi pluma los escribiese, porque son tan altas y tan heroicas las obras de nuestra redención, que apenas alcanza el entendimiento a contemplarlas, cuanto más los pulgares a escribirlas. Muchos en la vieja ley fueron figura de Cristo y profetizaron de Cristo; mas a mi pensar ninguno lo fue más que el santo rey David, y de aquí es que no llamaron a Cristo hijo de Noé, ni hijo de Moisés, ni hijo de Jacob, sino hijo de David, porque era del tribu real de David, y porque en ninguno fue Cristo más figurado que en David. Por particular privilegio dijo Dios del rey David «inveni virum secundum cor meum», es a saber, «hallé un varón conforme a mi corazón», y de solo Cristo dijo su Padre: «hic: est filius meus dilectus in quo mihi complacui»; es a saber, «éste es el hijo que yo tengo entre todos más regalado y con quien yo eternamente me huelgo», de manera que el amor que Dios con el rey David tuvo parece haber sido figura del inmenso amor que el eterno Padre tenía con su hijo.

Fue también aquel santo rey David figura de Cristo, en que ansí como él fue perseguido del rey de Israel sin causa, así Cristo fue también perseguido del pueblo israelítico a sin razón ni justicia; de manera que Saúl perseguía a David porque le querían más que no a él en el reino, y los fariseos perseguían a Cristo porque le tenían en más a él que no a ellos en el pueblo. Fue también

David figura de Cristo cuando se juntaron con él en la cueva de Obdollan todos los que andaban atribulados y perseguidos y le hicieron príncipe de todos, como a más perseguido de todos, en lo cual se nos dio a entender que el hijo Dios había de ser el que en este mundo más persecuciones había de sufrir y más acérrimos dolores había de pasar. A este propósito no vaca de muy alto misterio decir el ángel a la Virgen: «dabit illi dominus sedem David patris eius»; es a saber, que le darían a Cristo la silla de David su padre, en lo cual dio a entender que por entonces el tirano Herodes tendría el cetro del reino y que Cristo heredaría la silla del trabajo, mas que después de la redención acabada, «Cristus regnabit in domo Jacob in eternum», y Herodes será alanzado como tirano. El principado de los atribulados y perseguidos a Cristo fuera dado, si Cristo fuera entonces vivo, porque David no tenía en la cueva de Obdollan más de ochocientos fugitivos; mas el bendito Jesús tiene en su iglesia millares de millares de atribulados; de manera que si en la compañía de David había cuenta, en la casa de Cristo no había cuento.

Diciendo como dice Cristo «venite ad me omnes qui laborati et honerati estis y ego reficiam vos»; es a saber, «veníos para mi casa todos los que andáis atribulados y acudid a mí todos los que estáis cargados, que yo remediaré a los unos y consolaré a los otros». Los ángeles vendrán a vivir con Cristo, aunque no sientan trabajos, cuanto más los hombres a que remedie sus desconsuelos. Los trabajos que padeció Abel con Caín, Noé con los idólatras, Abrahám con los sodomitas, Isaac con Ismael, Jacob con Esaú, José con sus hermanos, Elías con Gezabel y David con Saúl, júntense éstos a una parte, y los de Cristo nuestro Dios a otra; y yo afirmo y juro que a él y no a otro den el principado de los atribulados, pues fueron sus trabajos mayores que los de todos. Vengan también a montón los trabajos y martirios de San Pedro con la cruz, de San Pablo con el cuchillo, de Santiesteban con los guijarros, de San Llorente con las brasas y de Santa Caterina con las ruedas, y pónganse de la otra parte los de Cristo solo, y sin contradición alguna le darán el señorío de martirio, porque cada mártir no sintió más de sus trabajos, mas el redentor del mundo sintió los suyos y los de sus amigos.

¡O buen Jesu! ¡O amores de mi alma!, pues te precias ser príncipe de todos los atribulados y tentados, rescíbeme, Señor, rescíbeme en esa tu capitanía y asiéntame ahí el sueldo, siquiera de una lanza, porque según los dolores que yo paso y según las tentaciones que yo sufro, desde agora me doy por caído si Tú, Señor, no me llevas de brazo. No poco también es de notar que los atribulados que estaban con David en la cueva, aunque le contaron sus trabajos, no decía la Escritura que les dio algún remedio para ellos, sino que si atribulados vinieron, atribulados se tornaron; lo cual no acontece a los perseguidos con el perseguido Jesu, porque es Él tan piadoso, y aun tan cuidadoso de los que algo padecen por Él, que apenas le han pedido algún socorro cuando ya se sienten dél ser socorridos.

Prosigue el autor y habla de los dolores de nuestro Maestro y redentor Jesucristo.

Isaías (I, III), hablando de los dolores que Cristo había de pasar, decía: «Desideravimus eum despectum et novisimum virorum virum dolorum et scientem infirmitatem»; como si más claro dijera: «Lo que deseamos y por lo que suspiramos mi sinagoga y yo es ver a un varón que sea el postrero de todos los varones y que por excelencia le llamen varón de dolores, y que esté muy experimentado en los trabajos y sea menospreciado de todos los malos». Si debajo de estas tan lastimosas palabras no hubiese algún gran misterio encerrado en ellas, parecería inhumanidad y aun crueldad del profeta desear a un hombre tantos trabajos y desventuras, a cuya causa es menester advertir mucho en la profecía y mucho más en el cumplimiento della.

Ante todas cosas, es de ponderar que no dice el profeta: «desideravimus eum hominem», sino «desideravimus eum virum», porque este nombre de hombre no denota más de la naturaleza que tenemos, mas este nombre varón denota la naturaleza que tenemos y denota la virtud de que nos preciamos; y de aquí es que a todos los escogidos llama la Escritura «sacra» varones juntamente con llamarlos hombres. Del santo Job se dice «quod vir erat in terra Hus», y de Elías se dice «quod erat vir Dei», y de Cristo se dice: «aprehendent septem mulieres virum unum», y de la madre de Dios se dice «ad virginem desponsatam viro»; de manera que este nombre «varón» siempre denota alguna excelencia sobre este nombre «hombre». Según dice Donato, este nombre «vir» quiere decir hombre que tiene vigor y fuerza en todo lo que hace, y tal fue el bendito Jesu, el cual, por contradición que le hiciesen ni por trabajos que le sucediesen, nunca prometió cosa que no cumpliese, ni comenzó cosa que no acabase.

No se contentaba Isaías con que fuese el que él deseaba hombre descorazonado y cobarde, pues de los tales más hallaban que querían, sino que fuese hombre en la naturaleza y varón en la constancia, porque varón y muy varón había de ser el que había de redimir el mundo, y había de hacer armas con el demonio. También es de ponderar que no suspiraba Isaías por cualquiera varón, sino solamente por aquel que había de ser «novisimus omnium virorum», es a saber, el postrero de todos los varones, en la cual palabra nos dio por sutilísimo estilo a entender que deseaba ver venir ya al postrero varón bueno de todos los varones buenos que en la sinagoga se habían criado y desde el principio del mundo habían nacido, lo cual se cumplió en solo Cristo nuestro Dios, porque él fue el postrero varón bueno que en la sinagoga hubo, y también fue el primero que la Iglesia tuvo. «Novisimus omnium virorum» fue el bendito Jesu, pues en Él se acabaron todos los buenos que en la sinagoga había y aun todo lo bueno que la vieja ley tenía, porque la reina de los ángeles y los príncipes de la Iglesia, aunque nacieron en la sinagoga, no los contamos sino por de la Iglesia. Que había de ser Cristo «novisimus omnium virorum» fue figurado en el nacimiento de los dos hermanos Jacob y Esaú, los cuales, como fuesen hijos de una madre y naciesen a una misma hora, fue el caso que, como ambos saliesen juntos de las entrañas de la madre, Jacob, que nacía a la postre, iba teniendo de la planta del pie de Esaú, que nacía primero; lo cual aconteció no a caso fortuito, sino por misterio muy alto. Nadie puede negar que en el hombre no hay cosa más baja ni más antida ni más trabajosa que es la planta del pie, porque ella es lo postrero que hay en el hombre, y ella es la que anda cabe el suelo, y ella es la que sustenta a todos los miembros del cuerpo. En el cuerpo místico de la Sinagoga nuestro Redemptor fue la planta del pie de ella, porque él fue el más abatido de todos y él fue el que llevó a cuestas nuestros pecados y él fue la planta en que se acabaron todos los buenos; de manera que lo que los israelíticos tuvieron por planta, tenemos nosotros por cabeza, y lo que ellos pusieron so los pies, ponemos nosotros sobre las cabezas. Jacob y la Iglesia no quieren de Esaú y de su Sinagoga la cabeza, que fue Adán; ni los ojos, que fueron los patriarcas; ni la boca, que fueron los profetas; ni los brazos, que fueron los reyes; ni el cuerpo, que fueron los plebeyos; sino solamente quieren la planta del pie della: es a saber, la humanidad de Cristo que nació en ella; porque, a la verdad, ésta es la harina de aquellos salvados y la medula de aquellos huesos. Dice también Isaías que llamarán al redentor del mundo «virum dolorum», es a saber, «varón de dolores», el cual nombre parece que pone espanto nombrarle y muy gran compasión oírle, porque para tener un hombre mucha pasión y poca consolación abástale tener un dolor solo, sin sufrir tantos dolores juntos. Como sea verdad que en la casa de Dios no se permita lágrimas que derramar ni admitan dolor de que se quejar, osa decir el profeta que se llamaba Cristo «varón de dolores» y trabajos no vaca de muchos y muy grandes misterios, aunque es verdad que en materia tan lastimosa como es tratar de los dolores de Cristo mejor sería sentirlos que no escribirlos, porque a ser hombre mediano cristiano, todo lo que se escribiese con las plumas se había de ir regando con lágrimas. A Eva nuestra madre, cuando pecó, fuele dicho «quod in dolore paries filios», es a saber, que con dolor, mas no con dolores, pariría sus hijos. El bienaventurado Job, habiendo perdido la casa y los hijos, y la hacienda, y estando su persona llena de lepra, de un dolor se quejaba, y no más diciendo «non requiescit dolor meus», es a saber, «este mi dolor no para de me atormentar, ni me deja asosegar». La madre del profeta Samuel, como estuviese orando en el templo, porque Dios le diese hijos, y Heli, el sacerdote, la motejase de borracha, y Fenan, otra mujer que tenía su marido, la corriese, porque era mañera, respondió ella a Heli, el sacerdote, y dijo: «Ne reputes ancillam tuam ut filia Belial, quia ex multitudine doloris et meroris mei locuta sum», como si dijera: «No pienses, o gran sacerdote Heli, que soy como las hijas de Belial, que son las que se andan por ahí perdidas, porque la grandeza del dolor que siento en verme mañera y la tristeza que ha caído sobre mí de ver lo que me dijo mi émula, me hace orar al Señor de esta manera y paréscete a ti, Heli, que estoy borracha».

Del rey Asa dice la Sagrada Escritura (II, Parali. XVI) que «degrotavit rex Asa, anno tricesimo regni sui, dolore pedum vehementissimo», como si más claro dijera: «En los postreros días de su vida cayó muy malo el rey Asa, es a saber, del mal de la gota, el cual dolor fatigábale mucho, como era Asa viejo y no tenía ya virtud para resistirlo».

He aquí, pues, cómo Eva y Anna, y Job y Asa, y con ellos otros muchos, no se quejan ser fatigados más de con un dolor, y solo al bendito Jesús llaman «varón de dolores» y cargan sobre Él los dolores y se preszia Él de zufir dolores: y sea ello mucho de enhorabuena, mas no por más estamos nosotros sanos de por haber tomado Cristo sobre sí todos nuestros dolores y trabajos.

Para entender bien en cómo Cristo es varón de dolores, es de saber que ansí como es muy mayor el gozo espiritual que no el corporal, así es muy mayor el dolor del ánima cuando está triste que no el del cuerpo cuando padece; y como en Cristo anduviesen siempre parecidos estos dos dolores, es a saber, el dolor de lo que padecía y el dolor de que nos veía, llámale «varón de dolores», así por la pasión que pasaba, como por la compasión que de nosotros tenía. Si Cristo no sintiera más de su pasión, no le llamara el profeta varón de dolores, sino varón de dolor; mas como sentía en el cuerpo su pena y sentía en el corazón nuestra culpa, llamóle «virum dolorum», porque el bendito Jesu sin comparación era muy mayor la pena que Él sentía en vernos pecar que no el dolor de verse a sí padecer. Estos dos dolores tanto eran en el redentor mayores cuanto fueron en Él más continuos, y aun más antiguos, y así es que desde el punto que tomó Cristo carne humana fruyó luego de la esencia divina y se le representó toda la pasión futura, por manera que desde las entrañas de la madre se ofreció a morir y comenzó a padecer. «Quoman ego in flagella paratus sum et dolor meus in conspectu meo semper» (Psalmus XXXVI), decía David en nombre de Cristo, y es como si dijera: «No solo acepto la muerte que tú, Padre mío, me mandas padecer, mas aun estoy aparejado de recibir todos los azotes que me quieren dar, mayormente que todos mis tormentos los traigo siempre delante de mis ojos» No en vano dice Cristo «dolor meus in conspectu meo semper», pues no hay dolor tan recio que alguna medicina no le temple, ni hay tristeza tan grande que el tiempo no la cure; lo cual no fue ansí en Cristo, porque cuanto más iba cada día cresciendo, tanto más nos veía a su Padre ofender y a sí mismo padecer. «Ab infancia crevit mecum miseratio, et de utero matris mee egresa est mecum», dice Job en nombre de Cristo (XXXI); como si dije se: «No solo desde la niñez ha ido creciendo conmigo la piedad, mas aún desde el vientre de mi madre soy naturalmente piadoso». «Bien se te cree, bien se te cree, o buen Jesu, que siendo tú hijo de tal Padre, como es Dios, y hijo de tal Madre, como es la Virgen, que no podías sino parecer a tu Padre en la caridad y parecer a tu Madre en la piedad, mayormente que tú no veniste al mundo a vengar tus inxurias, sino a perdonar nuestras culpas. Decía el Apóstol Paulo «quod filium Dei ex his que pasus est didicit obedientiam», y por semejante manera digo yo también que el bendito Jesu en sus propias fatigas aprendio a compadecerse de nuestras miserias, porque no hay en el mundo quien mejor de otro se compadeca que es el que mucho padece. Quiso el redentor del mundo experimentar en sí todos los géneros de tormentos para mexor se compadecer de todos los hombres atribulados: y de aquí es que cuanto más crecía, tanto más padecía, y cuanto más padecía, tanto más se compadecía, la cual pasión y compasión le dura hasta el árbol de la Cruz, a do justamente le llamaron varón de dolores, pues allí se vio señor de todas las pasiones y padre de todas las compasiones. Llamar a Cristo «virum dolorum» no le levanta Isaías ningún falso testimonio, pues nació en un diversorio, y huyó juego de Herodes, se abscondio de Arquelao, se perdió en Jerusalén, comían los suyos espigas de hambre, le pedían tributo como apechero, le infamaban de endemoniado y sudó sangre de agonía, y en la Cruz dio al Padre el ánima, de manera que no fue otra cosa su humanidad sino una yunque de dolores y un abismo de trabajos. He aquí, pues, en cómo conforman en uno la profecía de Simeón el justo con la de Isaías el profeta, pues el uno le llamó varón de dolores, y el otro le llamó cuchillo de dolor; porque no es otra cosa cargar sobre Cristo todos los dolores, sino pagar al Padre por todos nuestros pecados. «¡Oh buen Jesu! ¡Oh Redenor de mi alma!, y cuán contrarios son el nombre con que llaman a ti y el con que deben llamar a mí, pues a ti te llaman varón de dolores y a mí me han de llamar el hombre de los placeres, porque yo no entiendo sino en buscar a do mi cuerpo se regale y a do también mi corazón se consuele, y lo que es peor de todo, que ni sé de mí, ni me acuerdo de ti. ¡Ay de mí!, ¡ay de mí!, pues no sé padecer hambre que luego no como; no sé sufrir sed, que luego no bebo; no sé haber frío, que luego no me arropo, no sé estar solo, que no busque compañía, ni sé padecer trabajo que con otro placer luego no le recompenso». De manera que me podían llamar hombre de buena vida, no por las virtudes que tengo, sino por los regalos que busco. ¡O quién pudiese con verdad decir con el santo Job: «hec sit mihi consolatio, ut afligens me dolore non parcas» (Job. VI), y es como si dije se: «Si tú me quieres bien, Señor, hazme lo demostrar en que no cures de lo que mi sensualidad pide, ni condesciendas a lo que mi corazón quiere, sino que en lugar de consolación me desconsueles, en lugar de regocijo me enojes; en lugar de alegría me entristescas; en lugar de descanso me martirices, y en lugar de regalo me agotes; porque el estilo de tu casa y corte es que con los tus más familiares amigos les das y repartes de tus mayores trabajos. Yo soy el que más contra ti he pecado, yo soy el que cada día te ofendo, yo soy el que nunca del pecar me enmiendo, yo soy al que más que a todos has perdonado, y aun soy el que más de todos te soy ingrato, y por eso, Señor, en mí como en mayor pecador puedes emplear los dolores de tu pasión y el cuchillo de tu compasión».

Prosigue el autor su razonamiento, y habla de los dolores de la virgen.

Lo tercero que el buen viejo Simeón dijo a la Virgen fue: «et tuam ipsius animam doloris gladius pertransivit», como si dijera: «Será tan cruel el cuchillo de la pasión de éste tu hijo, o mujer, que de un solo golpe quitará a él la vida y traspasará a ti las entrañas». En todos los siglos pasados, ni en todos los libros antiguos, nunca tal profecía se profetizó, ni tal palabra se escribió, ni aun tan gran lástima se oyó, como la que el viejo Simeón dijo a la recién parida Virgen, es a saber, que en un mismo día, en una misma hora y con un mismo cuchillo se haría justicia de la vida del hijo, y de las entrañas de la madre. Cuchillo que corte las orejas a los ladrones, cuchillo que degüelle a los homicianos, cuchillo que cuartee a los traidores, cuchillo que corte las lenguas a los blasfemos, y cuchillo que descepe pies y manos a los revoltosos, hállanse destos a cada paso muchos; mas cuchillo que traspase ánimas no hay otro sino el de Cristo solo, el cual fue tan cruel que a él quitó la vida y a su madre traspasó el ánima. El cuchillo de Caín, con que mató a su hermano Abel, y el cuchillo de Moisés, con que mató al egipcio, y el cuchillo de David, con que mató al Gigante, y el cuchillo de Elías, con que mató a los idólatras, degollaban los cuerpos y no tocaban en las ánimas, mas el cuchillo de Simeón desangró las entrañas de la madre y rompió las carnes del hijo.

No sin alto misterio dice el Evangelista que todas estas palabras guardaba la Virgen en su corazón, porque a la verdad las nuevas de ellos le allegaban al corazón, y esto no tanto por decirle Simeón que el cuchillo de dolor había de traspasar su ánima, cuanto por oír decir que con hierro habían de quitar a su hijo la vida. «Flebat Anna mater Tobie irremediabilibus lacrimus dicens: heu mihi, fili mi Tobie decimo»; como si más claro dije se: «Ana, mujer de Tobías el viejo y madre de Tobías el mozo lloraba la ausencia de su hijo con lágrimas irremediables, diciendo: «¡Ay de mí, ay de mí, hijo mío Tobías, lumbre de nuestros ojos, báculo de nuestra vejez, consolación de nuestra vida, esperanza de nuestra casa! Oxalá nunca os debieran aquel dinero, porque no fueras allá a ser peregrino, mayormente que para mí no había otro mayor tesoro como era tenerte a ti conmigo». Palabras tan lastimosas y tan lastimosamente dichas bien parecen salir de corazón tierno y decirse de hijo muy amado; porque siendo, como es, la lengua el instrumento del corazón, si hay en él amores, amores pregona, y si hay en él dolores, dolores publica.

Ante todas cosas es aquí de notar en que así como Isaac el mozo fue figura muy particular de todo lo que Cristo nuestro Dios había de padecer, ansí Anna la de Tobías fue figura singular de lo mucho que la Virgen en la pasión había de llorar: de manera que el acérrimo martirio de la Madre de Dios fue de Simeón profetizado, y en la madre de Tobías figurado. Con más razón se puede decir que lloraba la Madre de Dios con irremediables lágrimas que no de la madre de Tobías, porque el hijo de la vieja Anna volvió, y muy bien casado; mas el hijo de la Virgen estaba en la cruz puesto. ¡O madre desconsolada y o reina de consolación! Tú eres la que allí llorabas lágrimas irremediables, que no Anna la de Tobías, porque sus lágrimas llevaron remedio, mas las tuyas ni llevaron remedio ni aun hallaron consuelo. Con irremediables lágrimas lloraba la triste señora, pues ella, y no Anna, era la que perdía el báculo que para su vejez había criado, el espejo con que se miraba, la lumbre con que veía, el reposo a do descansaba, la esperanza que tenía y la cosa que más amaba.

También es de ponderar que decía la madre de Tobías «¡ay de mí!», y no decía «¡ay de ti!», para darnos a entender que Cristo no padecía por fuerza, sino por su voluntad; mas la su triste madre holgara que el mundo se redimiera y su hijo no padeciera. «¡Ay de mí!», dice la Virgen, y con mucha razón, pues en un día perdió a Cristo, que le tenía en lugar de padre, y de esposo, y de vecino, y de amigo, y de ayo; porque Él, estando con su Madre, como padre la aconsejaba, como esposo la celaba, como vecino la acompañaba y como amigo la defendía, como ayo la guardaba y como hijo la servía. Cuando se pierden las riquezas poco a poco no se sienten tanto como cuando se pierden todas juntas y de aquí es que según lo poco que gozamos, y lo mucho que padecemos: muy mucho hace al caso abituarse los hombres a padecer, y abezarse a tener callos en el sufrir; porque los infortunios desta vida tanto son más lastimosos cuanto son más repentinos. «¡Ay de mí!», dice, y no sin gran ocasión, porque allende de perder en el monte Calvario todo cuanto bien tenía junto, siente por mayor lástima el no se haber ella con ello perdido, de manera que a su querer y voluntad de tan buena gana dijera ella el «in manus tuas comendo spiritum meum» a el hijo: como el hijo lo dijo en la cruz al Padre. «Venient tibi subito hec duo in die una, sterilitas et viduitas», decía Isaías (XII), hablando de la Sinagoga; como si más claramente dijera: En el día que no pensares vendrán sobre ti, o Sinagoga, dos muy grandes males juntos: es a saber, que quedarás viuda, porque te quitarán el esposo, y te hallarás estéril, porque te matarán el hijo». Desposada estuvo tres mil años con Dios la Sinagoga, y al cabo la repudio y se casó con la Iglesia, y otros tantos años no hizo ella sino parir patriarcas y profetas, al cabo también del cual tiempo enviudó en la muerte de Cristo y quedó estéril para nunca más tener profetas. Por supremo privilegio fue Cristo hijo y esposo, y esposo y hijo de su dulce madre, y fue tan verdadero esposo de ella que lo fue muy mejor y muy mayor que no lo fue el santo José; y de aquí es que no enviudó ella en la muerte de José, sino en la pasión de su hijo. «¡O madre triste!, ¡o triste madre!, cuán y cuán bien te cuadran las palabras de Isaías el profeta, pues sin tú lo pensar, ni menos lo merecer, en un día, y aun en una hora, te viste viuda del esposo que tanto te amaba, y te viste privada del hijo que tanto querías. Con una cosa te puedes consolar, ¡o consoladora de mi alma!, y es que aunque eres viuda, y has hoy enviudado, no tienes necesidad de sacar ningún luto, porque no por más de ver a tu esposo morir y de verte a ti penar, las piedras se quebrantan, y los cielos se enlutan. «Magna velut mare est contrictio tua, quis medebitur tibi», decía el profeta Jeremías, espantándose del dolor de la Virgen, y es como si dijera: «Tanto excede tu dolor a todos los otros dolores cuanto excede la grandeza de la mar a todas las otras aguas, y lo que de espantar es que a este tu triste corazón hay mil que le lastimen, y no hay uno que le cure». No sin alto misterio compara Jeremías la tristeza de la Virgen a la grandeza de la mar, porque así como en la mar, en un mismo día y en espacio de una hora hay bonanza y hay tempestad, así en el corazón de la Virgen andaban aquel día compitiendo entre sí el placer de ver redimir el mundo y el pesar de ver morir su hijo. «Quis medebitur tibi», es a saber: «¿quién será el médico de tus heridas, teniéndolas como las tienes en el corazón abscondidas?», porque las llagas del corazón más fáciles son de llorar que no de curar. Desamparó a tu bendito hijo el Padre, vendiotele Judas, negótele San Pedro, acusárontele los judíos, sentencióte a muerte Pilato, crucificáronle los sayones y blasfemáronle los ladrones: tales y tan grandes infortunios vérnoslelos padecer y no hay quien te los ayude a llevar, porque son de tal condición las ansias del amor, y las llagas del dolor, que nadie sabe curarlas, sino es el que fue causador deltas. Decir Jeremías a la Virgen «quis medebitur tibi» es decirle que no menos compasión le tiene por no haber quien la cure, como por verla padecer lo que padece; y lo que pone mayor lástima es que un solo médico que había en el mundo de curar corazones le han crucificado entre dos ladrones. «Quis me debitur tibi». ¡O consoladora de los desconsolados! Acuérdate, Señora, acuérdate a quien osó lastimar tu corazón, pues ése y no otro le ha de curar y aun consolar, porque Hipocras y Galieno bien saben mitigar dolores, mas no saben cosa de atajar suspiros, mayormente que el tu gran mal no está en las venas, sino en las entrañas. «Cor meum dereliquit me», decía el santo profeta (Psalmus XXXIX) en nombre de la triste madre, y es como si más claro dijera: «El que crió a mi corazón y el que se engendró en mi corazón, y el que era mi corazón, y el que amaba yo como a mi corazón ya se fue de mi presencia y le llevaron de mi casa, y lo que más siento es que en yéndose le quitaron a él la vida y a mí arrancaron el corazón». ¡O hijo de mis entrañas! ¡O amores de mi alma! Si por ventura te hablé con desacato, cortarásme la lengua; si te miré sin reverencia, sacarásme los ojos; si no te empañé bien, cortarásme las manos, si no te di buena leche, abrierásme los pechos, mas pues el corazón que estaba en mis carnes era más tuyo que no mío, y amaba más a ti que no a mí, ¿por qué a Él crucificaste y a mí, triste, lastimaste? «Cor meum dereliquit me», en dejar me como me dejaste tú, hijo mío, pues jamás entre nosotros hubo sino un corazón, una voluntad de amar y un querer, de lo cual se sigue que por una misma cosa se ha de tener el morir tú y el padecer yo, no considerando en ti sino a mí, y yo no considerando en mí sino a ti, el cual género de amistad es tan alto y tan heroico que no se halla sino es en la Madre de Dios y su Hijo, porque, hablando la verdad, ella no le amaba como a sí, sino más y más que a sí. «Cor meum dereliquit me», dice todavía la Virgen, y la causa dello es que como ella era más de Cristo que de sí, y quería más a Cristo que a sí, y moraba en Cristo más que en sí, sintió tanto verle en un palo crucificar y allí como a malhechor morir, que si le quedó algún poco de sentido, más fue para llorar su desventura que no para sentir ya si vivía. «Cor meum de dereliquit me», torna a decir la triste madre, porque no es nada llevarle su hijo el corazón consigo a crucificar, sino llevar también a ella porque le viese allí morir, porque según dice Hierónimo, cuantas heridas había en el cuerpo del bendito hijo, tantas llagas estaban en el corazón de la madre. Exponiendo aquellas palabras de Cristo «cum exaltatus fuero a terra» dice el glorioso Bernardo: «Bien dices, io buen Jesús!, bien dices: es a saber, que cuando te vieres en la cruz enclavado llevarás allí todas las cosas contigo, pues llevaste allí al ladrón para perdonarle, y llevaste el corazón de tu madre para crucificarle; y dice más el bendito doctor. iO cuán bien dices en decir que llevarás todas las cosas a ti y en no decir que las guardarás para ti, porque no por más las llevas todas a ti, sino para dármelas después todas juntas a mí, y así fue ello por cierto, pues allí fue do me mostraste lo mucho que me querías y allí fue a do me diste cuanta sangre tenías.

Prosigue el autor su razonamiento y pondera el misterio de estar la virgen en pie cabe la cruz.

«Stabant autem juxta crucem Jesu, mater eius et soror matris eius María Cleofé et María Magdalene», dice San Juan, y es como si dije se: «A la hora que crucificaron a mi Maestro y Señor, vi apegadas a su cruz su doloriosa Madre y a María Cleofé, su tía, y a María Magdalena, su discípula». Pocas y muy pocas son las palabras que el Evangelista dice, y muchos y muy muchos los misterios que en ellas toca, y por eso es menester la gracia del Hijo para exponerlas y la bendición de la Madre para entenderlas. «Stabant autem juxta crucem», dicen lo primero; es a saber, que estaba la Madre de Dios acerca de la cruz y que estaba en pie, y no asentada, lo cual no vaca de secreto, ni tampoco de misterio, porque en las divinas, letras muy gran caudal se hace el estar uno asentado o hallarse levantado.

Y porque no pareca que hablamos de gracia, pongamos ejemplos de cada cosa. La honrada Rachel, mujer que fue del buen Jacob y madre de Benjamín, no se contentó con hurtar a su padre los ídolos, sino que los escondio so las albardillas y se asentó sobre ellos. La viuda Tamar, nuera que había sido de

Judas el patriarca, no por más de asentarse en un camino como ramera quedó allí de su suegro preñada. Del infelice rey Saúl nota mucho la Escritura que al tiempo que le tomaba el demonio dice que estaba en su casa asentado. Mofando y burlando la Escritura sacra de los hijos de Israel dice que suspiraban y lloraban por tornarse asentar cabe las ollas de carne que comían en Egipto. No aprobó el redentor la demanda que le hizo su tía la Zebedea, es a saber, que a sus dos hijos asentase a sus dos lados, porque si bien le pareciera no se lo negara. A los escribanos y fariseos, que se asentaban sobre la cátedra de Moisés, Cristo los reprehende y la Escritura los condena. No se descuidó la Escritura de mirar y notar que cuando el Visorrey Fisto sentenció al apóstol san Pablo estaba asentado en un trono.

He aquí, pues, siete ejemplos de los que estaban asentados, razón es que contemos algunos de los que estaban levantados, porque cotejados los unos con los otros, veremos a la clara cuáles son dellos los más aprobados. A los hijos de Catath, que llamaban los cautaritas, por precepto particular les mandó Dios en su ley que tuviesen cargo de coger la tapicería del tabernáculo y de colgar el velo grande del templo, y esto hiciesen estando en pie y no asentados. Los setenta viejos honrados y famosos que ayudaban a Moisés gobernar el pueblo de Israel, en pie y no asentados estaban la puerta del tabernáculo cuando les dio Dios el Espíritu Santo. Cuando el valeroso capitán Josué fue electo y confirmado en duque y caudillo de todo el pueblo de Israel, en pie le mandó Dios que estuviese delante el gran sacerdote Eleázaro, cuando le habían de bendecir y las manos sobre la cabeza poner. El famoso letrado Esdras, al tiempo que leía el Deuteronomio al pueblo israelítico, dice allí la Escritura, que él estaba en pie leyendo y todos estaban en pie escuchándole.

He aquí, pues, probado en cómo en las divinas letras algunas veces se reprueba el estar uno asentado y cómo también se aprueba el estar en pie y levantado; de lo cual podemos inferir nosotros que no por descuido, sino por muy gran misterio, se dice de la Virgen «quod stabat et non quod sedebat iuxta crucem». Natural cosa es a los desventurados y aflictos huir la compañía, amar la soledad, aborrecer la luz, amar las tinieblas, derrocarse en tierra o asentarse en lo bajo para que allí se harten sus tristes ojos de llorar y sus desconsolados corazones suspirar. «Quomodo sedet sola civitas plena populo? Facta est quasi vidua domina gentium», dice el profeta Jeremías (Tre.

X), llorando la desdicha de Jerusalén, como si dije se: «¡Oh, qué lástima es de verte, Jerusalén, en cómo estás derrocada, sola y biuda, habiendo tú sido la mayor señora de Asia y la república más populosa de Palestina!»

Lo contrario de todo esto aconteció a la Madre de Dios, la cual estaba en pie, y no asentada a la luz, y no a las tinieblas acompañada, y no sola cabe la cruz, y no lejos, para darnos a entender que el martirio de la Virgen no fue como el martirio de los otros mártires, porque ellos, si murieron, fue a las manos de los sayones, mas la Virgen no padecía sino a los pies de sus amores. Según los dolores que la Virgen en su corazón sentía, y según lo mucho que en su Hijo perdía, y según las pocas fuerzas que entonces ella tenía, piadosamente es de creer que ella muriera si su bendito Hijo no la sustentara. A muy grande milagro es de tener no haber dado al pie de la cruz el ánima, y a muy mayor el no estar en el suelo amortescida, sino que lo dispuso así la divina Providencia: es a saber, que el Hijo muriese y la madre escapase. ¡Oh, qué cruel batalla andaba en el corazón de la bienaventurada Virgen!, es a saber, el dolor de verle morir y el amor y deseo que tenía de lo ver, y como el buen Jesu estaba crucificado en alto, no te podía ver la Virgen, con la mucha gente, si ella se asentaba en el suelo, a cuya causa tenía todavía más fuerza el amor para tenerla que no tenía el dolor para derrocarla. No pudo el glorioso San Juan escribir por más alto estilo ni con más delicadas palabras la contienda que tuvieron entre sí el amor y el dolor de la Virgen, porque en decir que la triste madre estaba cabe la cruz, nos declara su gran dolor, y en decir que estaba en pie, y no asentada, nos muestra su grande amor, porque la bendita Virgen y Madre, si tenía los pies en el suelo, los ojos y el corazón se le iban al Hijo.

También es de notar que el mismo Cristo, que estaba en la cruz, y su bendita Madre, que estaba cabe la cruz, y las dos Marías, que estaban en torno de la cruz, todos estaban en pie y ninguna estaba asentada, para darnos a entender que los altos misterios y los muy suaves gustos que hay en la cruz no los pueden entender, y muy mucho menos gustar, los que se están rellanados holgando, sino los que se están en pie o velando. «Non coques hedum in lacte matris sue». (Exod., XXIII.) Es a saber, que mandaba Dios en la ley que nadie fuese osado de cocer la carne del cabrito en la leche de la madre. Y pues esto es así, ¿por qué hoy cuecen a la Madre en la sangre de su amado Hijo? No vaca de misterio prohíbir que no cociesen al hijo en la sangre de la madre, y no prohíbir que cociesen a la madre en la sangre del hijo, para darnos a entender que nuestra madre la Santa Iglesia era la que se había de salvar en la sangre de Cristo, y no Cristo en la sangre de la Iglesia. «Qui invenerit aviculam cubentem, tollat filios et dimittat matrem» (Deute., XXII), dice Dios nuestro Señor hablando con los hijos de Israel que andaban a cazar, y es como si dijera: «Cuando algunos fueren por el campo a tomar páxaros, si acaso toparen con algún nido de ellos, lleve los hijos a su casa y deje en libertad a la madre, de manera que ni sea osado de prenderla ni mucho menos de matarla.» ¡O alto redentor del mundo, ¿qué es esto, dime, yo te ruego? Dejas el nido todo de tus discípulos y de todos tus apóstoles, para que ni contigo padecan, ni aun te vean padecer, y llevas al pie de tu cruz a la triste de tu Madre, para que de solo verte morir ella se muera! ¡Tienes piedad de la páxara que tiene muchos hijos, y no has compasión de tu bendita Madre, que no tiene más de ti solo! «Non inmolabitur ovis una diecum filio suo» (Leviti, XXII), palabras son de Dios a los que iban al templo, y es como si dijera: «Si alguno fuere a ofrecer algún sacrificio a mi templo o tabernáculo, mire que en un mismo día no ofreca el cordero y a su madre la oveja», lo cual mandaba Dios nuestro Señor porque parecía cosa inhumana derramar la sangre del hijo y de la madre en un mismo día. ¡O buen Jesu! ¡O maestro y redentor de todas las cosas! Pues todas las leyes hablan en favor de tu dulce Madre, ¿por qué tú no se las guardas, que eres su Hijo? ¿Por ventura no se quebranta más la fiesta en sacrificar uno a su madre en la Pascua que no en coger un poco de leña el día del sábado? Mira, Señor, mira que quebrantas la ley en sacrificar a ti, que eres el cordero y sacrificar también a la oveja, porque a ti pondrá lástima y a ella pondrá espanto el ver ella a ti morir y tú a ella. Harta sangre hay en la sangre del cordero sin que se derrame también la de la oveja, porque si es necesario que mueras tú por redimirnos, también es necesario que viva tu Madre para consolarnos. Bien parece que eres señor de la ley y disponedor della, pues mandas que cuezan a la madre en la sangre del hijo, y mandas que suelten a los hijos y prendan a la madre, y mandas que juntamente a la madre sacrifiquen con el hijo, las cuales novedades haces no sin alto misterio y muy profundo sacramento. San Bernardo, San Anselmo y San Buenaventura mucho se maravillan porque Cristo quiso llevar a su bendita Madre al pie de la cruz, pues ni ella podía ayudarle a él en sus tormentos, ni él tenía necesidad della para la redención de

477

nosotros. No es, pues de creer que ella se halló allí sin causa, ni es de pensar que el Hijo la llevó allí sin misterio, porque las cosas que pasaban entre Cristo y su Madre hanse de estimar por misterios de misterios, a semejanza de los cantares de Salomón, que se llamaban «Cantica Canticorum». Quiso el buen Jesu llamar allí a su Madre para que como más propincua heredera heredase la sangre que derramaba y los tormentos que padecía, la cual herencia le entregó luego allí, porque, estando, como estaba, la triste Madre apegada a la cruz, con la sangre que por ella venía le regó el cuerpo, y con los dolores que padecía le martirizó el ánima. En tan alto trono como era la cruz, en tan alto misterio como era nuestra redención y en clemencia tan grande como fue el perdón del ladrón, y en oración tan heroica como hizo por los enemigos, y en paso tan estrecho como era morirse, quiso el buen Jesu que su Madre allí se hallase, para que dél se compadeciese y aun con él ella allí padeciese. Quiso también Cristo llevar cabe la cruz a su Madre para que fuese testigo de su pasión, y para confiarle la sangre de nuestra redención, y para encomendarle la fe de todo el mundo entre tanto que Él iba y venía del limbo, la cual fe ella sola guardó y sustentó, porque en todos los fieles del mundo se tornó la fe marchita si no fue en el corazón de la Virgen, que quedó entera. Sobre aquella palabra de Cristo que dice «maiorem charitatem nemo habet ut animam suam ponat quis pro amicis suis», dice San Bernardo. Muy mayor es la caridad que tú, ¡oh buen Jesús!, usaste, que no la que a nosotros encomendaste, pues no solo pusiste la vida por tus amigos, mas aun por tas enemigos, y no solo pusiste la tuya propia, mas aun crucificaste la de tu bendita Madre, y, esto fue cuando el cuchillo de dolor mató a ti y no perdonó a ella.

Entre todos los tormentos, los que más pena daban en la cruz a Cristo eran ver a su Padre ofender, ver sus propias carnes crucificar, ver a sus discípulos todos huir y ver a su dulce Madre allí padecer, de manera que el mayor misterio de traerla allí fue para que Él diese a ella la palma del martirio y para que ella fuese a Él ocasión de mayor tormento. Estaba la cabeza de Cristo transfixa con espinas, estaban sus orejas ofendidas con blasfemias, estaban sus manos ataladradas con clavos y estaban sus miembros descoyuntados con tormentos; solamente le habían quedado sanos los ojos para mirarnos y el corazón para amarnos, y porque no le quedase miembro con que no padeciese y que en el misterio de nuestra redención no le emplease, permitió que a su corazón traspasase la lanza y a sus ojos atormentase la vista de su bendita Madre. Suma charidad y inmensa bondad fue la que el Hijo de Dios mostró en la cruz, pues todos los que padecen y justician buscan evasiones para se remediar y el redentor del mundo buscó allí ocasiones para más penar, lo cual parece claro en que no dejó enemigo que no perdonase ni dejó miembro en todo su cuerpo que no padeciese.

Concluye el autor su razonamiento y toca en él muchas lástimas acerca de lo que la Virgen pasó cabe la cruz.

«Mullier, ecce filius tuus». Ya que el Redemptor iba al cabo de su redención, ya que había orado al Padre por los enemigos y que también había perdonado al ladrón sus pecados, como vio con sus ojos a la que dél no quitaba los ojos y a la que por Él derramaba tantas lágrimas, dijo: «Mullier, ecce filius tuus», y es como si dijera: «Mira, mujer: he ahí, cabe ti, a Juan, mi primo y mi discípulo; tenerle has de aquí adelante, en lugar de hijo, como hasta aquí le tenías, en lugar de sobrino, porque ya yo no podré servirte como a Madre, ni podrás tú gozar de mí como de hijo. Treinta y tres años había que tenía la Virgen abezada a su lengua a llamar a Cristo hijo y tenía sus orejas acostumbradas a oírse llamar madre, y como agora la llamó «mujer», y no madre, fue el mayor dolor que jamás mujer pasó, y aun uno de los mayores que la Virgen gustó. «¡O vos omnes qui transitis per viam, atendite et videte si est dolor sicut dolor meus!», dice Jeremías (Tre. III), en nombre de la Virgen, y es como si dijere: «Todos los hombres que tenéis trabajos y todas las mujeres que paristes con dolor, veníos para mí y hagamos un montón de vuestras quejas y de mis ansias, y veréis claramente cómo un solo dolor de los míos es muy mayor que todos los vuestros». No vaca de misterio el no decir la Virgen «ved mis dolores», sino que dice «ved mi dolor», porque entre todos los tormentos que la Virgen pasó al pie de la cruz, el que tenía la cumbre de ellos es ver que le trocaban al Criador por la criatura, al Santo por el pecador, al Maestro por el discípulo, al Señor por el siervo y al Hijo por el sobrino. Si como Cristo le dijo «he ahí tu hijo», le dijera «he ahí tu pariente, he ahí tu amigo, he ahí tu discípulo, he ahí mi primo, he ahí tu sobrino y aún he ahí tu ayo», cosa era tolerable; mas decirle a boca llena «he ahí tu hijo», cosa fue a la Virgen oír lo terrible, y fue, a mi pensar, tan terrible que si como el Hijo se lo quiso mandar le diera a ella a escoger, a la hora deshiciera el cambio y revocara todo lo hecho. No vaca, tampoco de misterio que no dijo Cristo a la Virgen «mater, ecce filius tuus», es a saber, que no la llamó «madre», sino que la llamó «mujer», porque este nombre de madre, como es nombre que de ligero enternesce las entrañas y que de presto hace correr las lágrimas, si como Cristo dijo «mira, mujer», dijera «mira, madre», ya pudiera la Virgen sentirlo tanto, que se quedara San Juan sin madre, como la Madre se quedó sin Hijo. Estaba ya el corazón de la triste Madre tan lleno de los dolores que ella tenía y tan cargada de los tormentos que su Hijo padecía, que como vio Cristo que en él no cabían más angustias ni tenía fuerzas para sufrir más penas, acordó de llamarla mujer, aunque la lastimase, y no llamarla Madre, porque allí no se muriese. Si decir Cristo a su Madre «ecce filius tuus», sintió mucho oírlo, también es de creer que lo sintió Cristo en decírselo, pues era el vínculo del amor tan grande entre ellos y traían el Hijo y la Madre los corazones tan apareados, que juntos amaban y juntos padecían. Estaba Cristo tan al cabo de su vida cuando dijo estas palabras, que sobre si miraría o no miraría a su Madre tuvieron el amor y la muerte entre sí muy grande contienda, en que la muerte decía que era ya tiempo de cerrar los ojos y el amor decía que tenía mucha necesidad de abrirlos, porque había de consolar a su triste de Madre con la vista y de hablalle siquiera una sola palabra.

También es de ponderar, y no poco de notar, que no permitió el buen Jesú que en el discurso de su pasión fuese nadie osado de poner en su Madre las manos, ni hacerla ningunos vituperios, aunque ella andaba entre todos los sayones y corría por todas las estaciones; y la causa dello fue porque la redención la había de hacer Él solo, y porque Él, y no otro, había de dar a su Madre la corona del martirio. Querer el bendito Jesú que matasen a Él delante de su Madre, y no querer que tocasen a ella delante dél, misterio es tan alto y secreto tan profundo, que si le sé dificultar, no le alcanzo bien a absolver, porque no fue más sino permitir que hurtasen en el sacramento y que no tocasen en la custodia. Sobre estas palabras, «ecce filius tuus», dice el glorioso San Buenaventura: «Decir que esta Virgen cabe la cruz créolo, y decir que estaba en esa misma cruz confiésolo, porque si el Hijo tenía rompidas en ella las carnes, también tenía allí la Madre rasgadas las entrañas. El Hijo tenía derramadas las llagas por todo el cuerpo, mas la triste Madre teníalas todas juntas en el corazón. Al inocente Hijo crucificáronle con solos tres clavos;

mas el corazón de la triste Madre con dolores inmensos. El Hijo, si moría, era porque quería; mas la triste Madre, si penaba, era porque más no podía. El Hijo regaba la tierra con sangre, y la Madre rompía los cielos con lágrimas, y finalmente digo que en la cruz se le acabaron al Hijo los trabajos y en la cruz comenzaron a la Madre los dolores, porque antes que conociese ella el monte Calvario, más gloria tenía la Virgen de ver a solo Cristo que tuvieron Adán y Eva en los deleites del paraíso. ¡O quién viera al pie de la cruz a la triste Madre alzar las manos, extender el manto, poner el rostro y allegarse con el cuerpo por poder coger algunas gotas que del cuerpo del Hijo corrían, cada una de las cuales, aunque para nosotros son agora más que una perla oriental, eran entonces a la triste Madre como una gota coral. Cada gota que caía, gota coral era para la triste Madre, pues en el corazón antes que en otra parte le daba, y de aquí es que todos los arroyos de sangre que salían de las venas del hijo, todos iban a parar a las entrañas de la Madre. «Cristo confixus sum cruci», dice el Apóstol, y es como si dije se: «Son de mí tan amados los altos misterios de la cruz, que me parece estar crucificado y enclavado con Cristo en la cruz». No dice el Apóstol que está en el palo con los ladrones, ni dice que mira la cruz desde lejos, como la miraban los parientes de Cristo, ni dice que burla de Cristo con los caminantes, ni aun dice que está a1 pie de la cruz con la Magdalena, sino que tiene en la cruz crucificada su ánima, como Cristo tenía crucificado su cuerpo. ¡O cuán dichoso sería el que con el Apóstol dije se: «Cristus confixus sum cruci», porque al tal no le quedarían ya pies para mal hacer, ni le quedarían manos para a nadie robar, ni tendría libertad para se desmandar, ni aun tendría tentaciones para se empeorar, sino como un hombre sentenciado a muerte diría al Jesús que está a la muerte: «Señor, acuérdate de mí, pues muero en la cruz cabe ti». Cruz, y aun cruces, tenían los ladrones que estaban cabe Cristo; mas no dice el Apóstol que está crucificado en la cruz del ladrón, sino en la cruz del Salvador, en lo cual se nos da a entender que pues no podemos vivir sin tener los corazones crucificados de cuidados, y los cuerpos martirizados de trabajos, es razón que los padecamos por Cristo, pues los sabe agradecer, y no por el mundo, que aún no los sabe conocer. Tampoco vaca de misterio que no dice el Apóstol que estaba crucificado él solo, sino que estaba crucificado juntamente con Cristo, para darnos a entender que a las veces son tan ásperas las persecuciones que nos hacen y son tan recias las tentaciones que nos vienen, que nos es menester se halle Cristo con nosotros en nuestra cruz y que nosotros nos hallemos también con él en la cruz.

13. Letra para el doctor Micer Sumier, regente de Nápoles, en la cual el autor le responde a ciertas preguntas que le envió

Señor magnífico y amigo importuno:

Ni miento ni me arrepiento en decir y afirmar que como yo velo para serviros, vos os desveláis para enojarme; lo cual parece claro, pues agora de nuevo me enviáis a demandar quistiones nunca oídas y demandas nunca pensadas. Bien tengo creído que no me las enviáis a preguntar con intención de más querer saber, sino para mi habilidad probar, porque os parece que encaresco mucho lo que digo, y digo más de lo que siento. Sé os decir, señor, que por una parte he con vuestra carta mucho reído, y por otra he con vuestras quistiones mucho rabiado, porque en lo uno os mostráis ser gracioso y en lo otro muy curioso. No quiero que os tome vanagloria en decir que os mostráis, señor, curioso, pues también os mostráis ser hombre ocioso, porque me enviáis a preguntar cosas de que ninguno escribió ni en que ninguno dudó. Según vuestra merced es recatado en lo que dice, y es tan sospechoso de lo que le dicen, soy cierto y no dudo que si yo le preguntara lo que me pregunta, a la hora dijera que me sobraba el tiempo o que me faltaba el juicio. Bien parece, señor Regente, que no tenéis que rezar, ni que escribir, ni que predicar, como yo, que a fe da cristiano le juro no se anduviese a jugar conmigo a «adivina quien te dio», ni preguntarme lo que soñó. Como leí vuestra carta una y dos y tres veces, y no la podía entender, ni atinaba qué responder, imaginé conmigo que todo aquello habíades soñado, o que alguna hechicera os lo había dicho, porque ya sé yo días ha que miráis en agüeros y que no estáis mal con hechiceros. Dios os perdone, amén, amén, que cinco días ha que traigo mi memoria alterada, a mi juicio fatigado, a mis ojos desvelados, y a mis libros todos revueltos, para dar alguna razón de lo que me pedís y responderos a lo que me escribís, porque, dado caso que me escribistes de burlas, yo me determiné de responderos de veras. Los antiguos doctores y grandes oradores en las materias más bajas y suzias mostraban y empleaban su elocuencia, y así lo he hecho yo en estas vuestras demandas y burlas a las cuales yo respondo lo mejor que supe y lo menos mal que pude. Pídole, señor, de especial gracia mire y remire su demanda y mi respuesta, y verá muy claro que todas las sentencias que allí van ni las hallé escritas ni por nadie dichas, sino que todas salieron del estambre de mi memoria y del ordimbre de mi juicio, y porque no sea mayor la introducción que lo es el sermón, concluyo, y digo que sería cosa justa y honesta tuviésedes, señor, en algo lo que yo digo de veras, pues yo tengo en mucho lo que vos me escribís de burlas, mayormente que no tiene otro mayor bien esta carta de ser para vuestra merced escrita.

Síguense las preguntas y respuestas.

Preguntáisme, señor, que os diga en qué podría conocer un hombre a otro hombre para ver si le conviene a él se allegar o dél se guardar. A esto respondiendo, digo que en cuatro cosas: es a saber, en los tratos que trae, en las obras que hace, en las palabras que dice y en los amigos que tiene. El hombre que de su natural condición es orgulloso, y que en sus tratos es desalmado, y que en sus palabras es mentiroso, y que anda con malos hombres acompañado, débense de tal hombre guardar y ninguna cosa dél confiar.

Preguntáisme, señor, qué son las cosas que en esta vida no se pueden por ningún precio comprar, ni a ninguna cosa viva comparar. A esto respondiendo, digo que son cuatro: es a saber, la libertad que tenemos, la ciencia que aprendemos, la sanidad que poseemos y la virtud de que nos preciamos. Son estas cosas todas tesoro de tesoros y riqueza de riquezas para el hombre, porque la libertad alegra al corazón, la ciencia enriqueces al entendimiento, la sanidad conserva la vida y la verdad es gloria del ánima; de manera que estas cuatro cosas ni se pueden a dinero comprar ni mucho menos apreciar.

Preguntáisme, Señor, qué son las cosas con que más aina el hombre se engaña y con que muy presto se pierde. A esto respondiendo, digo que son cuatro: es a saber, la codicia de mucho tener, el deseo de mucho saber, la esperiencia de mucho vivir y la presumpción de mucho valer. El hombre que no quiere tropezar y caer, débese mucho de todas estas cosas guardar, porque la mucha ciencia para en locura, el mucho tener engendra soberbia, el pensar mucho vivir acarrea descuido y el mucho valer trae consigo menosprecio; de manera que cada una destas cuatro cosas abasta para le empescer y aun perder.

Preguntáisme, señor, qué cosas son necesarias en un buen juez para que con verdad le llamen justo, y que no sea notado de tirano. A esto respondiendo, digo que son cuatro es a saber, que oyga con paciencia y responda con prudencia, sentencie con justicia y execute con mira. Al juez que viere ser impaciente en el oír, vano en el responder, parcial en el sentenciar y cruel en el executar, no merece el tal ser justicia, sino ser justiciado.

Preguntáisme, señor, qué son las cosas que hacen a un hombre ser cuerdo en el vivir y sabio en el hablar. A esto respondiendo, digo que son cuatro: es a saber, el leer muchos libros, el andar por muchos reinos, el pasar muchos trabajos y el entender en grandes negocios. El hombre que no ha andado por el mundo, ni sabe qué cosa es estudio, ni ha pasado por el trabajo, ni se ha visto en algún gran negocio, el que al tal osare llamar sabio, osaría yo a él llamarle necio.

Preguntáisme, señor, qué cosas son las que piensa el hombre tenerlas y carece del todo dellas. A esto respondiendo, digo que son cuatro: es a saber, muchos amigos, mucha cordura, mucha ciencia y mucha potencia. No hay hombre que no tenga una punta de loco por más que presuma de cuerdo; no hay hombre tan poderoso que no pueda ser de otro vencido; no hay hombre tan sabio que no haga algún notable yerro, ni hay hombre tan bien quisto que no tenga algún enemigo secreto. Es, pues, la resolución de todo esto que tenemos menos amigos que pensamos, podemos menos que queremos, sabemos menos que presumimos y aun somos menos que blasonamos.

Preguntáisme, señor, qué cosas son las con que más ayna un hombre se pierde y más tarde se cobra. A esto respondiendo, digo que son cuatro: es a saber, errar los negocios al principio, dejar el consejo del buen amigo, meterse en lo que no debe y gastar más de lo que tiene. El hombre que en lo que comienza es cabezudo, y el que no torna consejo con el que es sabio, y el que en los negocios se mete mucho a lo hondo, y el que gasta más de lo de su patrimonio, será el tal bien quisto de pocos y murmurado de muchos.

Preguntáisme, señor, qué cosas son las que serían menos mal a un triste de un hombre verse morir o habellas de padecer. A esto respondiendo, digo que son cuatro: es a saber, pobreza en la vejez, enfermedad en la prisión, infamia después de honra y destierro de su propia tierra. El hombre que se vée preso y enfermo, y el que se vée pobre y viejo, y el que fue infamado a do fue honrado, y el que se vée desterrado sin esperanza de tomar a su pueblo, mejor le sería al tal una honesta muerte que no una tan infelice vida.

Preguntáisme, señor, qué son las cosas que aborrece Dios y abominan los hombres. A esto respondiendo, digo que son cuatro: es a saber, al pobre soberbio, al rico avaro, al viejo luxurioso y al mozo desvergonzado. Cuando al mancebo falta la vergüenza, y al viejo la honestidad y al pobre la humildad, y al rico la caridad, ¡ay de la tal república!, y aun ¡ay del hombre que viviere en ella!

Preguntáisme, señor, quiénes son los que con verdad tienen amigos de quien se fiar y con quien se holgar. A esto respondiendo digo que son cuatro, es a saber, los elocuentes, los liberales, los poderosos, y los bien acondicionados. El hombre que tiene buena gracia en hablar, y el que es liberal en el dar, y el que es cuerdo en el mandar, y el que es humano de conversar, vivirá el tal en gracia de todos y nunca le faltarán verdaderos amigos.

Preguntáisme, señor, qué son las cosas de qué más el hombre se queja y con que el corazón más se atormenta. A esto respondiendo, digo que son cuatro: es a saber, la muerte de los hijos, la pérdida de los bienes, la prosperidad de los enemigos y las locuras de los amigos. Terrible tormento es para el corazón de un hombre enterrar el hija que ha criado, perder la hacienda que había allegado, ser sujeto a su enemigo y ver loco a su amigo. Cuatro cosas son éstas muy dignas de sentir y bastantes para llorar.

Preguntáisme, señor, cuáles son las cosas de que más el hombre murmura y en que menos tiene paciencia. A esto respondiendo, digo que son cuatro: es a saber, servir y no agradar, pedir y no le dar, dar y no se lo agradecer, y esperar nunca vivir. Al hombre que no le agradecen lo que hace, y al que niegan lo que pide, y al que no le pagan lo que sirve, y el que no alcanza lo que espera, poder podrá el tal sufrir la mala vida, mas es imposible que calle su lengua.

Preguntáisme, señor, qué cosas son las que primero se mueren que se harten. A esto respondiendo, digo que son cuatro: es a saber, las orejas, de oír; las manos, de allegar; la lengua, de parlar, y el corazón, de desear. Por más y más que sea uno viejo, y que tenga el cuerpo quebrantado, jamás por jamás se harta su boca de decir cosas superfluas, ni sus orejas de oír nuevas, ni sus manos de allegar riquezas, ni su corazón de desear cosas vanas.

Preguntáisme, señor, cuáles son las cosas que ni se pueden dejar de sentir, ni menos encubrir. A esto respondiendo, digo que son cuatro: es a saber, la riqueza, el amor, el dolor y el desamor. Conóscese el amor en el suspirar, el desamor en el mirar, la riqueza en el gastar, y el dolor en el se quejar; de manera que estas cuatro cosas, aunque se puedan algo disimular, no se pueden a la larga encubrir.

Preguntáisme, señor, cuáles son las cosas que se pueden fácilmente perder y que no se pueden jamás cobrar. A esto respondiendo, digo que son cuatro: es a saber, la virginidad, el tiempo, la piedra y la palabra. Sea cierto cualquiera hombre, y aun cualquiera mujer, que es de tal condición la virginidad después del matrimonio, el tiempo después de pasado, y la piedra después de echada, y la palabra que está ya dicha, que podrá el dueño destas cuatro cosas llorarlas y nunca podrá recobrarlas.

Preguntáisme, señor, qué son las cosas que en un hombre son más dignas de loar y de que él más se ha de preciar. A esto respondiendo, digo que son cuatro: es a saber, ser buen cristiano, ser verdadero, ser sufrido y ser callado. El hombre que fuere cristiano en sus obras, y que fuere paciente en las injurias, y que fuere cierto en sus palabras, y que guardare en su pecho las cosas secretas, a buen segura podrán al tal loarle, y aun canonizarle.

Preguntáisme, señor, cuáles son las cosas que aunque las veamos ir con los ojos, no las podemos seguir con los pasos. A esto respondiendo, digo que son cuatro: es a saber, el humo, el ave, la nao y la culebra. Por más sutil vista que tenga uno y por más y más que esté sobre aviso, no podrá ver el rastro del ave cuando vuela, ni el surco de la nao cuando navega, ni las pisadas de la culebra cuando anda, ni la señal del humo cuando sube.

Preguntáisme, señor, quiénes son los que en hecho de amigos, más fácilmente cobran y más fácilmente los pierden. A esto respondiendo, digo que son cuatro: es a saber, los ricos los mancebos, los poderosos y los privados. ¡O cuán presto pierde los amigos el rico cuando viene a ser pobre, y el mancebo cuando llega a ser viejo, el poderoso cuando pierde su potencia, y el privado cuando cae de su privanza!

Preguntáisme, señor, quiénes son los animales que al hombre más le enojan y menos le empescen. A esto respondiendo, digo que son cuatro: es a saber, la pulga, el piojo, la mosca, la chinche. Por más delicado ni aun privilegiado que uno sea, téngase por dicho que no vivirá, ni aun morirá, sin que primero las pulgas le piquen, los piojos le muerdan, las moscas le enojen y las chinches le despierten.

Preguntáisme, señor, qué condiciones ha de tener el que quisiere bien servir. A esto respondiendo, digo que cuatro: es a saber, diligencia, paciencia y verdad y fidelidad. Para que con verdad se precie uno de buen criado y que quiera a su señor ser acepto, debe ser paciente en lo que le manda, verdadero en lo que dice, diligente en lo que hace y muy fiel en lo que se le comete, y entonces será el tal de su señor bien tratado y cada día mejorado.

Preguntáisme, señor, qué es lo que más una mujer desea y con que ella vive más contenta. A esto respondiendo, digo que son cuatro cosas: es a saber, atavíos, crédito, hermosura y libertad. Entre todas las cosas y sobre todas las cosas desta vida, desean las mujeres andar bien vestidas, las tengan por hermosas, ir a do quisieren y que las crean lo que dijeren.

Preguntáisme, señor, qué condiciones ha de tener el que algo da. A esto respondiendo, digo que son cuatro; es a saber, mirar lo que da, a quien lo da, por qué lo da y cuándo lo da. Digo que ha de mirar lo que da, para que no dé poco; mirar a quien lo da, para que no lo dé a algún loco; mirar por qué lo da, porque sea por algún buen respecto; mirar cuando lo da, que sea muy temprano, porque si da de otra manera fuera desta, podrá ser que lo reciban, mas yo dudo que se lo agradezcan.

Preguntáisme, señor, qué cosas son las con que un príncipe más se sostiene y más le conviene. A esto respondiendo, digo que son cuatro: es a saber, ánimo para sufrir, corazón para dar, gracia para pagar y clemencia para perdonar. Todas las flaquezas y descuidos se deben y pueden perdonar a un príncipe, cuándo se halle en él clemencia para perdonar las injurias, largueza para hacer mercedes, memoria para gratificar los servicios y paciencia para sufrir los trabajos. Preguntáisme, señor, cuáles son las cosas de que más un caballero se debe guardar y le pueden notar A esto respondiendo, digo que son cuatro: es a saber, cobardía, escaseza, mentira y injusticia. El caballero que fuere cobarde en la guerra, escaso en su casa, tirano en su república y mentiroso en lo que cuenta, mejor sería el tal para recuero que no para caballero.

Preguntáisme, señor, qué cosas ha de tener la que es doncella para que tenga buena fama y sea estimada. A esto respondiendo, digo que son cuatro:

es a saber, que sea hermosa en su cara, honesta en su vivienda, enemiga de alcahuetas y no amiga de ventanas.

Preguntáisme, señor, qué cosas ha de tener el religioso que en el monasterio quisiere perseverar. A esto respondiendo, digo que son cuatro: es a saber, que cumpla lo que prometió, haga lo que le mandan, coma lo que tuviere y no murmure de lo que viere; el religioso que estas cuatro cosas guardare sea cierto que perseverará y aun se salvará.

Preguntáisme, señor, qué cosas ha de tener una monja para que no esté en el monasterio desconsolada o desesperada. A esto respondiendo, digo que son cuatro: es a saber, que tome el hábito por su voluntad, que no padezca necesidad, que sea amiga de trabajar y enemiga de murmurar. La religiosa que entró en el monasterio por fuerza, y la que en él padece pobreza, y la que es un poco holgazana, y la que es un poco deslenguada, ella tendrá allí mala vida y no la dará buena a su priora.

Y porque quedo cansado de responder a tantas preguntas, no diré más en esta carta sino que nuestro Señor sea en vuestra guarda y a mí dé gracia que le sirva.

De Palencia. A XI de octubre. MDXXVIII.

14. Letra para el comendador Alonso de Bracamonte, en la cual el autor le reprehende de los excesos que hace y le consuela de los trabajos que padece

Muy noble señor y mancebo travieso.

Por lo que leí en vuestra carta y por lo que me dijo el mensajero que la traía, supe el trabajo en que estáis y aun el peligro que corréis, de lo cual a mí pesa de todo corazón, así por la amistad que yo tengo con vos, como por el deudo que tiene vuestro padre conmigo. Ser yo vuestro amigo y ser vos mi deudo, betún es que no se ha de poder deshacer y ñudo es que no se ha de poder desatar, porque el parentesco congélase en la sangre, y la amistad añúdase en el corazón. Ya me maravillaba cómo tardaba vuestra carta, y aun como no hacíades alguna travesura, porque de diez años a esta parte siempre os veo andar guardando cimenterios y dar y tomar con zurujanos. En Medina del Campo os vi huído en la Antigua, en Toledo os vi en Santa María la Blanca, en Madrid os vi en Nuestra Señora de Atocha, y agora me dicen que estáis en el monasterio del Carmen: de manera que el visitar y residir en las iglesias no es por la devoción que tenéis, sino por las travesuras que hacéis. Acordaos que tenéis a Dios ofendido; a la justicia, desacatada; a vuestros deudos, afrentados, y a vuestros conocidos, descalabrados, y que sería posible cayésedes algún día en tales manos, que tuviésedes más tiempo para os arrepentir que no lugar para huir. Si es malo herir a otro (como lo es), decidme por qué los herís, y si es bueno, ¿por qué huís? Diga cada uno lo que quisiere, que ni lo tengo por honra, ni aun por caso de valentía, ponerse el hombre en nescesidad de salvar la persona y de huir a la justicia la cara, porque gran género de locura es ofrecerse nadie al peligro con esperanza del remedio.

Sea, pues, lo que fuere, que ansí me valgan los corporales de Daroca, y la cruz de Caravaca, como agora más que nunca deseo ser rico por socorreros y de ser sabio por aconsejaros; mas, como sabéis, Señor, para daros consejo soy mozo y para enviaros dinero soy fraile francisco. Aunque en edad soy mozo y para aconsejaros soy poco sabio, todavía me atrevería a deciros mi parecer si junto con esto os pudiese en algo remediar, porque desde agora digo, y aun desde acá adivino, que querríades vos más que os socorriese con dies ducados que no que os enviase docientos consexos. De misas que dije, me dieron catorce reales, y de tres libros que vendí, me dieron dieciocho, los cuales todos os envío, y con todos ellos os sirvo, así para pagaros algo de lo que os debo, como para mostraros lo mucho que os quiero. Y pues no se ¿tiende a más mi facultad, obligado sois a rezebir mi voluntad, porque habéis de pensar y creer que quien os da la limosna de sus misas, no es negaría la sangre de sus venas.

En lo que toca a vuestro negocio, sería yo de parecer que os ausentásedes de allá y os presentásedes acá, porque de esta manera tendréis a los enemigos más lejos y a los jueces más propicios. Los que dicen estar de vos ofendidos y se publican ser vuestros contrarios, mucho se les mitigará la cólera de que vean que no les rondáis la puerta, porque ningún hombre de bien siente tanto el haberle otro afrentado cuanto es el tenerle después en poco. No hay amor que no pare ni hay enojo que no se acabe, si queremos dejar al tiempo hacer y de las ocasiones nos apartar, porque a la hora que el enamorado se descuida y el enemistado se ausenta, luego la amistad afloxa y la enemistad se olvida. Por mi amor que tornéis a leer esta palabra, y veréis como digo más que pensáis en ella.

El encomendarme tanto y tanto vuestro negocio es señal que me tenéis por remiso, o que no me tenéis por amigo, en lo cual vos os erráis, y aun os engañáis, pues sabéis vos mejor que otro que siempre os favorecí hasta más no poder, y partí con vos hasta más no tener. Para deciros la verdad, yo quisiera que fuerades de más sana complisión y de más tierna condición, lo cual vos no sois, ni os queréis esforzar a ser, porque todos dicen de vos que sois para enemigo muy recio y para amigo muy sospechoso. Habéis de saber, señor, que en todas las cosas desta vida se sufre tomar algún remedio, sino es en la conversación del amigo, con el cual habéis de tomar o un extremo o otro: es a saber, o del todo le dejar, o del todo dél confiar. Cuando con un hombre nos reímos y comemos, y por otra parte dél nos guardamos y recatarnos, del tal no se podría decir que es nuestro amigo, sino nuestro conocido, porque entre los verdaderos amigos ni ha de haber que desechar ni aun dellos que sospechar. Abástale a un triste de hombre andar continuamente de su enemigo quejoso y atemorizado, sino que también ande de su amigo recatado y sospechoso, porque hablando la verdad, tal y tan fiel ha de ser el buen amigo, que seguramente se puedan confiar dél los pecados de la confesión y los secretos del corazón.

Todo esto digo, señor, para que vista esta mi letra, riñáis mucho con vuestra pluma, el tener de mí tan poca confianza, y si ansí no lo hiciéredes, a ella mandaré castigar por justicia, y a vos despedir de mi casa.

De Palencia, a VIII de febrero, MDXXII.

15. Razonamiento hecho delante la serenísima reina de Francia doña Leonor, en un sermón de cuaresma, en el cual se trata de cómo no hay cosa más preciosa que es la honra

«Salvum me fac, Domine, quoniam intraverunt aque usque ad animam meam». (Ps. LXVIII). Entre todos los perseguidos, el más perseguido de todos los antiguos fue el serenísimo rey David, cuyas persecuciones, allende de ser muchas, y muy recias, fueron también en él muy continuas, porque le comenzaron a perseguir desde mozo y no le dejaron aún siendo viejo. «Omnes fluctus tuos induxisti super me», decía el mismo David a Dios, quejándose a ese mismo Dios, y es como si dije se: «No sé qué es esto, Señor Dios de Israel, que siendo el escogido de tus manos y el más regalado de tus siervos, no hay trabajo que sobre mí no hayas cargado, ni hay tribulación que en mí no hayas experimentado, de manera que yo soy la roca a do todas las olas quiebran y soy el blanco a do las saetas asestan. Fue, pues, el buen rey David perseguido de sus hermanos cuando le querían echar de la corte del rey Saúl; fue perseguido de Golias el gigante, cuando se vino a matar con él; fue perseguido del hebreo Semei cuando por el camino le iba apedreando; fue perseguido de los filisteos cuando se le entraban a tomar el reino; fue perseguido de los amonitas cuando afrentaron a sus embajadores; fue perseguido del rey Saúl hasta salirse del reino; finalmente, fue perseguido de su propio hijo Absalón, cuando se levantó con el reino.

Es, pues, aquí agora de notar que en ninguno de todos estos trabajos, ni en otros muchos que pasaron por él, no se lee dél haber padecido algún naufragio, o haberse visto en la mar en algún peligro, a cuya causa es mucho de maravillar, y aun no poco de espantar, porque se querella de los peligros del agua que no pasó y calla todos los trabajos que en la tierra padeció. Para entendimiento desto, es de notar que el rey David compuso ciento y cincuenta salmos en alabanza del Señor, en los cuales todos no puso palabra de su propia cabeza, sino solamente lo que el Espíritu Santo le alumbraba y mandaba, porque solía Dios tener por estilo de por las lenguas de sus profetas agradecer a los que le sirven y querellarse de los que le ofenden. Esta tan gran querella que da aquí a Dios el santo rey David, diciendo «Salvum me fac, Domine quoniam intraverunt aque usque ad animam meam», no es por cosa que toca a su persona propia, sino que se queja en nombre de Cristo de lo mucho que en la cruz padecía, por manera que las palabras son de David, y las quejas son todas de Cristo.

Sepamos, pues, agora cómo se queja, de qué se queja, a quién le queja, por qué se queja y cuándo se queja el buen Jesús: y hallaremos por verdad que se queja como hombre, se queja con mucha causa, se queja a su Padre y se queja en la cruz, en la cual fue más sin comparación lo que disimuló que no lo de que se quejó. Decía, pues, el bendito Jesús, hablando con su Padre, estas palabras: es, a saber, «salvum me fac, Domine, quoniam intraverunt aque usque ad animam meam», y es como si dijera: «Ayuda, ayuda, Padre mío, a esta mi humanidad, pues la ves puesta en tan extrema necesidad, porque son tan grandes las aguas de tribulaciones que han venido por mi persona, que cuasi quieren llegarse ya a mi ánima». La dificultad que pusimos es que pues Dios padeció hambre, frío, sed, cansancio, testimonios, espinas, cruz y muerte, ¿por qué se queja de solo el tormento del agua y no hace mención de otra persecución alguna? Cosa es, por cierto, para espantar, y aun para en admiración nos poner, se queje el buen Jesús haber peligrado en un poco de agua, y que no haga mención de su sangre bendita, de la cual no le dejaron ni sola una gota. Algún alto misterio debe de estar aquí encerrado, pues el hijo de Dios por una parte se queja de no tener en la cruz un jarro de agua que llegar a la boca, y por otra parte que se anega en el agua que le llega ya hasta la boca: por manera que en el árbol de la cruz le falta agua para beber y le sobra agua para se ahogar. Si en un cuerpo mortal y recio causa tanto dolor el quebrantarle los huesos, o torcerle los nervios, ¿qué sentiría una ánima si fuese posible darle una gran cuchillada, siendo, como es, tan delicada? Pues el bendito Jesús no se queja de los acérrimos tormentos que padece en el cuerpo, sino que solamente hace mención de los que le llegan al corazón, podemos de aquí inferir que es muy mayor el dolor que dentro siente su ánima, que no el martirio que de fuera padece su cuerpo. Para encarecer mucho y muy mucho las atroces injurias, las grandes afrentas y las palabras infames que nos dicen o nos hacen, común cosa es decir que con ellas nos lastimaron el corazón y que las sentimos en el ánima, en el cual encarescimiento damos a entender que, sin comparación, es mucho más lo que sentimos que no lo de que nos quejamos. Al profeta Ecequiel, el agua que salía del templo diole hasta los tobillos, y después le dio hasta las rodillas, y después le dio hasta la cintura, y después le dio hasta la cabeza; mas por eso no se queja que le llegase el agua hasta el ánima. En la cual figura se nos da a entender que según la variedad de los pecadores y pecados permite Dios que sean los hombres más o menos tentados; mas al fin al fin a nadie consiente el señor padecer tantos trabajos, que aún no le dé corazón para sufrir aun otros muchos. Solo el Verbo divino, solo el Dios humano piadosamente se puede creer que padeció tantos trabajos en el cuerpo y tantas tristezas en el corazón cuantas su delicada humanidad pudo sufrir y su bendito corazón pudo comportar. Y la razón que para esto hay es que como el tomar carne humana fue para morir por los pecadores y merecer para los justos, quiso con todo su corazón y cuerpo padecer, para que con todo pudiese merecer.

Razón es que examinemos aquí qué arroyo de aguas o qué mar de tribulaciones es este que tanto el buen Jesús le está quejando en la cruz y a su Padre encomendando, que pues dice que el agua le llega ya al ánima, de creer es que debía estar en alguna muy grande agonía, porque Cristo nunca se queja sino cuando le sobra la razón para quejarse. ¿Por ventura quejábase Cristo de las espinas con que le coronaron y su sagrada cabeza lastimaron? A esto respondiendo digo que no, porque aquellas espinas no le entraron hasta el ánima, sino que solamente le traspasaron el celebro, de manera que por una parte estaban rubricadas con la sangre del cordero y con la otra asomaban guarnescidas con los sesos de Dios. ¿Por ventura quejábase Cristo de los ásperos clavos con que le enclavaron, y su delicado cuerpo crucificaron? A esto respondiendo, digo que no, porque ninguno de aquellos clavos le llegaron al ánima, ni aun le tocó en el corazón, sino que solamente le rompieron las carnes y le torcieron los niervos. ¿Por ventura quejábase Cristo de la cruel lanzada que el ciego Longinos le dio después de muerto, con la cual le rasgó el su sacro costado? A esto respondiendo, digo que no, porque aquella herida y lanzada más fue misteriosa que no dolorosa, porque de aquel sacro costado emanó la sangre con que fuimos redimidos y el agua con que agora nos lavamos. ¿Por ventura quejábase Cristo de haberle los hebreos tan falsamente acusado y de haberle Pilato tan injustamente condenado? A esto respondiendo, digo que no; porque cotejados entre sí el amor que Cristo tenía a nosotros y el odio que tenían contra él los hebreos, sin ninguna comparación fue muy mayor el amor con que Cristo ofreció su vida, que no fue el odio con que ellos le procuraron la muerte. ¿Por ventura quejábase Cristo de haberle crucificado entre dos públicos ladrones, como si él hubiera sido ladrón como ellos? A esto respondiendo, digo que no, porque era tan inmenso el deseo que Cristo tenía de nos salvar, y era tan grande su agonía de nos redimir, que fue muy mayor el placer que el buen Jesú tomó de ver al un ladrón convertido que no fue el pesar de verse entre ellos dos crucificado. ¿Por ventura quejábase Cristo del cálice que en la muerte gustó y de perder su vida, como la perdió? A esto respondiendo, digo que no, porque, dado caso que murió como hombre y padeció como justo, era tan inmenso el gozo que sintió su corazón en ver que nos dejaba su vida, que tenía en poco gustar por nosotros la muerte.

Dicho, pues, lo que hemos dicho de lo que el Verbo divino padeció en la cruz, ¿quién podrá atinar de qué se queja? Pues de tantas y tan atroces injurias no se queja. Si el buen Jesús se querellase de la agonía que pasó en el huerto, o de la traición del un discípulo, o de haberle negado el otro, sabríamos lo que quería y entenderíamos lo que decía; mas como su gran dolor está dentro del ánima y su bendita ánima no puede ser de nosotros vista, oímos lo que dice y no entendemos lo que quiere. Decir el Hijo de Dios a su Padre «Salvum me fac, domine, quoniam intraverunt aque usque ad animam meam», es decirle que son muy mayores los trabajos que padece secretos, que todos los que le ven padecer públicos, los cuales le llagaron, y aun llagaron tanto a su ánima, que le lastimaron más que no el perder la vida. Las injurias que más sintió Cristo en la cruz fueron tres muy señaladas: es a saber, la ofensa que hacían a su Padre, la infamia que hacían a su persona y el poco fructo que había de sacar de su muerte; porque sabía él muy bien que hablan de ser más los malos que se habían de condenar que no los buenos que de su sangre se habían de aprovechar. Como Cristo nos ama como a su ánima, siente nuestra perdición en el ánima, y de aquí es que más dolor sentía su corazón con nuestras culpas, que sentía su cabeza con las espinas. Y porque de los dos destos dolores que Cristo sentía en la cruz, es a saber, de la ofensa que se hacía a su Padre y del poco fructo que había en los malos de hacer su sangre, hemos ya en otras partes hablado, solamente proseguiremos aquí el tercero dolor, que es el de la infamia que a Cristo pusieron y de la mucha honra y reputación que le quitaron, la cual injuria no es de maravillar que le llegase al ánima, pues le dura hasta hoy día.

Prosigue el autor su intento, y prueba con grandes ejemplos de la escritura sacra que no hay mayor riqueza que la honra, ni mayor pobreza que la infamia.

Parésceme que tres cosas son las que los hombres más amamos y que más delante los ojos tenemos; es a saber, la salud de la persona, la abundancia de la hacienda y la conservación de la fama; y de aquí es que por conservación de todas y aun por la de cada una dellas padecemos inmensos trabajos, y aun ansí mismo nos ofrecemos a muy grandes peligros.

No hay nadie que no desee vivir lo que viviere sano, tener siquiera de comer y andar bien vestido, y estar de todos bien aposesionado, porque a querer estas tres cosas nuestra naturaleza nos inclina y ninguna ley nos lo estorba. De estas tres cosas, y aun de otras mil que fuesen, la que en más es tenida, o a lo menos se debía tener, es la honra que tenemos, y la buena fama que alcanzamos, porque es de tan altos quilates la honra, que sin la salud y sin la hacienda vale ella mucho, y ellas sin la honra no valen cosa. ¿Qué tiene el que honra no tiene? ¿Qué le falta al que honra no le falta? ¿Qué puede en la república el que honra no tiene? ¿Qué no hará en un pueblo el hombre bien acreditado? Si al divino Platón creemos, el hombre honrado nunca se había de morir, y el hombre infame no había de vivir; lo cual decía por Telemón el bueno y por Alcibiades el malo, el uno de los cuales fue gloria de Tebas, y el otro fue cuchillo de Atenas. «Melius est: nomem bonum quam divitie multe», decía el sabio, y es como si dije se: «Cuando os dieren a escoger entre la honra y entre la hacienda, habéis de teneros por dicho que vale más tener con todos nombre de bueno que ser señor de todo el mundo, porque no hay so el cielo igual riqueza con tener un hombre muy buena fama». La cosa que está hoy más olvidada en el mundo es el consejo del sabio, porque a diestro o a siniestro, con conciencia o sin conciencia, huelgan de echar de su casa la honra a rempuxones, con tal que entre la hacienda por sus puertas a montones. En cuán gran estima se tenga la hacienda, y en cuán poca reputación se tenga la honra, puédelo ver cada uno cuando se trata un casamiento, porque si les hablan de una doncella noble y virtuosa, nadie pregunta qué es lo que vale, sino qué es lo que tiene; de manera que quieren más cien mil de hacienda que doscientas mil de buena fama. A muchas he visto casarse por hermosas, y a pocas, y aun a muy poquitas, por virtuosas, y por eso permite Dios algunas veces que si se casan con ricas, les salgan bravas, y si se casan con hermosas, les salgan livianas. «Luceat lux vestra coram hominibus», decía Cristo a sus discípulos, y es como si dijera: «Catad, discípulos míos, que habéis de tener buena fama y habéis de resplandescer por buena vida, no solo delante de Dios, mas aún delante los hombres», porque de la buena vida sale la buena fama, y con la buena fama darse ha crédito a vuestra doctrina, pues hace mucho al caso para creer lo que se dice tener buen crédito el que lo dice.

La sunma verdad dice en lo que dice muy gran verdad, porque puestos de una parte cien hombres infames y puesto de otra un hombre honrado, más aprovechará en la república uno solo que tenga crédito que ciento desacreditados. En los siete años de hambre que hubo en Egipto asolárase todo el reino, si no fuera por el gran crédito que tenía el santo José con el rey Faraón. En las feroces guerras que tuvieron los buenos Macabeos con los reyes comarcanos, la gran ciudad de Jerusalén se despoblara si no fuera por el buen crédito que tenía el gran sacerdote Matatías en la república. Los hijos de Israel eran tan mal contentadizos, por una parte, y hallábanse tan mal en el desierto, por otra, que a no ser Moisés de Dios tan amigo, y no tuviera con ellos tan gran crédito, se tornaran muchas veces a Egipto, y aun Dios les mostrara más enojo. Tenía el santo Elías tan gran crédito con todo el pueblo israelítico, que a no ser así, según entonces habla de idólatras, todo el pueblo idolatrara. En la gran captividad de Babilonia, si el mozo Daniel y el santo Ezequiel, y el buen viejo de Tobías, no fueran en tanto tentados, y con todos tan acreditados, muchos hebreos se tornaran gentiles, como muchos de los gentiles se tornaron hebreos. Muy gran razón, pues, tiene Cristo en decir «luceat lux vestra coram hominibus», y el decir el sabio «melius est nomen bonum quam divitie multe»; pues todos aquellos ilustres varones remediaron a sus repúblicas con la buena fama, lo cual no hicieran con mucha riqueza, porque un hombre rico podrá dar de comer a un barrio, mas un hombre acreditado muchas veces remedia a un pueblo. «Expectaculum facti sumus Deo, mundo et hominibus», dice el bienaventurado apóstol, y es como si, más claro, dije se: «Los apóstoles, mis compañeros, y yo, puestos estamos por atalaya a do todos miren, por blanco a do todos asesten, por terrero a do todos tiren, por señuelo a do todos se abatan y aun por guía tras quien todos vayan». Todo esto dice el buen apóstol para que vean los rectores y gobernadores cuán santa vida han de hacer y cuán gran crédito han de tener, porque no hay corazón en el mundo tan desavisado que no se mueva más con el buen ejemplo que le dan que no con las dulces palabras que le dicen. Hora sea rey que gobierna, hora sea perlado que administra, hora sea regidor que rige, hora sea predicador que doctrina, mucho debe procurar de tener buena fama y de ser bien quisto en su república para que su doctrina haga fructo y para que el pueblo esté del bien edificado, porque de otra manera, si alguno alabare lo que dice, blasfemarán muchos lo que hace. «Cepit Jesus facere et docere», dice San Lucas de Cristo nuestro Dios, y es como si dije se: «El redentor del mundo fue tan avisado en lo que había de hacer, y tan mirado en lo que había de decir, que mucho primero comenzó a obrar que no el oficio de predicar». Lo cual parece claro, pues treinta años enteros estuvo cobrando buena fama antes que publicase al mundo su doctrina. El que bien vive, aunque no tenga palabra, predica con su vida; mas el que mal vive, cuanto dice con la lengua, borra con su vida; de lo cual podemos colegir ser mejor el bien vivir que no el bien predicar. Los moros, los judíos, los indios y caldeos, aunque difieren de nosotros en las sectas que tienen y en los lenguages que hablan, no difieren a lo menos en desear, como deseamos, ser entre todos bien afamados y ser de todos muy honrados; porque nuestra naturaleza naturalmente desea ser libertada y procura de ser honrada. Por santo y perfeto que uno sea, poder, podrá el menospreciar el regalo que le hacen, el acatamiento que le tengan, los ofrecimientos que le ofrezcan y los presentes que le den; mas junto con esto el crédito de su persona y la fama de su buena doctrina nadie huelga de la dejar, ni aun la permite disminuir, porque a ser esto así, pocos seguirían su vida y muy poquitos su doctrina. Aunque tenga un hombre las fuerzas de Sansón, la hermosura de Absalón, la sabiduría de Salomón, la fortaleza de César, la riqueza de Creso, la ligereza de Asael, la prudencia de Platón y la constancia de Catón, si junto con esto no es su persona bien afamada y en su república bien acreditada, todo aquello es para mayor infamia suya y para mayor peligro de su persona, porque al hombre de muchas gracias siempre le siguen, y aun persiguen, grandes envidias. ¡O cuán grandes privilegios tienen los hombres que son honrados y que están entre los que viven bien afamados, pues a los tales todos los sirven y aun todos los siguen, y lo que es más de todo, que si por caso hacen algún yerro, más se lo imputan a descuido que no a pecado!

Los hombres que son castizos y que tienen vergüenza en los rostros, no hacen cuenta de la hacienda ni tienen respecto a la vida, con el tener siempre su honra, porque tarde o temprano la vida se ha de acabar y la riqueza se ha de dejar; mas la honra verdadera y la fama generosa hácenos famosos en cuanto vivimos y hácenos inmortales después que morimos. A Héctor el troyano, a Aquiles el griego, a Sansón el hebreo, a Judas el Macabeo, a Perión el armenio, a Hércules el tebano, a César el romano y a Viriato el hispano, acabáronseles las vidas, mas no se les acabaron las famas; de manera que cada uno dellos enterró consigo su potencia, su riqueza y su vida, y quedó para siempre en pie su fama. «Nuntiate patri meo universam gloriam meam», dijo el santo José a sus hermanos cuando los vio en Egipto la primera vez (Regum. XIV), y es como si dijera: «Yos, hermanos míos, a tierra de Canaán y pedid al viejo de mi padre Jacob albricias de lo mucho que con el rey Faraón puedo y de la gran gloria y fama que en toda Egipto he alcanzado, pues veis claramente que yo soy en esta corte, y aun en todo el reino, el caballero más privado, y el cortesano más acatado». Mucho es de ponderar que no dijo José que dije sen a su padre Jacob en cómo era vivo, y cómo era casado, y cómo tenía hijos, y cómo estaba sano, y cómo era rico, sino que solamente dije sen en cómo era privado y estaba tan honrado; en las cuales palabras nos dio a entender que tenía en mucho más un poco de buena fama que a su mujer, y a sus hijos, y a su hacienda, y aun a su vida. «Faciam tibi nomen grande juxta nomen magnorum qui sunt in terra», dijo Dios al gran patriarca Abrahám, y es como si dijera: «Yo haré por ti, o Abrahám amigo mío, lo que suelo hacer por pocos en este mundo, y es que engrandecer tu nombre y sublimaré tu fama tanto cuanto la tiene el que más en toda la tierra, porque es de mi natural condición no tener amigos si no fueren muy honrados».

Mucho es aquí de ponderar que habiendo el buen Abrahám dejado su parentela, salido de su tierra, menospreciador su hacienda aparándose de su casa y querido sacrificar a su hijo, no le promete Dios en pago mucha potencia, ni mucha riqueza, ni aun larga vida, sino que solamente le promete dar mucha honra; y en verdad que no da poco a quien el Señor da esto, porque tras darnos Dios honra para la persona, gloria para el ánima, ni hay más que desear, ni por qué a Dios importunar. «Cuncti reges narrabant prelium Iude», dice la Escritura hablando de Judas Macabeo, y es como si dije se: «Todos los que mareaban por la mar, todos los que araban por los campos, todos los que andaban por los ejidos y todos los que residían en los palacios, no tenían cosa más en su memoria, ni platicaban cosa más con sus lenguas que era de la gran fama que el buen Judas Macabeo tenía, y de las grandes victorias que Dios le daba». «Regina Saba, audita fama Salomonis, vinit a finibus terre», dice la Escritura sacra, y es como si dije se: «La prudente reina Sepa vino de tierras extrañas, por tierras extrañas y a tierras extrañas, no por más de por ver lo que se decía del gran rey Salomón, porque estaba su fama tan afamada, que no se hablaba por todo el mundo otra cosa».

En el primero libro de los Macabeos se lee que viendo Eleazar, varón fortísimo, en cómo un elefante hacía gran daño en todo su ejército, queriendo que su pueblo hubiese la victoria y deseando para sí alcanza perpetua fama, desterminase de ir a dejarretar la bestia, aunque cayese sobre él y le costase la vida; lo cual así sucedio como él lo pensó, porque a la hora cayó el elefante muerto y tomó al buen Eleazar debajo. «Lumen ad revelationem gentium et gloriam plebis tue Israel» (Luc., II), decía el santo Simeón cuando tenía a Cristo en los bracos; y es como si dije se: «¡O siglo bienaventurado, en cuyo tiempo nace Cristo, y o Sinagoga dichosa, pues nace de ti este niño! El cual será lumbre que alumbrará a todos los gentiles y será honra para todos los hebreos». «Spoliavit me gloria mea et abstulit coronam de capite mea», decía el santo Job (XIX cap.), y es como si dijera: «No sé porqué me echaste en este muladar y me cargaste de tanta sarna, a do los extraño me aborrascan, y los míos no me conocer, y lo que más siento es que me quitaste la corona de mi cabeza, es a saber, toda mi potencia y nobleza y despojásteme de toda mi gloria, es a saber, de mi honra y fama». Mucho es aquí de notar que habiendo perdido el santo Job siete mil ovejas, tres mil camellos, quinientos pares de bueyes, quinientos asnos, y más, y allende desto a todas sus hijas y hijos, no se plañe ni se queja por pérdida ninguna, sino es por haber perdido la honra, y en verdad que él tiene muy gran razón, porque en este mísero mundo no se puede llamar pérdida, si no es la pérdida de la buena fama. ¿Qué tiene el que honra no tiene? ¿Qué le queda al que fama no le queda? ¿Para qué vive el que con infamia vive? El hombre infame y el mal acreditado, o no hubiera de nacer, o en naciendo, se hubiera de morir, porque el tal ni de los buenos es creído, ni de los malos obedecido. Al hombre infamado y deshonrado nadie le quiere por vecino y mucho menos por amigo, porque son de tal calidad la fama y la sarna, que de sola la conversación se apegan. El hombre infame y deshonrado, ni tiene crédito para fiar ni vale por testigo para jurar, y en verdad que la ley es muy conforme a razón, porque sobra de locura y falta de cordura sería osar nadie fiar su hacienda del que no supo guardar su fama. «Eripe me, domine, ab homine malo, a viro iniquo et doloso eripe me», decía David, y es como si dije se: «Si parte tengo en ti, io gran Dios de Israel!, yo te ruego que me libres «ab homine malo», que es del que no es cristiano, y me libres «ab homine doloso», que es del cristiano mal infamado, porque comúnmente siempre la mala fama es compañera de la mala conciencia.

Si por caso dijere alguno que no es regla general andar pareadas la infamia y la mala conciencia, pues muchos buenos son injustamente infamados, digo que dice verdad, mas junto con esto digo que el que es verdaderamente bueno tarde o nunca puede ser infamado, porque es de tan gran fuerza la virtud, que luego reclama y dice no estar el daño en la culpa que el bueno tiene, sino en la envidia que a él le tienen. «In die illa atenuabitur gloria Jacob et marcescet pinguedo carnis eius», decía Isaías hablando de la Sinagoga (XVII, cap.), y es como si dijera: «iO triste de Sinagoga!, y iO infelice de ti, casa de Jacob!, porque has de saber, si no lo sabes, que en aquellos días que viniere el deseado de las gentes al mundo, se enflaquescerán todas tus carnes gruesas, se parará marchita toda tu gloria, porque fuiste rebelde a tu rey y prevaricaste tu ley». La carne gruesa de Israel eran los patriarcas y profetas, y la gloria de Jacob era la fama que por el cetro y sacerdocio tenían, a la cual grosura suscedio flaqueza, y a la cual fama suscedio infamia, pues de Cristo acá nunca tuvieron profeta ni aun alcanzaron honra. El perder la Sinagoga su grosura y el disminuirse a Israel su gloria y fama, al pie de la letra se cumplió como Isaías lo profetizó, pues luego que murió el señor, la ciudad se asoló, el templo se yermó, el sacerdocio se acabó y el cetro se tiranizó, la ley espiró y el pueblo se desparció, de manera que hasta hoy no ha cobrado su honra, ni aun recuperado su república. No vaca de gran misterio que no dijo el profeta que se desharía del todo su grosura, ni se acabaría del todo su carne, sino que la gloria se le adelgazaría, y la grosura se enflaquescería. Para darnos a entender que para mayor castigo suyo no había de querer Dios que se acabase aquel pueblo, sino que se anduviese por todo el mundo y hasta la fin del mundo, captivo, triste, pobre, corrido, afrentado y lastimado, sin guardar ley ni reconocer rey. De todo lo sobre dicho se puede colegir en cuánto se ha de tener la honra y cuánto hemos de sentir la pérdida della, pues nuestro Señor la da algunas veces por especial gracia, y la quita otras veces por alguna culpa.

Que el mayor dolor que sintió Cristo fue el quitarle su buena fama y crédito que por sus grandes méritos había alcanzado.

Veniendo, pues, al propósito, es aquí agora de saber que todo el largo discurso que hemos traído no ha sido para más de para contar y explaiar cuán gran razón tuvo Cristo de quejarse, como se quejó, a su Padre, de la infamia que le pusieron y de la honra que le quitaron, la cual él tenía en mucho, y aun él amaba mucho, porque el bendito Jesú no solo era honrado, mas aun era la misma honra. «Gloriam meam alteri non dabo», decía Dios por el profeta, y es como si dije se: «De mi propia voluntad di a los ángeles los cielos; a los animales, la tierra; a los peces, el agua; a las aves, el aire, y a los hombres, el mundo; mas mi fama y honra no quiero traspasalla en ninguna persona, porque siendo, como soy, el Señor más supremo, justo es que me tengan por el más honrado. Bien dice nuestro Dios que no quiere dar su honra a ninguna persona, pues es cierto que no pudiera, aunque quisiera, porque dar su honra era dar su omnipotencia y dar toda su esencia, y dar toda su sapiencia, de lo cual no hay en nosotros capacidad para recibirlo, ni en Dios voluntad para darlo. Decir Dios «gloriam meam alteri non dabe» es decir que no le placerá que haya otro Dios que sea tan poderoso, ni tan valeroso, como es él, porque nadie quiere que otro se te iguale, cuanto más que le sobrepuge. Pues Cristo dice que da y dará todo cuanto hay en su casa, con tal no le toquen ni pidan su honra, de creer es que no le placerá si alguno se la quita, mayormente que en el bendito Jesú sobraron méritos para abonarle y faltaron culpas para infamarle. Por una parte, era Cristo humilde en la conversación, sufrido en las inxurias, pobre en las vestiduras y cuerdo en las palabras; mas, por otra parte era tan celoso de su honra y tan amador de su buena fama, que no consintió que de notable infamia fuese su persona infamada. En una persona notable que es docta, que es ejemplar, que es predicador, que es reprehensor de los vicios y está por dechado de virtuosos, no hay para él tan infame infamia como es acusarle con alguna mujer mala, porque a la hora pierde el crédito con el pueblo, el que es notado deste vicio. No sin alto misterio consintió Cristo que le levantasen que era engañador de gentes, que era prevaricador de la ley, que era traidor al rey, que comía demasiado y bebía destemplado; mas junto con esto no consintió que le notasen de carnal y deshonesto, aunque su madre bendita y sus tías y otras muchas mujeres andaban tras él; de manera que ni en Cristo nuestro redentor pusieron la lengua ni en ellas infamia. Que Cristo nuestro Dios tuviese en mucho su honra parece claro, en que tomó un día aparte a sus discípulos y díxoles estas palabras: «Quem dicunt homines ese filium hominis?», como si dijera: «Decidme hora discípulos míos, ¿qué es lo que dicen de mí por allá, en la Sinagoga, de lo que digo, y qué es lo que sienten en la república de lo que hago? Bien sabía Cristo lo que decían y bien adivinaba Cristo lo que dél se decía; pues no podía errar en cosa que hiciese, ni se le absconder cosa de lo que nadie hiciese; mas quiso el buen Señor hacer aquella pregunta para damos a entender aviso y ejemplo que de cuando en cuando preguntemos y conjuremos a algún fiel amigo qué es lo que dicen de nosotros en el pueblo, para que, sabida la verdad, si imos bien, no dejemos el camino, y si imos mal, enmendemos el avieso.

Cuando el demonio tentó a Cristo en el desierto, no hizo el Señor mucha mención de la tentación de la gula, ni de la tentación de la vanagloria, sino solamente de la tentación de la honra: es a saber, cuando le dijo que le adorase las rodillas en tierra, ca entonces le replicó: «Vade retro, Sathana», porque era en perjuicio de su divinidad y en grande infamia de su humanidad arrodillarse Cristo en el suelo para adorar a un demonio. En aquella muy famosa disputa que hubo Cristo con los sacerdotes y fariseos, como le motejasen que era endomoniado y que era samaritano, en las cuales palabras le acusaban de hereje y de hechicero, mostró Cristo gran sentimiento dello y díxoles: «Ego demonium non habeo, sed honorífico Patrem meum et vos inhonorastis me», como si dijera: «Yo no soy hereje como los samaritanos, que no reciben más de los cinco libros de Moisés, ni tampoco soy, como decís, endemoniado, para que en virtud del demonio haga ningún milagro, a cuya causa tengo de vosotros muy gran queja por haberme tocado tanto en la honra: «quia, inhonorastis me». Fue Cristo el profeta más estimado y más afamado que jamás hubo ni habrá en el mundo, a causa de la santísima vida que hacía y del muy grande ejemplo que de sí daba, lo cual parece claro en que como un día dije se a todos sus enemigos en público que le acusasen de algún pecado, si le habían visto hacer en el mundo, no se halló en el bendito Jesú ninguna culpa de que le acusar, ni aun mala costumbre de que le enmendar. Fue también Cristo muy honrado y su fama muy divulgada, así por los buenos consejos que daba como por los grandes sermones que hacía, a cuya causa decían dél todos en la república que jamás ningún profeta había tan altamente hablado, ni tan limpiamente vivido. Fue también Cristo muy honrado y de todos muy estimado, por tornar, como tornaba, por los pobrecicos pecadores y porque daba de comer a los hambrientos, y de aquí es que se andaban tras Él todos los pueblos como abobados y por los desiertos hambrientos. Fue también Cristo muy honrado y de todos muy estimado, por tener, como tuvo, grande ánimo para predicar contra los vicios y para osar reprehender a los hombres viciosos, porque el bendito Jesú todas las injurias suyas holgaba de perdonar, mas las de Dios no las podía sufrir. Fue también Cristo muy honrado y bien afamado, no solo por la vida que hacía, mas aun por la compañía que traía y por la Madre que tenía, porque a su bendita Madre teníanla por una santa y a todos sus discípulos por muy virtuosos. Fue también Cristo muy estimado por ser, como era, del tribu real de Judá, del cual descendían los sucesores de David y los reyes de la Sinagoga, y aun porque entre los mayorazgos de Jacob éste fue el más honrado y aun el más privilegiado.

Puédese, pues, de todo lo sobredicho colegir que pues Cristo quiso descender del tribu más honrado, y preciarse de parentela muy estimada, y traer consigo compañía muy afamada, y nacer de Madre muy honrada, que no debía Él ser enemigo de la honra, en lo cual el bendito Jesú tenía muy gran razón, porque si se averiguara de Cristo nuestro redentor alguna notable infamia en su vida, todos pusieran duda en su divina persona. Decir el Padre «hic est filius meus dilectus»; decir el gran secretario san Juan «ecce agnus dei»; decir el buen Simeón «lumen ad revelationen gentium», y decir el centurio «vere hic erat filius Dei», testigos eran éstos tan honrados y testimonios tan verdaderos, que abastaron para probar muy cumplidamente la divinidad que Cristo tenía, y la mucha honra que su humanidad merecía. Todo esto, no obstante, se queja el hijo a su Padre, diciendo: «Salvum me fac, domine, quoniam intraverunt aque usque ad animam meam»; es, a saber, que le han abatido siendo tan estimado; que le han deshonrado, siendo tan honrado, y que le han infamado, siendo tan bien afamado; por manera que el poner mácula en su persona es lo que le ha traspasado su ánima. «Circumdederunt me aque tota die, circumderunt me simul», dice Cristo por el psalmista, como si dijera: «He venido en tanta tribulación, puesto que este palo de la cruz, que no se contentaron mis enemigos con combatirme, sino con cercarme, no con arroyos, sino con grandes avenidas; no poco a poco, sino todas juntas; no en un día solo, sino dada hora y momento; de manera que son tantos mis trabajos, que están a punto de me ahogar sin dejar me aun resollar». Quéjase en estas palabras Cristo de muchas cosas; es a saber, que fueron tantas y tan grandes las avenidas de sus trabajos, que abastaron para cercar su corazón, como hueste de enemigos, de la cual querella podemos colegir cuán mareada fue su sanctísima ánima de tristezas y cuán martirizado su cuerpo de dolores. Quéjase también el buen Señor que las crescientes de sus persecuciones no entraron poco a poco por sus puertas, sino que le vinieron todas juntas, el cual género de martirio solo el Hijo de Dios sufrió y pasó, porque todos los otros mártires dioles Dios los trabajos por onzas y a su buen Hijo los dio a quintales. Cuando los trabajos vienen raros y interpolados, son sufribles; mas cuando vienen de tropel y todos juntos, son incomportables; lo cual aconteció a solo el corazón de Cristo, pues en un solo día fue preso, despojado, blasfemado, coronado, alanceado, crucificado y infamado, de manera que le faltaban fuerzas y le sobraban angustias. «No pienso que erraría mucho, io mi buen Jesú!, en decir que no es otra cosa llegar hasta tu ánima las angustias sino sentir de todo tu corazón mis culpas, porque todos aquellos que de corazón se aman, de corazón se lloran. iO, si pluguiese a ti, mi buen señor, que tus llagas, tus lágrimas y tus espinas no solo llegasen, mas aun entrasen y traspasasen a mi corazón, porque justo y aun muy justo sería que gustase mi ánima de tus grandes dolores, pues siente la tuya mis enormes pecados. No podré yo con verdad decir que se entraron hasta mi corazón las aguas de tus dolores; mas podré yo decir que se entraron de rondón por mí a mí infinitos pecados: de manera que tú te anegas, io mi buen Jesú!, en las lágrimas que lloras por mí y yo me anego en los pecados que contra ti cometí».

No vaca tampoco de alto misterio que no dice Cristo: «intraverunt aque in animam meam: sed usque ad animam meam»; es a saber, que el agua no entró en el ánima, sino hasta el ánima, para darnos a entender que junto a su corazón pone nuestras culpas para las llorar, y dentro de su ánima pone nuestros méritos para no los olvidar. Como los dolores que Cristo padecía eran muchos, no fueron las quejas de Cristo pocas, pues también decía por David: «In me transierunt ire tue: et terrores tui conturbaverunt me», y es como si, más claro, dije se: «No sé, Padre mío, que dejé de hacer por Ti, ni tampoco sé que aya cometido contra Ti para que tuvieses por bien de quebrantar en mí tus enojos y asombrarme con tus espantos». Sacramento muy profundo y misterio muy delicado toca en esta su queja Cristo, pues entonces quebrantó el padre en su buen hijo todos sus enojos cuando le mandó morir en la cruz por nuestros pecados, porque en las divinas letras no es otra cosa tener Dios ira, sino determinarse a castigar alguna persona. ¿Cómo se puede compadecer en uno decir el Padre: «hic est filius meus dilectus», y quejarse el Hijo del Padre diciendo: «in me transierunt ire tue»? El regalo que el Padre dice al Hijo no es fingido, y la queja que el Hijo da al Padre no es sin causa, porque siendo, como ellos son, tan una cosa en esencia, no pueden discordar en ninguna cosa. Decir el Padre de su Hijo «éste es el Hijo mío muy querido, en el cual Yo mismo a Mí mismo me satisfago», es decir que en los tratos y negocios que tenemos con nuestro Dios, la poquedad nuestra se parece en que son muy bastantes nuestras culpas para enojarte, y no alcanzan nuestros méritos a aplacarle. No es otra cosa decir Dios Padre que con solo su Hijo se huelga, sino decirnos a la clara que solo Él es el que mitiga su ira, y pues esto es así, esforcémonos de tener a Cristo siempre muy contento, pues Él nos ha de sacar perdón del pecado. «¡O buen Jesú, o amores de mi alma! En mí, que no en Ti, sobre mi ánima, que no sobre tu cabeza, había el tu justo Padre de descargar su ira, pues yo, que no Tú, soy el que cometí la culpa. No podré yo decir contigo que pasaron por mis entrañas tus iras, antes podré decir que descendieron sobre mí tus misericordias, pues yo hice la traición y de Ti hicieron justicia, yo hice el hurto y a Ti ahorcaron, yo lo comí y Tú lo escotaste, y yo lo pequé y Tú lo pagaste; lo cual todo procede del celo que tenías a me salvar y de lo mucho que te costé a redimir, por manera que si Tú te precias de ser el Hijo de Dios más regalado, también me alabo yo en ser de Ti redimido. Mira, mi buen Jesú; mira que yo soy el que te costé mucho, yo soy por quien padeciste mucho, y yo soy por quien hiciste mucho, y yo soy a quien diste mucho, y aun yo soy el que te ofendio mucho, para cuya recompensa te debes, Señor, acordar que, si no soy hijo de tus entrañas, soylo a lo menos de tus delicadas venas, de las cuales sacaste sangre para me redimir, y dejaste agua para me baptizar. Dime, ¡o sunma bondad!, dime por qué sobre el Hijo regalado descargaste tu ira, no te siendo culpado en ninguna cosa, y empleas en mí tu grande misericordia, no hallando en mí ni aún una virtud sola. Si no perdonas al Hijo que tanto amas, ¿qué será del pecador que tanto aborreces? Si tanta parte de ira cupo al inocente, ¿qué me cabrá a mí, siendo tan culpado?»

Prosiguiendo, pues, el primero intento, es de saber que entre los vituperios que se hicieron a Cristo, no fue el menor, sino por ventura el mayor, la deshonra que le dieron y la infamia que sobre Él pusieron; lo cual parece claro, porque todos los trabajos que pasaron por Él se acabaron los unos en la muerte y se remediaron los otros en la resurrección, excepto el daño de la fama, que aún dura hasta hoy en día. «Nos predicamus Cristum crucifixum iudeis quidem scandalum gentibus autem stultitiam», dice el apóstol Paulo, y es como si dije se: «Los otros apóstoles, mis compañeros, y yo, lo más que predicamos es de cómo Jesucristo fue crucificado y por toda la salud del mundo muerto, y cómo el mundo y sus mundanos no alcanzaron el secreto ni entendieron el misterio, escandalízanse los judíos de oírnoslo decir, y burlan los gentiles de oírlo predicar».

No vaca de alto misterio no decir el apóstol que predicaba la natividad y la circuncisión, y el baptismo, y la transfiguración, sino solamente la pasión que pasó y la cruz a do padeció; para darnos a entender que el fin de toda la primitiva Iglesia fue hacer saber a todo el mundo con cuanta caridad puso Cristo por todos su vida, y cuán injustamente le robaron su fama. Infinitos fueron los méritos que hubo en Cristo para ser honrado, y también fueron muchas cosas las con que fue deshonrado, aunque es verdad, y así se ha de creer, que toda la infamia de Cristo fue fundada sobre sola opinión y no sobre ninguna razón, porque en la inocencia de su ánima y en la pureza de su vida no había más que desear, ni tampoco que enmendar. Fueron gran parte para la infamia de Cristo el ser vendido de Judas, el ser acusado de su pueblo, el ser negado de su discípulo, el ser condenado del visorrey romano, el ser desamparado de su colegio, el ser justiciado con otros malos y el ser muerto con tan vil gente. Decir que uno de su casa le vendía, y que otro de su compañía le negaba, y que los jueces y sacerdotes le acusaban, y que un tan gran juez como Pilato le condenaba, era decir y querer dar a entender que pues tantas y tan notables personas eran en quitarte la vida, que debían de hallar en él alguna notable culpa. Fue esta plática de muchos inventada y de muchos platicada, por muchos divulgada y aun de muchos, creída, la cual tan infame infamia quiso el buen Jesús en sí sufrir para mitigar más a su Padre la ira que nos tenía y para encarecer no más el grande amor con que nos amaba. «Vade, Anania, quia vas electionis est mihi ut portet nomen meum coram regibus et gentibus et filiis Israel», dijo Dios al hebreo Ananías, hablándole de san Pablo, y es como si dijera: «Hágote saber, gran sacerdote Ananías, que entre los más escogidos he escogido a Paulo Tarsente para que lleve por todo el mundo mi nombre; es a saber, que vaya a tomar por mi honra y vaya a restaurar mi fama a las cortes de los príncipes y las sinagogas de los hebreos, en las cuales es mi nombre blasfemado y mi honra muy abatida».

No vaca de alto misterio mandar Cristo a San Pablo que ante todas cosas llevase su nombre por todo el mundo: es a saber, que predicase del cómo era Dios, cómo tomó carne humana, cómo nació de virgen, como fue santo en la vida y como fue en la muerte sin culpa, porque después de esto hecho y puesto con ellos Cristo en buen crédito, seguramente podía decir a cada uno que fuese cristiano y tomase el agua del baptismo. Notable aviso es éste de la Escritura: para todos los que predican la palabra divina, es a saber, que a los macizos cristianos abasta predicarles la ley de Dios, pues ya creen en Dios, mas al moro y al gentil y infiel primero le han de dar a entender quién es Cristo y después declararle la ley de Cristo, porque hablando la verdad, si yo no tengo crédito de el que algo me manda, nunca bien haré lo que me aconseja. No mandar Cristo a San Pablo, sino que llevase por todo el mundo su nombre, era mandarle que ante todas cosas divulgue su fama y que quite su infamia, porque en la primitiva Iglesia, como del nombre de Cristo hablaban los judíos con tanta ira y hacían los gentiles tanta burla, no solo no querían en Cristo creer, mas ni su santo nombre mentar.

También es mucho de ponderar que habiendo Cristo ordenado que baptizasen en nombre del Padre y del Hijo, y del espíritu santo, dispensó la Iglesia en su principio que baptizasen solamente en el nombre de Cristo, porque el bendito Jesú fuese cobrando crédito y más fácilmente creyesen el Evangelio. No sin alto misterio usó desta cautela la Iglesia y fue dado tal mandamiento a San Pablo, porque ni la predicación de los apóstoles, ni la limpieza de las vírgenes, ni la sanctidad de los heremitas, ni los milagros de los confesores, ni la sangre de los mártires, abastó entonces, ni aun abasta hoy, para quitar a Cristo su infamia y tornarte del todo su honra, pues no quieren los infieles recibir su doctrina, ni cesan los herejes de falsear su escritura. «Tunc videbunt signa filii hominis in celo», dice Cristo nuestro Dios en su Evangelio, hablando de cómo vendrá al juicio, y es como si dije se: «En aquel espantable día verán los que en Mí no creyeron y todos los que el mi nombre blasfemaron, las señales y divisa del Hijo de Dios»; es a saber, los clavos con que le enclavaron, las espinas con que le coronaron y la columna a que le ataron, y la cruz con que le crucificaron, y más y allende desto verán a Él venir con muy grandísima majestad, para galardonar a los buenos, y con muy grande poderío, para castigar a los malos. No vaca de algún buen misterio el decirnos Cristo que no traía consigo aquel día la cuna en que nació, ni el cuchillo de su circuncisión, ni el lodo con que sanó al ciego, ni el azote con que agotó a los del templo, sino que solamente traerá los instrumentos con que fue atormentado, y la vera cruz a do fue muerto, en lo cual nos dio a entender que las insignias que buscaron los malos para le matar, aquellas mismas traerá Él para los condenar.

Éstas, pues, fueron las aguas que entraron por las entrañas de Cristo hasta el ánima; es a saber, el perdimiento de su honra mucho más que el acabamiento de su vida, porque la vida recuperóla al tercero día, mas la honra no, hasta el postrero día, a do entonces, o poco antes, juntamente conocerán los malos lo que vale, y experimentarán lo que puede: es a saber, dar a unos pena y dar a otros gloria, «ad quam nos perducat Cristus Jesus. Amen, amen».

16. Razonamiento hecho a la serenísima reina germana, en un sermón que mandó hacer al autor, del amor de dioses materia muy delicada y en que el autor cortó muy delicada la pluma

«Ignem veni mittere in terram». (Luc. XII). El primo de Cristo, el sobrino de la Virgen, el profeta de la Iglesia, el compañero de los apóstoles, el pintor de los cielos y el cronista de Dios, san Juan, antes que escribiese el inmenso abismo de amor con que el Padre ama a Sí y engendra al su querido Hijo semejante a Sí, primero se asentó a la mesa de Dios, y se recodó al costado de Dios, y aun se durmió en los pechos de Dios, como pariente más regalado y discípulo más privado. Quien había de predicar al mundo y escribir en el Evangelio «in principio erat verbum, et verbum erat apud Deum» y «Deus erat verbum», es a saber, que en el amor está el amor, y el amor estaba cabe el amor, y el que estaba cabe el amor era ese mismo amor, menester había extrañarse de su humanidad y entrar a somorgujo en la Trinidad, y así fue que, durmiendo san

Juan en el pecho, supo lo que Cristo tenía en el pecho. «Quod audivimus, quod vidimus et manus nostre contrataverunt de verbo vite testamur», dice san Juan hablando de Cristo, y es como si dije se: «Nadie dude de las excelencias que yo escribo del redentor del mundo, porque todo lo que dél dije, oí con mis orejas, y todo lo que Él hizo, yo lo vi con mis ojos y la condición y amor que Él tenía traté con mis propias manos», de manera que si se engañara él un sentido, no se podían engañar todos tres.

Decir, como dice san Juan, que oyó las palabras de Dios con sus orejas, es hablar de oídas, y decir de las obras de Cristo que las vio con sus propios ojos, es hablar de vista; mas decir que la condición y amor de Cristo tocó con sus manos, es hablar de experiencia, a la cual experiencia yo le tengo muy grande envidia, porque jamás el buen Jesú se deja de nadie tratar, sin que primero se haya dejado gustar. Mucho antes se durmió san Juan en los pechos de Cristo, que no que escribiese su alto Evangelio, para darnos a entender que más misterios aprenderemos en un sueño cabe Cristo, que en todos los estudios del mundo. Da testimonio san Juan de los misterios de Dios que los oyó, que los vié, y que los trató, para darnos a entender que en oír hablar de Dios se regozija el corazón, y en ver hablar de Dios se nos alegra el ánima, mas en tratar a Dios descansa nuestro espíritu, porque es de tan alto estilo el amor de Dios, que quiere más gustarse que no platicarse. La tabla de oro que estaba más alta que el arca y más baja que los serafines dentro del santa sanctórum, nadie la podía ver, ni menos tocar; en la cual tabla de oro se sinifica el amor divino, que es medianero entre Dios y nosotros, cuyo favor y merced abasta que le sintamos, sin que le veamos, porque antigua condición es del amor de Dios que se da muchas veces a sentir y muy pocas a conocer.

Y porque en todo este sermón pienso hablar de los amores que Dios tiene a nosotros y nosotros tenemos a Dios ante todas cosas abomino el amor de Cupido y reniego del amor de Venus, y maldigo el amor mundano, y encomiéndome al amor divino, al cual suplico me socorra con su gracia, para que primero guste en lo que aquí dijere y después acierte en lo que escribiere.

No podemos negar sino que al capitán es lícito hablar en las cosas de la guerra, y el piloto tiene licencia de contar los peligros de la mar, y a los reyes pertenece decir los trabajos del gobernar, y a solo el enamorado conviene descubrir las condiciones del amor, porque en hecho de amores, es tan extraño su yugo y son tan revesadas sus coyandas, que si se dejan añudar, no se consienten desatar.

Y porque es ya tiempo de entrar en la materia y dar al amor la batalla otras y otras veces muchas, suplico al Dios que abrió la boca del animal de Balaán para hablar, y, cauterizó los labios de Isaías para profetizar, y dio lenguas a los apóstoles para predicar y desenmudeció a Zacarías para le alabar, sea Él servido de me dar tiempo en que enmiende mis errores, y me dar gracia para ser cronista de sus amores.

Dice, pues, Cristo: «ignem veni mittere in terram et quid volo nisi ut accendatur», y es como si dije se: «Viendo que estábades todos tibios, fríos y resfriados, envióme mi Padre a traeros fuego del cielo, con que queme al mundo y os escalentéis vosotros, y aviso os mucho que no dejéis a este fuego que se muera, sino que contino le sopléis para que arda». En otra parte decía también Cristo: «Non veni pacem mittere, sed gladium», como si más claro dijera: «No vine yo al mundo a darle paz y reposo, sino a poner en él horca y cuchillo, porque la paz que ponen entre sí los malos, siempre redunda en perjuicio de los buenos».

En estas dos palabras de Cristo, mucho hay que notar, y aun de que nos espantar, pues habiendo Él criado al mundo y nacido en el mundo, diga que quiere poner a fuego y a sangre a todo el mundo; y mayormente, que si dije se alguno que quería quemar una casa, o una ciudad, o una aldea, o un reino, le dejar ían por loco o le echarían preso. Decir el Verbo divino y avisarnos el Hijo de Dios y jurar e1 mayorazgo de las eternidades, que no trae del cielo otra cosa sino un cuchillo para degollarnos y un tizón de fuego para quemarnos, si te queremos bien entender, no solo no nos escandalizaremos, mas aun se lo agradeceremos, porque hablando la verdad, con aquel fuego nos cauteriza la carne muerta y con aquel cuchillo nos saca la sangre podrida. El fuego que trajo Cristo del cielo no es otra cosa sino el su grandísimo amor divino, el cual tiene por condición que arde y no quema, alumbra y no daña, quema y no consume, resplandece y no lastima, purifica y no abrasa y aun calienta y no congoja.

No sin alto misterio hace la Escritura cuenta de la honda y de las piedras de David, y de la lanza, y de la cabeza, y del cuchillo del filisteo, de las cuales cosas todas, ninguna se puso por Miquia en el templo, si no fue solo el cuchillo con que el buen rey David mató a su enemigo; para darnos a entender que en mucho más hemos de tener el cuchillo del amor con que Cristo nos redimió, que no todos los tormentos que por nosotros pasó. De la divinidad y humanidad de Cristo, sola padeció la humanidad, que era finita, y así eran sus trabajos finitos, mas como el amor y caridad con que Él los padecía era infinito, fue bastante para satisfacer por la culpa infinita, de manera que el bendito Jesú mitigó la ira de su Padre con la sangre y satisfizo a su ofensa con el amor. Tener la Sinagoga en reliquias el cuchillo con que el rey David degolló al gigante filisteo, es avisar a toda la Iglesia católica a que tenga en mucho, y muy mucho, el sobrado amor de Cristo; porque solo su amor fue el que de su gloria nos dio esperanza y de nuestra muerte nos dio victoria. Si preguntan a Cristo qué trajo del cielo a la tierra, dirá que el amor, si le preguntan qué es lo que predicó en el mundo; dirá que el amor; si le preguntan qué es lo que encomendó en su testamento, dirá que el amor; si te preguntan qué oficio sabe, dirá que amar, y si le preguntan a Él quién es, no dirá que es sino el amor. De manera que el bendito Jesú ni sabe darse maña en nos aborrecer, ni puede acabar consigo de nos olvidar. Si «Domino Deo tuo obtuleris primicias frugum tuarum de spicis virentibus, torrebis eas igni», mandaba Dios en el Levítico (secundo capit.), y es como si dijera: «Cuando ofrecieres las espigas verdes de tus primicias al Señor Dios tuyo, de tal manera las has de llegar al calor del fuego, que queden turradas, mas no quemadas». Si no hubiera algún misterio debajo de estas palabras, poco se le diera a la Escritura sacra hacer diferencia de las espigas verdes a las espigas secas; mas como no haya en las divinas letras ningún borrón que raer, ni ninguna letra que añadir, de tal manera se ha de entender lo que Dios mandaba en su ley, que con tal que no torzamos la letra, podemos sacar della alguna santa dotrina.

Osaría yo decir que no es otra cosa ofrecer las primicias de nuestros trigos a Dios sino que ante todas cosas nos encomendemos siempre a Dios, para que Él las guíe a su servicio, y Él las acabe a nuestro provecho, porque de otra manera, todo aquello que no se comenzare con el «per signum crucis» de Cristo, se habrá después de acabar por manos del demonio. El cristiano que antes de levantarse de la cama se encomienda a Dios, muy bien paga las primicias; y el que antes de sentarse a la mesa rega algo a Dios, muy bien paga las primicias; y el que antes de ir camino se encomienda a Dios, muy bien paga sus primicias; y el que antes de emprender algún negocio arduo lo consulta con Dios, muy bien paga sus primicias, y el que en alguna hora del día se para a pensar un poco en Dios, muy bien paga sus primicias; porque delante el acatamiento divino, más aceptas son las primicias de los pensamientos castos que no las espigas de los trigos verdes. No querer Dios mandar que tocasen a las espigas que estaban ya secas y curadas, sino mandar que a las espigas verdes las secasen y curasen a la lumbre, es querernos dar a entender de los santos y bienaventurados que están ya en la gloria fruyendo de Dios, no tengamos cuidado, sino de los grandes pecadores como yo, que estamos engolfados en el mundo, porque mis palabras demasiadas y mis obras desaforadas tienen muy gran necesidad de llegarlas al fuego del amor, y aun tostarlas en las brasas del temor. Si lo has Tú, io buen Jesú!, por espigas verdes, yo confieso que están verdes mis ojos, pues siempre andan a mirar; verdes están mis pies, pues no pueden asosegar; verde está mi lengua, pues no para de parlar; verdes están mis manos, pues no dejan de robar; verde está mi corazón, pues no cesa de desear, y aun verde está mi cuerpo, pues no se cansa de pecar. Pues las raíces de mis deseos y las cañas de mis obras, y las porretas de mis palabras, y la espiga de mi vida, está todo tan verde y tan húmido, como si nunca hubiera sido cristiano; muy poco es, Señor, muy poco es que me llegue cabe el fuego de tu amor, sino que también me mandes echar en las brasas de tu temor, porque el tu, dulce amor haráme que te sirva, y el tu gran temor no consentirá que te ofenda.

Prosigue el autor, y prueba con grandes figuras de la escritura sacra cuánto Dios nos encomienda el su amor.

«Erit domus Jacob ignis», decía Dios por el profeta Abdías (cap. IV), y es como si dije se: «La casa de Jacob, que es la mi Iglesia, yo la fundaré sobre el fuego del amor, y la cercaré de muros de amor, y la dotaré de sacramentos de amor, y la poblaré de cristianos de amor, y aun la llamaré la casa de amor, y por eso la llamaré casa de amor, porque no sabrán allí todos sino amar». Desde la primera piedra que fue Adán, se comenzó a fundar la triste Sinagoga sobre temor y pavor, lo cual mostró muy bien Adán cuando, respondiendo a Dios, dijo: «Vocem tuam, Domine, audivi, et timui», y es como si dijera: «Desde que oí tu voz estoy temeroso, y desde que te ofendí estoy asombrado, mayormente que he vergüenza que he pecado y he empacho que estoy desnudo». Donoso paraíso era el que tenía la Sinagoga, pues se espantó Adán en él de oír sola una palabra, y si desta manera ha de pasar, más quiero con el ladrón oír «hodie mecum eris in paradiso», que no andar asombrado con Adán en el huerto.

También dijo Dios a Moisés en el desierto de Arán, no mucho después que salieron de Egipto: «Congrega ad me populum, ut audiant sermones meos et discant timere me», como si, más claro, dijera: «Da un pregón general por todos los doce tribus y reales que aquí están contigo, para que se junten todos los pueblos en un lugar señalado; porque quiero enseñarles y predicarles cómo de aquí adelante me han de temer y aun, si fuere menester, me han de soñar». Nunca Dios quiera, ni su bondad tal consienta, que tan seco pregón y tan áspero sermón en su santa Iglesia se predique, ni en los cristianos tal se pregone; pues es verdad, como es verdad, que nunca el bendito Jesú dijo en sus sermones palabras que nos espantasen, ni hizo obras que nos asombrasen. Curiosamente lo hemos mirado, y con grande estudio lo hemos inquirido, que sola una vez en toda su vida tomó en su boca esta palabra «timete», que quiere decir «habed temor», y, por otra parte, más de treinta veces usó de la otra palabra de decir «diligite», que quiere decir «mirad que os améis», de lo cual podemos inferir cuán poco es el espanto que Cristo a los suyos pone y cuán grande es el amor que con todos tiene. No es nada decir que nos ama, en comparación de las dulces palabras con que nos muestra el su inmenso amor, porque unas veces dice «amaos unos a otros», otra vez dice «amad a vuestro próximo», otra vez dice «amad a Dios sobre todos», otra vez dice «el Padre eterno os ama», otra vez dice «mirad bien si me amáis», otra vez dice «si alguno me ama, sígame», otra vez dice «si vosotros me amásedes, gozaros ˝ades», y otra vez decía «amaste los padres como me amaste a mí», y aun también decía a san Pedro: «Mira, Simón, si me amas». De manera que más parecía Cristo estarse con los suyos requebrando, que no predicando.

No se contentó Cristo con mostrarnos su amor, sino que también quiso quitar de nosotros todo temor, y de aquí es que por sola una vez que dijo aquella palabra «timete», tornó en recompensa della a decir muchas veces «nollite timere»; es a saber, «mirad que no temáis», porque todo el fin de Cristo fue que le siguiésemos con amor y que no le sirviésemos por temor. Si el

Hijo de Dios hubiera más gana que le temiéramos que no que le amáramos, preguntara Él a san Pedro si le temía, si le temía, si le temía, y no le preguntara, como le preguntó tres veces, si le amaba, si le amaba, si le amaba, de lo cual podemos inferir que no fue el intento de Cristo hacernos para siervos temerosos, sino para hijos, y aun hijos muy regalados; que, como dice el Apóstol, no descendemos de Agar, la esclava, sino de Sarra la libre. Solón dio ley a los atenienses, Promoteo a los egipcios, Ligurguio a los lacedemonios, Moisés a los hebreos, Numa Pompilio a los romanos y Cristo a los cristianos, y la diferencia que hay entre estas leyes es que ellos mandaban en sus leyes ahorcar, degollar, arrastrar y matar, mas el bendito Jesú no manda en su ley sino amar a todos y perdonar a los enemigos, de manera que no es otra cosa ser uno buen cristiano sino estar en la casa de Cristo muy bien enamorado. «Ignis ante ipsum precedet, et inflanmavit in circuitu inimicos eius», decía el profeta David, hablando del advenimiento de Cristo, y es como si dijera: «En esto verás, io Sinagoga!, cuando yo enviare allá a mi Hijo a la tierra, en que delante de Sí irá el fuego del amor, detrás de Sí no le seguirá sino amor, junto cabe Sí no llevará sino amor, y dentro de Sí no llevará sino amor, y lo que más es de todo, que por do Él pasare, todo lo quemará, y todo lo que Él quemare luego retoñescerá. Alabarse Cristo que no viene al mundo sino a ponerle fuego de amor y decir Abdías el profeta que se llamará la casa de Cristo, casa de amor, y atestiguar el rey David que no andará Cristo acompañado sino de fuego de amor, y nunca traer otra cosa Cristo en la boca sino palabras de amor, no creo que errarías mucho en decir que Cristo fue muy requebrado y aun el mayor enamorado del mundo. En más alta religión entra el que toma el hábito de enamorado que no el que se mete fraile cartuxo, pues debajo desta palabra «in principio creavit Deus celum et terram» se comprehenden los ángeles, los cielos, los elementos y los hombres, los cuales todos tuvieron principio, excepto Dios, y el amor, que nunca tuvieron principio. «Erat species glorie Domini quasi ignis ardens», dice la Escritura sacra (Exo., XXII) hablando de la gloria y figura de Dios, como si dije se: «La primera vez que vio el profeta Moisés a Dios fue en el monte Sina˝, cuando subió allí a recibir la ley, y dice que la cara y gesto y gloria que tenía Dios era como un fuego de amor que entre sí ardía, y dice que ardía aquel fuego entre sí porque en la vieja ley todo el amor guardaba Dios para Sí.

514

Gran consolación es para los grandes pecadores como yo saber que nuestro Dios tiene cara de amor y su bendito hijo tiene palabras de amor, y que toda su ley está llena de amor, y que no nos manda cosa sino con amor, de lo cual podemos colegir que pues reina en nuestro Señor Dios tanto amor, no nos tratará con desamor. No se maraville nadie en oír decir que el amor tuvo principio con Dios y que es tan antiguo como lo es Dios y que es la gloria del mismo Dios; de lo que se han de maravillar es que si fuese posible que el amor se apartase de Dios, no habría en el cielo ni en la tierra ningún Dios. Si apartásemos el amor del Padre, ¿quién engendraría al Hijo? Si apartásemos el amor del Hijo, ¿quién produciría al Espíritu Santo? Sé que fielmente creemos que amándose el Padre a Sí, engendra al Hijo de Sí, y amando el hijo al Padre, producen al Espíritu Santo, y amando el Espíritu Santo al Padre y al Hijo, resulta la unidad de esencia y trinidad de personas; de manera que quitado de entre ellos el amor y la hermandad, es quitar a la Iglesia toda la Trinidad.

Vamos, pues, más adelante y veremos en esta mina de amor que cuanto más nosotros en ella ahondáremos, tanto más nos maravillaremos, y muy mayores secretos descubriremos, porque en los amores divinos y aun humanos, sin comparación es más lo que el corazón para sí guarda, que no lo que de fuera a la lengua publica. Es pues, el caso que un día antes que el viejo Moisés quisiese bendecir a todos los doce tribus de Israel, entre otras palabras, díxoles éstas: «Dominus aparuit de monte Pharan et cum eo santorum milia et ignea lex in dextera eius et dilexit populos», como si, más claro, dijera: «Después que salimos de Egipto, la segunda vez que me apareció el Señor fue en el monte Farán, rodeado de millares de santos, y vi que tenía en su misma mano derecha una ley que estaba ardiendo en vivas llamas, con la cual amaba a todas las gentes». En las divinas letras, por la mano derecha de Dios siempre se entiende el mejor y más rico lugar que tiene cabe Sí Dios, y de aquí es que cuando dice el Evangelio de Cristo «quod sedet ad dexteram Dei», ha se de entender que la humanidad del Verbo se asentó en el más alto lugar que había en la gloria, que es a do se fruye más de la esencia divina. La ley que vio cabe Dios Moisés, de fuego, no hay duda sino que era el altísimo amor divino, y es mucho de advertir que aquella ley de amor, no estaba junto cabe Dios, ni cerca del lado de Dios, sino en el mismo brazo de Dios, que es estar igualmente asentado con Dios, porque hablando como cristiano, y aun sin escrúpulo ninguno, no es otra cosa el amor de Dios sino aquel mismo que llamamos Dios. Decir la Sagrada Escritura que tenía Dios nuestro Señor en su brazo derecho aquella ley que ardía en amor, es decirnos que todas las leyes que no se fundan en Dios, ni salen de Dios, ni van a parar a Dios, no pueden mucho durar, ni aun algún provecho hacer, porque todo aquello que fuere medido por solo el parecer humano, sin que primero sea enivelado dél por el parecer divino, ni lo querrá Dios sustentar, ni tampoco los hombres guardar. Mucho y muy mucho es de notar que no vio el buen viejo de Moisés estar en el brazo de nuestro Dios más de una sola ley ardiendo, en lo cual se nos da a entender que de todas las leyes divinas y humanas es libre y esento nuestro Dios, excepto de la gran ley de amor, a la cual él está sujecto y con sus coyundas ligado, de manera que la ley de amores es la que tiene mano en la Divinidad y aun rige toda la Trinidad. Al que no fuere delicado teólogo o no se preciare de macizo cristiano, parecer le ha cosa sospechosa, y aun medio escandalosa, decir que haya alguna cosa tan alta que se ose con Dios igualar y presuma de a todas las personas divinas regir, a cuya causa será menester que yo corte algo delgada la pluma para lo declarar y que el lector levante un poco el juicio para lo entender, aunque no dejar é de confesar que los altos misterios divinos es gran mérito creerlos y muy dificultoso declararlos.

Es, pues, de saber que todas las leyes del mundo se reducen a solas dos: es a saber, a ley natural y a ley positiva, y llamamos ley positiva a las pregmáticas que hacen los reyes en sus reinos, y los gobernadores en sus pueblos, y llamamos ley natural a la con que nacemos y nos criamos y vivimos y morimos; de manera que la ley natural se funda sobre razón, y la ley positiva sobre opinión. La ley positiva, como es humana y por hombres hecha, es menester oírla, leerla, aprenderla y aun entenderla; mas la ley natural, como es ley divina y que está en nuestros corazones enxerta, no hay necesidad de leerla ni aprenderla, sino de solamente obrarla, porque a cada uno le basta solo el ditamen de la razón para saber lo que es obligado a hacer y de lo que como hombre se debe guardar. La ley positiva y humana no obliga a más cosas ni dura más tiempo de lo que quiere el que la hizo; mas la ley natural obliga siempre y para siempre al que la hizo y a aquel para quien la hizo; de manera que tiene en sí tan gran fuerza y vigor, que ni la puede quebrantar el que la recibió, ni puede dispensar en ella el que la dio.

Ambas estas dos leyes se hallan en nuestro Dios en la forma y manera que en nosotros: es a saber, la ley positiva, con la cual él rige los ángeles, los elementos y todos los hombres, mudando en ella lo que quiere como señor y añadiendo en ella lo que le parece como criador, porque así como no le costaron todas las cosas más de un «fiat» a criar, así no le costarían todas más de otro «fiat» si las quisiese destruir. La ley natural de Dios muy diferente es a la ley positiva que ponemos en Dios, porque la ley natural no depende de lo que llamamos en Dios voluntad, sino de lo que en él llamamos entendimiento divino, el cual, en el abismo de su sabiduría, juzga todas las cosas que tocan a Dios, de la misma forma y manera que son en Dios, que es el mismo ser y esencia de Dios. Es este entendimiento divino en tan alto grado perfecto y tan en sunma perfección recto y rectísimo, que ni puede errar en lo que juzga ni puede dejar de acertar en lo que determina, de manera que no es otra cosa la ley natural y divina sino el mismo entendimiento divino. Esta ley natural y divina se funda en lo que llamamos en Dios propiedades y en lo que tenemos en la beatísima Trinidad por atributos, y con este «jus» divino se conforma también la voluntad divina, y esto es en tan gran vínculo de unidad y tan en sunma perfección, que entre aquello que se llama juicio de Dios y se llama voluntad de Dios no hay sino solo un parecer y un único querer.

Sea, pues, la conclusión de esta tan alta teología que así como con la ley positiva rige Dios a todas sus criaturas, así con la ley natural se rige asimismo el criador de todas ellas, y esto se ha de entender y creer con que es una misma cosa en la esencia divina el nivel que rige, y todo lo que se rige. Pues hemos probado que la ley de amor en Dios es la ley natural de Dios, y que la ley natural de Dios es el entendimiento divino, y el entendimiento divino se conforma siempre con la voluntad divina, y que la voluntad divina es la esencia divina, y que la esencia divina es un abismo de amor divino, luego muy bien dijimos que el amor de Dios es ese mismo Dios.

Prosigue el autor y prueba en cómo Dios fue el primero enamorado del mundo y que dél aprendimos a amar.

«Domine, ostende mihi gloriam tuam; cui dominus dixit ego ostendam tibi omne bonum». Palabras son éstas que pasaron entre solo Moisés y Dios, y Dios y Moisés, en el monte Rafin, a do Moisés dijo a nuestro Dios: «Pues Tú me dices que yo solo he hallado en tu acatamiento gracia, ruégote, Señor, que me hagas merced de mostrarme tu gloria», a la cual demanda le respondió Dios: «En esto verás tú y verán todos a los que Yo quiero bien, en que les mostraré aquí todo mi bien, porque pedirme tú que te muestre mi gloria no puede ser esto hasta después de tu vida». Mucho es de ponderar que no dijo Dios al santo Moisés «Yo te mostraré un pedazo de bien», sino que le dijo «Yo te mostraré todo el bien», para darnos a entender que el sumo bien y el entero bien no le alcanzan acá los del mundo sino que se le gozan allá los santos en el cielo y lo que pone más lástima es que ni le sabemos buscar, ni aun le merecemos hallar.

Nosotros, míseros miserables, no somos sino una onza de bien, no somos sino un género de bien, y aun no somos sino una tilde de bien, porque cotejados entre sí el bien que tenemos y el mal que hacemos, con mucha más razón nos podían cotejar de ser sunmamente malos que no de ser aun medianamente buenos. Como no sea otra cosa el sunmo bien sino Dios, y no sea otra cosa Dios sino el sunmo bien, no puede dárnosle a pedazos, porque se habría a Sí mismo Dios de despedazar, y por eso es condición de Dios que cuando se da, se da todo, y cuando se niega, se niega todo. También es de ponderar cuán recatadamente respondió Dios a Moisés en que no le prometió que aquel sunmo bien se le daría, sino que se le mostraría, porque no le dijo Dios «ego dabo tibi omne bonum», sino que solamente le dijo «ego ostendam tibi omne bonum», para darnos a entender que aquella sunma unión de la divinidad y humanidad que se hizo en el Verbo, la Sinagoga la había de ver, y sola la Iglesia de gozar. También es de advertir en que no dijo Dios «Yo te muestro», ni «Yo te quiero luego mostrar», sino que dijo de futuro «Yo te mostraré todo mi bien», la cual promesa se cumplió y se recumplió cuando la Sinagoga en su reino y en su ciudad y en su templo y delante sus ojos tuvieron y oyeron y conversaron a Cristo nuestro redentor y maestro, porque decir el Padre eterno a Moisés «Yo te mostraré cuanto bien tengo», era decirle «yo te mostraré a mi amado y querido Hijo». En más bajo estilo, hablando muy gran diferencia, va a decir nuestro Dios a uno «Yo te mostraré el bien» a decirle «Yo te daré el bien», lo cual parece claro en que Dios a todos los hombres enseña lo que es bueno, mas no da a todos gracia para que sean buenos, de manera que en la carrera de salvación, a los malos dice «ése es el camino, mirad por vosotros», y a los buenos dice: «andad acá conmigo, que quiero ir con vosotros». No quiero yo, ¡o buen Jesú!, no quiero que me andes amagando con tu bien, sino que me muestres todo tu bien y me encamines en bien, que, para decirte la verdad, como soy hijo de Lia la lagañosa, tengo muy corta vista para verte, y tengo el corazón muy ancho para recibirte, y más y allende esto pensando que daba mi mayorazgo a Esaú, me robaría la bendición Jacob.

Prosiguiendo, pues, nuestro propósito, decir Dios «ego ostendam tibi omne bonum» es decir que le mostrará su bondad, y no hay cosa en que Dios más muestre su bondad que en queremos comunicar esa su misma bondad, y por solo eso envió Dios al su Hijo al mundo, para que nos comunicase cuanta bondad tenía allá su Padre en el cielo, porque a la hora que determinó de darnos a su Hijo, metió a sacomano todo su tesoro. A este propósito dijo Cristo en el último vale del gran sermón que predicó en su cena: «Pater, manifestavi nomen tuum hominibus», y es como si dijera: «Acuérdate, Padre mío, que Yo he manifestado tu gran nombre en el mundo, y esto fue declarándoles este nombre de Trinidad que ignoraban, y la alteza de tu bondad que no conocían, porque ante de mí no conocían los hombres más de tu potencia por la creación, mas agora conocerán también tu bondad por mi redención».

Esto presupuesto, pues Dios no se precia de cosa más que de su bondad y no quiso enviar a su Hijo al mundo sino para comunicarnos su bondad, razón sería saber para qué nos la envía, y qué es lo que nosotros hemos de hacer della, porque entonces es bueno el tesoro, cuando el que lo tiene sabe empleallo. A esto respondiendo, decimos que es la bondad de Dios tan buena, que no es pesada para que la rehusemos, ni es enojosa para que la desechemos, ni es costosa para que la mantengamos, ni es penosa para que la suframos, ni aun es codiciosa para que la contentemos, sino que solamente quiere que muy de corazón la amemos, y con nuestras pocas fuerzas la sirvamos. No hay bondad entera que no quiera amor perfecto, ni hay amor perfecto que no quiera voluntad perfecta, ni hay voluntad perfecta que no quiera estar bien empleada, de lo cual se puede inferir que pues en nuestro Dios hay bondad inmensa y hay amor infinito, y hay voluntad perfecta, que pues no pide sino que le amemos, debe Él estar sujecto al amor. Sujeto, por cierto, está Él a la ley de amor, pues no sabe sino amar, no manda sino amar, no quiere sino amar, ni aun se ocupa sino en amar, y lo que más de todo es, que con el amor que ama a Sí me ama a mí, sino que en mí para algunas veces el amarme, por yo no lo merecer, mas Él nunca se deja de amar, porque no puede desmerecer. No nos contentamos con haber probado que el amor y Dios y Dios y el amor corren a la iguala y traen una misma divisa, sino que también queremos aquí probar en cómo nuestro Dios se jacta de ser enamorado, y aun el enamorado más antiguo del mundo, porque sepan todos los que tratan en amores quién fue el principio del amor y quién es el caudillo de los enamorados. Si los antiguos filósofos buscaron con gran diligencia a los inventores del martillo, de la sierra, del escoplo, de la hacha y de la azuela para labrar, más razón es de saber quién fue el primero inventor del oficio de amar, mayormente que la hacha y la azuela desbastan las maderas, mas el oficio del amor es aserrar las entrañas. De mi padre Adán aprendí la desobediencia, de mi madre Eva aprendí la gula y de mi hermano Caím aprendí el homicidio, del tu pueblo hebreo aprendí la idolatría, del gran rey David aprendí el adulterio, del rey Senacherif aprendí la blasfemia, del apóstol san Pedro aprendí a llorar y de Ti, mi buen Jesú, aprendí a amar: mediante el cual amor a Ti tornaste hombre y a mí hiciste Dios. Cuales son las escuelas a do andamos, tales son las ciencias que aprendemos; por mí digo que en la escuela del mundo nunca aprendí sino a loquear; en la del demonio, no aprendí sino a mal querer; en la de la carne, no aprendí sino a pecar; en la de los hombres, no aprendí, sino a desamar, y en la de Ti, mi Dios, no aprendí sino a amar; de lo cual se puede inferir que pues en las Academias de nuestro Dios es tan casto el amor que allí se lee, no será justo que sean desamorados los que allí oyen. «Ego diligentes me diligo, et qui mane vigilant ad me invenient me», dice Dios, hablando generalmente con todas sus criaturas, y es como si dijera: «Yo amo a los que me aman, Yo quiero a los que me quieren, y aun me doy a los que se me dan, y ninguno que me ama no puede conmigo ganar honra en pensar que madrugó más que Yo de mañana, porque soy tan continuo en amar lo que quiero y tan cuidadoso de visitar lo que amo, que a sus puertas me anochesce y en sus entrañas me amanesce. ¡O requiebro nunca oído! ¡O amor nunca visto, el que en estas palabras nos muestra Cristo! Porque no es otra cosa decirnos Él que se levanta antes de todos a amarnos, sino que nos ama antes que le amemos y nos busca antes que le busquemos, porque nosotros, míseros, cuando más más le amamos, es desde que nacemos, mas nuestro Dios Él madruga a amarnos, antes que nosotros nazcamos. Dios nuestro Señor no es obligado a guardar el mandamiento de no matarás, pues es vida; ni el mandamiento de no hurtarás, pues tiene harto; ni el quebrantamiento de las fiestas, porque en su casa real siempre guardan; ni el mandamiento de no fornicarás, porque Él es la misma limpieza; ni el mandamiento de no jurarás, porque siempre trata verdad; de manera que no es obligado a guardar, sino solamente el mandamiento del amor, el cual Él guarda como buen Señor y redentor nuestro, y único amador. Muy gran verdad dices, Señor, en decir «quod qui mane vigilant ad me invenient me»; pues si, Señor, te preguntan qué hacías antes que criases el mundo, dirás que amar; si te preguntan qué te movió a criar el mundo, dirás que el amor; si te preguntan qué es lo que agora haces, dirás que amar; si te preguntan qué es lo que amas, dirás que el amor; de manera que antes que amanesca amas a Ti, y al reír del alba me amas a mí. ¡O buen Jesú, oh amores de mi alma, y cuán diferentes son tu amor del mío, y mi amor del tuyo!, pues Tú, como cuidadoso enamorado, madrugas muy de mañana a amarme a mí, y yo, como gran pecador, trasnocho a pecar contra Ti; de manera que desde que eres Dios me amas, y yo desde que soy hombre te ofendo. Condición es del famoso enamorado que ni la noche le tome en la posada, ni la mañana le amanezca en la cama, sino que vele a quien le desvela y desvele a quien le da pena; quiero por lo dicho decir que a nuestro bendito Dios en la juventud de la mañana le sirvamos y en la noche de la vejez no afloxemos, porque la llama de la candela no reluce tanto al tiempo que se enciende, como cuando se muere. Solo Dios dice «qui mane vigilant ad me invenient me», es a saber, que todos los negociantes vengan a Él de mañana, porque en casa de los otros príncipes aún no abren las puertas a aquella hora, sino que todo su negociar es de medio día arriba; en lo cual se nos da a entender que mejor negocian con Dios los que le buscan desde que nacen, que no los que nunca le llaman hasta que se mueren.

Gran consolación es para los buenos, y no pequeño espanto para los malos, decir Dios que desde la hora que ríe el alba hasta que parece en el cielo la estrella, hallarán sus siervos la puerta abierta, para que se tengan por dicho los malos como yo, que si imos a negociar con Dios tarde, solamente nos dejar án llamar, mas no entrar, la, cual no se hace con los buenos, porque viniendo, como vienen, temprano, tienen privilegio de se entrar sin primero a la puerta llamar. De mañana sacó Dios a Lot de Sodoma, y de mañana llovió el maná en el desierto, de mañana se encendía el fuego de los sacrificios, de mañana llevaban los cuervos de comer a Elías, de mañana se levantaban los sacerdotes a ir al templo, de mañana fueron los hebreos a labrar la viña y de mañana fueron las tres Marías a visitar el sepulcro: de manera que los que le buscaren de mañana fruirán, de su esencia divina. ¡O, quién con verdad pudiese decir con David «Deus, Deus meus, ad te de luce vigilo», es a saber, «Dios mío, Dios mío, desde que nací te sirvo y desde que soy mozo te busco!» Mas, ¡ay de mí!, ¡ay de mí!, que con más verdad podré yo decir que desde que me criaste te ofendo y desde que me acuerdo te desirvo, porque no hay día en que no me hagas alguna gracia, y no hay hora en que yo no cometa contra Ti alguna ofensa. ¡O «Deus Deus meus»!, no soy yo, no soy yo el que «ad te de luce vigilo», sino el que contra Ti «ab inicio» peco, pues si madrugo mucho, es para trafagar; si tomo la mañana, es para caminar; si me levanto al alba, es para negociar, y si pierdo algo del sueño, es para te ofender; y lo que es peor que todo, que para cumplir con el mundo ando desvelado, y para cosa de tu servicio no perderé una hora de sueño. ¡O «Deus, Deus, meus»!, yo confieso ser verdad «quod non vigilo ad te diluculo» en lo que toca a tu servicio; mas tampoco me negarás Tú que no soy desde que nací cristiano y desde que me acuerdo me llamé siempre tuyo; y si tuyo, ¿por qué, ¡o buen Jesú!, quieres que sea yo perdido?, mayormente que tan de veras amas a cada cristiano, como si no tuvieses más de a uno en todo el mundo.

Prosigue el autor y aconseja que no presentemos delante de dios lo que le servimos, sino lo que le amamos.

«Ecce quem amas infirmatur». Era Lázaro uno de los nobles de Jerusalén, era hermano de Marta y María, y era discípulo oculto de Cristo; el cual, como estuviese malo, escribieron a Cristo las hermanas una carta en la cual se contenían estas palabras de «ecce quem amas infirmatur», y es como si quisieran decir: «Las Marías enamoradas escriben a Ti, Jesú, el enamorado, para que sepas cómo el tu amado Lázaro está mortalmente enfermo, en cuyo remedio y enfermedad queremos ver cuanto por él haces, y qué es lo que a nosotras quieres». No sin gran contrariedad de los de su casa y no sin gran peligro de su persona, se determinó Cristo de ir a consolar a las hermanas, de ir a resucitar a Lázaro, de ir a llorar al difunto y de ir a espantar al mundo con tan inaudito milagro; y esto hizo Él a la hora que le mentaron «ecce quem amas», y a la hora que le capearon con el señuelo del amor, y a la hora que se le ofreció cosa en que amostrase su grande amor.

Cuando esto aconteció, andaban ya los fariseos muy alterados, los judíos muy turbados, los apóstoles muy temerosos y los discípulos muy asombrados, y aun Cristo no muy seguro; y con todas estas condiciones y peligros que se le representaron, así como leyó la carta de las Marías y las palabras tan enamoradas de «ecce quem amas», olvidósele al bendito Jesú el temor con las ansias del amor.

Mucho es de ponderar que en el principio de la carta, en el fin de la carta, en la cortesía de la carta, en la firma de la carta, ni en el sobre escrito de la carta, no se decía más ni se contenía más de «ecce quem amas infirmatur», para darnos a entender que después que tuviéremos trabados amores con Cristo, abasta hacerle señas sin gastar con él muchas palabras, porque los verdaderos enamorados, en caso de sus amores, más cosas han de adivinar que no de hablar. ¡O, cuánto va del amor que tenemos nosotros con Dios, al que Dios tiene con nosotros!, pues no osaron aquellas santas mujeres escribir y representar a Cristo el amor suyo o el de su hermano Lázaro, diciendo «ecce qui te diligunt», sino el amor que Cristo tenía con Lázaro, diciendo «ecce quem amas», para darnos a entender que si al tiempo que el Señor quiere hacernos algún bien no echase algo de su amor en la balanza de nuestra justicia, darnos ´a poco, pues nuestro amor es muy poco. Los enamorados vanos y livianos suélense zaherir y representar el amor que se han tenido los unos a los otros, lo cual no se permite hacer a los siervos de Dios, sino que, sin hacer cuenta de lo que le amamos, le pidamos lo que le pidiéremos por solo su amor, porque es tan alto el mandamiento del amor divino que en esta vida no se puede más de aprender y en la otra de todo en todo cumplir. «Facti sumus ut inmundi et omnes iustitie nostre menstruate sunt», dice Isaías el profeta (LXIIII) hablando de sus muchos pecados y pocos merecimientos, y es como si dije se: «Yo y la Sinagoga, y la Sinagoga y Yo, todos somos inmundos y muy grandes pecadores, y si algunas obras nos parece que hemos hecho buenas, a la hora que son examinadas delante de Dios, remanecen sucias, sanguinolentas, car-comidas y manchadas: de manera que si a nosotros nos parecen buenas, es muy gran vergüenza presentarlas delante de nuestro Dios». iO, cuánta razón tiene el profeta en decir que todos nuestros deseos y todos nuestros amores están rotos y apolillados, y aun enlodados, pues con el mismo corazón que me precio de amar a Dios, amo también al hijo, al conocido, al vecino, al amigo y aun a la amiga, de manera que con un mismo molde queremos hacer pelotas de oro, y sacar bodoques de lodo. No es, por cierto, tal el amor que tiene Dios contigo y tiene también conmigo, que, como ya te hemos dicho, con el amor que ama a Sí te ama a ti, y con el que ama a ti ama también a Sí, porque Dios nuestro Señor, como él no es más de uno, así su amor no es más de uno; sino que a los sus más regalados ámalos más intenso, y a los que no son tan privados ámalos algo más floxo.

Será, pues, el caso que cuando entraremos con nuestro Dios en cuenta y él nos quisiere tomar cuenta, todo nuestro caudal ha de ser, no de los servicios que le hemos hecho, sino del grande amor que él nos ha tenido; porque de otra manera, con darnos un solo día de vida, nos pagará toda la soldada de nuestra vida. «Eme eme a me aurum ignitum ut locuplex fias», dijo Dios en el Apocalipsi al obispo de Laodocia, y es como si le dijera: «Tú eres pobre y has gana de ser rico; aconséjote que compres del oro fino y nuevamente fraguado que yo tengo en mi tesoro, el cual está por mis manos fraguado, y es de todos los quilates cumplido». «¿Qué es esto, redentor del mundo? Dices por una parte que el que no renunciare todo lo que posee no podrá ser tu discípulo, y convídasnos por otra parte que vamos a tu tienda a comprar oro fino? Quieres por ventura desaperrochar las otras tiendas y aperrochar la tuya? Ya que nos mandas comprar algo, ¿por fuerza ha de ser oro? Ya que hayamos de comprar oro por fuerza, ¿ha de ser oro muy fino? Ya que compremos oro fino, ¿por qué nos haces fuerza a comprarlo de Ti solo? Ya que lo compremos de Ti solo, ¿por qué nos vendes el oro tan ardiendo? Ya que compremos de tu tienda el oro fino, y que esté todo ardiendo, ¿por qué no le pones tasa y no nos señalas el precio? Ya que sea todo esto, ¿por qué no estimas en más tu oro para que otros te lo pidan, y no que andes tú a convidar con ello? Bien parece, Señor, que no hablas a mí con la grandeza de Señor, sino como esposo con esposa, amigo con amigo, y aun requebrado con requebrada, porque las palabras que aquí dices son de tan gran misterio y son dichas por tan alto estilo, que nadie las puede alcanzar si Tú no se las das primero a entender.

Es, pues, el caso en que así como el oro es la cosa más estimada y más amada, y aun más deseada de todas las riquezas, así el amor es la virtud que más nos alegra y más nos honra, y aun más nos contenta de todas las virtudes; porque el corazón que está del amor divino enamorado, no estima todo lo del mundo en lo que vale un pelo. So el cielo no se podía comparar el amor a mejor cosa que fue al oro, ni tampoco el oro se pudo comparar mejor que fue al amor, porque así como con el oro no hay cosa, por rica que sea, que no se compre, así también con el amor no hay cosa, por dificultosa que sea, que no se haga; y de aquí es que el corazón que está agarrochado de amores en servir descansa y en descansar pena. El que pone dificultad en lo que le mandan, y busca excusa para lo que le piden, no se puede el tal llamar amador, sino burlador, ni aun tiene corazón de oro fino, sino de lodo; porque en la casa del amor ni ha de haber «no puedo» a cosa que le pidan, ni ha de tener réplica a cosa que le manden. ¡O cuánta merced Dios hace al que le da corazón que sea de oro y sea macizo, y que sea de peso, y cuánta mala ventura tiene el que tiene el corazón fofo y hueco, y vano, como dice el profeta: «cor eorum vanum est!» Porque el corazón es la fragua a do se forjan todos nuestros deseos, y la yunque a do se martillan todos nuestros trabajos. Dice Dios que lo que Él vende no solo es oro, sino que también es «aurum ignitum», es a saber, oro acendrado y encendido; en lo cual se nos da a entender que a la hora que en nuestro corazón toca el amor divino, siempre arde, siempre ora, siempre reza, siempre suspira y aun siempre ama, porque es de tal cualidad el amor de Dios, que en el ánima a do una vez se aposenta, ni sufre en ella maldad, ni consiente haber ociosidad. «Aurum ignitum» es por cierto el amor del Señor, pues con sus vivas llamas nos alumbra el entendimiento, inflama el corazón, calienta la voluntad, enroja las entrañas y quema todas las culpas, y aun lo que más de todo es, que al calor deste fuego se escalientan los escogidos y se ahuman allí los dañados. «Non est, non est aurum ignitum» el amor de los amadores del mundo; el cual tiene por condición que quema y no escialienta, congoja y no alegra, abrasa y no purifica, espanta y no recrea, altera y no sana, y aún mata y no remedia. Lo que el mundo vende en su tienda no es oro, sino fustera; no es oro, sino escoria, no es oro, sino plomo; no es oro, sino oropel; no es oro, sino lodo; porque del amor que en el mundo están más contentos, salen dél al fin más enlodados. El amor que Dios vende «non solum est amor ignitum», mas aun también «est aurum aprobatum»; la prueba de lo cual se hizo en la cruz de Cristo, en el martirio de san Pedro, en el aspa de san Andrés, en las piedras de san Esteban, en las brasas de san Llorente y en las ruedas de Santa Caterina; de manera que con tantos y con tan acérrimos tormentos como por Cristo pasaron todos los santos, quedó el su amor bien probado, y aun aprobado. Cuando los santos apóstoles iban «gaudentes a conspectu concilli, quoniam digni habiti sunt pro nomine Jesu contumeliam pati», muy probado y muy aprobado estaba en sus corazones el amor del Señor, pues iban ellos más alegres cuando los sacaban a agotar que todos los príncipes del mundo, cuando los llevan a coronar. Cuando el apóstol decía «ego Paulus vinctus in Domino», muy probado y muy aprobado estaba en sus entrañas el amor de Cristo, pues nunca príncipe se preció tanto de verse con una corona en la cabeza, cuanto san Pablo se vanagloriaba de verse con cadenas a los pies.

Del amor vano y mundano, con más razón podríamos decir que es reprobado que no aprobado, pues no quiere bien a otro sino es por algún provecho suyo, de manera que los siervos de Dios aman hasta más no poder, y los que son mundanos, hasta más no tener. Hasta más no tener ama el que por algún interese ama, el cual amor con mucha razón le dijimos que no es aprobado, sino reprobado, pues ama lo que alguno tiene y no al mismo que lo tiene. En sola la casa de Dios se halla el oro probado, y aun aprobado, pues no nos ama el Señor por lo que valemos, ni aun por lo que tenemos, porque si hubiésemos de trocar o cambiar con Dios el amor nuestro con el amor suyo, no abastarían los méritos de todos los del mundo para comprarle el amor que tiene a un cristiano solo.

Mucho también es de ponderar que no dijo Dios en la autoridad sobredicha «eme ab alio aurum», sino que dijo «eme a me aurum ignitum», es a saber, «compra de mí el oro, y no de otro ninguno», para darnos a entender que solo él es el que nos ha de dar la gracia con que le amemos y el amor con que le sirvamos. El oro de su amor no quiere Dios dárnosle de balde, porque le tengamos en algo, no quiere dárnosle caro porque se le compremos, y no quiere ponerle precio, porque es tal que no tiene precio; lo que él por él quiere es que le demos nuestro amor a trueque, de su amor. Según nuestro amor anda derramado en cosas mundanas y anda codicioso de cosas mundanas, y anda acevilado en cosas vanas y livianas, y aun anda distraído en Cosas extrañas, no piense nadie que da poco el que todo su corazón da a Cristo, porque él, como no nos vende sino amor puro y santo, no quiere que le demos amor fingido.

«¡O buen Jesú! ¿Eres Tú el amor, y buscas otro amor? ¿Cómo quieres que te ame si no me enseñas a amarte? Da, Señor, lo que quieres y después manda lo que quisieres, porque Tú dixiste un día, predicando, que ninguno podía llamarse tuyo, si tu Padre no le asentaba contigo. Y pues no se compra tu amor sino a trueque de otro amor, yo te juro y protesto de a nadie querer ni a nadie buscar sino fuere a Ti solo; pues no hay otra muerte para mí sino verse mi ánima sin Ti. Si en mi corazón hay algo de la harina de Egipto, yo la derramaré; si tomé algo de Jericó, luego lo restituiré; si guardé algo de la hacienda de Ananías, yo la publicaré; si fui en hurtar con Raquel los ídolos de su padre, yo se los tornaré, y si el enemigo sembró en mis entrañas alguna cizaña, yo la arrancaré; con tal condición Señor, que ni Tú dejes de amarme, ni yo cese de servirte». «Memento quod sicut lutum feceris me, et in pulveren reduces me»; y pues es verdad que me hiciste, Señor, del lodo, y me has de tornar en polvo, ¿qué es lo que yo podré darte por tu amor de oro, sino un poco de amor enlodado? Plega, pues, a Ti, ¡o buen Jesú!, que sea a Ti tan acepto mi lodo como será a mí provechoso tu oro. Aquí, por gracia, y después por gloria, «ad quam nos perducat Jesus Cristus. Amen, amen».

17. Letra para el doctor don Juan de Biamonte, veinticuatro de Sevilla, en la cual se expone un antiguo refrán de Grecia

Magnífico señor y curioso caballero:

A la hora que recibí su carta, diera una queja criminal en el Real Consejo si como estoy malo estuviera sano y recio; y esto fue para saber por qué, siendo yo cristiano y cortesano, me habéis de importunar y sobornar a que os declare y exponga los refranes de Grecia, que nunca fueron oídos en España. Acordaros debríades que cuando vos y yo nos hecimos amigos, capitulamos entre nosotros que en el pedir no fuésemos importunos ni en la conversación pesados; y si esta capitulación quisiéredes guardar, afírmome en ella, donde no, si os tornáredes importuno, hallarme heis zahareño.

Digo esto, Señor, que pues ha poco que os declaré la epístola de Platón contra Brías, y la oración de Demóstenes contra Eschines, y la invectiva de

Escauro contra Catilina, no sé qué se os antoja agora, ya que habéis leído en historias tan sabrosas, os andéis a escudriñar refranes de viejas. Esto que vos me encomendáis y rogáis, muy mejor lo supiera la Maratona de Segovia, la Perexila de Ávila, la Labori de Hornachos, la Urraca de Ocaña o la Xarandilla de Baeza, las cuales todas fueron mujeres viejas arteras, magas sortílegas y aun un poco hechiceras. Si yo hablé con algunas destas mujeres, no fue para aprender sus hechicerías, sino para apartarlas de sus errores y inocencias, las cuales mujeres quedaron conmigo tan mal, y fueles mi doctrina tan odiosa, que por estorbarme ellas el predicar, me intentaron de hechicar.

Miento si no me dijo un día, entre otros, la Xarandilla de Baeza estas palabras: «Si vos, señor maestro Guevara, queréis que no os empezca ninguna persona, tened aviso, en lugar de «per signum crucis», decir a la primera cosa viva que topáredes de mañana: «Con dos que te veo, con cinco te escanto; la sangre te bebo, el corazón te parto». Aquella vieja ruin y las otras sus compañeras sabrán mejor exponeros el refrán que me escribís y deciros del todo lo que deseáis, porque de mí le hago saber que aprendí teología y no nigromancia, y juro que no sé conjurar, y menos adivinar . Es este vuestro refrán tan antiguo, tan peregrino y aun tan rancio, que a mi parecer será necesario conjurar a los muertos que entonces eran vivos, o adivinar con los que presumen de adivinos; porque de todos los otros tengo por mí creído que nadie lo ha oído, ni menos leído.

Mas como dice el refrán que «dádivas quebrantan peñas», habéis de saber que los dineros que me enviastes para me curar y las conservas que hiciste para me regalar me han hecho revolver mi librería y despertar mi memoria, para ver si será posible topar con quien este refrán levantó o hallar la ocasión por que se inventó. Como no haya cosa tan encumbrada que no se alcance, ni cosa tan abscondida que no se halle, sé os decir que hallé vuestra demanda y topé con mi requesta. No penséis que se me pasa por alto en que si os noto de curioso, por lo que preguntáis, vos también me acusáis de goloso y codicioso en los dineros y conservas que me enviáis; de manera que a fe, sin mal engaño nos podemos decir: cállate y callemos, que sendas nos tenemos.

Teneos, señor, por dicho que con estas mis calenturas, si no hago por vos lo que debo, hago a lo menos lo que puedo; de manera que, según mi poca ciencia y mi mucha ignorancia, si más supiera más dijera. Bien o mal, ahí os envío vuestro refrán declarado y si no os satisficieren mis palabras, contentaos con que yo lo estoy de vuestras conservas, y en tal caso como éste, pido os, señor, por merced, echéis antes la culpa a mi cuartana que no a mi pluma.

Expone el autor el refrán y declara en él grandes antigüedades de la ciudad y reino de Corinto.

Dice, pues, el refrán o proverbio que me enviastes y porque me rogastes: «Non omnium est adire Corinthum». El cual, en romance, quiere decir: «No pueden todos llegar a Corinto», o «no, pertenece a todos ir a Corinto». Para mí tengo creído que éste es uno de los más antiguos refranes del mundo, porque antes dél ninguno hallo escrito ni menos usado; a cuya causa, para que vos, señor, quedéis satisfecho y yo sepa también lo que digo, será cosa muy necesaria tomar de algo lejos la historia.

Y porque me parece que ya es tiempo que descarnemos la muela y pongamos las manos en la masa, es de saber que en Asia la Mayor hay una provincia que se llama Achaya, que cae en los confines de la Grecia, la cual tomó este nombre de Achaya, del rey Cadmo, que primero reinó en ella. En aquella provincia de Achaya hace un seno el mar Jonio, muy cercano que es al monte Ysinio, en el cual seno hay dos muy famosos puertos, al uno de los cuales solían llamar Tritonio, y al otro Magoa, en los cuales todas las naos de Levante tenían muy segura la entrada y ningún peligro en la estada.

En los siglos primeros y en la edad dorada, dicen los que en aquel tiempo escribieron, que Eolo el cretense tuvo un hijo muy travieso, que hubo nombre Sísifo, el cual, en su mocedad, y aun en la vejez, fue en el arte de hurtar muy diestro y en el saltear caminos muy atrevido. Este mozo Sísifo, como anduviese corrido de todos y aun en él corriese a todos los pueblos comarcanos, para más seguridad suya y refugio de los ladrones que consigo trajo, acordó de hacer un lugar enriscado o un castillo roquero, a do él se pudiese defender y de do saliese a ofender. Hizo, pues, el ladrón Sísifo un muy fuerte castillo junto al mar Jonio, y al pie del monte Ysinio, a fin que si le combatiesen por mar, se salvase por la tierra, y si le siguiesen por la tierra, se acogiese a la mar. A esta fuerza o castillo llamó él la Etrura, que en lengua siria quiere decir «fuerza» o «defensa», porque allí ponía lo que robaba y aun de allí salía a robar. Anduvo este Sísifo hecho cosario por la mar y ladrón por la tierra casi treinta y seis

529

años, después de los cuales murió en su oficio; es a saber, en poder de sus enemigos y hecho todo cuartos. Muerto el ladrón Sísifo, juntáronse todos los lugares comarcanos y ahorcaron a todos los ladrones que con él estaban, y derrocaron por el suelo aquella fuerza a do se saban acogían.

Algunos años después que esto pasó, acordaron unos pobres marineros de reedificar allí unas chozas o cabañas, a do ellos se acogiesen y a los marineros extranjeros albergasen, y a la verdad, como el concurso de los que mareaban por allí era mucho, ellos ganaban su vida y los otros descande su trabajo.

Estando las cosas en este estado, aportó por allí el príncipe Corinto, hijo único que era del rey Orestes; el cual, como llegase algo mareado y de una gran tormenta desbaratado, recibiéronle aquellos pobres marineros en sus chozas lo mejor que supieron y recreáronle lo más que pudieron. Era este príncipe Corinto mancebo, animoso, valeroso y aun asaz muy rico, porque desde muy mochacho le había enpuesto su padre en robar flotas y en saquear islas. Como el tirano Corinto siempre andaba enemistado a causa de los muchos daños que había hecho, acordó de hacer allí su asiento y de reedificar el castillo que antiguamente había hecho allí Sísifo, porque le pareció que el mar Jonio era allí manso y que el puerto Tritonio era para sus naos seguro.

Hizo, pues, allí el príncipe Corinto un muelle muy ancho, una cerca muy superba, una fuerza muy alta y una población mediana, y como él se llamaba Corinto, púsole por nombre Corinto: de manera que la muy famosa ciudad de Corinto tiranos la fundaron, tiranos la gobernaron y aun tiranos la asolaron. Era en aquellos tiempos la ciudad de Tiro puerto de mar, muy seguro para naos y muy rico para tratar, sino que después vino el magno Alejandro sobre él y contra él, y saqueóle, y asolóle, de tal manera, que dende en adelante no decían los que por allí pasaban «Ésta es Tiro», sino «Aquí fue Tiro». Todos los vecinos de Tiro y todas las mercancías del Poniente, y todo el trato de Asia y de Grecia, todo se pasó a la ciudad de Corinto y su comarca; de manera que la perdición de la triste ciudad de Tiro fue ocasión de ennoblescerse Conrinto. Los salaminos, y los atenienses, y los corintos eran pueblos muy famosos y aun entre sí muy enemigos, los cuales tuvieron entre sí siempre por luengos tiempos muchas diferencias y guerras, porque la envidia de los unos no podía sufrir la gloria de los otros. De estas tres ziudades tan superbas y inquietas, todavía duró más la gloria de la ciudad de Corinto que de las otras dos sus contrarias, porque primero fue destruída Atenas por Tolomeo y Salamina por Arsacidas, que no Corinto por el cónsul Escauro. Fue la ciudad de Corinto cabeza y metrópolis de toda la provincia de Acaya, porque allí residía el señor de la provincia y allí estaba el cuño de la moneda. Acontesció a la ciudad de Corinto lo que suele acontecer a los grandes pueblos como ella, y es que algunas veces la gobernaron reyes, otras veces tiranos y otras veces ellos mismos a sí mismos; mas por la mayor parte siempre fue mal gobernada y estuvo tiranizada. Todos los que escriben de Corinto dicen que en ninguna ciudad de toda Asia se labraban los metales de oro y plata, estaño y cobre, como en ella, a cuya causa eran los de Corinto hombres muy ricos y de todas las naciones muy frecuentados. Es también de saber que hubo en Corinto un tirano rico, famoso y vicioso, que se llamó Herio, el que edificó en medio de la ciudad un superbísimo templo, a manera de monasterio, y ofrecióle y dedicóle a la diosa Venus, que es la madre de los amores, y la abogada de los enamorados.

En este maldito templo moraban, por lo menos, quinientas doncellas asianas, las cuales ofrecían allí sus padres a la diosa de los amores para que fuesen enamoradas; de manera que a la más enamorada tenían por más santa religiosa. Con tal que no saliese fuera del templo, podía cada una dellas pecar con quien quería, como quería y aun cuantas veces quería; de manera que toda su religión consistía no en ser buenas sino en estarse encerradas. Era ley entre ellas que si tomasen y se casasen con marido, ganasen primero el dote con infamia de sus cuerpos y con que juntamente con el marido pudiesen tener un enamorado, porque habiendo sido consagradas a la diosa de los amores, no querían perder el nombre de enamoradas. Era tanta su bestialidad, o por mejor decir su torpedad, que no podían ofrecer en aquel templo ninguna mujer que fuese casada o viuda, sino virgen muy honrada, la cual mal aventurada, en torno de un año, y dentro del mismo templo, de virgen sagrada, se tornaba ramera pública. En extremo deprendían y sabían todas las que allí estaban, leer, escribir, tañer, cantar, danzar y aun se requebrar, de manera que ninguno escapaba de sus manos que no fuese pelado o burlado. También es de notar que en tomo de la ciudad de Corinto se cogía mucho pan, vino, aceite, miel, azafrán, cáñamo, lino, seda y fructa; de manera que decían todos los que la veían y trataban que aquella tierra, más era para morada de dioses, que no para habitación de hombres. De carnes, pescados, cajas, fructas, era Corinto, por mar y por tierra, tan proveída, que a los naturales della hacía viciosos y a los extranjeros golosos. Por ocasión del oro y plata que allí se batía, de la púrpura que allí se cogía, de los paños que allí se vendían, de la, seda que allí se tejía y aun de los muchos vicios que allí había, concurrían a Corinto tantas y tan diversas naciones, que parecía en la grandeza y sumptuosidad otra Babilonia y otra Menfís en la abundancia. Era tan grande el trato que en Corinto había y las riquezas que allí se hallaban, que no solo de toda Asia y Grecia allí iban, mas aun de lo más último de Europa allí concurrían; de manera que cuando venía algún hombre a ser muy rico, todos le llamaban el corintiano.

Es también de saber que en la ciudad de Corinto moró y murió aquella muy hermosa y aun muy famosa enamorada Layda, de cuya vida escribieron grandes filósofos y por cuyos amores se perdieron muchos enamorados. De esta Layda escriben que era elegante en el cuerpo, venusta en el aspecto, roja en el cabello, blanca en el rostro y airosa en el andar, graciosa en el hablar, pulida en se traer, prompta en el responder, grave en el se requebrar y muy altiva en el se estimar. Era tan afamada, y aun tan difamada, en el hecho de amores y liviandades la greciana Layda, que muchos mancebos ricos y valerosos y generosos, no solo de África, mas aun de lo postrero de Europa, la iban a ver, y servir, y aun a seguir. El filósofo Demóstenes, como quisiese entrar en casa de la hermosa Layda y ella le pidiese más dinero que él pensaba, y aunque por ventura tenía, respondió: «Nunca los dioses permitan, ¡o Layda! que contigo yo gaste mi hacienda y aventure mi persona en tal cosa como ésta la cual no habré hecho cuando della esté arrepiso».

Esto, pues, todo presupuesto, habéis agora de saber, señor, que el proverbio o refrán vuestro que dice «non omnium est adire Corintum», se inventó por una de cuatro razones de las que arriba hemos contado y declarado. La primera es que, como la ciudad de Corinto era tan rica para tratar y tan viciosa para vivir, acontecía a muchos, o a los más que iban de diversos reinos y provincias allá, que o se morían por la tierra, o se anegaban por la mar. La segunda razón es que, como estaba en Corinto la famosa enamorada y grande requebrada Layda, y era de muchos príncipes requestada y de muchos extranjeros servida, ella los enviaba tan bien gastados a los unos y tan bien pelados a los otros, que le quedaba a ella asaz de que gozar y aun llevaban ellos bien que contar. La tercera razón es que como estaba allí, en Corinto, el gran templo de la diosa Venus, a do residían más de quinientas doncellas, o por mejor decir, mozas enamoradas, iban tantos y de tan diversas partes a vellas y requestallas, que gastaban allí las haciendas que traían, y aun las vidas que tenían. La cuarta razón es que, como en Corinto y su comarca había tanta abundancia de manjares que comer y tantas riquezas que tratar, tantas mujeres con quien se requebrar y tantos vicios a do tropezar, era común vulgar decir por todo el mundo: «Guardaos de Corinto, mirad no vais a Corinto, ved lo que hacéis en Corinto y catad que no es para todos Corinto».

Sea, pues, la conclusión de todo lo que hemos dicho, y es que el refrán que dije «non omnium est adire Corintum» se levantó o por el peligro que había de ir a Corinto, o por la enamorada Layda que moraba en Corinto, o por los grandes vicios que había en Corinto, o por el templo de las infames mozas que había en Corinto, o por los muchos que iban y pocos que volvían de Corinto. Esto es lo que siento, esto es lo que alcanzo en vuestra demanda, y mi respuesta, la cual, si no os contentare y satisficiere, será o por yo no la saber, o por vos no la querer entender.

De Burgos, a VIII de mayo de MDXXX.

18. Letra para el licenciado Rodrigo Morejón, en la cual se expone una autoridad del filósofo. Es letra muy notable para los jueces del crimen

Muy notable señor y descuidado juez:

Si mi memoria no me engaña, Cicerón dice en el segundo libro de Amicicia: «Si omnia facienda sunt que amici vellent, tales non sunt amicicie, sed conjurationes», como si, más claro, dijera: «Si todas las cosas, así buenas como malas, que nos piden nuestros amigos, hacemos y cumplimos, más con verdad se podrá llamar la tal amistad ser conjuración de malos que no confederación de buenos». «Per salutem Pharaonis digna tali viro sunt verba hec». Nicia y Persio, que saquearon a Tebas; Antenor y Mesturio, que entregaron a Troya; Scauro y Catilina, que tiranizaron a Roma; Bruto y Casio, que mataron a César, grandes compañeros y aliados fueron los unos de los otros; mas a la verdad no se pudieron con verdad llamar amigos, porque no hay amistad entre los que no hay bondad. Perniciosa, infame y maldita es la amistad a do no se hacen unos amigos sino para ser de otros enemigos. Digo esto, señor Licenciado, para responder a vuestra carta, en la cual me traéis a la memoria vuestra amistad y mi fidelidad antigua, diciendo que agora, sino nunca, habéis de conocer quiénes son los amigos que en presencia os han de favorecer y en ausencia socorrer. Yo, señor, me precio de la fidelidad que decís, y aun confieso la amistad que me tenéis; mas esto se entiende con que no hagáis tales cosas que con verdad sean dignas de reprehender y dignas de defender.

Y porque mejor nos entendamos, digo que a mí me ha pesado mucho de lo que he oído acá, y mucho más de lo que habéis hecho allá, porque si hubiérades leído al filósofo en el segundo libro de las Éticas, ni a vuestros amigos pusiérades en trabajo ni a vuestra persona en tantos peligros. Los hombres repúblicos y que se ponen a gobernar pueblos, habían de ser muy cuerdos en lo que hacen y muy doctos en lo que juzgan, porque la ciencia y la experiencia son las dos colunnas que sustentan a la república. Hablando con reverencia de vuestras barbas honradas, a muchos acontece oír decreto y decretales, sexto y clementina, código y esforzado, instituta y pandetas, los cuales, después que salen a gobernar repúblicas, o a residir en chancellerías, como presumen de alegar muchos testos, vienen a ser muy grandes tiestos. No se puede con verdad llamar letrado el que sabe el cuerpo del Derecho, sino el que sabe en su tiempo y lugar aplicarlo, porque para aprender la ciencia abasta algún discurso de tiempo, mas para aprovecharla es menester buen juicio. Como todas las leyes humanas están fundadas más sobre razón que no sobre opinión, muchas veces acontece que acierta mejor a gobernar el alcalde del aldea, que no el que se graduó en Salamanca.

Tocando, pues, vuestro caso, digo que en mi opinión estábades por hombre cuerdo y por licenciado bien leído; mas por lo que me decís que habéis hecho y por lo que por todo el reino se ha sonado, o yo no soy el que solía, o vos no sois el que yo pensaba. A vos os mandan ir al principado de Oviedo, a castigar en bienes y persona a Juan Pérez de Tabara, que había sido comunero y que a los gobernadores había desobedecido; en el cual hecho y comisión fuiste asaz culpado por no le prender la persona, y por no le derrocar la casa. Desobedecer al rey por cumplir con la ley, o quebrantar la ley por obedecer al rey, cosa es que se hace, aunque no se debría hacer; mas de punta en blanco osar desobedecer al rey y atreverse a quebrantar la ley, téngolo por liviandad, y ayna diría que por nesedad. De tiempo inmorable acá es ley usada y guardada que al que fuere traidor al rey y alborotare el reino, le prendan la persona, le confisquen la hacienda, pierda la vida y le derruequen la casa; la cual casa vos quisistes antes vender que no derrocar, diciendo que era hermosa y que ponía gran lástima derrocarla.

A este propósito dice el Filósofo en el libro arriba alegado: «Nunquam debet fieri iudicium in conspectu obiecti delcetabilis de quo iudicandum est», como si, más claro, dijera: «Si por caso alguna cosa que fuere rica o hermosa cayere en alguna culpa, guárdese mucho el juez de tenerla delante su persona al tiempo que la hubiere de sentenciar, porque ya podría ser que la mucha compasión le ofuscase la razón». Conforme a esta sentencia, dice el gran poeta Homero que entre los príncipes troyanos y griegos hubo grandísima contienda sobre si tornarían o no tornarían a la hermosa Helena a su marido Menelao, y era el caso que en ausencia la condenaban y en presencia la soltaban, y finalmente, la muy grande compasión que tenían della, de vella tan hermosa, les hizo no hacer della justicia. Josefo, en el De bello Judaico, dice que el buen emperador Tito tuvo después que hubo sojuzgado a tierra de Judea y vencido a la gran ciudad de Jerusalén, viendo la grandeza y extremada hermosura del gran templo de Salomón, movido de pura lástima, nunca consintió que fuese saqueado, ni aun menos derrocado, hasta que él saliese de Asia y aun tornase a Roma. En el primero libro de los reyes, mandó Dios nuestro Señor al rey Saúl que al rey de los idumeos y a todos los hombres y mujeres y animales pusiese a cuchillo sin perdonar a ninguno, y el pobre del rey Saúl, movido de compasión, mató a los animales flacos y sarnosos, y guardó a los gruesos y hermosos, por el cual desacato y inobediencia Dios nuestro Señor tomó dello mucho enojo, y aun juntamente le privó del reino. También cuenta Plutarco del buen cónsul Marco Marcello que, viendo arder a la nobilísima ciudad de Zaragoza de Sicilia, mandó atajar el fuego y lloró por lo que se había quemado, diciendo que casas tan hermosas, lástima era quemarlas. Si estos tan ilustres príncipes y vos, señor Licenciado, con ellos, guardárades las reglas de Aristótiles: es a saber, que la cosa rica y hermosa nunca el juez la traiga a sentenciar en su presencia, ni ellos tanto erraran, ni vos dexárades de acertar; mas pues todos fuiste compañeros en la culpa, justo es lo seáis también agora en la pena.

Acusaros el fiscal del descuido que tuvistes en no prender a Juan Pérez de Tabara y de no quererle derrocar su casa, a mí me pesa de todo corazón, y quiero que sepáis que este pesar no es tanto por el trabajo en que vos, señor, estáis, cuanto por el yerro que hiciste, porque de los que son nuestros amigos y familiares, más nos ha de penar el exceso que hacen, que no la pena que padecen. Escrebir como me escribís, con tanta lástima, cosa es que pasa; mas mostrar tanta desesperación como mostráis, no lo tengo por cordura, pues no es caso que por él os han de matar, ni a un miembro mutilar, pues, gracias a Dios, no os acusa el fiscal real que cometiste traición, sino que no castigastes al traidor.

Hame caído, señor Licenciado, en mucha gracia en saber que estáis retraído en esa iglesia, en la cual, aunque no queráis, las misas que dejastes de oír por voluntad, las oiréis agora de necesidad. Estando retraído en esa iglesia, gozaréis de otra libertad, y es que no os tomará el alguacil ninguna arma, ni os acusarán que andáis después de tañido a queda. Ternéis otro bien en esa iglesia, y es que veréis repicar al sacristán las fiestas, aprender a leer a los niños, decir el sábado en la tarde de la salve, partir el cura las obladas el domingo y andar la procesión de los finados el lunes, de manera que ni os faltarán vivos con quien conversar, ni aun muertos por quien regar. Si todavía vuestras novedades van adelante, no faltará algún hombre rico que se muera, el cual se mande ahí enterrar, y algún treintanario por su alma decir, y en tal caso como éste podríades, señor Licenciado, juntaros con los que dijeren las tales misas y ayudarles a comer lo que trujeren y aun a jugar lo que ganaren.

Dejadas estas burlas aparte, yo hablé en vuestro negocio al alcalde Ronquillo y al alcalde Birbiesca, los cuales, aunque están mal con vuestro exceso, todavía creo os aprovechará algo mi ruego, aunque es verdad que si en las palabras son bien criados, en las obras son muy justicieros.

De Palencia, a nueve de diciembre, MDXXIIII.

19. Letra para Garcisánchez de la Vega, en la cual le escribe el autor una cosa muy notable que le contó un morisco en Granada

Especial señor y ocioso cortesano:

A cuerpo tan cansado y a juicio tan derramado, y a hombre tan ocupado, como ando yo agora, muy gran crueldad es mandarle que se asiente a contar su vida, y a escribirle si hay por acá alguna nueva como sea verdad, que cargan tantos negocios de mí, que aun apenas sé de mí. En acabando que acabe de babtizar veinte y siete mil casas de moros en el reino de Valencia, me mandó César, mi señor, que visitase también este reino de Granada, obra por cierto asaz necesaria, aunque a mí muy enojosa. Lo que hasta agora he visitado es a Almuñécar, a Salobreña, a Motril, a Vélez, a las Guaxaras, al Valdeleclin, y agora estoy aquí, en Lanjarón, y lo que siento de la visita es que hallo en los cristianos nuevos tantas cosas de emendar, y en los cristianos viejos tantas que remendar, que tomo por más sano consejo corregirías en secreto que no castigarlas en público.

Los grandes pecados y facinorosos delitos, a la hora que no son públicos, a las veces es mejor disimularlos que no castigarlos; lo uno, porque los atrevidos no se abecen de aquella manera a pecar, y lo otro, porque los simples no se escandalicen de ver tan enormes pecados cometer. En todo este reino de Granada han sido los moriscos tan mal enseñados en las cosas de la ley, y, por otra parte, disimulan con ellos tanto las justicias del rey, que no será pequeña jornada la mía prevenir y remediar lo futuro, sin que meta mano en lo pasado.

Escrebísme, señor, que os escriba si he sabido o oído alguna cosa nueva y graciosa en esta visita, la cual sea para escribir de acá y sea para reír allá. A otros ociosos y descuidados y vagamundos como vos habéis de escribir que os escriban semejantes nuevas o novellas, que yo, triste de mí, como ando tan acosado de negocios, tan falto de bastimentos, tan cargado de moriscos y tan hecho correo por los caminos, más estoy para contar mis quejas de veras, que no para escribir a nadie burlas. Esto todo, no obstante, todavía os quiero contar una cosa que me contaron habrá un mes, la cual, si no fuere de reír, será, a lo menos, digna de saber.

Viniendo, pues, al caso, habéis, señor, de saber, que en toda esta visita traigo conmigo diez ballesteros, así para mi guarda como para que me enseñen la tierra, y como subiese a un recuesto encima del cual se pierde la vista de Granada y se cobra la del Valdeleclín, díxome un morisco viejo que iba conmigo estas palabras mal aljamiadas: «Si querer tú, alfaqui, parar aquí poquito poquito, a mí contar a ti cosa a la grande que rey Chiquito y madre suya facer

537

aquí». Como yo oí que me quería contar lo que al rey Chiquito y a su madre allí había acontecido, amélo oír, y comenzómelo en esta manera a contar.

«Has de saber que este reino nuestro de Granada se comenzó a perder desde las diferencias que entraron entre el rey Muli Abduacén y los Abencerrages, que eran unos caballeros muy valerosos y asaz muy belicosos, los cuales en la gobernación del reino eran muy cuerdos y en la defensa dél muy venturosos. Levantáronse aquellos enojos entre el rey y ellos sobre amores de una mora muy hermosa, los amores de la cual fueron tales y tan malhadados, que abastaron a que el rey y los Abencerrages se acabasen y el reino todo se perdiese. Créeme tú, alfaqui, y no dudes, que si el rey Fernando tomó este reino en tan poco tiempo y con tan poco daño, más fue por las voluntades discordes que en él había, que no por la gente de armas que él traía.

«Otro día después que se entregó la ciudad y el Alhambra al rey Fernando, luego se partió el rey Chiquito para tierra de Alpuxarra, las cuales tierras quedaron en la capitulación que él las tuviese y por suyas las gozase. Iban con el rey Chiquito aquel día la reina su madre, delante, y toda la caballería de su corte, detrás, y como llegasen a este lugar a do tú y yo tenemos agora los pies, volvió el rey atrás la cara para mirar la ciudad y Alhambra, como a cosa que no esperaba ya más de ver y mucho menos de recobrar. Acordándose, pues, el triste rey, y todos los que allí íbamos con él, de la desventura que nos había acontecido, y del famoso reino que habíamos perdido, tomámonos todos a llorar, y aun a nuestras barbas canas a mesar, pidiendo a la misericordia, y aun a la muerte, que nos quitase la vida. Como a la madre del rey, que iba delante, dije sen que el rey y los caballeros estaban todos parados: mirando y llorando el Alhambra y ciudad que habían perdido, dio un palo a la yegua en que iba, y dijo estas palabras: «Justa cosa es que el rey y los caballeros lloren como mujeres, pues no pelearon como caballeros».

»Muchas veces oí decir al rey Chiquito, mi señor, que si como supo después, supiera allí luego lo que su madre dél y de los otros caballeros había dicho, o se mataran allí unos a otros, o se volvieran a Granada a pelear con los cristianos».

Esto, pues, fue lo que me dijo aquel morisco, y estotro día me preguntó el emperador, mi señor, no sé qué cosas de la visita, y a revuelta de otras le conté ésta que aquí he contado, el cual me dijo estas palabras: «Muy gran razón tuvo la madre del rey en decir lo que dijo, y ninguna tuvo el rey su hijo en hacer lo que hizo, porque si yo fuera él, o él fuera yo, antes tomara esta Alhambra por mi sepultura, que no vivir sin reino en el Alpuxarra».

De acá no hay más que decir, aunque acá tenemos hartas cosas que hacer, sino que le pido de especial gracia mande dar esta mi letra al señor conde de Pontencia, el cual está retraído en su posada, sobre las diferencias que hay entre él y el señor marqués de Pescara.

20. Letra para don Alonso Manrrique, arzobispo de Sevilla, en la cual se declara una autoridad de la sagrada escritura. Es letra muy notable para que los jueces y perlados no sean muy rigurosos

Muy ilustre señor y piadoso perlado;

Por la mula baya y gruesa que me trajo Pedro de Frías, su secretario, y Olando, su mayordomo, piensa vuestra señoría reverendísima que le tengo de hacer muchas zalemas y darle infinitas gracias, lo cual yo no haré, ni aun a tal me humillaré, porque si buena mula me tengo, buena mula me gané, por la sentencia que contra vos di y por las costas del proceso en que le condenné. Cuando vuestra reverendísima señoría y el duque de Nájara me elegistes por juez de vuestra porfía, sobre quién fue Sagunto o quién fue Numancia, harto estudié y harto sudé para habello de determinar y sentenciar, y pues os sentencié en una mula, y consentiste en la sentencia, digo que ni la tengo de pagar ni menos restituir. El duque me sigue y me persigue cada día en Palacio, jurando y perjurando que la mula me ha de tomar o hacérmela hurtar; mándele vuestra señoría que calle y me deje; si no, que yo le doy mi fe de probar por mis historias antiguas que dos leguas más acá de Nájara solían estar los mojones de Navarra.

Dejando las burlas y hablando de veras, yo haré lo que vuestra señoría me manda, de muy buena voluntad, aunque con alguna dificultad, porque muy mayor trabajo es una cosa de la Escritura darla por escrito, que no predicarla en el púlpito.

Mándame que le envíe expuesta una autoridad del Éxodo, que prediqué el otro día a César en Palacio, la cual fue de todos loada, y de muchos notada. Es, pues, el caso que dijo Dios nuestro Señor a Moisés, en el XXV capítulo del Éxodo: «Emuntoria quoque facies et ubi ea que emunta sunt extinguantur, ex auro purisimo», como si, más claro, dijera: «Junto a las lámparas del templo ternás unas tigeras de oro purísimo para despabilar, y ternás una bacina de oro a do echen lo que se despabilare». Para que esta palabra sea bien entendida, es necesario tomar desde algo lejos la escritura, porque en los pasos profundos y delicados de la Sagrada Escritura hace mucho al caso declarar muy de raíz el texto.

Es aquí, pues, de notar que cuando Dios sacó a los hijos de Israel de Egipto, luego les dio ley que guardasen, sacerdotes que los enseñasen, caudillos que los gobernasen, capitanes que los defendiesen, tierras a do morasen, maná con que se sustentasen y tabernáculo a do orasen. El curioso lector hallará en los psalmos y profecías muchas veces repetidos estos nombres: es a saber: «tabernaculum», «sanctuarium», «atrium», «propiciatorium», «oraculum» et «sancta santorum»; los cuales nombres todos, aunque se verificaban de la Sinagoga que tenían los hebreos, muy gran diferencia iba de los unos a los otros. Tabernáculo entre los judíos era lo que agora llamamos iglesia entre los cristianos, la orden del cual, aunque es dificultosa de escribir, es muy misteriosa de saber. En mitad, pues, del real a do hacían asiento los hebreos, dejaban un espacio de cient cobdos en largo y cincuenta en ancho, y a los lados de aquel espacio estaban dos colunnas gruesas, las cuales servían de apartar y distinguir el lugar de los sacerdotes al de los legos. A todo lo que tomaba este espacio, así en ancho como en largo, llamaban los israelitas «tabernáculo», que quiere decir lugar ofrecido a Dios solo. En medio de este tabernáculo estaba hecho un altar solemnísimo, a do se degollaban los animales para el sacrificio y a do estaba la bacina de agua para lavarse los sacerdotes; y porque hasta allí podía entrar todo el pueblo israelítico, llamaban aquel lugar el «santuario»: es a saber, lugar sanctificado. En fin deste santuario estaba un apartamiento de treinta cobdos en largo y de diez en ancho, hecho con tablas de Cetín, sobre el cual estaba un cielo de cuatro dobleces: es a saber, de holanda, de lana, de jerga y de pellejas de carnero, para que defendiese del agua y amparase del Sol. Debajo deste cielo, en medio de aquel apartamiento, estaba la mesa que llamaban «santa», y los doce panes santos, y el candelero santo, y el encienso bendito, y llamaban aquel lugar el «santo tabernáculo», porque allí los que eran legos no podían llegar, y solos los sacerdotes osaban entrar. En medio de este tabernáculo estaba un velo grande, asido de dos colunnas, y detrás dél estaba el arca del testamento, en la cual estaban guardadas las tablas de la ley, el maná del cielo y la vara del gran sacerdote Aarón, y a éste llamaban todos el «sancta santorum», porque el sunmo sacerdote solo entraba en él una vez en el año. Encima de aquella arca estaba una tabla algo más larga que ancha, toda de oro purísimo, y encima de esta tabla estaban dos serafines, que eran también de oro, y encima de los serafines estaba siempre una niebla muy oscura, en medio de la cual estaba el ángel que hablaba, lo que Dios nuestro Señor le mandaba, y respondía a lo que el buen viejo Moisés le preguntaba. Este lugar a do estaban los serafines, y la niebla, y la tabla de oro, y el ángel era el más secreto, y el más reverenciado de todo el tabernáculo, y llamábanle el «propiciatorio»; porque allí era a do el Dios de Israel se les mostraba más propicio y piadoso, así para los perdonar como para los responder. A las espaldas deste propiciatorio, cabe el altar del tabernáculo, ardía de día y de noche un muy grande fuego, sin jamás se matar, a do quemaban los sacrificios y holocaustos, y aun las oblaciones y similágines. Entre el tabernáculo y el propiciatorio, no diez pasos del «sancta santorum», había un muy generoso candelero de oro purísimo, encima del cual estaban seis lámparas llenas de olio de olivas, las cuales ordinariamente ardían y el tabernáculo alumbraban. Es aquí de advertir que en el antiguo tabernáculo de Moisés, ni en el famoso templo de Salomón, ni se mandó ni se permitió quemar velas de sebo ni candelas de cera, sino que solamente ardían y alumbraban allí lámparas de aceite; porque el misterio que significa la cera labrada por la abeja quedóse para alumbrar a la Iglesia católica. Como el tabernáculo, el santuario, el atrio, el propiciatorio y el «sancta santorum» eran lugares santos y a solo Dios dedicados, mandaba la ley que estuviesen ataviados, limpios, claros, alegres y no hediondos, y a esta causa tenían los sacerdotes cabe el candelero unas tixeras de oro, para despabilar las lámparas, y una bacina de oro a do echasen las despabiladuras. Esto, pues, es lo que literalmente suena la letra y lo que entonces en la Sinagoga pasaba, razón es agora, muy ilustre señor, que digamos y declaremos qué es lo que de estas tixeras sentimos, y qué es lo que del despabilar las lámparas alcanzamos.

Aplica el autor la historia que ha contado al misterio de las tixeras que estaban cabe el candelero.

Cosa es asaz de notar, y aun mucho de admirar, de que siendo la lumbre cosa que a todas las cosas alumbra, y que a todo lo que en sí toma lo mundifica y purifica de orín y de escoria, veamos, por otra parte, eche ella de sí humo que atormente, pavesas que enojen y pavilos que hiedan. Al que esto leyere, y al que esto oyere, querría que me dije se: ¿por qué siendo el atrio santo, el tabernáculo santo, el propiciatorio santo, el arca santa, el candelero santo y todo cuanto allí había todo era santo, y todo era bendito, había con todo eso en el templo que cercenar, que desechar, que absconder, que despabilar, que enterrar y que pisar? Puédese muy bien de esto colegir que no hubo, ni hay, ni había en el mundo gente, congregación, república, estado, ni persona tan santa, ni tan corregida, que no haya en ella que enmendar, y aun que despabilar, porque hablando la verdad, a ninguno vemos vivir tan bien que no podría, y aun debría, vivir mucho mejor. ¿Cómo osaré yo canonizar por santo al hombre más santo del mundo, pues el Apóstol pone culpa en el niño recién nacido? Halló Dios en los ángeles que castigar, ¿por ventura no hallará en los hombres que despabilar? Quien oyere decir al santo rey David: «Ecce enim in iniquitatibus conceptus sum et in peccatis concepit me mater mea», ¿osará por ventura decir que no hay en él ninguna culpa? Diciendo Dios a Noé «quod omnis caro corruperat viam suam», ¿quién se atreverá a decir que no hay en él pecado, pues condena por pecador a todo el mundo? A alta voz dice el psalmista: «ego dixi in excesu meo, omnis homo mendax», ¿osará, pues, excusarse de culpa, diciendo la Escritura que no hay verdad en su boca? Pecó Adán en comer del árbol vedado, pecó Chaín en matar a su hermano, pecó el buen rey David en cometer el adulterio, pecó Jonatás en comer del panal, pecó Absalón en conspirar contra su padre, pecó Salomón en el pecado de la idolatría, ¿y piensa alguno de no tropezar en los pecados, habiendo caído aquellos tan ilustres varones de rostro en ellos? Porque el divino Paulo exclama y dice: «¿quis existimat stare, videat ne cadat», sino porque cada uno piense en sí que ha caído en pecado o que puede caer muy presto. Quien considerare la caída del infelice de Judas, siendo apóstol de Cristo nuestro redentor, andando con Cristo y oyendo a Cristo, ¿osará por ventura confiarse de sí mismo? Pues descendemos de pecadores, nacemos de pecadores, andamos con pecadores y cometemos tan enormes pecados, ¿no diríamos con verdad que son muy injustos los que se tienen por justos? Diga cada uno lo que quisiere y presuma de sí cuanto mandaré, que si yo quiero confesar la verdad, lo que yo siento de mí es que hay de mi mucho que enmendar, hay harto que cercenar, hay asaz que remendar y hay infinito que despabilar. Gran parte es de justicia el reconocer cada uno su culpa, aunque también es verdad que no abasta conocerla, si el tal no se esfuerza a enmendarla, porque si una vela tiene el pabilo largo, no cumplen con sacudirla, sino con despabilarla. Si no hubiese en el mundo más de un vicio en que caer, todos se guardarían de en él no tropezar; mas como hay tantos resbaladeros a do deslizar, y tantos atolladeros a do entrampar, es cosa muy cierta que el que no se hallare atollado quedará a lo menos menos entrampado. Para que dé harta luz y alumbre bien la candela, es menester muy a menudo despabilarla, pues quiero por lo dicho decir que hombre que tiene vergüenza y cuenta con su conciencia, a la hora que comete la culpa, se debe de esforzar a hacer la enmienda, porque si una vez se abeza a tener callos en la conciencia, tarde o nunca enmendará su vida. Al propósito de esto, decía el sabio Salomón: «Impius cum in prophundum malorum venerit, contennit», como si, más claro, dije se: «Al que Dios nuestro Señor desampara de su misericordiosa mano, pensando de una hora a otra verse enmendado, se va cada día más y más a lo hondo, de manera que como está habituado a pecar, no se deja corregir».

Mandar, pues, nuestro Dios en su ley, que al pie de las lámparas que ardían estuviesen tigeras con que se despabilasen, no es otra cosa, a mi ver, sino que cada uno debe tener cabe si a quien le enseñe la doctrina que siga y le aparte del camino en que yerta, porque en caso propio no se sufre ser nadie juez de sí mismo. ¡O cuán contrario desto es lo que hoy pasa en este triste de mundo!, que, como dice el bienaventurado Apóstol: «In novisimis diebus coacerbabunt sibi magistres prurientes auribus», es a saber, que quieren más tener consigo las lisongeros que los engañen, que no rectores que los avisen. Torno a decir, y a referir, en que no es otra cosa tener las tigeras cabe el candelero para le alimpiar, sino abezarnos muy a menudo a confesar, porque si es necesario de tres y quatro veces en una hora alimpiar la candela, no sería mucho que cada semana a lo menos una vez despabilásemos el ánima. La vela cargada de pavesas no puede alumbrar, y el ánima cargada de pecados no puede merecer, y por eso tiene necesidad de a menudo amecharla como a lámpara o despabilarla como candela, porque los pecados que están rancios ya de vicios, son malos de confesar y peores de enmendar.

Es también mucho de advertir en que mandaba Dios en la ley que no solo fuesen de oro las tixeras con que despabilasen las lámparas, mas aun la bacina a do echasen las pavesas, y esto que no fuese de cualquier oro, sino de oro muy purísimo. Es, pues, el misterio de este misterio, que el rey, el perlado, el rector y gobernador que a los otros ha de corregir y castigar no debe haber en él que cercenar, ni menos que despabilar, porque no se sufre en ley divina, ni aun humana, que un ladrón ponga a otro ladrón en la horca. Entonces son las tixeras con que despabilan de plomo o de hierro cuando el rector y gobernador es en su vida desonesto, en sus pláticas descomedido, en sus justicias afecionado y en sus castigos apasionado, y en tal caso como éste, más justa cosa sería alimpiar las tixeras, que no despabilar las velas. Entonces son las tixeras de oro purísimo cuando el censor y el perlado es corregido en su vida, atinado en su habla, cuidadoso en su república, recto en su justicia y desapasionado en la execución della, de manera que a voz de todo el pueblo no hallen en él que desechar ni menos que desear. No se contentó la Sagrada Escritura con decir que las tigeras de despabilar fuesen de cualquier oro, sino de oro muy purísimo, para darnos a entender que el buen; juez y gobernador, no solo ha de ser bueno, sino muy bueno no solo justo, sino muy justo; no solo verdadero, sino muy verdadero; no solo docto, mas aun muy discreto; porque los súbditos de la república más amigos son de imitar lo que ven, que no de creer lo que oyen. Del santo rey David dice dél estas palabras la Sagrada Escritura, en el segundo libro de los reyes: «Faciebat David iudicium et justitiam omni populo», como si, más claro, dije se: «Asentábase el buen rey David cada día en la plaza a hacer audiencia, y a cumplir a todos de justicia». Muchos son los que hacen pública audiencia, y muy poquitos los que hacen entera justicia, y también son muchos los que cumplen de justicia a algunos, y muy pocos los que la guardan igualmente a todos, lo cual no se debería hacer ni menos consentir, porque no ha de ir la ley a do quiere el rey, sino que vaya el rey a do quiere la ley.

¡O palabras dignas de notar, y de a la memoria encomendar, en las cuales se dice del buen rey David que no por mano de otro, sino él mismo; no en casa, sino en la plaza; no una vez, sino cada día; no a uno, sino a todo el pueblo; no que los remitía, sino que los oía, y que no solo los oía, mas que con justicia los despachaba y a sus casas los enviaba! Los jueces que nuestro Dios puso para corregir a otros, todos fueron justos y santos, así como a Noé, que envió contra los idólatras; a Lot, contra los sodomitas; a Moisés, contra los egipcios; a Elías, contra los falsos profetas, y a Daniel, contra los malos jueces; de manera que si topaban ellos en los otros que castigar, a lo menos no se hallaba en ellos que despabilar. De la mano del perlado que es cuerdo y desapasionado, cada uno huelga de ser avisado de sus descuidos y corregido de sus delitos; mas si el tal es absoluto, y disoluto, de mala gana sufre nadie su castigo, porque queda lastimado y no castigado. Poco aprovecha que las tixeras con que despabilan la vela sean de oro ni de plata, si en lugar de la despabilar se la ponen a matar; quiero por esto decir que el verdadero juez y perlado, más se ha de preciar de piadoso, que alabarse de riguroso; porque su fin más ha de ser a que se enmiende el pecado, que no a lastimar al pecador. Con tixeras de oro se despabila la candela cuando el juez o perlado, por una parte, castiga el delito, y por otra tiene gran compasión del castigado; porque de otra manera aceptaría Dios la paciencia del que es corregido y condenaría la voluntad del corrector. No vaca tampoco de misterio el mandar Dios en su ley que debajo del candelero santo estuviesen las tixeras de despabilar y la bacina de oro en que echasen lo que despabilasen, pues en la Sagrada Escritura no hay ni una sola palabra que no sea misteriosa. No pienso desacertaríamos en decir que el candelero es la iglesia, la candela es el pecado, la fixera es el perlado y lo que se despabila es el pecado, el cual manda Dios que sea despabilado y luego con agua o arena cubierto, porque no dañe al que lo cometió ni hieda al que le despabiló. El rector y gobernador de la república mucho debe mirar, no solo en el corregir las culpas, mas aun en guardar las honras, porque no es otra cosa el querer Dios que en despabilando la lámpara, entierren luego la pavesa, sino que el pecador sea castigado, mas no deshonrado. El bendito Jesús, que dijo «non veni vocare justos sed peccatores», y cuando dél se dijo «hic peccatores rescipit et manducat cum illis», aunque estaba mal con los pecados, no tenía aborrecidos los pecadores.

Mi bien y mi redentor Jesucristo, con tixeras de oro despabilaba las lámparas, y en bacina de oro echaba las pavesas, cuando llamaba a los pecadores, predicaba a los pecadores, se servía de pecadores y aun tornaba por los pecadores; de manera que no se despreciaba de traerlos en su compañía, ni de asentarse con ellos a la mesa. Muy sutilmente se ha de despabilar la candela, y muy más delicadamente se ha de corregir la culpa; conviene a saber, que la corrección sea en secreto, sea secreta, y sea discreta, porque corregir el exceso es de perlado, mas corregirle con caridad es de cristiano. Bien sabía Cristo que Judas le había de vender y a los judíos de entregar; mas, con esto, le lavó los pies, le comulgó con los otros, le asentó en su mesa y no le quitó la habla, para darnos a entender que con tanta sagacidad se corrija en el próximo la culpa, que por ninguna manera le quitemos la honra. En este mal mundo, lo que de la candela se despabila, en el suelo se echa, y con los pies se acocea; quiero decir que a la hora que un triste de un pecador cae en un pecado, a la hora es de todos aborrecido, y aun infamado, como si no estuviésemos abezados a oír pecar, a ver pecar y aun a pecar. Si todos los que saben pecar y se dan a pecar, y aun se precian de pecar, se acabasen o se muriesen, yo juro a mi pecador que pocas casas hubiesen menester de edificarse y muy poquito pan de sembrarse. No es así, no es así en la casa de Dios, a do lo que despavilaban de las lámparas echaban en unas bacinas doradas, para darnos a entender que al que por flaqueza pecare y por descuido errare, no le han luego de afrentar, ni menos lastimar, porque si Dios, que es el más injuriado, le perdona, no es justo que otro tan pecador como él le condenne.

Esto, pues, es, muy ilustre señor, lo que desta palabra siento, y lo que, en sunma, prediqué al emperador en Palacio.

De Madrid, a XII de agosto. MDXXVII.

21. Letra para doña Francisca de Guevara, dama y hermana del autor, en la cual se expone las letras de una su medalla, las cuales eran de la Sagrada Escritura. Es letra de muy alto estilo

Señora hermana y atrevida dama:

Si yo fuera vuestro galán como soy vuestro hermano, o si quisiera casarme con vos como procuro de os ver casada, tuviérades ocasión, aunque no razón, para osarme decir lo que queréis y para pedirme lo que deseáis. Hame caído en mucha gracia de cuando os vi doncella y de veros agora dama: es a saber, que las promesas que hacíades a nuestra Señora de Melque, las romerías al Cubilete, los ayunos a san Miguel, las misas a Sancta Caterina, el buscar de confesores y el frecuentar de conmuniones, haya todo parado en oír requiebros y mofar de galanes. La casa del señor don Alonso Téllez, a do vos fuiste criada, dudo yo haya en España otra más santa república ni más bendita compañía, y por eso me parece cosa mostruosa salir vos de la Puebla a ser publicana. Al fin, pues, sois mi hermana, y la hermana mi más querida, no podré dejar de condescender a lo que queréis y hacer lo que me rogáis, aunque es verdad que el responder a requiebros, y el hablar en amores es muy ajeno de mi condición, y muy extraño de mi profesión. Antes de todas cosas protesto y pido por testimonio que todo lo que escribo en esta carta es por vos me lo pedir, y por las damas vuestras compañeras me lo rogar, y si, esto no obstante, quisiere alguno murmurar de la carta y poner en mí la lengua, será por preciarse de necio y no por preciarse de cortesano. No me cae a mí en poca gracia la mucha desgracia de algunos cortesanos mozos, y aun viejos, que no siguen, sino que persiguen a vosotras las damas, los cuales, metidos en cosas de Palacio, ni saben decir primores, ni aun hablar en caso de amores, y, por otra parte, quieren encubrir sus faltas a poder decir malicias. El cortesano que fuere cortés, sabio, cuerdo, aprobará y aun notará esta mi carta, y ansimismo el que fuere simple, bobo y desavisado, yo le perdono el pecado, pues no sabe labrar sino de mazo y escoplo.

Viniendo, pues, al caso, escribisme, señora hermana, que un vuestro servidor y amigo os sirvió con una medalla rica, y que éstas eran las palabras que están escritas en ella: «Vivo yo, mas ya no yo, vive en mí, la que quiero más que a mí». Querríades agora vos saber qué es el misterio de estas palabras y qué es lo que yo siento de ellas, a lo cual respondiendo, digo que pues no sé quién es el que os sirvió con la medalla ni tampoco sé quién es el que halló la invención della, ¿cómo queréis que atine en lo que un desatinado hace? Mandadme vos, señora hermana, regar, confesar, estudiar, leer y predicar; mas no me mandéis adivinar, porque ya podría ser decir yo en este caso alguna simplicidad o bobedad, que Pedrarias, el galán, me notase de enamorado, y el alcalde Ronquillo me diese cien azotes por adivino. Todavía me determino de deciros al propósito una palabra, aunque sea de los maliciosos notada y murmurada, y esto será, no tanto para os satisfacer, cuanto para os responder; por eso tened cargo de mirar allá por mi honra, pues por vuestro servicio yo la pongo en la almoneda.

Cuanto a lo primero, decís, señora hermana, que el que os sirvió con aquella medalla era mucho vuestro servidor y amigo, lo cual yo niego y aun reniego, porque habéis de saber que hay mucha diferencia del hombre que ama al que es amigo, y la razón es que el amigo siempre ama, mas el que ama no siempre es amigo. A vos y a las otras damas vuestras compañeras, muchos son en la corte los que os sirven, y aun os siguen, a los cuales todos llamaremos vuestros enamorados, mas no vuestros amigos, porque si bien lo queréis mirar, todos los más que allá van huelgan de holgarse en un sarao, y mofan cuando les hablan en casamiento. He aquí, pues, cómo son muchos los enamorados y muy pocos los amigos; porque si fuesen vuestros verdaderos amigos, holgarían de ser vuestros maridos; mas como no hay en ellos sino aquella vana parola, sálense os al tiempo del menester afuera. Este nombre de amigo, habéis de saber que en mucho se estima, y muy caro cuesta, y en muy pocos se halla, porque entre los verdaderos amigos ni peligra la honra, ni aun se niega la hacienda. Miedo tengo, hermana mía, de que ese que os dio la medalla sea vuestro enamorado, y no vuestro amigo, lo cual vos podéis conocer en que si promete mucho, y da poco, y en que si abre la boca y añuda la bolsa, y en tal caso sed cierta y no dudéis, que finge el traidor amaros, y no es por más de por engañaros. Mirad señora hermana, quién sois, adónde estáis y qué es lo que esperáis; que si se os acuerda, sois hija de don Beltrán de Guevara, y descendéis de la más limpia sangre de Castilla, y tenéis muchos deudos de que os preciar y ninguno de que os afrentar.

Pensadlo bien, señora, que estáis en la casa real, adonde todos los buenos se crían y a do todos los que sirven medran, y si allí alguno no sale augmentado, o sale de allí desmedrado, no es por culpa del príncipe, que sea desagradecido, sino del criado, que en su servicio ha sido descuidado. Pensad también que si os llevamos al palacio del rey, fue para más os honrar y para mejor os poder casar, porque las hijas de los buenos, como vos sois, más se han de casar con el favor que les da el rey que no con el patrimonio que les dejó su padre. Pues sois moza, sois castiza, sois hermosa y sois en la corte bien favorida, paréceme que son partes para ser bien casada, si por otra parte no os perdéis por ser vana y liviana, que, como otras veces os he escrito, y aun dicho, en el monasterio se salvan las mujeres por la buena conciencia, y en palacio se casan las damas por la buena fama. No os fiéis en la hermosura que tenéis, ni en la sangre de do venís, porque a fe de hermano, y aun de cristiano, os juro que si hay en la corte diez galanes que requesten vuestras personas, hay otros quinientos que el más de su tiempo gastan en juzgar vuestras vidas.

También decís en vuestra carta que todas las damas os rogaron me rogásedes mucho les quisiese decir y declarar qué cosa es amor, en qué consiste el amor y cuál es la señal del verdadero amor, pues presumo de muy leído y me precio de gran cortesano. Siendo vosotras las queridas, las pulidas, las amadas, las seguidas, y aun no poco requestadas, yo os había de preguntar qué cosa son amores, y vosotras a mí qué cosa son dolores, porque el oficio del religioso como yo es ayunar y llorar, y el oficio de la dama es danzar y holgar y amar.

Pues dije qué cosa era amigo, también quiero deciros qué cosa es amor, y mirad, hermana, que lo digo para desengañaros y no para avisaros, porque más quiero que améis como cristiana que no améis como dama. Presciaos, hermana mía, de ser cuerda, callada, honesta y recogida, y sobre todo tened más cuenta con vos, que no con todos, porque al fin al fin solo Dios es el que os ha de casar, y el rey no más de dotar. Guardaos de ser vana liviana, ventanera, habladora y chocarrera, porque con las damas desta estofa y librea huélganse todos en palacio de hablar y huyen de se casar. Grandes dotes son en una dama ser grave en su cara, medida en su habla, honesta en su vida y recatada en su persona, porque por vano y liviano que sea un hombre, dado caso que huelgue de servir a la que es hermosa, no quiere después casarse sino con la que es virtuosa.

Tornando, pues, al propósito de lo que preguntáis y de mí queréis saber, digo que pensáis vosotras las damas que no consiste el amor y ser enamorado, sino en andar pulido, estar pensativo, ruar calles, ogear ventanas, dar suspiros y decir requiebros, lo cual todo es una gran vanidad y aun diría que liviandad. El amor bueno y verdadero es de tal calidad, que al que fallece: fortaleza se la da, al que la tiene se la confirma, al que desmaya esfuerza, al torpe aviva, al desmemoriado acuerda, al encogido desovilla y aun al bobo desasna. Su condición del amor es que en el corazón a do entra ni sabe estar ocioso ni consiente tener reposo, y lo que es más de todo, y aun desatina a todos, que buscando lo que ama, no siente lo que padece. Cuando ponéis los ojos en una cosa, macho va del loarla al amarla; porque la cosa que loamos y no amamos, en siendo loada, es olvidada; mas la que de verdad amamos, en el pensamiento la ponemos, en la voluntad la tenemos, en la memoria la traemos, ante los ojos la representamos, siempre della nos acordamos y aun en el corazón la sellamos. Conóscese mucho el amor y el corazón enamorado en que él mismo de sí mismo anda desgraciado y sospechoso, contento y descontento, triste y risueño, esforzado y desmayado, alegre y desesperado, cobarde y determinado, pagado y arrepentido, y, lo que es peor de todo, que si sabe lo que quiere, no sabe si le conviene. Si al que ama queréis conocer, en apartarse de lo que ama se lo habéis de sentir, pues no es más apartarse un amigo de otro amigo que partirse un corazón por medio, porque al tiempo que se despiden y abrazan, en el uno faltan las palabras y en el otro sobran las lágrimas. Conóscese también el amor en que si uno de corazón ama por ninguna cosa deja de amar, y si el tal jura que ama y por otra parte deja de amar, al tal no le han de llamar enamorado, sino vecino o conocido, porque en la casa del amor, ni las manos se cansan de dar, ni el corazón cesa de amar. Conóscese también el amor en emprender cosas arduas y en no hacer cuenta de menudencias, porque el corazón enamorado, ni ha de tener réplica a lo que le mandan, ni poner excusa a lo que le piden. El que da poco, ama poco, y el que a pedazos da, a pedazos ama, y el que de verdad ama, ninguna cosa niega, porque ha de pensar el que es cofrade del amor, que pues dio el querer, lo menos es dar el tener. Es también privilegio del amor que sea cuerdo, paciente, sufrido y disimulado, porque en casa de los que se aman, ni injuria se ha de hacer, ni palabra lastimosa decir. Es también capítulo de cortes entre dos cortesanos que sean callados, mudos, y discretos y secretos, porque el pregonero del amor no es la lengua que habla, sino el corazón cuando suspira. Creed, señora hermana, y no dudéis, que los desamorados hablan con las lenguas, que los verdaderos enamorados no hablan sino con los corazones; de manera que las lenguas están mohosas de callar, y no las entrañas de amar. Si queréis saber que es lo que más amáis, digo que es lo en que más pensáis y lo de quien más y mejor habláis, porque el amor verdadero puédese algún día disimular, mas al fin fin no se puede encubrir.

Y porque ya ha vergüenza mi pluma de hablar más en esta materia, desde agora digo y adivino que dirán muchos de los que leyeren esta carta: «¡Rabia que le mate al fraile capilludo, y cómo debía ser enamorado, pues también habla en amores y en las penas de enamorados!» A esto respondiendo, digo que pues nací en el mundo, me crié en el mundo y anduve por el mundo, no es mucho conociese y aun tropezase en cosas del mundo, del cual mal mundo doy inmensas gracias a mi Dios por haberme dél sacado y a la perfección de la religión traído, en la cual estoy retraído y de mis males arrepentido. Si de amores escribo y en amores hablo, Dios nuestro Señor me condenne si es por mostrarme curioso, ni por enseñar a nadie a ser enamorado, sino para avisar a los que no saben ansias de amores miren mucho si les conviene ser enamorados, porque si una vez se engarzan en ellos, mil veces se arrepentirán y ninguna se enmendarán.

Prosigue el autor la materia, y declara las palabras de la medalla.

Pues volviendo a vuestra medalla y a las palabras escritas en ella, digo que yo las aprendí de san Pablo y vos de vuestro servidor y amigo, las cuales quiero exponeros y declararos, no como él os las envió, sino como san Pablo las predicó. Ante todas cosas, maldigo, descomulgo y anatematizo al traidor profano que tan santas palabras retorció y a cosas tan profanas aplicó, porque no se inventaron ellas para ponerse en las medallas, sino para escribirse en las entrañas. Sepamos lo que mi señor san Pablo dijo y lo que vuestro servidor dijo, y veréis cuánto va de Pedro a Pedro.

Dice, pues, vuestra medalla: «Vivo yo, mas ya no yo, vive en mí la que quiero más que a mí». Dice el apóstol san Pablo: «Vivo yo, mas ya no yo; vive Cristo solamente en mí». Otras y otras mil veces torno a decir que en malos infiernos arda el traidor que hizo tal traición a la Sagrada Escritura, pues al propósito de sus vanidades y locuras retorció y salió e falló las palabras divinas. ¡O quién dijera al divino Paulo que las palabras que él decía hablando con Cristo habían de servir de requiebros en palacio! Imagino para mí que nunca las dijera, ni menos las escribiera. Ante todas cosas os ruego y amonesto, señora hermana, desatéis luego esta medalla o borréis aquellas palabras della, porque de otra manera, ternéis al Apóstol por enemigo y a mí no por hermano. Dice, pues, el buen Apóstol: «Vivo yo, mas ya no yo; vive solamente Cristo en mí». A los que son curiosos en la Sagrada Escritura parecerles han estas palabras ser de algarabía o geringonza, pues dice el Apóstol que no tiene más vida de cuanto vive en él aquello que él ama. Oscuro y oscurísimo, delicado y requebrado habla aquí el Apóstol con Cristo, pues quiere que moren en una casa, y coman a una mesa, el ser y no ser, la muerte y la vida, y el vivir y no vivir, y por eso es menester cortar bien la pluma y el favor de la gracia divina, para estas palabras exponer y darlas bien a entender.

No inmérito digo que es oscuro, y oscurísimo, este lenguaje del Apóstol, pues dice que vive y luego dice que ya no vive, y luego torna a decir que si vive, no vive en sí mismo, sino que vive en él Cristo, de manera que se precia de haber trocado su vida con aquel que es dador de la vida. «Estos tus requiebros con Cristo, lo glorioso Apóstol, yo confieso que los sé leer, mas también confieso que no los sé entender, y mucho menos gustar, porque para entender a ti, había yo de estar ajeno de mí». En quien vive Cristo y el que vive en Cristo, ni vive en sí ni aún sabe de sí, porque es tan delicado el amor divino, que no admite consigo otro amor extraño. El egregio Augustino, exponiendo estas palabras del Apóstol, dice: «In eo quo quisque diligit, in eo vivit», como si, más claro, dije se: «Tanta fuerza tiene el amor en el corazón a do mora, que de sí mismo se enajena, y se pasa en aquello que ama; de manera que tal es la vida del que ama como aquello que ama». Si tú, io enamorado!, amas a ti, vives en ti; si amas a mí, vives en mí; si amas al amigo, vives en el amigo, y si amas a Cristo, vives en Cristo; de manera que todos los que se aman, en un corazón tienen harto, y con solo un querer tienen contento. iO, cuánto debe mirar el que ama qué tal es lo que ama, antes que se arroje a lo amar!, porque cual es el amor que tengo, tal es la vida que hago, y si mal amo, mal vivo, y si bien vivo, bien amo; de manera que si mi amor está mal empleado, mi vida está mal empleada.

No dice el Apóstol «veo a Cristo», «oyo a Cristo», «huelo a Cristo» o «toco a Cristo», sino «vivo en Cristo», porque la vida no está en los ojos con que vemos, ni en las manos con que tocamos, sino en el corazón con que amamos, de manera que el amor de Cristo y el corazón de San Pablo, aunque no eran de un ser, tenían un solo querer. El que de todo su corazón ama siempre piensa en lo que ama, mira lo que ama, habla de lo que ama, sirve a lo que ama y aun pena por lo que ama; de manera que no da poco el que su corazón da a otro. Mimo, el filósofo, dice: «Quod amans iratus multa mentitur sibi». Como si, más claro, dije se: «El corazón enoxado y turbado, muchas cosas jura, que después no guarda, promete y no cumple, dice y no hace, amaga y no hiere, acomete y se retrae, y aun sospecha y no acierta, porque el corazón vano y mundano sabe lo que ama, mas no siente lo que dice». También decía el mismo filósofo: «Amoris vulnus idem qui facti sanat». Como si dije se: «Es tan peligrosa la herida del amor, que en las manos del que da la saetada está la yerba con que se cura, de manera que en la cofradía del amor, el que mata, cura, y el que cura, mata».

Todos estos chistes y todas estas vanidades, y liviandades, pasan por el hombre vano y enamorado, el cual no puede con verdad decir «vivo yo, mas ya no yo», sino decir «muero yo, mas ya no yo», porque el tal ni goza del vivir, ni se acaba de morir. El corazón enamorado de Cristo ni siente a sí, ni piensa en sí, ni quiere a sí, ni aún anda en sí, sino que extraño de toda conversación y enajenado de su condición, dice con el apóstol: «Vivo yo, mas ya no yo». Cuando un hombre es agudo y entremetido y solícito, solemos decir dél: «Verdaderamente este hombre es un gran vividor». ¡Oh, con cuanta más razón podremos decir del tal que es un allegador, un bebedor o un pecador, que no que es vividor, porque no podemos decir que vive el hombre que bien no vive. Muy contrarios son el vivir en Cristo al vivir del mundo, porque para ganar la vida hemos de perder la vida, para vivir hemos de morir y para Cristo nuestro Dios seguir, hemos a nosotros de perseguir, de manera que para cumplir con lo que debemos no hemos de hacer cosa de las que queremos. Nunca Cristo en el corazón del Apóstol hiciera morada si el Apóstol en sí mismo viviera; de lo cual se puede inferir que es necesario alexarme yo de mí para que Cristo se allegue a mí. ¡Oh buen Jesú, oh amores de mi alma! «Vivo yo, mas ya no yo». Es a saber, que vivo en Ti cuando soy manso, vivo en mí cuando soy soberbio; vivo en Ti cuando te alabo, vivo en mí cuando soy voraze; vivo en Ti cuando te amo, vivo en mí cuando te olvido. De manera que vivo en Ti muriendo en mí, y muero en mí viviendo en Ti.

Por esto que he dicho podéis ver, señora hermana, cuánta diferencia va de lo que san Pablo dijo en su epístola, a lo que vuestro servidor os envío en la medalla, la cual os torno a rogar que deshagáis, o se la tornéis, porque no es razón se anegue vuestra cordura en su locura. Encomendáme a las señoras damas vuestras compañeras, a las cuales suplico miren y consideren que si la primera parte de esta carta escribí como cortesano, que en la segunda hablo como cristiano, y que más justo es alaben lo que expuse como predicador, que no lo que dije como pecador.

Ahí os envío un poco de holanda, un estuche, unas escribanías y unas Horas, y desde agora adivino que os parecerá poco todo lo que envío y mucho lo que digo, de manera que vos y vuestras compañeras, antes que recéis en las Horas, murmuraréis de mis palabras. No más, sino que nuestro Señor sea en vuestra guarda y a él plega os vea yo bien casada.

De Burgos a tres de enero. Año de MDXIX.

22. Letra para el comendador Aguilera, en la cual se queja el autor de no le haber respondido, ni condescendido a un ruego

Muy noble señor y inhumano comendador:

Cinco días ha que están peleando entre sí vuestro descuido con mi juicio, y mi condición con vuestra obstinación, sobre si respondería o no respondería a vuestra carta, porque me han dicho acá que estáis tan vanaglorioso de lo que me negastes cuanto yo estoy corrido de lo que os pedí. El hombre que hace mal no es más de malo; mas el que se alaba del mal que ha hecho es hombre diabólico, porque la condición del demonio es darse a pecar, y la del mal hombre a nunca se enmendar. Roguéos y importunéos que fuésedes amigo con mi amigo Juan Pamo, lo cual no quisistes hacer, ni amastes oír, ni aun a mi letra responder; la cual injuria yo sentí harto más que mostré, porque las atroces afrentas y graves injurias, o se han bien de vengar, o del todo disimular. De la letra que allá os envié, miré y remiré la minuta que acá me quedó, y como no hallase en ella cosa que fuese digna de reprehender y mucho menos de castigar, a ella di por libre y a vos por condenado. Otra y otras dos mil veces digo que ni miento ni me arrepiento del consejo que os daba ni del perdón por que os rogaba, que, como sabéis y sabemos acontece a muchos muchas veces, que buscando cómo se venguen hallan cómo se pierden.

La letra que en este caso os escribí sé os decir que si no iba muy pulida, iba a lo menos sobre muy pensado escrita, porque todo mi fin en ella fue rogaros mucho tuviésedes más respecto a la amistad que teníades conmigo, que no a la injuria que os había hecho Juan Pamo. La pena que él mostraba y el ruego que yo os hacía, razón fuera que hiciera en vos alguna eficacia, porque hablando la verdad, y aun con libertad, muy tirano corazón es el que no se amansa con palabras discretas y con lágrimas piadosas. Al pequeño es le honra el se vengar; mas al poderoso es le honra el perdonar; porque no hay en el mundo tan alto género de venganza como es perdonar por sola virtud la injuria. Bien confieso yo que en el castigar y en el perdonar la culpa no se puede dar a todos regla cierta, porque algunas veces es de tal calidad la culpa, que sin cometer nueva culpa, no puede ser perdonada aquélla, de manera que a sí mismo condena el que al condenado condenan. La injuria porque yo os rogué y la ofensa que Juan Pamo os hizo no era de esta complexión ni aun desta condición, sino que en perdonarla como cristiano y en disimularla como discreto, ni el brazo os quedara quebrado ni el tobillo desencasado.

Dejad, señor, que os rueguen, admitid que os importunen, holgad que os visiten y agradeced que os aconsejen, porque de otra manera, si queréis ser áspero o riguroso, brioso y extremado, ternéis muchos por vecinos y a muy pocos por amigos. Mucho, señor, os ruego no os acontezca otra semejante desgracia y que toméis ésta por primilla, porque soy de tal condición con mis amigos, que pues ellos hallan en mí las entrañas abiertas, no es justo que yo halle sus puertas cerradas. Y porque en materia tan enojosa no es justo que la pluma sea pesada, yo quiero acabarme de quejar, con tal que vos os comencéis a enmendar.

No más, sino que nuestro Señor sea en vuestra guarda y a mí dé gracia que le sirva.

De Arévalo, a VI de mayo, MDXXIII.

23. Letra para un judío de Nápoles sobre una disputa que hubo con el autor, y expónese la autoridad de la escritura, que dice: «non abominaberis Egiptum neque idumeum»

Honrado y obstinado judío:

Muchas horas antes que esta letra te escribiese, estuve conmigo imaginando y mi juicio fatigando qué título te pondría y con qué sobrescrito te escribiría, el cual en ti bien cupiese. Dando, pues, y tomando en el negocio, hallé por mi cuenta que si te llamo «señor», no cabe en ti, porque eres pobre miserable.

Si te llamo «vecino», tampoco acierto en ello, porque moras muy lejos de do yo moro. Si te llamo «pariente», no consentirán mis parientes, pues yo soy de los de Guevara y tú de los de Judea. Si te llamo «virtuoso», es levantarte falso testimonio, pues no quieres ser cristiano y te precias de ser judío. Si te llamo «generoso» y «valeroso», más mentiría en esto que en todo lo otro, pues nunca fuiste a la guerra, ni aun sabes ceñir espada. Si te llamo «docto» y «sabio», dirán todos que no sé lo que digo, pues no tienes a escritura fidelidad, ni tratas en las disputas verdad. Si te llamo «grave» y «cuerdo», a fe de cristiano que te lo levanto, porque en todo lo que arguyes eres cabezudo y en todo lo que defiendes muy obstinado. Determínome, pues, de llamarte por tu nombre propio, que es Baruch Jafeo, y sobre escribirte conforme a tu condición natural, llamándote «judío porfiado».

Pues soy cierto que de ser judío tú te precias, mira que de llamarte porfiado no te corras, que para el Dios de Israel nunca vi judío tan amigo de su opinión y tan extraño de la razón.

Bien te acordarás que en esa Sinagoga de Nápoles disputamos y nos barajamos hartas veces tú y yo sobre querer tú defender la letra seca del Testamento viejo, y yo querer tornar por los misterios del Testamento nuevo, y si no fuera por los padrinos, llegáramos muchas veces a las manos. No estoy desacordado que en una gran disputa que tuvimos el sábado todos los rabís contra mí y yo contra ellos, sobre si eran cumplidas o no cumplidas las setenta hebdómadas del Daniel, me dixiste que yo hablaba falsedad y impugnaba la verdad; mas al fin doy gracias a Dios, que si yo salí de tu palabra corrido, te escapaste de la disputa vencido.

Acuérdome también que disputando otra vez el gran rabí Cucurri y yo sobre el sacerdocio de Melchisedech y de Aarán, y de Cristo, alegaste tú aquella actoridad que dice: «non abominaberis egyptum et idumeum», diciendo y jurando que era tan oscura y tan misteriosa, que ningún cristiano la sabría entender, y menos exponer. A la hora que dixiste aquella blasfemia, yo confieso mi culpa y mi grave culpa, que se me subió tan de súbito la cólera, que quisiera darte una cuchillada o una bofetada, porque si somos obligados a defender nuestro rey, también somos obligados a tornar por nuestra ley. Ya que el señor obispo de Turpía amansé mi ira y afeó tu palabra, bien te acordarás que sobre si sabría o no sabría yo exponer aquella palabra de la Escritura, apostamos entre ti y mí una hojaldre judieza y una pinta de vino de Soma, por manera que en la apuesta el uno se mostró borracho y el otro goloso. De haberme contigo enojado, pésame; mas de haber contigo apostado, pláceme, porque espero en mi buen Cristo más que tú en tu acabado Moisés, que a mí alumbrará y a ti confundirá. Como nuestra disputa fue sábado en la tarde y luego, el lunes siguiente, se partió César desde ahí, de Nápoles, para venirse aquí, a Roma, no he podido hasta agora responder a tu duda ni cumplir con mi apuesta. Ante todas cosas, para declarar bien esta tu duda, me será necesario recontar aquí por orden todo el origen de vuestra Sinagoga; es a saber, a do nació, cómo se crió, por do peregrinó y aun a donde murió y se enterró; porque si fe tenemos, del sepulcro de la Sinagoga nació la madre santa Iglesia.

Prosigue el autor y cuenta muy por extenso el origen de la sinagoga.

Es, pues, de saber que desde la creación del mundo, más pasaron de tres mil años en los cuales nunca Dios tuvo pueblo señalado a do todos le creyesen, ni templo consagrado a do todos le adorasen, sino que en diversas partes tenía diversas personas en las cuales ponía el su temor y conservaba el su amor. En aquellos antiguos siglos, a la parte de aquilón, sobre el polo antártico, bien a la parte del norte, más allá del río Eufrates y más acá de los montes Adoninos, nacieron y murieron los padres y abuelos del patriarca Abrahám, varones que fueron más ricos que católicos, porque se daban más a la idolatría que no a la fe católica. De esta parte del río Eufrates poblaron y moraron el padre y la madre de Abrahám, el cual, siendo ya casado, y aun de Dios alumbrado, se salió de allí de entre los caldeos, por no adorar, con ellos, los ídolos. Vínose de aquella hecha Abrahám a tierra de Canaan, a do él y sus hijos y nietos moraron muchos años, recibiendo de los señores de la tierra grandes injurias y de los vecinos comarcanos muchas afrentas. Muerto el patriarca Abrahám y su hijo Isaac, sucedio en su lugar el patriarca Jacob, el cual, en edad de ciento y treinta años, se fue con sus doce hijos a tierra de Egipto, a do era rey Faraón y su visorrey el buen Josef. Residieron y moraron en Egipto los descendientes de Abrahám y Isaac y Jacob por espacio de cuatrocientos y quince años, en los cuales ellos fueron tratados y gobernados por los reyes de Egipto, no como buenos vecinos, sino como malos esclavos. Viendo, pues, Dios la paciencia de los hebreos y la crueldad de los egipcios, envió allá a Moisés y a Aarón, su hermano, los cuales les quitaron la servidumbre que tenían y los pusieron en la libertad que deseaban. Sacó, pues, Dios por manos de Moisés y Aarón seiscientos mil hebreos del poder de los egipcios, el rey Faraón lo resistiendo y todo el reino los persiguiendo; mas al fin de sus contiendas los egipcios se ahogaron y los israelitas escaparon. Ya que los hijos de Israel estaban en salvo y caminaban por el desierto, salióles de través a tomar el paso y a estorbarles el camino el rey de los amalechitas, Amalech, el cual no solo fue desbaratado, mas aun se tornó huyendo. Yendo más adelante por su camino, salieron también a pelear con ellos los cananeos, hombres que eran muy ferocísimos y que moraban en unos montes muy ásperos; mas al fin también fueron éstos vencidos, como los primeros. Los terceros que pelearon con los hebreos fueron los idumeos, al rey de los cuales llaman Seona, y con éste y con los de su reino pelearon muchas veces y aun recibieron más reveses. Ya que los israelitas iban al cabo del desierto de Arán, acordaron los idumeos y moabitas de enviar a los reales de los hebreos muchas mujeres hermosas y desonestas, que los convidasen a pecar y incitasen a adulterar, y así fue que a todos los que no pudieron matar con armas, vencieron con vicios. Ya que los tristes hebreos habían vencido a todas las naciones y gentes sobredichas a fuerza de armas, salieron de refresco a pelear con ellos otros bárbaros que llamaban los ferezeos, jebuseos, etcos y amorreos, los cuales todos, no solo fueron vencidos, más de sus tierras alanzados y tomados por captivos.

He aquí, pues, honrado judío, cómo te he declarado a do tu madre la Sinagoga nació, de dónde descendió, por do peregrinó, adónde murió, con quiénes pelcó y las victorias que alcanzó. Será, pues, agora la duda mía y pregunta tuya por qué habiendo ella sido captiva y perseguida de los caldeos, egipcios, malechitas, idumeos y amonitas, moabitas, fereceos, gebuseos, eteos, y amorreos, a solos los idumeos, egipcios, Dios perdona y a todos los otros condena y manda echar de su república. Pues para entendimiento desto has de saber, judío honrado, que nunca cosa hace y promete nuestro Dios en este mundo, las cuales, aunque a los hombres son ocultas en el abismo de su sabiduría, son a Él manifiestas, porque nosotros, los mortales, solamente vemos lo que Dios hace, mas no alcanzamos por qué lo hace. Si yo alcanzase lo que Dios alcanza y supiese lo que Dios sabe, y pudiese lo que Dios puede, y hiciese lo que Dios hace, o Dios sería yo, o yo sería Dios. Pues es imposible que sea yo Dios, como es imposible que Dios sea yo, no nos metamos a escudriñar sus juicios, porque las obras que Dios hace, más seguro nos es loarlas que no disputarlas. Perdonar nuestro Dios a éste y condenar a aquél, sublimar a unos y abatir a otros, prosperar a los malos y abatir a los buenos, afligir a los pobres y consolar a los ricos, obras son éstas que las vemos, mas no las entendemos, y por eso nos es sano consejo remitir el secreto dellas al que las hace, pues sabe muy bien lo que hace. Hémonos de consolar, y aun firmemente creer, que es tan bueno en lo que hace y tan justo en lo que manda, que todas las cosas mide con su clemencia y las pesa con su justicia, porque si es Dios absoluto, no es juez exrupto.

No quiero tampoco pienses tú, judío, que yo me quiero evadir y excusar, con decir que son juicios de Dios el perdonar a los egipcios y idumeos y condenar a todos los otros que fueron nuestros enemigos, porque tú y yo no disputamos de cómo se entiende este paso en el sensu espiritual, sino literal. Cuanto a lo que toca a los egipcios, no podemos negar que no oprimieron y afligieron a los hebreos cuando en Egipto estaban ellos captivos, mas junto con esto socorriéronlos en tiempo de la hambre, recibiéronlos en su reino, partieron con ellos sus tierras y aun en casa del rey faraón asentaron algunas de sus personas. Mandó, pues, Dios a los hebreos que no aborreciesen a los egipcios, porque los beneficios que habían recibido dellos en Egipto no quiso que los olvidasen, ni menos que los desagradeciesen. Deste tan notable ejemplo se puede colegir cómo nos hemos de haber con los que una vez nos sirvieron y después nos ofendieron: es a saber, que quiere Dios y manda tengamos en más los servicios que nos hicieron en un día, que no los enojos que nos dieron en un año. La diferencia que va de servir a Dios a servir al mundo es que en la casa del mundo se olvidan muchos servicios por una ofensa, y en la casa de Dios se perdonan muchas ofensas por un servicio. ¡Oh alto y muy alto misterio, digno, por cierto, de saber y no menos de imitar, ver que manda Dios a los israelitas tuviesen en más un año que los egipcios los socorrieron habiendo hambre, que no cuatrocientos y quince que los mataron de hambre! La razón humana y la ley divina lo quiere que por malo y ingrato que sea uno, ante todas cosas le seamos grato del bien que dél recibimos, y después desto nos asentemos con Él a cuenta en lo que dél nos quejamos.

Los hijos y nietos del rey David enormes pecados cometieron y muchas ofensas a su Dios hicieron; mas al fin fin todavía tuvo Dios más respecto a lo que el buen rey David le había servido, que no a lo que ellos le ofendieron. «Deus meus es tu, qui bonorum meorum non eges», decía el profeta David; en lo cual se nos da a entender que no quiere Dios más de nosotros, sino que a Él seamos gratos y con nuestros hermanos piadosos.

Mandó también Dios a los hebreos que no aborreciesen a los idumeos, no obstante que habían sido mortales enemigos, y la causa deste mandamiento fue porque los idumeos descendían del linaje de Esaú, hermano que fue de Jacob, de manera que en las opiniones eran contrarios y en el parentesco muy propincuos. Deste tan notable ejemplo podemos, tú como judío y yo como cristiano, colegir que no hemos de tomar las ofensas y injurias que nos hacen nuestros deudos como las que nos hacen los que son extraños, porque el mal que me hace el extraño es de pensar que lo hace de malicioso; mas el mal que me hace mi pariente no es de creer sino que lo hace de descuidado. Con el que es hueso de mis huesos y carne de mis carnes no es justo, ni aun tolerable, que por una palabra que diga o alguna negligencia que haga, luego nos atufemos y dél nos apartemos, porque pariente con pariente, y aun hermano con hermano, no es menos sino que algunas veces se enojen; mas no se sufre que para siempre se eneisten. El pariente y el amigo que en el mal que hace no nos creyere y en nuestros trabajos no nos socorriere, justa cosa es que le avisemos y aun corrijamos; mas no cae, so ley de bondad que le desamparemos ni desechemos, porque de la rencilla que pasa entre pariente y pariente no puede ir el uno lastimado, sin quedar el otro afrentado. Los hebreos y los idumeos, en la ley eran contrarios y en las opiniones muy enemigos, y solo por ser entre sí deudos les manda Dios que sean amigos, para darnos a entender cuánto habemos de amar a los parientes buenos, pues manda Dios que no aborrezcan aun a los que son malos. A muchos muchas veces he visto en este mundo, los cuales por una muy ligera negligencia echan luego al pariente de su casa; lo cual ellos hacen, no porque tenían razón, sino por tener alguna ocasión de no darles de lo que tienen o no pagarles lo que les deben.

Sea, pues, la conclusión de esta mi letra, que te digo y te torno a decir, judío honrado, que el vedar Dios a los hebreos que no aborreciesen a los egipcios fue por los beneficios que dellos en Egipto habían recibido y el mandar que tampoco aborreciesen a los idumeos fue que quiere Dios que con los deudos seamos gratos, y con los enemigos no seamos ingratos.

He aquí, pues, judío, absuelta tu duda, confusa tu porfía, acabada nuestra disputa y aun salido con mi empresa, de manera que yo quedo libre de enviarte la hojaldre y tú estás obligado a enviarme el vino de Soma. Hágote también saber que el oficio que tenía en Nápoles, tengo agora aquí, en Roma es a saber, irme a disputar cada sábado con los rabís en la Sinagoga, y hablar y altercar en cosas de la Escritura, y para decirte la verdad, tan poco fructo hago yo en ellos para tornarlos cristianos, como ellos hacen en mí para tornarme judío.

No más sino que Dios sea en tu guarda y a Él plega de te traer a la santa fe católica.

De Roma, a XXV de marzo, MDXXXVII.

24. Letra para don Francisco Manrique, en la cual el autor toca por delicado estilo de cuán peligrosa cosa es osar el hombre casado ser amigado

Muy magnífico caballero y muy travieso mancebo:

No sé si lo hacía ser el papel grueso, o la tinta tener poca goma, o estar la pluma mal cortada, o estar yo con alguna desgracia, que a fe de cristiano le juro comencé esta letra a escribir tres veces y tantas la hube de borrar y aun rasgar. Acontésceme muchas veces que tengo la memoria tan facunda y la elocuencia tan prompta, que con gran facilidad hallo lo que busco y digo lo que quiero, y, por el contrario, estoy otras veces conmigo tan amohinado y tengo el juicio tan remontado, que ni me agrada cosa que diga, ni es digna de leer cosa que escriba. Visto esto, echando, pues, seso a montón, he hallado por mi cuenta que el turbarse mi pluma y el estar yo con tanta desgracia, ha sido la mala vida que pasa vuestra mujer y mi sobrina doña Teresa, la cual me dice que tiene tanta necesidad de consolación como vuestra merced la tiene de corrección. Yo he querido muy por extenso informarme en cuál de vosotros está el yerro y sea el más culpado, y, si no me engaño, o me engañan, hallo en vos, señor, la ocasión, y en ella la razón, porque de otra manera, si en ella estuviese toda la culpa, yo solo sería el verdugo de su pena.

Los delitos y excesos que hacen las mujeres generosas y castizas como ella, muy poco castigo les sería el reprehenderlas, ni aun el avisarlas, sino que las habían de tapiar vivas, o enterrarlas muertas, porque al hombre no le pedimos más de que sea bueno, mas a la mujer honrada no le abasta que lo sea, sino que lo parezca. Y pues vuestra mujer y mi sobrina, en caso de bondad y gravedad, es buena y parece buena, habéisme, señor don Francisco, de perdonar si en esta mi letra defendiere su inocencia y no agraviare vuestra culpa, porque de los amigos y deudos ha se de tomar el consejo y esperar el remedio.

Veniendo, pues, al caso, ha de saber que un antiguo tirano llamado Corinto, antes que fuese casado, dijo un día al filósofo Demóstenes: «Pues eres filósofo y te alabas de ser mi amigo, dime, así los dioses sean en tu guarda, ¿qué condiciones ha de tener la mujer con quien yo me hubiese de casar?» A esta pregunta le respondió el filósofo Demóstenes: «La mujer con quien tú te has de casar, ¡o Corinto!, ha de ser rica, por que tengas con que vivir; ha de ser generosa y por que tengas con que te honrar; ha de ser moza, por que te pueda servir; ha de ser hermosa, por que no tengas que desear, y ha de ser virtuosa, por que no tengas que guardar». Y dijo más Demóstenes: «Al hombre que fuera destas condiciones eligiere mujer, más sano consejo le sería celebrarle las obsequias, que no llevarle a las bodas, porque con verdad ninguno se puede llamar tan desdichado como el que erró en su casamiento». No obstante esto que dijo el filósofo Demóstenes, dice por otra parte el buen Boecio Severino, en el libro de Consolación. «Nil in mortalibus ex omni parte beatum». Como si, más claro, dije se: «No hay en esta vida mortal cosa tan perfecta ni persona tan acabada en la cual no haya que enmendar y se halla que mejorar». Muy gran verdad dice en lo que dice Boecio; porque si hablamos en las cosas naturales, vemos por experiencia que nos aplace el fuego cuando nos escalienta y nos enoja cuando nos quema. También vemos que el aire, por una parte, nos recrea y, por otra, nos destempla. También loamos la tierra, a causa que nos cría y que nos sustenta, y, por otra parte, también nos enojamos con ella, por ser infructuosa para sembrar y enojosa de andar. También nos aplacen las aguas de las fuentes y las de los ríos, por la sed que matan y por los pescados que crían, y por otra, nos enojan y importunan por los hombres que ahogan y por las avenidas que traen. También nos aplacen los animales, a causa que andamos en ellos y nos aran los campos; mas, por otra parte, también son enojosos de gobernar y costosos de sustentar.

El comer mucho ahíta, y el comer poco enflaquesce. El poco ejercicio es enfermo, y el mucho caminar es trabajoso. La soledad entristece, y la mucha conversación importuna. La riqueza es cuidadosa, y la pobreza enojosa. El de alto ingenio tiene una punta de locura, y el de bajo juicio es del todo necio. El descasarse quita autoridad, y el que se casa no le falta harto cuidado ni aun necesidad. El que no tiene hijos no carece de cuidados, y al que Dios nuestro Señor es contento de se los dar, no le faltan con ellos siempre trabajos. Trabajar siempre, cansa, y el holgar mucho, empalaga.

Dejadas, pues, las costumbres a una parte, si queremos hablar de los varones ilustres y muy nombrados que hubo en el mundo, bien hallaremos en ellos por una parte que loar y por otra que desechar. Loan los griegos a su Hércules de muchas fuerzas, y nótanle de grandes tiranías. Loan los tebanos al su Alcamenes de sobrio, y nótanle de deslenguado. Loan los lacedemonios a su Ligurjio de gobernador celoso, y nótanle de juez apasionado. Loan los egipcios a su Isis de muy paciente, y nótanle de impúdico. Loan los atenienses al divino Platón de muy docto, y nótanle de grande avaro. Loan los troyanos a su Eneas de muy piadoso, y nótanle de pérfido. Loan los romanos al su gran Julio César de piadoso, y nótanle de muy superbo. Loan los cartagineses al su capitán Aníbal de belicoso, y nótanle de muy versuto. Loan los godos al su rey Randagaísmo de magnánimo, y nótanle de no verdadero. Loan los longobardos a su gran duque Valdoyno de dadivoso, y nótanle de vinolento. Loan los agrigentinos a su señor Phalaris de elocuente, y nótanle de impaciente. Loan los godos a Eschines de buen repúblico, y nótanle de muy bullicioso.

He aquí, pues, cómo en varones tan nobles hubo tan notables defectos; de lo cual se puede bien colegir que no hay harina sin salvado, ni nuez sin cáscara, ni árbol sin corteza, ni grano sin paja, ni aun hombre sin tacha. Si estas faltas se hallan en los hombres, de creer es que se hallarán algunas en las mujeres, las cuales de su condición son flacas para resistir y muy fáciles de engañar. Desde que nací oigo quejarse a los hombres de las mujeres y a las mujeres de los hombres, y ansí Dios a mí me salve ellos tienen razón en lo que dicen y ellas también en lo de que se quejan; porque el hombre y la mujer, cuan diferentes fueron en la creación, tan contrarios son en la condición. Fuera de Cristo nuestro Dios y de su bendita Madre, excusado es pensar que nadie en esta vida puede escaparse de tropezar y aun de caer; de manera que si yo fuese creído, nadie se había de escandalizar cuando les yerran, sino espantarse de cómo aciertan.

He querido, señor don Francisco, tomar de lejos esta correndilla para traeros a la memoria el casamiento que hiciste con la señora doña Teresa, mi sobrina, la cual con vos y vos con ella os casastes más por voluntad que por necesidad, porque ella era dama y tenía con que se remediar, y vos érades mayorazgo y teníades con qué os casar. Pues sabéis que vos la mirastes, vos la servistes, vos la escogistes, vos la seguistes, vos la requestastes, y aun vos la importunastes a que a otros dejase y con vos se casase, no es, por cierto, justo, sino muy injusto, que pues ella por os hacer placer se hizo vuestra, que vos a su despesar sirváis a otra. Mancebo de vuestra nación y condición dudo yo que haya casado con las calidades que vos casastes, es a saber, con mujer generosa, rica, moza, hermosa y virtuosa, de manera que en la corte os tienen muchos envidia y ninguno mancilla. ¡O cuántas y cuántas vemos cada día, las cuales, si son ricas, no son hermosas, y si son hermosas, no son generosas, y si son generosas, no son virtuosas, y si son virtuosas no son mozas, y si son mozas, no son bien afamadas, a cuya causa tienen sus maridos asaz que llorar y sus parientes bien que remenar. Casamientos hay tan buenos y tan santos, que parece bien haberlos juntado Dios, y también hay otros tan perversos, que no dirán sino que los pareó el demonio, de manera que osaríamos afirmar que es gran felicidad en el hombre acertarse bien a casar y saberse enteramente confesar. Al marido que le cupo en suerte mujer generosa, rica, moza, hermosa y virtuosa, si al tal le vieren buscar otra y andar tras otra, será porque le faltará cordura o le sobrará locura.

Declarándome más, digo que se me ha quejado mucho doña Teresa, mi sobrina, diciendo que andáis, señor, de noche, dormís fuera de casa, visitáis enamoradas, tratáis con alcahuetas, ruáis calles, ogeáis ventanas, dais músicas y, lo que es peor de todo, que gastáis mal la hacienda y traéis en peligro vuestra persona. Después de haber andado por Francia, Portugal, Aragón, Italia, Flandes y Alemania, tiempo era, señor don Francisco, que os madurásedes y aun asosegásedes, pues tenéis casa que gobernar y parientes con quien cumplir. Las travesuras que hacen los moros, todas se les atribuyen a mocedades; mas ya que el hombre es casado y junto con esto es vano y liviano, todos son a le condenar y ninguno a te excusar. Osaré decir con verdad, y aun con libertad, que el hombre que con su mujer y casa no tiene cuenta, no se debe dél hacer cuenta, porque el tal malaventurado, o no tiene ser, o del todo se ha de perder. Andar en los pasos que andáis y ir a las romerías, o ramerías, que is, no puede redundar sino en daño de vuestra honra, en condenación de vuestra ánima, en escándalo de vuestra casa y aun en perdición de vuestra hacienda, porque a la hora que una mujer con vos no se puede casar, es cosa muy cierta que os ha de robar, y aun pelar.

Si no habéis piedad de vuestra ánima, habedla de vuestra hacienda, pues desde el día que tornastes mujer, y os nacieron hijos, habéis de teneros por dicho que en caso de vuestra hacienda, no sois ya della señor, sino tutor, porque también es culpado el que la pierde como el que la roba. Si no habéis piedad de vuestra hacienda, habedla de vuestra honra, que pues queréis que en la preeminencia de palacio y en los oficios de la república seáis mirado y reputado, no como mozo soltero, sino como caballero casado, justa cosa es que seáis, no el que sois, sino el que presumís ser. Si no habéis piedad de vuestra honra, habedla de vuestra ánima; porque es tan delicada la ley de Cristo y es tan estrecho el mandamiento de Dios, que a las mujeres ajenas no solo prohíbe el requestarlas, mas aun el desearlas. Si no habéis piedad de vuestra ánima, habedla de vuestra casa propia, porque el día que os determináredes de servir y seguir alguna mujer, casada o soltera, aquel día ponéis fuego a vuestra honra y casa. Si no habéis piedad de vuestra casa, habedla siquiera de vuestra salud y persona; porque, si yo no me engaño, todo hombre que se precia de beber de todas aguas y de andar rondando puertas ajenas, no es menos sino que algún día le quite la vida el que por él perdió la honra. Sufriros ha vuestra mujer que la matéis de hambre, la trayáis rota, tengáis retraída, le digáis injurias y aun pongáis en ella las manos, con tal que a ella sola améis y aun con otra no andéis; porque para una mujer casada no hay mayor desesperación que venir el marido a quebrar en ella los enojos y guardar para otra sus pasatiempos. No sé cuál tiene mayor corazón: el marido en hacerlo, o la mujer en sufrirlo; es a saber, que se ría él fuera y riña en casa, hurte a ella para dar a la amiga, regale a otra y maltrate a ella, falte para los hijos y sobre para los vecinos. En la ley de bondad, y aun de cristiandad, la fidelidad que debe la mujer al marido, aquélla debe el marido a la mujer, y de aquí es que si como ellos pueden acusar a ellas, ellas pudiesen castigar a ellos, yo juro a mi pecador que ni las mujeres casadas viviesen tan quejosas, ni los maridos fuesen tan traviesos. Desde la hora que entre marido y mujer se contrae el santo matrimonio, tienen ambos a dos tan poca jurisdicción sobre sí, que sería especie de hurto él a otra o ella a otro dar el cuerpo.

Catad, señor don Francisco, que vuestra mujer es moza, es hermosa, es aseada y aun deseada, y que le dais muy grande ocasión a que, si fuese otra de la que es, pues tantos ponen en ella los ojos, emplease ella en alguno su corazón. Ella es de los Guevaras, de los Bazanes y de los Robles, en cuyos tres linajes no se halla mujer que haya sido aviesa, ni hombre que dejase de ser travieso; de manera que todos seremos contentos con que le seáis vos tan amigable marido, como ella os es fiel mujer. Si no quisiéredes ser bueno por lo que toca a vuestra ánima y a vuestra honra y a vuestra hacienda, sedlo siquiera por tener paz con vuestra mujer y familia; porque yo os doy mi fe que todos los placeres que tomárades con vuestra amiga los paguéis con las septenas de que tornéis a casa. Por más que una mujer sea sabia, cuerda, discreta, callada y aun santa, poder, podrá ella morir, mas sus celos no los ha de dejar de pedir y aun de reñir; de manera que si ella padece por lo que dice, él también anda asombrado por lo que hace. En este caso, no os fiéis de la alcahueta, que no lo dirá, ni os fiéis del paje de amores, que no lo descubrirá, porque en cosas de celos son las mujeres tan agudas y aun tan dadivosas, que por saber a do su marido entra y quién es la con quien habla, corromperán a los vivos con dinero y llamarán a los muertos con conjuros. Y porque en materia tan odiosa no es razón que la pluma ande ya desmandada, concluyo esta letra con deciros y rogaros que si os quisiéredes avisar y de aquí adelante enmendar, yo seré el dichoso y vos, señor, el mejor librado, y donde no, oblígome a teneros por deudo, mas no por amigo.

No más, sino que nuestro Señor sea en su guarda y a mí dé gracia que le sirva.

De Ávila, a VIII de enero MDXXVII.

25. Letra para el comendador Rodrigo Enríquez, en la cual se expone la autoridad del santo Job, que dice, «factus sum mihi metipsi gravis»

Magnífico señor y vecino honrado:

Ni vuestra merced sería notado de importuno, ni yo sería acusado de mal criado, si guardásedes el consejo que os di una vez en Toledo: es a saber, que con muy gran atención oyésedes los sermones y confesásedes los pecados porque, del sermón no se os pasase alguna palabra y de la confesión no se os olvidase alguna circunstancia. Quince días antes que prediqué a César en palacio traigo los ojos desvelados, la memoria ocupada, el juicio fatigado, y a mí de mí mismo enajenado, y después de todo esto, el tiempo que comienzo a predicar echáis os vos, señor, a dormir, y lo que es mejor de todo, que como jugáis de cabeza con el sueño, pienso que aprobáis todo lo que digo, y no es sino que, señor, estáis cabeceando. Si os desabejásedes acostar a las dos de la noche y quisiésedes olvidar de levantaros a las once del día, y de no dar tantas vueltas por la calle empedrada, no andaríades tan acosado, ni estaríades tan desvelado; mas, ¡ay, dolor!, que vos, y todos los otros como vos, guardáis el parlar para la iglesia y el dormir para el sermón.

Pedísme por vuestra carta que os diga lo que dije estotro día en el sermón que prediqué en palacio a César sobre aquella palabra de Job que dice «factus sum mihi metipsi gravis», acerca de la cual soy cierto que daréis mejores señas de lo que vos señastes, que no de lo que yo predicaba. Yo quiero hacer lo que agora me encomendáis, con tal condición que de aquí adelante vos os enmendéis, y la enmienda ha de ser que no seáis tan absoluto en el vivir, ni tan pesado en el dormir, porque lo uno acarrea torpedad y lo otro liviandad.

Dice, pues, el santo Job: «Factus sum mihi metipsi gravis», como si, más claro, dije se: «De nadie tanto como de mí yo estoy quejoso y agraviado, porque yo mismo a mí mismo soy enojoso y pesado». Cosa nunca oída y queja nunca vista es ésta, porque por más que sea un hombre culpado y aun de la culpa convencido, siempre trabaja de a sí esculpar y a otros acusar. No hay cosa más común en el mundo que es el tropezar, el caer, el se derrostrar y el muy poco se enmendar, y con todas estas faltas y ofensas, no queremos perdonar la injuria que recibimos, y muy menos confesar culpa que tenemos.

Quéxanse los hombres de la tierra, que no da fructo; del mar, que es peligroso; del aire, que es corrupto; de la fortuna, que es inconstante; del amigo, que es doblado, y del tiempo, que es muy presuroso. Mas a nadie veo quejarse de sí mismo, de manera que, como bisoño tahur, no echa la culpa a saber él poco del juego, sino a decirle mal el dado.

Y porque esta palabra es muy delicada y misteriosa, se queja el santo Job que nadie sino él mismo se hace la guerra, serános necesario contar aquí por orden cuántas maneras hay en el mundo de guerras, con las cuales los hombres guerrean a otros y son de otros guerreados.

Hay, pues, un género de guerra que se llama real; otra se llama guerra cevil; otra se llama más que cevil; otra se llama personal, y aun otra se llama cordial. De las cuales todas y de cada una dellas diremos lo que leímos, y aun lo que sentimos.

Llámase la primera guerra «guerra real», y ésta es la que se hace de rey a rey, o de reino a reino, ansí como las guerras que hubo entre el rey Darío y el Magno Alejandro, y las que hubo entre la ciudad de Roma y la de Cartago, las cuales, aunque no tenían reyes, eran por sí cabezas de reinos. El primero que inventó este género de guerra dicen que fue el rey Bello, hijo que fue del rey Nino, y deste rey Bello vino este nombre bellum, que quiere decir guerra o batalla, la cual se comenzó en Asiria, que agora se llama Suria. Otros dicen que el primero príncipe que tornó armas en el mundo fue el tirano Membrot, hijo que fue de Bello y nieto de Nino, y a éste llama la Escritura sacra opresor hominum, que quiere decir hombre que tornaba por fuerza lo que no le daban de grado. Otros dicen que fue el primero que sacó gente en campo Codorloamor, rey de Sodoma y de las tierras salinarias, contra el cual salió al camino el buen patriarca Abrahám, por causa de a su sobrino Lot favorecer y aun defender. Todo esto contradicen y de todo esto apelan los egipcios, los cuales se tienen por dicho que el su gran rey Promoteo fue el primero que inventó la manera de guerra en el mundo, y esta guerra fue contra el rey de los siciomios Orestes sobre cual dellos se casaría con la hija del rey de Salamina, que era de todo el reino única heredera. Ora sea Bello, ora sea Membrot, ora sea Codorloamor, ora sea Promoteo, el primero que levantó guerras en el mundo, en malos fuegos arda y nunca de allá salga, pues pervirtió la orden del vivir y abezó a los hombres a se matar.

Después que se levantaron los tiranos y se inventaron las guerras en el mundo, se comenzaron los hombres a juntarse unos con otros y a edificar torres y hacer repúblicas, para se saber gobernar y se poder defender. Antes que hubiese guerras en el mundo, moraban los hombres en los campos, comían solamente fructas, vivían con sus manos, dormían en las cuevas, vestíanse de pellejos, andaban todos descalzos, nadie tenía nada propio, sino que a todos era todo común, y aquel fue el siglo que llamaron dorado, como a este nuestro llaman de hierro.

Hay otra guerra, que se llama guerra cevil, la cual no es entre reinos y reinos, sino entre vecinos y vecinos, y ésta es cuando una ciudad se parte en dos bandos y salen a pelear los unos contra otros. Esta guerra cevil anduvo dentro de Cartago mucho tiempo, entre los Hannones y Asdrúbales, y anduvo en Roma entre los silanos y marianos, y después anduvo entre cesarinos y pompeyanos, los cuales todos primeros perdieron las vidas que se acabasen sus contiendas.

Hay otra que se llama no cevil, sino más que cevil, y ésta no es entre reino y reino, ni entre pueblo y pueblo, sino entre primo y primo, entre padre y hijo, y entre tío y sobrino. Tal fue la guerra que pasó entre César y Pompeo en la gran Farsalia, en la cual, después de rota y vencida la batalla, andaban por el campo amojonando y señalando las estaciones, y diciéndose unos a otros estas palabras: «Aquí se mataron los dos hermanos, aquí se combatieron los dos primos, aquí pelearon los dos cuñados y aquí cayeron los tíos y sobrinos». Guerra que más cevil fue la que anduvo entre Herodes Ascalonita y sus hijos Arquelao y Chilipo, en la cual guerra los hijos intentaron de matar al padre, y el padre al fin mató a ellos. Guerra más que cevil fue la que anduvo entro el buen rey David y su desdichado hijo Absalón, el cual, a fuerza de armas, intentó de quitar a su padre el reino, y al fin, no solo no salió con la empresa, mas aun murió ahorcado de una encina. Guerra más que cevil fue la de los Ayaces griegos, la de los Telemones argibos, la de los Brías licaonios, la de los Anteos troyanos, la de los Amilcares cartaginenses y la de los Fabricios romanos. Esta guerra más que cevil es la más cevil y más peligrosa guerra de todas, porque las pasiones y enemistades que entran entre parientes y propincuos, tanto son entre sí más crueles enemigos cuanto en sangre son ellos más deudos.

Hay otra guerra que se llama particular, o singular, y ésta es cuando dos muy valientes hombres hacen campo, sobre averiguar algún grave negocio. Desta manera de guerra pelearon entre sí el Magno Alejandro y el muy esforzado rey Poro sobre el señorío de la gran India, a do el triste rey Poro quedó vencido y el buen Alejandro por vencedor. Desta manera de guerra pelearon Eneas, el troyano, y el rey Turno, latino, sobre el casamiento de la princesa Lavinia, la cual era única heredera de todo el reino de Albania, a do Turno murió y Eneas venció. Desta manera de guerra pelearon el rey David y el superbo gigante Golias en medio del ejército de los hebreos y del de los filisteos, a do el uno fue armado y el otro desarmado, y al fin el buen mancebo David mató a Golias con una honda y le degolló con una espada. Desta manera de guerra pelearon el emperador Constantino y el emperador Maxencio, sobre la puente del río Danubio, a do el uno hubo la victoria y el otro perdió la vida. Desta manera de guerra pelearon entre sí el gran Viriato hispano y el capitán romano Macrino, y este desafío fue entre las barcas de Alconeta y el Casar de Cáceres, que es el camino de la plata, por do van de Valladolid a Sevilla, a do Macrino fue vencido y el buen Viriato quedó vencedor.

Aplica el autor lo dicho a lo que quiere decir, es a saber, de la guerra que hace el hombre a sí mismo.

Hay otro género de guerra, la cual ni es entre reino y reino, ni entre rey y rey, ni entre vecinos y vecinos, ni entre parientes y parientes, ni entre persona y persona, sino que yo mismo guerreo contra mí mismo, sin que otro me haga guerra, ni ofenda a mi persona. No inmérito hemos querido contar aquí todas las maneras que hay de guerras, para que, cotejada ésta con todas y todas con ésta, se hallara por verdad que es la más peligrosa para emprender y la más dificultosa para vencer de todas ellas, porque en ella el que vence queda vencido, y el vencido queda por vencedor. Llámase esta guerra guerra cordial o entrañal, porque en el corazón se engendra, en el corazón se trata, y aun en el corazón se acaba, a do las saetas son las lágrimas y los tiros son suspiros, y el darse buena maña en llorar es el saber bien pelear.

En esta guerra pelean entre sí y contra sí el amor y el temor, el regalo y la aspereza, el ayuno y la abstinencia, el callar y el parlar, el robo y la limosna, la razón y la sensualidad, la pereza y la solicitud, el bullicio y el reposo, la ira y la paciencia, la avaricia y la largueza, y aun el perdón y la venganza. En esta infelice guerra no peleamos acompañados, sino solos; no en público, sino en secreto; no en la plaza, sino en la casa; no con hierro, sino con el pensamiento; no con otros, sino con nosotros mismos; no que se vea, sino que se sienta, y, lo que es más grave de todo, hémonos de dejar vencer para que nos alabemos de quedar vencedores. En esta guerra se hallaron y en esta guerra pelearon, y aun en esta guerra acabaron todos los buenos y virtuosos que ha habido en el mundo hasta hoy, los cuales tanto a Dios fueron más aceptos cuanto a sí mismos eran contrarios, porque en vencer o no vencer la sensualidad a la razón consiste nuestra perdición o nuestra salvación.

Cosa es de espantar que al santo Job se le cayó la casa, perdió la hacienda, se hinchió de sarna, le molestaban los amigos, le increpaba la mujer, le mataron a todos los hijos y le comían en el muladar los gusanos, y entre todos estos trabajos, de ninguno tiene tanta queja como es de su propia persona, llorando y diciendo: «Factus sum mihi metipsi gravis». Desta guerra y de su propia persona se quejaba el Apóstol cuando decía: «Infelix homo! Quis me liberabit de corpore mortis huius?»; como si, más claro, dijera: «¡O triste y desdichado de mí, y cuándo veré a mí libre de mí, para que pueda lo que quiero, y no como agora, que quiero lo que no puedo?» Desta guerra tan guerreada decía el buen Augustino en sus Confesiones. «¡O cuántas veces me vi ligado y aherrojado, no con hierros y cadenas, sino con mis sensualidades propias, llorando a voz en grito y quejándome, no de otro, sino de mi mismo, porque di al demonio el mi querer y del mi querer hacia el mi no querer!» Desta guerra decía Anselmo en sus Meditaciones: «¡Ay de mí, ay de mí, ¿qué haré?, ¿a do iré?, pues yo mismo soy contrario a mí mismo, y que viviendo en mí, ando enajenado de mí, y lo que es peor de todo, que me sé mucho quejar y nunca me sé remediar, «quia factus sum mihi metipsi gravis». Desta guerra decía Isidoro, en el libro de Sunmo bono: «Anda tan ofuscado mi juicio, tan ocupada mi memoria, tan remontado mi entendimiento y tan alterado mi pensamiento, que ni sé lo que quiero, aunque me lo den, ni de qué estoy quejoso, aunque me lo pregunten, de manera que muchas veces deseo saber de mí y aun pregunto a mí por mí». Desta guerra decía el glorioso Bernardo: «¡O buen Jesú, y cómo «factus sum mihi metipsi gravis», pues la hambre me desmaya, el comer me ahita, el frío me encoge, el calor me congoja, la soledad me entristesce y la compañía me importuna, y lo que es más grave de todo, que con nada estoy contento y de mí estoy muy descontento». Desta nuestra guerra decía el glorioso San Hierónimo: «No puedo negar 'quod factus sum mihi metipsi gravis', pues el demonio lo solicitando y la carne lo queriendo, querría mi sensualidad procurar honras, adquirir riquezas, tener favores, mandar mucho, tener mucho, poder mucho y tener a todos en poco, de manera que querría ser en el mandar único, y de los trabajos estar esento». Desta infelice guerra decía el glorioso Ambrosio: «Conosciendo de mí 'quod factus sum mihi metipsi gravis', me aparto de los hombres porque no me alteren, huyo del demonio, porque no me engañe; retráigome del mundo, porque no me dañe; renuncio las riquezas, porque no me corrompan, y doy de mano a las honras, porque no me ensoberbezcan, y con todos estos retraimientos y encogimientos, cada día me voy en las virtudes más afloxando, y me meto en el mundo más y más a lo hondo».

He querido traer a la memoria los dichos destos varones tan santos, para que miremos por nosotros, los que somos pecadores, que pues ellos se quejan de sí mismos, no es justo nos fiemos de nosotros propios, porque el hombre cuerdo de nadie ha de estar tan sospechoso como es de sí mismo. El buen marqués de Santillana decía, y decía muy bien, en una su copla: «En la guerra que poseo -siendo mi ser contra sí, pues yo mismo me guerreo, defiéndame Dios de mí».

«Factus sum mihi metipsi gravis», pues si tengo al rey por enemigo, voime de su reino; si al que es caballero, sálgome de su tierra; si al que es justicia, voime de su juridición; si al que es mi vecino, apártome de su barrio; mas si tengo, como tengo, a mí propio por enemigo, ¿cómo será posible huir de mí mismo? «Factus sum mihi metipsi gravis», pues en un mismo corazón, y de unas puertas adentro, tengo de secrestar y guardar el mi amor y desamor, el mi querer y no querer, el mi contento y descontento, la mi prosperidad y adversidad, y aun la esperanza y desesperanza, de manera que ando muy confiado de mí, que me traigo siempre vendido.

«Factus sum mihi metipsi gravis», pues de día y de noche ando suspenso, y estoy indeterminado sobre qué es lo que eligiré o desecharé, amaré o aborreceré, seguiré o perseguiré, daré o guardaré, diré o callaré, iré o quedaré, sufriré o vengaré, tomaré o dejaré, y al fin al fin en todas las cosas soy desdichado, sino es en las desdichas que soy muy dichoso. «Factus sum mihi metipsi gravis», pues todas las cosas desta triste de vida en que vivo me hartan, todas me cansan, todas me enojan, todas me aburren, todas me desplacen, todas me empalagan y aun todas me ahitan, de manera que por una parte estoy ya cansado de vivir, y por otra no me querría morir. «Factus sum mihi metipsi gravis», pues la soberbia me acocea, la envidia me muele, la pereza me empereza, la gula me regala, y la continencia me despierta, y lo que es peor de todo, que si ceso algún poco de pecar, no es porque no quiero, sino porque del pecar ando cansado. «Factus sum mihi me tipsi gravis», pues si estoy malo, es por lo que comí; si pobre, por lo que jugué; si triste, por lo que amé; si desterrado, por lo que emprendí; si afrentado, por lo que levanté; si castigado, por lo que cometí; si descontento, por lo que elegí; de manera que nadie se puede quejar de nadie como de sí mismo, pues de todos los trabajos que padecemos, por una parte nos quejamos y por otra los buscamos. «Factus sum mihi metipsi gravis», pues doy lugar a mis ojos que miren ventanas, a mi lengua que diga mentiras, a mis orejas que oyan lisonjas, a mis pies que vayan a romerías y a mi corazón que ame a cosas vanas, de manera que si todos los miembros que hay en mí dejan de pecar, no es porque les voy yo a la mano, sino por miedo de algún castigo.

Siendo verdad, como es verdad, «quod factus sum mihi metipsi gravis», ¿con quién tendré yo verdadera paz, pues conmigo mismo tengo tan continua guerra? ¿A quién no seré enojoso, pues yo mismo a mí mismo soy grave y pesado? ¿De quién con verdad daré yo queja, pues de mí más que de nadie estoy quejoso? ¿Qué bien ni provecho puede esperar nadie de mí, pues yo mismo soy contra mí? ¿Para qué procuro de alargar más la vida, pues yo mismo a mí mismo me doy tan mala vida? ¡O triste de mí! y ¡ay, triste de mí!, cómo y cómo «factus sum mihi metipsi gravis», pues nadie tiene tan crueles enemigos como los tengo yo en mis propios deseos, los cuales por una parte me traen asombrado y por la otra muy osado. «Factus sum mihi metipsi gravis», de que me paro bien a pensar lo mucho que tengo y lo poco que doy, el tiempo que pierdo y el daño que hago, las mercedes recibidas y la ingratitud de todas ellas, la solicitud en el pecar, y el descuido de me enmendar, el mal que hago y el bien que estorbo, digo y afirmo que he vergüenza de vivir y muy gran temor de morir.

Y porque después de palabras tan santas no es razón de hablar en otras cosas que sean conformes a ésta, concluyo esta mi carta con rogar a nuestro Señor me dé gracia para estas palabras sentir como las sé escribir.

De Ávila, a XXX de agosto, MDXXVIII.

26. Razonamiento hecho a la serenísima reina de Francia, madama Leonor, en el cual el autor le cuenta muy por estenso quién fue la reina Cenobia

Serenísima reina y muy alta Princesa:

Hoy se cumplen catorce días que Vuestra Alteza me mandó le predicase el sermón de la bienaventurada Sancta Caterina, le declarase ciertos escrúpulos de conciencia, le buscase las letras para una medalla, y juntamente con esto le trasladase la historia de la famosa reina Cenobia: las cuales cuatro cosas yo prometí y me obligué de cumplirlas, y recibí muy gran merced de que me fuesen mandadas.

Como yo prediqué en la alabanza de la gloriosa santa Caterina que habían concurrido en ella la fidelidad de Policena, la hermosura de Flena, la generosidad de Migetona, la gravedad de Estratánica, la castidad de Lucrecia, la ciencia de Cornelia y la constancia de Cenobia, dile ocasión de pedirme esta historia y aun púseme en necesidad de declarársela. El sermón ya le prediqué, los escrúpulos ya los declaré, la medalla ya la hallé; réstame agora decir quién fue la reina Cenobia y contar las proezas que hizo en Asia; lo cual hecho quedará Vuestra Alteza satisfecha de lo que me mandó y yo libre de lo que le prometí.

Es Vuestra Alteza tan tierna de condición y tan humana en conversación, que lo que puede mandar como reina, quiere rogar como hermana; lo cual, aunque para sus criados nos es afrenta es para su serenidad muy gran gloria; porque la mayor riqueza de las princesas es preciarse de caridad y ser loadas de humildad. Mucho más quisiera allá ir que no a Vuestra Alteza escribir, sino que tengo un carrillo hinchado y estoy de la gota tomado; de manera que si de mal comedido fuere acusado, no debo ser condenado, pues para hablar estoy mudo y para andar estoy coxo.

Tres historiadores griegos y dos latinos fueron los que de la reina Cenobia escribieron y que sus grandes hazañas engrandescieron; de los cuales yo saqué una pequeña sunma, para en que leyese Vuestra Alteza, lo mejor que yo supe y lo menos mal que pude. Si como fue reina gentil fuera princesa cristiana, tan digna fuera Cenobia de imitar como de loar, porque fueron sus virtudes tan notables y sus hechos tan heroicos, que dio a todos los reyes de Asia que hacer y a todos los de Europa que decir. Y porque a los príncipes y grandes señores hemos de darles las razones por peso y las palabras por medida, no se derramará en otras cosas mi pluma si no fuere en la historia de la gran Cenobia, la cual desde agora adivino que será a Vuestra Alteza grata y a los que la leyeren, acepta.

En la era de docientos y cuarenta, en la olimpiada de docientos y ochenta y cuatro, luego que murió el malvado del emperador Decio, fue electo para el imperio uno que había nombre Valeriano, del cual se escribe y dice haber sido príncipe asaz docto en la ciencia y muy honesto en la vida. Trebellio y Pulión, historiadores que fueron deste buen príncipe, dicen dél estas palabras: «Si todo el mundo se juntara y todo el mundo buscara un príncipe bueno, nunca otro fuera electo sino el buen Valeriano». Fue el emperador Valeriano magnánime en el dar, cierto en el hablar, cauto en lo que decía, atentado en lo que prometía, afable a los amigos y severo con los enemigos, y lo que es más y mejor de todo, que ni servicio sabía olvidar, ni injuria vengar.

Fue, pues, el caso que en el año cuarto décimo de su imperio se le levantó una tan peligrosa guerra en Asia, que le fue forzoso pasar a ella en persona, y esta guerra fue contra el rey de los partos, que había nombre Sapor, el cual de su condición era muy belicoso y aun en las cosas de la guerra muy bien fortunado. Pasado Valeriano en Asia y encendida entre los dos príncipes la guerra, como un día se trabase entre ellos una escaramuza, aconteció que por culpa del capitán general a quien estaba cometido el ejército, fue allí preso el emperador Valeriano y puesto en manos del rey Sapor, su enemigo. Usó tan mal de la victoria aquel maldito tirano, que no solo no le quiso rescatar, ni menos soltar, sino que todas las veces que había de subir en el caballo, ponía los pies sobre el cuerpo del viejo Valeriano, para que le sirviese de poyo. En aquel infelice captiverio y de aquel infame oficio sirvió y murió el buen emperador Valeriano, no sin gran lástima de los que lo conocían y gran compasión de los que lo vían.

Como vieron los romanos que ni a poder de ruegos lo podían libertar ni a peso de dineros rescatar, levantaron por emperador a un hijo suyo, que había nombre Galieno, y esto hacían ellos más por el amor que tenían con el padre que no por la habilidad que veían en el hijo. Muy extraño fue el emperador Galieno de la condición de su padre Valeriano, lo cual se pareció bien en que fue cobarde en lo que emprendía, falto en lo que prometía, cruel en lo que castigaba y ingrato a quien le servía, y lo que era peor de todo, que era absoluto en lo que quería y disoluto en lo que hacía. En tiempo deste emperador Galieno fue a do el imperio romano más tierras perdió y más afrentas recibió, porque de ir a la guerra era enemigo y para gobernar la república era muy flaco. Dábase Galieno por el imperio tan poco y valía su persona tan poco, y era él para tan poco, que juntamente le tenían todos en poco, y por desobedecelle se daban tan poco, que veinte y cinco tiranos se le levantaron con el imperio, cada uno de los cuales se ponía corona y se servía con cetro. Los nombres de aquellos veinte y cinco tiranos son éstos: Criado, Póstumo, otro Póstumo, Loliano, Victoriano, Mario, Encenio, Reciliano, Anoylo, Macrino, Quieto, Marciliano, Obdenato, Herodes, Meonio, Pisón, Emiliano, Saturnino, Tetricón, Trebeliano, Herminiano, Tinolao, Celso y Ireneo. Los dieciocho destos aquí nombrados fueron todos ellos capitanes y criados del buen emperador Valeriano, de manera que se preciaba de tener tales criados que mereciesen ser emperadores.

En aquellos tiempos tenían los romanos por su capitán general en la conquista de Asia a un caballero que había nombre Obdenato, príncipe y señor de los palmerinos, varón que era en las costumbres muy aprobado y en las cosas de la guerra muy diestro. Este capitán Obdenato casó con una mujer que había nombre Cenobia, la cual descendía del antiguo linaje de los Tolomeos, reyes que fueron de Egipto, de manera que era rica de hacienda, escogida en sangre, hermosa de rostro, libre en la condición y muy recatada en la conversación.

Si sus escritores no nos engañan, fue Cenobia la mujer más ilustre de todas las mujeres ilustres que hubo en el mundo, porque en ella se hallaba la riqueza de Creso, el ánimo de Alejandro, la presteza de Pirro, el trabajo de Anníbal, la sagacidad de Marcello y la justicia de Trajano. Cuando Cenobia casó con Obdenato ya había tenido otro marido, del cual le quedó un solo hijo, llamado

Herodes, y de Obdenato hubo otros dos hijos, que se llamaron Heroniano y Tolomeo, los cuales todos fueron mancebos asaz virtuosos y de su madre muy bien criados. Cuando el emperador Valeriano fue vencido y preso no estaba Obdenato en su campo, porque a dicho y opinión de todos, si él allí se hallara, nunca tal aconteciera. Pues a la hora que el buen Obdenato supo la rota y perdición de Valeriano, dio consigo a do estaba el ejército, y, recogidas las huestes que de los romanos quedaban desbaratadas, diose tan buena mafia y ayudóle tan bien fortuna, que dentro de treinta días recuperó todo lo que Valeriano había perdido, y aún hizo al rey de los partos irse huyendo. De haberse encargado Obdenato del ejército romano, en mucho lo tuvieron los romanos, y a la verdad que ellos tuvieron razón, porque si en aquel tiempo no tomara entre manos aquella empresa, acabárase el nombre de los romanos en Asia.

Estando en este estado las cosas en Asia, estábase el emperador Galieno en Mediolano de Lombardía, recreando a su persona y muy descuidado de su república, y lo que era peor de todo, que los dineros que se recogían para pagar los ejércitos, los gastaba él todos en sus propios vicios. De estarse, pues, allí Galieno ocioso y vicioso, se levantaron todos sus capitanes con los ejércitos que tenían, y con las provincias que gobernaban, de manera que en ningún reino le tenían obediencia si no era en Italia y Lombardía. Los primeros que se rebelaron contra él fueron Ciriado, en la Galia; Loliano, en España; Victoriano, en África; Mario, en Bretaña; Nicenio, en Germania; Reciliano, en Dacia; Hermoilo, en Pannonia, Macrino, en Mesopotamia, y Obdenato, en Siria; por manera que para un imperio había nueve emperadores. De rebelarse estos capitanes contra su señor Galieno, ellos no tuvieron razón, aunque es verdad que tuvieron alguna ocasión, porque veían claramente que la grandeza del imperio ellos la sustentaban y Galieno la defructaba.

Antes que Obdenato se rebelase contra Valeriano, se alzó el tirano Macrino con el imperio, es a saber, con toda la Mesopotamia y con la mayor parte de Siria, el cual, dentro de muy breve espacio, fue por Obdenato desbaratado, descompuesto y aun muerto. Muerto el tirano Macrino y sabidas las nuevas de cómo Galieno era tan vicioso, acordaron todos los ejércitos que estaban en Asia de elegir a Obdenato por su único señor y universal emperador, la cual elección, aunque el Senado no la osó aprobar en público, túvola por buena en secreto, porque de Obdenato oían grandes hazañas, y en Galieno veían grandes locuras. Fue Obdenato emperador y señor de todos los reinos de Oriente cuasi tres años y medio, en los cuales recuperó todas las tierras y provincias que Galieno había perdido y pagó todo lo que se debía al ejército romano.

Tenía Obdenato en su corte y palacio a un sobrino suyo, que había nombre Meonio, mancebo que era asaz belicoso y esforzado, aunque, por otra parte, era asaz envidioso y muy ambicioso. Andando, pues, a caza Obdenato y su sobrino Meonio, como siguiesen y persiguiesen a un puerco montés, fue el triste caso que con el venablo que el mancebo Meonio había de herir al puerco mató a traición a su buen tío Obdenato. Los monteros que iban en seguimiento de su señor y emperador, como le hallasen ya caído y mortalmente herido, en la gran herida que tenía en las espaldas y en el venablo que tenía cabe sí, conocieron que era de Meonio y que a traición le había muerto, al cual, dentro de una hora, le cortaron la cabeza. Grandes albricias dio el emperador Galieno a los que le certificaron la muerte del buen Obdenato, y, por el contrario, tomaron muy grande pesar todos los romanos de la tración que había hecho Meonio a Obdenato, su tío, porque de gobernar él tan bien los reinos de Asia tenían paz en toda Europa. Muerto Obdenato, levantaron los ejércitos a su hijo Herodiano por emperador del Oriente y porque no tenía edad para gobernar, ni fuerzas para pelear, dieron a Cenobia, su madre, la tutoría del hijo y la gobernación del imperio. Viendo Cenobia que las cosas de Asia se comenzaban a turbar, y algunas tierras a levantar, determinóse de abrir su tesoro, reparar su ejército y salir en campo, a do ella hizo tales y tan señaladas hazañas, que a los enemigos daba que hacer y a todo el mundo de que se espantar.

En edad de treinta y cinco años se halló Cenobia viuda de Obdenato, tutora de su hijo, capitana del ejército y gobernadora del imperio, en lo cual todo se dio ella tan buena maña, que alcanzó para sí tan ilustre nombre en Asia cuanto la reina Semíramis en la India. Era Cenobia constante en lo que emprendía, cierta en lo que decía, larga en lo que daba, justa en lo que sentenciaba, severa en lo que castigaba, discreta en lo que decía, grave en lo que determinaba y muy secreta en lo que hacía. Era, junto con esto, ambiciosa y presumptuosa, y a esta causa, no contenta con el título de gobernadora, se firmaba y se intitulaba, y aun coronaba, como emperatriz, y esto hacía ella todas las veces que se ponía a juzgar y se asentaba a comer. No era amiga de andar en mula, y mucho menos de pasearse en litera, sino que siempre se preciaba de tener muy buenos caballos, así para caminar como para pelear. Todas las veces que salía en campo a ver sus ejércitos o a hablar a sus capitanes, siempre salía armada y muy bien acompañada, porque de mujer no quería tener más de solo el nombre, y los hechos de varón. Cuando Cenobia estaba en la guerra, en ninguna cosa se regalaba, sino que se le pasaba una semana entera sin acostarse en cama, y si por caso le cargaba mucho el sueño, arrimada a una lanza dormía un poco. Nunca los capitanes de su ejército salieron en campo, aplazaron batalla, dieron combate o entraron en escaramuza en que Cenobia no se hallase y más que todos no se señalase.

De su propio natural, era Cenobia, de cuerpo, alta; la cara, aguileña; los ojos, grandes, la frente, ancha, los pechos, altos; el rostro, blanco; las mexillas, coloradas; la boca, pequeña, los dientes menudos; de manera que todos la temían por ser recia y la amaban por ser hermosa. Con ser Cenobia la más rica, la más hermosa, la más libre, la más poderosa, la más mirada y aun la más deseada mujer de toda Asia, jamás se dijo della alguna desonestidad, ni se vio en ella alguna liviandad. Fue Cenobia tan casta y tan honesta, que decía della Obdenato, su marido, que jamás después que estaba preñada le consentía llegar más a ella, diciendo que la buena mujer no había de tomar marido para se regalar, sino solamente para parir. Dicen sus historiadores que comía una vez al día, y esto era a la noche, y que comía mucho, y en el comer hablaba poco, y de los manjares que más comía eran cabezas de jabalín, postas de ciervo y piernas de camero. Al vino ni lo podía beber ni tampoco oler; mas junto con esto era tan curiosa, y aun costosa en el beber del agua, que valía más un cántaro que ella bebía, que cuanto vino otros bebían.

Luego que Cenobia enviudó, le enviaron sus embajadores el rey de los egipcios, y el de los partos, y el de los ireneos, y el de los griegos, para la visitar y consolar, y aun con ella se confederar, porque ninguno la osaba ofender y dos la deseaban servir. Y porque en todas las cosas fuese Cenobia perfecta y acabada, no solo fue rica, generosa, hermosa y valerosa, mas aun también fue docta en la lengua griega y latina; en especial tuvo por sus familiares libros y amigos la Ilíada de Homero y el Timeo de Platón.

Estando, pues, en este estado las cosas de Cenobia en Asia, murió el emperador Galieno en Lombardía, y los romanos eligieron por su emperador a uno que había nombre Aurelia no, varón que era de linaje oscuro, aunque en el arte militar le tenían por muy diestro. A la hora que Aureliano fue emperador electo, aparejó muy grandes huestes, a fin de pasar con ellas en Asia y hacer guerra a la reina Cenobia, porque a la sazón no había guerra en el mundo más famosa, ni para Roma más peligrosa.

Llegado, pues, el emperador Aureliano en Asia y comenzada la guerra entre él y la reina Cenobia, cada uno de los dos príncipes hacían lo que mejor podían y aun todo lo que debían. Cada día había entre ellos debates y rebatos, escaramuzas, combates y desafíos; mas como la gente de la reina Cenobia estaba más descansada y aun sabía mejor la tierra, todavía hacían en los del emperador Aureliano más daño y recibían menos peligro. Pues visto por el emperador Aureliano que no podía vencer a la reina Cenobia con armas, quísola atraer a su servicio con palabras y promesas, y para esto determinóse de escribille una carta en esta forma y manera:

Letra del emperador Aureliano para la reina Cenobia.

«Aureliano, emperador de Roma y señor de toda Asia, a ti, la honrada Cenobia, salud te desea. Aunque con las mujeres rebeldes, como tú, parece cosa indigna que sean rogadas, sino mandadas, todavía, si quisieres aprovecharte de mi clemencia y darme la obediencia sey cierta que a ti honraré y juntamente a los tuyos perdonaré. La plata, el oro, las joyas y todas las riquezas que agora tienes y posees en tu palacio yo soy contento que lo hayas todo por tuyo, y que también junto con esto a tu reino Palmerino puedas tener en vida y testar dél en la muerte; mas con tal condición que dejes todos los otros reinos y señoríos de Asia y reconocas por señora a Roma. A los palmerinos, tus vasallos, no les pedimos que nos den la obediencia como esclavos, sino que seamos confederados y amigos. Con tal condición que deshagas luego el ejército con que guerreas a Asia y desobedeces a Roma, tendremos por bueno que tengas alguna gente de guerra para la defensa de tu tierra y para la guarda de tu persona. De dos hijos que tienes de Obdenato, tu marido, quedarse ha el que dellos quisieres contigo acá, en Asia, y al otro llevaré conmigo a Roma, no como prisionero, sino como hombre depositado. Los presos nuestros que tienes allá y los presos tuyos que tenemos acá, sin que entrevenga en ello dineros, trocaremos los unos por los otros, y de esta manera quedarás tú honrada en Asia y yo no tornaré a Roma de ti quejoso. Los dioses sean en tu guarda y guarden de todo mal a nuestra madre Roma».

Respuesta de la reina Cenobia al emperador Aureliano.

Habiendo leído la reina Cenobia la carta del emperador Aureliano, ni se espantó de verla, ni de oír lo que en ella venía, sino que luego respondió en esta manera: «Cenobia, reina de los palmerinos y señora de toda Asia y sus reinos, a ti, Aureliano, emperador, salud y consolación. Intitularte, como te intitulas, emperador de los romanos, digo que aciertas; mas en osarte llamar señor de los reinos de Oriente, digo que yerras, porque bien sabes tú que yo sola soy de todos ellos la universal gobernadora y la única señora, pues los unos heredé de mis pasados y los otros adquirí con mis ejércitos. Dices que si te doy la obediencia, me harás mucha honra; a esto respondiendo, digo que no sería cosa honesta, ni aun justa, que habiendo los dioses criado a Cenobia para mandar a Asia, comenzase agora a servir a Roma. Dices también que la plata, oro y joyas que tengo me las dejar ás y confirmarás, a lo cual respondiendo, digo que me ha caído en mucha gracia querer disponer de la hacienda ajena como si ya fuese tuya propia; lo cual tus ojos no verán, ni tus manos tocarán, porque yo espero en los altos dioses que primero haré yo mercedes de los que tú tienes en Roma, que no tú de lo que yo poseo en Asia. La guerra que tú, Aureliano, me haces es muy injusta delante los altos dioses y muy agraviada al parecer de los hombres, porque yo, si tomo armas, es por defender lo que es mío; mas tú, si veniste a Asia, es por tomar lo ajeno. No pienses que me espanta el nombre de príncipe romano, ni aun he miedo a la grandeza de tu ejército, porque si es en tu mano el darme la batalla, será en la de los dioses dar a ti o a mí la victoria. Bien sabes tú que de esperarte yo en el campo será para mí mucha gloria, y de tomarte tú con una viuda habías de haber vergüenza, porque en vencerme tú a mí, ganarás muy poco, y a ser de mí vencido, aventuras mucho. Son en mi ayuda los persas, los medos, los agarenos, los yreneos, y los sirios, y con ellos todos los inmortales dioses, los cuales tienen por oficio de castigar a los superbos como tú y amparar a las viudas como yo. Ya puede ser que, queriéndolo los dioses y permitiendo los mis tristes hados, tú me quites la vida y me robes la hacienda; mas junto con esto se dirá en Roma y se publicará en Asia que si la triste de Cenobia se perdió y murió, fue por defender su patrimonio y por conservar la honra de su marido. No trabajes, Aureliano, en me rogar, ni halagar, ni amenazar para que con esos miedos haya de llamarme tuya, y entregarte mi tierra, porque haciendo lo que puedo, cumplo con lo que debo, y más y allende desto, podrán decir en todo el mundo que la emperatriz Cenobia, si fue captiva, no fue vencida. El hijo que me pides para llevar contigo a Roma, cosa es que ni la amo oír ni la entiendo hacer, porque en tu casa andará cargado de vicios y en la mía andará arreado de filósofos. Sé te decir, Aureliano, que si a mis hijos dejar é poca hacienda, los dejar é a lo menos puestos en buena crianza, porque la mitad del día los hago ocupar en las letras y la otra mitad exercitarse en las armas. Sea, pues, la conclusión de tu demanda y mi respuesta, que no cures de más me escribir, ni menos conmigo más tratos tener, porque este negocio de entre ti y mí no lo han de averiguar tus palabras, sino mis armas. Los dioses sean en tu guarda, ec».

Rescebida esta letra por Aureliano, dicen dél los escritores que se alegró de verla y se enojó de leerla, y conociósele bien esto en que luego mandó tocar al arma y combatir la ciudad a do estaba Cenobia. Como estaba Aureliano afrentado de la carta y como estaba su ejército fatigado de la larga guerra, diéronse tanta priesa en atajar a Cenobia que no le entrase bastimentos y en combatir y derrocarle los muros, que dentro de treinta días la ciudad fue asolada y la reina Cenobia presa.

Presa la triste Cenobia, luego cesó la guerra de Asia, y aun luego se partió el emperador Aureliano con ella para Roma, no con intención de la matar, sino con intención de triunfar de ella. Ver a la reina Cenobia ir delante el carro de Aureliano descalza y a pie, cargada de hierros y acompañada de dos hijos, gran espanto puso a los romanos y muy gran lástima a las romanas, porque sabían todos y todas que en hazañas y proezas ningún hombre la había sobrepujado, y en virtudes y limpieza ninguna mujer la había igualado. Pasado el día del triunfo, juntáronse todas las nobles romanas y hicieron a Cenobia grandes fiestas y diéronle muchas y muy grandes preseas, con las cuales y entre las cuales ella vivió otros diez años tan estimada como Lucrecia y tan acatada como Cornelia.

Esta, pues, es la historia de la reina Cenobia, que prometí de contar a Vuestra Alteza.

27. Letra para don Beltrán de la Cueva, duque de Alburquerque y conde de Ledesma, en la cual el autor le consuela de la muerte de su nuera, doña Constanza de Leiva

Muy ilustre señor y cristiano verdadero:

El buen Tito Livio, escribiendo el bello cartaginense, dice que dos años antes que pasase Aníbal en Italia, se encendio, sin nadie le poner fuego, el templo del dios Júpiter, sin quedar en él cosa que mirar y menos que aprovechar. Lucano también dice que no tres meses antes que Julio César y el gran Pompeyo diesen contra sí la batalla de la Farsalia, se ardio y quemó el templo del dios Apolo, el cual estaba arrimado a las casas a do vivía Pompeyo. Josefo, el hebreo, dice que cuarenta días antes que Nabuzardán, capitán de los asirios, cercase y tomase a Salem, que agora se llama Jerusalén, se ardio y quemó más de la mitad del templo santo de Salomón, no sin gran culpa de los que lo hicieron y gran lástima de los que lo vieron. Marco Ancio, capitán romano, teniendo cercada a la gran Numancia, que agora es Soria, como le dije sen que la crita a do él oraba era quemada, dijo, suspirando: «Séanme todos testigos desto que digo y de lo que ha acontecido, que pues hoy se ha quemado mi oratorio, seré yo mañana de los numantinos vencido». Lo cual fue así verdad, porque otro día que pasó esto fue el infelice de Marco Ancio, no solo vencido, mas aun muerto. Fabio Cecilio, cónsul y dictador que fue romano y capitán contra los bruscos, como le avisasen allá a do estaba que a las espaldas de la casa de un su hijo se había quemado el templo del dios Mars, escribióle estas palabras: «Mira por mi hijo mío Quincio para que aplaques con sacrificios a los dioses y te reconcilies con los hombres, que pues ellos no han perdonado su casa a do les servían, menos pienso perdonarán la tuya a do los oferiden». Plutarco, contando esta historia, dice que dos días antes que llegase la carta del padre al hijo, ya su casa era caída y él y toda su familia muerta. El egregio Augustino dice que Alarico, rey de los godos, antes que entrase y entregase a Roma, llovió leche y sangre en muchas partes de Italia. El glorioso Gregorio dice que en su tiempo acostesció, y con sus propios ojos lo vio, pelear hombres de fuego con hombres de fuego, en el aire, en aquella forma y manera que pocos meses después pelearon los longobardos con los romanos cabe el Tesín de Lombardía. san Isidoro dice que en su tiempo, y casi en su presencia, se dio la gran batalla en los Campos Tolosanos entre Randagaysmo, rey de los godos, y entre Atila, rey de los hunnos, diez días antes de la cual se vio manar olio de la imajen de Randagaysmo y llorar sangre de los ojos otra imajen de Atila.

Veniendo, pues, al propósito, quiero, por lo dicho, decir, muy ilustre señor, que si como vuestra señoría es católico, fuera agorero, y si como es caballero cristiano fuera capitán romano, con muy gran sobresalto viviera y por sospechoso aguero tuviera el ver a su casa caer y a san Francisco y a Sancta Clara de Cuéllar quemar. En las divinas y humanas letras es cosa muy antigua y de inmemorable tiempo muy probada que a los grandes hechos les precedan grandes prodigios, así por no tomarnos Dios de sobresalto, como porque esté cada uno apercebido. Para mí tengo creído que cuando Dios nuestro Señor permite que algunos prodigios o portentos vengan y acontezcan a do los veamos o los oyamos, no quiere que los tomemos por mal agüero, como gentiles, sino por buen aviso, como cristianos, porque Él no anda por espantarnos, sino por avisarnos, pues que querría Él antes vernos enmendados que no castigados. A este propósito decía el buen profeta David: «Castigans castigavit me Dominus; sed morti non tradidit me»; como si, más claro, dije se: «Es tan benigno y compasivo mi Dios y redentor, que amagó para herirme y después no quiso aun tocarme».

Hablando más en particular, aquella competencia que tuvistes, señor, tan prolija, tan costosa y tan enojosa, sobre el casar a vuestra hermana; aquel caerse os vuestra casa y fortaleza; aquel encenderse os tantos y tan ricos pinares; aquel desastre de quemarse Sancta Clara, aquella desdicha de arderse el monasterio de san Francisco, aquella nueva desgracia que tenéis entre vosotros los hermanos y aquella lamentable muerte de la señora marquesa, si yo he bien contado, siete plagas, y no menos, son éstas muy dignas de sentir, muy graves de sufrir y asaz lastimosas de oír. Más compasión me ponen las siete plagas que a vuestras puertas han tocado, que todas las diez con que fue castigada Egipto, porque aquéllas fueron hechas en un rey tirano, y éstas en un caballero cristiano, y lo que es más de todo, que aquéllas se derramaron por sus tierras, y éstas están juntas en vuestras entrañas. Yo, señor duque, teníaos por bueno, mas no por tan bueno, teníaos por cristiano, mas no por tan buen cristiano; teníaos por en el número de los confesores, mas no de los mártires, y digo, señor, que seréis mártir si los trabajos que padecéis tomáis en paciencia como bueno y no como hombre mal fortunado.

No fueron mártires los mártires, por los trabajos que padecieron, sino por la paciencia que en ellos tuvieron, porque Cristo no dijo «in laboribus sed in paciencia vestra posidebitis animas vestras». Que seáis, señor duque, perseguido, con Abel, de Caín; con Noé, de los idólatras; con Abrahám, de los caldeos; con Jacob, de Esaú; con Josef, de sus hermanos, y con Job, de sus amigos, téngolo por cosa enojosa, mas no por peligrosa, porque en el palacio real tienen por privado al que el rey regala, y en la casa de Dios, al que él castiga. Permitir nuestro Señor que cegase Tobías, condenasen a Susanna, aserrasen a Isaías, empojasen a Jeremías, captivasen a Daniel y abofeteasen a Micheas, no fue porque eran ellos malos, sino porque eran de Dios privados. Si fe tenemos y si a Cristo creemos, no hay mayor tentación que no ser tentados, y no hay mayor castigo que no ser de Dios castigados, porque los trabajos y aflicciones que nos vienen de las manos de Dios, no es justo decir que con ellos nos castiga, sino que nos avisa. Muy diferente es, ilustre señor, el lenguaje del cielo al lenguaje del suelo, porque acá llaman al castigar afrentar, y allá llaman al castigar regalar, de manera que los más castigados son los más regalados. En la casa del buen cristiano, el levantarse pleitos, el caerle edificios, el nacer enemistades, el haber enfermedades, el sobrevenir pérdidas y el morírsele los hijos, no es otra cosa sino una librea que da Dios a sus escogidos y un almagre con que señala a los suyos muy privados. No quejándose como perseguido, sino preciándose de privado, decía el santo David: «Omnes fluctus tuos, induxisti super me», como si dije se: «Todos los trabajos y peligros que das a otros a pedazos, me los diste a mí, Señor, enteros». No contento el santo Job con que había perdido siete mil ovejas, tres mil camellos, quinientos pares de bueyes, mil asnos y siete hijos, decía y pedía a Dios: «Hec sit mihi consolatio, ut afligens me dolore, non parcas», como si dije se: «No puedes, Señor, hacerme a mí mayor merced y consolación que afligirme con azotes y corregirme de mis aviesos». No estaba fuera desta opinión el buen apóstol san Pablo, cuando decía: «Mihi autem absit gloriari, nisi in cruce domini nostri Jesu Cristi». ¡O altas y muy altas palabras, las cuales, aunque son de muchos leídas, son de muy pocos entendidas y de muchos menos sentidas, porque trasciende la capacidad humana, y requiere otra angélica, poner el Apóstol toda su buenaventuranza, no en el monte Tabor, a do Cristo mostró su gloria, sino en la áspera cruz, a do Él perdió su vida! El que pone su vida en la cruz ha de vivir como en la cruz, en la cual bendito Jesu fue despojado de los sayones, injuriado de los hebreos, acompañado de los ladrones y alanceado de los caballeros, y todo esto, se obliga el Apóstol de sufrir y en ello se gloriar, porque solo aquello tenía él por gloria que le encaminaba ir a la gloria. En esta cuenta estaba y deste parecer era su alteza el rey David, cuando decía: «Bonum mihi, quia humiliasti me, ut discam justificationes tuas», como si, más claro, dijera: «¡O cuánto bien, Señor, me has hecho en haberme de tu mano humillado, porque a la hora que posiste las manos en mí, luego torné sobre mí». No estaba con pensamiento de quejarse de Dios el profeta, que hablando con Dios, decía: «Tribulatio et angustia invenerunt me, quoniam mandata tua dilexi»; como si, más claro, dijera: «El galardón que Tú, mi Dios y Señor, me das por haberte seguido y haberte servido es traerme siempre atribulado y dejar me ser perseguido».

Yo, señor duque, no soy profeta ni aun hijo de profeta; mas desde agora digo y afirmo que después acá que por el estado de vuestra señoría han pasado tan atroces trabajos, y a su corazón han lastimado tantos enojos, si estáis, señor, arrepiso de los delitos pasados y con buenos propósitos para los tiempos futuros, es señal que os habéis de salvar, porque no es otra cosa la tribulación en el justo, sino un despertador de lo en que erramos y un mullidor para lo que hagamos. Y pues esto es así, como tengo creído que es así, teneos, señor, por muy dichoso de veros con los amigos de Dios perseguido, y esto será verdadero, si de las persecuciones escapáis enmendado.

Tocando, pues, el negocio más en lo vivo, digo, y dello no me desdigo, que la séptima y última plaga que agora vino por vuestra casa, es a saber, la muerte de la señora doña Constanza de Leiva, vuestra nuera, no podemos negar sino que, muriendo, como murió, moza, hermosa, generosa, rica, bien acondicionada, recién casada y recién parida, no sea lástima digna de sentir y muy dificultosa de olvidar. No ha cuatro años que vi a su hermana morir en Génova y vi a su padre morir en Asaes, y agora se nos murió ella acá, de manera que para mayor lástima nuestra, en torno de tres años se murieron padres y hijos. El señor Antonio de Leiva, su padre, no cuatro horas antes que muriese, me dijo estas palabras: «Para el paso en que estoy, señor obispo, os juro que no llevo deste mundo otra lástima que es ver al emperador, mi señor, en esta jornada, y no dejar a mi hija doña Constanza casada». iO, qué placer tomara su padre si fuera vivo, de dejar la bien casada, verla contenta, verla preñada y verla parida, y qué lástima le tomaría al pobre viejo de verla agora muerta, verla enterrada y verla de aquí a poco olvidada, porque al muerto que no nos toca en algo, dádole el Dios te perdone y díchole cuán buena persona era, no hay dél más memoria, si acaso no viene sobre plática.

A mí me pesa de todo corazón enviaros a dar el pésame de la muerte desta señora y porque veo lo que vuestro corazón siente, lo que la señora duquesa llora, lo que el marqués su marido hace, la lástima que a todos pone y lo mucho que muchos pierden; mas al fin hémonos de consolar con que se fue a descansar, aunque nos dejó que llorar. Como mi casa de Guevara tenía tomado parentesco con la de Leiva, conocí mucho a la señora doña Constanza, y lo que conocí della fue ser cristiana en su vivir, recatada en su hablar, honesta en lo que hacía y discreta en lo que quería; de manera que con mucha razón ha sido bien llorada, y la llamaremos la mal lograda. Bien veo que la señora doña Constanza era de muchos amada, mirada, servida, envidiada, alabada y requestada; mas entre todos y más que todos era de vuestra señoría querida y regalada, y por eso no es de maravillar que tanto la sintáis y aun tanto la lloréis, porque solo aquello que el corazón ama, aquello solo el corazón de corazón siente.

Ley fue, ilustre señor, entre unos bárbaros que llamaron los lidos, que en caso de muerte nadie fuese a consolar al padre, dentro del año que se le había muerto su hijo, porque si le pesó mucho de verle morir, era muy temprano para le consolar. Aunque estos lidos tenían nombres de bárbaros, a mi parecer eran en esto cuerdos y discretos, porque el corazón recién lastimado y lloroso, como está atónito y espantado, con ninguna cosa le pueden más consolar que con ayudarle su tristeza a llorar. Todo esto digo, señor duque, para que si os parece que escribo tarde esta letra consolatoria, me creáis que sentí muy temprano vuestra pérdida y lástima, y que de pura industria, y no de pereza, he estado hasta agora aguardando que se os enxugasen un poco las lágrimas y se vadease algo vuestro corazón. Consolando un tebano al filósofo

Chilo, dijo: «¿Por qué, siendo tú filósofo, lloras tanto la muerte de tu hijo, pues ves que ya no lleva remedio?» A esto le respondió él:«E aun por eso yo lo lloro, porque ya no lleva su muerte ningún remedio».

Tráigoos este ejemplo, ilustre señor, para que, pues ya no lleva remedio la muerte de la señora marquesa, la sintáis como hombre y la disimuléis como discreto. Los antiguos filósofos llamaban al haciendado, rico; al sabio, elocuente; al dadivoso, magnánimo, al recatado, agudo, al proveído, prudente, y al sufrido, heroico, es a saber, hombre divino; en lo cual ellos decían mucha verdad, porque muy mayor corazón es menester para disimular los trabajos, que no para romper con los enemigos. Plutarco y Quinto Curcio, cronistas que fueron del magno Alejandro, no se saben determinar cuál fue mayor en aquel tan ilustre príncipe, es a saber, su alta fortuna o su muy gran cordura, porque con la fortuna vencía y con la cordura sufría.

No estoy desacordado, pues en las crónicas de César lo tengo escrito, del tiempo que vuestra señoría fue capitán general en Fuenterrabía, cuán cuerdo fue en el gobernar el campo, cuán cuidadoso de guardar la frontera, cuán animoso en pelear con Francia y cuán denodado en arriscar su persona. Y pues esto es así, pídole, señor, por merced, que pues en aquellos tan grandes peligros se mostró caballero, que en estos trabajos se muestre cristiano. Entonces, señor, os preciaréis de cristiano, cuando tantos y tan grandes sobresaltos como os ha dado fortuna en poco tiempo los tomáis de la mano de Cristo, no para dellos quejar, sino para gracias por ellos le dar, de manera que recibáis en merced lo que pensáis que os dio por castigo. No plega a la divina majestad se diga por vuestra señoría lo que nuestro Dios dijo en el Ezequiel, quejándose de la Sinagoga: «Fili hominis, conversa est mihi domus Israel in es ferrum et stanum plumbum et scoriam»; como si, más claro, dijera: «Metí a la casa de Israel en el horno de la captividad de Babilonia, pensando que en el fuego de la tribulación se me tornaría puro oro o fina plata y hase tornado en cobre, plomo, estaño, hierro y escoria».

Para persona de tan delicado juicio, como es vuestra señoría, bien siento que alcanzara lo que quiso nuestro Dios sentir en esta figura, dado caso que es palabra digna de notar y muy delicada de entender. Aquél se torna escoria, el cual, puesto en el horno de la tribulación, no solo no se enmienda, sino que de día en día más se empeora; aquél se torna cobre, el cual por los azotes y castigos que Dios le da, en lugar de se enmendar, no cesa de se quejar; aquél se torna hierro, el cual en las adversidades que le acarrea fortuna y permite la Providencia divina, no solo no quiere hacer enmienda del mal que ha hecho, sino que cada día se va más y más a lo hondo. Pues con verdad se puede decir que aquel se torna estaño, el cual en lo exterior parece de santa vida y en tocándole alguna tribulación, luego muestra ser hipócrita. Aquél se torna plomo, el cual en la condición es pesado y en la conciencia desalmado. Y de aquí es que con justa causa podamos decir que sin comparación son más los que de las tribulaciones escapan ser cobre, o hierro, o estaño, o plomo, o escoria, que no los que se tornan en ellas oro o plata; en la cual infame capitanía nos libre Dios de asentar alguna lanza, porque al fin al fin más vale ser de Dios castigados que del mundo regalados.

Yo, señor, no os aconsejo que tantos y tan grandes trabajos los dejéis de sentir, sino que dellos os sepáis aprovechar, y esto será cuando a Dios los agradeciéredes y con los hombres los disimuláredes. Al santo Job, por la paciencia que tuvo, le tornó Dios todo llo que le había quitado, doblado, y así piense vuestra señoría que lo hará con su estado y persona, pues es de creer que ni a él ha de faltar hija, ni a la señora duquesa nuera, ni al señor marqués mujer, ni a la señora doña Constanza gloria, ni a vuestros vasallos señora, ni a todos vuestros servidores alegría, la cual ruego a nuestro Señor dé a su ánima y envíe a su casa. Amén.

De Valladolid, a XXVI de enero. MDXI.

28. Disputa muy famosa que el autor hizo con los judíos de Nápoles, en la cual les declara los altos misterios de la Trinidad

Honrados rabís y obstinados judíos:

A la última disputa que yo y vosotros, honrados rabís, hecimos el sábado pasado me quisistes sacar los ojos y poner en mí las manos, por razón que alegué aquello que dijo Cristo, es a saber: «Ego principium qui et loquor vobis», diciendo que ni Cristo supo lo que decía, ni yo lo que defendía. Motejarme a mí de necio, ya puede ser verdad; mas notar a mi Cristo de falso es muy gran falsedad, porque repugna a su bondad el engañar y a su divinidad el mentir. Si como yo creo vosotros creyésedes que su humanidad fue unida al Verbo, también creeríades que era imposible que el bendito Jesú podía errar en lo que mandaba, pecar en lo que hacía, ni mentir en lo que decía; mas como estáis con vuestro Moisés obstinados, no merecéis alcanzar tan altos misterios. La ley de Moisés yo no la niego; mas junto con esto digo que no la creo, porque allende. Ve me precio de ser cristiano y no creo más de en el Evangelio, creo fiel y católicamente que al punto que Cristo espiró, vuestra ley se acabó. Por aquella palabra que el buen Jesú dijo en la cruz, es a saber, «Consumatum est», nos dio a entender que ya eran acabados los holocaustos, los sacrificios, las oblaciones, los similágines, las ceremonias y aun el cetro real y la dignidad pontifical, de manera que en el momento que comenzó nuestra Iglesia, enterraron a vuestra Sinagoga.

Más ha y a de mil y quinientos años que no tenéis rey a quien obedecer, sacerdote a quien os encomendar, templo a do orar, sacrificios que ofrecer, profetas a quien creer, ni aun ciudad a do os amparar; de manera que a la triste de vuestra Sinagoga la vieron todos morir y ninguno la ha visto resuscitar. Dixo Cristo que os quitaría el reino, dijo Cristo que os derrocaría el templo, dijo Cristo que os derramaría por todo el mundo, dijo Cristo que Jerusalén se asolaría y vuestra ley se, perdería, dijo Cristo que moriríades en vuestro pecado y que andaríades así perdidos hasta la fin del mundo, lo cual todo lo oyeron vuestros padres y se cumple en vosotros sus hijos. En las dos grandes captividades que tuvistes entre los egipcios y caldeos siempre os quedó algún rastro del sacerdocio o de profetas, o de rey, o de ley; mas después de Cristo acá, todo se perdió, todo se acabó y todo desapareció, de manera que solo el nombre tenéis de judíos y la libertad de esclavos. No hay gente en el mundo, por bárbara que sea, que no tenga algún lugar a do se acoja y algún caudillo que los defienda, como lo tenían los garamantas en Asia, los masagetas cabe la India y aun los negros en Etiopía, si no sois vosotros, tristes, cuytados, que a doquiera sois captivos y por doquiera is corridos. Cinco meses ha que estoy aquí con vosotros disputando y cada uno predicando, y aunque me pesa del mucho tiempo que he gastado y de lo poco que he aprovechado, todavía me consuelo con una cosa, y es que también mirará Dios a mi intención, como a vuestra obstinación. No me maravillo de no hacer en cinco meses ningún fructo, pues tampoco lo hizo en vosotros en treinta y tres años Cristo, porque tantas y tan grandes doctrinas como Él os predicó y tantos milagros como en vosotros obró, no solo no se lo agradecistes, mas aun por ellos le crucificastes.

Todo el daño de vosotros está en que al Testamento nuevo no creéis, y al Testamento viejo no le entendéis, y porque así Dios a mí me salve, si no nunca, que si vosotros entendiésedes de raíz la Sagrada Escritura, vosotros mismos pusiésedes fuego a la Sinagoga.

Y porque todos en general y cada uno en particular me habéis rogado os diga lo que los cristianos sienten y lo que los doctores nuestros dicen en el misterio de la Trinidad, a mí me place de lo hacer, y decir lo mejor que supiere y lo menos mal que pudiere. A todos los honrados rabís que aquí estáis en esta Sinagoga ruego y amonesto que estéis atentos a lo que propusiere, y miréis mucho lo que determinare, porque son tan altos los misterios de la Trinidad, que los ha de creer el entendimiento y no los puede mostrar la razón. Y pues todos los rabís y judíos que aquí estáis entendéis la lengua latina y española, y yo también entiendo la lengua hebraica y italiana, será el caso que este misterio de la Trinidad declararé con palabras de latín y otras veces de romance; porque es la materia tan subida, que no abastaría una lengua para declararla.

Materia muy sutil para solos letrados.

Es, pues, de saber «quod nostri sacri doctores pontint divinis notiones, propietates y relationes», y hace la Iglesia tan gran caudal destos tres nombres dichos, que debajo dellos ponen y declaran todos los altos y profundos misterios. Hase también de presuponer «quod in divinis notiones sunt quinque, videlicet, innacibilitas, paternitas, spiratio, filliatio y procesio», el conocimiento de las cuales nociones trascienden la capacidad humana y sobrepujan la angélica. Dado caso que las personas divinas no son más de tres y las nociones que della dependen son cinco, de tal manera las hemos de repartir, que entre ellas ha de caber en esta forma y manera: «Due prime notiones, scilicet innacibilitas et paternitas», se atribuyan a solo el Padre, porque solo Él engendra. La tercera noción, que se llama «spiratio», conviene juntamente al Padre y al Hijo, mas no en ninguna manera al Espíritu Santo, porque ellos dos espiran y solo el Espíritu Santo es espirado. La cuarta noción, que se dice «filliatio», conviene a solo el Hijo, y no conviene al Padre, ni al Espíritu Santo, porque en el misterio de la Trinidad, como no hay más de un Padre, así no se sufre haber más de un Hijo. La quinta noción, que se dice «procesio», de tal manera conviene al Espíritu Santo que no puede convenir al Padre tú tampoco al Hijo, porque así como de solo el Padre se verifica este nombre «paternitas», y de solo el Hijo este nombre «filiatio», así del Espíritu Santo se verifica este nombre «procesio». Es también de saber que estas noticiones tomándolas en otro sentido se llaman «relationes», en esta manera: «Paternitas est relatio», porque todo aquel que es padre, presupone tener hijo. «Filiatio est relatio, quia presuponit patrem»; lo cual es así verdad, porque todo aquel que es hijo presupone tener padre. «Procesio est relatio, quia presuponit spiritum sanctum, qui a patre filioque procedit», como nosotros, los cristianos, lo tenemos por artículo de fe. «Spiratio est relatio, quia presuponit patrem et filium. Innacibilitas non est relatio in divinis, quia nullam, aliam personam presuponit». Es también de presuponer que así como en un sentido hecimos a las «notiones, relationes», así, en otro sentido, las tornaremos «propiedades», y esto es cuando tan estrechamente convienen a una persona que por ninguna manera pueden convenir a otra. Pasa, pues, el caso desta manera: es a saber, «quod paternitas convenit soli patri, filiatio soli filio, procesio spiritu Santo, innacibilitas soli patri, filiatio procesio spiritui Santo, innacibilitas soli patri. Spirattio non est propietas, quia simul pertinet ad patrem et filium». Resumiendo, pues, todo lo que he dicho en una palabra, digo y afirmo «quod in divinis sunt notiones et propietates et relationes, nam notiones sunt quinque, propietates quatuor et relationes quatuor».

Hay otro muy gran secreto en el misterio de la Trinidad, y es que este nombre «principio» se toma en tres maneras: «Primo modo, pater dicitur principium filii per eternam generationem. Secundo modo, acipitur in quantum pater cum, filio sunt unum principium per spirationem. Tertio modo, accipitur pro patre et filio et spiritu santo per generalem creationem totius creature, quia opera trinitatis ad extra sunt indivisa». En este nombre «principio» es también de presuponer que tenemos los latinos tres adverbios comunes, es a saber: «prius», «ante» y «principium», los cuales, aunque cerca de nosotros fueran una misma cosa, en los misterios divinos no suponen de una manera, porque de solo uno dellos nos aprovechamos y los otros dos no los admitimos. Los dos adverbios que no recibimos nosotros son «prius» y «ante», y el que admitimos y de que nos aprovechamos es el adverbio «principium, quia in divinis prius et ante dicunt ordinem temporis, principium autem non ordinem temporis, sed nature».

Sea, pues, la resolución deste tan alto secreto, «quod in divinis hec est vera propositio, scilicet pater est principium filii, ad tamen hec est falsa scilicet, pater prius vel ante est quam filius».

Habéis también de saber, honrados rabís, que en el misterio de la Trinidad ponemos tres personas, y no creemos más de una esencia, la cual es inconmutable y incomprehensible, «non enim mutatur loco quia unique est, non mutatur tempore quia eterna est, non mutatur forma quia semper actus est; non mutatur alteratione, quia semper eadem est». Cuanto a las personas divinas, es de ponderar «quod ad ese persona requiritur triplex distinctio, scilicet singularitatis, inconmutabilitatis et dignitatis». Quiero por lo dicho decir que para una persona ser persona divina, se requiere que tenga tres cosas, es a saber, que haya en ella alguna singularidad, que no se halle en otra, alguna incomunicabilidad que a ella y no a otra se comunique, y alguna dignidad que en ella y no en otra se halle. Por todas estas tres razones, la persona de Cristo nuestro Dios es persona divina, aunque está enforrada de carne humana. Lo primero, que es algún privilegio de singularidad, se halló en el ánima de Cristo, la cual, sola y por especial gracia en el punto que fue criada, fue unida a la divina esencia. El segundo privilegio, que es de inconmunicabilidad, se halló en el sagrado cuerpo de Cristo, el cual, en el vientre de su bendita Madre, juntamente fue por el Espíritu Santo formado, y fue del Verbo asumpto. El tercero privilegio, que es «dignitatis», se halló también en el ánima y cuerpo de Cristo, quedando en Él naturaleza divina y naturaleza humana, y no más de una persona, que fue la persona divina. Más y allende desto, habéis de saber, honrados rabís, que hay unos términos que se llaman «actos esenciales» y «actos personales», la definición de los cuales conviene mucho saber a los que de la Sagrada Escritura quisieren entender algo.

Pongamos ejemplos de todo esto, para que se entienda mejor lo que digo. En el Génesis, primero capítulo, se dice: «in principio creavit Deus celum, et terram». Allí, este nombre, «Deus accipitur esencialiter et non personaliter, quia creare est actus esencialis et non personalis, et convenit toti trinitati in quantum Deus». Item, en el psalmo segundo dice: «Dominus dixit ad me: filius meus es tu», a do aquel nombre «Deus accipitur personaliter et nom esencialiter, quia pro persona patris precise supponit, et in divinis generare est actus personalis et nom esencialis et est notio ipsius patris».

Habéis también de saber, honrados rabís, que como en Cristo hay una sola persona divina, hay también naturaleza divina, naturaleza humana y naturaleza mística. La primera naturaleza «est eterna; secunda est a verbo asumpta; tercia est in Adan corupta, que licet non sit altera specie ab humanitate Cristi, tamen est altera secundum condicionem nature sauciate». En las divinas letras, algunas veces se introduce Cristo y habla según la naturaleza divina y eterna, así como cuando dice: «Dominus dixit ad me: filius meus es tu». Otras veces se introduce Cristo y habla según la naturaleza humana, así como cuando dice: «in capite libri scriptum est de me, et illud domine non est exaltatum cor meum». Otras veces se introduce Cristo y habla según la naturaleza mística y corrupta, así como cuando dice: «longe a salute mea verba delitorum meorum, et illud delita labiorum meorum, a te non sunt abscondita».

Hase de advertir en esto mucho, y es que cuando Cristo dice «delita labiorum meorum a te non sunt abscondita», lo dice cuanto a la pena, y no cuanto a la culpa, porque el cuerpo místico lo cometió, y su verdadero cuerpo lo pagó. Es entre nosotros tan poca la amistad, que los pecados nuestros echamos a otros, y es en Cristo tan grande la caridad, que los pecados ajenos toma por suyos, de manera que confiesa tener muchos pecados, porque fue redentor de muchos pecadores.

He aquí, pues, honrados rabís, lo que los cristianos sentimos de su divinidad y confesamos de su humanidad, so cuya fe yo me precio vivir y protesto morir. Y porque yo he dicho más que pensé decir, ni aun vosotros quisiérades oír, dejemos para otra disputa vuestras dudas y mis respuestas, porque tantos señores y perlados como están aquí, ya es hora que se vayan a comer y a retraer.

29. Disputa y razonamiento del autor hecho con los judíos de Roma, en el cual se declaran dos muy notables autoridades de la Sacra Escritura

Aljama honrada y nobles judíos:

Yo quedé de la disputa pasada tan cansado, de lo mucho que nos detuvimos, y quedé tan atronado de las voces que allí dimos, que si no me fuera por el servicio de mi Cristo y por el celo de vuestras ánimas, y por la honra de mi ley, y por la profesión que hice de teólogo, estad seguros que ni más con vosotros disputara, ni jamás en esta Sinagoga entrara, porque para converti-ros, estáis muy obstinados y para disputar con vosotros, sois muy porfiados. Ni a vuestra autoridad ni a mi gravedad pertenece que los debates que tene-mos y las opiniones que defendemos las averigüemos con armas ofensivas, ni aun con palabras injuriosas, porque en las escuelas a do yo me crié, y entre los maestros de quien yo aprendí, no tenían por varón sabio al que voceaba mucho, sino al que probaba bien. Pues vosotros no debatís conmigo sobre cosas de honra, ni yo vengo aquí por pediros alguna hacienda, sino solamente por averiguar la verdad de la Sagrada Escritura, por amor de Dios os ruego no me atagéis a lo que dijere, y me oyáis hasta que acabe, porque tenéis de costumbre todos los de esta sinagoga de que si os alegan una palabra que no os sepa bien de la Escritura, luego dais voces y lo metéis todo a barato. Oídme y oíros he, hablad y hablaré, escuchadme y escucharos he, sufridme y sufriros he; que pues hablamos de cosas tan altas y no disputamos sino de cosas divinas, justa cosa es que las disputemos como sabios, y no que las voceemos como locos, por que la ciencia del sabio se conoce en lo que dice y la prudencia en como lo dice.

Todo esto digo, honrados judíos, a causa que en la disputa de hoy a ocho días, no solo me resististes y impugnastes las dos autoridades que alegué del profeta Isaías, y del rey David, mas aun me dijistes a boca llena, y aun a puño cerrado, que mentía y que no entendía lo que decía; de manera que no solo me injuriastes, mas aun me amenazastes. Que digáis vosotros de mí que soy gran pecador, que soy muy remiso, que soy muy bobo y aun que soy muy necio, digo que lo consiento y aun que lo confieso; mas decirme aquí delante de todos que es falso lo que alego y irróneo lo que defiendo, apelo dello todo, porque si en mí no hay que escoger, tampoco hay en la ley de Cristo que desechar, pues es de tal condición el mi buen Jesú que la hizo, que aunque quiera, no puede pecar ni sabe errar.

Veniendo, pues, al caso, no me parece que os hago injuria en alegaros los testos de la Biblia, en especial los de David, que fue el rey a quien vosotros más quesistes, y los de Isaías, que fue el profeta a quien en más tuvistes, los cuales dijeron y profetizaron la ignorancia que teníades, de la cual plega al redentor del mundo sacaros y con la lumbre de su gracia alumbraros, porque me pone muy gran lástima de veros agora tan abatidos habiendo sido de Dios tan regalados. «Scrutati sunt iniquitates, et defecerunt scrutantes scrutinio», dice David hablando de los doctores de vuestra ley, y es como si dije se: «Asentáronse los maestros de la ley a escrudriñar las Escrituras sacras y no sacaron dellas sino falsedades y malicias».

Por vida vuestra, que me digáis, honrados judíos, de quiénes habla aquí vuestro profeta, y quiénes fueron los que osaron falsar la Escritura sacra, para que dellos nos guardemos, y aun como a herejes los quememos; porque conforme al precepto de Platón, crimen «lese magestatis» es poner la lengua en el rey y interpretar mal la ley. Si decís que los gentiles «scrutati sunt iniquitates», a esto os respondo que es falso y que les levantáis un gran falso testimonio, porque los príncipes gentiles mucho más se preciaban de pelear en el campo que no de leer en los libros. Si decís que aquellos que agora llamamos moros son de quien dice el profeta «scrutati sunt iniquitates», a esto os respondo que es tan falso lo uno como lo otro, porque si cotejamos el tiempo en que reinó David, que esto profetizó, hasta el año en que Mahoma nació, pasaron menos de dos mil y más de mil y ochocientos años. Pues si decís que por nosotros los cristianos dijo el profeta «scrutati sunt iniquitates», es gran falsedad y repugna a toda verdad, porque dado caso que la cristiandad fue seiscientos años antes que la morisma, y más de tres mil años después que comenzó la gentilidad desde que esta profecía se escribió en Jerusalén hasta que comenzaron a llamarse cristianos en Antioquía, pasaron más de mil años y aun otros trescientos sobre ellos. Resta, pues, por verdad, que pues la profecía no se puede averiguar de los gentiles, ni de los moros, ni de los cristianos, que debe hablar con vosotros y se debe entender de vosotros, mayormente que no dice el profeta «escudriñarán», sino «escudriñaron», para darnos a entender que mucho antes del rey David que esto dijo habían ya vuestros pasados comenzado a corromper las Escrituras sacras y a poner en ellas glosas heréticas. Ni miento ni me arrepiento en decir que vuestros antiguos padres «scrutati sunt iniquitates», pues no entienden la profecía de Jeremías, que dice: «post dies multos dicit Dominus: dabo legem meam in visceribus illorum et in corde corum ascribam eam», y es como si dije se: «Después de muchos días y pasados muchos años yo criaré una nueva gente, y les daré una nueva ley, la cual yo mismo escribiré en sus entrañas, y la sellaré en sus corazones, para que nadie la pueda falsar, ni ellos olvidar».

596

Así como la profecía de «scrutati sunt iniquitates» habla con vosotros y no con nosotros, así esta de Jeremías que dice «dabo legem meara in visceribus illorum», habla con nosotros y no con vosotros, pues nuestra saneta fe católica más consiste en lo que tenemos arraigado en los corazones, que no en lo que está escrito en, los libros; de manera que todo el bien del cristiano está, no en lo que lee, sino en lo que cree. Las maravillas que Cristo hizo y las doctrinas que al mundo dio, bien es que las sepamos y bien es que las leamos; mas muy mejor es que las creamos, porque son infinitos los que se salvan sin saber leer, y ninguno sin bien creer. Las pregmáticas que ordenaron y las leyes que hicieron Moisés y Promoteo, y Solón, y Ligurgtúo, y Numina Pompilio, todas las escribieron con sus plumas y las dejaron puestas en sus librerías; mas de Cristo, mi Dios y Señor, aunque sabemos dél que predicaba cada día, no se lee dél haber escrito ni una sola palabra, y la causa desto fue que como Él no nos daba ley sino de amor, y el amor no podía estar sino en el corazón, quiso más que le buscásemos en los corazones amando que no en los libros leyendo.

No sin alto misterio dijo Dios por boca de vuestro profeta que la ley que nos diese su Hijo nos la escribiría primero en los corazones que no los evangelistas en los libros, porque desta manera ni se puede olvidar, ni mucho menos quemar. Si vuestros antiguos padres tuvieran la ley de Moisés escrita en los corazones como la tenían en los pergaminos viejos, nunca ellos adoraran a los ídolos Belo, Behelfigor, Astaro y Bahalim, por el cual pecado fuiste muchas veces en tierras extrañas captivos y en manos de vuestros enemigos puestos.

Prosigue el autor su intento y declárase de do descendió y cómo se perdió la lengua hebraica.

Mostrastes también contra mí muy grande enojo, porque en medio de mi disputa alegué a vuestro Isaías, cap. XLIX, a do dice Dios Padre, hablando con su propio Hijo estas palabras: «Parum est mihi ut suscites tribus Jacob, et feces Israel, dedi te in lucem gentium, ut sis salus mea usque ad extremum terre», y es como si, más claro, dije se:«Para ser tú mi hijo, y para preciarte de tener en mí tal Padre, no debrías contentarte y satisfacerte con restaurar solamente los tribus de Jacob y convertir a las heces de Israel, porque el fin para que yo te mandé tomar carne es para que a toda la gentilidad alumbres y a todo el mundo redimas». A todos los que algo leemos nos es notorio que el profeta Isaías fue de nación hebreo, en oficio profeta, en condición noble, en sangre ilustre y en el escribir muy elegante, a cuya causa debéis quejaros dél, porque os llamó heces de Israel, y escurriduras de Jacob, que no quejaros de mí, pues cuanto ha que con vosotros disputo, nunca os menté doctor cristiano, sino solamente al que es profeta y hebreo. Llamaros Isaías heces de Israel y escurriduras de Jacob, tan poca razón tenéis de quejaros dél como la tenéis de mí, pues otro profeta os llamó escoria; otro, carcoma; otro, polilla; otro, labrusca; otro, sentina; otro, orujo; otro, humo, y aun otro, hollín; de manera que como vosotros no os cansábades de pecar, tampoco cesaban ellos de os motejar. ¿Negarme heis vosotros, honrados judíos, que no tenéis ya del vuestro, sacerdocio, ni del vuestro cetro, ni del vuestro templo, ni del vuestro reino, ni de vuestra ley, ni de vuestra lengua, ni aun de vuestra Escritura, sino las heces que huelen y las escurriduras que hieden? Lo que de vuestra ley era claro, era limpio, era precioso y era oloroso, mucho antes de la encarnación se consumía, y lo poco que quedó, en Cristo se acabó. El sunmo sacerdocio, que había siempre de estar en el tribu de Leví, bien sabéis que no tenéis ya dél sino las heces, pues en tiempo de los buenos Macabeos no se daba a los levitas que tuviesen más méritos, sino a quien daba por él más dineros; de manera que el sacerdocio se compraba y se vendía como se compra y vende una ropa en el almoneda.

Del vuestro cetro real tampoco tenéis ya sino las heces, pues Herodes ascalonita no solo usurpó vuestro reino, mas aun de industria hizo ahogar al príncipe Antígono, hijo de Alejandro, vuestro rey, en el cual mancebo se acabó el reino de Judea y la corona de Israel. Del vuestro antiguo templo que fue curioso en edificios y santo en sacrificios, no tenéis dél sino las heces y escurreduras, pues sabéis vosotros muy bien que cuarenta años no más después que matastes a Cristo, los emperadores Tito y Vespasiano le quemaron, le robaron y le asolaron, de manera que dende en adelante no decían «este es el templo», sino «aquí fue el templo».

De la monarquía y señorío de vuestro reino tampoco tenéis ya sino las heces, pues sabéis que desde el tiempo que el gran Pompeyo pasó en Asia y os tomó el reino de Palestina, nunca más se fió de hombre judío guarda de fortaleza ni llaves de ciudad, ni gobernación de pueblo, ni título de señor, sino que para siempre quedastes sujectos a los romanos, no como súbditos, sino como esclavos. De la antigua lengua de vuestro hablar y de los antiguos caracteres de vuestro escribir, tampoco tenéis ya sino las escurreduras y las heces, y que sea esto verdad pregunto a todos los de esta aljama, si sabe alguno de vosotros hablar la lengua de vuestros antepasados, y si sabe leer, ni menos entender ninguno de los libros hebreos, para en prueba de lo cual yo entiendo aquí relatar todo el origen de vuestra lengua hebrea; es a saber, dónde nació y de cómo poco a poco se perdió.

Para entendimiento desto es de saber que el patriarca Noé, con sus hijos y nietos, luego que escapó del diluvio, se fue a tierra de Caldea, que está sita en el cuarto clima, y aquella fue la primera región que se pobló en todo el mundo, y de allí se poblaron los egipcios, y luego los fenices, y luego los etíopes, luego los sármatas, luego los griegos, y luego los latinos, que somos nosotros. En aquella tierra de Caldea nació el patriarca Abrahám: es a saber, de la otra parte del río Eufrates, junto a la Mesopotamia, y cuando Dios le llamó para que fuese su siervo y adorase a un Dios solo, vínose a morar a tierra de Canaán, que después se llamó Siria la Menor, y allí fue a do el buen viejo de Abrahám hizo más su habitación y a do después de sus días dejó su generación. En tierra de Canaam tenían otra lengua que llamaban lengua sira, muy diferente de la que llamaban caldea, y como Abrahám y sus descendientes morasen allí muchos años, como él y los suyos no pudiesen aprender del todo la lengua de aquella tierra, ni los de aquella tierra la de Abrahám, fueronse poco a poco corrompiendo las dos lenguas: es, a saber, la sita y la caldea, y hizo de ambas a dos una lengua que después llamaron la hebrea. Este nombre, «hebreo», quiere decir «hombre peregrino» o «hombre de la otra parte del río», y como Abrahám había venido de allende de Eufrates, llamábanle todos el hombre hebreo, como quien dice hombre de allende los puertos; de manera que de llamarle a él hebreo se llamó su lengua hebrea, y no caldea, aunque él era caldeo.

Muchos doctores latinos y griegos quieren sentir que la lengua hebrea desciende de Heber y que es la lengua que se hablaba antes del diluvio; mas Rabialhacer y Mosén Abudach, y Afesruta, y Zimibi Sadoch, que son los más famosos y más antiguos doctores hebreos que vosotros tenéis, juran y afirman que la primera lengua del mundo se perdió en la confusión de Babilonia, sin quedar della ni sola una palabra. Ya que la lengua de Noé se perdió, y la lengua caldea se tornó sira, y la sira paró en hebrea, sobrevino irse Jacob y sus doce hijos a morar a Egipto, en la cual captividad como estuviesen muchos años olvidaron la lengua hebrea y no aprendieron a hablar bien la lengua egipcia, por manera que todo lo que hablaban era corrupto y aun muy mal pronunciado. Después de la destruyción del segundo templo, y de la total perdición de la tierra santa, como todos vuestros padres fuesen por todo el mundo derramados y dados perpetuamente por captivos, y viendo nuestro Dios que no quedaba ya de vosotros sino las heces de Jacob, y la orrura de Israel, tuvo por bien que juntamente se acabase la orden de vuestro vivir, y la manera de vuestro hablar.

He aquí, pues, honrados judíos, probado por vuestros doctores propios, en cómo de vuestra tierra, de vuestra lengua, de vuestra fama, de vuestra gloria y de vuestra antigua Sinagoga no tenéis ya sino las heces que dijo el profeta, y las escurreduras de la cuba, por manera que ni tenéis ya ley que guardar, ni rey que obedecer, ni ceptro de que os preciar, ni sacerdocio que honrar, ni templo a do orar, ni ciudad a do morar, ni aun lengua que hablar.

En todo lo que hemos dicho hasta aquí, solamente hemos dado en los broqueles, sin haber llegado a las manos, pues lo principal de nuestra disputa se queda aún de averiguar y aclarar: es a saber, probaros muy claramente en cómo habéis venido ya en tanta demencia y locura, que no tenéis sino las puras heces de la Escritura sacra, porque no está en más toda vuestra perdición, sino en tenerla corrompida, y muy mal entendida. Y porque en ser verdadera la Escritura que nosotros recibimos y ser falsa la que vosotros confesáis, está el fundamento de vuestra obstinación y nuestra redención, seráme aquí necesario de contar algo por estenso el principio de perderse vuestra Escritura, como conté, adónde y cómo se perdió vuestra lengua.

Es, pues, de saber que salidos vuestros padres de Egipto, y antes que entrasen en la tierra de promisión los cinco libros de la ley que escribió el vuestro gran duque Moisés, y los que después escribió el profeta Samuel y Esdras, todos los escribieron en lengua hebrea, sin poner allí algún vocablo de la lengua egipcia. Como el vuestro Moisés era alumbrado de Dios en todo lo que hacía y no menos en todo lo que escribía, quiso el Espíritu Santo que aquella Escritura sacra se escribiese en la antiquísima lengua hebraica, es a saber, en la que Abrahám sacó de Caldea; en lo cual os daba Dios a entender que habíades de imitar a vuestro padre Abrahám, no solo en el vivir, mas aun en el hablar. En cuanto Moisés y Aarón, y Josué, y Ezequiel, y Calef, y Gedeón, y los otros catorce duques de Israel que gobernaron vuestra aljama hasta la muerte del santo rey David, siempre la ley de Moisés fue bien entendida y razonablemente guardada; mas después que aquellos buenos hombres se acabaron y los sucesores de David reinaron, nunca más anduvo la Sinagoga bien regida, ni aun la Escritura sacra fue bien entendida. Quiero decir que no fue bien entendida de todos los doce tribus en común, porque algunas personas particulares hubo después en la casa de Israel, las cuales fueron a Dios nuestro Señor muy aceptas y que para su república fueron muy provechosas. Que vuestra ley no fuese bien entendida, parece claro en que teníades prohibido en vuestra aljama que las visiones del Ezequiel, el sexto cap. de Isaías, el libro de los Cantares de Salomón, el libro del santo Job y las Lamentaciones de Jeremías no fuesen leídas, ni menos glosadas de nadie, y esto no porque no eran libros santos y aprobados, sino porque no eran del todo bien entendidos.

Tampoco me podéis negar que vuestro rabí Salmón, rabí Salomón y rabí Fatuel, y rabí Alduhac, y rabí Baruch no dicen y afirman en sus escritos y por ellos que después que salistes de la segunda captividad de Babilonia nunca más supistes hacer las ceremonias del templo, ni hablar la lengua hebrea, ni entender la sagrada Escritura, ni cantar los psalmos de David, ni aun conocer los lenguages antiguos. Tampoco me podéis negar que no hayan ido los de vuestro pueblo judayco en tiempo del gran sacerdote Matatias a la corte del rey Antíoco, a le vender el reino y a se tornar gentiles, y lo que es peor de todo, que consentiste quemar públicamente todos los libros de Moisés, y poner estudio en Jerusalén a do se leyesen las leyes de los gentiles, y poner un ídolo en el templo santo a do le ofreciesen encienso, como si fuera el Dios verdadero; las cuales cosas todas no osara yo deciros, si no las hallara escritas en los libros de los Macabeos. Viendo pues, la sunma verdad de Dios nuestro Señor que el vino de la ley se iba acabando y las heces y escurreduras descubriendo, y que se llegaba ya el tiempo en que los gentiles se habían de convertir y que en ellos se había la Iglesia de comenzar, permitió, y aun dio orden, en como todas las Escrituras santas se trasladasen en lengua griega, pues se había de perder la lengua hebraica.

Contando, pues, el caso de cómo esto pasó, es a saber, que siendo rey de Egipto Tolomeo Filadelfo, como presumía, y aun de hecho lo era, muy docto en la filosofía y muy sabio en la astrología, queriendo añadir saber sobre saber, procuraba este buen rey de tener consigo a hombres muy doctos y de buscar por todo el mundo todos los mejores libros, y de aquí es que daba cada día ración en su casa a más de docientos filósofos, y tenía en su librería sobre más de cinco mil libros. Oyendo el buen rey Tolemeo que entre los hebreos había varones sabios y que tenían libros antiguos, envió sus embajadores al gran sacerdote Eleázaro, rogándole y pidiéndole por especial gracia quisiese enviar algunos varones doctos, y que en la ley de Moisés estuviesen muy instructos, los cuales fuesen bastantes para trasladar de hebraico en griego toda la ley musaica, con todos los más libros que hubiese en su sagrada Escritura. Luego condescendió el sacerdote Eleázaro a lo que le envió a rogar el buen rey Tolomeo, y para cumplimiento dello escogió de cada tribu seis varones doctísimos, que por todos fueron setenta y dos varones, por cierto que debían ellos ser muy recogidos en las costumbres y muy doctos en las ciencias, pues merecieron ser tan altamente alumbrados del Espíritu Santo que tuvieron nombres de intérpretes y renombres de profetas. Estos setenta y dos intérpretes son los más nombrados y los muy afamados en todas las historias antiguas y auténticas, los cuales transladaron de lengua hebrea en lengua griega todo lo que hasta allí estaba escrito del Testamento viejo, lo cual hicieron ellos con tanta verdad y fidelidad, que como a doctrina católica la tiene recibida la Iglesia.

Fueron estos setenta intérpretes tan avisados, que doquiera que en la translación se tocaba algún misterio de la Trinidad o del Mesías que había de venir al mundo, como eran misterios tan altos y tan oscuros, y que era necesaria la fe para entenderlos, o ponían allí un signo, o dejaban por declarar el misterio, de manera que la Escritura dellos, aunque no es falsa, es a lo menos en algunas partes oscura y en otras corta. He aquí, pues, honrados judíos, en como dijo verdad Isaías, en decir que érades heces de Israel y escurreduras de Jacob, pues hizo Dios merced al pueblo gentílico, no solo de vuestro sacerdocio y de vuestro templo, mas aun de su Iglesia y de vuestra Escritura sacra.

Prosigue el autor la materia y declara cómo los hebreos falsaron las escrituras sacras.

Quédanos aún aquí de decir qué haya sido la ocasión de haber entre vosotros tantas glosas falsas y de estar vuestras Escrituras tan corrompidas, que, como nos enseña la experiencia, ninguno puede hacer buena cura, si primero no es la enfermedad bien conocida. Es a saber, que (Numeri XI cap.) mandó Dios a Moisés que eligiese setenta hombres del pueblo que fuesen viejos y sabios, los cuales le ayudasen a gobernar y a llevar la carga del pueblo israelítico, que como Moisés era uno solo, no podía oír los pleitos todos del pueblo, y fueron tales y tan buenos todos los que Moisés escogió, que en el mismo día cada uno dellos ya profetizaba. Lo que entonces mandó Dios a Moisés que hiciese por descanso de su persona, tomó, después de él muerto la Sinagoga en costumbre perpetua, es a saber: que continuamente residían en la santa ciudad de Jerusalén setenta hombres viejos y doctos, los cuales juntamente con el sunmo sacerdote tenían cargo de declarar todas las dudas que nacían de la ley, y de oír y de sentenciar todos los pleitos que había en el pueblo. Tenían también estos setenta viejos cargo de hacer pregmáticas para la república, y aun se extendían a ordenar lo que había de hacer cada uno en su casa, y así es que éstos fueron los que ordenaron y mandaron que, antes que se asentasen a la mesa los hebreos, se lavasen muy bien las manos, de la transgresión de la cual ceremonia fueron los Apóstoles acusados y por Cristo defendidos. Si no se extendieran a más estos viejos de hacer pregmáticas en la república, y oír pleitos en la plaza, aún fuera cosa tolerable; mas aun extendiéronse a glosar la Biblia y a meter la mano en la Sagrada Escritura.

Los principales glosadores vuestros fueron rabí Salmón, rabí Salomón, rabí Enoch, rabí Limudar, rabí Adán, rabí Elchana y rabí Jojade; las glosas de los cuáles tuvistes vosotros en tanto precio y estima como si el mismo Dios las ordenara y Moisés las escribiera, de lo cual se siguió engendrarse grandes errores en vuestras aliamas y poner muchas falsedades en las Escrituras divinas. En tiempo de nuestro Cristo no acusaron los hebreos a sus discípulos de que habían quebrantado los mandamientos de Dios, sino de haber traspasado las ordenanzas de los viejos; y, por el contrario, Cristo nuestro Dios no arguyó a los hebreos que quebrantaban las ordenanzas de los vicios, sino que por qué quebrantaban los mandamientos de Dios. De lo cual se puede inferir que en más teníades vosotros lo que decía la glosa, que no lo que mandaba la Santa Escritura.

Tampoco me podéis vosotros negar que por las declaraciones falsas y entendimientos erróneos que dieron vuestros antepasados a la Biblia, no se levantaron en vuestra Sinagoga aquellas tres malditas sectas de herejes, es a saber, los aseos, los saduceos y los fariseos, los cuales pusieron en vuestra república gran escándalo y en vuestra ley mucho escrúpulo. Y porque sepáis que sé todos vuestros secretos, bien sabéis y sabemos que cuarenta años antes de la encarnación de Cristo hubo un judío en Babilonia que se llamaba Jonatán Abenuziel, el cuál fue tan estimado de vosotros, y en tanto tenidos sus libros, que dicen dél vuestros autores haberse renovado en él la fe de Abrahám, la paciencia de Job, el celo de Elías y el espíritu de Isaías. Este rabí Abenuziel fue el primero que trasladó la Biblia de lengua hebraica en la lengua caldea, lo cual hizo él con tanta verdad y fidelidad, que luego se dio a su glosa tanto crédito como si la escribiera el Espíritu Santo . Este buen judío Abenuziel es el que a do dice el psalmista «dixit dominus domino meo», dijo él: «dixit dominus verbo meo». Y a do dice, en otro psalmo, «ego mortificor», dice él: «ego mortificor». Y a do dice «percutiam et ego sanabo», dice él: «percutiar et ego sanabo». Y a do dice «adversus dominum et adversus Cristum eius», dijo «adversus dominum et adversus Mexiam eius». Y a do dice Salomón «viam viri in adolescencia», dijo él: «viam viri adolescentula». De manera que en sus palabras más parecía profetizar que no glosar. La transtación de este judío Abenuziel es la que llamamos agora caldea, y de la que más usan en las iglesias orientales; es a saber, los armenios, los caldeos y los egipcios, y aun muchos de los griegos.

En el año sexto del imperio de Trajano, viendo los doctores de vuestra ley que muchos judíos se tornaban a la ley de Cristo, viendo que conforme a la translación de Abenuziel, era Cristo el verdadero Mesías que esperaban ellos, juntáronse todos en la ciudad de Babilonia, y allí mandaron, so graves penas, que más no fuese aquella glosa leída, sino a do quiera que la hallasen, fuese quemada. condenada la glosa de Abenuziel por su Aljama, fue el caso que en el año cuarto del emperador Trajano se convertió de los gentiles a la ley de Moisés un sacerdote dellos, natural de la isla de Ponto, que había nombre

Aquila, y la conversión deste Aquila al judaísmo fue, no por salvar en aquella ley su ánima, sino por poderse casar con una judía hermosa. Hecho, pues, judío Aquila, como era hombre docto y agudo, púsose a trasladar toda la Sagrada Escritura: es a saber, de hebreo en griego, y ésta fue la primera translación que se hizo después que Cristo encarnó, que fue en el año centésimo cuarto después que nació: la cual translación tuvistes en poco los judíos, por ser hecha del que había sido gentil, y los cristianos la tuvieron en menos, por haberla hecho el que se tornó judío. Cincuenta y dos años después que murió el judío Aquila, es a saber, en el año octavo del mal emperador Cómodo, hizo otra translación de hebraico en griego otro judío, que después se tornó cristiano, que se llamaba Teodocio, en la cual corrigió todas las faltas en que había sido Aquila defectuoso y aun no muy católico. Treinta y siete años después que murió Teodocio, es a saber, en el año nono del emperador Severo, hizo otra translación de la Biblia de hebraico en griego otro varón docto y virtuoso que había nombre Símaco, la cual fue por todo el Oriente muy bien recibida, y dende a poco tiempo fue de todos reprobada.

En aquellos tiempos florescía en toda la mayor parte de Asia la herejía de los ebionatas, de la cual hace mención san Juan en el Apocalipsi, y dado caso que Teodocio y Símaco fueron fieles en sus glosas y ciertos en sus palabras, no quiso nuestra Iglesia santa recibir sus Escrituras, pues no tenía confianza de sus personas. Catorce años después que Símaco murió, que fue en el quinto año del emperador Helio Gábalo, aconteció que un patriarca de Jerusalén, que había nombre Johannes Budeos, halló en un soterraño de Jericó todo el Testamento viejo y nuevo, transladado de griego en latín, el cual estaba fielmente escrito y católicamente transladado. Esta, pues, es la translación de que ahora comúnmente usa la Iglesia latina, y ésta es la que llaman por otro nombre «quinta edictio», y aun otros la llaman la translación hiericontina, que quiere decir la que se halló en Jericó; el autor de la cual hasta hoy ni se escribe quién haya sido, ni aun se presume quién podía ser. No diez años que esto pasó, es a saber, en el octavo año del emperador Alejandro, hijo de Mamea, un doctor nuestro, llamado Orígenes, corrigió la translación de los Setenta intérpretes, es a saber, añadiendo todo lo que en ellos fueron diminutos y aclarando los misterios en que fueron oscuros, poniendo a do algo declaraba una estrella y a do algo quitaba, una saeta.

Todas estas seis translaciones que arriba hemos contado, es a saber, de los setenta intérpretes, de Aquila, de Símaco, Teodocio y la de Jericó, y la de Orígenes, las solían los antiguos poner en un libro, es a saber, escribiendo en cada plana seis columnas, y llamábase aquel libro «Hexapla, ab hex qui sex latine quasi sex translaciones in se continens». Bien cuatrocientos años después que esto pasó, un doctor nuestro, que se llama san Jerónimo, varón que fue en su edad muy docto en la Sagrada Escritura, y aun también en la ciencia humana, y no menos diestro en la lengua griega, hebraica, caldea y latina, el cual también corrigió la translación de los Setenta intérpretes y después hizo él otra muy solenne translación por sí, de griego en latín, así del Testamento viejo como del nuevo, de la cual comúnmente usa agora nuestra Iglesia romana, aunque no en todos los libros, de manera que ésta es de la que más usamos y que en más tenemos.

También quiero que sepáis, honrados judíos, en cómo en el año de trecientos y catorce después que Cristo encarnó, se levantó entre vosotros un judío, de nación idumeo, que había nombre Maír, varón muy astuto y que en el arte de nigromancia era muy diestro, el cual tuvo tanto crédito con vosotros y entre vosotros, que os hizo entender que había, dado Dios dos leyes a Moisés en el monte Sinaí, la una en escrito y la otra de palabra; lo cual decía él que había hecho Dios porque al cabo de mucho tiempo se había de perder la ley escrita, y que entonces se publicaría la ley que había dado de palabra. Esta ley, decía el maldito judío de Maír que la reveló Dios a Moisés de solo a solo, y Moisés la reveló a Josué y Josué a su sucesor, y que desta manera vino de uno en otro hasta el mismo Maír y que a él le mandó Dios que la pusiese por escrito, y la revelase al pueblo judaico, porque ya la ley de Moisés se acababa y el pueblo se perdía. A esta ley segunda que hizo y inventó el vuestro judío Maír se llama en hebreo Misna, que quiere decir «ley secreta», la cual ley misna glosaron después muchos doctores vuestros, especial rabí Monoa, y rabí Andasi, y rabí Butaora, y rabí Samuel, los cuales, juntamente con él y él con ellos, pusieron grandes maldades y no pequeñas mentiras, todas las más en perjuicio de la ley que Cristo os predicó, y aun de la que Moisés os dio. Esta ley misma es la que por otro nombre llaman vuestros rabís el libro del Talmud, en el cual dicen vuestros doctores que cuando Dios dio la ley a Moisés en el monte de Sinaí, que se hallaron allí las ánimas de David y de Isaías y Jeremías, y de

Ezequiel, y de Daniel, y de todos los otros profetas, y se hallaron también allí las ánimas de todos los rabís de la Sinagoga, que habían de declarar las dos leyes de Moisés; y que después, andando el tiempo, crió Dios los cuerpos, y en fin dio en ellos aquellas ánimas. Bien sabéis vosotros que por ver los de vuestra Aljama, que según las profecías y ley de Moisés, era ya el verdadero Mesías venido, que fue Cristo, y que todo vuestro judaísmo era acabado, que por eso levantaste la ley que llamáis Misna y la glosa, que es el Talmud, con la cual tenéis engañada a la gente común de vuestro pueblo, y tenéis perdido a todo el judaísmo.

Concluyo, pues, todo lo sobredicho y digo que muy bien y muy rebién alegué contra vosotros la autoridad de David, que dice «scrutati sunt iniquitates», y la otra de Isaías, que dice: «parum est mihi, ut suscites feces Israel», pues habéis falsado las Escrituras y habéis inventado otras leyes nuevas, y en esto no os hago injuria, porque más tornáis ya por la ley de Maír que no por la de Moisés. Y porque me he extendido a más de lo que pensé en esta plática, quédese todo lo demás para otra disputa.

30. Carta del filósofo Plutarco al emperador Trajano, en la cual se toca que los gobernadores de repúblicas deben ser pródigos de obras y escasos de palabras. Intérprete, don Antonio de Guevara

Soberano señor:

Muchos días ha que conozco ser de tan gran estima tu templanza que el imperio romano, que es de todos deseado y de muchos procurado, ninguno de los mortales conoció de ti que le deseases, y mucho menos que le procurases. Refrenarse el hombre de no procurar honra sale de prudencia, mas no dar licencia al corazón a que la desee: esta es obra divina y no humana, porque harto hace el hombre en ir a la mano a las manos, sin que haga represa de sus propios deseos. Con razón podremos decir ser bienaventurado tu imperio, pues hiciste obras para merecerle y no buscaste mañas para alcanzarle. A muchos conocí yo en Roma asaz generosos y poderosos, los cuales no fueron tan honrados por los oficios que tuvieron, cuanto deshonrados por los infames medios que a ellos vinieron.

Hágote saber, serenísimo príncipe, que no consiste la honra del bueno en el oficio que agora tiene, sino en los méritos que antes tuvo; por manera que al oficio es a quien dan de nuevo la honra, que a él no le dan si no penosa carga. Acordándome que te crié desde mozo y que exercité en las ciencias tu ingenio, no puedo dejar me de alegrar, lo uno con tu suprema virtud, y lo otro con mi buena fortuna, porque no es para mi pequeña fortuna que en mis días tenga Roma por señor al que en otro tiempo tuve yo por discípulo. Los principados tiránicos, por fuerza se alcanzan y con armas se sustentan, lo cual ni tú has de hacer ni nosotros de ti tal pensar, sino que el imperio que alcanzaste siendo a todos grato, le conserves siendo con todos justo. Si fueres grato a los dioses, paciente en los trabajos, cauto en los peligros, afable a los tuyos, benigno con los extraños, no codicioso de tesoros, ni amador de tus propios deseos, perpetuarás para los siglos venideros tu fama y gobernarás en soberana paz la república.

No inconsiderablemente digo que no seas amador de tus propios deseos, porque no hay gobierno tan mal acertado como el del que gobierna por su solo juicio. El que gobierna repúblicas, de todos ha de vivir recatado, y mucho más de sí mismo, porque cotejados yerros con yerros, más yerran los hombres por hacer lo que ellos quieren, que no por admitir lo que otros les dicen. Ni a ti empescerás, ni a nosotros dañarás, si ordenares a ti antes que ordenes a los otros, porque el más alto género de gobernación es ser propiamente pródigo de obras y escaso de palabras. Trabaja ser tal mandando cual eras siendo mandado, porque de otra manera, poco te aprovecharía haber hecho obras por las cuales el imperio te diesen, y después fueses tal porque te lo quitasen. Alcanzar la honra, obra es humana; mas conservarla tengo por cosa divina. Guarte, Trajano, y no pienses que por ser príncipe supremo has de ser en todas las cosas señor absoluto, porque no hay autoridad entre los mortales tan absoluta, que no tenga sobre sí a los dioses por jueces de lo que piensan y a los hombres por vedores de lo que hacen. Más obligación a ser bueno y menos lugar a ser malo ternás agora, que eres poderoso, que no cuando eras uno de los del pueblo, porque si andas solo, andarás apocado, y si acompañado, serás de todos mirado, por manera que con el imperio cobraste más autoridad para mandar y menos libertad para holgar.

Si no fueres cual el pueblo romano piensa, y cual desea ques eas tu maestro Plutarco, a ti pondrás en grandes peligros y de mí se vengarán las lenguas de mis émulos: porque la culpa de los discípulos siempre redunda en daño de los maestros. Habiendo sido yo tu maestro y siendo, como fuiste, tú mi discípulo, forzado es que del bien que hicieres me quepa a mí mucha gloria, y del mal que obrares se me siga a mí gran infamia. Las crueldades que hizo Nero en Roma la culpa dellas echan a su maestro Séneca, por no le haber castigado en la infancia, y de lo mismo notan al filósofo Esquilo, el cual fue muy floxo en la crianza de su discípulo Leandro, y en el mismo yerro cayó Quintiliano, del cual se aprovechaban sus discípulos tanto para que los encubriese como para que les enseñase. Séneca y Chilo, y Quintiliano, varones fueron por cierto muy famosos y de quien se fió la crianza de muy altos príncipes; mas por no los querer doctrinar, y menos castigar, macularon para siempre sus famas y echaron a perder sus repúblicas.

Pues mi pluma no perdona a los pasados, sey cierto, Trajano, que no perdonarán a ti, ni a mí los venideros, porque no puede ser cosa más justa que los que fueron deudos en la culpa sean herederos en la pena. Tú sabes lo que siendo mozo te enseñé y lo que siendo ya hombre te aconsejé, y lo que después de príncipe te escribí, y aun lo que a solas ha pasado entre ti y mí, en los cuales tiempos todos, si te acuerdas, nunca cosa te persuadí que no fuese en servicio de los dioses, o en provecho de la república, o en augmento de tu fama.

Sé te decir, Trajano, que por negocio que te haya escrito o dicho, o persuadido, o aconsejado, ni temo castigo de los dioses en la muerte, ni habría vergüenza que lo supiesen todos los hombres en esta vida, porque siempre me tuve por dicho de nunca decirte palabra a la oreja que no la pudiese decir en la plaza de Roma.

Antes que te escribiese esta carta, hice muy grande examen sobre mi vida, para ver si en el tiempo que te tuve en cargo, si hice, o dije ante ti cosa que te provocase a mal ejemplo, y hallé por mi cuenta que nunca hice obra que no fuese de buen romano, ni jamás dije palabra que no fuese de corregido filósofo. Mucho querría que te acordases de cómo te tuve en mi casa, te asentaba a mi mesa, doctrinaba tu adolescencia y te enseñaba mi filosofía; y esto no lo digo para que me lo hayas de agradecer, sino para que de ello te hayas de aprovechar, porque a mí no se me puede hacer mayor bien que decirme todos que eres bueno. Ten siempre en la memoria que si te dieron el imperio, no fue porque eras ciudadano romano, ni porque eras magnánimo, ni en sangre generoso, ni aun rico, ni poderoso, sino solo porque eras virtuoso, y lo que es más de todo, que no te pide el pueblo que te mejores, sino que no te empeores. Yo te he escrito unos libros de república antigua; si quisieres aprovecharte de lo que en ellos he escrito y de lo que en otro tiempo te hube dicho, a mí ternás por pregonero de tus famosas obras y por cronista de tus grandes hazañas. Si por caso quisieres seguir tu parecer propio y ser otro del que hasta aquí has sido, a los dioses inmortales invoco y a esta carta pongo por testigo que si daño viniere a ti y al imperio, no fue por consejo de tu maestro Plutarco.

31. Carta del emperador Trajano a su maestro Plutarco, en la cual se toca que al hombre bueno puédenle desterrar, mas no deshonrar. Intérprete, don Antonio de Guevara

Coceyo Trajano, emperador romano, a ti, el filósofo Plutarco, maestro que fuiste mío: salud y consolación en los dioses consoladores. Aquí, en Agripina, me dieron una letra tuya, la cual venía tan castigada en las palabras y tan sólida en las sentencias, que, en abriéndola, conocí ser escrita de tu mano y notada de tu prudencia. Miréla y tornéla a mirar, leíla y tornéla a leer, porque me parecía en el estilo que traía y en las cosas que decía que te veía escribir y te veía hablar. Fue para mí tan grata tu letra, que a la hora la hice leer a mi mesa y la mandé fixar a la cabecera de mi cama, para que viesen todos cuánto tú me quieres y cuánto yo te debo. El cónsul Rutilo vino acá, y después que me saludó de parte del Senado, luego de tu parte me dio el parabién del imperio, y tengo por tan buen agüero el darme tú el parabién del imperio, que pienso por tus méritos ser buen emperador.

Dícesme en tu carta que no puedes creer haber yo procurado ni menos comprado el imperio, a lo cual yo te respondo y juro que es verdad que como hombre algunas veces le deseé, mas ni por eso jamás le procuré, porque nunca vi en Roma a nadie procurar mucho la honra que de aquella honra no se le siguiese después alguna notable infamia. El buen viejo de Menánder, amigo mío y vecino tuyo que fue, tú y yo lo sabemos bien, que de haber con tanta ansia y solicitud procurado el consulado, vino a ser desterrado y a morir desesperado. El gran Cayo César, y Tiberio, y Calígula, y Claudio, y Nero, y Galba, y Octo, y Vitello, y Domiciano, porque los unos dellos tiranizaron el imperio, otros le compraron y otros le procuraron, permitieron en ellos los justos dioses, que no solo perdiesen la vida y la honra, y la hacienda, mas aun que ninguno dellos muriese en la cama.

Oyendo tu doctrina y leyendo tú en tu academia, te oí decir muchas veces que la honra hemos de trabajar de merecerla, mas no ser osados de procurarla, y a la verdad tú decías muy gran verdad, porque si el alcanzarla es honra, el procurarla tengo yo por infamia. Lo que siento en este caso es que no tengo por lícito lo que se alcanzó con medios ilícitos. El que está desacreditado, ha de procurar crédito, y el que está deshonrado, ha de procurar honra; el hombre de honesta vida jamás carece de nobleza, ni nadie le puede quitar la honra.

Bien sabes tú, Plutarco, que este año pasado hicieron cónsul a Torcato y eligieron en dictador a Fabricio, los cuales fueron tan virtuosos y tan poco ambiciosos que, no solo no lo aceptaron, mas aun por no lo ser se ausentaron, de lo cual se les siguió que si con los oficios fueran en Roma tenidos, agora sin ellos son tenidos y amados y honrados. A Quinto Cincinato y a Escipión Africano, y al buen Marco Porcio, más envidia les tengo del menosprecio que hicieron de los oficios, que a las victorias que hubieron de sus enemigos, porque el vencer consiste en fortuna, mas el menospreciar la honra, no sino en cordura. Bien sabes tú que cuando mi tío Nerva estaba desterrado en Capua, muy más visitado y servido era que cuando estaba en Roma; de lo cual podemos colegir que a un hombre virtuoso puédenle desterrar, mas no deshonrar.

El emperador Domiciano hartos partidos te hizo a ti y hartas promesas me hizo a mí: a ti, para tenerte en su casa, y a mí, para enviarme a Germania; mas ni tú lo amaste oír, ni yo consentir, porque tuvimos por más honra ser con Nerva desterrados que con Domiciano privados. A los inmortales dioses juro que cuando el buen viejo de Nerva me envió la insignia del imperio, yo estaba dél bien descuidado, y aun desconfiado, porque tenía aviso del Senado que Fulvio lo solicitaba y Pánfilo lo compraba, y también sabía que el cónsul Dolobela se quería alzar con él y con la república. Pues los dioses lo quisieron, Nerva mi tío lo manda, el Senado lo aprueba y la república lo quiere, a todos place y tú me lo aconsejas que sea yo emperador, y gobierne el imperio, tengo muy grande esperanza que serán los dioses conmigo y la fortuna no contra mí.

A lo que dices que tomaste inmenso placer por haberme criado y por verme agora en el imperio, créeme tú, maestro, que el mismo placer yo tengo en haber sido tu discípulo y en acordarme que soy de tus manos doctrinado, que pues tú no quieres ya llamarme sino señor, nunca yo te llamaré sino padre. Después que vine a la cumbre del imperio, muchos amigos me han visitado, muchos sabios me han hablado y muchos muchas cosas me han aconsejado; mas al fin a ti, entre todos, y aún más que a todos, tengo de creer, porque el intento de ellos es atraer el mi querer a su querer, mas tú no me escribes por atraerme a ti, sino por mejorarme a mí. Hablando tú con Maxencio, secretario que fue de Domiciano, te oí decirle que los que se atrevían a dar a los príncipes sus pareceres habían de tener de afectiones y pasiones muy libertadas sus voluntades, porque al tiempo de dar el consejo a do más la voluntad se inclina, allí el ingenio es más poderoso. Ser el príncipe en todas las cosas exorrupto y absoluto, no lo alabo, y tomar de cada uno el voto y parecer, tampoco lo apruebo; lo que en tal caso se debería hacer es que todas las cosas haga con consejo, mas que primero mire qué tal es el consejo, porque el consejo no se ha de tomar del que yo quiero bien, sino del que me quiere a mí bien.

Ya sabes tú, Plutarco, cuántas veces platicábamos tú y yo en la corte de Domiciano de cómo los príncipes aborrecemos muchas veces a los inocentes y tomamos por privados a los hombres simples, de lo cual se sigue en la república grande escándalo y a nosotros mucho daño, porque si tienen habilidad para servirnos, son muy torpes para aconsejarnos.

Todo esto te escribo, maestro, para que de aquí adelante no te quiero para que me hables ni me visites, ni me escribas, ni me sirvas, ni me sigas, sino para que me aconsejes en lo que tengo de hacer, y me avises de lo en que puedo tropezar, porque si Roma me tiene a mí por defensor de su república, yo tengo de tener a ti por vedor de mi vida. Si te pareciera que alguna vez mostrare desabrimiento por lo que me avisares y retratares, yo te ruego, maestro, que no tomes pena de mi pena, porque en semejante caso no tomaré el enojo por lo que tú me habrás dicho, sino por la vergüenza de lo que yo habré hecho. Criarme en tu casa, oír en tu academia, seguir tu doctrina y vivir so tu disciplina, gran parte fue para ser yo emperador de Roma. Digo esto, maestro, porque sería muy grande inhumanidad no me ayudases a llevar lo que me ayudaste a ganar. El emperador Tito, hijo que fue de Vespasiano y hermano de Domiciano, aunque él de su natural condición era bueno, muy gran provecho le hizo tener siempre cabe sí al filósofo Apolonio, porque en un príncipe, por mayor felicidad le han de contar haber topado con un buen privado, que haber ganado un gran reino.

En lo que más me ocupo agora es en buscar hombres sabios para la república, y hombres esforzados para la guerra, y hombres cuerdos para mi casa, y sé te decir, maestro, que para matar y guerrear me sobran, y para consejos me faltan, porque el dar consejo es un oficio de que usan muchos y le saben hacer muy pocos.

Dícesme, Plutarco, que te contentarías con que no fuese de aquí adelante mejor con tal que no me tornase peor, y a este propósito te digo que el emperador Nero fue los cinco años primeros muy bueno, y los otros nueve muy malo, por manera que creció más en maldad que en dignidad. Si piensas que lo que fue de Nero ha de ser de Trajano, a los inmortales dioses ruego quieran quitarme la vida antes que dejar me imperar en Roma, porque los tiranos son los que procuran las dignidades para se regalar, que los buenos no sino para aprovechar. Los que de antes eran buenos y después que alcanzaron estados se arrojaron a ser malos, a los tales más les es de tener mancilla que envidia, porque no los sublima la fortuna para más los honrar, sino para de allí los derrocar. Créeme, tú, maestro, que pues hasta aquí he estado en reputación de bueno, no tengo intención de empeorarme a ser malo, porque todas las cosas desta vida sufren baja, si no es la virtud, de la cual no puede el hombre descender, sino caer.

32. Carta del emperador Trajano al Senado de Roma, en la cual se toca que la honra hase de merecer, mas no procurar. Intérprete, don Antonio de Guevara

Coceyo Trajano, emperador romano, semper augusto, al nuestro sacro Senado: salud y consolación en los dioses consoladores. La muerte del buen emperador Nerva, vuestro señor y nuestro predecesor, supimos aquí, en Agripina, y bien tenemos creído que lo sentistes como lo sentimos, y lo llorastes como lo lloramos, porque vosotros perdistes en Nerva un príncipe muy justo y yo un padre muy piadoso. Cuando los hijos pierden buen padre y los plebeyos pierden buen príncipe, o se habían con ellos de morir, o a poder de lágrimas resuscitar, porque tan raros son los buenos príncipes en la república, como el ave fénix en Arabia. Nerva, mi señor, me trajo de España, me llevó a Roma, me crió en la puericia, me puso a las ciencia, me doctrinó en la juventud y me prohijó en la vejez, los cuales beneficios y mercedes ni son para olvidar, ni dejar de agradecer, porque el hombre ingrato, a los dioses incita a que le castiguen, y a los hombres despierta a que le aborreszan. Fue Nerva en la crianza, mi señor; en la obediencia, mi príncipe; en el amor, mi padre, y en el deudo, mi tío, y para decir la verdad, yo le reverenciaba más por la virtud que en él había, que no por el parentesco que conmigo tenía, porque a los deudos cumplimos con amarlos, mas a los virtuosos tenemos obligación de servirlos. Fue mi tío Nerva generoso en la sangre, claro de juicio, dispuesto en el cuerpo, cuerdo en los consejos, cauto en los peligros, magnánimo en el dar, recatado en el recibir honesto en la vida y muy celoso de la república, y lo que más es de todo, que fue un émulo de vicios y gran padre de virtuosos. La muerte de cualquiera hombre bueno, a todos ha de entristecer, y todos la han de sentir; mas la muerte del buen príncipe no abasta sentirla, sino llorarla, porque en morir un plebeyo, no muere sino uno; más cuando muere un buen príncipe, muere con él todo un reino. Si los dioses quisiesen tornarnos a vender las vidas de los buenos príncipes que se murieron, dígoos de verdad que sería poco precio pesarlos a sangre y comprarlos a lágrimas. ¿Qué oro ni plata hay hoy en el mundo que abaste para comprar la vida de un virtuoso? No tiene cuenta lo que dieran los asirios por la vida de Bello, los persas por Atraxerges, los troyanos por Héctor, los griegos por Alejandro, los lacedemones por Ligurguio, los romanos por Augusto, los cartaginenses por Aníbal; mas, como vosotros sabéis, a todas las cosas los dioses hicieron mortales, y para sí solos guardaron la inmortalidad.

De cuánta preeminencia sea la virtud, y cuán privilegiados sean los hombres virtuosos, puédese bien conocer en que más reverenciamos los sepulcros de los que fueron buenos que no los palacios de los que agora son malos. Al hombre bueno, sin haberle visto le amamos, sin interese le servimos y a do quiera por él tornarnos, y lo contrario nos acontece con el malo, al cual ni podemos creer lo que nos dice, ni aun agradecer lo que por nosotros hace. Hay, pues, tanto que decir de la buena vida que Nerva, mi tío, hizo, y de la lástima que de su muerte tengo, que será más sano consejo pasarlas so silencio, que cometerlas a la pluma, pues las cosas graves y lastimosas, mucho más se encarecen callándolas que pregonándolas. Cosas hay que suceden a los hombres tan graves, y de su condición tan enojosas, que son para sentir y no para decir, porque si sobran al corazón dolores, fáltanle a la lengua palabras.

La elección de mi imperio fue por Nerva hecha, fue por el pueblo aclamada, fue por vosotros aprobada y fue por mi aceptada; plega a los inmortales dioses sea a ellos acepta y por ellos confirmada, porque los principados y imperios muy poco aprovecha que los hombres los elijan si los dioses no los confirman. En esto se conocerá el que es eligido por los hombres o escogido de Dios: en que si los hombres le eligieron, él cayrá, y si los dioses le escogieron, ellos le sustentarán. Todo lo que los mortales en esta vida levantan, sin que nadie le toque, cae; mas lo que los dioses plantan, de todos vientos se defiende, y si al tal las grandes adversidades le hicieren inclinar, no le verán a lo menos caer.

Vosotros sabéis muy bien que nunca a Nerva, mi señor, yo le pedí el imperio, aunque era yo su criado y su amigo, y aun su sobrino, porque de Plutarco, mi maestro, deprendí que la honra, para ser honra, hase de merecer, mas nunca procurar. No quiero negar que no me alegré cuando Nerva, mi señor, me envió esta tan alta dignidad; mas también quiero confesar que después que comencé a gustar los inmensos trabajos que trae consigo el imperio, no me haya mil veces arrepiso, porque es de tal calidad el imperio, que si es honra tenerle, es muy gran trabajo gobernarle. ¡Oh, a cuánto se obliga el que a gobernar a otros se obliga, porque si es justo, llámanle cruel; si piadoso, menosprécianle; si liberal, tiénenle por pródigo; si guarda, por avaro; si pacífico, por cobarde; si animoso, por inquieto; si grave, por soberbio; si afable, por liviano; si recogido, por hipócrita, y si alegre, por disoluto. Con todos se usa de misericordia, si no es con el que gobierna alguna república, porque al tal le cuentan los bocados, le miden los pasos, le notan las palabras, le miran las compañías, le acechan las obras, le juzgan los pasatiempos y aun le adivinan los pensamientos.

Considerados los trabajos que hay en el gobernar y la envidia que tienen al que gobierna, osaríamos decir que no hay estado más seguro en esta vida que el que no tiene de que le tengan envidia. ¿No puede un hombre apoderarse con la mujer que eligió, con los hijos que engendró, con las hijas que crió, ni con los mozos que tomó, teniéndolos a todos dentro de su casa, y piensa de supeditar a toda una república? ¿Qué hará ni de quién se fiará un triste de un príncipe, pues las más veces aquello que mejor trata ponen en él más cruelmente la lengua? Los que son a los príncipes más aceptos, a las veces andan más amohinados que otros, porque no reciben ellos en cuenta el amor particular que les muestra, sino las mercedes que les hace, y el día que cesa de les dar alguna cosa, comienzan ellos a murmurar de su vida. Los príncipes y señores de altos Estados, ni pueden comer sin guarda, ni dormir sin guarda, ni hablar sin guarda, ni caminar sin guarda, de lo cual se les sigue que siendo ellos señores de todos, andan hechos prisioneros de los suyos. Si profundamente se mira a la servidumbre de los príncipes y la libertad de los siervos, podemos con verdad afirmar que contra el que más actión tiene el reino, contra aquél tiene más derecho la servidumbre, porque la libertad tienen autoridad los príncipes de darla, mas no para sí de tomarla. Si el que gobierna tiene a los suyos por émulos, de creer es que tendrá a los otros por enemigos, porque jamás hasta hoy hombre se encargó de república, en quien unos o otros no pusiesen la lengua. Criáronnos los dioses tan libres y desea cada uno tener tan libre a su libertad, que por amigo ni pariente que sea uno nuestro, todavía le querríamos más tener por vasallo, que no por señor. Manda uno a todos, y paréscele poco, y ¿maravillámonos que reciban pena muchos de obedecer a uno? Querémonos tanto y amámonos tanto, y tenémonos en tanto, que hasta hoy por ver tengo a nadie que de su voluntad se tomase siervo, ni contra su voluntad le hiciesen señor, porque las guerras y debates que traen entre sí los hombres, no es sobre el obedecer, sino sobre el mandar. En el comer, beber, tener, vestir, hablar y amar, todos los hombres son varios y diferentes, excepto en el procurar la libertad, que son todos conformes, porque el corazón no libertado, en ninguna cosa toma gusto.

Todo esto he dicho, padres conscriptos, por ocasión de mi imperio, el cual yo acepté de grado, y de haberle aceptado estoy muy arrepiso, porque el imperio y la mar son dos cosas muy apacibles de mirar y muy peligrosas para gustar. Pues fue la voluntad de los dioses que yo fuese vuestro señor, y vosotros mis comilitones, yo os ruego mucho en lo que fuere justo me obedezcáis como a señor, y en lo que no fuere tal, me aviséis como a padre. El cónsul Raptelio me habló de vuestra parte largo y me saludó en nombre de todo el pueblo; él mismo hablará de mi parte a todos vosotros y saludará a todos los plebeyos. Los allobros y los renos tienen entre sí algunos debates y pleitos sobre el partir de los términos; a causa que lo han puesto en mi mano, me habré de detener acá algún tiempo. Esta letra se leerá en el Senado; después, en todo el pueblo. Los dioses sean siempre en vuestra guarda.

33. Carta del emperador Trajano al Senado de Roma, en la cual se toca que los gobernadores de las repúblicas han de ser amigos de negociar y enemigos de atesorar. Intérprete, don Antonio de Guevara

Coceyo Trajano, emperador romano, al nuestro sacro Senado: salud y consolación en los dioses consoladores. Son tantos y tan graves los negocios que nos vienen de cada parte a consultar, que apenas nos queda lugar para comer y dormir, porque los príncipes romanos siempre andamos alcanzados de tiempo y pobres de dinero. Los que tienen cargo de repúblicas, para ser buenos repúblicos, han de ser amigos de negociar y enemigos de atesorar. Son tantas las necesidades que tienen los príncipes con que cumplir y son tantos los que les vienen a pedir, que al tal no lo diremos si algo guarda que lo atesora, sino que lo hurta, porque los bienes del príncipe por eso se llaman bienes de república, para que se gasten en provecho de la república. A los inmortales dioses juro, padres conscriptos, que antes que fuese emperador, gastaba más y tenía menos; mas agora que soy príncipe, acordándome que gasto los bienes de la república, como por peso y bebo por medida. Cualquiera hacienda, es malo y muy malo tomarla; mas ya que me determinase yo de tomar algo, antes tomaría lo de los templos que no lo de los pueblos, porque lo uno es de los inmortales dioses y lo otro es de los plebeyos pobres.

Esto os digo, padres conscriptos, para encomendaros y juntamente avisaros miréis con mucha atención los bienes de la república cómo se gastan, cómo se cobran y cómo se guardan, cómo se emplean y cómo se aprovechan, porque habéis de saber que los bienes de la república no os los confían para que los gocéis, sino para que los procuréis. Acá hemos sabido que los muros se caen, las torres se desmoronan, los aguductos se rompen, las plazas se desempiedran, y aun los templos se arruinan, de lo cual tenemos acá mucha pena, y es razón también que tengáis allá mucha vergüenza, porque los daños de la república, o se han de remediar, o los hemos de llorar.

Escrebisme por vuestra letra si será bueno que los censores y pretores, y ediles, sean anuales, y no perpetuos, como hasta aquí lo eran, mayormente que el dictador, que es la mayor y mejor dignidad de Roma, no es aún anual, sino semestre. A esto os respondemos que nos parece bien y muy bien, atento que nuestros mayores no inmérito echaron a los primeros reyes de Roma, y ordenaron que los cónsules fuesen anuales en la república, porque pocas veces escapa de ser soberbio el que tiene perpetuo el señorío. En ser los oficiales del Senado anuales o bienales no hay peligro, y de ser perpetuos se puede seguir mucho daño, porque si son buenos, puédense continuar, y si son malos, puédense quitar. Mucho mira lo que hace y mucho se atienta en lo que dice cuando el oficial del Senado piensa en sí, que al cabo del año le pueden quitar y le han de visitar.

El buen Marco Porcio fue el primero que ordenó en Roma que todos los oficiales fuesen visitados y de sus culpas advertidos, que antes dél, como pensaban que nadie los podía visitar ni acusar, ninguno se podía con ellos valer. Esta guerra de Germania se alarga, porque el rey Decébalo ha alzado la obediencia y levantado, consigo el reino de Dacia y de Polonia, y pues van tan a la larga las cosas de la guerra, serános forzado de proveer algunas cosas allá en Roma, porque en los buenos príncipes, menos mal es descuidarse en las cosas de la guerra, que no en la gobernación de la república.

Ha de pensar el príncipe que no le eligieron para pelear, sino para gobernar; no para matar enemigos, sino para extirpar vicios; no para que se vaya a la guerra, sino para que residan en la república; no para saquear a nadie la hacienda, sino para mantener a todos en justicia; porque el príncipe no puede, en la guerra, pelear más de por uno, y en la república hace falta por muchos. Bien estó yo con que de capitanes suban a ser emperadores; mas no me parece bien que de emperadores desciendan a ser capitanes, porque jamás estará ningún reino asosegado si su príncipe presume de belicoso.

Todo esto digo, padres consulares, para que tengáis creído de mí que si esta guerra no me tomara acá en Germania, por ventura yo no viniere a ella, porque mi principal intento es preciarme antes de buen repúblico que de gran guerrero. Lo que os queremos encomendar es la veneración de los templos y el culto de los dioses, porque jamás pueden vivir los reyes ni los reinos seguros, si los dioses no se honran y los templos no se acatan. Las postreras palabras que Nerva, mi señor, me escribió, fueron estas: «Honra a los templos, teme a los dioses, ten en justicia a los pueblos y defiende a los pobres, porque haciendo esto, ni te derrocarán los enemigos, ni te olvidarán los amigos». Mucho os encomiendo que os améis como hermanos y os tratéis como amigos, porque en las grandes repúblicas más daño hacen las competencias que tienen entre sí los vecinos, que no las guerras de los enemigos. Si parientes con parientes y vecinos con vecinos no se batieran y combatieran, nunca Demetrio asolara a Rodas, ni Alejandro a Tiro, ni Marcello a Siracusa, ni Escipión a Numancia, ni aun Augusto a Cantabria.

Mucho os encomiendo socorráis a los pobres, améis a los huérfanos, desagraviéis a las viudas y proveáis en las querellas, porque los dioses nunca hacen crueles castigos sino en los que maltratan a los pequeños. Muchas veces oí decir a Nerva, mi señor, que nunca los dioses eran crueles sino contra los hombres que no eran piadosos. Mucho os encomiendo sea cada uno de vosotros manso en la condición, modesto en el hablar, paciente en el sufrir y cauto en el vivir; porque es muy gran falta, y aun no poca vergüenza, que halle el gobernador que loar en todos y todos hallen que reprehender en él. Los que tienen cargo de repúblicas, más confianza han de tener en sus obras que no en sus palabras, porque la gente plebeya y común, más inclinados son a seguir lo que ven, que no a creer lo que oyen.

Mucho os encomiendo que en los negocios de vuestro Senado no conozcan de vosotros que sois ambiciosos, maliciosos, sediciosos ni envidiosos; porque los hombres generosos y de rostros vergonzosos no han de contender sobre quién en la república ha más de mandar, sino sobre quien la puede más aprovechar. El imperio de los griegos y el imperio de los romanos siempre fueron muy contrarios: es a saber, en las armas, en las regiones, en las leyes y en las opiniones, porque ellos ponían toda su felicidad en bien hablar y nosotros en bien obrar.

Digo esto, padres conscriptos, para avisaros y exhortaros que después de juntos en el Senado no gastéis el tiempo en disputar, altercar, competir y porfiar sobre proveer una cosa, o otra, porque si os despojáis de pasión y afection, a la hora cairéis en la razón. Al Senador que quiere en el Senado hacer bien o hacer mal, luego se le parece, por más que lo disimule, porque si quiere el bien común, concluye luego y si el suyo particular, embarázalo todo. Ni porque los hombres sean agudos y reagudos, no por eso son mejores para gobernar pueblos, porque la buena gobernación no depende de la sagacidad, sino de la bondad. Oyendo yo de Apolonio Tianeo, le oí decir que los Senadores y emperadores no habían de ser muy sabios, sino dejar se gobernar de sabios, y a la verdad él tenía razón, porque el buen gobernador, de todos ha de tener crédito y de su parecer ha de estar sospechoso.

Encomiéndoos mucho que los censores que han de juzgar, y los tribunos que han de procurar las cosas de la república, que sean sabios en las leyes, expertos en las costumbres, astutos en los que han de juzgar y muy cautos en su vivir, porque el juez más se ha de atar a lo que la verdad le obliga, que no a lo que la ley le manda. La forma que con las leyes habéis de tener es que en pleitos ceviles las guardéis y en cosas criminales las templéis, porque las leyes graves, crueles y rigurosas, más se hicieron para espantar que no para guardar: En el sentenciar de los delitos debéis de considerar la edad del delincuente, adónde, cuándo, cómo, por qué, con quién, delante quién, cuánto tiempo y en qué tiempo, porque cada una desas cosas puede al culpado aliviar o condenar. En el castigo de los malos, hémonos de haber con ellos como se han con nosotros los dioses, los cuales nos dan más que les servimos y nos castigan menos que merecemos. Han de pensar los jueces que todos los delincuentes más ofenden a los dioses que no ofenden a los hombres y que pues ellos perdonan sus ofensas propias, muy justo es que perdonemos nosotros las ajenas.

Encomiéndoos mucho que nuestros confederados y amigos no sean en el tratamiento afrentados, ni en los tributos agraviados, porque los reinos nuevos y los amigos antiguos, mejor se conservan halagándolos que no amenazándolos. Encomiéndoos mucho que los caudillos que desde ella enviáredes a la guerra sean recios en las personas, animosos en los corazones, cautos en los peligros, expertos en los trabajos y conformes en los consejos, porque la final perdición de la república es cuando todos quieren ser iguales en la paz, y hay discordia entre ellos en tiempo de guerra.

Encomiéndoos mucho que si daños y injurias recibiéredes de los enemigos, que no mováis luego guerra contra ellos, porque muchas injurias se hacen en el mundo que sería más sano consejo disimularlas que no vengarlas. Encomiéndoos mucho que los oficios del pueblo y Senado no los deis a personas ambiciosas y codiciosas, porque no hay en el mundo, animal tan pernicioso para la república como es el hombre que tiene ambición de mandar y codicia de allegar.

No queremos al presente encomendaros otras cosas hasta ver cómo se cumplen éstas. Leerse ha esta mi letra primero en el Senado y después se mostrará al pueblo, para que vean todos lo que yo mando y lo que vosotros hacéis. Los dioses sean en vuestra guarda, a los cuales ruego guarden a nuestra madre Roma y den buen fin a esta guerra.

34. Letra del Senado romano al emperador Trajano, en la cual se toca que España solía dar a Roma oro de las minas, y después le dio emperadores que gobernasen sus repúblicas. Intérprete, don Antonio de Guevara

El sacro romano Senado, a ti, el gran Trajano Coceyo, nuevo emperador augusto: salud en los tuyos y nuestros dioses. Vimos y leímos tus letras, con las cuales tomarnos alegría y salimos de sospecha, porque pensábamos que en tu salud hubiese algún peligro, o fuese muerto nuestro tabelario. A los inmortales dioses damos inmortales gracias, pues nos recibes con la salud que te escribimos, porque sin salud ninguna cosa apacible aplace y con ella todo trabajo se sufre. Ya te escribimos la muerte de Nerva Coceyo, señor que fue nuestro y predecesor tuyo, varón por cierto honesto en la vida, sano en la doctrina, amigo de sus repúblicas y celador de su justicia, por manera que cuanto lloraba Roma porque vivía el cruel de Domiciano, tanto ha llorado agora por la muerte de Nerva, tu tío. Con la edad estaba muy quebrantado, y con las enfermedades parecía estar muy consumido, y con todas estas condiciones deseábamos su vida, y amábamos su doctrina, porque más valían los consejos que nos daba desde la cama, que las obras que otros hacían en la república. Allende del sentimiento ordinario que se suele hacer en Roma por el príncipe muerto, hémonos raído las barbas, abstenido de la caza, vestido de negro, comido en el suelo, quebrantado pendones; aun cerrado los templos, porque sepan los dioses cómo sentimos la muerte de los buenos. Más y allende desto, los niños no mamaron un día, las puertas de la ciudad se cerraron tres días, el Senado paró por ocho días, no se tocó instrumento por espacio de un mes; finalmente, no se ha tomado placer en Roma después que murió el emperador Nerva. Murió en su casa y enterrámosle en el campo Marcio; murió de noche, y enterrámosle de día; murió pobre y dímosle sepultura; murió adeudado, y pagamos sus deudas; murió llamando a los dioses, y computámosle entre uno dellos, y lo que más de notar es que murió encomendándonos la república, y la república toda encomendándose a él. Estando todo este sacro Senado y otros muchos del pueblo en torno de su cama, a la hora postrimera dijo: «A vosotros encomiendo la república, y a los dioses me encomiendo yo, a los cuales doy inmensas gracias, porque me quitaron los hijos que me heredasen y me dieron a Trajano que me sucediese».

Acuérdate, soberano señor, que el buen emperador Nerva tenía otros que le sucediesen, en amistad más amigos, en parentesco más conjunctos, en servicios más obligados, en compañía más antiguos y aun en hazañas más aprobados que no tú, y entre tantos y tan buenos, en ti solo puso los ojos, con certinidad que tenía de ti que resuscitarías las prohezas del buen Augusto y sepultarías las indoslencias de Domiciano. Cuando Nerva entró en el imperio, halló el herario robado, el Senado diviso, el pueblo alterado, la justicia quebrada y la república perdida; lo cual tú no hallas ansí, sino todo pacífico, todo rico, todo asosegado y aun todo reformado. Asaz seremos contentos con que conserves la república en el estado que te la dejó tu tío Nerva, porque los nuevos príncipes, so color de introducir costumbres nuevas, echan a perder las repúblicas. Trece príncipes que te han precedido en el imperio, y todos han sido naturales de Roma, y tú eres el primer príncipe extranjero que vienes al imperio romano; plega a los inmortales dioses que pues hubieron fin nuestros antiguos césares, vengan contigo los buenos hados, porque todo el bien de la república consiste en que le sean los dioses propicios y que sean los príncipes bien fortunados.

De tu tierra España solían presentar a los romanos oro, plata, acero, plomo, cobre y estaño, de sus minas; mas ya no quieren darnos sino emperadores para las repúblicas. Ojalá, Trajano, apruebes tú también en la gobernación de la república como aprobaron los hespañoles de tu nación en la guerra que

Aníbal tuvo con Roma, Escipión tuvo con África, Emilio tuvo en Germania y Escauro tuvo en la Galia. Pues eres de buena nación, que es España, de buena provincia, que es bandalia; de buena tierra, que es Cáliz; de buen linaje, que son los Coceyos, y de buen hado, pues subiste al imperio, no es de creer que serás malo, sino bueno, porque los dioses inmortales, muchas veces privan a los hombres de las gracias cuando les son ingratos dellas.

En lo demás, serenísimo príncipe, pues nos escribes las cosas que hemos de hacer, razón es que te escribamos las que tú has de proveer, que pues tú nos quieres enseñar a obedecer, justa cosa es que sepas lo que nos has de mandar. Muy más difícil cosa es el saber gobernar que no el aprender a obedecer, porque el vasallo cumple con hacer lo que le mandan; mas el que gobierna ha de saber lo que manda. Como tú naciste en España, y ha grande tiempos que andas distraído en la guerra, podría ser que no sabiendo las leyes que juramos y las costumbres que tenemos, hicieses algunas cosas en daño nuestro y infamia tuya, y es razón que de todo estés advertido y en todo prevenido, porque los príncipes en muchas cosas se descuidan, no porque no las querrían proveer, sino porque no hay quien se las ose avisar.

Lo que te rogamos, serenísimo príncipe, es que uses siempre de tu cordura y prudencia, porque los corazones de los romanos muy mejor se atraen por maña que no se llevan por fuerza. Las cosas de la justicia abasta traértelas a la memoria, que, como decía tu tío Nerva, por magnánimo, y valeroso, y venturoso, que sea un príncipe, si con todos estos dones no es justiciero, de ninguna cosa merece ser loado. También te suplicamos, soberano señor, que en los negocios que de allá mandares Y en los que de acá proveyéremos, mandes que se tenga constancia y firmeza, porque el bien de la ley no consiste en ordenarla, sino en executarla. Tienes también necesidad de mucha paciencia para sufrir a los importunos y para disimular con los descomedidos, porque al buen príncipe pertenece castigar las injurias de la república, y perdonar las de su persona.

Dícenos en tu carta que no quieres venir a Roma hasta que concluyas esa guerra de Germania, y hanos parecido tu determinación de hombre virtuoso y de emperador animoso, porque los buenos príncipes como tú no han de elegir los lugares a do más se huelguen, sino a do más aprovechen. Dices que nos encomiendas la veneración de los templos, y el servicio de los dioses, y de verdad es justo que tú lo mandes, y muy justo que tú lo hagas, porque poco aprovecharía que los sirviésemos nosotros si los desagradases tú. Dices que nos amemos unos a otros, el cual consejo es de hombre santo y príncipe pacífico; mas has de saber que nosotros no lo podemos cumplir si tú no determinas de a todos igualmente amar y tratar, porque de amar y regalar el príncipe a unos más que a otros se suelen levantar escándalos en los pueblos.

Dices que nos encomiendas a los pobres que poco tienen, y a las viudas que poco pueden; parécenos en este caso deberías mandar a los cogedores de tus tributos que no los despechasen en el coger de los derechos, porque a los pobres mezquinos más culpa es robarlos que mérito socorrerlos. Dices que seamos en la condición mansos, en el hablar cautos y en el negociar sufridos; consejos son éstos por cierto no solo de príncipe justo, mas aun de padre muy piadoso; mas si en esto fueremos algo descuidados y remisos, has de pensar, Trajano, que tropezaremos como flacos y que no cairemos como maliciosos. Dices que no seamos en el Senado unos con otros porfiados, ni en el dar de los votos apasionados; esto se hará como lo mandas, y se acepta como lo dices, mas junto con esto has de pensar que en los grandes y muy graves negocios, cuanto las cosas son más y más altercadas, entonces son muy mejor proveídas. Dices que miremos mucho en que los censores y tribunos sean honestos en la vida y rectos en la justicia; a esto te respondemos que nosotros los avisaremos de lo que han de hacer; mas también es menester que tú mires los que para aquellos oficios has de señalar, porque si tú aciertas en eligirlos, no habrá necesidad de castigarlos. Dices que miremos mucho por nuestros hijos, para que no hagan por los pueblos escándalos; el parecer del Senado en este caso es que los sacases desta tierra y los llevases a la guerra de Germania, que, como tú sabes, Trajano, el día que la república carece de enemigos, luego se hinche de mancebos viciosos. Cuando a Roma le cae lejos la guerra, cosa es para ella muy provechosa, porque no hay cosa que de malos alimpie a las repúblicas si no son las guerras en tierras extrañas.

Todas las otras cosas que nos escribes, soberano señor, no hay necesidad de repetirlas, sino de guardarlas, porque parecen leyes del dios Apolo, que no consejos de hombre humano. Los dioses sean en tu guarda y te saquen con prosperidades de esa guerra.

35. Letra para un amigo secreto dél autor, en la cual le reprehende a él y a todos los que llaman «perros», «moros», «judíos», «marranos», a los que se han convertido a la fe de Cristo

Magnífico señor y no recatado amigo:

Antes que saliesen los hijos de Israel de Egipto, tenían rey, mas no tenían ley; y después que salieron por espacio de muchos tiempos, tuvieron ley y no tuvieron rey; sino que a sus repúblicas gobernaban jueces y a sus ánimas regían sacerdotes. El penúltimo sacerdote de aquellos tiempos fue un hombre afamado hebreo, que había nombre Helí, varón que era asaz celoso de su república, y por otra parte muy descuidado en el gobierno de su casa. Tuvo este buen vicio Helí dos hijos, que llamaron Obay y Phinees, los cuales fueron mancebos muy traviesos y mozos muy aviesos, y tan hechos a su voluntad y tan ajenos de toda bondad, que dice dellos la Escritura sacra (I Regum, II cap.): «Peccatura puerorum erat grande nimis coram domino, quia detraebant homines a sacrificio», y es como si dije se: «El pecado de los hijos de Helí era muy grande delante el Señor, no solo porque ellos eran malos, mas aun porque estorbaban a los otros que no fuesen buenos».

De cinco pecados eran notados y estaban acusados los hijos de Helí, es a saber, de ignorancia, de golosos, de luxuriosos, de codiciosos y de livianos; mas de todos estos pecados, no fueron tanto acusados ni por ninguno dellos tanto castigados como por haber sido ocasión de hacer a unos pecar y que dejasen otros de sacrificar. No por más de por este pecado murió el viejo de Helí súbito, y murieron los hijos a hierro, y murieron las nueras de parto; de manera que el pecado de hacer mal y el pecado de estorbar el bien, no solo le pagaron los que le hicieron, mas aun los que le consintieron.

He querido, señor, traeros a la memoria esta tan antigua historia, no solo para que la sepáis, sino para que la notéis, y con ella os aviséis que hace mucho al caso para osaros yo reprehender, y vos, señor, os confundir de lo que el otro día delante el señor conde de Oliva dijistes y de lo que después en mi presencia porfiastes, lo cual todo había de ser ajeno de vuestra conciencia y aun de vuestra nobleza.

Tenía el divino Platón a un ateniense por amigo, el cual en edad era viejo y en costumbres algo vicioso, y como Platón le reprehendiese de las vanidades que hacia y él no se enmendase de ninguna cosa, díxole a Platón un su discípulo: «Dime, maestro, ¿para qué gastas tanto tiempo en corregir a este viejo, pues ves cuánto tiempo ha que está en los vicios endurescido?» A la cual demanda respondió Platón: «Razón tienes en lo que me dices; mas tampoco estoy yo fuera della, en lo que por aquel amigo hago, porque es tan delicada la ley de amistad, que antes ha de holgar el hombre de perder su trabajo, que no de poner en su lealtad escrúpulo».

También hace a nuestro propósito este ejemplo de Platón como lo hizo la figura del sacerdote Helí, pues os debéis, señor, bien acordar que en los negocios de Valencia os escogí por mi amigo, y en la guerra de Espadán os torné por mi compañero; de manera que entre vos y mí, ni en la paz nos encubrimos las entrañas, ni en la guerra apartamos las armas. Y pues somos en los negocios y en las armas compañeros, yo confieso tener obligación a os amar, y vos, señor, la tenéis a me creer, pues sabéis que nunca en grave negocio os engañé, y que de muchos os desengañé, porque a los cordiales amigos no basta alumbrarles por do vayan, sino que les hemos de quitar los tropiezos a do tropiezen. En esta mi letra, ni diré todo lo que quiero ni aun todo lo que siento, sino algo de lo que debo, y lo que debemos a los amigos es suplirles las faltas que hacen y avisarlos de los yerros que cometen, porque la verdadera amistad consiste en que todos los cordiales amigos se puedan corregir y no se osen lisongear.

Veniendo, pues, al propósito, digo que el no hacer mal es oficio de inocente, el dejar de hacer bien es de hombre negligente, el osar ser malo es oficio de hombre malino, mas el porfiar a defender lo malo es de hombre diabólico, y la causa desto es porque nadie puede de su pecado hacer enmienda, si primero no reconoce su culpa. En lo que el otro día, señor, dijistes y porfiastes, así Dios a mí me salve y ayude, que ni os mostrastes caballero ni cristiano, ni aun cortesano, porque el cristiano hase de preciar de la conciencia, y el caballero, de la vergüenza, y el cortesano, de la crianza; mas vos, señor, cometiste pecado, mostrastes os porfiado y fuiste notado de mal criado.

Habiéndose bauptizado y a la fe de Cristo convertido el honrado Cidi Abducarim, y esto no sin gran trabajo de mi persona, ni sin gran contradicción de toda la morisma de Oliva, ¿parésceos ora bien que sin más ni más le llaméis moro, le motegéis de perro y le infaméis de descreído? ¿Por ventura sois vos el Dios de quien dice el profeta scrutans corda et renes, para que sepáis si Cidi Abducarim es moro reñegado, o cristiano descreído? ¿Por ventura habéis medido vuestros méritos con los suyos y habéis puesto en balanza vuestra fe con la suya, para que sepáis ser falso en el peso y en la medida corto? ¿Por ventura tenéis ya de Dios finiquito de vuestros pecados y tenéis póliza para que os registren con los justos, pues a Cidi Abducarim conndenáis por moro, y a vos dais por buen cristiano? Quienes se hayan de salvar o quienes se hayan de condenar es un secreto tan secreto que nadie le puede saber, ni menos adivinar, porque es cosa a solo Dios reservada y a muy pocos revelada. Pues Cidi Abducarim cree en Dios y vos créis en Dios, él es baptizado y vos sois baptizado, y él va a la iglesia y vos vais a la iglesia, él guarda las fiestas y vos guardáis las fiestas, él confiesa a Cristo y vos confesáis a Cristo nuestro Dios y Señor. Siendo, pues, esto verdad, como es verdad, y que a él no vemos hacer ningunos desafueros, ni a vos vemos hacer ningunos milagros, no sé yo por qué tenéis a vos por tan gran cristiano y llamáis a él perro moro. Llamar a uno perro moro o llamarte judío descreído, palabras son de grande temeridad y aun de poca cristiandad, porque así como no hay en el cielo mayor título de honra que llamar a uno buen cristiano, por semejante manera no hay so el cielo mayor denuestro que decir a uno que es sospechoso. ¿Qué mayor honra que llamar a uno hombre de buena vida? ¿Qué igual infamia que motejar a uno de mala conciencia? En llamando a un convertido moro perro o judío, marrano, es llamarle perjuro, fementido, hereje, alevoso, desalmado y reñegado, de manera que es mal tan fiero, que sería menos mal al que tal dice quitarle la vida, que no probarle aquella infamia. «Qui dijerit fratri suo racha, reus erit gehenne», decía Cristo en el Evangelio, y es como si dije se: «Es tan delicada mi ley y son tan sin perjuicio mis mandamientos, que para ser buenos cristianos, no solo os habéis de hacer buenas obras, mas aun deciros buenas palabras; de manera que si un cristiano llamare a otro cristiano loco, será para el infierno condenado». Pregúntoos agora yo: ¿cuál es mayor injuria: llamar a uno loco, o llamarle perro moro o judío marrano? De mí os sé decir que antes escogería que me llamasen loco, y bobo, y aun necio, que no que me llamasen mal cristiano, porque el llamarme loco es en perjuicio de mi honra; mas el llamarme hereje toca a mi alma y infama mi fama. Si prohíbe Cristo que un cristiano no llame a otro cristiano loco, menos querrá que le llamen moro, ni marrano, porque el fin de la bendita ley de Cristo es que de tal manera nos amemos, y tan sinceramente nos tratemos, que ni con las manos nos hiramos, ni aun con las lenguas nos infamemos.

Vuestra desgracia me ha caído en mucha gracia; es a saber, que reprehendiéndoos yo el descomedimiento que tuvistes con Cidi Abducarim, me dijistes que era costumbre antigua en vuestra tierra llamar a los nuevamente convertidos moros o marranos a cada palabra, y que de habérselo vos llamado ni teníades vergüenza, ni menos conciencia, pues vuestra lengua estaba habituada a lo decir y sus orejas a lo oír. Cuando los hombres honrados y vergonzosos han caído en alguna notable culpa, deben mucho mirar y sobre ello pensar qué tal sea la desculpa que dan de su culpa, porque muchas veces acontece a los culpados mal avisados, que con lo mismo que se desculpan, con aquello mismo más se conndenan. Dar vos, señor, por desculpa de vuestra culpa que el llamar a uno moro o marrano es costumbre de vuestro pueblo y que nadie se escandaliza de oírlo, desde agora digo que de tal costumbre apelo y de tan maldito pueblo como el vuestro me santiguo, porque yo andado he por el mundo, y conozco razonable dél, mas siempre vi y sentí que en las tierras honradas y entre las personas virtuosas se precian los peregrinos de las buenas obras que les hacen, y no se quejan de las palabras feas que les dicen. «Iuxta consuetudinem cananeorum et egipciorum non faciatis et in legitimis corum non ambuletis», dijo Dios a Moisés (Levitici, XVIII), y es como si dijera: «Mirad por vosotros, hijos de Israel, para que cuando entráredes en la tierra de promisión, no guardéis las leyes de los egipcios, ni las costumbres de los cananeos». En estas palabras nos da Dios a entender que si la ley de nuestra patria fuera mala y la costumbre de nuestra tierra fuera iniqua, no solo no la guardemos, mas aun no la mentemos ni alabemos, porque no hay en este triste mundo igual bobería como decir uno que en su lugar hay alguna costumbre viciosa.

Hablando la verdad, y aun con libertad, digo que osar llamar a un viejo honrado y cristiano «perro, moro descreído» y defenderos con decir que así lo usan decir en vuestro pueblo, parésceme que por una parte os habíamos los inquisidores de castigar, y por otra los de vuestro pueblo os habían de apedrear, pues con la desculpa de vuestra culpa infamáis a vuestra patria y perjudicáis a la ley cristiana. Cidi Abducarim fue lastimado de lo que le dijistes, y todos quedamos escandalizados de lo que os oímos decir, y lo peor de todo es que me dicen agora todos los de estas morerías que no quieren ser cristianos si los han siempre de llamar «perros moros», por manera que vos, señor, como imitador de los hijos de Helí, perturbáis a los que están baptizados y sois causa que no se vengan más a baptizar. «Vidi aflictionem populi mei in Egipto, et clamorem eius audivi propter duriciam eorum, qui presunt operibus», dijo Dios a Moisés, y es como si le dijera: «No soy tan descuidado como piensan las gentes, de los que me sirven, ni dejo de tener cuenta con los que mal hacen, porque te hago saber, o Moisés, que he puesto los ojos en lo que padece mi pueblo en Egipto, y he oído las voces y gritos que dan hasta el cielo, y he examinado las tiranías de que usan con ellos los que gobiernan el reino, a cuya causa quiero a los hebreos libertar, y a los egipcios castigar.

Exponiendo estas palabras, san Agustín dice que no sentían los hebreos tanto, ni aun se enojó Dios tanto por los trabajos que los israelitas padecían, cuanto por las palabras feas y lastimosas que los egipcios les decían, llamándolos perros judíos, advenedizos y pérfidos, las cuales tan lastimosas lástimas suelen los míseros a quien se dicen tener lugar de llorarlas y no licencia de vengarlas. Decidme, señor, si la ley cristiana es mayor que no la ley moisática, por ventura no será mayor injuria llamar a un cristiano perro, moro, que no llamar a un judío judío descreído. El Dios que vengó las injurias que se dijeron a los hebreos circuncisos, ¿por ventura olvidará las que agora se dicen a los que ya son baptizados? Por vida vuestra, señor, que no seáis en la condición bravo, ni en las palabras boquirroto, porque jamás vi a hombre lastimar a otro hombre que no le pesquisasen la vida que hacía, y aun que no le espulgasen la sangre de do venía. No sin misterio digo esto, señor, porque a la hora que llamastes a Cidi Abducarim perro, moro, dijo a mis oídos uno: «Yo juro a Dios, y a esta que es cruz, que si Cidi Abducarim desciende de moros, que están también allí tus bisabuelos en los osarios».

He aquí, pues, señor, lo que allí ganastes y lo que los deslenguados como vos ganan, es a saber, que en pago de lastimar vosotros a los vivos, toman trabajo de desenterrar vuestros muertos, lo cual todo se excusaría si cada uno refrenase su lengua.

El emperador, mi señor, me mandó que viniese en este reino a convertir y baptizar a todos los moros destas morerías, por lo cual doy inmensas gracias a mi Dios, pues tal en mis días veo y tal por mis manos pasa, porque si no soy apóstol en el mérito, soylo a lo menos en el oficio, pues ha tres años que no hago otra cosa sino disputar en las aljamas, predicar por las morerías, baptizar por las casas y aun sufrir grandes injurias. Finalmente, digo y os aconsejo, señor, que no seáis súbito en lo que hiciéredes, ni colérico en lo que riñéredes, porque de otra manera, desde agora os profetizo que lo que erráredes a priesa, lloraréis después de espacio.

No más sino que nuestro Señor sea en vuestra guarda y a mí dé gracia que le sirva.

De Beniarjo, a XXII de mayo. MDXXIIII.

36. Letra para don Alonso Espinel, corregidor de Oviedo, el cual era viejo muy pulido y requebrado, a cuya causa toca el autor en cómo los antiguos honraban mucho a los viejos

Muy magnífico señor y viejo honrado:

Solón, y Ligurgio, y Promoteo, y Numa Pompilio, dadores que fueron de todas las leyes del mundo, aunque fueron en muchas cosas diferentes, en tres de ellas fueron muy concordes: es a saber, en que todos los de sus repúblicas adorasen a los dioses, y aun que todos se apiadasen de los pobres, y en que todos honrasen a los viejos. Hasta hoy no hubo en el mundo nación tan bárbara ni gente tan indómita que entre ellas se prohíbiese a Dios el servicio, ni al pobre el socorro, ni al viejo el acatamiento, porque son tres cosas en sí tan esenciales y aun tan naturales, que de buena razón no había menester ley que las ordenase, ni príncipe que las mandase. Eschines, el filósofo, en una oración que hizo a los rodos, dice que todas las islas Baleares no tenían más de siete leyes: es a saber, que adorasen a los dioses, se apiadasen de los pobres, honrasen a los viejos, obedeciesen a los príncipes, resistiesen a los tirarlos, matasen a los ladrones y que nadie peregrinase por pueblos ajenos. Aulo Gelio (le. II, cap, XV) dice que acerca de los antiquísimos romanos no daban tanta honra, ni eran tenidos en tanta reverencia los que en la república eran ricos, ni los que en el Senado eran generosos, como los que eran en la edad viejos y en la gravedad reposados. En aquellos antiguos siglos eran en tanta veneración tenidos los hombres viejos, que casi como a dioses los honraban, y que en igual de propicios padres los tenían. La costumbre de honrar tanto a los viejos, sé decir haberla tomado los romanos de los antiguos lacedemonios, entre los cuales era ley inviolable que solos los hombres viejos y honrados pudiesen ser jueces para castigar y ser censores para regir. El filósofo Panteón, maestro que fue de Empédocles, preguntado por un rey tebano, que había nombre Circidaco, qué haría para regir bien la república tebana, respondióle estas palabras: Si quieres que tus reinos estén bien gobernados, y tus pueblos estén asosegados, haz que los vicios gobiernen la república, y que los mancebos vayan a la guerra, y que las mujeres amasen y hilen en casa; porque de otra manera, si a las mujeres consientes hacer oficios de hombres, y a los mancebos que anden vagamundos, y a los viejos que estén arrinconados, tu persona tendrá trabajo y tu república correrá peligro. Los viejos romanos y veteranos, cinco notables privilegios tenían en Roma: es a saber, que venidos a pobreza, eran del erario público mantenidos, y que ellos solos se podían asentar en los templos, y asimismo ellos solos podían traer anillos en los dedos, y ellos solos comían a puerta cerrada, y ellos solos podían traer hasta los pies la vestidura. Las cuales leyes y costumbres fueron guardadas, desde que reinó Numa Pompilio, hasta que murió el dictador Quinto Cincinato. Después que los romanos fueron vencidos por Aníbal en las tres famosas batallas de Trene, y de Trasmene, y de Canas, como quedasen en Roma pocas gentes para sustentar la república y muchos menos para sufrir los trabajos de la guerra, ordenaron entre sí los padres del Senado que nadie quedase en la ciudad por se casar y hijos y mujer mantener; de manera que sin tener mujer, o amiga, nadie podía vivir dentro del ámbito de Roma. Para que los hombres se aplicasen más a ser casados y a sufrir la carga del matrimonio, ordenaron entre sí los romanos que dende en adelante las honras y los oficios más principales de la república se diesen a los que mantenían en Roma casa, de manera que los más privilegiados del pueblo eran, no los que habían muchos años, sino los que tenían más hijos. La ley címica que ordenó esta ley mandó allí luego que si por caso un padre tuviese tres hijos y otro tuviese seis y destos seis perdiese en la guerra no más de dos, y el que tenía tres le matasen los dos, en tal caso se había de preferir y ser más honrado el que más hijos perdió, que no el que más hijos crió, porque en el mismo grado que tenemos los cristianos a los que mueren por la santa fe católica, en aquél tenían los romanos a los que morían por la defensión de la república.

Veniendo, pues, al propósito, digo y afirmo que todas las tres maneras de honra caben muy bien en vuestra persona y merecen entrar por las puertas de vuestra casa, pues en edad llegáis a los setenta y cinco años, en hecho de casaros tuvistes once hijos, y en las guerras de Granada mataron los cuatro dellos. De haber llegado a tanta edad, y de haber tenido tantos hijos, de haber perdido los cuatro dellos, tengo para mí creído que trocaríades de muy buena voluntad la gloria y fama que habéis adquirido, por los inmensos trabajos que habéis pasado, porque en este mísero mundo, cada día se va más y más la fama disminuyendo, y, por otra parte, van los trabajos más y más cresciendo. De mí, señor, os sé decir que he hecho recuento con mis años, y hallo por mis memoriales que he los cuarenta y cuatro cumplidos, y así Dios a mí me salve, que estoy tan harto de enojos y ando tan cansado de trabajos, que la mayor tentación que tengo es, no de mucho vivir, sino de mi vida enmendar, porque el bien de nuestra salvación consiste, no en que vivamos mucho, sino en que empleemos bien el tiempo. «Vivere erubesco et mori pertimesco», decía San Anselmo, y es como si dije se: «Cotejada la vida mala que hago, con la mucha pena que por ella merezco, digo y afirmo que por una parte he vergüenza de vivir, y por la otra he gran miedo de me morir, pues delante la justicia de Dios ningún bien se queda sin premio, ni ningún mal se va sin castigo».

Conforme a lo que este santo dijo, digo y afirmo, que de que me paro a pensar los muchos años que he vivido y el poco fructo que en ellos he hecho, no ceso de suspirar, ni aun me harto de llorar, porque en el día de la muerte me han de pedir cuenta, no solo de los males que he hecho, mas aun de los bienes que dejé de hacer. Un solo bien siento en mí, y es que a mis propias culpas tengo mancilla y a la bondad ajena tengo envidia, y ojalá pluguiese a mi Dios que tan fácilmente me supiese yo enmendar como sé mis yerres conocer, que a ley de cristiano le juro no hubiese acabado de cometer la culpa, cuando luego no comenzase a hacer penitencia. Y pues vos, señor, pasáis ya de los setenta, y también yo voy en los alcances de los cincuenta, no me parece sería mal consejo diésemos fin a los superfluos cuidados y comenzásemos a poner en obras nuestros buenos propósitos, porque todo lo mejor de la vida se nos pasa en pensar que algún día nos enmendaremos y aun nos mejoraremos, y después, cuando no catamos, se nos acaba la vida, sin que hayamos comenzado alguna enmienda.

Acordaos, señor, cuántas guerras habéis visto, cuántas hambres habéis pasado, cuántos amigos habéis perdido y aun de cuantas pestilencias habéis escapado, de los cuales peligros todos no os libró el Señor porque no merecíades mil veces morir, sino porque tuviésedes más tiempo de os enmendar. Para estar hombre más sano y vivir menos enfermo, bien tengo creído que aprovecha al hombre el buen regimiento y aun algún mediano regalo; mas junto con esto, digo y afirmo que el vivir mucho o el vivir poco no se ha de agradecer al médico que tenemos, ni aun a los regalos que nos hacemos, sino que en sola la mano de Dios está el alargarnos la vida y el saltearnos la muerte. Yo, señor, os ruego y encargo seáis moderado en el hablar, modesto en el comer, piadoso en el dar y grave en el aconsejar; de manera que os preciéis más de la gravedad que mostráis, que no de la edad que tenéis, y de otra manera, si vos, señor, contáredes los años, no faltará quien a vos os cuente también los vicios.

Acuérdome que ogaño, cuando estábades malo de la gota y os fui a ver a vuestra posada, me rogastes lo que agora me escribís, y agora me escribís lo que entonces me rogastes: es a saber, qué son las libertades de los viejos y los privilegios de que están dotados. Materia es que pudiérades preguntar a otro más sabio, y más experimentado, y aun más anciano que no a mí, mayormente que yo he salido ya de la edad de mozo, y no he llegado aún a la edad de viejo, porque, según dice Aulogelio, desde los cuarenta y siete años gozaban de sus libertades los romanos vicios. Yo, señor, quiero hacer lo que tanto me rogáis y lo que agora me escribistes, con tal condición que no os enojéis ni turbéis, porque entiendo de escribiros y declararos todas las condiciones de los hombres ancianos y viejos desabridos, protestando y jurando que no es mi intención hablar con los que tienen pareada la edad con la gravedad, y la gravedad con la edad. Otra vez y otras diez mil veces protesto y torno a protestar que no es mi intención de dar licencia a mi pluma para que ose escribir ninguna cosa contra los viejos honrados, valerosos, graves y virtuosos, por cuya prudencia las repúblicas se gobiernan y con cuyas canas los mancebos se aconsejan, porque sería cometer sacrilegios poner la lengua en algún viejo honrado.

De los tales como yo, que soy un vagamundo, y de vos, que sois un desabrido, y de Alonso de Ribera, que es un boquirroto, y de Pedro de Espinel, que es un tahurazo, y de Rodrigo de Orejón, que es nuestro enamorado; de Sancho de Nájara, que es un regalado, y de Gutierre de Hermosilla, que es un muy mal sufrido, es razón, y mucha razón, que contra ellos, y no contra otros, aseste mi lengua y se extienda mi pluma. Tulio, y Posidonio, y Laercio, y Policrato, gastaron muchas horas y escribieron muchas escrituras para aprobar y decir que la vejez era provechosa, y la vida de los viejos era buena, y mejor salud les dé Dios que ellos acertaron, ni aun supieron lo que dijeron, pues vemos que no es otra cosa la vejez sino un mal de que nunca convalescemos y una enfermedad de que al fin morimos.

Yo, señor, os contaré aquí algunos pocos privilegios de los que tienen los viejos, y trae consigo la triste vejez, y digo que diré poco, porque son tantos y tan penosos los trabajos de la senectud, que apenas se pueden adivinar, cuanto más contar.

Prosigue el autor su intento, y pone cincuenta privilegios que tienen los viejos, dignos de leer y no menos de notar.

Es privilegio de viejos ser cortos de vista, y tener en los ojos lagañas, y muchas veces no hay nubes en los cielos, y tiénenlas ellos en los ojos, y sola una candela les parece ser dos candelas, y aun otras veces desconocen al amigo y hablan por él al extraño.

Es privilegio de viejos zumbarles siempre algún oído, y quejarse mucho que oyen dél poco, y la señal desto es que ladean la cabeza para oír, y si no es a voces, no pueden cosa ninguna entender, y el trabajo que con ellos hay es que todo lo que ven y no pueden entender piensan que es en perjuicio de su honra o en detrimento de su hacienda.

Es privilegio de viejos caérseles los cabellos sin que se los peinen, y nacerles en los pescuezos sarna sin que la siembren, y más y allende desto, les verán al Sol deslendrar la cabeza, y quejarse mucho que les come la caspa, para el remedio de lo cual querrían lavarse con lexía, y no osan por la flaqueza de la cabeza.

Es privilegio de viejos que en la boca les falte algún diente, se les ande algún colmillo y tengan dañadas de neguijón algunas muelas, y lo que es peor de todo, que muchos viejos se quejan cuando beben y cecean cuando hablan.

Es privilegio de viejos poder meter un grano de pimienta a la muela dañada, y beber un poco de vino y romero para enxaguar la boca, y tener amistad con la mujer que ensalma, y aun para limpiar los dientes hacer unos palillos de tea.

Es privilegio de viejos, digo de los que pasan de sesenta años, dar blancas a los mochachos por que les maten una gría y que les saquen los aradores de las palmas y se les muestren andar sobre las uñas.

Es privilegio de viejos les descortecen el pan que han de comer, les agucen el cuchillo con que han de cortar, y les piquen la carne que han de comer, y que no les agüen el vino que han de beber, porque al viejo muy viejo no hay cosa que le dé tan mala comida como es sentir que el vino tiene mucha agua.

Es privilegio de viejos que todas las veces que se quejan, o cojean de alguna hinchazón en el tobillo, o de algunos adrianes endurescidos, o de algunas uñas sobre salidas, o de algunas venas enconadas, si por caso les preguntan sus vecinos si es su mal gota, juran y perjuran que no es sino una rascadura.

Es privilegio de viejos traer las calzas abiertas, los borceguíes hendidos, los zapatos desmajolados y aun estarse algunas veces descalzos, y desde aquí juro y salgo fiador por ellos, que si lo hacen, no es por malicia, ni aun por galanía, sino porque les fatiga la gota o andan cargados de sarna.

Es privilegio de viejos, digo de viejos podridos, que muchas veces, pensando de escupir en el suelo, se escupen a sí mismos en el manto o sayo, lo cual no hacen ellos de sucios, sino porque no pueden echar la escupetina más lejos.

Es privilegio de viejos no salir en invierno de una chimenea, si hace frío, y después de comer salirse a una solana, si hace Sol, y lo que, no sin reír, escribo es que como algunas veces con el calor se les seca al Sol la saliva, no dejan de enviar a saber qué hace la tabernera.

Es privilegio de viejos que se les ande un poco la cabeza, y que se les tiemble también alguna mano, porque no pueden sorber la cocina sin que se les caiga acuestas, ni pueden beber el vino sin que se les derrame.

Es privilegio de viejos holgar de asentarse en un poyo por arrimarse y tener una silla de caderas para recostarse, y el donaire que en este caso suele acontecer es que al tiempo que se acaban de asentar, la triste de la silla que se quiebra, o a lo menos rechina.

Es privilegio de viejos beber con un torreznito a la mañana, comer a las diez la olla y tomar a las dos de la tarde una conserva, pedir a las seis la cena, y en lo que no pierden punto es en acostarse con las gallinas y levantarse antes que amanezca, a llamar a las mozas.

Es privilegio de viejos que osen andar cojeando por su casa y traer en la mano una caña, y porque la caña les sirva de silla tan bien como de albarda, algunas veces escarban con ella el fuego, y aun otras veces dan a su mozo un palo.

Es privilegio de viejos que, sin mandarlo el provisor, ni saberlo el corregidor, puedan traer un pañizuelo de narices en la cinta, y ponerse un babadero cuando están en la mesa, y un sudadero en torno de la garganta, con el cual, a falta de toallas, se suelen ellos enxugar las manos y aun sonar las narices.

Es privilegio de viejos comer muy de espacio, beber muy a menudo y mudar muchas veces de un carrillo en otro el bocado, y tienen también autoridad que, si por caso no vinieren a comer con tiempo los convidados, puedan ellos con buena conciencia catar entre tanto los vinos.

Es privilegio de viejos, a la hora que se acuestan, preguntar si está el cielo estrellado, y preguntar muy de mañana si es el Sol salido, y si ha helado, o llovido, y aun también suelen tener los viejos muy gran cuenta con la conjunción de la Luna, para ver si entró seca, o si entró mojada, y si por caso lo ponen algunas veces en olvido, su riñón y ijada tienen cargo de acordárselo.

Es privilegio de viejos, quejarse que contaron aquella noche el reloj cada hora, y enviar a saber de qué viento está la veleta, porque si el aire es solano, dicen que los desmaya, y si corre ciergo, quéxanse que los destiempla.

Es privilegio de viejos poner los pies sobre una tabla, y recodar los brazos sobre una almohada, y si por caso se durmieren de espaldas en la silla o roncaren de bruces sobre la mesa, díxome Alonso de Baeza que no les llevaría por ello alcabala.

Es privilegio de viejos tener grandes defensivos contra el frío, como contra su mortal enemigo, y guardarse mucho de caminar contra viento, y lo que a mí me cae en mucha gracia es el cuidado que tienen en los grandes fríos del invierno que estén las puertas muy cerradas, y las ventanas muy apretadas.

Es privilegio de viejos no se querer ir a acostar sin que primero les pongan una bacineta a do escupan y les pongan un orinal a la cabecera, y aun un servidor tras la cama, y si lo sufre su costilla, mandan que dentro de su cámara duerma un mozo o una moza para que le respondan si llamare y le levanten la colcha si se le cayere.

Es privilegio de viejos lavarse cada sábado las piernas, raerse muy bien los callos, cortarse muy a raíz las uñas y vestirse aquella noche sus camisas limpias, y si por caso hace aquel día buen día, ruega y aun roncea a su moza le peine un rato y le espulgue otro.

Es privilegio de viejos pasar tiempo después de comer en jugar al triunfo, o a la ganapierde, o a las tablas, en casa de sus vecinos, si pueden, o enviarlos a llamar, si no pueden, y el donaire que en este caso pasa es que hora el viejo juegue largo, hora el vicio juegue corto, no ha de faltar en la mesa fructa y vino, y no de lo peor que hay en el pueblo.

Es privilegio de viejos arrimarse a una tienda, o pasearse por el portal de la iglesia, o asentarse en un poyo de la plaza, o en una silla a su puerta, y esto no para más de para saber si hay algo de nuevo en el pueblo, y para hablar con alguno, si pasa camino, del cual ejercicio reniegan los vecinos y aun blasfeman los criados, porque no querrían tenerlos por testigos de todo lo que dicen, ni aun por vedores de todo lo que hacen.

Es privilegio de viejos quejarse a los vecinos y reñir con sus criados que el pan que les ponen a la mesa está duro; la carne, que no está manida; la olla, que no está sazonada; la casa, que no está limpia; la moza, que es rezongona, y la mujer, que es muy comadrera; las cuales quejas nacen de estar algunas veces los pobres vicios mal servidos, y aun otras veces de ser ellos mal acondicionados.

Es privilegio de viejos que, sin incurrir en el canon de «si quis suadente diabolo», ni quebrantar ninguna pregmática del reino, pueda descortezar el pan que han de comer, y no echar agua al vino que han de beber, y aun se contiene en el quinto párrafo de su privilegio que al viejo que pasare de los sesenta años, le puedan contar los bocados que come, mas no le cuenten las veces que bebe.

Es privilegio de viejos reñir mucho con los mozos y mozas de casa, cuando se ríen alto, y pregúntanles qué es en lo que están hablando cuando hablan paso, y la causa desto es porque piensan que se ríen dellos, cuando hablan recio, o que murmuran dellos, cuando hablan a solas.

Es privilegio de viejos reñir y gruñir con las mozas que tienen en casa, y envían fuera, diciéndoles que nunca vuelven de do las envían, ni hacen a derechas cosa que les mandan, y lo que no sin reír me puedo escribir es que a hurtas de sus mujeres les dicen algunos requiebros y aun les piden celos de los mozos.

Es privilegio de viejos de nunca estar sino quejándose, ora que les duele la rodilla, o que tienen el hígado escalentado, o que sienten el bazo opilado, o que el estómago les fatiga, o que la gota les mata, o que la ciática los desvela, y sobre todo que la pobreza los ahoga; de manera que apenas hay viejo al cual no le sobren dolores y le falten dineros.

Es privilegio de viejos preguntar a todos los que topan en la plaza o en la iglesia qué dicen agora del rey y qué nuevas hay de corte, y, lo que más de notar es que, sea verdad o que sea mentira lo que les han contado, a todos lo cuentan ellos por verdadero, añadiendo siempre de su casa alguna cosa, y aun diciendo lo que ellos sienten de aquella nueva.

Es privilegio de viejos, por lo menos una vez en el mes, abrir sus arcas y cerrar tras sí las puertas, y allí, solos y a solas, mirar y remirar las joyas que tienen y contar dos o tres veces los dineros que poseen, poniendo a una parte los doblones, a otra los ducados sencillos, a otra las coronas faltas y aun a otra los ducados de a diez, uno de los cuales se dejar án ellos antes morir que darle a trocar.

Es privilegio de viejos, digo de los que no son nobles y generosos, ser naturalmente avaros, escasos, apretados y mezquinos, y esto no solo para sus vecinos, mas aun para sí mismos, lo cual parece claro, en que guardan la mejor ropa y traen la más rota, venden el mejor vino y beben el más acedo, truecan el mejor pan y comen lo más dañado; de manera que viven pobres por morir ricos, y todos los sudores de su vida se venden después en el almoneda.

Es privilegio de viejos que cuando entran en concejo, o van a las bodas, o están en la iglesia, asentarse a cabecera de mesa, ponerse en lo más alto del banco, tomar primero el pan bendito y proponer lo que se ha de hablar en concejo, y lo que no sin lástima se puede decir es que hay algunos viejos tan prolijos en lo que cuentan y tan inciertos en lo que dicen, que dan que reír a unos y que mofar a otros.

Es privilegio de viejos hablar sin que les hablen, responder sin que les pregunten, dar consejo sin que se lo pidan, pedir algo sin que se lo ofrecan, entrarse en casa sin que los llamen y aun asentarse a la mesa sin que los conviden; de lo cual, como yo reprehendiese a un viejo amigo mío, respondióme él: «Andad, señor, y no miréis en esas poquedades, pues sabéis que a canas honradas no ha de haber puertas cerradas».

Es privilegio de viejos ser naturalmente rencillosos, coléricos, tristes, desabridos, sospechosos y mal contentadizos, y la razón que para ello hay es que como con los largos años tienen ya la sangre resfriada y tienen la cólera requemada, y aun tienen la condición de cuando eran mozos mudada, mucho más descansan con el reñir que no con el reír.

Es privilegio de viejos ponerse a contar en las noches del invierno y en las fiestas del verano las tierras que han andado, las guerras en que se han hallado, los mares que han pasado, los peligros que han corrido y aun los amores que han tenido; mas no dirán los años que han cumplido, ni el tiempo cómo se les ha pasado; antes si comienzan a hablar en esta materia, mudan ellos luego la plática.

Es privilegio de viejos tener siempre cuenta con boticarios, llamar muchas veces a los médicos, hablar con las viejas ensalmadoras, conocer las propiedades de muchas yerbas, saber cómo se sacan las aguas, poner al Sol muchas redomas y aun tener en la alacena boticicos de medicinas; verdad es que los viejos de mi tierra, la Montaña, más cuentas tienen con la taberna que no con la botica.

Es privilegio de viejos aborrecer las cosas agrias y amar las que son dulces, es a saber, dátiles de Orán, diacitrón de Gandía, limones de Canarias, mermeladas de Portugal y costras de la India; verdad es que yo conoco algunos viejos tan sanos y tan recios, que aman más una moxama salada que cuantas conservas hay en Valencia.

Es privilegio de viejos loar mucho el tiempo pasado y quejarse siempre del tiempo presente, diciendo que en su juventud conocieron ellos a muchos vecinos y amigos suyos, los cuales eran animosos, dadivosos, esforzados, gastadores, honrados y valerosos, y que ya el mundo es venido a tal estado, que todos son en él cobardes, escasos, mentirosos, mezquinos y fementidos, y la causa deste descontento es que entonces, con la alegría de la juventud, no les parece cosa mal, y agora, como son ya viejos, ninguna cosa les parece bien.

Es privilegio de viejos que por su autoridad, y aun necesidad, pueden traer en el brazo un pellejo de raposo, para desecar reumas, y en la cabeza una caperuza de lino crudo, para enxugar los humores, y en la cama tengan cocedra de pluma, para tener más calor, y dormir con un saico de lienzo, para si se descubriere los brazos, y traer una almilla de grana, para alegrar el corazón, y aun un socrocio en el estómago, para ayudar a la digestión.

Es privilegio de viejos que puedan traer en el invierno callas y calzuelas, botas y borceguíes, pantuflos y servillas en los pies; pueden también traer guantes de cuero y de lana, y aun de nutria, en las manos; pueden también traer zamarro, sayo, jubón y almilla y camisa vestido, pueden también traer sombrero, bonete y caperucilla en la cabeza, y pueden tener también pajas, cocedrón, cocedra, colchón, frazada y colcha en la cama, y pueden también dormir en alcoba con paramentos, esteras y brasero y escalentador, y lo mejor de todo es que, con todos estos regalos que les hacen, no paran los tristes de toda la noche toser, y aun desde la cama reñir.

Es privilegio de viejos que, cuando se quieren acostar, y se acaban de descalzar, se rasquen luego las espinillas y se cofreen un poco las espaldas, y si el viejo es limpio y curioso, hace que luego allí le espulguen las calzas, y aun que le traigan las piernas; lo cual todo hecho, dice a su moza: «Por tu vida, María, que me abras esa cama y me traigas a beber una vegadilla».

Es privilegio de viejos que puedan con buena conciencia, aunque no sin alguna vergüenza, descender las escaleras de su casa arrimados, y que al tiempo de subirlas, los suban de los cobdos sobarcados, y si les pareciere que la escalera es un poco agria, o es algún tanto larga, podrán a trechos descansar en ella.

Es privilegio de viejos que cuando se hallan en casa solos o están en la cama desvelados, ponerse a pensar en el tiempo de su mocedad, cómo se les ha pasado, y de cómo todos los amigos de su tiempo se les han ya muerto, y de cómo con el mal de la vejez pueden ya poco, y aun de cómo los tienen todos en poco; la memoria de las cuales cosas todas les hace estar pensativos y aun andar aburridos, porque se ven morir sin poderse remediar.

Es privilegio de viejos hablar muchas veces con el cura de la perrochia sobre su enterramiento, y hablar con su confesor sobre lo de su testamento, y el donaire que pasa en este caso es que sobre aquí más allí tomarán sepultura, o a éste más aquél dejar án su hacienda, apenas hay tantas horas en el día cuantas ellos en su corazón hacen mudanza.

Es privilegio de viejos ser a do quiera que estén conocidos y ser por do quiera que fueren sentidos, es a saber, en ir mucho tosiendo, en llevar los pies arrastrando, y aun otras veces se dan a conocer en el roído que van haciendo con el palo y en que van gruñendo con su mozo.

Es privilegio de viejos traer gran espacio de tiempo lo que comen de un carrillo en otro, y tener el vaso de vino entretanto en las manos, y como tienen mejores gaznates para tragar que no muelas para maxcar, el mejor remedio que en este caso hallan es de entre bocado y bocado tomar dos sorbos de vino, de manera que si va lo que comen mal maxcado, va a lo menos bien remojado.

Es privilegio de viejos traer siempre atada en el brazo la llave del dinero, y tener en la bolsa guardada la llave del trigo, y del vino, y sobre dar trigo para moler y dinero para gastar, hunden a voces la casa, y aun llevan sus mujeres alguna mala comida.

Es privilegio de viejos amohinarse con los que les preguntan qué años han, y holgarse mucho con los que les hablan de los amores que tuvieron, y el daño que en este caso hay es que por una parte quieren matar a los que no los honran como a viejos y por otra se enojan mucho con los que les cuentan los años, por manera que aman la autoridad y encubren la edad.

Es privilegio de viejos quejarse a todos que no pueden comer bocado, que no les adereszan cosa sabrosa, que no les dan ningún regalo, que no les hacen la cama llana, que les retienta cada hora la gota, que les hace mucho mal la cena y que no han dormido aquella noche una hora, y, por otra parte, no es Dios amanescido, cuando riñen con todos porque no les dan el almuerzo.

No más, sino que nuestro Señor sea en vuestra guarda y a mí dé gracia que le sirva.

De Valencia, a XII del mes de febrero. Año MDXXIIII.

37. Letra para el arzobispo de Barri, en la cual el autor le declara una palabra que predicó en un sermón de jueves de la cena

Reverendísimo señor:

A una famosa invectiva que el gran filósofo Eschines hizo contra el su mortal enemigo Demóstenes, entre otras notables cosas escribióle estas palabras: «Bien sabes tú, Demóstenes, que para preciarte, como te precias, de ser varón prudente, habías de ser magnánimo en lo que emprendes, cierto en lo que prometes, avisado en lo que aconsejas, recto en lo que piensas, justo en lo que haces y recatado en lo que dices; lo cual no es así en ti, porque muchas veces haces lo que no debes, y aun otras dices lo que no piensas». Muy gran razón tiene este filósofo en decir lo que dice, y en reprehender lo que reprehende, pues ninguno con razón se puede llamar varón cuerdo y sabio, aunque en las obras sea recatado, si en las palabras no es bien medido. Cosa es muy justa que mire cada uno lo que hace, y también es cosa muy injusta se descuide nadie en lo que dice, porque entre hombres generosos y de rostros vergonzosos más fácilmente se satisface una obra aviesa que les hayan hecho, que no una palabra mala que les hayan dicho. Las obras malas, muchas veces se pueden remediar, mas las palabras feas, pocas veces se pueden remediar, ni aun remendar, porque la puñada o puñalada no hiere más de en las carnes muertas, mas las palabras maliciosas traspasan las entrañas vivas.

Todo esto digo, señor, por ocasión de lo que en vuestra letra me escribistes y argüístes: es a saber, que el jueves de la cena pasado, predicando a su majestad el sermón del mandato, decís que dije ser cosa muy dañosa tener a Dios por enemigo, y que también era cosa muy peligrosa tener a hombre por amigo. Para mí, bien tengo yo creído que creéis vos, señor, haber yo dicho aquellas palabras con alguna advertencia, o por no sentir lo que entonces decía, lo cual no debéis creer ni tampoco decir, porque, a fe de cristiano, le juro que voy, cuando voy, a predicar tan recatado, y digo lo que digo tan sobre aviso, como si me estuviese confesando, o en el altar consagrando. Es el púlpito una cátedra que Cristo consagró con su persona, y es un lugar santo para predicar en él la palabra divina, y por este respecto, nadie se debe subir a él para decir descuidos, sino para predicar misterios, porque de otra manera no le llamaríamos al tal predicador divino, sino xaquimista y mulo eterno. De mi pobre parecer, nadie debría ir al púlpito con pensar que poco más o menos dirá en él esto y esto, sino con determinación, de no decir más desto y desto, porque el egregio y famoso predicador, tan medida y tan examinada ha de dar cada palabra, como si aquel día no hubiese de predicar sino aquella sola.

Predicando, pues, yo, aquel día, de Cristo Dios verdadero, y predicando en día tan señalado, y predicando delante un príncipe tan avisado, muy gran culpa fuera mía osar decir cosa que a vuestra señoría pusiese escrúpulo, y en tan alto auditorio engendrase escándalo. Yo confieso haber muchas veces «cogitatione, et delectatione, omisione, consensu, visu, verbo et opere», mas juntamente con esto niego, y aun apelo, de jamás haber hecho cosa en el púlpito la cual primero no estudiase, y una y muchas veces en ella no pensase; que, como dice el glorioso Hieránimo, lo que se tiene por mentira en la plaza, se ha de tener por sacrilegio en la iglesia.

Ya puede ser que, como aquel día de Jueves Santo, yo me engolfase en predicar misterios tan altos y me extrañase a declarar secretos tan profundos, que no aplomase mucho en exponer aquella palabra y que me pasase por ella algo de corrida, porque oficio del excelente predicador es no dejar de tocar cosas altas, aunque no pueda declararlas luego todas. Lo que entonces no hice, quiero agora hacer: es a saber, declarar aquella palabra, y declarar lo que siento della; y dende agora digo y adivino que cuanto fuere a mí penosa de exponer, será a vuestra señoría apacible de leer, porque es palabra tan misteriosa, que hay en ella bien que decir y muy mucho que encarecer.

Veniendo, pues, al caso, dije entonces, y tomo a decir agora, que si tener al Criador por enemigo es malo, que tener también a la criatura por amiga es también peligroso, y la causa desto es que como al físico y al amigo no le hayamos menester sino para tiempo peligroso y sospechoso, a mi parecer, más sano consejo le sería al hombre huir los peligros que no apellidar los amigos. Mucho va de tener a uno por amigo a tenerle por próximo, porque teniéndole por amigo, amarle ha como a mundano, el cual amor y amistad causa en ambos a dos a las veces confusión, y aun a las veces dannación.

Mirad bien, señor, lo que digo, y aun lo que dije entonces, y es que no digo yo que tener amigos es malo, sino que es peligroso, y trabajoso, y aun digo agora de nuevo que cuanto fuere mayor el amigo, tanto será más peligro el probarlo, pues no se conoce la estrecha amistad sino en la extrema necesidad. Yo juro, y creo que no me perjuro, que hay muchos, y muy muchos, que se abstendrían de cometer excesos, y aun de perpetrar delitos, si no confiasen en los parientes de que descienden, y no se arrimasen a los amigos que tienen, y así Dios a mí me salve, que lo uno es vanidad y lo otro es liviandad, porque de mi consejo nadie se debría ofrecer al peligro con pensar que en manos de su amigo está el remedio. De buena razón, nadie había de confiar tanto en los amigos como Cristo de sus discípulos, pues, de judíos, los tomó cristianos, y de pescadores, los hizo apóstoles; mas vemos y sabemos que al tiempo de su pasión, uno le vendio, y otro le negó, y todos juntos le desampararon; de lo cual podemos colegir que son muchos los que nos ayudan a comer lo que tenemos, y son muy poquitos los que nos socorren en lo que padecemos.

Cáeme a mí en mucha gracia que a la hora que dos hombres se topan uno con otro, y se hablan y comen, y andan juntos, y comunican entre sí alguna cosa, luego piensan que está ya la amistad entre ellos para siempre confirmada, lo cual no es, por cierto, así, pues al tiempo de la necesidad, ni quiere dar el uno por el otro un paso, ni aun prestarle un ducado; de manera que son muchos los conocidos y muy pocos los amigos. Al gran Pompeo, su grande amigo Tolomeo le hizo degollar; al buen Lucilo Séneca, su ahijado Nero le mandó matar; al gran orador Cicerón, su amigo Marco Antonio le hizo descabezar; al famoso Julio César, sus familiares amigos Bruto y Casio le hubieron de acabar; de lo cual se puede colegir que a las veces viven los hombres muy más seguros entre los enemigos manifiestos que no entre los amigos fingidos. En esta nuestra edad, lo que el amigo hace por su amigo es no aventurar por él la honra, no poner por él la vida, no prestarle de su hacienda, sino darle algo de su conciencia propia, es a saber, ayudarle a tomar venganza de algún enemigo y ayudarle en algún pleito con un juramento falso.

Cosa es de notar, y aun para espantar, cuán fácilmente da poder un pleiteante a su procurador para seguir la causa y para jurar sobre su conciencia, y lo que es para matar de risa, que habiendo el procurador jurado, y aun perjurado, no una, sino muchas veces, sobre su ánima de que se llegan ambos a dos a cuentas, jamás riñen sobre los juramentos falsos que en el ánima de su parte ha hecho, sino sobre los pocos o muchos dineros que le ha gastado. En tales amistades como éstas, digo que no consiento, y de amigos tan perniciosos apelo y me aparto, pues nos niegan la hacienda y nos roban la conciencia. Si cada uno hace conjuración consigo sobre los amigos que le han socorrido, y sobre los que en sus necesidades le han faltado, tengo para mi creído que si hallare uno de quien se alabar, hallará ciento de quien se quejar.

No inmérito dijimos que es al hombre gran peligro el no acertar en amigo bueno y virtuoso, pues no por más de por quitarnos la gorra, decirnos una buena palabra y hacernos una gran reverencia, nos piden prestada la moneda, se nos van a comer a casa y nos ponen en escrúpulo la conciencia; de manera que muchas veces reniega el hombre del vecino que tomó y aun de la amistad que trabó. ¡O bendita y sagrada amistad de Cristo, con la cual ni tenemos escrúpulo, ni corremos peligro, porque es nuestro Dios tan bueno y quiere tan de veras a los suyos, que ni nos toma la hacienda ni nos perturba la conciencia! La amistad de Dios es segura, pues nunca nos falta; es cierta, pues siempre nos visita; es santa, pues nos refrena nuestra conciencia; es justa, pues no consiente cosa mala; es provechosa, pues con ella nos comunica su gracia, y es muy rica, pues por ella nos da su gloria. Solo Dios se puede llamar amigo santo, amigo justo, amigo celoso, amigo provechoso y aun amigo perpetuo, pues en los amigos que ha de tomar, ni mira que sean ricos, ni se afrenta que sean pobres. De los príncipes deste mundo, todos querríamos ser amigos, si ellos quisiesen serio nuestros; lo cual no nos acontece así con Dios, el cual toma por amigo a cualquiera que lo quiere ser suyo, y esto hace él sin tener respecto a que sea pobre ni rico, ni siervo ni libre, porque no hace él tanto caso de los servicios que le hacemos cuanto hace del amor que le tenemos. No es hombre Dios que nos mira a las manos para ver qué es lo que le damos, ni nos mira a los ojos para ver si le miramos, ni nos mira a los pies para ver si le buscamos, ni nos mira a la boca para ver qué le decimos, sino que solamente mira el corazón para ver cuánto le amamos. No se despreció Dios de tomar por amigo a Lázaro el plagado, ni a la Magdalena la profana, ni a Mateo el renovero, ni a la Samaritana adúltera, ni a Azacheo el rico, ni a Simón el leproso, ni aun a Dima el ladrón.

No sin lágrimas de placer lo digo, esto que quiero decir, y es que de ninguno que viene a la casa de Dios pesquisan quién haya sido, sino que solamente le preguntan qué tal desea ser; ni aun tampoco le preguntan de dónde viene, sino adónde va; porque Dios nuestro Señor no mira el puesto de donde tiramos, sino al blanco a do asestamos. Según es poco lo que valemos y poco lo que podemos, y poco lo que tenemos, y poco lo que hacemos, si no nos recibiese Dios en cuenta los buenos deseos, jamás allegaríamos a ser sus familiares amigos, lo cual no es así en el amor mundano, a do ni reciben en cuenta los buenos deseos, ni tienen memoria de pagar los servicios. Si es verdad que no para más tomamos los amigos de para que nos enseñen lo que hemos de hacer, y nos socorran con lo que hemos menester, osaría yo decir en tal caso que a Dios, y no a otro, habíamos de tener por amigo, pues a ninguno de los que él tiene por suyos deja hacer nescedad, ni padecer necesidad.

Esto, pues, es lo que yo dije el otro día predicando, y si no os dais por satisfecho, debríades de hablar con el doctor Alfaro para que os ordene unas píldoras con que purguéis la cabeza, recuperéis la memoria y entendáis la escritura.

No más, sino que nuestro Señor sea en vuestra guarda y a mí dé su gracia para que le sirva. Amén.

De Granada, a XI del mes de octubre. Año MDXXII.

38. Letra para una señora y sobrina del autor, que cayó mala del pesar que tuvo, porque se le murió una perrilla. Es letra cortesana, y con palabras muy graciosas escrita

Sobrina querida y señora lastimada:

Después que vimos lo que escriben de allá por una carta, y supimos la ocasión de vuestra tristeza, tengo por imposible hayáis vos allá tanto llorado, cuanto acá todos vuestros deudos hemos reído. No os maravilléis, señora, desto que digo, pues así fue, así es, y así será, que a do unos perescen, otros se salvan, y a do unos se afaman, otros se infaman: y a do unos ríen, otros lloran: y la causa desto es, que como hay tantas mudanzas en esta vida, y no haya cosa estable en ella, jamás los hombres tienen un querer, ni cosa ninguna en un ser. Así como en una parte de la mar hace bonanza, y en otra tempestad, y en una parte de la tierra atruena, y en otra hace Sol, así acontece muchas vezes a los hombres, a unos de los cuales les duele la cabeza de reír, y a otros les escueze los ojos de llorar. Y pues es tan cierta la calma después de la tempestad, como es la tempestad después de la calma, sería yo de parecer, que nadie se ensoberbesciese con la prosperidad, ni que tampoco desesperase con la adversidad: porque al fin, al fin, no hay pesar que no se acabe, ni aun hay placer que no ahite. Hannos acá dicho, y hemos por una parte sabido, que se os murió una vuestra perrilla de parto, la muerte de la cual os ha causado tanta pena que os dio luego una rezia calentura, y estáis muy mala en la cama, y para deciros la verdad aquella vuestra pena fue la causa de toda nuestra risa. Todas las cosas desta vida se han de tomar en una de tres maneras: es a saber, que o se han de llorar, o se han de reír, o se han de disimular; mas este vuestro negocio, más es para reír que no para disimular: pues amastes como vana, y lloráis agora como liviana.

Don Gaspar de Guevara vuestro primo y mi sobrino, me ha mucho rogado, y con palabras muy tiernas persuadido, a que os vaya a visitar o os envíe a consolar, y para más me convertir, ha jurado y perjurado, que en el grado que yo sentí la muerte de doña Francisca mi hermana, tanto y más habéis vos sentido la muerte de vuestra perrilla. Un niño, quando nace, ni sabe andar, ni sabe comer, ni sabe hablar, mas junto con esto luego sabe llorar: de manera, que no está la culpa en que lloramos, sino en aquello por que lloramos. Nuestra madre Eva lloró por su hijo Abel, Iacob lloró por Joseph, David lloró por Absalón, Anna lloró por Tobías, Jeremías lloró por Jerusalén, la Magdalena lloró por sus pecados, san Pedro lloró por su reniego, y Cristo nuestro Dios lloró por su amigo Lázaro, y vos, señora, por la muerte de un perrito, el cual lloro jamás de nadie lo oí, ni aun en libro le leí. Como no sean otra cosa las lágrimas que lloramos, sino unas gotas de sangre que destilan del corazón por los ojos, en mucho cargo echa el que por muerte de su amigo llora, y estimo esto en tanto grado, que se ha de tener en más el llorar una lágrima sobre la sepultura, que el haberle dado toda su hacienda en vida. El oficio de andar hase de atribuir a los pies, y el de hablar a la lengua, y el de trabajar a las manos, y el de llorar al corazón, porque los ojos no son sino unas alquitarras por do el corazón llora, y unas puertas por do sale la vista. Pues como el triste del corazón esté en el centro de las entrañas encerrado, y como no tenga pies para andar, ni manos para obrar, con la lengua manifiesta lo que ama, y con las lágrimas pregona por lo que pena. Si como vemos los ojos que lloran, viésemos también el corazón del que llora, quantas lágrimas le viésemos llorar, tantas gotas de sangre le veríamos del corazón salir: de manera, que si en el corazón no hubiese tristeza, jamás saldría por los ojos lágrima. Digo esto, señora sobrina, para dezitos que debíades de amar mucho aquella perrilla, pues tan sobrado sentimiento habéis hecho por ella: porque para atinar lo que uno ama o lo que aborrece, no han de mirar lo que con la lengua alaba, sino aquello por que su corazón suspira. La lengua no puede revelar, sino los pensamientos que pensamos: mas las lágrimas son las que descubren los amores que tenemos, y de aquí es que en los hombres, y aun en las mujeres, pueden ser las palabras fingidas; mas las lágrimas que lloran, siempre son verdaderas. Testimonio falso es decir los hombres, que son lágrimas fingidas las que lloran las mujeres, lo que puede acontecer en este caso es que lloren ellas por una cosa, y digan que lloran por otra: mas llorar ellas de burla, cosa es que ni ellas pueden hacer, y que nadie la debe creer. Que lloren ellas por uno, y digan que lloran por otro, ni dello las alabo, ni aun por ello, las condeno: porque en el corazón generoso y valeroso no ha de haber en él cosa más escondida, que es aquella que él más ama. Mucho pregunta el que a otro pregunta por qué está triste, por qué llora, o en qué piensa, o de qué se queja; y si es importuno alguno en lo preguntar, ha de ser el otro muy grave en le responder, porque a la hora que uno dice porque llora, a la hora descubre qué es lo que ama.

Todo esto digo, señora prima, para en defensa de vuestros suspiros, y para favorecer a vuestras lágrimas, las cuales yo creo que derramastes con poca devoción, aunque muy de corazón, pues me certifican todos, que ni se os afloxa la calentura, ni aún os levantáis de la cama. Para confesaros la verdad, yo no me maravillo que lloréis, mas escandalizome de lo porque lloréis: pues os sería más honroso y aun más provechoso, llorar siquiera un pecado, que no llorar por un perro, siendo como vos sois en sangre ilustre, en vida honesta, en patrimonio rica, en gesto hermosa, y en conversación sabia, no puedo tener paciencia de haber puesto vuestro amor en una perrita, que como dice: el divino Platón, tal es el que ama, cual es aquello que ama. Como sea tan grande la fuerza del amor, que del que ama y de lo que se ama se haga una misma cosa, tiénese por cierto que si amo cosa racional, me torno racional: y si amó algún bruto, me torno bruto: de lo cual podemos inferir, que pues vuestro amor pusistes en una perra, que sin ninguna culpa os podremos decir cucita cucita. Yo he gran vergüenza, y aun aina diría, que tengo afrenta, de veros haber puesto el vuestro buen amor en una perilla, el cual hecho ha sido de muchos mirado, y de todos murmurado, y así dios me salve que tienen mucha razón, porque nadie debe poner los ojos, ni ocupar sus pensamientos, sino es a do tenga su corazón bien empleado, y que le será su amor bien agradecido. La mejor pieza del cuerpo es el corazón, y la mejor alhaja del corazón es el amor, y si éste no se acierta a estar bien empleado, téngase su dueño por el hombre más desdichado del mundo; de manera, que no sabe bien vivir, el que no sabe bien amar. Yo no sé qué fruto sacábades del amor de una perrilla, y qué era el reconocimiento que ella por el amar os daba, sino era hinchiros de pelos, ensuciaros la sala, dormir en el estrado, cargaros de pulgas, xabonarla en el verano, acostarla con vos en el invierno, ladrar quando dormíades, y reñir si tocaban en ella las mozas.

Más aún y allende desto, no contenta con darle el mejor bocado de lo que comíades, y de proveerla con caxabeles de plata y de collares de seda, andabádes siempre con muy gran sobresalto, sobre si las mozas la guardaban, o si los que entraban la hurtaban, de manera que algunas vezes era a vos importuna, y a los de vuestra casa muy enojosa. De vosotros dos, no sé cual fue mayor, la dicha de la perrilla, en ser de vos tan amada, o la desdicha vuestra, en querer amar tan ruin cosa, aunque no dejo de conocer, que hay muchos en la corredera, y aun no lejos de vuestra casa, que tienen embidia a la perrilla, lo uno por llamarse vuestros, y lo otro por gozar de vuestros regalos. También quiero deciros que tener un mono, un gato, un papagayo, un tordo, y un xerguerito, no hay en ello culpa, ni aun es cosa deshonesta, con tal condición que no empleemos en ellos más que los ojos para verlos trebejar, y las orejas para oírlos cantar, mas no el corazón para haberlos de amar, porque a los semejantes coxixos, abasta que los regalemos, sin que los lloremos. Para hacer como hazéis tan gran sentimiento por una perrita, paréceme que excedéis los límites de señora honrada, y aun de mujer cristiana, porque lágrimas cristianas, nadie las debe llorar por lo que perdió, sino por lo en que ofendio. Si pusiesen delante el alcalde de Zaratán, la muerte de vuestra perrilla y los deméritos de vuestra vida, yo juzgo que juzgase aquel buen rústico, que por muerte de la perrica riesen, y que por vuestras culpas llorasen, en lo cual ni vos queréis pensar, ni aun yo rumiar, porque vos y yo sentimos lo que perdemos, y no hacemos cuenta de lo en que pecamos. Más razón sería que os acordásedes del dios que os crió, que no de la perra que se os murió, que dios nuestro Señor dioos ánima con que le fruísedes y entendimiento con que le conociésedes, mas la desventurada de vuestra perrilla no tenía más de lengua para ladraros y dientes para morderos. La mayor lástima que habéis de tener de vuestra perrilla es el no la haber dado sepultura honrada, y de no le haber llamado para su enterramiento a la cofradía de la misericordia, porque desta manera, absolviérase con la bula, y rezaran todos los cofrades por ella. Del magno Alejandro leemos que enterró a su caballo, y Augusto el emperador a un papagayo, y Nero el cruel a un tordo, y Virgilio Mantuano a un mosquito, y Cómodo el emperador a un mono, y el príncipe Heliogábalo enterró también un paxarico en cuyas obsequias oró y cuyo cuerpo embalsamó. Bien tengo para mí creído, que si esto que aquí escribo hubiérades antes leído en alguna escritura, o oído a alguna persona, no dudáredes de dar sepultura a vuestra perrilla, aunque para deciros la verdad, por muy peor tengo las lágrimas que por ella llorastes, que no los sepulcros que ellos a sus animales hicieron. Otro descuido muy grande hiciste, y es, que no llamastes a la comadre Gallarda para el parto de vuestra perrilla, ni fuiste a sant Cristóbal en romería, ni le ceñistes el cordón de santa Quiteria, porque desta manera ya pudiera ser, que ella escapara del parto, y vos ahorrárades el lloro. También es de creer que tendríades para su parto algunas gallinas para caldos, algunos huevos para torrejas, y algunas conservas para los desmayos, y algunos pañales para enbolver los cachoritos; si esto, señora, es así, partamos como tío y sobrina, en que toméis para vos las lágrimas, y me deis a mí las gallinas y conservas. Dejadas, pues, señora, las burlas aparte, sea la conclusión de todo esto, que os dejéis de llorar, y os comencéis a levantar, porque de otra manera, no lo atribuiremos ya a burla, sino a locura.

No más, sino que nuestro Señor sea en vuestra guarda, y a mí dé su gracia que le sirva. De Burgos a VIII de febrero. 1524.

39. Razonamiento hecho a la serenísima reina de Francia, en un sermón de la transfiguración, en el cual se toca por muy alto estilo, el inmenso amor que Cristo nos tuvo

Muy alta princesa y serenísima Señora:

El más antiguo entre los antiguos, y el más famoso entre los famosos adagios o proverbios, es aquel que dijo el oráculo de Apolo a los oradores

Romanos, es a saber, Noscete ipsum, y Ne quid nimis, y es como si dijera: Todo el bien de la república está, en que cada uno conozca a sí mismo, y que nadie se muestre en lo que hiciere extremado, porque la presumpción acarrea peligro y todo extremo trae trabajo. Palabras más breves, y sentencias más compendiosas que fueron éstas, ni se podría decir, ni aun en libros leer, porque hablando la verdad, si cada uno considerase para quán poco es, a nadie juzgaría por malo, y si nadie no quisiese tomar todas las cosas tan por el cabo, no se harían tantos yerros en el mundo.

El hombre que en la conversación es presumptuoso, y en los negocios es cabezudo y porfiado, nadie le debe tener embidia, ni menos arrendar le la renta, pues agua arriba nada, y contra viento pesca. El mucho comer y el poco comer es extremo, el mucho frío y el mucho calor es extremo, la mucha abundancia y la estrecha pobreza es extremo, de lo cual podemos inferir, que sola la virtud es la que nunca declina del fiel, y solo el vicio es el que jamás no sufre nivel. Llamar a un hombre hombre extremado, es decirle la mayor injuria del mundo, porque el hombre cabezudo y extremado, no está dos dedos de tornarse loco, pues no es otra cosa locura, sino hacer cada uno lo que se le antoja.

Si esto, pues, es verdad, como es verdad, porque dice hoy Evangelio, que en el monte Tabor hablaban con Cristo Moisés y Elías, del exceso que había de cumplir en Jerusalén, pues toda cosa excesiva, no puede carecer de, culpa: Quién con verdad podrá decir, que haya cosa que Dios no pueda y haga Él cosa que no deba. Dize el Evangelio: Quod loquebantur de excesu quem completurus erat in Hierusalem, es a saber, que hablaban entre sí de un gran exceso que Cristo había de hacer en Jerusalén, las cuales palabras, parece que de solo oírlas se ofenden las orejas, pues es condición de Dios que no pueda cosa superflua hacer ni en obra ninguna pueda errar. No solo no sería Dios, mas aun sería hombre, y no de los muy buenos, el que pudiese pecar y en algún negocio errar, mayormente, que en igual grado están el que comete algún pecado, y el que hace algún exceso.

Examinemos, pues, agora la vida del buen Jesu, y veamos si por caso toparemos en qué fue Él extremado o en qué hizo algún exceso, pues toda la vida de Cristo no fue sino un reloj por do nos regimos, y un blanco a do asestamos. No diremos que hizo exceso en el comer ni menos en el beber, pues nos consta por verdad que en acabando el baptismo, ayunó en el desierto quarenta días arreo. No hizo Cristo exceso en el vestir, ni tan poco en el calzar, pues no leemos dél que tuviese más de dos túnicas, y no sabemos si calzaba aun sandalias. No hizo Cristo exceso en el dormir, ni tampoco en el holgar, pues por orar le pasaba muchas noches sin sueño y cabe el pozo de Samaria le hallaron cansado. No hizo Cristo exceso en las palabras que decía, ni aun en los sermones que decía, pues decían dél sus enemigos, que nunca hombre así habló, y delante los juezes muchas vezes calló. No hizo Cristo exceso en la ley que nos dio, ni en los preceptos que ordenó, pues en su Evangelio no manda cosa profana, y a los profesores dél promete la vida eterna. No hizo Cristo exceso en allegar para sí mucha riqueza, ni aun en quitar lo necesario para la vida humana, pues por una parte vivían Él y los de su colegio de limosnas, y por otra parte permitía que colligiesen Él y los suyos las espigas de los campos.

Para decir verdad y sacar, este negocio a claridad, el exceso que el bendito Jesu hizo, no fue en el comer, ni en el beber, ni en el vestir, ni en el dormir, sino solamente en el amar, porque todas las obras que Cristo hizo fueron finitas, excepto el amor con que las hizo, que fue infinito. Si de una parte se pusieran los tormentos que Cristo padecía, y la sangre que derramaba y las lágrimas que lloraba, y de otra parte se pusiera el imenso amor que nos tenía, sin comparación eran muy mayores sus amores que sus dolores, porque en el ara de la cruz feneció su pasión, mas no su afeción.

En todas las cosas fue Cristo hombre reglado, fue medido, y fue comedido, excepto en el amor que a todo el mundo tuvo, el cual fue tan excesivo, y tan sin medida y peso, que excedían las fuerzas de la humanidad y olían y sabían a la divinidad. En uno que fuera solamente hombre, y que no fuera Dios y hombre como era, repugnaba poder tanto amar y aun tanto por lo que amaba padecer, porque comúnmente más muestran los hombres su amor en las palabras que dicen, que no en las obras que hacen, Cristo nuestro Dios más amó que habló. ¿Qué hubo en Cristo con que no padeciese, y qué tuvo con que su amor no nos mostrase? Mostrónos Cristo nuestro Dios su amor con sus benditos ojos, pues con ellos lloró nuestros pecados. Mostrónos su amor con sus pies santos, pues con ellos andaba predicando por los pueblos. Mostrónos su amor con sus sagradas manos, pues con el tacto de ellas sanaba los enfermos. Mostrónos su amor con su dulce lengua, pues con ella dio a todo el mundo tanta y tan buena doctrina. Mostrónos su amor con su sagrado cuerpo, pues no hubo en él miembro que no fuese atormentado. Mostrónos su amor con su corazón bendito, pues amó con él a todo el universo mundo. Sea, pues, la conclusión, que si más miembros Cristo nuestro Dios tuviera, más insinias de amores nos mostrara, porque de su propio natural, era Cristo tierno en el perdonar y constante en el amar.

Podemos también decir, que si Cristo hizo exceso fue en la demasía de sangre que derramó, pues es cosa cierta que abastara para remediar millares de mundos una sola gota. Hizo también exceso Cristo en permitir que tantas espinas traspasasen su cerebro, tantos clavos rompiesen sus carnes, y tantos azotes abriesen sus espaldas y tantos dolores atormentasen su cuerpo, los cuales dolores excedieron a los de todos los mártyres, porque ellos solamente sentían los suyos, mas Cristo nuestro Redentor sintió los que Él padecía, y los que ellos habían de padecer.

Fue también excesivamente grande el pesar que Cristo tomó y la compasión que tuvo de todos los hebreos, que a él mataban, y de todos los pecadores que a su Padre ofendían, y fue este dolor en Cristo tan grande, que se puede creer que nadie en esta vida haya tomado tanto placer de ver a sus enemigos perdidos, cuanto pesar tomó Cristo de no merecer los hebreos que fuesen perdonados.

Entre todos los excesos, el mayor exceso que Cristo hizo fue el mucho amor que nos tuvo, y en las obras que hizo de enamorado, porque nadie en esta vida supo así amar como Cristo amó ni aun mostrar el amor como Él lo mostró. Moisés y Elías no hablaban con Cristo de la hacienda que ellos tenían, ni del gobierno de su casa, ni aun del estado de la sinagoga, sino cómo había en Ierusalén de padecer, y por todos allí de morir, la cual pasión Él había de padecer con excesivo dolor, y con extremado amor. Si diligitis me, mandata mea servate, decía Cristo a sus discípulos, y es como si les dijera: No os engañéis, discípulos míos, en decir que me queréis mucho, si por otra parte os descuidáis en lo que toca a mi servicio, pues Yo no me contento con quereros bien, sino que también os hago bien. Si profundamente se miran estas palabras de Cristo, hallaremos por verdad, que el verdadero amor de Dios no solo consiste en el afeto, sino en el efeto, quiero decir, que a Dios nuestro

Señor más le placen las obras buenas, que no los deseos tantos. El que es flaco y enfermo cumple con solo amor, mas el que está sano y rezio, debe amar y obrar, porque Cristo nuestro Dios acepta el no poder, y desplácele el no querer.

Nunca en las divinas letras habla la Escritura Sacra del amor, que no hable luego de lo que el enamorado ha de hacer, porque decir Cristo: Si diligitis me, mandata mea servate, es decir, que entonces de verdad le amamos, cuando sus sagrados mandamientos guardamos. En otra parte dijo Cristo: Diligite inimicos vestros, et benefacite his que oderunt vos, y es como si dijera: Amad a vuestros enemigos, y haced bien a los que os persiguen, de lo cual podemos inferir que no para Cristo en decir que amásemos, sino que juntamente con el amar obrásemos. En otra parte decía también la Escritura Sacra: Ignis in altare meo semper ardebit, et sacerdos nutriet illum mittens ligna, y es como si dije se: En el templo que está a Mí dedicado, y en el altar que está para Mí consagrado quiero que haya siempre fuego y que esté bien encendido, y uno de los sacerdotes tendrá cargo de sustentarle de leña, y de atizarle por que no se muera. Mucho es aquí de notar, que no se contentó Dios con ordenar que en su templo hubiese fuego de amor, sino que también mandó que echasen en él leña de buenas obras, porque así como luego se muere el fuego si no le atizan con leña, así también se atibia luego el amor, a do no entreviene buena obra. El fuego sin leña muy presto se torna ceniza, y el amor sin obra muy presto se acaba, de manera que en casa del hombre enamorado, ni el corazón ha de holgar de amar, ni la mano de obrar.

Dirá el filósofo que el hábito se engendra del acto, y dirá el teólogo que el buen amar se conserva con el bien obrar, de lo cual podemos inferir, que entonces ama más a Dios, cuando en lo que podemos le servimos. Deste tan excesivo amor que Cristo nos tuvo, dice el profeta Jeremías, cap. 31: In charitate perpetua dilexi te, y es como si dijera: Yo ni amo como los otros aman, ni es mi amor como son los otros amores, porque amo a los míos con caridad y trato a todos con piedad, y lo que es más de todo, que jamás ceso de amar, ni me canso de bien hacer.

Es agora aquí de notar, que si alguno se determina de amar alguna cosa, es por algún bien que ve en ella, así como si ama una piedra es por su propiedad, y si ama el manjar es por ser sabroso, y si ama el oro, es por ser precioso, y si ama a la música, es porque le alegra, y si ama a la mujer, es porque le parece hermoso, de manera que nadie se arroja a amar alguna cosa si no entiende que hay algún bien en lo que ama. No es, por cierto, tal el amor que anda entre Dios y mí, y mí y mi Dios, pues no ve cosa en mí por que se enamore de mí, lo cual parece claro, en que mis ojos no miran sino liviandades, mis orejas no quieren oír sino mentiras, mis manos no tratan sino en rapiñas, y en mi corazón no hay sino codicias, por manera, que en mi triste persona no ve Dios cosa, por que me ame, y ve muchas por que me aborrezca. Para remediar el bendito Iesu los pecados que en nosotros ve, y las ingratitúdines que en nosotros halla, acuerda de socorrernos con su misericordia, y darnos de su mano la su muy bendita gracia, mediante la cual hagamos algunas buenas obras, de que Él mismo se enamore, y que con nuestras ánimas se requiebre. A san Pedro que le negó, y a San Pablo que le iba a perseguir, y a San Mateo que estaba recambiando, y al ladrón que andaba salteando, nunca por cierto atinaran ellos a su casa, si él primero no les diera su gracia, porque si está en nuestra mano el caer, en sola la de Dios está el nos levantar. ¡Oh amor nunca oído, oh enamorado nunca visto!, el cual, contra la orden de amar, pone de su casa el amor, y aun las ocasiones para amar: de manera, que los amores que hay entre Ti y mí, ¡oh buen Iesu!, son que Tú me das a mí con que te enamores de mí. Dezir Dios, como dijo por el profeta, In charitate perpetua dilexi te, es decir que el amor con que Él nos ama, no es caduco ni transitorio, sino que es fixo y muy perpetuo, lo cual es así verdad, pues primero nos hace con su gracia a sí aceptos, que por nuestras buenas obras merezcamos ser sus amigos.

Nuestro buen Dios, si nos ama, ámanos en bien, ámanos con bien, y ámanos para bien, mas el mundo, y los amadores del mundo, no nos aman, sino mal, y con mal y para mal, porque ya nadie quiere a nadie bien por sola caridad, sino por su utilidad. In charitate perpetua me amas Tú, ¡oh amores de mi alma, y oh Redentor de mi vida!, pues el amor que Tú nos tienes es tuyo, y el provecho que dél se sigue es mío, porque con los amores que tienes Tú a tus criaturas, no pretendes en ellos otra cosa, sino es mostrarnos tu suma bondad, y emplear en nosotros tu gran charidad. In charitate perpetua nos amó el bendito Jesu, pues en el gran día de su pasión, no fueron bastantes los tormentos de su cuerpo, ni aun las maldades de tu pueblo a poder resfriar tu suma bondad, ni agotar tu gran caridad, pues con gemidos inenarrables, y lágrimas irremediables rogó por los que le crucificaban, y perdonó a los que le ofendían. In charitate perpetua nos ama nuestro buen Cristo, pues a la hora que acabó de orar, acabó de espirar, y acabó su sangre de derramar, luego sacó fruto de su pasión y tuvo eficacia su oración. Pues san Pedro se arrepintió, el ladrón se convirtió, el Centurión le reconoció, y muchos de los plebeyos herían sus pechos y se arrepentían de sus pecados. ¡Oh quán malo debe ser el pecado, y oh cuánto Dios debía estar del mundo enojado!, pues fue necesario que primero el hijo orase y llorase y muriese que su Padre se amansase, y a nosotros perdonase.

In charitate perpetua nos amó el Redentor del mundo, pues el día que espiró en el ara de la cruz, el ánima se fue para el limbo, el cuerpo quedó con el sepulcro, la sangre quedó derramada en el suelo, el colegio apostólico todo fue desparzido, y solo el amor que dos tenía quedó todo junto, porque si al buen Jesu se le acabó la vida que tenía, no se le acabó el amor con que nos amaba. Non rogo pro his tantum sed pro his qui credituri sunt in me, Ioanis, 18, decía Cristo, hablando con el Padre la noche de su pasión, y es como si dijera: No solo te ruego, Padre, por los doce apóstoles que me aman, y por los setenta y dos discípulos que me siguen, mas aun también te ruego por todos los fieles que en Mí han de creer, y a Ti han de amar para que así como Tú y Yo somos una misma cosa en la divinidad, seamos ellos y Yo un cuerpo místico por charidad. ¡Oh Redentor de mi vida, oh reparador de mi alma!, ¿qué podré yo hacer para tu servicio o con qué pagaré yo algo de lo mucho que te debo? Si no soy bastante de regraciarte las mercedes que me haces cada hora, ¿cómo seré bastante para agradecerte los amores que muestras a mi alma? Las palabras que Cristo dijo en aquella oración, dignas son de notar y dellas nos aprovechar, pues no siendo nosotros nacidos, ni aun nuestros abuelos, ni visabuelos, con tanta eficacia rogó al Padre por la salvación de todos los de su Iglesia, como rogó por los que estaban con Él en la cena, de manera, que el bendito Señor, como por todos había de morir, por todos quiso rogar. Firmemente es de creer, y en ello no dudar, que pues nuestro Redentor se acordó de nosotros antes que viniésemos al mundo, que también se acordara de los que están en su servicio, pues no hay so el cielo nombre que sea a Dios tan acepto como es el nombre de Cristo, mayormente si el cristiano es virtuoso.

No vaca de alto misterio querer Cristo nuestro Dios el jueves en la noche orar, y luego el viernes siguiente morir, en lo cual se nos da a entender, que muy poco aprovechara, ser redimidos por su muerte, si no merecemos ser Cristianos por su oración, porque los Judíos y los Gentiles puédense preciar que fueron redimidos, mas no se pueden alabar que sean con nosotros cristianos. La sangre que Cristo derramó extendiose a los pecadores y a los justos, mas la oración que Cristo oró no alcanzó sino a los que eran dél escogidos, lo cual parece claro, en las palabras benditas de su oración, porque en decir como dijo, que rogaba por los que en Él habían de creer, es decir que no rogaba por los que dél habían de descreer.

Dime, yo te ruego, cristiano, si Cristo no rogara por nosotros, ¿qué fuera de nosotros? Si en la iglesia de Dios hay hoy alguna obediencia y paciencia, y hay alguna caridad y humildad, y hay alguna abstinencia y continencia, todo se ha de atribuir al amor que Cristo nos tuvo en la oración, que al Padre por nosotros hizo, porque con la sangre redimió nuestra desgracia y con la oración nos alcanzó la gracia. Que ame uno a los presentes, y a los ausentes, y que ame a los vivos y aun a los muertos, cosa es que pasa, mas amar a los advenideros y que no son nacidos, cosa es nunca vista ni oída, si no fue en Cristo nuestro Redentor, el cual aborrece a los malos que son vivos, y ama a los buenos aunque no son nacidos. Andan entre sí tan pareados la muerte y la vida, el amor y el desamor, el que ama y lo que se ama, que al fin todo se acaba en la postrera hora, de manera, que en un átomo y momento se arrancan de nuestras carnes los dolores que padecemos, y los amores que tenemos. No es, por cierto, desta librea, ni se hizo en esta turquesa el amor con que Cristo nos ama y lo que Él quiere a su santa iglesia, pues su amor comenzó antes que comenzase el mundo, y no acabará de amarnos aun el día del juicio.

Sea, pues, la resolución de todo lo dicho, que el exceso de quien hablaban hoy en el monte Tabor, fue de los excesivos dolores que allí Cristo había de padecer, y del inmenso amor que allí nos había de mostrar. Aquí por gracia y después por gloria, ad quam nos perducat Dominus. Amén.

40. Letra para el conde Nasaot y marqués de Cenete, en la cual, le declara el autor por qué los de la secta de Mahoma unos se llaman Moros, otros Sarracenos y otros Turcos

Muy ilustre señor, y mi muy especial amigo:

Señor ilustre os llamo por la ilustre sangre que tenéis de vuestros pasados, y llámoos amigo por la estrecha amistad que hay entre nosotros, la cual es tal y tan verdadera, que dudo yo la pueda nadie mejorar ni sea bastante para la empeorar.

Habrá diez días que en la cámara de Su Majestad me encomendó un secreto que le declarase., y me propuso una duda que le absolviese, en la cual después acá yo he andado escudriñando y he estado estudiando, con toda presteza y sin ninguna pereza, porque muy justa cosa es, haga yo lo que vuestra señoría manda, pues no sabéis negarme cosa que os pida. Si le parece que he tardado en responder a su demanda, y en cumplir mi promesa, yo le juro por vida suya y por la salvación mía, que no ha sido por no la buscar, sino por no la hallar, porque siendo como es su demanda tan extraña, no la podía yo hallar sino en alguna historia muy peregrina. Como vos, señor, sois hombre de tanta lealtad y sois amigo de tanta verdad, no osaría yo escribir cosas fabulosas ni historias inciertas, mayormente que en la cámara de Su Majestad hay personas tan avisadas en lo que dicen, y tan entendidas en lo que leen, que ni se dejarán engañar, ni consentirán a nadie mentir. Fue, pues, señor, la duda que me encomendastes que os buscase por qué el Turco se llamaba el gran Turco, y por qué los de la ley de Mahoma se llaman unos Sarracenos, y otros se llaman Moros, y otros se llaman Turcos, como sea verdad que todos ellos sigan una secta y reconozcan por señor a Mahoma. Séos, señor Marqués, decir, que es de tal condición vuestra duda, que a nadie vi en ella dudar, y aun es historia de que pocos se han puesto a escribir, a cuya causa, me ha sido muy dificultosa de hallar, y no poca enojosa de copilar. Será, pues, el caso, que para declarar bien su duda, y para que no le quede ningún escrúpulo de su demanda, yo habré de tomar algo de lejos la correndilla, porque la historia es algo entricada de escribir, aunque después de escrita, es sabrosa de leer.

Veniendo, pues, el caso, habéis, señor, de saber, que en Asia la Menor hay una tierra que encierra en sí muchas y diversas tierras, las cuales todas juntas se llaman la Gran Turquía, la cual por la parte de Oriente llega hasta Armenia la Menor, y parte del Occidente llega hasta el piélago Cínico, y por parte de Setentrión, llega al río Euxonio, y por parte del mediodía, llega al monte Pitiniaco. En esta tierra de Turquía, hazia la parte de Armenia, no lejos del monte Patón, solía haber una ciudad antiquísima, que había nombre Troconia, y los moradores de ella se llamaban los Troconios, y después que los escitas entraron a poblar y aquella ciudad y tierra, como no acertaban a decir Troconia, llamábanla Turquía, y a los moradores della llamaban Turcos, de manera, que de Troconia descendió este nombre Turquía. Dentro de esta tierra Turquía, hay muchas y muy diversas provincias, es a saber, la provincia de Licaonia, cuya cabeza es la ciudad de Yconio. Hay también otra provincia que se llama Capadocia, cuya cabeza es la ciudad de Cesarea. Hay también allí otra provincia, que se llama Ysaura, cuya cabeza es la ciudad de Seleucia, y lo es agora otra ciudad que se llama Briquiana. Hay también allí otra provincia que se llama la Jonia, cuya cabeza es la famosa ciudad de Éfeso, que por otro nombre se llamó antiquísimamente Quisquiana. Hay otra provincia que se llama la Paflonia, cuya cabeza es la ciudad de Gernápolis, en la cual se solía hacer la más fina púrpura de toda la Asia.

En esta tierra que se llama Turquía, así como en ella hay diversas tierras y provincias, también viven en ella gentes de diversas naciones, y varias condiciones, es a saber, Asianos, Griegos, Armenios, Sarracenos, Iacobinos, Iudíos, y aun Cristianos, los cuales todos reconocen al Gran Turco por rey, aunque no todos guardan su ley. Esto presupuesto, es agora aquí de saber, que en el reino de Palestina, que es en la comarca de Damasco, hay tres muy antiquísimas Arabias: es a saber: Arabia Felix, a do es sita la mayor Siria, y Arabia Deserta, que es cabe Egipto, y Arabia Pétrea, a do cae la tierra que llaman Judea. Al cabo desta Arabia Pétrea, que es de la otra parte del río Jordán, y del monte Líbano, había antiguamente una gente que llamaban los Sarracenos, los cuales tenían por metrópolis y su principal ciudad a un lugar que había nombre Sarraco, de la derivación del cual nombre, Sarraco, se llamaron ellos los Sarracenos. En los siglos pasados eran estos Sarracenos tenidos por hombres que naturalmente tenían más habilidad para pelear con los enemigos, que no para arar ni labrar los campos, porque en las guerras sufrían muchos trabajos, y en la paz eran muy sediciosos. En la reputación que agora son tenidos los Suyzos acá en el poniente, eran tenidos entonces los Sarracenos allá en levante: de manera, que ningún príncipe osaba en Asia ir a la guerra, si no llevaba de los Sarracenos una buena vanda.

Siendo, pues, en Roma emperador de los Romanos, uno que había nombre Eraclio, el cual como pasase en Asia a hacer guerra al rey de Persio, embió a rogar a los Sarracenos le viniesen a ayudar y a servir en aquella guerra, jurándoles y prometiéndoles que serían bien tratados, y muy bien pagados. Vinieron, pues, al campo del emperador Eraclio quarenta mil peones de los Sarracenos, todos muy bien armados, y en cosas de guerra muy bien instructos, y trajeron por su principal caudillo y capitán a un hombre de su tierra que se llamaba Mahoma, varón tal y tan nombrado, que entre ellos era tenido por muy astuto en lo que hazía, y por muy esforzado en lo que emprendía. Aunque de su natural condición era el capitán mahoma de gente suez, y de sangre oscura, hizo por su persona en aquella guerra cosas muy ilustres, las cuales fueron tales y tan señaladas, que abastaron para darle con los suyos gran crédito, y para poner en sus enemigos muy grande espanto. En todo el tiempo que duró la guerra de los Partos, ninguno fue del emperador Eraclio tan privado, ni en las cosas de la guerra tan bien fortunado, como lo fue el capitán Mahoma, porque en el consejo de guerra era muy cierto su voto, y al tocar del arma le salía siempre primero.

Acabada la guerra que los Romanos hazían a los Partos, como el emperador Eraclio mandase despedir a toda la gente forastera, que andaba con él a sueldo en sus reales, y ellos se fuesen mal pagados y peor contentos, acordaron de en uno se amotinar y las tierras saquear. En este motín y conjuración fueron los más y más principales todos los que llamaban Sarracenos, los cuales, con su capitán Mahoma, y Mahoma con ellos, sojuzgaron ante todas cosas al reino de Palestina, y a todo Egipto, y a Damasco, y a las dos Sirias, y a tierra de Judea, y a Pentápolis con Antiochía, sin que nadie fuese poderoso de los resistir ni con ellos se tomar.

Es también aquí de saber, que por parte de su padre, era Mahoma hijo de un hombre gentil, y por parte de su madre era hijo de una mujer Judía, y como siendo mancebo se crió allá en Judea, tuvo por amigo a un monje, que llamaba Sergio, y moraba en el monte Sión, el cual era de su natural condición muy ambicioso, y tocado de la herejía de Arrio y Nestorio. Como vio Mahoma que a los Sarracenos de su tierra los tenía ya, no solo como a naturales y amigos, sino como a súbditos y vasallos, acordó de hacerse de ellos no solo rey, mas aun de darles ley, porque siendo rey le sirviesen, y dándoles ley le adorasen. Como el maldito Mahoma tenía por padre a un hombre Gentil, y por madre, a una Iudía, y por amigo a un hereje cristiano, acordó de componer de todas estas tres leyes una ley o secta: es a saber, de Gentiles, y de Iudíos, y de cristianos, para con todos cumplir, o por mejor decir, para a todos engañar. Como no pretendía el maldito de Mahoma salvar las ánimas, ni aun pretendía reformar las repúblicas, sino que solamente quería ser servido mientras viviese, y ser adorado después que muriese, compuso su ley, y ordenó su secta de tan malos consejos, y de tan inicos preceptos: porque los virtuosos se afloxasen, y los viciosos se holgasen.

En el año de seyscientos y treinta, pasó Eraclio en Asia a la guerra de los Partos, y en el año de treinta y dos se acabó aquella guerra, y en el año de treinta y quatro acabó Mahoma de conquistar a toda la más de Asia, y luego en el año de seyscientos y treinta y seys, dio Mahoma su ley a los Sarracenos de su tierra, la cual él introduxo primeramente en Arabia Pétrea, y esto no predicando, sino peleando. Estando, pues, las cosas del oriente en este estado, aconteció que en el año de seyscientos y quarenta y dos, salieron por los estrechos y montañas del monte Caucasio gran muchedumbre de Bárbaros desmandados, y entraron en Asia la Menor por la parte de Armenia la Mayor: la venida de los cuales dio bien que hacer a los reinos comarcanos, y que decir a los que estaban remotos. Eran todos estos Bárbaros de tres muy bárbaras naciones: es a saber, de Escitia, que agora llaman Persia, de Pannonia, que agora se llama Ungaria, y de Escancia, que agora llaman Dinamarca, y unos dicen que se salieron de sus tierras por la mucha hambre que padecían: y otros dicen que por las grandes guerras que entre sí tenían.

La primera vez que estos Bárbaros pasaron los Alpes del monte Caucasio, ni traían caudillo para gobernar, ni capitanes para pelear, sino que a manera de soldados amotinados, y de ladrones atrevidos, se iban de tierra en tierra, matando a los que los resistían y robando lo que podían. Mucho espanto puso a Mahoma la nueva venida de los escitas y Pannonios en Asia, el cual como viese que la cosa se iba cada día más y más empeorando, y los Bárbaros más enseñoreando, fuele forzado de salir en campo con sus huestes, para ver si podría alanzarlos o a lo menos resistirlos. Viendo los escitas que Mahoma y sus Sarracenos los resistían y perseguían, acordaron de juntarse y ser todos a una, y eligir un capitán general para las cosas de la guerra; y ansí fue, que eligieron por su primero caudillo y capitán, a uno que llamaban Trangolipico, del cual se escribe que era en la guerra muy venturoso, y en la pax muy vicioso. Entre los escitas y Sarracenos, y entre Mahoma y Trangolipico sus y capitanes hubo tantas guerras y diferencias, que por espacio de tres años y medio que duraron, se dieron deziséis batallas campales, en las cuales se mostró la fortuna poco enemiga de los escitas, y no muy amiga de los Sarracenos, porque si hoy vencían los unos, otro día triunfaban dellos los otros. Viendo, pues, los escitas que con tan larga guerra se acababan, y viendo los Sarracenos que todas sus tierras se perdían, acordaron entre sí de hacer una tal concordia, que para los unos y para los otros fuese honesta. La concordia que entre sí hicieron fue, que los escitas recibiesen luego la ley de Mahoma, y que los Sarracenos les diesen tierras a do morasen con ellos en Asia, y así se efectuó como se concertó: de manera que en el año de seyscientos y quarenta y siete se accordaron, y en uno se juntaron los Sarracenos y los Turcos, los cuales de mancomún se obligaron de tener a Mahoma por rey, y de guardar para siempre su ley. Entre las otras tierras y provincias que Mahoma señaló, para a do morasen los escitas, fue la ciudad de Troconia que era cabeza de Turquía, la cual era sita en la Mayor Armenia, junto al monte Patón de manera, que a los escitas la ley les dio Mahoma, y el nombre de Turcos les dio la tierra. Estrabón, Plinio, Pomponio Mela y Gelagatón, que describieron todas las provincias del mundo, muy poca mención hacen de la tierra de Turquía, hasta que los escitas entraron a poblarla, los cuales después acá han engrandescido en tanta manera este nombre de Turcos y Turquía, que es una de las cosas más nombradas que hay hoy en la tierra.

Prosigue el autor su intento, y declara cómo la ley de Mahoma entró en África.

Es aquí también de saber, que en el año de seyscientos y noventa y ocho, pasó desde África a Asia un gran pirata o cosario que había nombre Cidi Abenchapela, varón que traía sesenta galeras suyas, y otras cient velas con ellas, con las cuales robaba mucho por la mar, y hazía grandes saltos en la tierra. Era este Cidi Abenchapela hombre rico, capitán animoso, cosario denodado, y en nación era de los Sarracenos, y su secta era de la ley de Mahoma: y escriben dél los historiadores Alárabres, que nunca saqueó a ciudad que se le diese, ni soltó a captivo que prendiese. Tubo aviso el cosario Abenchapela que en el reino de los Moros, que en otro tiempo se llamaba el reino de los Mauritanos, y que agora en nuestros tiempos se llama el reino de Marruecos, había grandes guerras ceviles entre los del reino, y acordó de ir allá con toda su flota, para ver si podría apoderarse de aquella tierra. Pasado el estrecho de Gibraltar, dio consigo aquel cosario en el reino de Marruecos, que entonces se llamaban Moros, el cual como saltase en tierra, y se juntase con una de las parcialidades de los Moros, en brebe espacio tomó el reino y se hizo rey.

No se contentó el tirano Abenchapela con hacerse rey, sino que también les hizo tomar su ley, para cuyo efeto hubo a muchos de matar y a otros de desterrar. Es, pues, el secreto, que como fueron los primeros que en África recibieron la ley de Mahoma, los que eran del reino de Marruecos, que entonces se llamaban Moros, quedaronse todos los de África con aquel nombre de Moriscos, por manera, que a los Tunecís, que son los de Túnez, y a los Numidanos, que son los de Fez, y a los Mauritanos, que son los de Marruecos, aunque son entre sí reinos diversos, a todos en común los llaman Moros.

Sea, pues, la resolución de nuestra letra, y la respuesta de vuestra demanda, que este nombre Sarraceno se levantó en Arabia, a do era natural Mahoma, y este nombre Turco, se inventó en Asia, a do residio Mahoma, y este nombre Moro se inventó en África, a do primero se recibió la ley de Mahoma: de manera que aunque los nombres de aquella maldita secta son varios, no por ello deja la ley que guardan, y el caudillo que tienen ser todo uno.

Dicho y declarado el origen de estos nombres Turcos, y Sarracenos y Moros, quiero también declarar a vuestra señoría, de dónde nació llamarse el Turco el Gran Turco, como sea verdad que ningún príncipe del mundo se llama más de simplemente rey o emperador, y aquel pagano no se contenta con llamarse Turco, sino que por excelencia se manda llamar el Gran Turco. Para entendimiento desto es de saber, que en el año de mil y treziento y ocho, siendo emperador en Asia Michael Paleógolo, y siendo sumo pontífice Romano Bonifacio otavo, se levantó entre los antiguos Turcos el linaje que hasta hoy se llama de los Otomanes. Este linaje de los Otomanes, ha sido entre ellos tan esclarecido, y en toda Asia también fortunado, que el solo ha augmentado más su corona en dozientos años que ha que reina, que la augmentaron todos sus antepasados en ocho cientos que reinaron. El origen destos Otomanes fue de gente baja labradoril, y eran naturales de una ciudad que se llamaba Prusia, tres jornadas de la Trapezunta, y el primero príncipe dellos fue uno que se llamó Otomano, el cual en su tierra edificó un solemnísimo castillo, que llamó de su nombre Otomano, para que allí quedase la memoria de su linaje antiguo.

Tomó este rey Otomano muchas y muy grandes provincias a los reyes comarcanos, en especial tomó todo cuanto hay desde Bitina hasta el mar Euxino, y todas las ciudades Marítimas, que llamaban Teutonas, el cual como hubiese reinado XXX y VIII años, murió en el Prusiano, y dejó por su legítimo heredero a su hijo Orchano.

El segundo rey Turco del linaje de los Otomanes, fue este Orchano, el cual ganó muchas tierras del imperio de Paleógolo, en especial a lo que llamaban Prusia, y a las montañas de Modoca, y a los castillos de Moluc, y Racon, y Handubaco, que eran las mejores fuerzas que tenían los Griegos. Muerto el rey Orchano, succediole en el rey no su hijo Anmurrates, el cual, siguiendo las pisadas del abuelo y del padre, ganó casi todo el Esponto, y tierra de Capolín y a Habidona, y a la isla Cotontana, y al Puerto Raymon. Muerto este rey Anmurrates, sucedieronle sus dos hijos Solimano y Pazaytes, entre los cuales como hubiese grandes discordias, y al fin como quedase con el reino solo Pazaytes, conquistó y ganó el reino de los Búrgaros, y prendio y mató al rey dellos, y también tomó a toda la tierra de Croacia, y a todo lo mejor del Illírico, y lo encorporó en su reino. Muerto el rey Pazaytes, sucedieronle también a él dos hijos, que habían nombre Mahomete el uno, y Orcano el otro, de los cuales como el mayor matase al menor, quedóse el Mahomete solo en el reino, el cual a fuerza de armas ganó el reino todo de Ulachos, y captivó al su rey que llamaban el gran Tabarlán, y ganó a tierra de Adriópoli, a do mucho tiempo vivió y después murió. Muerto el rey Mahomete, sucediole en el reino su hijo Anmurrates el tuerto, el cual conquistó al reino de los Misenos, y prendio y mató a su rey, y tomó también a tierras de Escopia, y a Nobemento y a Croacia, y Tesalónica. Muerto el rey Anmurrates, sucediole en el reino su hijo Mahomete, el cual no se contentando con igualar, sino con sobrepujar la gloria de sus pasados, fue en ánimo otro Alejandro, en fortuna otro César, en trabajos otro Aníbal, en justicia otro Trajano, en vicios otro Lúculo, y en crueldades otro Nero. Fue este rey Mahomete alto de cuerpo, blanco de miembros, descolorido de rostro, amigo de justicia, y muy inclinado a cosas de guerra. En el comer era muy voraz, en la luxuria muy impaciente, enemigo de caza, no amigo de música, y en lo que él más se holgaba, y más tiempo pasaba, era jugar un rato del día de armas, y de leer libros de historias.

Este Mahomete ganó de los Cristianos el imperio de Constantinopla, y el imperio de la Trapezunta, y ganó allende desto doze reinos, es a saber, a Ponto, a Bitinia, a Capadocia, a Paflonia, a Cilicia, a Pamfilia, a Licia, a Caria, a Lidia, a Frigia, a Helesponto y a toda la Morea. Ganó también a los señoríos de Achaya, de Carcania, de Piro, y todas las fuerzas y ciudades que están cabe el río Rondobelo. Ganó también la mayor parte de Macedona, y ganó a la provincia de Bulgaria, y ganó la tierra de Rosiana, y a todas las montañas de Serbia, hasta el lago Nicomonto. Ganó también a todas las ciudades y provincias y casas fuertes que están sitas entre el río Andrinópoli, y el famoso río Danubio y Balaquián, y ganó también con ellas a la isla Mitilena, y a la muy nombrada Bosina. Esto y mucho más ganó y robó y enseñoreó el Otomano Mahomete, y lo que más de espantar en él es, que dicen dél sus escritores, que, no obstante que estaba ocupado en tan arduos negocios, y siempre rodeado de grandes ejércitos, nunca le faltó cada día tiempo para darse a todos los vicios del mundo.

Desde que Mahoma levantó la secta, hasta que este Mahomete engrandeció tanto su corona, nunca los príncipes sus antepasados se llamaron más de reyes, y de Turcos, mas después que éste ganó los dos imperios en Asia, y tantos reinos en Europa, mandó se llamar emperador del Universo, y que le llamasen también el Gran Turco. Imperó este Mahomete treinte y dos años, y murió viejo de muchos días, el año del Señor, de mil y quatrocientos y noventa y dos: de manera, que en el mismo año que aquel tirano perdió la vida se ganó de los Moros Granada. Sucediole en el imperio y en el nombre de Gran Turco un su avieso hijo que llamaban Pazaytes, el cual en vida de su padre intentó de tomarle el imperio, la cual afrenta y desacato, como no tenía ya el padre edad para lo vengar, ni remediar, fue ocasión que la vida que no le pudieron quitar sus enemigos, le quitaron los enojos de sus hijos.

Si vuestra señoría quisiere ver los autores desta historia, yo me obligo de se los mostrar aquí en mi aposento, o llevarlos un día a palacio, por que no piense que lo que aquí va escrito es fábula de Ysopo, o comedia de Iuan Bocacio. No más sino que nuestro Señor sea en su guarda, y a mí dé gracia que le sirva, hoy Lunes aquí en Toledo a VII. de enero. M.D.XXXIII.

41. Letra para el jurado Nuño Tello, en la cual toca el autor por muy buen estilo las condiciones del buen amigo

Honrado señor, y desavisado mancebo:

Después de leída y releída vuestra carta, hallé por mi cuenta que hay en ella algunas cosas a que responder y aun otras que reprehender, porque mirado lo que dice y como lo dice, es imposible, sino que debéis escribir, hasta que la razón se agota y aun hasta que la pluma se cansa. No solo habéis de mirar lo que escribís, mas aun a quien lo escribís, que, para deciros la verdad, cosa es muy honesta, al que habla con persona de alta estofa, mostrar un poco de turbación en la plática, porque en semejantes razonamientos, el mucho desempacho, es tenido por desacato. Teneos, señor, por dicho, que se desautoriza mucho, la autoridad del que oye, con la desvergüenza del que propone. Tomad este consejo de mí, y es, que nunca toméis en la mano la pluma, hasta que deis dos o tres bueltas a vuestra memoria, tanteando lo que habéis de decir, y aun cómo lo habéis de decir, porque una bonedad, nescedad, si es malo decirla, mirad quán malo es firmarla. Nunca escribáis carta de importancia, sin que primero hagáis della minuta, porque de otra manera, burlarán de lo que dezís, y no harán lo que pedís. Y pues entendéis lo que digo, y por qué lo digo, emendad de aquí adelante el avieso, y desta manera seréis respondido de buena gana, y nadie os acusará la rebeldía.

Escrebísme en vuestra letra, que querríades tenerme por señor, y escogerme por amigo, y si supiésedes cuánto va de lo uno a lo otro, ni lo pediríades, ni aun lo pensaríades, porque escoger amigos y tomar señores son entre sí muy diferentes oficios, pues el amigo se toma por voluntad, y el señor por necesidad. El amigo sirve, el señor quiere ser servido: el amigo da, y el señor quiere que le den: el amigo sufre, y el señor enójase: el amigo calla y el señor riñe: el amigo perdona, y el señor véngase, y si esto es así como es verdad, tengo por cosa imposible, que se compadezcan juntos, el tenerme vos por señor, y el terneros yo por amigo. Tomandome por vuestro señor, habéisme de servir, y habéisme de seguir, y habéisme de obedecer, y aun habéisme de temer, las cuales cosas todas son en perjuicio de la libertad que el corazón tiene, y del reposo que el hombre quiere, y desta manera no podría ser menos, sino que algunas vezes en vos sintiésedes cansancio y en mí causásedes algún enojo. Ya podría también ser, que si os mandase yo como señor vuestro algo, que me dixésedes que os lo rogase como a amigo mío, y sobre si lo habíades de hacer como siervo, o despacharlo como amigo, anduviésemos un rato al pelo.

Pedirme también como me pedís, que sea vuestro amigo, es pedirme la mayor presea que yo tengo en este mundo: es a saber, obligarme toda mi vida a os amar, y de vuestro corazón y del mío una sola cosa hacer, porque no se puede llamar verdadera amicicia, si el que ama no se transporta en lo que ama. El que ama, y lo que se ama, si verdaderamente se aman, con unos pies han de andar, con una lengua han de hablar, y con un corazón solo se han de querer: por manera, que una vida los sustente, y una muerte los acabe. Muy extraña cosa ha de ser de amigo a amigo, osarse decir no quiero, ni aun decirle no puedo, porque entre los altos privilegios que tiene la amistad es, que el verdadero enamorado ha de dar hasta más no tener, y ha de amar hasta más no poder. En casa de los que se aman no ha de haber celemín con que midan el trigo, ni azumbre con que midan el vino, ni vara con que vareen el paño, ni aun obligación de haber recibido dinero, porque en las casas de nuestros verdaderos amigos, ni hemos de entrar llamando, ni hemos de pedir algo rogando.

A mucho se obliga el que a ser amigo de otro se obliga, pues no tiene licencia de negar cosa que se piden, ni de poner excusa a cosa que le manden. No terné yo por amigo, ni aun por buen vecino, al que me da algo por peso y medida, y al que pido algo y me pone en ello excusa, porque no es justo se ponga conmigo en miserias el que yo amo con todas mis entrañas. Séneca en el libro De ira, dice que el hombre grave y prudente no había de tener más de un amigo, y por otra parte guardarse debe mucho de tener ningún enemigo, y en verdad, que él dice verdad, pues si son los enemigos peligrosos, también nos son los muchos amigos pesados, porque es en sí tan estrecha la regla de la amistad, que son muchos los que la prometen, y muy poquitos los que la guardan. La devisa de los verdaderos amigos es, que antes eligirán su pena con nuestra honra, que no su remedio con nuestra culpa. Mimo el filósofo decía, que en igual grado sentía él el mal que tenía en los calcañares su amigo, que el dolor que tenía él en su corazón propio.

Son también obligados los verdaderos amigos, de sentir los ajenos infortunios, en el grado que sienten los suyos y propios, y esto se entiende, con que no se contenten con solamente sentirlos, sino que también ayuden a remediarlos: porque de otra manera, si les agradeciesen lo mucho que han llorado, también se quejarían de lo poco que por ellos han hecho. Preguntado Eschines el Filósofo, que quál era el mayor trabajo desta vida, respondió: No hay en el mundo otro mayor trabajo, que es perder el hombre lo que gana, y apartarse de lo que ama, y en verdad él decía una muy alta sentencia, porque en lo uno pierde hombre los sudores, y en lo otro los amores. Es también privilegio de la amistad, que en igual grado sintamos las injurias que hacen a nuestros amigos, que las que nosotros mismos recibimos, porque a la hora que dan a ellos alguna pena, quitan de nuestros corazones toda la alegría. Consejo es saludable que el amigo que tomáremos sea discreto para aconsejarnos, y sea poderoso para remediarnos, porque si le falta la discreción, no tenemos quien nos aconseje en la prosperidad, y si le falta el poder, no habrá quien nos remedie en la adversidad, de lo cual se podría seguir, que entre los placeres nos perdiésemos, y con los enojos desesperásemos. Inmensa es la necesidad que tiene el corazón humano de tener cabe sí algún buen amigo, que le tenga amistad en presencia, y le guarde lealtad en ausencia: porque al corazón triste y apasionado no hay para él tan cruel muerte, porque quando desea la muerte, porque más tormento pasa el que de enojo se desea morir, que no el que de enfermo se ve morir. El que ha topado con amigo verdadero, ha topado con el mayor tesoro del mundo, la condición del cual ha de ser que nos alegre con su vista, nos remedie con su hacienda, nos aconseje con su palabra, nos defienda con su potencia, y aun nos corrija de nuestra culpa, porque el oficio del buen amigo es tenernos a que no cayamos, y darnos la mano para que nos levantemos.

También es condición del buen amigo, que sea muy discreto y que sea muy secreto: porque de otra manera, si nos cabe en suerte amigo necio, no le podremos sufrir, y si es boquirroto, es para echarnos a perder. La hacienda, y la persona, y la conciencia, y la vida, puedense fiar del pariente, del conocido, y del vecino, mas el secreto no, sino del amigo, porque si en este caso se toma mi consejo, nunca nadie descubrirá su corazón sino al que le ama de corazón. Cabe también debajo de la ley de amigo, guardar lo que oyere, y callar lo que viere, pues a todo género de hombre le está bien el preciarse de callar, y el arrepentirse del hablar, porque infalible regla es se pague con vergüenza lo que se yerra con rudeza.

Nunca por nunca debe el buen amigo ser lisongero de su amigo, porque tanto cuanto más a una persona amamos, hémosla de favorecer como señores, defenderla como amigos, aconsejarla como padres, y corregirla como discretos. Deben también guardar los amigos a que no se zahieran lo que hicieren unos por otros, sino que el contentamiento del amigo se tome por premio del trabajo, porque jamás el corazón se halla tan contento, como quando ha hecho lo que era obligado. También es regla, de amistad, que quando el amigo viere a su amigo puesto en algún grave peligro, no ha de esperar a que el otro le pida socorro, pues acontece muchas vezes a los hombres afrentados y lastimados, que comienzan muy temprano a dolerse, y muy tarde a quejarse.

La virtud suele tener amigos, y la buena fortuna no suele estar sin ellos, y cuales sean los unos, y cuales sean los otros: al partir de la fortuna son conocidos, porque a la virtud siguen los mejores, y a la fortuna los más y mayores. No todos los que son conocidos son hábiles para ser amigos, y la causa dello es que aunque son muy honestos, son poco discretos, y a los talen y a los cuales es muy más sano consejo amarlos, que no conversarlos: porque si merecen que amemos a sus personas, no son capaces para que les descubramos nuestras entrañas.

Estas y otras muchas más condiciones ha de tener el amigo, para que sea buen amigo, las cuales hallaréis en mi boca, mas no en mi persona, y por eso os aconsejo, que ni por señor me tengáis, ni por amigo me elijáis porque para lo uno soy poco poderoso, y para lo otro menos virtuoso. No más sino que nuestro señor Jesú Cristo sea en vuestra guarda, y a mí dé gracia que le sirva. De Logroño, a tres de mayo. Año M.D.XXVI.

42. Letra para Micer Pere Pollastre, italiano, amigo del autor, en la cual se toca quán infame cosa es andar los hombres

cargados de olores y por más risas. Es letra para personas avisadas

Especial señor y sospechoso amigo:

En los tiempos de Quinto Fabio, maestro que fue de los caballeros, como se combatiesen dos Romanos en un aplazado desafío, y el uno hubiese cortado el brazo al otro, dijo el vencedor al caído: Desdízete de lo que dixiste y retráctate de lo que me levantaste, por que mi cruel espada no dé mal fin a tu infelice lengua. A estas palabras le respondió el herido. No hablas como caballero Romano, sino como mi muy mortal enemigo, pues haces más cuenta de mi vida que no de mi honra, lo cual yo no quiero, ni aun tu consejo acepto, porque si me falta la mano para pelear, no me falta el corazón para morir.

He querido contar aquí este tan antiguo ejemplo, para traeros, señor, a la memoria, lo que yo he aun vergüenza de relatar en esta carta: es a saber, que juráis y perjuráis, habérseos olvidado una poma olorosa en mi cámara, y que yo he sido el encubridor del que la hurtó, o que yo mismo la hurté. No os contentastes con embiarmelo a decir una y dos y tres vezes, sino que para añadir error a error, me embiastes agora una infame carta de vuestro juicio escrita, y de vuestra mano firmada, y la sentencia de ella era venir llena de cólera, y muy vazía de crianza. Algunos amigos míos y vecinos vuestros me escriben también de allá que os andáis quejando, y con todos, de la negra poma murmurando, afirmando que en mi cámara quedó, y en mi poder se perdió: por manera, que con la carta me desafiáis, y con la lengua me infamáis. Como dijo el Romano, de quien arriba conté, ni habláis como amigo, ni me tratáis como a Cristiano, pues tenéis en más vuestra poma, que no tenéis a mi honra. Yo, señor, estoy determinado de no hacer cuenta de mi injuria, ni responder con cólera a vuestra carta, porque mucho más me precio del hábito santo que traigo, que no de la sangre limpia do desciendo, pues soy cierto que a la hora de la muerte no me pedirán cuenta si anduve como caballero, sino si viví como cristiano. Las armas con que yo peleo, o a lo menos querría pelear, son éstas: es a saber, que el arnés es la paciencia, la celada la esperanza, la lanza la abstinencia, los brazaletes la caridad, y las grevas la humildad, con las cuales yo me osaría morir, y sin las quáles yo no querría vivir. Dado caso que yo no quiera vengar esta injuria, no es justo que en este caso os deje de decir lo que me parece, y aun lo que siento, y esto dirélo yo lo mejor que supiere, y lo menos mal que pudiere.

Las cosas que en este triste de mundo los hombres hacen con un grande ímpetu acelerado, y con un consejo demasiadamente cabezudo, todas ellas proceden de poca prudencia, y de una superflua esperanza, lo cual no debría nadie pensar, ni mucho menos hacer, porque los hombres apasionados y más sufridos, no han de hacer lo que la ira les persuade, sino lo que la razón les aconseja. Si de cada infortunio que la adversa fortuna nos envía, desmayamos y nos quejamos, no es menos sino que cada hora desesperemos y muy en breve nos acabemos, lo cual no es de hombres vergonzosos, ni tan poco de animosos, porque en casa del hombre sabio, no ha de derrocar tanta la impaciencia y pasión, que no edifique más la paciencia y razón.

Decía Séneca en el primero libro De ira, que al hombre turbado infructuosa cosa era decir le palabras fructuosas, pues sabemos que no tiene gusto para gustarlas, ni cordura para sentirlas, y lo que es peor de todo, que muchas vezes con lo que pensamos de la amansar, le vemos más enojar, porque reverdecemos en su memoria lo que fue causa de su pena. Todo esto digo para deciros, señor, que los hombres de bien como vos se deben guardar de caer en casos feos, ni de ser a otros penosos, pues sabéis y sabemos que una sola culpa suele infamar a una generación toda. La culpa de un rústico en él se acaba, mas la del hidalgo redunda en su generación toda, porque amanzilla la fama de los pasados, desentierra las vidas de los muertos, pone escrúpulo en los que agora viven y corrompe la sangre de los que están por venir. De llamarme vos ladrón no me corro, mas decir que yo hice algún hurto, esto es de lo que yo me siento, que como señor sabéis, por especial blasón tienen en España llamarse los Guevaras ladrones, como tienen los Mendoza llamarse hurtados.

El abad Casiano dice que como a un santo monje de Escitia le dije sen y aun hiciesen muchas injurias y denuestos hombres malos y paganos, y después sobre todo ello le preguntasen que qué fructo sacava de su Cristo, respondióles el buen varón: ¿No os parece que es harto gran fructo el no me alterar de las palabras feas que me habéis dicho, y fácilmente perdonaros las atroces injurias que me habéis hecho? ¡Oh palabras altas y muy dignas de ser en los corazones de los hombres escritas, pues en ellas se nos da a entender, quán altísimo don es el de la paciencia, y quán necesario para la vida humana! ¿Qué vale el que paciencia no tiene? ¿Qué tiene el que sufrimiento no tiene? ¿Cómo vive el que sin paciencia vive? De todas las virtudes morales usamos de quando en quando, excepto de la paciencia, que hemos menester cada hora y momento, porque son tantos y tan súbitos los infortunios que arropel nos vienen y los desastres que por nosotros pasan que no nos vale vivir si no nos abezamos a sufrir y padecer, como estarnos abezados a comer y dormir. Si yo no estuviera abezado de otros semejantes que vos, a sufrir injurias, y a disimular palabras a la hora que tales lastimes me escribistes, y tal testimonio me levantaste, había de embiaros a desafiar, o mandaros descalabrar, en pena de vuestra culpa, y en fe de mi inocencia.

Las cosas que tocan a la guerra, halas de determinar el rey; las que tocan a la república, la ley; las que tocan a la conciencia, el confesor; las que toca a la hacienda, la justicia; mas las que tocan a la honra, no otro sino la lanza, porque si es justo que los pecados se lloran, no será injusto que los testimonios se castiguen. Acordandome que soy cristiano y no pagano, que soy religioso y no secular, que soy hidalgo y no rústico, quiero antes esta injuria olvidarla, que no vengarla, porque como decía el magno Alejandro, mayor corazón ha menester el hombre que está injuriado para su enemigo perdonar, que no para le matar. Si me infamárades que yo había hurtado algún papagayo hermoso, alguna gata muy linda, algún tordo que habla, o algún xerguerito que canta, ya pudiera ser que ni yo quedara corrido, ni vos saliérades mentiroso, porque los semejantes diges y coxixos, pidolos a mis amigos, y si no me los quieren dar, trabajo de los hurtar. Quererme vos levantar, y sobre ello porfiar, que yo os hurté la poma, o que fui encubridor del hurto della, es decirme lo que jamás intenté, ni en mi vida pensé, mayormente que una poma rica, como la vuestra, aunque la osara hurtar, no la osara traer, ni menos a nadie dar, lo uno por la conciencia, y lo otro por la vergüenza.

El traer olores, y el preciarse de ungüentos preciosos, aunque no es gran pecado, es a lo menos sobrado regalo, y aun vicio bien excusado, porque al caballero mancebo, y generoso como vos, más honesto le es preciarse de la sangre que derramó en la guerra de África, que no de la algalia y almizcle que compró en Medina. Como naturalmente tengan todas las mujeres algunas ordinarias inmundicias, y aun otras flaquezas caseras, a ellas solas se les permite el bien oler, mas no el mal bivir, porque la mujer ilustre, y generosa, mucho más ha de oler a buena que no a algalia. Por rica y por bien conficionada que esté una poma, y por más y más que huela, no olerá un tiro de piedra, mas la buena fama huele por todo el reino y la mala por todo el mundo.

Sea casada, sea biuda, sea doncella, o sea soltera, mucho debe la mujer de bien vivir recatada, y hacer gran caudal de su honra, porque muy gran lástima y aun locura sería que nos oliese a perfumes su ropa, y nos hediese a ramera su vida. Por muchos reinos he andado, y en las cortes de los príncipes me he criado, mas hasta hoy por ver tengo a alguna mujer que no se casase por no tener ricos olores, y a muchas oí repudiar por ser de malas costumbres, y parece esto claro, en que nadie pregunta por una mujer si huele bien, sino si vive bien. Preguntando yo a una mujer de bien por una hija suya, que si tenía edad para se casar, y si tenía edad para regir casa, porque se quería casar un hombre de bien con ella, respondióme la madre estas palabras: Sepa vuestra merced, señor Guevara, que mi hija ha veinte y dos años no más, y si tiene buena edad, también tiene buena abilidad, porque yo no la enseñé a labrar, ni a hilar, ni a amasar, mas enseñéla a muy lindas pasticas de olores hacer, de manera que el que la llevare llevará con ella una mujer que sabrá adobar para su marido guantes, y perfumar para sí las ropas: oída esta respuesta, ni supe si me reiría, o si me enojaría, porque aquel que se quería casar con la moza tenía oficio de herrero, andaba lleno de cisco, y decirle al tal que su mujer le adobaría unos guantes con algalia, no era más que echarle en la plaza una pulla. Que una mujer sepa escoger olores, hacer pomas, adobar guantes, rociar camisas, estilar aguas, y amasar pasticas, no lo condeno, mas que no sepa otro oficio, desto reniego: porque no se ha de preciar de mujer la que dentro de sus puertas no sabe hacer todo lo que hacen sus mozas.

Dejemos ya las mujeres, y tornemos a hablar de los hombres, a los cuales todos los filósofos, y aun Aristóteles con ellos, les prohíbieron so graves penas, y les aconsejaron con dulces palabras, que no trajesen ricos olores, ni se arreasen con ungüentos odoríficos, condenando al que lo contrario hiciese, no solo por vano, mas aun por liviano. Bien trezientos años estuvo Roma sin que en ella entrasen especias para comer, ni perfumes para oler, más después que fueron las guerras afloxando, se fueron también della los vicios apoderando: de lo cual podemos inferir que si no hubiese en el mundo varones ociosos, tampoco habría hombres viciosos.

Tito Livio, Macrobio, Salustio y Tulio comienzan y nunca acaban de maldecir, y aun de llorar, la conquista que tuvo Asia con Roma, y las victorias que Roma alcanzó en Asia, porque si los Persas y Medos fueron vencidos con las armas de los Romanos, los Romanos fueron vencidos con vicios y deleites dellos. Hazer sepulturas, traer anillos de oro, echar especias en el manjar, enfriar con nieve el beber, y traer aromatas para oler, dice Cicerón escribiendo a Ático, que estos cinco vicios embiaron los Asianos presentados a los Romanos, en venganza de las ciudades que les habían tomado, y de la sangre que dellos habían derramado. Mayor daño recibió Roma de Asia que no Asia de Roma, porque las tierras que tenían los Romanos en Asia luego se perdieron, mas los vicios que Asia embió a Roma, nunca della salieron. Escauro, grave censor que fue en Roma, dijo un día en el Senado: De mi parecer y voto, no se hará más ejército marino, pues sabéis, padres conscriptos, que con las armas de Roma matamos algunos en Asia, y que con los vicios de Asia perescen todos en Roma.

El que anda en la guerra peleando y el que trabaja en la tierra arando, más cuidado tienen de mantener a sus hijos que no de andar oliendo a ungüentos preciosos, de lo cual podemos inferir que los hombres mal ocupados, y que presumen de muy regalados, son los que se precian de bien oler, y se descuidan de bien vivir. En el año de trezientos y veynte de la fundación de Roma, prohíbió el gran Senado de Roma que ninguna mujer fuese osada de beber vino, ni ningún Romano fuese osado de comprar algalia, ni ámbar, ni estoraque alguno, por manera, que en la antigua Roma, en igual grado castigavan a los hombres que andaban oliendo, que a las mujeres que tomaban bebiendo. Si esta ley hoy se guardase, y a debida execución se llebase, tengo para mí creído que no se pasase día en el cual alguna mujer no fuese justiciada, porque en caso de beber, yo no digo que beben vino, mas digo que tan bien muerde la perra como el perro.

Al propósito del oler, dice Suetonio en el libro décimo De Cesaribus, que como el emperador Vespasiano tuviese la pluma en la mano para firmar una merced que había hecho a un caballero Romano criado suyo y de súbito le oliesen las ropas dél a un olor suavísimo, arrojó la pluma y rasgó la carta, y con cara sañuda le dijo: Revocote la gracia y vete de mi casa, que yo te juro por los inmortales dioses, holgara más que me olieras a ajos que a estos feminiles ungüentos. Plucio, varón que fue Romano, y no de linaje oscuro, quando por la conjuración de los Triumvirates le buscaban para matar, cosa es notoria que le sacaron de las cuevas de Salerno, no por las pisadas que por el camino hazía, sino por el rastro de los olores que por las sendas dejaba, de manera, que habiendose escapado de los enemigos, le entregaron los ungüentos. Del gran Aníbal Cartaginense cuentan sus historiadores antiguos, que habiendo él sido en su mocedad príncipe muy robusto, y capitán muy regalado, fue el caso, que a la vejez las damas de Capua, y los ungüentos de Asia, le afloxaron tanto las fuerzas del cuerpo y le enternecieron el vigor de su ánima, que dende en adelante nunca acertó en cosa que hiciese, ni venció batalla que emprendiese. Aulo Gelio cuenta, que como en el Senado Romano debatiesen sobre cual de dos capitanes embiarían a la guerra de Panonia, llegando el voto a Catón Censorino, dijo: De los dos que dices, yo quito el voto a Pulio el mozo, aunque es mi deudo, porque nunca le he visto venir descalabrado de la guerra, y veolo andar oliendo por Roma. Catorce años había que tenían los Romanos cercada a la gran Numancia en España, y no la podían tomar, y como el buen Escipión viniese de refresco y mandase de los reales Romanos echar las golosinas, y desterrar las rameras, y quemar los ungüentos, a la hora la tomó, y aun asoló. El filósofo Ligurguio en las leyes que dio a los Lacedemonios les mandó, so gravísimas penas, que nadie fuese osado de comprar ni vender cosas odoríferas, ni ungüentos preciosos, si no fuese para ofrecer en los templos, o para medicina a los enfermos.

De todos estos ejemplos, y de más y más que podríamos contar, se puede bien colegir quán prohibido ha sido siempre al hombre de bien el buscar olores, y el andar siempre oliendo, porque hablando la verdad, es de tal calidad este infame vicio, que causa al corazón muy poco placer, y a las gentes da mucho que decir. Torno a decir que aun para vicio es cevil vicio el preciarse hombre de andar oliendo, porque es dañoso, y aun muy costoso, lo cual parece claro, en que el traer de muchos olores, se siente en el gasto de la bolsa, y en el dolor de la cabeza. Rociar una camisa con un poco de agua rosada, apruébolo; rociar un pañizuelo de narices con agua de trébol, admitolo; roziar unas almohadas con un poco de agua de azahaar, lóolo; mas comprar unos guantes adobados por seis ducados maldígolo, porque guantes de tres reales arriba, nadie los compra por necesidad, sino para curiosidad o liviandad. Lo que a mí me hace reir, y aun por mejor decir rabiar, es que hay muchos vanos y livianos que tienen ánimo de comprar unos guantes de diez ducados para su amiga, y no tiene corazón para dar a su hermana una cofia o gorguera, de lo cual podemos inferir que en casa del hombre loco más hacienda gasta la opinión que no la razón. Et erit pro suavisimo odore fetor, decía el profeta, y es como si dije se: Tiempo vendrá en el cual andarán penando los que anduvieron acá oliendo, y en el lugar de los ungüentos preciosos, olerán a hedores muy horrendos. Destas palabras del profeta podemos colegir que el darse los hombres a los olores es cosa abominable delante Dios, escandalosa en la república y peligrosa para la conciencia, y aun muy costosa para la bolsa, y que esto pase ansí, téngolo por permisión de Dios: es a saber, que los muchos olores les cuesten muchos sudores, y que el verdugo de su locura sea la falta de su bolsa.

Si los hombres a mí me creyesen y los mancebos conmigo se aconsejasen, ellos trabajarían por bien oler, y no andarían buscando que oliesen: porque no hay so el cielo cosa que tan bien huela como es la buena y limpia fama. El que es bueno, de todos es amado: de lo cual se colige que huele mucho el que huele a bueno, y hiede mucho el que hiede a malo. Sea, pues, la conclusión, que el buen cristiano es el suave ungüento, la buena conciencia es la rica algalia, y la buena vida es la buena poma, y esta poma es la que yo quería hurtar, y toda mi vida conmigo traer. No más sino que nuestro Señor Dios sea en vuestra guarda, y a mí me quiera dar gracia para que le sirva. De Zaragoza a VI. del mes de octubre. Año M.D.XXIX.

43. Letra para el abad de Compluto, en la cual se declara por qué dios da tribulaciones a los justos

Antonius de Guevara predicator & cronista Imperialis, domino Abbati Complutensis Ecclesiae salutem impartitur plurimam. Binas tuas recepi literas, quibus dicis: te omnibus in rebus, erga me vivere amicitiae oficio functum. Ter, quaterque fateor quod dicis, & inmensas ago gratias pro eo quod facis. Nec ego amicum habuise unquam scio, qui verior aut fincerior fuerit, nam ersi solent res fecundae inmutare homines, te tamen erga me nulla amplitudo fortunae mutavit. Tu quidem mihi, & ego tibia cunabulis semper fuimas idem. Tu alter ego, & ego alter tu, unaque anima incolens duobus corporibus. Nescio qui de re alii sentiant, ego te alterum Scipionem alterum Peladem, alterum Ioanathm, alterum Simicium, alterum Prometheum sum expertus: Que cunque volui, te adiuvante semper sum consecutus.

Quaeris a me, cur Deus Optimus & Maximus patiatur, ut tot adversa aveniant bonis viris. Ad hoc tibi respondeo, quod nil accidere bono viro mali potest quia non miscentur contraria, ut inquit philosophus. Adversarum rerum impetus, viri fortis conturbat sed non vertit animum, quia semper in eodem statu permanet. Vir bonus & iustus omnibus externis laboribus et patientior, sentit illa, & non victus, sed victor evadit. Tunc apparet cualis & quantus sit, & quibus polleat virtutibus, cum ostendit quid eius posit patientia. Omnia ad exercitationes putat, quia virtus sine adversario marcet. Non expedit heroico viro ut dura ac dificilia formidet, & de facto conqueratur, quia equo animo ferenda sum omnia ut inquit divus Plato, non quid, sed quemadmodum feras interest. Deus Optimus & Maximus, habet adversus bonos viros, paternum animum, nam castigat omnem filium quem recipit, ut verum colligat roborem. Languent per inertiam faginata, ne labore tantum, sed etiam mole & ipso suo onere defici, ut inquit Seneca, non fert ullum ictum illaesa felicitas. At ubi asidua rixa fuit cum fuis inconmodis, callum per iniurias duxit, nec ulli malo cedit, sed etiam si succederit, de genu pugnat. Est enim Deus amantisimus bonorum, & illis ferocem fortunam, cum qua exerceantur asignat. Ne unquam boni viri miserearis, potest enim miser dici, sed non potest ese. Saepe, inmo saepisime, sonat & vibrat in auribus meis vox illa Demetrii dicentis. Nil mihi videtur infelicius, cocusnil unquam cucnit adversi. Saepe adversa fortuna, fortisimos viros & sibipares querit. Contumacisimum & fortisimum quemque aggreditur, adversus quem vin suam exerceat, quid ultra dicam de fortuna: Ignem experitur in Mucio, paupertatem in Fabricio, exilium in Rutilio, tormenta in Regulo, venenum in Socrate, ingratitudinem in Scipione, gladium in Caesare, sanguinem in Cathilina, & mortem in Cathone. Non invenit magnum virum, nisi mala fortuna. Infelix est Mutius, quia sua dextera ignes hostium premit? Infelix est Fabricius, qui agrum suum quantum a republica vacavit manu propia fodit? Infelix es Torcatus, qui bellum gesit, non solum cum Pirro, sed etiam cum divitiis oblatis ab eo? Infelix est Lucius Irreneus, cum ad focum coenaret illas radices, quas bonus fenex in agro triumphali emulsit? Infelix est

Regulus, quem adversa fortuna duxit in crucem, & quem documentum fidei, & ejemplum pacientiae fecit? Qui talia patiuntur, absit ut infelices eos vocemus, sunt enim felices, non parva, sed felicitate magna. De hoc hactemus suficit. Vale, interrumque vale. Ex Pincia, die xij, Maij, millesimi, quingentesimi duodecimi anni.

Libros a la carta

A la carta es un servicio especializado para

empresas,

librerías,

bibliotecas,

editoriales

y centros de enseñanza;

y permite confeccionar libros que, por su formato y concepción, sirven a los propósitos más específicos de estas instituciones.

Las empresas nos encargan ediciones personalizadas para marketing editorial o para regalos institucionales. Y los interesados solicitan, a título personal, ediciones antiguas, o no disponibles en el mercado; y las acompañan con notas y comentarios críticos.

Las ediciones tienen como apoyo un libro de estilo con todo tipo de referencias sobre los criterios de tratamiento tipográfico aplicados a nuestros libros que puede ser consultado en Linkgua-ediciones.com.

Linkgua edita por encargo diferentes versiones de una misma obra con distintos tratamientos ortotipográficos (actualizaciones de carácter divulgativo de un clásico, o versiones estrictamente fieles a la edición original de referencia).

Este servicio de ediciones a la carta le permitirá, si usted se dedica a la enseñanza, tener una forma de hacer pública su interpretación de un texto y, sobre una versión digitalizada «base», usted podrá introducir interpretaciones del texto fuente. Es un tópico que los profesores denuncien en clase los desmanes de una edición, o vayan comentando errores de interpretación de un texto y esta es una solución útil a esa necesidad del mundo académico.

Asimismo publicamos de manera sistemática, en un mismo catálogo, tesis doctorales y actas de congresos académicos, que son distribuidas a través de nuestra Web.

El servicio de «libros a la carta» funciona de dos formas.

1. Tenemos un fondo de libros digitalizados que usted puede personalizar en tiradas de al menos cinco ejemplares. Estas personalizaciones pueden ser de todo tipo: añadir notas de clase para uso de un grupo de estudiantes, introducir logos corporativos para uso con fines de marketing empresarial, etc. etc.

2. Buscamos libros descatalogados de otras editoriales y los reeditamos en tiradas cortas a petición de un cliente.